U0909147

建设工程经济学

张仕廉　　　主　编
叶　贵　赵艳玲　汪红霞　副主编

科学出版社
北　京

内 容 简 介

本书系统介绍了建设工程经济学的研究对象和基础理论；建设项目财务现金流量计算，财务评价，国民经济评价，不确定性及风险分析，环境评价，社会评价；项目投资决策，可行性研究，投资核准，项目融资；工程设计方案的工程经济分析，价值工程；施工方案的工程经济分析，设备更新与租赁分析；项目后评价，企业技术改造的工程经济分析等。

本书可作为高等院校建筑与土木工程、管理科学与工程、技术经济及管理、工程管理、项目管理等相关专业的高年级本科和研究生教材，亦可作为建设领域土木工程类、工程管理类、经济管理类等相关执业人员的学习教材和参考书。

图书在版编目(CIP)数据

建设工程经济学 / 张仕廉主编. —北京：科学出版社，2014

ISBN 978-7-03-041928-6

Ⅰ.①建… Ⅱ.①张… Ⅲ.①建筑经济学-研究 Ⅳ.①F409.7

中国版本图书馆 CIP 数据核字(2014)第 218115 号

责任编辑：任加林 / 责任校对：刘玉靖
责任印制：吕春珉 / 封面设计：耕者设计工作室

科学出版社 出版
北京东黄城根北街 16 号
邮政编码：100717
http://www.sciencep.com

北京九州迅驰传媒文化有限公司 印刷
科学出版社发行 各地新华书店经销
*
2014 年 9 月第 一 版 开本：787×1092 1/16
2020 年11月第三次印刷 印张：28 1/4
字数：628 000

定价：71.00 元

(如有印装质量问题，我社负责调换〈九州迅驰〉)
销售部电话 010-62136131 编辑部电话 010-62137026(HA18)

前　　言

任何建设工程活动都伴随着对人、财、物、时间、空间、信息等资源的消耗和占用，经历决策、设计、建造、运行、维护、报废之中的某些过程。这些实践活动必将产生经济效果、社会效果及对生态、环境的影响。如何以最少的耗费达到更优的经济效果、社会效果和环境生态效果是建设工程活动参与者被赋予的历史使命。建设工程经济学正是为实现这一使命而产生的学科之一，它是以工程技术原理为基础，以经济学理论为主导，以建设工程活动为中心，密切结合社会经济与自然生态之间的相互制约、互动发展关系这个主题研究建设工程活动系统，以优化理论与方法为手段，定性与定量有机结合地研究建设工程活动过程中发生的经济、社会和环境生态问题，以协调建设工程活动各环节、各主体之间的相互关系，协调技术活动与经济活动、经济活动与社会活动、经济活动与环境生态之间的相互关系，寻找最适化与协调发展的途径。

本书编写的目的就是使读者重视建设工程活动的工程经济现象，为解决建设工程活动领域中的实际问题提供一个综合性参考工具。为此，本书以建设工程活动阶段为经，以建设工程经济活动内容为纬，构成了建设工程经济学的学科体系，具体包括六个方面的内容：一是学科导论方面，重点介绍了工程经济学及其发展，建设工程经济学的研究对象、研究内容、分析的程序与方法、研究的目的和任务，建设工程经济学与建设执业能力的关系；二是建设工程经济学的理论方面，阐述了建设工程经济学的基础理论，建设项目财务现金流量计算、财务评价、国民经济评价、不确定性及风险分析、环境评价、社会评价；三是建设项目决策分析方面，涉及建设项目投资决策、可行性研究、投资核准、项目融资；四是建设项目设计方面，叙述了建设项目设计方案工程经济分析，价值工程；五是建设项目施工方面，说明了施工方案工程经济分析，设备更新与租赁分析；六是建设项目运行方面，主要涉及建设项目后评价，企业技术改造的工程经济分析。本书将这些内容连接为一个有机的逻辑过程，充分体现了建设工程活动的综合性和可理解性。

本书旨在为建设领域相关在校研究生提供理论联系实际、较为完整、系统的建设工程经济学的读物，同时也可作为建设领域相关本科生、专科生和执业人员（如咨询工程师、造价工程师、建造师、监理工程师、房地产估价师、建筑师、结构工程师、设备工程师等）专业素质提升的学习教材和参考书。

本书由张仕廉主编，叶贵、赵艳玲、汪红霞副主编。其中第一、三、四、十六章由重庆大学张仕廉编写；第二章由昆明理工大学李红波和重庆大学张仕廉编写；第五章由江苏科技大学顾红春编写；第六章由重庆大学张仕廉和重庆市广播电视大学潘雯编写；第七章由重庆科技学院颜成书编写；第八章由江苏科技大学张友志编写；第九、十一章由重庆大学叶贵编写；第十章由重庆建筑工程职业技术学院郑晓蕾编写；第十二章由西华大学王莉编写；第十三章由成都大学傅玲编写；第十四章由重庆大学赵艳玲编写；第十五章由中建二局第三建筑工程有限公司李璞编写；第十七章由昆明理工大学刘亚丽编写；第十八章由西南政法大学汪红霞编写。全书由叶贵、赵艳玲、汪红霞协助统稿，由张仕廉统一定稿。

本书在编写过程中，参阅了大量文献，谨向这些文献的作者致以诚挚的谢意。在本书编写过程中，得到了科学出版社的大力支持与帮助，在此表示衷心的感谢。由于建设工程经济学涉及面广，作者水平有限，书中错误和不妥之处在所难免，恳请读者多赐宝贵意见。

编　者

2014 年 9 月

目　　录

第一章　导　　论

1.1　工程经济学及其发展

1.1.1　工程与经济

研究工程经济问题，首先要弄清“工程”与“经济”的含义。

1. 工程

工程与科学、技术是既有区别又有联系的概念。科学、技术是工程得以实现的前提，工程是科学、技术的应用对象。

科学是人类探索自然和社会现象并取得认识的过程和结果。这里的“过程”是指研究和探索的活动，即认识过程；“结果”是研究和探索得出的科学理论体系，即理论化的知识。科学研究的目的在于增加人类已经积累起来的系统知识，发现宇宙间的各种规律，本质上属于认识世界的范畴。

技术是人类活动的技能和人类在改造世界的过程中采用的方法、手段。它既包括体现为机器、设备、基础设施等生产条件和工作条件的物质技术（硬技术），同时也包括体现为工艺、方法、程序、信息、经验、技巧、技能和管理能力的非物质技术（软技术）。由此可见，技术具有形态上的多元性，即实物形态、信息形态、智力形态。它本质上属于改造世界的范畴。

工程是人们综合应用科学的理论和技术的手段去改造客观世界的具体实践活动，以及它所取得的实际成果。在长期的生产和生活实践中人们根据自然科学和社会科学的理论，并应用各种技术的手段，去研究、开发、设计、制造产品或解决工艺和使用等方面的问题，逐渐形成了门类繁多的专业工程，如机械工程、建筑工程、水利工程、航天工程等。因此，工程的含义中包括物质、技术和人的因素。

2. 经济

经济一词在我国古汉语中有“经邦济世”、“经世济民”的含义，是治理国家、拯救庶民的意思，与现在所用的“经济”含义不同。现代人们对经济的理解多种多样。概括起来有以下四种含义：

(1) 指生产关系，如经济制度、经济基础。

(2) 国民经济的总称及其各个部门，如工业经济、农业经济。

(3) 指社会的物质生产和再生产过程，如经济效益、经济规模。

(4) 节约、节省的意思，如某工程比较经济、某产品经济实惠。

(1)、(2)两点是属于宏观经济的范畴，(3)、(4)两点主要属于微观经济的范畴。本教材涉及的经济概念既有宏观含义又有微观含义，但更多的是指微观方面。

3. 工程与技术、经济的关系

在工程活动中，常常要面临两个彼此相关且至关重要的要素，一个是技术，另一个是经济。图 1.1 说明了技术、工程活动以及经济三者之间的关系。其中，技术具有强烈的应用性和明显的经济目的性，没有应用价值和经济效益的技术是没有生命力的；而经济的发展必须依赖于一定的技术手段，世界上不存在没有技术基础的经济发展。同样，任何新技术的产生与应用都需要经济的支持，受到经济的制约。纵观世界各国，凡是科技领先的国家和产品超群的企业，无一不是对研究与开发高投入的国家和企业；但同时，技术的突破将会对经济产生巨大的推动作用。从世界层面上，科技革命导致了产业革命，产业革命引起的经济高涨又对新技术提出了更高的需求，提供了更好的经济支持，从而引发了新一轮的技术革命。每一轮的技术革命都引发了新兴产业的形成与发展，世界的经济就在这种周而复始的运动中得到高涨、繁荣与发展。

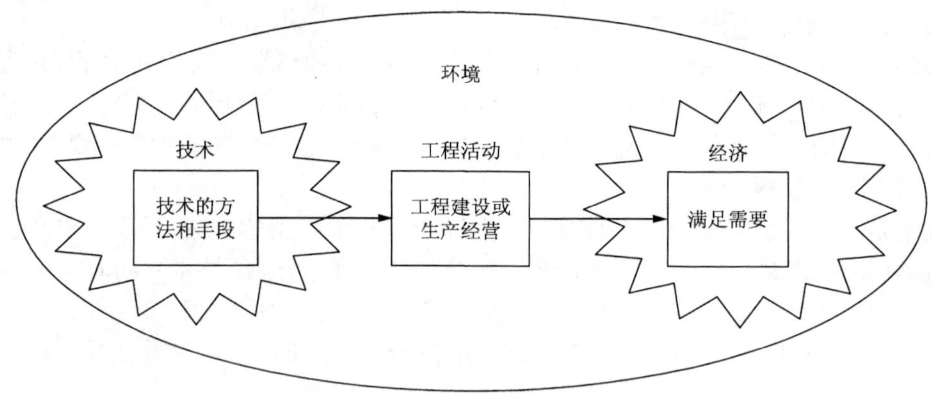

图 1.1 工程与技术、经济的关系示意图

由此可见，技术与经济之间存在着互相依赖、互相影响、互相制约的关系，是工程活动将技术与经济的这种特性紧密地联系在一起。

1.1.2 工程经济学

随着科学技术的飞跃发展，为了用有限的资源来满足人们的需要，可能采用的技术方法和手段越来越多。怎样以经济效果为标准把许多技术上可能的方案互相比较，作出评价，从中选择最优方案的问题，就越来越突出，越来越复杂。而工程经济学(Engineering Economics)正是研究工程活动中技术经济效果的学科，即以工程项目为主体，以技术经济系统为核心，研究如何有效利用资源，提高经济效果的科学。

工程经济学是一门介于自然科学和社会科学之间的边缘学科或交叉学科，在性质上仍属于经济科学。工程经济学的研究领域是技术、经济、社会、生态的交叉、渗透与综合，其核心内容是一套工程经济分析的思想和方法，是人类提高工程经济活动效率的基本工具。

1.1.3 工程经济学的产生与发展

工程经济学是根据现代科学技术和社会经济发展的需要，在自然科学和社会科学的发展过程中，各学科互相渗透，互相促进，互动交叉，逐渐形成和发展起来的。

在工程实践活动中讲求经济效果，在我国古已有之。战国时，李冰父子设计和修建的都江堰水利工程，巧妙地采用了“鱼嘴”分江，“飞沙堰”排沙，“宝瓶口”引水等技术方案，至今仍被学者们推崇为中国古代讲求工程经济效果的典范。宋真宗时(约公元1015年)，丁谓主持的皇宫修复工程，由于提出了挖沟取泥制砖、引水行船运载、竣工前回填土等综合而经济的施工组织设计方案，缩短了工期，节约了投资，也被誉为讲求工程经济效果的范例。但工程经济学真正形成一门学科却是近100多年来的事。

1886年，亨利·汤姆和亨利·麦克卡尔夫在美国机械工程师学会的年会上发表了“作为经济学家的工程师”，和“工场程序系统的会计制度”两篇论文，提出要把对经济问题的关注提高到与技术同等重要的地位，成为“工程经济”思想的先驱。

1887年，美国的土木工程师亚瑟·姆·惠灵顿的著作《铁路布局的经济理论》(*The Economic Theory of Railway Location*)，首次将资本化的成本分析方法应用于铁路的最佳长度或路线的曲率选择问题，并提出了工程利息的概念，开创了工程领域中的经济评价工作。在其著作中，他将工程经济学描述为“一门少花钱多办事的艺术”。惠灵顿的精辟见解被后来的工程经济学家所承袭。

1915年，斯坦福大学教授菲什出版了第一部直接冠以《工程经济学》(*Engineering Economics*)名称的著作。他将投资模型与证券市场联系起来，分析内容包括投资、利率、初始费用与运营费用、商业组织与商业统计、估价与预测、工程报告等。与此同时，戈尔德曼研究了工程结构的投资问题，并在其著作《财务工程学》(*Financial Engineering*)中提出了决定相对价值的复利模型，而且还颇有见地地指出：“有一种奇怪而遗憾的现象，就是许多作者在他们的工程学书籍中，没有或很少考虑成本问题。实际上，工程师的最基本的责任，是分析成本，以达到真正的经济性，即盈得最大可能数量的货币，获得最佳财务效益。”

1930年，格兰特出版了《工程经济原理》(*Principles of Engineering Economy*)一书，使工程经济学真正成为一门系统化学科，从而奠定了经典工程经济学的基础。他指出了古典工程经济的局限性；并以复利计算为基础，讨论了判别因子和短期投资评价的重要性，以及与资本长期投资的一般比较，首创了工程经济的评价理论和原则。格兰特的许多贡献获得了社会承认，故被誉为工程经济学之父。

20世纪50年代之后，数学和计算技术迅速发展，运筹学、概率论、数理统计等方法以及系统工程、计量经济学、最优化技术在生产建设领域大量应用，促使工程经济学在风险投资、决策敏感性分析、市场不确定性因素分析以及非经济因素的研究等方面获得了长足的发展。主要代表人物是德加莫教授，他偏重于研究工程企业的经济决策分析，他的《工程经济》(1968年)一书以投资形态和决策方案的比较研究，开辟了工程经济学对经济计划和公用事业的应用研究途径；卡纳达教授，他的理论重视外在经济因素和风险性投资分析，代表作为《工程经济学》(1980年)；塔奎因教授等人的理论则强调投资方案的选择与比较，他们提出的各种经济评价原则（如利润、成本与服务年限的评价原则，盈亏平衡原则和债务报酬率分析等）成为美国工程经济学教材中的主要理论；J. L. 里格斯教授（曾任世界生产力科学联合会主席）1977 年出版的《工程经济学》，系统阐述了工程经济学的内容。

20 世纪 90 年代以来，工程经济学理论出现了宏观经济研究的新趋势，工程经济中的微观部门效果分析正逐渐同宏观的社会效益研究、环境效益分析结合在一起，国家的经济制度和政策等宏观问题成为当代工程经济学研究的新内容。特别是 20 世纪末计算机技术和信息技术的迅速普及，使得分析和评价工程经济活动及选择技术方案的方法又有了新的突破，直接引入工程经济分析的因素和变量越来越多，许多以往无法定量表示的经济因素开始得以计量，一些变化不定的经济因素，逐渐能用数学工具加以描述和计量，使工程经济学理论和方法的研究进入了一个新的时期。

1.2 建设工程经济学的研究对象

1.2.1 建设工程活动

1. 建设工程活动的概念

人类活动由经济活动和社会活动组成。人类经济活动是使用一定的手段或工具改变自然或非自然物质，使之适合自身需要的有目的的活动。人类在经济活动的基础上还从事着大量的社会活动，包括文化艺术、科研与教育、组织与管理以及人际交往与沟通等方面的活动。经济活动是社会活动的基础，经济发展的水平决定着社会活动的范围和规模，社会活动一方面满足了人类的非经济需要，另一方面促进着经济活动的发展水平的进一步提高。大部分经济活动和社会活动都涉及投资和建设过程，而这个过程则是由一个个投资和建设方案的应用所构成的，这正是我们所称的建设工程活动。

所谓建设工程活动就是把科学研究、生产实践、经验积累中所得到的科学知识有选择地、创造性地应用到经济活动和社会活动中，以最有效地利用自然资源、人力资源和其他资源来满足人们需要的过程。

从上述定义中可以看出，对于从事建设工程活动的工程师来说，掌握知识本身并不是目的，知识只是构建建设工程活动系统时所需各种要素中的一种，关键是要把知识、能力和物质手段有效地融为一个有机整体来解决建设工程活动中特定问题，更好地满足人们的需要。

当今社会经济的发展和人类文明的进步都是建设工程活动直接或间接的成果。反过来，人类物质文化生活水平的改善、社会经济和生态环境可持续发展的要求又对建设工程活动提出了更为明确的目标。

2. 建设工程活动的要素

建设工程活动一般涉及四大要素：活动主体、活动目标、实施活动的环境以及活动的效果。

活动主体是指垫付活动资本、承担活动风险、享受活动收益的个人或组织。现代社会经济活动的主体可大致分为四大类：企业，政府，包括文、教、卫、体、科研和宗教等组织在内的事业单位或社会团体，个人或家庭。

人类一切建设工程活动都有明确的目标，都是为了直接或间接地满足人类自身的需要。而且不同活动主体的目标性质和数量等都存在着明显的差异。例如，政府的目标一般是多目标系统，主要包括维护社会公共利益，保证国家、地区社会经济协调发展；企业的目标以实现投资目的，追求最佳的投资经济效果。

建设工程活动常常面临两个彼此相关且至关重要的双重环境，一个是自然环境，另一个是经济环境。自然环境提供建设工程活动的客观物质基础，经济环境评价建设工程活动成果的价值。

所谓建设工程活动的效果是指活动实施后对活动主体目标产生的影响。由于目标的多样性，通常一项建设工程活动会同时表现出多方面的效果，甚至各种效果之间还是冲突和对立的。例如，对一个经济欠发达地区进行开发和建设，如果只进行低水平的资源消耗类生产，就有可能在提高当地人民收入水平的同时，造成严重的环境污染和生态平衡的破坏。

1.2.2　建设工程经济学的研究对象

建设工程经济学是把建设工程活动与一定社会、自然条件、经济有机地结合为一体，研究建设工程活动各种可行方案经济效果的一门学科，是工程经济学的分支。

每门学科都有自己特有的研究对象，建设工程经济学也不例外。由于人类社会的进步和发展是与人类有目的、有组织的建设工程活动分不开的，而建设工程活动要消耗资源，如何最大限度地节约资源，使建设工程活动的效果满足人们的需要，就显得尤为重要。建设工程经济学正是这样一门研究如何分析建设工程活动的代价以及目标实现的程度，并在此基础上分析寻求实现目标的最有效途径，设计和选择最佳实施方案的学科。因此，建设工程经济学的研究对象，不是纯技术问题，研究纯技术问题的有建筑技术科学；也不是纯经济问题，研究纯经济问题的有产业经济科学。建设工程经济学的研究对象，就其广义来讲，是建设工程活动中技术-经济-社会-环境生态系统的要素、结构、运行、功能及其规律性；就其狭义来讲，是建设项目。

1. 建设工程活动中技术-经济-社会-环境生态系统的要素、结构、运行、功能及其规律性

现代建设工程活动，存在着技术、经济、社会、环境生态系统的基本矛盾。这源于人类对自身发展需求的无限性、社会经济发展对技术需求的无限性与社会经济生态系统满足需求的资源投入的有限性而导致的矛盾。它突出地表现在两个方面：一是人类社会经济活动需求的无限性引致建设工程活动的大规模化和深层次化，导致物质资源和能源源源不断地流入建设工程活动，其表现是当代人类社会经济对自然资源的需求迅速增加，使自然资源急剧损耗，甚至致使某些资源濒临枯竭；二是人类社会经济活动的不合理性和排放废物的增长与生态系统自我调节的净化能力有限性的矛盾在发展，建设工程活动不断排放大量废弃物返回大自然，超过自然的净化能力，致使人类环境质量急剧下降，生活条件恶化，从而导致人类对良好的生态环境的需求与生态系统可能提供的环境质量之间的矛

盾不断加深和日益尖锐。

建设工程活动中这种技术、经济与社会、生态之间的无限与有限的矛盾关系，反映着建设工程活动内部的各种发展形势及其内在联系的规律性。这种特殊的规律性需要从整体上进行综合性研究，它也就必然成为建设工程经济学的研究对象。从这个意义上说，建设工程经济学试图解决建设工程活动领域中技术、经济、社会、生态之间的最优适应和协调发展问题，它在建设工程活动自然生态系统与技术经济社会系统之间，通过物质循环、能量转换、信息传播和价值转移与增值的相互作用，辩证地统一在一起，组成更高层次的建设工程活动技术生态社会经济系统，它有其自身发展变化的客观规律。

2. 建设项目

任何建设项目的实施都有一个效果的问题，即如何有效地利用各种知识和手段，根据技术的适宜性、条件性，恰当地组合技术方案，求得最好的经济效果。因此，建设项目中的人力、物力、财力消耗同所预期达到的目标之间的最优结合问题，即是建设工程经济学研究的对象。

建设项目的含义十分广泛。从影响范围来考虑，建设项目大体可分为宏观和微观类项目。例如，南水北调、西气东输、西电东送等建设项目即属于宏观类，这类项目的实施将对我国社会、经济、环境等产生重大影响；而一个个具体的建设项目（或技术方案），如一项技术革新或改造计划等则是属于微观类。当然，这两类建设项目的界限并不是绝对的，而是互相渗透、互相影响的。宏观的建设项目总是由许多不同内容的子项目所组成，每个子项目由于具有独立的功能和明确的费用投入，因而都可以作为进一步分析的对象。宏观分析的建设项目对具体微观层面的子项目的解决起着决定性的影响；微观面的具体子项目的实现又是搞好宏观项目的基础。

从建设项目的性质来看，建设项目可以是新建项目、改建项目、扩建项目、迁建项目、恢复项目、技术引进项目、技术改造项目等。建设项目按投资作用可分为生产性建设项目和非生产性建设项目，其中生产性建设项目主要包括工业建设项目、农业建设项目、商业建设项目和基础设施建设项目；非生产性建设项目主要包括居住建筑、办公用房、公共建筑等。按建设项目规模可分为大型、中型、小型建设项目三类。按项目的效益和市场需求可分为竞争性建设项目、基础性建设项目和公益性建设项目三种。按项目的投资来源可分为政府投资建设项目和非政府投资建设项目。此外，建设项目也可以是各种规划方案、设计方案、工艺方案、生产施工方案、材料利用方案、节能降耗方案、设备更新方案、技术改造方案、新产品开发方案以及新材料、新工艺、新技术、新设备的应用方案、各类技术措施等。为简便起见，本教材将它们统称为建设项目（简称“项目”）或技术方案（简称“方案”）。

综上所述，建设工程经济学是一门应用工程经济学基本原理，研究建设工程活动领域经济问题和经济规律，研究技术、经济、社会、环境生态之间的相互关系的科学，是研究建设工程活动领域内资源的最佳配置，寻找技术、经济、社会、环境生态的最佳结合以求可持续发展的科学。

1.3　建设项目周期

建设项目周期是指建设项目从投资意向开始到投资终结的全过程，一般包括三方面内容：一是投资全过程客观上包括的工作内容、工作次序和工作类型；二是投资全过程中性质不同的各阶段划分；三是各阶段、各项工作间的联系。

1.3.1　建设项目周期的阶段划分及其工作内容

建设项目周期的阶段划分及其工作内容如表 1.1 所示。

表 1.1　建设项目周期的阶段划分及其工作内容

周期阶段	建设项目决策阶段						建设项目设计阶段					建设项目施工阶段					投资项目总结评价阶段	
建设项目工作类型与工作程序	投资意向	市场研究与投资机会分析	项目建议书	初步可行性研究	可行性研究	决策立项	设计任务书	初步设计	建设准备	技术设计	施工图设计	施工组织设计	施工准备	施工过程	生产准备	竣工验收	投产使用与投资回收	项目后评价

1. 建设项目决策阶段

建设项目决策阶段通常也称为项目建设前期工作阶段，其主要任务是进行一系列调查与研究，为投资行为作出正确的决策。建设项目的决策工作并不是一次完成，而是由粗到细，由浅入深地进行，其工作是一种分析论证性质的工作，主要解决的是项目选择问题。

2. 建设项目设计阶段

建设项目的工程设计是分阶段逐步深化的，其工作主要是确定拟定项目具体方案，实际上是选择和设计实现项目投资构想的优化实施方案的过程。

3. 建设项目施工阶段

建设项目施工阶段主要指按合同要求完成项目的施工、竣工和投产，达到项目预期目标。其工作是一种具体的资源组合性质的工作，主要任务是在确定性约束条件下优化实施过程，将“蓝图”变成建设项目实体，实现投资决策意图。

4. 建设项目总结评价阶段

建设项目总结评价阶段是在项目投产或运营一段时间之后，对项目建设的全过程、项目目标的实现情况，特别是项目的经验和教训进行总结与评价，其工作是一种总结评价性质工作，甚至可以说是依托于生产经营过程的一种分析研究工作。

1.3.2　建设项目周期各阶段对投资的影响

大多数建设项目周期有共同的人力和费用投入模式：开始少，后来多，而当建设项目建成时又迅速减缓，如图1.2所示。

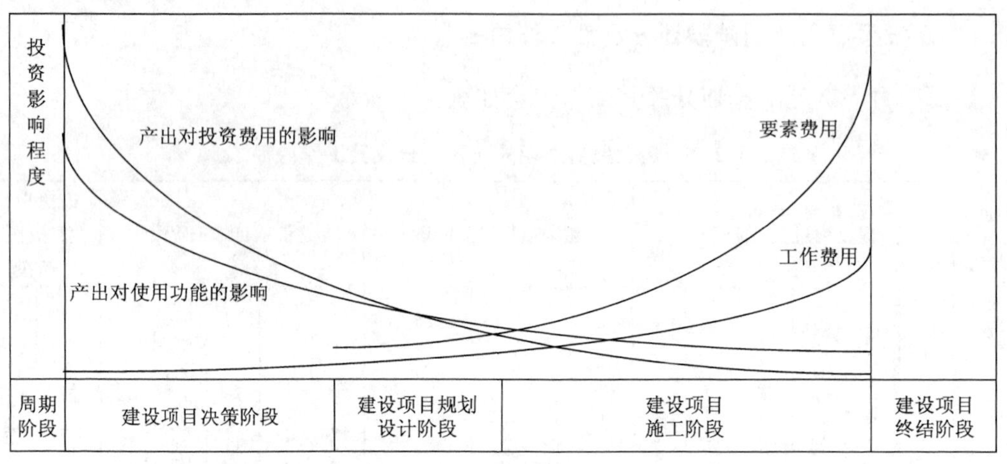

图1.2　建设项目周期各阶段对投资的影响因素示意图

1. 建设项目决策阶段对投资的影响

项目决策阶段的基本特征是智力化或称知识密集性，其主要投入是投资机会分析、市场调查分析和可行性研究等费用。在项目决策结果没有得出之前，一般不会进行土地、材料、设备等要素投入，这表明在项目决策阶段，工作成本对投资影响极小，对要素成本不构成影响。

项目决策阶段的产出是决策结果，是对建设投资活动的成果目标（使用功能）、基本实施方案和主要投入要素（品种、数量、质量、价格、取得形式）做出总体策划。这表明项目决策阶段对项目投资和使用功能具有决定性影响。

2. 建设项目设计阶段对投资的影响

项目设计阶段的基本特征是智力和技术的双重性。这个阶段的投入包括两方面：一是设计人员的工作报酬；二是某些重要建设要素的预订和购置，主要订购的是土地和特殊材料、设备。这表明在项目设计阶段，工作成本对投资影响较小，要素成本是一个重要控制因素。

项目设计阶段的产出，一般是用图纸表示的具体设计方案。在这个阶段项目成果的功能、基本实施方案和主要投入要素（品种、数量、质量和取得形式）就基本确定了。这表明项目设计阶段对项目投资和使用功能具有重要影响。

3. 建设项目施工阶段对投资的影响

项目施工阶段的基本特征是资金和劳动的双重性。这个阶段的投入包括两方面:一是建筑施工人员的工作报酬;二是建筑施工要素的投入。这表明在项目施工阶段,成本已经成为项目投资的重要影响因素。

项目施工阶段的产出就是建设投资活动的最终成果——投资产品。由于投资的主要因素在此之前已基本确定下来,这个阶段对产出和功能的影响较小,但施工质量对项目使用功能有较大的影响。

4. 建设项目总结评价阶段对投资的影响

这一阶段,从一般意义上讲只是一种探索项目投资的事后控制和检验评价的规律和方法。

由此可见,建设项目最后实现的经济效果,很大程度是由设计工作决定的,而设计工作又是体现和贯彻项目决策意图的,所以在项目决策上的失误是重大的失误;如果决策工作没有失误,还要在设计阶段把好设计关。因为决策工作上的失误以及设计方案上的失误,这是施工阶段无法弥补起来的;相反,在项目决策和设计上的节约是重大的节约。为此,必须重视和加强建设项目的决策和设计工作,这对于提高建设项目投资的经济效益,起着极其重要的作用。此外,为了缩短项目周期,尽快发挥建设项目投资的经济效益和社会效益,应该着眼于建设项目各阶段所需时间的缩短和提高建设项目各阶段工作的质量。

1.4 建设工程经济学的研究内容

建设工程活动涉及各个部门、各个方面,同时也存在于建设工程活动的各个阶段。因此,建设工程经济学研究的内容是相当广泛的。

1.4.1 按研究的范围划分建设工程经济学研究的内容

按分析研究的范围不同,建设工程经济学研究的内容可分为宏观研究和微观研究:

1. 宏观研究

所谓宏观研究是指那些涉及整个国民经济或部门、带全局性和大问题的经济效益研究,这是一些具有战略性的建设工程活动的研究。属于建设工程活动宏观研究的内容有:

(1) 全国或某一行业或某一地区社会经济发展规划的研究。

(2) 投资方向、投资结构、投资效果和投资规模的研究。

(3) 各种资源的合理开发与综合利用。

(4) 城市建设的规模和布局。

(5) 环境污染防治方式的选择。

(6) 各种标准和系列的制定。

(7) 生产专业化、协作化和联合化。

(8) 技术引进的规模、方式、技术的选择与决策问题。

2. 微观研究

所谓微观在建设领域是指那些涉及一个企业、建设工程或技术方案的经济效益的研究,这是相对宏观而言的,事实上宏观和微观技术经济分析是相互渗透,相互影响的。属于建设工程活动微观研究的内容有:

(1) 建设项目规模论证问题。

(2) 建设项目产品方向的研究。

(3) 设备的选择、使用与更新分析。

(4) 原材料的选择和运输路线选择问题。

(5) 新技术、新工艺的采用及其效果分析,新产品的开发、论证及其评价问题。

(6) 工程项目经济效益分析,评价问题。

(7) 科研项目的经济效益评价问题。

1.4.2 从建设工程活动的阶段划分建设工程经济学研究的内容

从建设工程活动的各个阶段看,建设工程经济学的研究内容可分为:

(1) 决策工作阶段的建设工程经济问题研究,如投资机会研究,建设项目可行性研究,建设项目评估等问题。

(2) 设计工作阶段的建设工程经济问题研究,如建筑设计方案的评价。

(3) 工程施工阶段的建设工程经济问题研究,如施工方案的评价。

(4) 生产运行阶段的建设工程经济问题研究。在生产运行阶段,为了提高质量、增加产量、降低成本,需经常研究现有生产技术、工艺、设备的配合情况,原料、燃料、辅助材料等技术条件及其发展趋势,进行"瓶颈"分析,找出薄弱环节,制订技术方案,进行大量的工程经济分析工作。只有这样才能取得预期的效益。

以上四个工作阶段的工作质量最终都将影响建设项目生产运行的效益。所以,建设工程经济分析贯穿于建设项目决策、设计、施工和生产运行的各个阶段。

1.4.3 从时间上划分建设工程经济学的研究内容

从时间上来看,建设工程经济学的研究内容可分为:

(1) 事前进行的建设工程经济分析,包括决策工作阶段进行的建设工程经济分析,为决策提供依据,这是建设工程经济研究的重点。

(2) 事中进行的建设工程经济分析,包括建设工程设计和施工中进行的建设工程经济研究。

(3) 事后进行的建设工程经济分析,这可以总结经验和教训,指导下一步工作,最终也是为事前、事中进行建设工程经济研究服务的。

综上所述,从宏观到微观,从决策、设计、施工到生产运行,从方案实现前中后都有大量的建设工程经济问题需要研究。

1.5 建设工程经济分析的程序与方法

1.5.1 建设工程经济学的特点

建设工程经济学和其他学科一样,也有自己突出的特点。

1. 学科的综合性

从前面阐述可知,建设工程经济学横跨多个学科,包括技术学科、经济学科、管理学科等,也就是说,它既要研究技术,也要研究经济、研究管理。但它研究的既不是纯技术,也不是纯经济、纯管理,而是利用管理的思想、运用技术经济手段,研究技术、经济、社会、环境生态的关系问题,这是建设工程经济学的最大特点,是同所有技术学科、经济学科、管理学科等不同的地方。对一个具体的建设工程活动,在大多数情况下也是个多目标,多指标的组合,它既包括技术因素的指标,又包括经济因素的指标,也涉及社会因素的指标,环境生态因素的指标,而这些指标有些是定量的,有些又是定性的;而且在考虑建设工程活动本身具有各种因素时也要考虑与建设工程活动相关的其他因素,也就是说,既要有纵向的内涵深入,又要有横向的延伸。这些都表明建设工程经济学是一门综合性很强的学科。

2. 学科的实践性

建设工程经济学与经济的发展、技术的选择、资源的综合利用、生产力的合理布局等密切相关。它的研究数据、信息资料来源于建设工程活动实践;理论探索也离不开建设工程活动实践;它的研究成果通常是以一个规划、计划,或者是一个具体的方案,具体的建设项目,既为实践服务,又接受实践检验。由此可见,建设工程经济学具有很强的实践性。

3. 学科的系统性

建设工程经济学也是一门系统性很强的学科。任何一项建设工程活动的实施,都涉及技术、资金、人力、环境生态、社会和文化等各种因素,都可能从各个方面影响活动的效果。这就决定了对任何一项建设工程活动的决策,都必须将影响其效果的各种因素纳入到一个系统中进行综合考虑,分清主次,明确重点,使最终决策避免片面性。例如,一个建设项目论证,就是一个大系统。其中,市场预测、产品设计、工艺设计、厂址选择、经济评价、社会评价、环境评价等,都是这个项目有机整体的一部分,谁也不能脱离系统整体而独立存在,研究任何一个局部问题,都要从系统整体出发,用系统分析方法考察整个系统的种种影响。这些都反映了建设工程经济学具有系统性的特点。

4. 学科的预测性

建设工程经济学的基本研究大多是在活动发生之前,那么就意味着它们含有“不确定性因素”与“随机因素”的预测与估计。因此,建设工程经济学具有预测性的特点。例如,要把握采用某项技术的效果,判断是否值得采用该项技术,就必须进行全面的建设工程经济分析，就会涉及诸如市场需求、销售价格、所需原辅材料、燃料动力的供应及保证、风险等许多内容，这些均需预先做出估计，并根据过去和现在的实际情况，推断未来将会发生的情况。虽然预测有一定的误差，但它是依据一定的历史统计资料和现在掌握情况进行估计，其值是接近实际的，是可为决策提供可靠信息的。

5. 学科的数量性

建设工程经济学是一门定量学科，它的研究也是以定量为主的。在建设工程经济研究中，有些定性因素也要想办法让它定量化，这也是建设工程经济学一个很重要的特点。在建设工程经济分析过程中，常需要把技术、经济、社会、环境生态等因素与数学方法结合起来，进行很多的数学计算，甚至还要用很多数学模型，计算量也比较大，一些先进的计算手段，如计算机在建设工程经济中的应用是比较广泛的。特别是在具体项目规划、设计、论证过程中，数据之多，计算量之多，计算之繁杂，有时没有计算机是难以完成的。

6. 学科的比较性

建设工程经济学是经济学的一个分支，经济学的研究实际就是进行经济比较，经济学在某种意义上讲是比较经济。建设工程经济学也是这样，并且表现得更为明显。例如，在对任何技术方案决定取舍之前，都应找出可类比的不同技术方案，而任何一种技术，又可找出若干不同的采纳方式、采纳条件。这样，就可以在任何一种具体条件下决定取舍某一技术时，做到综合各方面因素，以便选择出最恰当的技术，并赋予最恰当的条件，保证采用技术的先进性、可行性、合理性。所以比较性是建设工程经济学研究的一个很重要的特点。

综上可知，建设工程经济学这些特点决定这一学科不仅能够存在，能够发展，而且有着广阔的发展前景。

1.5.2 建设工程经济学的分析程序

建设工程经济学的研究工作和其他的科学研究工作一样，也有它自己的研究工作程序，如图 1.3 所示。

1. 摆明问题

建设工程经济分析的第一步就是通过调查研究寻找社会经济环境中显在和潜在的需求，即全面分析社会经济环境中某一系统的相关情况和有关资料，从中找出需要建设工程经济学解决的关键问题。这里所指的系统，可以是建设项目，也可以是技术措施；既可以是宏观的，也可以是微观的。而相关情况和有关资料，则包括历史的、现状的和未来的。

2. 目标确定

确定目标，这是建立方案的基础。建设工程活动的成功与否，取决于系统是否能满足人们的需要。因此，目标要依分析对象的不同而定。根据第一步所摆明的问题，将问题作全面的合乎逻辑的描述，从而明确项目的目标要求，并确定评价标准和有关参数。

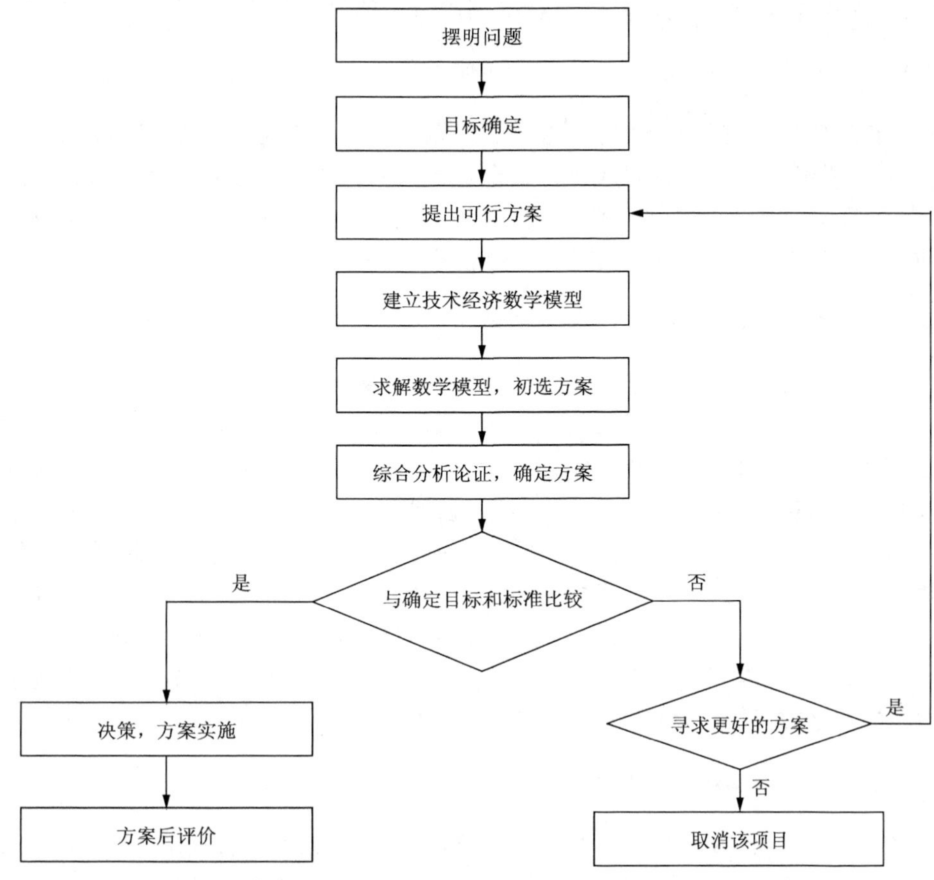

图 1.3　建设工程经济学分析的基本思路

3. 提出可行的方案

根据所确定的目标，进行调查研究，重点搜集与之有关的技术、经济、财务、市场、政策法规、社会、环境生态等方面资料和数据，包括技术性能指标，技术水平与技术参数，投资费用和建设周期等。寻找实现目标的制约因素。在此基础上设计能解决问题，实现目标的各种可行的替代技术方案。分析各种可能的技术方案在技术、经济、社会、环境生态等方面的内部和外部的利弊关系及其影响因素。

4. 建立技术经济数学模型

建立各种技术方案的技术经济指标和各种参变量之间的函数关系，列出相应的技术经济公式和方程式。在建立技术经济公式和方程式时，必须根据需要，正确地决定采用什么样的技术经济指标和参变量作为主要的技术经济指标和主要的参变量。因为技术方案的技术经济指标很多，影响技术方案技术经济指标的参变量也可能很多，不可能把所有的技术经济指标和参变量都一一加以考虑，列出公式，进行计算。如这样做，一方面会使工作复杂化，另一方面对于技术方案的最优选择并没有很大的必要。因此，要正确选择纳入模型的指标和参变量,既简化计算又能正确反映方案的经济效果。

5. 求解数学模型,初选方案

为此,首先应把所需要的各种具体数据和资料,包括各种自然资源的、技术的和经济的指标代入技术经济公式和方程式进行数学上的运算。然后求得各个技术方案的经济指标的具体数值,利用方案比较的方法,进行经济上最优方案的选择。本步骤的关键是所引入数据的准确可靠,且不可臆造。否则,就必然影响决策的结果。

6. 技术方案的综合分析论证,确定方案

在建设工程经济学中的一个巨大危险是"最优方案"。因为人们常常被数学上可以证明的最优方案所吸引,但必须记住,每个技术方案在技术经济方面的优劣并不是常常都能用公式进行数量的计算。如果数学模型的解真的是对于某个既定环境来说已经包括了一切因素,那么就可以不需要作什么判断了,但这种情况是极少的。事实上,技术方案涉及的问题是复杂的。它既可能有经济上、技术上的要求,也可能有政治、国防、社会、环境生态、自然资源等方面的考虑,用最优性的概念来评价技术方案常常是不实际的。在这种情况下,建设工程经济学着眼于对技术方案的影响因素,包括定性的和定量的因素,进行综合分析、论证和评价,以判断各方案能否达到预定的目标。据此确定各方案优先选用的顺序,最后才能选定"最佳"或者是"最适"的技术方案。

7. 与预定目标和标准作比较

将最后选出的最佳或者是"最适"的技术方案与预定目标和标准作比较,符合者就采用,不符合者则需要重新考核项目的可行性,或寻找更好的方案,或对最初建立的一些方案或指标的合理性进行修改和补充,并重新按以上程序分析论证。

8. 决策,组织实施

决策就是从若干行动方案中选择实施方案,它对建设工程活动的效果具有决定性的影响。在决策时,建设工程经济分析人员应特别注重与决策人员的信息交流,使决策人员充分了解各方案的特点和各方面的效果,这些效果既包括经济效果,也应包括社会效果、环境效果,使决策最大程度地建立在科学研究的基础之上。

在方案实施过程中,除了要加强技术方案实施的组织、控制、监督工作外,还有许多建设工程经济工作要做。例如,当有些重要指标随着技术和经济的发展发生较大变化的时候,也要再进行建设工程经济分析工作,使方案的经济效益不断提高。

9. 项目后评价

项目后评价是工程经济学分析程序中必要的步骤。它主要是通过技术方案实施后的经济效果进行评价,去发现技术方案实施前后其评价结论的偏差,通过偏差分析去进一步发现哪些事前的假设真正影响结论,影响到什么程度,结论是符合实际情况或能否令人满意,针对存在的经济效益缺陷,及时修正。总之,通过项目后评价,有利于检验项目事前评价的水平，针对存在的问题，及时加以解决。同时，通过项目后评价这一信息反馈，有利于建设工程经济分析的提高。

必须指出，上面所述的建设工程经济工作程序是一种常用程序，而不是唯一的程序。根据建设工程活动问题性质的不同，还可以采用其他的研究方法和工作程序。同时，整个建设工程经济分析是一个不断深入、不断反馈的动态分析过程。

1.5.3 建设工程经济学的研究方法

建设工程经济学是自然科学、社会科学密切交融的综合科学，是一门与生产建设、经济发展有着直接联系的应用性学科。因此，建设工程经济学的研究方法主要包括以下内容。

1. 调查研究

这种方法虽然在各种研究工作中都能采用，但是它对建设工程经济学的研究来说有着特别重要的意义。因为调查研究不仅是进行建设工程经济计算、分析、比较、评价的基础和前提，而且也是检验建设工程经济理论方法和具体结论准确性的依据。通过调查研究，有助于弄清每个技术方案有关的技术因素、经济因素、社会因素、环境因素的情况，弄清这些因素之间以及与其他相关因素之间的联系，各因素的变量关系，依据和条件；通过调查研究，也同样有助于总结建设工程技术发展的一般规律和实践经验，发现生产建设中实际存在的建设工程经济新问题。由此可见，调查研究是建设工程经济学研究很重要的一种方法，这种方法的应用自始至终存在于建设工程经济研究工作的全过程中。

2. 系统分析方法

技术方案，尤其是大型的技术方案，其建设工程经济研究往往很复杂。对此，首先要有一个系统的观念，即把所研究的问题看作是一个系统，是一个具有共同目标，互相联系，互相影响的若干因素组成的有机整体。从整体出发，全面分析哪些是系统的内部因素，哪些是系统外部环境，在此基础上进一步分析系统内部结构和行为的影响。只有这样，才能更深刻认识所面临的建设工程经济问题，才能实现方案整体的优化。

3. 计算分析方法

传统的经济科学主要是采用论证分析的研究方法，不像自然科学技术那样经常采用数学计算的研究方法。但是建设工程经济学吸取了自然科学技术研究的长处，对建设工程经济效果着重用数学计算方法去进行研究，最后得出数量的结果，所以计算分析方法是建设工程经济学经常采用的一种很重要的方法。在具体应用中计算分析有的比较简单，运用一般数学就行，有的比较复杂，需要应用高等数学、运筹学和计算机才行。

4. 比较分析方法

这是贯穿建设工程经济学研究过程始终的基本方法。因为建设工程经济学是研究技术方案的经济效果的，经济效果是好是坏，只有通过比较分析才能判断。

5. 论证分析方法

社会经济科学所采用的论证分析的方法在建设工程经济学的研究中也是很重要的研究方法。对于任何一个建设工程经济问题,都要进行辩证的分析,对各方面的资料,计算数据,考虑因素和最后的结果要进行科学的论证。

应该指出,建设工程经济学的研究必须把上述五种方法结合起来进行综合研究,这种综合研究方法的必要性是由建设工程经济学本身特点所决定的。

1.6 建设工程经济学研究的目的和任务

1.6.1 建设工程经济学研究的目的

从前述建设工程经济学的研究对象、研究内容可知建设工程经济学研究的目的有以下几点。

1. 为国家制订建设工程活动的技术政策、技术路线提供依据

因为采用不同的技术政策、技术路线,其带来的效果是大不一样的。只有通过对本国和本地区资源特点和自然、社会、经济、技术等条件进行全面、系统的建设工程经济研究,才能保证建设工程活动的技术政策、技术路线的可靠、可行和经济合理。

2. 确保建设项目获得良好的经济效益

建设项目的工程经济研究,第一,是在项目决策阶段,要确定投资项目是什么、投资多少、什么时候建设、对建设进度有何要求、资金怎样筹集、采用什么技术路线等重大问题。

第二,在设计阶段,要确定具体的厂址、产品方案、工艺方案等。

第三,在施工阶段,要确定施工方案、施工组织方案、施工进度安排、材料的选择等。

第四,在生产运行阶段。要根据不断变化的内外部条件,进行分析,如各种原料配比的确定。各种工艺条件如温度、流量、压力、速度、尺寸、强度的选择等。

总之,建设工程经济学研究要渗透到建设项目的决策、设计、施工、运行阶段的不同层次的建设工程活动工作中去,才能最终保证建设项目有更好的经济效益。

3. 促进科学技术与社会经济协调发展

为了不断地发展科学技术和提高社会生产力,人们需要研究发展和创造更先进和更新的技术,但是到底需要研究发展哪些技术,才能符合社会的实际需要,并能收到预期的经济效果,那就需要对科学技术的研究成果进行工程经济学的研究。因此,加强建设领域科学技术研究及应用的工程经济分析,才能保证建设科学技术与社会经济高速协调的发展。

4. 提高企业经济效益

在企业经营管理中,有大量的工程经济问题,如生产规模问题,新技术、新设备、新工

艺、新材料、新能源的应用问题，新产品、新规划、新设计、新措施、新方案的实施问题，机械设备装备和更新的问题，技术改造问题等，通过建设工程经济研究，就可为企业经营管理决策提供科学根据，进而保证企业获得良好的经济效益。

综上所述，建设工程经济研究的目的归结为一点就是确保技术方案的经济效益，促进科学技术和社会经济可持续地不断向前发展。

1.6.2　建设工程经济学的任务

一切科学研究的任务都是揭示客观世界的规律性的。建设工程经济学研究任务就是揭示建设工程活动的客观规律，也就是寻找建设工程活动中技术、经济、社会、环境之间的合理关系，即最佳关系。具体地说，建设工程经济学的任务有以下三个部分：

(1) 根据经济学的理论，研究各种技术方案经济评价共同的理论和方法。

(2) 结合建设工程活动研究各种具体建设技术方案的建设工程经济分析原理。

(3) 能够在建设工程活动实践中根据各种具体的条件来解决各种具体的建设工程经济问题，以供国家和有关单位作为实际工作中的参数和依据。

应该指出，上述三部分任务之间互相有着很密切的联系，前两部分的研究实际上应该是第三部分研究的基础，而第三部分的研究则是前两部分研究的必要前提。

1.7　建设工程经济与建设执业能力的关系

建设工程活动的主体，包括建设业主（或投资人或使用业主）、政府、设计、施工、材料设备供应和各类相关中介咨询机构，其中建设工程活动具体且重要的参与者或承办者是决策者、设计师、咨询工程师、监理工程师、建造师、造价工程师、投资项目管理师和政府相关工作人员等，他们都需要具备相应的执业能力。作为一个现代的建设工程活动的参与者，不仅需要熟悉相关专业的技术，同时必须具有经济头脑。强调这一点，对于从事建设工程活动的我国理工科专业毕业的人员尤为重要。这是因为建设工程产品的技术先进程度和制造费用高低在很大程度上是由相关专业人员在工程设计和制订建设方案过程中早已决定了的。如果相关专业人员在工程设计和制订建设方案时不考虑市场需要，不考虑生产成本，这将影响到企业的生存与发展。要提高建设工程产品的经济效果，就必须在建设工程产品设计和制订建设方案及实施的全过程中既注意提高其性能和质量，又注意降低生产成本，做到“物美价廉”。一个理工科专业的学生——未来的专业执业者或决策者，如果不学习必要的建设工程经济知识，就不能在未来的建设工程活动中正确处理专业技术与经济的关系，就难以做到使自己的工作真正有益于社会。因此，对未来的建设工程专业执业者，不仅必须精通其所属的专业技术，具有较强的解决技术问题的实际能力，而且还要有强烈的建设工程经济意识和解决实际生产问题的本领，让他们能够进行经济分析和经济决策。

为有效地对建设工程活动（或项目）进行经济分析，从事建设工程经济分析人员应具备以下知识和能力：

(1) 熟悉建设工程活动的相关技术知识。

(2) 正确了解国家的经济、技术发展战略和有关政策。

(3) 了解社会经济环境中人的行为和动机。

(4) 具备市场调查的能力。

(5) 掌握科学的预测工具。

(6) 要学会拟定多种替代方案并从中选择最优方案。

(7) 要善于把定性分析和定量分析结合起来。

(8) 坚持客观公正的原则。

(9) 遵守国家的法律、法规和部门规章。

总之,学习建设工程经济学,树立经济观点,建立技术、经济、社会、环境意识,掌握建设工程经济分析和经济决策的方法与技能,提高解决实际的建设工程活动问题的能力对于理工科大学生和建设工程专业人员来说是十分必要的。

复习思考题

1.1 建设工程经济学中,工程和经济的概念分别是什么?

1.2 试述建设工程经济学中工程和经济的关系,并举例说明。

1.3 为什么说建设工程经济学中的"工程",比一般所说的"工程"含义更丰富?

1.4 建设工程活动的要素有哪些?

1.5 建设工程活动的性质和任务是什么?

1.6 怎样理解建设工程活动的"有效性"?

1.7 为什么在建设工程活动中要讲求经济效果?

1.8 为什么要科学地预见建设工程活动的效果?

1.9 提高建设工程活动的经济效果有何积极意义?

1.10 建设工程经济学的内涵是什么?它包括哪些内容?

1.11 建设工程经济学研究的对象和任务分别是什么?

1.12 简述建设工程经济学的学科特征。

1.13 研究建设工程经济学具有哪些重要意义?

1.14 建设工程经济学分析的一般过程是什么?

1.15 为什么说建设工程经济学分析是一个动态规划过程?

1.16 为什么要对建设工程技术方案进行系统评价?

1.17 建设工程经济学与其他相关课程的相互关系是什么?

1.18 建设工程经济分析人员应具备哪些知识和能力?

第二章　建设工程经济学的基础理论

2.1　经济效果理论

2.1.1　经济效果

1. 经济效果的概念

建设工程经济活动要投入一定的劳动(包括活劳动与物化劳动)以取得预期的成果，而劳动成果与劳动耗费之间的比较关系，称之为经济效果。讲求实际“功效或效果”，强调建设工程活动所造成的客观后果及影响，其主要特质是“结果性”。

2. 经济效果的表达形式

建设工程经济活动的经济效果一般表达形式有绝对和相对两种。

1) 绝对表达形式

经济效果的绝对表达形式如下式(在具体应用时，要求劳动成果与劳动耗费的计量单位要统一)。

$$经济效果(I) = 劳动成果 - 劳动耗费 \tag{2-1}$$

式中，劳动成果，依建设工程经济活动投入的目的而定，它可以是物质产品，或是某种使用价值，或是某种效益；劳动耗费，就其内容它包括物化劳动和活劳动的耗费两部分，就其经济性，劳动耗费又可分为劳动占用和劳动消耗两部分。劳动占用是实现技术方案过程中即建设期内所需的劳动耗费；劳动消耗是技术方案在长期使用过程中所需的劳动耗费。在现代化生产中，财富的创造不仅取决于生产过程中劳动消耗，更多地取决于生产过程中所使用的技术装备的先进程度。

2) 相对表达形式

经济效果的相对表达形式如下式(在应用时，分子、分母的计量单位不必要求统一)。

$$经济效果(II) = 劳动成果 / 劳动耗费 \tag{2-2}$$

针对经济效果的相对表达式，具体有三种情况：

(1) 耗费相对稳定，成果最大化。

(2) 成果相对稳定，耗费最小化。

(3) 成果与耗费比值最大化。

据此，可以设计许多建设工程经济指标，并通过指标数值的大小进行比较。

总之，经济效果的表达式各有其优劣，要根据所研究的建设工程经济具体问题来选取。

3. 经济效果的评价标准

1) 经济效果不同于技术效果

物理学中的技术效果(或技术效率),也是所费与所得之比较,但由于能量转换总是有损失的,所以技术效果(或技术效率),永远是小于1的,即

$$\text{技术效果(率)} = \text{产出} / \text{投入} < 1 \tag{2-3}$$

而经济效果与技术效果不同,经济效果(相对表达式)可以大于1,或等于1,或小于1。

人们从事经济活动所追求的目标是使经济效果即产出与投入之比大于1。经济效果怎么会出现大于1的情况?这正是人们的主观能动性的结果,这种主观能动性体现在:

(1) 人们能够充分认识和利用客观规律,包括自然规律和经济规律,从而保证了人的劳动的有效性。

(2) 人的活劳动在劳动过程中能够创造出新的价值。

由于以上缺一不可的两个条件,人们活动的经济效果,即产出与投入之比能够大于1,也即产出大于投入。

2) 经济效果的评价标准

经济效果的评价标准和经济效果的概念及其数学表达式(即经济效果指标)三者是相互一致的。由于经济效果是一个比较的概念,要比较就要有一个比较的共同尺度,这尺度就是经济效果的研究标准。

如果建设工程经济学的研究对象是单个技术方案自身的经济效果,那么把方案本身所得和所费进行比较,如果所得大于所费,说明经济效果是好的,用公式表示如下为

$$\text{经济效果}(I) = \text{劳动效果} - \text{劳动耗费} > 0 \tag{2-4}$$

$$\text{经济效果}(II) = \text{劳动成果} / \text{劳动耗费} > 1 \tag{2-5}$$

如果建设工程经济学的研究对象是对多个技术方案的经济效果进行比较,那么经济效果好而且最大的技术方案,其经济效果最好,用数学形式表达如下为

$$\mathrm{Max}\{\text{经济效果}(I_j) > 0\} \tag{2-6}$$

或

$$\mathrm{Max}\{\text{经济效果}(II_j) > 1\} \tag{2-7}$$

应该指出,在进行多方案经济效果的比较时,不仅要比较方案之间相互效果的大小,而且也要比较方案自身的经济效果是否符合标准。在一般情况下,如果方案自身的经济效果不好,即使它与其他方案相比较的效果很好,这个方案也是不可取的。

4. 经济效果的种类

由于人们对投资活动目的的要求不同,其经济效果也不一样。在建设工程经济学中,通常根据研究对象把经济效果分成如下几类:

(1) 按研究的领域不同,经济效果可分为生产活动领域的经济效果和非生产活动领域的经济效果。如果再按生产领域中的不同行业分类,经济效果可进一步分为:农业经济效果、工业经济效果、建筑经济效果、邮电经济效果、消费经济效果、教育经济效果等。

(2) 按层次和规模不同，经济效果可以分为全国、地区、部门、企业、车间、宏观、微观、整体、局部等各种不同的经济效果。

(3) 按用途不同，经济效果可以分为绝对经济效果和相对经济效果；直接经济效果和间接经济效果。

(4) 按时间因素考虑，经济效果可以分为静态经济效果和动态经济效果；近期(或当前)经济效果和中远期(或长期)经济效果。

(5) 按建设项目阶段不同，经济效果可以分为建设效果和营运(使用)效果。建设效果是衡量建设项目建设期投入货币量转化为实物资产量成效优劣的客观尺度，能够使投入建设成绩和效果以一种客观、专业和系统的指标体系反映并展示。营运(使用)效果是综合反映建设项目竣工投产后是否实现预期目标的重要尺度，能够从最终结果折射出建设项目决策、预期目标、建设成效等正确的方面或存在的问题，并能对建设项目全过程实现总体效果总结。

(6) 按性质不同，经济效果可以分为内部效果和外部效果。内部效果是给项目主体直接带来的效果。外部效果是给项目主体之外带来的效果。因为效果评价是以在资源已经使用的情况下实现预期目标的程度来衡量的。对于一些基础设施项目，带有公共性，如公路建设项目，其经济效果评价指标不能全部用反映产出的数量指标来衡量，而是反映公路建设成后所发挥作用的效果，经济效果的外部性比较显著，不能与每段公路建设直接挂钩，但却与整体路网建设效果和个案建设效果有着重要联系。

2.1.2　经济效益

1. 经济效益的概念

经济效果是劳动耗费与劳动成果的比较，实质上它反映了劳动耗费转化为劳动成果的程度如何，而劳动成果有好坏之分，所以经济效果也有好坏之分，这好坏之分是以经济活动所带来的劳动成果满足社会利益的程度，即效用来体现的。可用经济效益来表述这个问题，即

$$经济效益 = 经济效果 \times 效用 \tag{2-8}$$

从式(2-8)可以看出，经济效益是一个内容和范畴都比经济效果更丰富，更广泛的概念，它从效用和效果两个方面来评价或表现某一经济活动的结果。有经济效果，不一定就有经济效益。经济效果高，只说明劳动耗费转化为劳动成果的程度高。但是这些劳动成果只有转化为社会有效的使用价值，才反映劳动成果具有效用。经济效益体现在劳动投入，转换到产出的物质生产的全过程中。

根据上述分析，经济效益表达式也有相对和绝对之分，即

绝对表达式：

$$经济效益(I) = 有效的劳动成果 - 劳动耗费 \tag{2-9}$$

相对表达式：

$$经济效益(II) = 经济效果 \times 效用 = \frac{劳动成果}{劳动耗费} \times \frac{有效的劳动成果}{劳动成果} = \frac{有效的劳动成果}{劳动成果} \tag{2-10}$$

从上述两式可知，对单一方案，只有经济效益(I)>0 或经济效益(II)>1，方案才会有好的经济效益；对多方案评价时，只有在方案自身经济效益较好的基础上，经济效益指标值越大越好。

2. 经济效果与经济效益的关系

从经济效益、经济效果的概念可知，经济效果和经济效益都是一定经济活动的结果，而且经济效果是获得经济效益的前提，没有经济效果就谈不上经济效益，要求经济效益，必须先有经济效果。但是，有经济效果，并不一定有经济效益。因为经济效益不仅考虑经济活动的结果，而且要考虑这个结果是否满足社会需要(即效用)，只有满足效用的经济效果才有经济效益。经济效益的好坏不仅与技术方案有关，而且与经济管理的工作有关。基于此，技术方案的评价首先就是方案经济效果的评价，有时也要进行经济效益的评价，因为这两者的目标是一致的。

2.1.3 经济效果的评价原则

1. 坚持使用价值和价值统一的原则

因为技术方案，尤其是生产技术方案，其经济效果体现在生产符合社会需要的产品中，产品是建设工程经济活动经济效果的物质承担者，是价值的依托，是构成社会财富的实体。没有适销对路、物美价廉的产品，就没有经济效果，产品也就不可能被社会所承认，产品就不能实现其价值。这就是对人力、物力、财力和自然资源的浪费。

2. 坚持速度和效果统一的原则

速度与效果的关系是辩证统一的，他们的统一性在于两者是相互依存的。速度反映经济发展的数量和规模，一定经济效果又包含在一定的发展速度中。假如技术方案满足需要，但是它速度不快，消耗了很多劳动，那么这样的技术方案就不能满足社会的需要；当然也不能离开提高经济效益这个前提去讲求速度，否则会带来严重的恶果。

3. 局部经济效果要服从整体经济效果，整体经济效果也应兼顾局部经济效果的原则

整体经济效果与局部经济效果两者之间的关系是相互依存，互为发展条件的。整体经济效果是局部经济效果的前提和保证，后者是基础，两者是统一的。但有时也会发生矛盾，此时局部经济效果服从整体经济效果，整体经济效果也应兼顾局部经济效果。局部经济效果服从整体经济效果，即局部利益服从全局利益。这就要求在进行技术方案经济效果评价时，不能只注意方案本身或局部的效果，而且要分析方案间接效果，看方案带来的整体效果是否合理，这是因为有的方案虽然能取得本身或局部的效果，但是却会造成其他方面的损失。整体经济效果也应兼顾局部经济效果，即宏观经济效果也应兼顾微观经济效果，没有微观经济效果的积累，也就谈不上宏观经济效果。

4. 当前经济效果要与长远的经济效果相协调的原则

当前经济效果是长远经济效果的出发点和基础，没有当前的经济效果，长远的经济效

果就是空谈。因此，讲求经济效果，必须扎扎实实从当前作起。但是，只顾当前经济效果，无视长远经济效果是不行的，长远经济效果是当前经济活动的战略指导，从长远经济效果着眼，可以避免只顾眼前而带来的无穷后患。例如，企业只为当前生产拼设备，拼人员，不进行必要的设备改造和人员培训，忽视产品开发工作，从长远来说是没有前途的。

5. 经济效果与社会效果、环境效果相结合的原则

社会效果、环境效果是与经济效果相联系的，一般不直接表现为资金价值形式的全社会的利益。经济效果与社会效果、环境效果是对立统一的，它们相互依存，互相促进，经济效果的提高，有利于合理利用自然资源，保护环境和生态平衡，解决人口问题和就业问题；而合理利用自然资源，搞好环境保护与生态平衡，妥善解决劳动就业问题与人口问题等，必须促进经济效果的提高。

6. 经济效果必须符合国家的方针、政策和法命的原则

国家制定或颁布的有关方针、政策、法令，如技术政策、能源政策、资源利用、投资政策、相关法规等，都是技术方案经济效果评价所应遵循的根本原则。

2.1.4　效果监控及反馈理论

对建设项目经济效果实施监控及反馈是运用现代系统工程与反馈控制的管理理论，是对建设项目决策、实施和运营实际结果做出科学的分析和判断过程。建设项目投资是一个十分复杂的系统工程，是由多个可区别但又相关的要素组成的具有特定功能的有机整体，建设项目系统的整体功能就是要实现确定的投资目标。建设项目系统的各项状态参数随时间变化而产生动态变化。建设项目的监控系统是由施控系统和受控系统构成。反馈控制过程是：施控系统将输入信息转换成控制信息，并作用于施控系统后将产生的结果反馈回原输入端，起到控制作用。在控制系统的反馈控制中，需要克服环境变化的干扰，减少或消除系统偏差，使受控系统在运行中处于较稳定的状态，从而达到对建设项目经济效果进行控制和监管的作用。

在建设工程经济活动中，应运用监控及反馈理论保证建设项目的预期效果。建设项目管理的反馈控制过程是：建设工程经济分析人员根据经济环境需要，通过决策评价的可行性分析，把分析结果反馈给建设项目投资决策者，这种局部反馈能使投资决策者在建设项目决策阶段中及时纠正偏差，改进完善目标方案，做出正确的决策并付诸实施。在建设项目实施阶段，执行者将实施效果信息及时反馈给决策管理者，并通过建设项目中间评价提出分析意见和建议，使决策者掌握建设项目实施全过程的动态，及时调整方案和执行效果，使建设项目顺利实施并投入运营。当建设项目运营一段时间后，通过评价建设项目运营成效，将建设项目的经济效益、社会效益与决策阶段的目标相比较，对建设和运营的全过程做出科学、客观的评价，反馈给投资决策者，从而对今后类似建设项目的目标做出正确的决策，以提高建设项目的投资效益。

2.2 工程经济评价理论

建设项目经济评价是在做好建设工程经济研究的基础上，计算建设项目的效益和费用，对拟建项目的财务可行性和经济合理性进行分析论证，做出全面的经济评价和经济结论，为项目决策提供依据。简言之，经济评价的核心就是将建设项目所产生的效益和项目投资及运营费用进行分析比较，对项目的经济合理性做出评价。

2.2.1 经济评价的理论基础

作为应用经济学的一个分支，工程经济学是西方经济学主流的一个延伸。微观与宏观经济学说为工程经济评价理论与方法的建立提供了基础，尤其是效用理论、发展经济学和福利经济学等，更是工程经济评价的理论基础。此外，工程经济评价理论还运用了大量的经济学概念。下面从财务评价和国民经济评价两个方面对工程经济评价的相关理论基础加以介绍和归纳，以便更好的理解和运用。

1. 财务评价的理论基础

财务评价是从建设项目或企业的角度和范围，按照现行财税制度和价格体系，计算建设项目的费用和效益，据以判定建设项目的财务可行性。

财务评价的理论基础主要是新古典经济学的微观经济理论。经济学家偏重于分析企业微观效益，且将分析集中于私有企业追求利润最大化的行为。经济学家认为在市场完全竞争、全民充分就业，以及私人效益和社会效益基本一致等假设条件下，用合理的市场价格计算企业利润，与社会效益一致，并且私人效益之和就是社会总效益。古典经济学中能作为建设项目财务评价理论基础的有完全竞争模式、边际效用理论、社会效用理论等。

2. 国民经济评价的理论基础

国民经济评价是从整个国民经济的角度去评价建设项目对整个国民经济所作出的贡献以及消耗的国民经济资源，其理论基础主要是经济学，包括宏观经济学、福利经济学和发展经济学。

1）宏观经济学

凯恩斯建立了一个能够证明市场价格机制不能自动消除不自愿失业的宏观经济学体系，从理论上论证了政府干预宏观经济运行，特别是以财政政策干预宏观经济运行的必要性。宏观经济学使工程经济评价能够扩展为单个微观项目的宏观意义分析，从而为工程经济评价体系的产生奠定理论基础。

2）福利经济学

福利经济学研究的核心问题是在资源稀缺的情况下，如何最适度的配置资源，使产出的国民收入全社会经济福利达到最大值。福利经济学中能作为工程经济评价理论基础的内容，主要是支付意愿和消费者剩余理论、资源最优配置理论、帕累托最优及补偿原则、外部效果和无形效果等。

3）发展经济学

发展中国家为了能制定出切合实际的经济发展政策和国家计划，也必须对拟建项目做出科学的决策。但是发展中国家的经济有一些自己的特点，不能完全照搬西方宏观经济学和福利经济学的理论，而以发展中国家经济问题为研究对象的发展经济学就成为发展中国家建设项目经济评价的理论基础。

2.2.2　经济评价的方法体系

工程经济评价工作在20世纪60年代基本形成，以后不断完善更新，截止到目前，基本形成了系统完整的项目评价的方法体系。

(1) 经济合作与发展组织(OECD)在1968年出版的《发展中国家工业项目分析手册》中提出OECD法(即L-M法)，该方法以国际市场价格和汇率为计价标准来评价项目的投入和产出，并以项目对国民收入中积累的贡献作为评价目标。

(2) 1972年由联合国工业发展组织(UNIDO)出版的《项目评价准则》系统地介绍了工业发展组织所推荐的工业项目社会费用效益分析的一整套方法(简称UNIDO法)。此书提出用本国货币单位计算的国内价格和采用标准转换系数作为计价标准来评估项目的投入和产出，并以累积总消费作为项目评价目标。

(3) 1975年由世界银行经济学家林思·斯奎尔和范德塔克合著的《项目经济分析——影子价格的推导和估算》提出S. V法，是西方项目评价方面的主要文献之一。此书重点讨论了影子价格的理论和方法，推导了影子价格的计算公式，并考虑了收入分配的影响。

(4) 法国Marc Chervel和Michel LeGall在1976年撰写《项目经济评价手册——影响方法》，提出用本国货币为计算单位的市场价格为基础，用国民收入的增量作为项目评价目标，分析项目的投入和产出对国民经济的初次影响和二次影响来评价与选择项目。初次影响是指项目引起的对投入品需求增加对国民经济的影响；二次影响是指项目产出所得国民净增值的分配和使用对国民经济的影响。

(5) 1978年约翰·汉森撰写的《项目评价实用指南》，是主要根据UNIDO法编写的一本适用于发展中国家项目评价的工作指南。

(6) 1980年由联合国工业发展组织和阿拉伯国家工业发展中心联合编写的《工业项目评价手册》提出增值法，其基本思想是以一个项目对国民生产总值(GNP)的贡献来评判项目优劣。

(7) 1983年，国务院颁布了《关于建设项目进行可行性研究的试行管理办法》；1987年国家计划委员会发布了《建设项目经济评价方法与参数》，1993年国家计划委员会、建设部联合发布了《建设项目经济评价方法与参数(第二版)》，2006年国家发展改革委、建设部联合发布了《建设项目经济评价方法与参数(第三版)》；受国家计划委员会委托中国国际工程咨询公司先后组织编写和发行了《工业贷款项目评估手册(试行)》(1983年)、《建设项目经济评价方法》(1987年)、《投资项目可行性研究指南》(2001年)。

2.2.3 建设项目经济效果评价指标体系

建设项目投资经济效果评价指标分析的目的是为了提高投资决策的正确性和科学性，避免投资决策失误，对提高项目投资的经济可靠性及风险分析理论的发展具有重要意义。

1. 建设项目经济效果产生的基础

建设项目经济效果的形成过程是由劳动人员在一定空间、时间和环境条件下运用适当劳动手段作用于劳动对象而产生的。因此，劳动人员、劳动手段、劳动对象、劳动空间、劳动时间和劳动环境也就是建设项目经济效果产生的基础。

在建设工程经济学中，为了要研究建设工程活动的经济效果，不但要着重项目建设过程中劳动条件和劳动消耗，而且还要研究项目运行过程。因为不能只考虑项目的建设，而不考虑项目的使用，即如果项目建设出来不利用或者利用效果不好，那么项目建设的经济效果也是不好的。总之，建设项目经济效果涉及的因素很多，而且其所需的劳动条件和劳动消耗，产生的劳动成果的目的，形态等都是千差万别，有的甚至难以准确地比较和度量。为了正确地反映建设项目经济效果度量和评价的复杂性和多样性，建设项目经济效果的评价不得不转化为一套指标体系来度量和评价，即用多个相互联系的，相互补充的指标从不同的侧面对建设项目经济效果进行分析评价。这多个相互联系又相互补充的指标称为指标体系，它灵活而全面深入地反映技术方案总体的特点和经济效果。

2. 建设项目经济效果指标体系

建设项目经济效果不是采用一个指标，而是采用一套指标来进行比较评价的，这些评价指标又是多种多样的，它们从不同角度反映项目投资的经济性。因此，有必要按指标的性质，将指标进行分类。在建设工程经济学中，指标通常可以分为以下六组 12 类指标。

1）经济指标体系和技术指标体系

在实际工作中所采用的各种各样的技术经济指标，不论是价值的或是实物的，相对的或是绝对的，数量的或是质量的，基本上都可以把它们分为两种：一种是经济指标，另一种是技术指标。

① 经济指标体系。其表示劳动成果与劳动消耗的一类指标，其中成果指标主要表现为时间、质量、数量等方面指标；消耗指标则表现为活劳动消耗、物化劳动消耗和劳动空间、时间的占用与消耗等方面的指标。在建设工程经济学的研究中，经济指标有着以下三种不同的用途：一是作为衡量建设技术方案经济效果的经济指标，如净产值、国民收入、劳动生产率、成本、投资等，这一种指标往往是综合性的经济指标，它们对于各种建设工程经济问题的研究都能适用，通常数学模型目标函数的目标就采用这一种指标；二是为计算工程经济方程式和公式的经济指标，如产品的价格、运输价格、每平方米建筑造价等，这种指标的形式最多，对于不同的建设工程经济问题就有自己的一套指标体系；三是作为影响建设项目经济效果的经济因素，如建筑物的造价与构成建筑的材料的价格有很大的关系，因此材料价格指标就是影响建筑方案经济效果的经济因素。当然，这些经济因素的经济指

标往往就是工程经济方程式和公式的参变数。

② 技术指标体系。建设项目的技术指标比经济指标有着更大的专门性，不同的技术方案由于不同的技术特性，就有不同的技术指标。例如建筑方案的技术指标有强度、层高、层数等；电机制造方案的技术指标有功率、转速等，水电站建设方案的技术指标有高水位正常、水位、工作容量、备用容量等。技术指标同样也有三种不同的用途：一是衡量技术方案在技术上可行和不可行，作为技术方案的技术评价指标；二是作为技术方案的技术指标的不同都会立即影响到经济指标的不同；三是在不少情况下，技术方案的技术指标本身往往就是工程经济研究所必须解决的技术参数，如建筑物的强度、层高、层数等，在这种情况下，这种技术指标本身就是经济方程式和公式中的主要参变数。

在实际工作中，也有一些这样的指标，如效率、利用小时数、原材料、燃料和动力消耗等，这些指标具体是经济指标还是技术指标要视具体情况而定。

2）货币指标体系和实物指标体系

在经济指标体系中，一般可以分为货币指标体系和实物指标体系两种。

① 货币指标体系是指用货币形式表示的各种指标。在建设工程经济研究中，常常以货币指标作为主要的指标体系，因为它有很多优点，能够把各种实物形式的指标(如几吨钢材，几吨水泥，几万块砖等)通过货币的形式统一起来，这给技术方案的经济评价和计算带来了极大的方便，否则的话，技术方案的经济评价几乎无法进行。

② 实物指标体系是指用实物量表示的各种指标。实物指标是技术方案十分重要的经济指标。它一方面是各种经济指标的计算基础，因为任何经济指标的计算都必须根据各种实物指标来计算；另一方面，各种实物指标还能够计算实物的平衡，了解实物平衡的状况。

3）综合指标体系和单项指标体系

无论是经济指标或技术指标，都可以有综合的和单项的区分，但是综合性和单项指标的概念是相对的。例如成本指标包括了原材料、燃料动力、折旧、工资、其他等各项费用，所以它对这几项费用单独来说，是一个综合性的经济指标，并且对于衡量技术方案的运行的经济性来说也是一个比较全面的经济指标。但对技术方案总经济效果衡量来说，它就成为一个单项的指标，它是经济效果指标中的一个组成部分。综合性指标和单项指标各有各的用途。单项指标便于计算和反映某个方面和某个部分的工程经济情况，同时也是综合指标计算所必需的组成部分，但是它也有不少的缺点，它不能全面地反映技术方案的经济性，并且这个单项指标和另一个单项指标之间常常会发生矛盾。综合指标的最大优点是能够统一各种单项指标之间的矛盾，能够比较全面地反映整个技术方案的工程经济特性，所以综合指标体系往往是衡量技术方案经济效果的主要指标体系。

4）宏观指标体系和微观指标体系

宏观指标体系是指从国家或国民经济的角度来衡量，评价技术方案经济效果的一种指标体系；微观指标体系则是指从企业的角度来衡量，评价技术方案经济效果的一种指标体系。一般在经济效果评价时，宏观指标与微观指标应该相统一。但是，有一些指标统一不起来，有的只能从国家的角度去考虑，如政治、国防等，有的只能从企业的角度去考虑，所以在建设工程经济研究中，既要掌握宏观指标体系，又要掌握微观指标体系，在技术方案评价时，既要有宏观的指标体系，也要有微观的指标体系。

5) 数量指标体系和质量指标体系

数量指标是说明技术方案的规模大小、数量多少的建设工程经济指标，如产量、物资需要量、总成本、职工总数等。质量指标则反映质量的优劣，常用相对数值表示，如优质品率、生产能力利用率、原材料利用率、废品率等。数量指标和质量指标对于反映技术方案的各种建设工程经济特性来说，有着同等重要作用。虽然他们是两种不同性质的指标，但是有着非常密切的关系，不少质量指标，可以利用各种方式转化为一定的数量指标，如项目的质量指标在一定程度上可以通过价格、使用年限和维修费用等数量指标来反映。当然，实际中有很多质量指标并不是都能通过数量指标来反映，如美观、舒适、清洁等质量方面的性能，就很难用数量指标来反映，但也可以用模糊数学评分的方法把它们定量化。

6) 相对数量(单位数量)指标体系和绝对数量(总数量)指标体系

相对数量(单位数量)指标是以相对计算的(百分数或比例)指标，如劳动生产率，投资收益率，单位生产能力的投资，单位产品的成本，单位产品的价格等。绝对数量(总数量)指标是以绝对值来计算的指标，如国民收入多少万元，总投资多少万元，年发电多少亿度，土地占用总量，人员总数等。在建设工程经济研究中，根据实际需要，可以采取绝对的数量指标，也可以采取相对的数量指标。

3. 建设工程经济效果指标体系设置的要求

建设工程经济研究中常用的指标基本上归为上述六对 12 类指标体系，但是究竟在具体工作中应该采用什么样的一套经济效果指标体系，则要根据具体情况和实际需要来决定。因为指标体系与评价采用的视角、计算方法和技术方案的技术特性有关，此外还要考虑技术方案在政治、国防、社会、环境生态、自然资源等方面的影响，是一个技术方案综合评价的指标体系，所以建设工程经济评价中指标的设置是非常重要的。

(1) 要能全面反映技术方案的主要方面或基本特征。

(2) 指标应相互联系，相互补充。从各项指标的相互关系看，指标体系必须是技术方案系统内在联系的科学反映，各项指标不是彼此孤立的，而是相互联系，相互依存的，形成一个既相互联系又相互补充具有科学性的有机整体。

(3) 指标概念要明确。

(4) 指标应通俗易懂，简便易行，易于计算。

(5) 指标要统一与分散相结合，既有国家统一要求，又能照顾到各行业、各部门的情况特点。

(6) 指标之间应有主次之分，即指标之间的重要性不是完全一样的，有些是最重要的，有些是相对重要的，有些是次要的，甚至有些是不必考虑的，这要根据国家的形势和各种具体情况而定。例如，在战争状态下，国防指标就显得特别重要；环境生态破坏特别严重的地方，环境指标就特别重要；无论何时，发展经济，提高经济效益总是人们追求的目标。所以经济效果的指标也是特别重要的指标。

总之，一个理智决策人对建设项目投资决策的意愿是选择收益相对高，风险相对小的项目，即要求项目投资的经济效果风险收益最好。那么如何在给定条件下，即收益、风险一定的条件下，确定最优的经济效果，以及在最优经济效果的条件如何确定收益和风险，为解决这些问题就要求采取经济评价等相关理论与方法建立评价体系。

2.3　建设工程经济比较理论

2.3.1　建设工程经济评价的可比思路

比较是把两种或两种以上事物放在一起，辨别异同，认识本质，揭示规律的思维方法。建设工程活动是普遍规律的统一性和活动方案个案特点的多样性的辩证统一，这为人们进行方案比较提供了客观可能和科学依据。在建设工程经济学的研究中，除了对单个技术方案本身的所得所费进行评价，确定其经济效果好坏以外，更重要的是要把它同其他方案进行比较和评价，从而确定其在这些方案中的经济效果好坏。所以，方案评价的可比原则、比较方法等是建设工程经济学研究中十分重要的内容。

在建设工程经济活动中，技术方案的比较主要是通过技术方案经济效果指标的比较来进行的，其基本思路如下：

(1) 将各备选方案的指标与预定的（或国家、主管部门规定的）标准、定额、指标进行对比。

(2) 各备选方案之间互相进行对比。

(3) 技术方案内效益与费用之间进行分析对比。

2.3.2　建设工程经济评价的可比原则

为了全面正确地反映被比较方案的相对经济性，使其在经济上具有一定的可比性，在进行方案比较时，应遵循的基本原则是建设工程经济学理论的一个重要组成部分。建设工程经济评价应遵循以下五个可比原则。

1. 满足需要可比

任何建设工程活动最主要的目的是满足一定的需要，而满足同一需要又常常有许多可行的技术方案，如为了解决运输紧张问题，提出建铁路、修公路和开辟水运三种解决办法，三种解决办法就是三个方案，为了评价这三个方案的经济效果好坏，需要互相进行经济比较，因此，三个方案之间要能互相替代，否则就不能互相进行比较。所以一种方案若要和另一种方案比较的话，这两种方案都必须满足相同的需要，这是建设工程经济学中一个最主要的可比条件。在建设工程经济学中，满足需要可比主要包括功能、数量、质量几种情况。

1) 满足同一功能的要求

不同的技术方案由于它们本身的技术特性不同，它们的功能有时也是不相同的，在这种情况下，不同的技术方案必须满足功能或使用价值上的一致性。只有这样，方案才能相互替换，才能从中对比和选择；反之，则不能替换，不能相互比较。例如，在建筑围护结构中，普通大板与保温隔热砌体结构方案，它们在满足建筑围护结构功能上是可以对比的，但从保温隔热来说，就难于比较了，这是因为普通大板不具备保温隔热的功能，只有具有保温隔热功能的复合大板才能与保温隔热砌体进行比较、替换。

2) 满足数量(包括产量和品种)上的可比

对不同的技术方案，除了满足同一功能的可比外，还必须满足技术方案在数量上的可比。但须注意，不同技术方案在数量上的可比不是指每个技术方案的产出数量，而是指它所满足社会的某种需要量而言的。

3) 满足质量上的可比

不同的技术方案除了应该符合功能和数量的可比以外，还必须满足质量上的可比。对能够定量的质量功能指标，应根据满足需要的效果大小进行比较；对难以定量的质量功能指标，可采用评分方法并按所得的分数多少，进行比较。

2. 消耗费用可比

每个技术方案的具体实现都必须要消耗一定的社会劳动或费用。由于每个技术方案的技术特性和经济特性的不同，它们在各方面所消耗的劳动或费用也不同。为了使各个技术方案能够正确地进行经济效果的比较，必须考虑各个技术方案在消耗费用上的可比。在建设工程经济学研究中，消耗费用可比包括：

(1) 应从社会全部消耗的观点出发，在技术方案的消耗费用中，既要计算实现技术方案的一次性投资费用，又要计算实现方案后每年的经营使用费用；既考虑方案本身的费用，同时又考虑与方案有关的其他费用，还要考虑邻近部门(如原材料、燃料、动力、运输等部门)的各种费用。

(2) 对综合利用的技术方案和某个只满足单方面需要的技术方案进行比较，必须把综合利用方案分解为若干个满足单方面需要的单独方案。在这种情况下，必须将综合利用方案的全部消耗费用进行分摊，每一个分解出来的单独方案都分摊到相应的一部分费用，才能与某个只能满足单方面需要的技术方案进行比较。

(3) 被比较的各个方案的消耗费用指标，无论是投资指标，还是成本指标，都应具有可比性。

总之，消耗费用的可比，关键是要做到消耗费用的计算原则、计算范围和计算方法、计算深度的统一。

3. 价格可比

每个技术方案一方面要消耗各种费用，而另一方面它又为国家、投资人创造财富。然而，无论是消耗的费用也好，还是增加的财富也好，都需要按照价格指标来计算，在这种情况下，应该考虑价格是否合理的问题。

(1) 要采用相同时期的价格指标，不能把不同时期的价格水平的指标进行比较。此时，可借助于不变价格，或价格指数，将不同时期的价格折算成可比价格进行比较。计算方法如下：

① 不变价格换算法。不变价格是用某一时期的同类产品的平均价格作为固定价格来计算各个时期的费用或价值，即

$$可比价格(I)=产品数量\times不变价格 \tag{2-11}$$

② 价格指数换算法。所谓价格指数就是按各个物质生产部门分别编制主要生产资料和主要消费资料相对某一个时期的价格变动率，即

$$可比价格(II)=\frac{当前价格}{价格指数} \tag{2-12}$$

(2) 采用影子价格，使价格具有可比性。价格问题不是一般的问题，它是“牵一发而动全身”的大问题，一个部门或一种产品价格调整了，一系列相关问题都可能出现。为了使价格能真实地反映资源或产品社会劳动消耗量和稀缺程度，有必要采用影子价格去修订现行的价格。

在具体应用时应注意：技术方案的产品价格要可比；技术方案消耗费用计算中所用的各种产品价格，特别是成本费用中的能源、原材料和运输等价格要可比；不同技术方案应该采用相应时期的价格指标。

4. 时间可比

技术方案的经济效果除了有数量的概念以外，还具有时间的概念，因此充分考虑技术方案的时间因素，这对于不同技术方案的经济比较具有很重要的意义。时间可比包括：

(1) 不同技术方案经济比较应以相同的计算期作为比较的基础，否则会得到错误的结果。

(2) 应考虑不同技术方案由于人力、物力、财力、运力和自然力的投入以及效果发挥的时间不同，对方案的经济影响大小也不尽相同。例如，有的方案建设年限短，早投入运行生产；有的方案建设年限长，迟投入运行生产；有的方案服务年限长，有的方案服务年限短；有的方案投资早，有的方案晚投资；有的方案是一次性集中投资，有的方案是分散投资；有的方案达产期短，有的方案达产期长；有的方案到一定的时候可以扩建改建，增加产量和出力；有的方案则不能扩建改建，不能增加产量和出力等。在这些情况下，方案的经济效果是不一样的。所以，当不同技术方案进行经济比较时，不能简单地进行比较，必须考虑时间因素以后，才能互相进行比较。

(3) 时间可比不仅指主要工程，而且还包括配套工程。例如，对建设期来说，既要考虑主要工程的建设期，也要考虑配套工程的建设期，因为配套工程建设期一拖长，会直接影响到整个方案的建设期。

总之，时间可比不是指方案的一部分，而是指整个系统的、完整的技术方案的时间可比。

5. 原始数据资料可比

为保证上述可比条件，还必须要求比较对象在原始数据资料上有可比性，即原始数据资料的收集、整理和加工的方法及深度要统一。

技术方案进行比较研究，对深化建设工程经济活动规律、培养建设项目管理技能具有重要作用。它有利于全面地认识、深刻地理解建设工程经济现象，有利于发现和认识建设项目及其经济管理规律，有利于掌握科学的建设工程经济思维方法，学会积累建设工程经

济活动的经验。

2.3.3 比较统计

比较统计，是工程经济比较分析开展的常见方法，将工程经济评价指标所反映的实际数量状况与参考对象进行对照统计分析，计算出数量上的差别和变化，进而做出评价和判断的思维过程，它是比较法的一种，其主要特征是总体数量的比较，是客观实际数量状况的比较。

为了更深入更系统地了解比较统计的真实涵义，以便更好地通过比较统计进行统计综合分析，比较统计可以从许多不同的角度来进行分类。一般说，主要有以下几种分类。

1. 按其时间状况不同分类

可以分为静态比较和动态比较。

(1) 静态比较，是同一时间(时期或时点)条件下的数量比较，如静态指标的比较，实际完成情况和计划目标的比较。

(2) 动态比较，是同一指标不同时间上统计数值的比较，它反映随时间推移而发生的数量上的变化，如动态经济指标比较。

根据统计综合分析的需要，这两种比较可以单独使用，但在实际应用中常常要把二者结合使用。

2. 按比较方式不同分类

分为相比(除)比较和相差(减)比较。

(1) 相比(除)比较，是将比较对象和比较参考相除而进行的，比较的结果表现为相对数。相比比较表明静态差别的比率或者动态变化的程度。

(2) 相差(减)比较，是将比较对象和比较标准相减而进行的，相减的结果表明两者相差的绝对量。

这两种比较方式可以单独使用，但以结合使用为好。结合使用可使人们认识比较完整，既可了解差别或变化的程度，也可了解相差的绝对量。

3. 按比较对象内容范围不同分类

可分为单项比较和综合比较。

(1) 单项比较，是指比较某种总体现象某一方面、某一局部，它可以使用单独一个指标统计分析，也可以将反映某一方面、某一局部的若干指标联系起来进行比较统计分析。

(2) 综合比较，是指对总体或若干方面的全面评价比较，通常称为综合评价。例如，宏观方面的国民经济和社会发展情况的全面评价和比较，微观方面的同类工程经济效益的综合评价和比较等。

2.4　资金时间价值理论

2.4.1　概述

在一定意义上讲，建设工程活动所需要的时间是一种最宝贵也是最有限、不可替代的特殊“资源”。有效地使用“时间”资源可以产生价值，对“时间”资源的研究是建设工程经济学的重要内容。

1. 建设工程经济分析的时间因素

在工程经济分析中，对技术方案时间因素的研究通常是从以下几个方面来研究的：

（1）时态，就是技术方案所处的实际状态。在进行建设工程经济分析时，就是要将该工程经济活动放在时间的洪流中，进行动态分析，研究技术方案的时代背景与特点、自身状态和所处的环境，并预测和分析该技术方案的前景与生命周期。

（2）时机，就是技术方案的实施机会。时机看准了，就大大地发展；时机看错了，就会坐失良机，甚至遭到惨重失败，无论对一个国家或一个企业或一个投资者来说，都是如此。

（3）时力，就是发展速度，体现实现技术方案的快慢。在现代经济中，时间与人力、物力、财力等一样，也是一种资源，而且是一种稀缺的资源，要充分合理利用。

（4）时序，就是时间的先后顺序，即技术方案相关内容在实施中存在有先有后，有主有次的内在关系。有些技术的时序性很强，一种技术要以另一种技术的发展作为前提条件，技术具有连锁效果、波及效果，如某一基础技术的突破，某一生产工艺的革新，能影响一系列新产品的开发。

（5）时值，就是资金的时间价值。在不同的时间付出或得到同样数额的资金在价值上是不相等的，也就是说资金的价值会随着时间而发生变化。

从上述时间研究的几个主要方面来看，时态、时机、时序、时力这几个方面常常因评价方案的不同而不同，要结合具体评价方案选择性研究。由于资金时间价值的存在，使不同时间上发生的现金流量无法直接加以比较。因此，要正确评价技术方案的经济效果，就必须研究资金的时间价值，通过一系列的换算，在同一时点上进行对比，才能符合客观的实际情况。这种考虑了资金时间价值的经济分析方法，使技术方案的评价和选择变得更现实和可靠，它也构成了建设工程经济分析的重要理论之一。

2. 资金时间价值的概念

1）资金时间价值的理论基础

许多著名的学者对资金时间价值提出了自己的观点。

（1）节欲论。西尼尔的“节欲论”，认为利息是货币所有者为积累资本放弃当前消费而“节欲”的报酬。

（2）流动性偏好利率理论。凯恩斯把人们对货币的需求称为流动偏好，认为货币是一种最具有流动性的特殊资产，持有货币可以满足三种动机，即交易动机、预防动机和投机动机，利息是人们放弃流动性取得的报酬，而不是储蓄的报酬。

(3) 时差利息论。庞巴维克认为通常人们都对现在的货物评价高而对未来的货物评价低，再加上人们存在偏重现在、低估未来的倾向，使得现在物品和未来物品的价值之间存在差别，这种价值上的差别是一切资本利息的来源。一切利息都来源于同种和同量物品价值上的差别，而同种和同量物品的价值上的差别又是由二者在时间上的差别造成。

(4) 劳动价值论。马克思的经济论认为，资金时间价值是资金在周转使用中产生的增值，增值是建立在劳动创造出的价值比自身价值更大的基础上，是劳动者在生产过程中创造的剩余价值。马克思劳动创造价值论比前面的一些西方经济学理论更加客观，本教材对资金时间价值本质的认识倾向于基于此理论。“钱”生“钱”，并且所生之钱会生出更多的钱，这就是货币时间价值的本质。资金运动的全过程可以用一个数学式来表示：$G-W\cdots P\cdots W'-G'G'=G+\Delta G$。资金随着时间产生了 ΔG 的增值。但这个 ΔG 并不是资金本身的自我繁殖。全部价值 $G+\Delta G$ 是形成于生产过程的，其中增值部分 ΔG 是工人劳动创造的剩余价值。资金时间价值产生的过程是资金经历了投资转化为资本，周转使用而产生了增值额。在这一周转使用的过程中劳动在发生作用。如果资金周转的过程中，没有劳动，就没有物质和价值的创造。因此，不是简单的理解“钱生钱”，而应该是“劳动让钱变成更多的钱”。归根到底，资金时间价值是在生产经营过程中产生的，来源于劳动者在生产过程中创造的新价值。

总之，资金时间价值是客观存在的经济范畴，任何建设工程经济活动都是在一定的时空中进行的，都离不开时间价值因素。只有清晰理解资金时间价值的实质，才能更好地为建设项目投资决策提供依据。

2) 货币时间价值表现形式

只有将货币投入到再生产过程中去，即转化为生产资金，并且再生产活动能够正常运作，时间价值才会产生。货币时间价值的实质就是资金在生产和再生产过程中的周转使用，而价值增值就是它的表现形式。货币时间价值概念的描述多种多样，而且其在经济活动中的价值增值表现形式的多种多样。就宏观和微观而言，货币时间价值的表现形式又各有所不同。

(1) 货币时间价值的宏观表现形式。对于整个社会的经济活动而言，货币的时间价值从相对量和绝对量的角度分别具有不同的表现形式：

① 从相对量的角度来看，即是从货币的时间价值的定义出发，认为货币的时间价值相当于整个社会在无风险和无通货膨胀的情况下的平均资本利润率(简单地说就是资金利润率)。

② 从绝对量的角度来看，即从货币资本的机会成本出发，在没有风险和通货膨胀的情况下，货币的时间价值与银行存款利率、贷款利率、各种债券利率、股票的股利率等投资报酬率相等。所以以上几种利率也可看做是该情况下货币时间价值的绝对量的表现形式，并可以此反映货币的时间价值大小。

(2) 货币时间价值的微观表现形式。对于一般投资领域的经济活动而言，货币的时间价值有以下两种具体的表现形式：

① 根据货币在循环周期中的使用时间，决定货币的价值，价值的增值是在资金的不断周转使用循环中得以实现的。

② 根据货币资金投入、收回期决定货币的价值。等量的货币资本在相同的时间里可获得等量的利润，不等量的货币资本在相同的时间里当然获得的就是不等量的利润。因此，对于每个企业来讲，货币资金的回收期(在这里指考虑了货币时间价值在内的回收)都可看做是货币时间价值的表现形式。

3) 资金时间价值的影响因素

影响资金时间价值的因素很多，其中主要有：资金的使用时间、资金数量的多少、资金投入阶段、回收时间长短、资金周转的速度等很多因素，具体的时间价值可能受单一因素影响，也可能多因素综合起作用决定的。

总之，资金的时间价值是客观存在的，它重视资金在无通货膨胀和无风险条件下的增值能力。所谓资金的时间价值，是指资金在生产和流通过程中随着时间推移而产生的增值。资金利息和资金的利润是具体体现资金时间价值的两个方面，是衡量资金时间价值的绝对尺度。利率和利润率是衡量资金时间价值的相对尺度。

2.4.2　利息的计算

1. 利息与利率的概念

利息就是资金时间价值的一种重要表现形式。

1) 利息

在借贷过程中，债务人支付给债权人超过原借贷金额的部分就是利息，即

$$I = F - P \tag{2-13}$$

式中，I——利息；

F——目前债务人应付(或债权人应收)总金额，即还本付息总额；

P——原借贷金额，常称为本金。

从本质上看利息是由贷款发生利润的一种再分配。在建设工程经济分析中，利息常常被看成是资金的一种机会成本，是指占用资金所付的代价或者是放弃使用资金所得的补偿。

2) 利率

在理论上，先承认了利息，再以利息来解释利率。在实际计算中，正好相反，常根据利率计算利息。

利率就是在单位时间内所得利息额与原借贷金额之比，通常用百分数表示，即

$$i = \frac{I_t}{P} \times 100\% \tag{2-14}$$

式中，i——利率；

I_t——单位时间内所得的利息额。

用于表示计算利息的时间单位称为计息周期，计息周期 t 通常为年、半年、季、月、周或天。

例 2.1　某公司现借得本金 1000 万元，一年后付息 80 万元，则年利率为

$$\frac{80}{1000} \times 100\% = 8\%$$

利率是各国发展国民经济的重要杠杆之一，利率的高低由以下因素决定：

(1) 利率的高低首先取决于社会平均利润率的高低，并随之变动。在通常情况下，社会平均利润率是利率的最高界限。因为如果利率高于利润率，无利可图就不会去借款。

(2) 在社会平均利润率不变的情况下，利率高低取决于金融市场上借贷资本的供求情况。借贷资本供过于求，利率便下降；反之，求过于供，利率便上升。

(3) 借出资本要承担一定的风险，风险越大，利率也就越高。

(4) 通货膨胀对利息的波动有直接影响，资金贬值往往会使利息无形中成为负值。

(5) 借出资本的期限长短。贷款期限长，不可预见因素多，风险大，利率就高；反之，利率就低。

3) 利息和利率在建设工程经济活动中的作用

(1) 利息和利率是以信用方式动员和筹集资金的动力。以信用方式筹集资金有一个特点就是自愿性，而自愿性的动力在于利息和利率。投资者决定是否投资一个项目，取决于本项目所得利息与投资其他项目所得利息之比较。

(2) 利息促进投资者加强经济核算，节约使用资金。投资者借款需付利息，增加支出负担，这就促使投资者必须精打细算，把借入资金用到刀刃上，减少借入资金的占用以少付利息。同时可以使投资者自觉减少多环节占压资金。

(3) 利息和利率是宏观经济管理的重要杠杆。国家在不同的时期制定不同的利息政策，对不同地区、不同行业规定不同的利率标准，会对整个国民经济产生影响。例如，对于限制发展的行业，利率规定得高一些；对于鼓励发展的行业，利率规定得低一些，从而引导行业和企业的生产经营服从国民经济发展的总方向。

(4) 利息与利率是金融企业经营发展的重要条件。金融机构作为企业，必须获取利润。由于金融机构的存放款利率不同，其差额成为金融机构业务收入。利息和利率能刺激金融企业的经营发展。

2. 利息的计算

利息计算有单利和复利之分。当计息周期在一个以上时，就需要考虑“单利”与“复利”的问题。

1) 单利

所谓单利是指在计算利息时，仅用最初本金来计算，而不计入先前计息周期中所累积增加的利息，即通常所说的“利不生利”的计息方法，其计算式为

$$I_t = P \times i_{单} \tag{2-15}$$

式中，I_t——第 t 计息周期的利息额；

P——本金；

$i_{单}$——计息周期单利利率。

而 n 期末单利本利和 F 等于本金加上总利息，即

$$F = P + I_n = P(1 + n \times i_{单}) \tag{2-16}$$

式中，I_n——n 个计息周期所付或所收的单利总利息，即

$$I_n = \sum_{t=1}^{n} I_t = \sum_{t=1}^{n} P \times i_{单} = P \times i_{单} \times n \tag{2-17}$$

在以单利计息的情况下，总利息与本金、利率以及计息周期数成正比关系。

此外，在利用式(2-16)计算本利和 F 时，要注意式中 n 和 $i_{单}$ 反映的时期要一致。

例 2.2　假如某公司以单利方式借入 1000 万元，年利率 8%，四年末偿还，则各年利息和本利和如表 2.1 所示。

表 2.1　单利计算分析表　单位:万元

使用期	年初款额	年末利息	年末本利和	年末偿还
1	1000	1000×8%=80	1080	0
2	1080	80	1160	0
3	1160	80	1240	0
4	1240	80	1320	1320

由表 2.1 可见，单利的年利息额都仅由本金所产生，其新生利息，不再加入本金产生利息，此即“利不生利”。这不符合客观经济发展规律，没有反映资金随时都在“增值”的概念，也即没有完全反映资金的时间价值。因此，在建设工程经济分析中单利使用较少，通常只适用于短期投资或短期贷款。

2）复利

所谓复利是指在计算某一计息周期的利息时，其先前周期上所累积的利息要计算利息，即“利生利”、“利滚利”的计息方式，其表达式为

$$I_t = i \times F_{t-1} \tag{2-18}$$

式中，i——计息周期复利利率；

F_{t-1}——第$(t-1)$期末复利本利和。

而第 t 期末复利本利和的表达式为

$$F_t = F_{t-1} \times (1+i) \tag{2-19}$$

例 2.3　数据同例 2.2，按复利计算，则各年利息和本利和如表 2.2 所示。

表 2.2　复利计算分析表　单位:万元

使用期	年初款额	年 末 利 息	年末本利和	年末偿还
1	1000	1000×8%=80	1080	0
2	1080	1080×8%=86.4	1166.4	0
3	1166.4	1166.4×8%=93.312	1259.712	0
4	1259.712	1259.712×8%=100.777	1360.489	1360.489

从表 2.2 和表 2.1 可以看出，同一笔借款，在利率和计息周期均相同的情况下，用复利计算出的利息金额比用单利计算出的利息金额多，两者相差 40.49(1360.49－1320)万元。复利计息比较符合资金在社会再生产过程中运动的实际状况。在建设工程经济分析中，一般采用复利计算。

复利计算有间断复利和连续复利之分。按期(年、半年、季、月、周、日)计算复利的方法称为间断复利(即普通复利);按瞬时计算复利的方法称为连续复利。在实际使用中都采用间断复利,这一方面是出于习惯;另一方面是因为会计通常在年底结算一年的进出款,按年支付税金、保险金和抵押费用。因而采用间断复利考虑问题更适宜。常用的间断复利计算有一次支付情形和等额支付系列情形两种。

2.4.3 资金等值计算及应用

资金有时间价值,即使金额相同,因其发生在不同时点,其价值就不相同。反之,不同时点绝对不等的资金额在时间价值的作用下可能具有相等的价值。不同时期、不同数额但其"价值等效"的资金称为等值,又叫等效值。在建设工程经济分析中,等值是一个十分重要的概念,为确定某一建设工程经济活动的有效性或者进行技术方案比选提供了可能。

资金等值计算公式和复利计算公式的形式是相同的。常用的等值计算公式主要有一次支付的终值和现值计算公式,等额支付系列的终值、现值、资金回收和偿债基金计算公式。

1. 一次支付现金流量的终值和现值计算

1) 一次支付现金流量

由式(2-18)和式(2-19)可看出,如果一周期一周期地计算,周期数很多的话,计算是十分繁琐的,而且在式(2-19)中没有直接反映出本金 P、本利和 F、利率 i、计息周期数 n 等要素的关系。所以有必要对式(2-18)和式(2-19)根据现金流量支付情形进一步简化,其中一次支付是最基本的现金流量情形。

一次支付又称整存整付,是指所分析技术方案的现金流量,无论是流入或是流出,分别在各时点上只发生一次,如图 2.1 所示。一次支付情形的复利计算式是复利计算的基本公式。

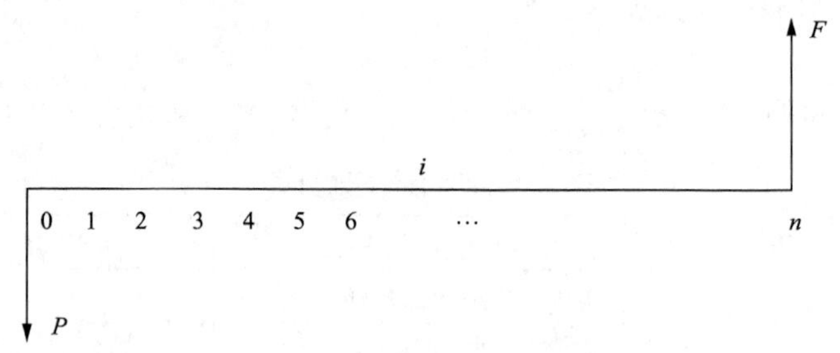

图 2.1 一次支付现金流量图

图中,i——计息期复利率;

n——计息的期数;

P——现值(即现在的资金价值或本金),资金发生在(或折算为)某一特定时间序列起点时的价值;

F——终值(即 n 期末的资金价值或本利和),资金发生在(或折算为)某一特定时间序列终点的价值。

2) 终值计算(已知 P 求 F)

现有一项资金 P,年利率 i,按复利计算,n 年以后的本利和为多少?根据复利的定义即可求得 n 年末本利和(即终值)F 如表 2.3 所示。

表 2.3　一次支付终值公式推算表　　单位:万元

计息期	期初金额(1)	本期利息额(2)	期末本利和 F_t=(1)+(2)
1	P	$P\times i$	$F_1=P+P_i=P(1+i)$
2	$P(1+i)$	$P(1+i)\times i$	$F_2=P(1+i)+P(1+i)\times i=P(1+i)^2$
3	$P(1+i)^2$	$P(1+i)^2\times i$	$F_3=P(1+i)^2+P(1+i)^2\times i=P(1+i)^3$
⋮	⋮	⋮	⋮
n	$P(1+i)^{n-1}$	$P(1+i)^{n-1}\times i$	$F=F_n=P(1+i)^{n-1}+P(1+i)^{n-1}\times i=P(1+i)^n$

由表 2.3 可知,一次支付 n 年末终值(即本利和)F 的计算公式为

$$F=P(1+i)^n \tag{2-20}$$

式中,$(1+i)^n$ ——一次支付终值系数,用 $(F/P,i,n)$ 表示,故式(2-20)又可写成

$$F=P(F/P,i,n) \tag{2-21}$$

$(F/P,i,n)$ 表示在已知 P、i 和 n 的情况下求解 F 的值。为了计算方便,通常按照不同的利率 i 和计息周期数 n 计算出 $(1+i)^n$ 的值,并列表(见本教材附录)。在计算 F 时,只要从复利表中查出相应的复利系数再乘以本金即可。

例 2.4　某公司借款 1000 万元,年复利率 $i=10\%$,试问 5 年末连本带利一次需偿还若干?

解　按式(2-20)计算得

$$F=P(1+i)^n=1000\times(1+10\%)^5=1000\times1.6105=1610.5(\text{万元})$$

3) 现值计算(已知 F 求 P)

由式(2-20)的逆运算即可得出现值 P 的计算式为

$$P=\frac{F}{(1+i)^n}=F(1+i)^{-n} \tag{2-22}$$

式中 $(1+i)^{-n}$ 称为一次支付现值系数,用符号 $(P/F,i,n)$ 表示,并按不同的利率 i 和计息期 n 列表于附录。式(2-22)又可写成

$$P=F(P/F,i,n) \tag{2-23}$$

计算现值 P 的过程叫"折现"或"贴现",其所使用的利率常称为折现率或贴现率。故 $(1+i)^{-n}$ 或 $(P/F,i,n)$ 也可叫折现系数或贴现系数。

例 2.5　某公司希望所投资项目 5 年末有 1000 万元资金,年复利率 $i=10\%$,试问现在需一次投入多少?

解　由式(2-22)得

$$P=F(1+i)^{-n}=1000\times(1+10\%)^{-5}=1000\times0.6209=620.9(\text{万元})$$

从上面计算可知，现值与终值的概念和计算方法正好相反，因为现值系数与终值系数是互为倒数，即 $(F/P,i,n)=\dfrac{1}{(P/F,i,n)}$。在 P 一定，n 相同时，i 越高，F 越大；在 i 相同时，n 越长，F 越大，如表 2.4 所示。在 F 一定，n 相同时，i 越高，P 越小；在 i 相同时，n 越长，P 越小，如表 2.5 所示。

表 2.4　一元现值与终值的关系

利率＼时间	1 年	5 年	10 年	20 年
1%	1.0100	1.0510	1.1046	1.2202
5%	1.0500	1.2763	1.6289	2.6533
8%	1.0800	1.4693	2.1589	4.6610
10%	1.1000	1.6105	2.5937	6.7273
12%	1.1200	1.7623	3.1058	9.6463
15%	1.1500	2.0114	4.0456	16.3665

表 2.5　一元终值与现值的关系

利率＼时间	1 年	5 年	10 年	20 年
1%	0.99010	0.95147	0.90529	0.81954
5%	0.95238	0.78353	0.61391	0.37689
8%	0.92593	0.68058	0.46319	0.21455
10%	0.90909	0.62092	0.38554	0.14864
12%	0.89286	0.56743	0.32197	0.10367
15%	0.86957	0.49718	0.24718	0.06110

从表 2.4 可知，按 12%的利率，时间 20 年，现值与终值相差 9.6 倍。在建设工程经济分析中，现值比终值使用更为广泛。

在建设工程经济评价中，由于现值评价常常是选择现在为同一时点，把技术方案预计的不同时期的现金流量折算成现值，并按现值之代数和大小作出决策。因此，在建设工程经济分析时应当注意以下两点：

一是正确选取折现率。折现率是决定现值大小的一个重要因素，必须根据实际情况灵活选用。

二是要注意现金流量的分布情况。从收益方面来看，获得的时间越早、数额越多，其现值也越大。因此，应使技术方案早日完成，早日实现生产能力，早获收益，多获收益，才能达到最佳经济效益。从投资方面看，在投资额一定的情况下，投资支出的时间越晚、数额越少，其现值也越小。因此，应合理分配各年投资额，在不影响技术方案正常实施的前提下，尽量减少建设初期投资额，加大建设后期投资比重。

2. 等额支付系列现金流量的终值、现值、资金回收和偿债基金计算

1）等额支付系列现金流量

在建设工程经济活动中，多次支付是最常见的支付情形。多次支付是指现金流量在多个时点发生，而不是集中在某一个时点上。如果用 A_t 表示第 t 期末发生的现金流量大小，可正可负，用逐个折现的方法，可将多次支付现金流量换算成现值，即

$$P = A_1 (1+i)^{-1} + A_2 (1+i)^{-2} + \cdots + A_n (1+i)^{-n} = \sum_{t=1}^{n} A_t (1+i)^{-t} \tag{2-24}$$

或

$$P = \sum_{t=1}^{n} A_t (P/F,i,t) \tag{2-25}$$

同理，也可将多次支付现金流量换算成终值，即

$$F = \sum_{t=1}^{n} A_t (1+i)^{n-t} \tag{2-26}$$

或

$$F = \sum_{t=1}^{n} A_t (F/P,i,n-t) \tag{2-27}$$

在式(2-24)～式(2-27)中，虽然那些系数都可以计算或查复利表得到，但如果 n 较大，A_t 较多时，计算也是比较繁琐的。如果多次现金流量 A_t 有如下特征，则可大大简化上述计算公式。

各年的现金流量序列是连续的，且数额相等，即

$$A_t = A = \text{常数} \qquad t = 1,2,3,\cdots,n \tag{2-28}$$

式中，A——年金，发生在(或折算为)某一特定时间序列各计息期末(不包括零期)的等额资金序列的价值。

等额支付系列现金流量如图 2.2 所示。

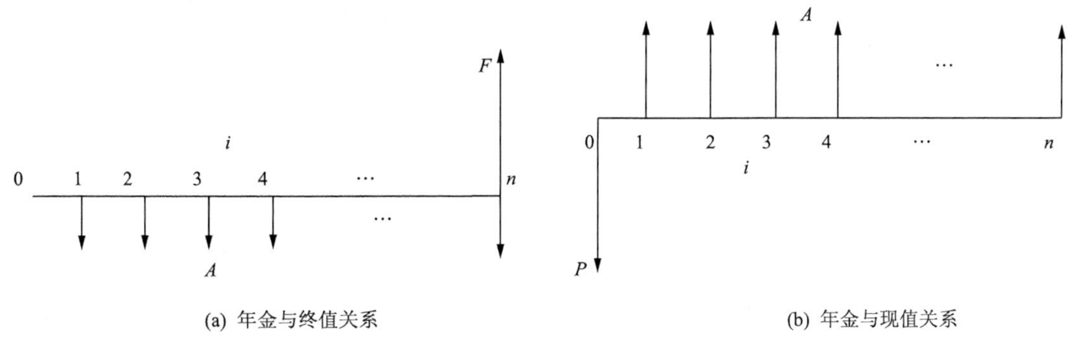

(a) 年金与终值关系　　(b) 年金与现值关系

图 2.2　等额支付系列现金流量示意图

2）终值计算(已知 A，求 F)

由式(2-26) 可得出等额支付系列现金流量的终值为

$$F=\sum_{t=1}^{n}A_t\,(1+i)^{n-t}=A[(1+i)^{n-1}+(1+i)^{n-2}+\cdots+(1+i)+1]$$

$$F=A\,\frac{(1+i)^n-1}{i}\tag{2-29}$$

式中，$\frac{(1+i)^n-1}{i}$——等额支付系列终值系数或年金终值系数，用符号 $(F/A,i,n)$ 表示。等额系列终值系数 $(F/A,i,n)$ 可从附录中查得。

式(2-29) 又可写成

$$F=A(F/A,i,n)\tag{2-30}$$

例 2.6 某投资人若 10 年内，每年末存 10000 元，年利率 8%，问 10 年末本利和为多少？

解 由式(2.29) 得

$$F=A\,\frac{(1+i)^n-1}{i}=10000\times\frac{(1+8\%)^{10}-1}{8\%}=10000\times14.487=144870(\text{元})$$

3) 现值计算(已知 A，求 P)

由式(2-22)和式(2-29) 可得

$$P=F\,(1+i)^{-n}=A\,\frac{(1+i)^n-1}{i\,(1+i)^n}\tag{2-31}$$

式中，$\frac{(1+i)^n-1}{i\,(1+i)^n}$——等额支付系列现值系数或年金现值系数，用符号 $(P/A,i,n)$ 表示。等额系列现值系数 $(P/A,i,n)$ 可从附录中查得，则式(2-31)又可写成

$$P=A(P/A,i,n)\tag{2-32}$$

例 2.7 某投资项目，计算期 5 年，每年年末等额收回 100 万元，问在利率为 10%时，开始须一次投资多少？

解 由式(2-31) 得

$$P=A\,\frac{(1+i)^n-1}{i\,(1+i)^n}=100\times\frac{(1+10\%)^5-1}{10\%\times(1+10\%)^5}=100\times3.7908=379.08(\text{万元})$$

4) 资金回收计算(已知 P，求 A)

由式(2-31)的逆运算即可得出资金回收计算式为

$$A=P\,\frac{i\,(1+i)^n}{(1+i)^n-1}\tag{2-33}$$

式中，$\frac{i\,(1+i)^n}{(1+i)^n-1}$——等额支付系列资金回收系数，用符号 $(A/P,i,n)$ 表示。等额系列资金回收系数 $(A/P,i,n)$ 可从附录中查得，则式(2-33)又可写成

$$A=P(A/P,i,n)\tag{2-34}$$

例 2.8 某项目初始投资 1000 万元，年利率为 8%，在 10 年内收回全部本利，则每年应收回多少？

解 由式(2-33)得

$$A = P\frac{i(1+i)^n}{(1+i)^n - 1} = 1000 \times \frac{8\%(1+8\%)^{10}}{(1+8\%)^{10} - 1} = 1000 \times 0.14903 = 149.03(\text{万元})$$

5）偿债基金计算（已知 F，求 A）

由式(2-28)的逆运算即可得出偿债基金计算式为

$$A = F\frac{i}{(1+i)^n - 1} \tag{2-35}$$

式中，$\frac{i}{(1+i)^n - 1}$——等额支付系列偿债基金系数，用符号 $(A/F,i,n)$ 表示。等额系列偿债基金系数 $(A/F,i,n)$ 可从附录中查得。则式(2-35)又可写成

$$A = F(A/F,i,n) \tag{2-36}$$

例 2.9　某投资人欲在 5 年终了时获得 100 万元，若每年存款金额相等，年利率为 10%，则每年末须存款多少？

解　由式(2-35)得

$$A = F\frac{i}{(1+i)^n - 1} = 100 \times \frac{10\%}{(1+10\%)^5 - 1} = 100 \times 0.1638 = 16.38(\text{万元})$$

3. 等额还本利息照付系列现金流量的计算

在投资活动中，对借款的偿还有时采用等额还本利息照付方式。在此情况下，每年的还款额 A_t 是不一样的，其金额按下式计算为

$$A_t = \frac{P_I}{n} + P_I \times i \times \left(1 - \frac{t-1}{n}\right) \tag{2-37}$$

式中，A_t——第 t 年的还本付息额；

P_I——还款起始年年初的借款金额；

n——预定的还款期；

i——年利率。

式(2-37)中，$\frac{P_I}{n}$ 为每年偿还的本金；$P_I \times i \times \left(1 - \frac{t-1}{n}\right)$ 为第 t 年支付的利息，即每年支付利息＝年初借款余额×年利率。

例 2.10　某公司向银行借款 500 万元，借款期限 10 年，年利率为 6%，采用等额还本利息照付方式，问第 5 年应还本付息金额是多少？

解　由式(2-37)得

$$A_5 = \frac{500}{10} + 500 \times 6\% \times \left(1 - \frac{5-1}{10}\right) = 50 + 18 = 68(\text{万元})$$

4. 等值计算的应用

根据上述复利计算公式可知，等值基本公式相互关系如图 2.3 所示。

1）复利系数之间的关系

(1) 倒数关系：① $(F/P,i,n) = 1/(P/F,i,n)$

② $(A/P,i,n) = 1/(P/A,i,n)$

③ $(A/F,i,n) = 1/(F/A,i,n)$

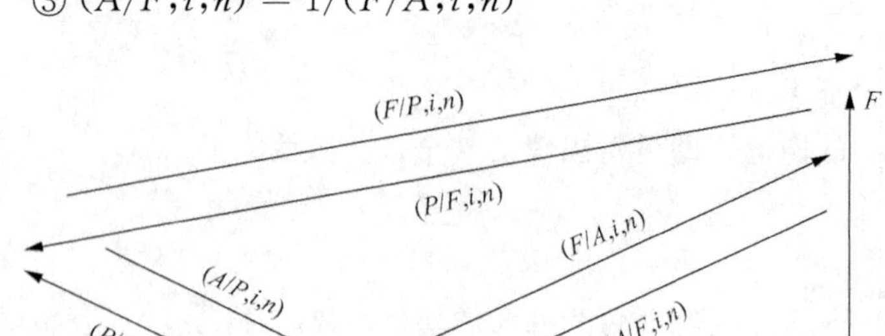

图 2.3 等值基本公式相互关系示意图

(2) 乘积关系:① $(F/A,i,n) = (P/A,i,n)(F/P,i,n)$

② $(F/P,i,n) = (A/P,i,n)(F/A,i,n)$

(3) 其他关系:$(A/P,i,n) = (A/F,i,n) + i$

2) 等值计算公式使用注意事项

(1) 计息期数为时点或时标,本期末即等于下期初。0 点就是第一期初,也叫零期;第一期末即等于第二期初;余类推。

(2) P 是在第一计息期开始时(0 期)发生。

(3) F 发生在考察期期末,即 n 期末。

(4) 各期的等额支付 A,发生在各期期末。

(5) 当问题包括 P 与 A 时,系列的第一个 A 与 P 隔一期。即 P 发生在系列 A 的前一期。

(6) 当问题包括 A 与 F 时,系列的最后一个 A 是与 F 同时发生。不能把 A 定在每期期初,因为公式的建立与它是不相符的。

3) 等值计算的应用

例 2.11 设 $i=10\%$,现在的 1000 元等于 5 年末的多少元?

解 画出现金流量图(如图 2.4 所示)。

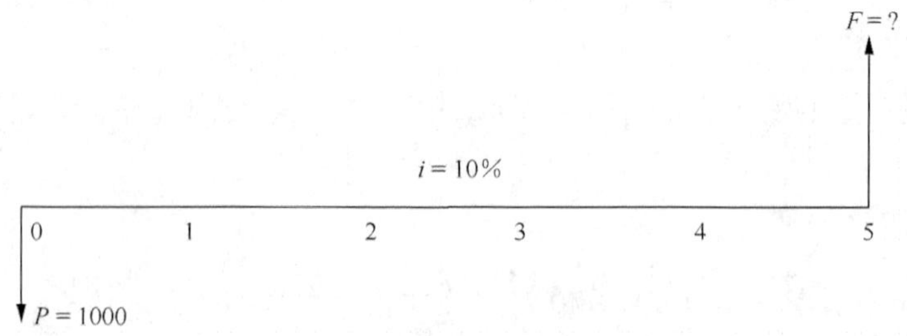

图 2.4 现金流量图

根据式(2-20)可计算出 5 年末的本利和 F 为

$$F=P(1+i)^n=1000\times(1+10\%)^5=1000\times1.6105=1610.5(\text{元})$$

计算表明，在年利率为10%时，现在的1000元，等值于5年末的1610.5元；或5年末的1610.5元，当$i=10\%$时，等值于现在的1000元。

如果两个现金流量等值，则对任何时刻的价值必然相等。现用上例求第3年末的价值。

按$P=1000$元计算3年末的价值，根据式(2-20)可计算得

$$F_3=P(1+i)^n=1000\times(1+10\%)^3=1000\times1.331=1331(\text{元})$$

用$F=1610.5$元，计算2年前的价值，根据式(2-22)可计算得

$$P'=F(1+i)^{-n}=1610.5\times(1+10\%)^{-2}=1610.5\times0.8264=1331(\text{元})$$

若计算第七年末的价值：

按$P=1000$元计算第七年末的价值，根据式(2-20)可计算得

$$F_7=P(1+i)^n=1000\times(1+10\%)^7=1000\times1.9487=1948.7(\text{元})$$

按$F=1610.5$元，计算第七年末的价值(注意：这时$n=7-5=2$)，根据式(2-20)可计算得

$$F'=P(1+i)^n=1610.5\times(1+10\%)^2=1610.5\times1.21=1948.7(\text{元})$$

影响资金等值的因素有三个：资金数额的多少、资金发生的时间长短、利率(或折现率)的大小，其中利率是一个关键因素，一般等值计算中是以同一利率为依据的。

在建设工程经济分析中，利用等值的概念，则可以把在不同时点发生的资金换算成同一时点的等值资金，然后再进行比较。所以，在建设工程经济分析中，技术方案比较都采用等值的概念来进行分析、评价和选定。

例2.12　某项目投资10000万元，由甲乙双方共同投资。其中：甲方出资60%，乙方出资40%。由于双方未重视各方的出资时间，其出资情况如表2.6所示。

表2.6　甲乙双方出资情况　　单位：万元

项目	第1年	第2年	第3年	合计	所占比例
甲方出资额	3000	2000	1000	6000	60%
乙方出资额	1000	1000	2000	4000	40%
合　计	4000	3000	3000	10000	100%

表2.6所示的这种资金安排没有考虑资金的时间价值，从绝对额看是符合各方出资比例的。但在考虑资金时间价值后，情况就不同了。设该项目的收益率为$i=10\%$，运用等值的概念计算甲乙双方投资的现值如表2.7所示。

表2.7　甲乙双方出资现值　　单位：万元

项目	第1年	第2年	第3年	合计	所占比例
折现系数	0.9091	0.8264	0.7513		
甲方出资额	2727.3	1652.8	751.3	5131.4	61.31%
乙方出资额	909.1	826.4	1502.6	3238.1	38.69%
合　计	3636.4	2479.2	2253.9	8369.5	100%

由表2.7可知，这种出资安排有损甲方的利益，必须重新做出安排。一般情况下，应坚持按比例同时出资，特殊情况下，不能按比例同时出资的，应进行资金等值换算。

5. 名义利率与有效利率的计算

在复利计算中，利率周期通常以年为单位，它可以与计息周期相同，也可以不同。当计息周期小于一年时，就出现了名义利率和有效利率的概念。

1) 名义利率的计算

所谓名义利率 r 是指计息周期利率 i 乘以一年内的计息周期数 m 所得的年利率。即

$$r = i \times m \tag{2-38}$$

若计息周期月利率为 1%，则年名义利率为 12%。很显然，计算名义利率时忽略了前面各期利息再生的因素，这与单利的计算相同。通常所说的年利率都是名义利率。

2) 有效利率的计算

有效利率是指资金在计息中所发生的实际利率，包括计息周期有效利率和年有效利率两种情况。

(1) 计息周期有效利率的计算。计息周期有效利率，即计息周期利率 i，其计算由式(2-38)可得

$$i = \frac{r}{m} \tag{2-39}$$

(2) 年有效利率的计算。若用计息周期利率来计算年有效利率，并将年内的利息再生因素考虑进去，这时所得的年利率称为年有效利率(又称年实际利率)。根据利率的概念即可推导出年有效利率的计算式。

已知某年初有资金 P，名义利率为 r，一年内计息 m 次(图 2.5)，则计息周期利率为 $i=r/m$。根据一次支付终值公式[参见公式(2-20)]可得该年的本利和 F，即

$$F = P\left(1+\frac{r}{m}\right)^m$$

根据利息的定义[参见公式(2-13)]可得该年的利息 I 为

$$I = F - P = P\left(1+\frac{r}{m}\right)^m - P = P\left[\left(1+\frac{r}{m}\right)^m - 1\right]$$

再根据利率的定义[参见公式(2-14)]可得该年的实际利率，即年有效利率 i_{eff} 为

$$i_{eff} = \frac{I}{P} = \left(1+\frac{r}{m}\right)^m - 1 \tag{2-40}$$

由此可见，年有效利率和名义利率的关系实质上与复利和单利的关系一样。

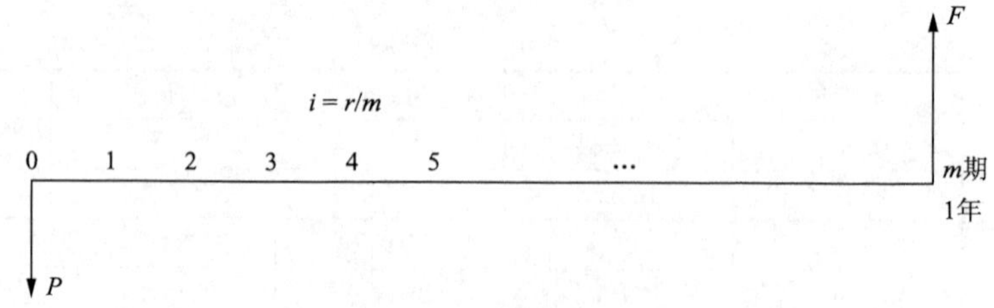

图 2.5 年有效利率计算现金流量图

例 2.13　现设年名义利率 $r=10\%$，则年、半年、季、月、日的年有效利率如表 2.8 所示。

表 2.8　名义利率与有效利率比较表

年名义利率(r)	计息期	年计息次数(m)	计息期利率($i=r/m$)	年有效利率(i_{eff})
10%	年	1	10%	10%
	半年	2	5%	10.25%
	季	4	2.5%	10.38%
	月	12	0.833%	10.46%
	日	365	0.0274%	10.51%

从式(2-40)和表 2.8 可以看出，每年计息周期 m 越多，i_{eff} 与 r 相差越大；另一方面，名义利率为 10%，按季度计息时，按季度利率 2.5%计息与按年利率 10.38%计息，二者是等价的。所以，在建设工程经济分析中，如果各技术方案的计息期不同，就不能简单地使用名义利率来评价，而必须换算成有效利率进行评价，否则会得出不正确的结论。

3) 连续复利

前面介绍了间断计息的情形，当每期计息时间趋于无限小，则一年(计算周期常为一年)内计息次数趋于无限大，即 $m\to\infty$，此时可视为计息没有时间间隔而成为连续计息。则年有效利率为

$$i_{\infty}=\lim_{m\to\infty}\left[\left(1+\frac{r}{m}\right)^{m}-1\right]=\mathrm{e}^{r}-1 \tag{2-41}$$

式中，e——自然对数的底，其值为 2.71828。

将连续复利引入普通的利息公式得

一次支付：连续复利终值公式

$$F=P\mathrm{e}^{rn} \tag{2-42}$$

连续复利现值公式

$$P=F\mathrm{e}^{-rn} \tag{2-43}$$

等额支付：连续复利终值公式

$$F=A\frac{[\mathrm{e}^{rn}-1]}{\mathrm{e}^{r}-1} \tag{2-44}$$

连续复利现值公式

$$P=A\frac{[1-\mathrm{e}^{-rn}]}{\mathrm{e}^{r}-1} \tag{2-45}$$

连续复利资金回收公式

$$A=P\frac{[\mathrm{e}^{r}-1]}{1-\mathrm{e}^{-rn}} \tag{2-46}$$

连续复利偿债基金公式

$$A=F\frac{[\mathrm{e}^{r}-1]}{\mathrm{e}^{rn}-1} \tag{2-47}$$

上面介绍了连续复利的几个基本公式。从理论上讲，整个社会的资金是在不停地运

动,每时每刻都通过生产和流通在增值,因而应该采用连续复利法。然而在实际使用中都采用间断复利法。尽管如此,这种连续复利的概念对投资决策、制定其数学模型及为重要,因为在高深的数学分析中,连续是一个必要的前提,故以连续性为出发点去对技术方案作更进一步的分析还是可取的。比如用连续复利计算的利息高于普通复利,故资金成本偏高,可以提醒决策者予以注意。

4) 计息周期小于(或等于)资金收付周期时的等值计算

当计息周期小于(或等于)资金收付周期时,等值的计算方法有以下两种。

(1) 按收付周期实际利率计算。

(2) 按计息周期利率计算,即

$$F = P(F/P, \frac{r}{m}, mn) \tag{2-48}$$

$$P = F(P/F, \frac{r}{m}, mn) \tag{2-49}$$

$$F = A(F/A, \frac{r}{m}, mn) \tag{2-50}$$

$$P = A(P/A, \frac{r}{m}, mn) \tag{2-51}$$

$$A = F(A/F, \frac{r}{m}, mn) \tag{2-52}$$

$$A = P(A/P, \frac{r}{m}, mn) \tag{2-53}$$

例 2.14 现在存款 1000 元,年利率 10%,半年复利一次。问 5 年末存款金额为多少?

解 现金流量如图 2.6 所示。

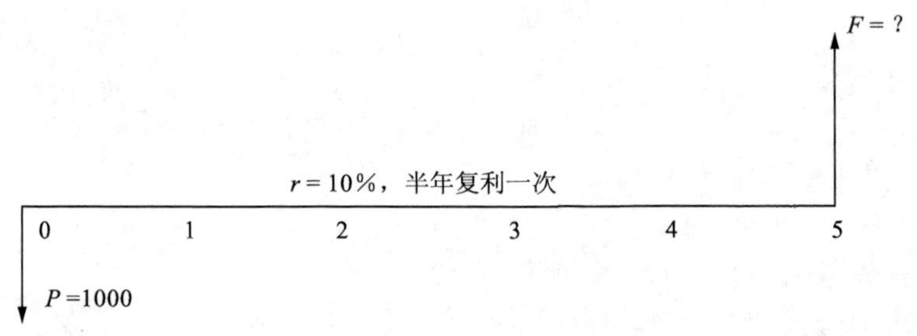

图 2.6 现金流量图

(1) 按年实际利率计算。

$$i_{\mathrm{eff}} = (1 + 10\%/2)^2 - 1 = 10.25\%$$

则

$$\begin{aligned} F &= 1000 \times (1 + 10.25\%)^5 \\ &= 1000 \times 1.62889 = 1628.89\ (\text{元}) \end{aligned}$$

(2) 按计息周期利率计算。

$$
\begin{aligned}
F &= 1000(F/P,\frac{10\%}{2},2\times5)\\
&= 1000(F/P,5\%,10)\\
&= 1000\times(1+5\%)^{10}\\
&= 1000\times1.62889 = 1628.89(\text{元})
\end{aligned}
$$

有时上述两法计算结果有很小差异，这是因为一次支付终值系数略去尾数误差造成的，此差异是允许的。

例 2.15　某设备价格为 55 万元，采用五年内分期付款方式。合同签订时即付 10 万元，然后每半年等额付款一次。设年利率为 10%，每半年复利一次。问每半年应付多少设备价款？

解　(1)据题意绘出现金流量图，如图 2.7 所示。

(2)计算。

已知名义利率 $r=10\%$，计息周期为半年，则计息周期利率 $i=\frac{r}{m}=\frac{10\%}{2}=5\%$。根据资金回收计算 $A=P\frac{i(1+i)^n}{(1+i)^n-1}$ 即可计算出每半年应付设备价款额，即

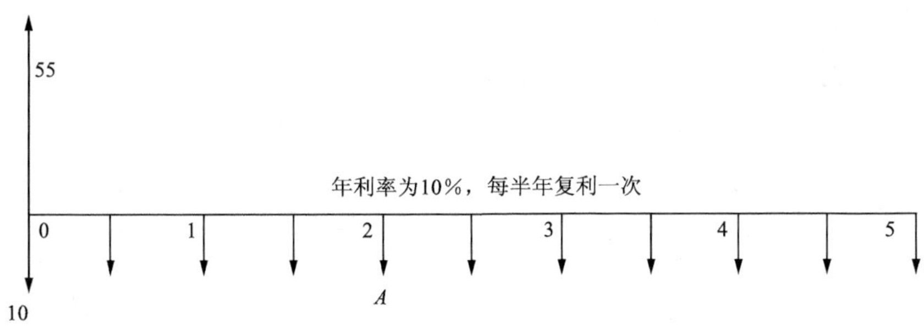

图 2.7　现金流量图

$$
A=P\frac{i(1+i)^n}{(1+i)^n-1}=(55-10)\times\frac{5\%\times(1+5\%)^{10}}{(1+5\%)^{10}-1}=45\times0.1295=5.8275(\text{万元})
$$

但应注意，对等额系列流量，只有计息周期与收付周期一致时才能按计息期利率计算。否则，只能用收付周期实际利率来计算。

例 2.16　每半年内存款 1000 元，年利率 8%，每季复利一次。问五年末存款金额为多少？

解　现金流量如图 2.8 所示。

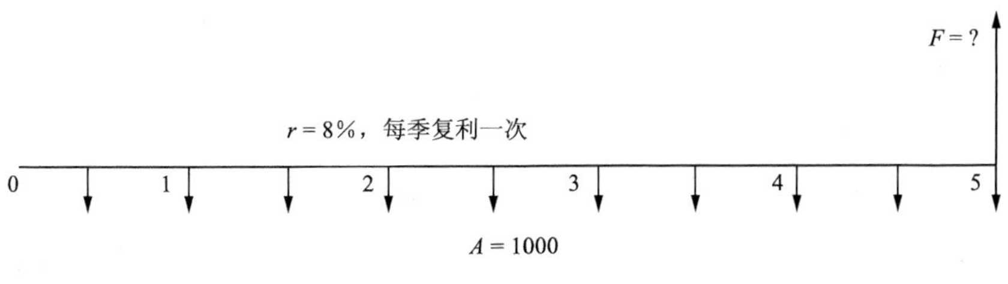

图 2.8　现金流量图

由于本例计息周期小于收付周期，不能直接采用计息期利率计算，只能用实际利率来计算。

计息期利率

$$i = r/m = 8\%/4 = 2\%$$

半年期实际利率

$$i_{\text{eff半}} = (1+2\%)^2 - 1 = 4.04\%$$

则

$$F = 1000(F/A, 4.04\%, 2\times 5) = 1000 \times 12.029 = 12029(\text{元})$$

5）计息周期大于收付周期的等值计算

由于计息周期大于收付周期，计息周期间的收付常采用下列两种方法之一进行处理。

(1) 不计息。在工程经济分析中，当计息期内收付不计息时，其支出计入期初，其收益计入期末。

(2) 复利计息。在计息周期内的收付按复利计算。此时，计息期利率相当于“实际利率”，收付周期利率相当于“计息期利率”。收付周期利率的计算正好与已知名义利率去求解实际利率的情况相反。收付周期利率计算出来后即可按普通复利公式进行计算。

例 2.17 每月存款 100 元，期限一年，年利率 8%，每季复利一次，计息期内收付利息按复利计算。问年末金额多少？

解 据题意绘制现金流量如图 2.9 所示。

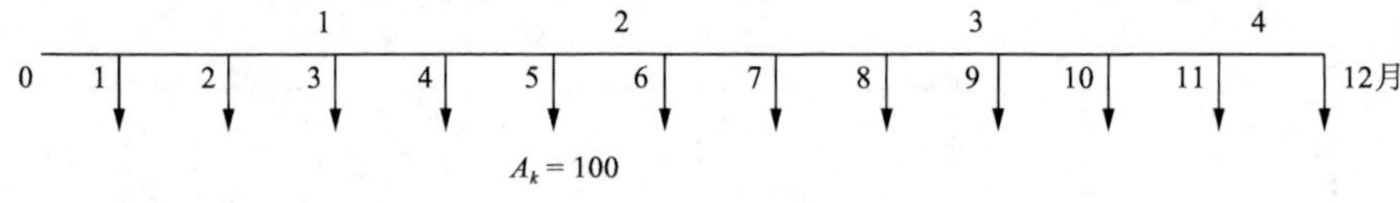

图 2.9 现金流量图

计息期利率（即季度实际利率）$i_季 = 8\%/4 = 2\%$

运用实际利率公式计算收付期利率如下：

$$i_{\text{eff}} = (1 + r/m)^m - 1$$

$$i_季 = (1 + r_季/3)^3 - 1 = 2\%$$

解得

$$r_季 = 1.9868\%$$

则每月利率 $i_月 = 0.6623\%$，每月复利一次；这与季度利率 2%，季度复利一次是相同的。利用普通复利公式即可求出年末金额 F 为

$$F = 100(F/A, 0.6623\%, 12) = 100 \times 12.4469 = 1244.69(\text{元})$$

注意：在计息周期内的收付按复利计算时，收付周期利率不能直接使用每月利率，即 (8%/12)=0.6667%。因为复利是季度一次而非每月一次。

复习思考题

2.1 经济效果与经济效益有什么关系？

2.2　在建设工程经济学中，通常将指标分为哪些类型指标？

2.3　建设工程经济评价应遵循哪些可比原则？

2.4　在建设工程经济分析中是如何对时间因素进行研究的？试举例说明之。

2.5　什么是资金的时间价值？如何理解资金的时间价值？

2.6　单利与复利的区别是什么？试举例说明之。

2.7　什么是终值、现值、等值？

2.8　什么是名义利率、实际利率？

第三章　建设项目财务现金流量

建设项目主要是通过经济评价来分析判断建设项目的经济性，而建设项目的经济评价又主要是通过相应现金流量表来实现的。随着经济评价的主体和考察的角度不同，评价分析的系统范围也不同，相应的现金流入和现金流出同样也不尽相同。

3.1　建设项目财务现金流量分类

3.1.1　现金流量概念

在进行建设工程经济分析时，可把所考察的建设工程活动对象——建设项目视为一个系统，而投入的资金、花费的成本、获取的收益，均可看成是以资金形式体现的该系统的资金流出或资金流入。这种在考察对象整个期间各时点上实际发生的资金流出或资金流入称为现金流量，其中流出系统的资金称为现金流出(CO)，流入系统的资金称为现金流入(CI)，现金流入与现金流出之差称之为净现金流量(CI-CO)。建设工程经济分析的任务就是要根据所考察系统的预期目标和所拥有的资源条件，分析该系统的现金流量情况，选择合适的技术方案，以获得最佳的经济效果。

建设项目现金流量表由现金流入、现金流出和净现金流量构成，其具体内容随项目经济评价的范围和经济评价方法不同而不同，一般分为财务现金流量表和国民经济效益费用流量表，其中财务现金流量表用于财务评价，国民经济效益费用流量表用于国民经济评价。

建设项目财务现金流量表按其评价的角度不同分为项目投资现金流量表、项目资本金现金流量表、投资各方现金流量表和财务计划现金流量表。对于技术改造类项目又有项目增量财务现金流量表和资本金增量财务现金流量表。项目财务现金流量表的计算方法与常规会计方法不同，前者只计算现金收支，不计算非现金收支(如折旧和应收应付账款等)，现金收支按发生的时间列入相应的年份。

3.1.2　项目投资现金流量表

项目投资现金流量表是以项目为一独立系统，从融资前的角度进行设置的。它将项目建设所需的总投资作为计算基础，反映项目在整个计算期(包括建设期和生产运营期)内现金的流入和流出，其现金流量表构成如表 3.1 所示。通过项目投资现金流量表可计算项目投资财务内部收益率、财务净现值、财务净现值率和投资回收期等经济效果评价指标，并可考察项目融资前的盈利能力，为各个方案进行比较建立共同的基础。根据需要，可从所得税前(即息税前)或所得税后(即息税后)两个角度进行考察，选择计算所得税前或所得税后指标。但要注意，这里所指的“所得税”是根据息税前利润(计算时其原则上不受融资方案变动的影响，即不受利息多少的影响)乘以所得税率计算的，称为“调整所得税”。这区别于“利润与利润分配表”、“项目资本金现金流量表”和“财务计划现金流量表”中的所得税。

同时，应注意在财务评价中计算营业收入及生产成本所采用的价格，可以是含增值税的价格，也可以是不含增值税的价格，应在评价时说明采用何种计价方法。表 3.1 及以下各现金流量表均是按含增值税的价格设计的。

3.1.3　项目资本金现金流量表

项目资本金现金流量表是从项目法人(或项目权益投资者整体)角度出发，以项目资本金作为计算的基础，把借款本金偿还和利息支付作为现金流出，用以计算资本金财务内部收益率，反映在一定融资方案下投资者权益投资的获利能力，用以比选融资方案，为投资者投资决策、融资决策提供依据。项目资本金现金流量表构成如表 3.2 所示。

表 3.1　项目投资现金流量表　　单位：万元

序号	项　目	合计	计算期					
			1	2	3	4	…	n
1	现金流入							
1.1	营业收入							
1.2	补贴收入							
1.3	回收固定资产余值							
1.4	回收流动资金							
2	现金流出							
2.1	建设投资(不含建设期利息)							
2.2	流动资金							
2.3	经营成本							
2.4	营业税金及附加							
2.5	增值税							
2.6	维持运营投资							
3	所得税前净现金流量(1－2)							
4	累计税前净现金流量							
5	调整所得税							
6	所得税后净现金流量(3－5)							
7	累计所得税后净现金流量							

计算指标：　　所得税前　　所得税后

项目投资财务内部收益率/%：

项目投资财务净现值(i_c=%)：

项目投资回收期：

注：本表适用于新设法人项目与既有法人项目的增量和“有项目”的现金流量分析。

表 3.2 项目资本金现金流量表 单位:万元

序号	项目	合计	计算期					
			1	2	3	4	…	n
1	现金流入							
1.1	营业收入							
1.2	补贴收入							
1.3	回收固定资产余值							
1.4	回收流动资金							
2	现金流出							
2.1	项目资本金							
2.2	借款本金偿还							
2.3	借款利息支付							
2.4	经营成本							
2.5	营业税金及附加							
2.6	增值税							
2.7	所得税							
2.8	维持运营投资							
3	净现金流量(1－2)							

计算指标:

资本金财务内部收益率/%:

注:(1) 项目资本金包括用于建设投资、建设期利息和流动资金的资金。

(2) 对外商投资项目,现金流出中应增加职工奖励及福利基金科目。

(3) 本表适用于新设法人项目与既有法人项目的增量和“有项目”的现金流量分析。

3.1.4 投资各方现金流量表

投资各方现金流量表分别从各个投资者的角度出发,以投资者的出资额作为计算的基础,用以计算投资各方财务内部收益率。投资各方现金流量表构成如表 3.3 所示。一般情况下,投资各方按股本比例分配利润和分担亏损及风险,因此投资各方的利益一般是均等的,没有必要计算投资各方的财务内部收益率。只有投资者中各方有股权之外的不对等的利益分配时(契约式的合作企业常常会有这种情况),投资各方的收益率才会有差异,此时常常需要计算投资各方的财务内部收益率,以看出各方收益是否均衡,或者其非均衡性是否在一个合理的水平,有助于促成投资各方在合作谈判中达成平等互利的协议。

表 3.3 投资各方现金流量表 单位:万元

序号	项目	合计	计算期					
			1	2	3	4	…	n
1	现金流入							
1.1	实分利润							
1.2	资产处置收益分配							

续表

序号	项　目	合计	计算期					
			1	2	3	4	…	n
1.3	租赁费收入							
1.4	技术转让或使用收入							
1.5	其他现金流入							
2	现金流出							
2.1	实缴资本							
2.2	租赁资产支出							
2.3	其他现金流出							
3	净现金流量(1－2)							

计算指标：
投资各方财务内部收益率/%：

注：本表可按不同投资方分别编制。

(1) 投资各方现金流量表既适用于内资企业，也适用于外资企业；既适用于合资企业，也适用于合作企业；

(2) 投资各方现金流量表中现金流入是指出资方因该项目的实施将实际获得的各种收入；现金流出是指出资方因该项目的实施将实际投入的各种支出。表中科目应根据项目具体情况调整。

① 实分利润是指投资者由项目获取的利润。

② 资产处置收益分配是指对有明确的合营期限或合资期限的项目，在期满时对资产余值按股比或约定比例的分配。

③ 租赁费收入是指出资方将自己的资产租赁给项目使用所获得的收入，此时应将资产价值作为现金流出，列为租赁资产支出科目。

④ 技术转让或使用收入是指出资方将专利或专有技术转让或允许该项目使用所获得的收入。

3.1.5　财务计划现金流量表

财务计划现金流量表反映项目计算期各年的投资、融资及经营活动的现金流入和流出，用于计算累计盈余资金，分析项目的财务生存能力。财务计划现金流量表构成如表 3.4 所示。

表 3.4　财务计划现金流量表　　单位：万元

序号	项　目	合计	计算期					
			1	2	3	4	…	n
1	经营活动净现金流量(1.1—1.2)							
1.1	现金流入							
1.1.1	营业收入							
1.1.2	增值税销项税额							
1.1.3	补贴收入							
1.1.4	其他流入							

续表

序号	项　目	合计	计算期					
			1	2	3	4	…	n
1.2	现金流出							
1.2.1	经营成本							
1.2.2	增值税进项税额							
1.2.3	营业税金及附加							
1.2.4	增值税							
1.2.5	所得税							
1.2.6	其他流出							
2	投资活动净现金流量(2.1—2.2)							
2.1	现金流入							
2.2	现金流出							
2.2.1	建设投资							
2.2.2	维持运营投资							
2.2.3	流动资金							
2.2.4	其他流出							
3	筹资活动净现金流量(3.1—3.2)							
3.1	现金流入							
3.1.1	项目资本金投入							
3.1.2	建设投资借款							
3.1.3	流动资金借款							
3.1.4	债券							
3.1.5	短期借款							
3.1.6	其他流入							
3.2	现金流出							
3.2.1	各种利息支出							
3.2.2	偿还债务本金							
3.2.3	应付利润(股利分配)							
3.2.4	其他流出							
4	净现金流量(1+2+3)							
5	累计盈余资金							

注:(1) 对于新设法人项目,本表投资活动的现金流入为零。

(2) 对于既有法人项目,可适当增加科目。

(3) 必要时,现金流出中可增加应付优先股股利科目。

(4) 对外商投资项目应将职工奖励与福利基金作为经营活动现金流出。

在建设工程经济分析中,财务分析指标起着重要的作用,而财务分析的主要指标实际上又是通过财务现金流量表计算导出的。从表 3.1～表 3.4 可知,必须在明确考察角度和系统范围的前提下正确区分现金流入与现金流出。对于一般性建设项目财务评价来说，投资、经营成本、营业收入和税金等本身既是经济指标，又是导出其他财务评价指标的依据，所以它们是构成建设项目经济系统财务现金流量的基本要素，也是进行建设工程经济分析最重要的基础数据。

3.2 营业收入

3.2.1 营业收入

营业收入是指项目建成投产后各年销售产品或提供服务所获得的收入。主副产品（或不同等级产品）的销售收入应全部计入营业收入；所提供的不同类型服务收入也应同时计入营业收入。营业收入是现金流量表中现金流入的主体，也是利润表的主要科目。营业收入是财务分析的重要数据，其估算的准确性极大地影响着项目财务效益的估计。因此，营业收入的计算既需要在正确估计各年生产能力利用率（或称生产负荷或开工率）基础之上的年产品销售量（或服务量），也需要合理确定产品或服务的价格，即

$$营业收入 = 产品销售量(或服务量) \times 产品单价(或服务单价) \tag{3-1}$$

1. 产品年销售量（或服务量）的确定

在项目营业收入估算中，应首先根据市场需求预测确定项目产品（或服务量）的市场份额，进而合理确定企业的生产规模，再根据企业的设计生产能力和各年的运营负荷确定年产量（服务量）。为计算简便，假定年生产量即为年销售量，不考虑库存，即当期的产出（扣除自用量后）当期全部销售，也就是当期商品产量等于当期销售量。但须注意年销售量应按投产期与达产期分别测算。

建设项目各年运营负荷一般开始投产时负荷较低，以后各年逐步提高，提高的幅度应根据技术的成熟度、市场的开发程度、产品的寿命期、需求量的增减变化等因素，结合行业和项目特点，通过制定运营计划合理确定。有些项目的产出寿命期较短、更新快，达到一定负荷后，在适当的年份开始减少产量，甚至适时终止生产。

2. 产品（或服务）价格的选择

财务分析采用以市场价格体系为基础的预测价格，有要求时可考虑价格变动因素。它取决于产品的销售去向和市场需求，故应考虑国内外产品价格变化趋势来确定产品价格水平。产品销售价格一般采用出厂价格，即

$$产品出厂价格 = 目标市场价格 - 运杂费 \tag{3-2}$$

（1）对国内市场销售的产品可在现行市场价格的基础上换算为产品的出厂价格；也可根据预计成本、利润和税金确定价格。

（2）对于供出口的产品，应先按国际目标市场价格扣减海外运杂费并考虑其他因素影响后，确定离岸价格，然后换算为出厂价格；如果其销售价格选择离岸价格，则应同时将由项目到口岸的运杂费计入成本。

（3）对适用增值税的项目，运营期财务评价所用的价格可以是含增值税的价格，也可

以是不含增值税的价格,但需要在分析中予以说明。

总之,在选择产品或服务的价格时,要分析所采用的价格基点、价格体系、价格预测方法,特别应对采用价格的合理性进行说明。

3. 生产多种产品和提供多项服务的营业收入计算

对生产多种产品和提供多项服务的,应分别计算各种产品及服务的营业收入。对不便于按详细的品种分类计算营业收入的,可采取折算为标准产品或服务的方法计算营业收入。

在进行财务现金流量计算中,由于营业税金及附加和增值税的估算与营业收入有关(参见3.5节),故通常按表3.5编制营业收入、营业税金及附加和增值税估算表。

表3.5 营业收入、营业税金及附加和增值税估算表 单位:万元

序号	项 目	合计	计算期					
			1	2	3	4	…	n
1	营业收入							
1.1	产品A营业收入							
	单价							
	数量							
	销项税额							
1.2	产品B营业收入							
	单价							
	数量							
	销项税额							
	⋮							
2	营业税金及附加							
2.1	营业税							
2.2	消费税							
2.3	城市维护建设税							
2.4	教育费附加							
3	增值税							
	销项税额							
	进项税额							

注:(1) 本表适用于新设法人项目与既有法人项目的"有项目"、"无项目"和增量的营业收入、营业税金与附加和增值税估算。

(2) 根据行业或产品的不同可增减相应税收科目。

3.2.2 补贴收入

某些经营性的公益事业、基础设施项目,如城市轨道交通项目、垃圾处理项目、污水处理项目等,政府在项目运营期给予一定数额的财政补助,以维持正常运营,使投资者能获得合理的投资收益。对这类项目应按有关规定估算企业可能得到与收益相关的政府补助(与资产相关的政府补助不在此处核算,与资产相关的政府补助是指企业取得的、用于购

建或以其他方式形成长期资产的政府补助)，包括先征后返的增值税、按销量或工作量等依据国家规定的补助定额计算并按期给予的定额补贴，以及属于财政扶持而给予的其他形式的补贴等，应按相关规定合理估算，记作补贴收入。

补贴收入同营业收入一样，应列入项目投资现金流量表、项目资本金现金流量表和财务计划现金流量表。以上补贴收入，应根据财政、税务部门的规定，分别计入或不计入应税收入。

3.3　建设项目投资

3.3.1　建设项目投资的组成

投资是投资主体为了特定的目的，以达到预期收益的价值垫付行为。在建设工程活动中，建设项目的总投资是建设投资和流动资金之和，见表3.6。

表3.6　建设项目投资组成表

<table>
<tr><th colspan="6">费用项目名称</th></tr>
<tr><td rowspan="22">建设项目投资</td><td rowspan="21">建设投资</td><td rowspan="2">工程费用</td><td colspan="2">设备及工器具购置费</td><td rowspan="18">静态投资部分</td></tr>
<tr><td colspan="2">建筑安装工程费</td></tr>
<tr><td rowspan="15">工程建设其他费用</td><td colspan="2">土地使用费</td></tr>
<tr><td rowspan="11">与项目建设有关的费用</td><td>建设管理费</td></tr>
<tr><td>可行性研究费</td></tr>
<tr><td>研究试验费</td></tr>
<tr><td>勘察设计费</td></tr>
<tr><td>环境影响评价费</td></tr>
<tr><td>劳动安全卫生评价费</td></tr>
<tr><td>场地准备及临时设施费</td></tr>
<tr><td>引进技术和进口设备其他费</td></tr>
<tr><td>工程保险费</td></tr>
<tr><td>特殊设备安全监督检验费</td></tr>
<tr><td>市政公用设施建设及绿化补偿费</td></tr>
<tr><td rowspan="3">与未来企业生产经营有关的费用</td><td>联合试运转费</td></tr>
<tr><td>生产准备费</td></tr>
<tr><td>办公和生活家具购工费</td></tr>
<tr><td rowspan="2">预备费</td><td colspan="2">基本预备费</td></tr>
<tr><td colspan="2">涨价预备费</td><td rowspan="3">动态投资部分</td></tr>
<tr><td colspan="3">建设期借款利息</td></tr>
<tr><td colspan="3">固定资产投资方向调节税(目前暂停征收)</td></tr>
<tr><td colspan="4">流动资金</td><td></td></tr>
</table>

1. 建设投资

建设投资是指项目按拟定建设规模(分期建设项目为分期建设规模)、产品方案、建设内容进行建设所需的投入。它由设备及工器具购置费、建筑安装工程费、工程建设其他费用、预备费用(包括基本预备费和涨价预备费)、建设期借款利息和固定资产投资方向调节税(目前暂不征)等组成。建设投资可以分为静态投资部分和动态投资部分。静态投资部分由建筑安装工程费、设备及工器具购置费、工程建设其他费和基本预备费构成。动态投资部分,是指在建设期内,因建设期利息、建设项目需缴纳的国家新批准的税费和汇率、利率变动以及建设期价格变动引起的建设投资增加额,包括涨价预备费、建设期利息等。在项目建成后按有关规定建设投资中的各分项将分别形成固定资产、无形资产和其他资产。形成的固定资产原值可用于计算折旧费,项目寿命期结束时,固定资产的残余价值(一般指当时市场上可实现的预测价值),对于投资者来说是一项在期末可回收的现金流入。形成的无形资产和其他资产原值可用于计算摊销费。

1) 设备及工器具购置费

设备及工器具购置费,是指按照建设项目购置或自制达到固定资产标准的设备和新、扩建项目配置的首套工器具及生产家具所需的费用。在生产性建设项目中,设备及工器具投资主要表现为其他部门创造的价值向建设项目中的转移,但这部分投资是建设投资中的积极部分,它占项目投资比重的提高,意味着生产技术的进步和资本有机构成的提高。

2) 建筑安装工程费

建筑安装工程费,是指建设单位用于建筑和安装工程方面的投资,它由建筑工程费和安装工程费两部分组成。建筑工程费是指建设工程涉及范围内的建筑物、构筑物、场地平整、道路、室外管道铺设、大型土石方工程等费用。安装工程费是指主要生产、辅助生产、公用工程等单项工程中需要安装的机械设备、电器设备、专用设备、仪器仪表等设备的安装及配件工程费,以及工艺、供热、供水等各种管道、配件、闸门和供电外线安装工程费用等。

3) 工程建设其他费用

工程建设其他费用是指工程项目从筹建到竣工验收交付使用止的整个建设期间,除建筑安装工程费用、设备及工器具购置费以外的,为保证工程建设顺利完成和交付使用后能够正常发挥效用而发生的一些费用。按其内容大体可分为三类:第一类是土地使用费;第二类是与项目建设有关的费用;第三类是与未来企业生产经营活动有关的费用。

4) 预备费

按我国现行规定,预备费包括基本预备费和涨价预备费。

5) 建设期利息

建设期利息系指筹措债务资金时在建设期内发生并按规定允许在投产后计入固定资产原值的利息,即资本化利息。

建设期利息包括银行借款和其他债务资金的利息,以及其他融资费用。其他融资费用是指某些债务融资中发生的手续费、承诺费、管理费、信贷保险费等融资费用，一般情况下应将其单独计算并计入建设期利息；在项目建议书阶段，也可做粗略估算并计入建设投资；对于不涉及国外贷款的项目，在可行性研究阶段，也可做粗略估算并计入建设投资。

分期建成投产的项目，应按各期投产时间分别停止借款费用的资本化，此后发生的借款利息应计入生产运营期间的总成本费用。

6）固定资产投资方向调节税

固定资产投资方向调节税是根据国家产业政策而征收的。目前，此项税已暂停征收。

2. 流动资金

流动资金是指生产经营性项目投产后，为进行正常生产运营，用于购买原材料、燃料，支付工资及其他经营费用等所需的周转资金。

投产第一年所需的流动资金应在项目投产前安排，为了简化计算，项目评价中流动资金可从投产第一年开始安排。在项目寿命期结束时，投入的流动资金应予以回收（不含利息）。

流动资金属于长期性流动资产，流动资金的筹措可通过长期负债和资本金（一般要求占比不低于30％，即铺底流动资金，目的是保证生产和经营正常进行）的方式解决。流动资金借款部分按全年计算利息，流动资金利息应计入生产运营期间的总成本费用。

3.3.2　建设投资估算

建设投资的估算采用何种方法应取决于要求达到的精确度，而精确度又由建设项目前期研究阶段的不同以及资料数据的可靠性决定。因此，在建设项目的不同前期研究阶段，允许采用详简不同、深度不同的估算方法。在建设项目规划和项目建议书阶段，投资估算的精度低，可采取简单的匡算法，如单位生产能力法、生产能力指数法、比例法、系数法等。在可行性研究阶段，投资估算精度要求高，需采用相对详细的投资估算方法，即指标估算法。

1. 单位生产能力估算法

依据调查的统计资料，利用相近规模的单位生产能力投资乘以建设规模，即得拟建项目静态投资，其计算公式为

$$C_2 = \left(\frac{C_1}{Q_1}\right)Q_2 f \tag{3-3}$$

式中，C_1——已建类似项目或装置的静态投资额；

C_2——拟建项目或装置的静态投资额；

Q_1——已建类似项目或装置的生产能力；

Q_2——拟建项目或装置的生产能力；

f——不同时期、不同地点的定额、单价、费用变更等的综合调整系数。

这种方法把项目的建设投资与其生产能力的关系视为简单的线性关系，估算结果精确度较差。使用这种方法时要注意拟建项目的生产能力和类似项目的可比性，否则误差

很大。由于在实际工作中不易找到与拟建项目完全类似的项目，通常是把项目按其下属的车间、设施和装置进行分解，分别套用类似车间、设施和装置的单位生产能力投资指标计算，然后加总求得项目投资。或根据拟建项目的规模和建设条件，将投资进行适当调整后估算项目的投资额。这种方法主要用于新建项目或装置的估算，十分简便迅速。但要求估算人员掌握足够的典型工程的历史数据，而且这些数据均应与单位生产能力的造价有关，同时新建装置与所选取装置的历史资料相类似，仅存在规模大小和时间上的差异。

单位生产能力估算法估算误差较大，可达±30%。此法只能是粗略地估算，由于误差大，应用该估算法时需要小心，尤应注意以下几点：

(1) 地方性。地方性差异主要表现为：两地经济情况不同；土壤、地质、水文情况不同；气候、自然条件差异；材料、设备的来源、运输状况不同等。

(2) 配套性。一个工程项目或装置，均有许多配套装置和设施，这些配套工程各不相同，由此可能产生种种差异。例如，公用工程、辅助工程、厂外工程和生活福利工程等，均随地方和工程规模的变化而各不相同，它们并不与主体工程的变化呈线性关系。

(3) 时间性。建设项目的兴建，不一定是在同一时间建设，时间差异或多或少存在，在这段时间内可能在技术、标准、价格等方面发生变化。

2. 生产能力指数法

又称指数估算法，它是根据已建成的类似项目生产能力和投资额来粗略估算拟建项目静态投资额的方法，是对单位生产能力估算法的改进。这种方法起源于国外对化工厂投资的统计分析，据统计，生产能力不同的 2 个装置，它们的初始投资与 2 个装置生产能力之比的指数幂成正比，其计算公式为

$$C_2 = C_1 \left(\frac{Q_2}{Q_1}\right)^n f \tag{3-4}$$

式中，n——生产能力指数。

其他符号含义同式(3-3)。

式(3-4)表明建设投资与规模(或容量)呈非线性关系，且单位建设投资随工程规模(或容量)的增大而减小。

生产能力指数法主要应用于拟建装置或项目与用来参考的已知装置或项目的规模不同的场合。该法中生产能力指数 n 是一个关键因素。在正常情况下，生产能力指数 n 的取值为 $0<n<1$，在不同国家、不同行业、不同性质、不同工艺流程、不同建设水平、不同生产率水平的项目时，应取不同的指数值。

选取 n 值的原则是：靠增加相同规格设备、装置的数量，以及靠增大生产场所扩大生产规模时，n 取 0.8～0.9；靠提高设备、装置的功能和效率扩大生产规模时，n 取 0.6～0.7。另外，拟建项目生产能力与已建同类项目生产能力的比值应有一定的限制范围，一般这一比值不能超过 50 倍，而在 10 倍以内效果较好。若已建类似项目的生产规模与拟建项目生产规模相差不大，Q_1 与 Q_2 的比值在 0.5～2 之间，则指数 n 的取值近似为 1。生产能力指数法多用于估算生产装置投资。

生产能力指数法与单位生产能力估算法相比精确度略高，其误差可控制在±20%以

内，尽管估算误差仍较大，但有它独特的好处，即这种估算方法不需要详细的工程设计资料，只知道工艺流程及规模就可以。

3. 系数估算法

系数估算法也称为因子估算法，它是以拟建项目的主体工程费或主要设备购置费为基数，以其他工程费与主体工程费的百分比为系数估算项目的静态投资的方法。这种方法简单易行，但是精度较低，一般用于项目建议书阶段。系数估算法的种类很多，在我国常用的方法有设备系数法和主体专业系数法，朗格系数法是世行项目投资估算常用的方法。

1）设备系数法

以拟建项目的设备购置费为基数．根据已建成的同类项目的建筑安装费和其他工程费等与设备价值的百分比，求出拟建项目建筑安装工程费和其他工程费，进而求出项目的静态投资，其计算公式为

$$C = E(1 + f_1P_1 + f_2P_2 + f_3P_3 + \cdots) + I \qquad (3\text{-}5)$$

式中，C——拟建项目的静态投资；

E——拟建项目根据当时当地价格计算的设备购置费；

P_1、P_2、P_3、…——已建项目中建筑安装工程费及其他工程费等与设备购置费的比例；

f_1、f_2、f_3、…——由于时间因素引起的定额、价格、费用标准等变化的综合调整系数；

I——拟建项目的其他费用。

2）主体专业系数法

以拟建项目中投资比重较大，并与生产能力直接相关的工艺设备投资为基数，根据已建同类项目的有关统计资料，计算出拟建项目各专业工程（总图、土建、采暖、给排水、管道、电气、自控等）与工艺设备投资的百分比，据以求出拟建项目各专业投资，然后加总即为拟建项目的静态投资。其计算公式为

$$C = E(1 + f_1P'_1 + f_2P'_2 + f_3P'_3 + \cdots) + I \qquad (3\text{-}6)$$

式中，P'_1、P'_2、P'_3、…——已建项目中各专业工程费用与工艺设备投资的比重。

其他符号同式(3-5)。

3）朗格系数法

这种方法是以设备购置费为基数，乘以适当系数来推算项目的静态投资。这种方法在国内不常见，是世行项目投资估算常采用的方法。该方法的基本原理是将项目建设中的总成本费用中的直接成本和间接成本分别计算，再合为项目的静态投资，其计算公式为

$$C = E(1 + \sum K_i)K_c \qquad (3\text{-}7)$$

式中，K_i——管线、仪表、建筑物等项费用的估算系数；

K_c——管理费、合同费、应急费等间接费在内的总估算系数。

其他符号同式(3-5)。

静态投资与设备购置费之比为朗格系数 K_L，即

$$K_L=(1+\sum K_i)K_c \tag{3-8}$$

应用朗格系数法进行工程项目或装置估算的精度仍不是很高，其原因如下：

(1) 装置规模大小发生变化的影响。

(2) 不同地区自然地理条件的影响。

(3) 不同地区经济地理条件的影响。

(4) 不同地区气候条件的影响。

(5) 主要设备材质发生变化时，设备费用变化较大而安装费变化不大所产生的影响。

尽管如此，由于朗格系数法是以设备购置费为计算基础，而设备费用在一项工程中所占的比重对于石油、石化、化工工程而言达 45%～55%，几乎占一半左右，同时一项工程中每台设备所含有的管道、电气、自控仪表、绝热、油漆、建筑等，都有一定的规律。所以，只要对各种不同类型工程的朗格系数掌握得准确，估算精度仍可较高。朗格系数法估算误差在 10%～15%。

4. 比例估算法

根据统计资料，先求出已有同类企业主要设备投资占项目静态投资的比例，然后再估算出拟建项目的主要设备投资，即可按比例求出拟建项目的静态投资．其表达式为

$$C=\frac{1}{K}\sum_{i=1}^{N}Q_iP_i \tag{3-9}$$

式中，C——拟建项目的静态投资；

K——已建项目主要设备投资占拟建项目投资的比例；

N——设备种类数；

Q_i——第 i 种设备的数量；

P_i——第 i 种设备的单价(到厂价格)。

5. 资金周转率法

该法是从资金周转率的定义推算出投资额的一种方法。

$$C=\frac{QP}{T} \tag{3-10}$$

式中，C——拟建项目静态投资；

Q——产品年产量；

P——产品单价；

T——资金周转率，$T=\frac{\text{年销售总额}}{\text{项目静态投资}}$。

该法概念简单明了，方便易行但误差较大。不同性质的工厂或生产不同产品的车间，资金周转率都不同，要提高投资估算的精确度，必须做好相关的基础工作。

6. 指标估算法

这种方法是把建设项目以单项工程或单位工程，按建设内容纵向划分为各个主要生

产设施、辅助及公用设施、行政及福利设施以及各项其他基本建设费用，按费用性质横向划分为建筑工程、设备购置、安装工程等，根据各种具体的投资估算指标，进行各单位工程或单项工程投资的估算，在此基础上汇集编制成拟建项目的各个单项工程费用和拟建项目的工程费用投资估算。再按相关规定估算工程建设其他费用、基本预备费等，形成拟建项目静态投资。然后结合投资计划估算涨价预备费、建设期利息等项目动态投资。

采用这种方法，还需要相关专业提供较为详细的资料，有一定的估算深度，精确度相对较高。

1）建筑工程费用估算

建筑工程费是指建设工程涉及范围内场地平整、道路、室外管道铺设、大型土石方工程、建造永久性建筑物和构筑物等所需要的费用。一般采用单位建筑工程投资估算法、单位实物工程量投资估算法、概算指标投资估算法等进行估算。

(1) 单位建筑工程投资估算法。以单位建筑工程量投资乘以建筑工程总量计算。一般工业与民用建筑以单位建筑面积（平方米）的投资，工业窑炉砌筑以单位容积（立方米）的投资，水库以水坝单位长度（米）的投资，铁路、公路以单位长度（公里）的投资，矿掘进以单位长度（米）的投资，乘以相应的建筑工程量计算建筑工程费。

(2) 单位实物工程量投资估算法。以单位实物工程量的投资乘以实物工程总量计算。土石方工程按每立方米投资，矿井巷道衬砌工程按每延米投资，路面铺设工程按每平方米投资，乘以相应的实物工程总量计算建筑工程费。

(3) 概算指标投资估算法。对于没有上述估算指标且建筑工程费占总投资比例较大的项目，可采用概算指标估算法。采用此种方法，应掌握较为详细的工程资料、建筑材料价格和工程费用指标信息，投入的时间和工作量大。

2）设备及工器具购置费

设备及工器具购置费由设备购置费和工具、器具及生产家具购置费组成。

(1) 设备购置费的计算。对于新建项目和扩建项目购置或自制的全部设备、工具、器具，不论是否达到固定资产标准，均计入设备及工器具购置费中。对于价值高的设备应按单台（套）估算购置费，价值较小的设备可按类估算，国内设备和进口设备应分别估算。设备购置费具体估算按下式计算为

$$\text{设备购置费} = \text{设备原价或进口设备抵岸价} + \text{设备运杂费} \tag{3-11}$$

① 国产设备原价。国产设备原价一般指的是设备制造厂的交货价，即出厂价。如设备系由设备成套公司供应，则以订货合同价为设备原价。国产设备原价又分为国产标准设备原价和非标准设备原价。

国产标准设备是由国内设备生产厂批量生产的，符合国家质量检验标准的设备。有的设备有两种出厂价，即带有备件的出厂价和不带有备件的出厂价。在计算设备原价时，一般按带有备件的出厂价计算。

国产非标准设备是指国内设备生产厂不可能在工艺过程中采用批量生产只能一次订货，并根据具体的设备图纸制造的设备。非标准设备原价有多种不同的计算方法，如成本

计算估价法、系列设备插入估价法、分部组合估价法、定额估价法等。但无论哪种方法都应该使非标准设备计价的准确度接近实际出厂价，并且计算方法要简便。

② 进口设备抵岸价。进口设备抵岸价是指抵达买方边境港口或边境车站，且交完关税以后的价格。进口设备如果采用装运港船上交货价(FOB)，则其抵岸价构成为

$$\text{进口设备抵岸价} = \text{货价} + \text{国外运费} + \text{国外运输保险费} + \text{银行财务费} + \text{外贸手续费} + \text{进口关税} + \text{增值税} + \text{消费税} + \text{海关监管手续费} \tag{3-12}$$

所谓装运港船上交货价(FOB)，习惯称为离岸价，是指卖方在出口国装运港船上完成交货任务，即卖方负责在合同规定的装运港口和规定的期限内，将货物装上买方指定的船只，并及时通知买方；负责货物装船前的一切费用和风险；负责办理出口手续；提供出口国政府或有关方面签发的证件；负责提供有关装运单据。买方则负责租船或订舱，支付运费，并将船期、船名通知卖方；承担货物装船后的一切费用和风险；负责办理保险及支付保险费；办理在目的港的进口和收货手续；接受卖方提供的有关装运单据，并按合同规定支付货款。

a. 进口设备的货价：一般可采用以下公式计算为

$$\text{货价} = \text{离岸价(FOB 价)} \times \text{人民币外汇牌价} \tag{3-13}$$

b. 国外运费：我国进口设备大部分采用海洋运输方式，小部分采用铁路运输方式，个别采用航空运输方式，其运费为

$$\text{国外运费} = \text{离岸价} \times \text{运费率} \tag{3-14}$$

或

$$\text{国外运费} = \text{运量} \times \text{单位运价} \tag{3-15}$$

式中，运费率或单位运价参照有关部门或进出口公司的规定。计算进口设备抵岸价时，再将国外运费换算为人民币。

c. 国外运输保险费：对外贸易货物运输保险是由保险人(保险公司)与被保险人(出口人或进口人)订立保险契约，在被保险人交付议定的保险费后，保险人根据保险契约的规定对货物在运输过程中发生的承保责任范围内的损失给予经济上的补偿，其计算公式为

$$\text{国外运输保险费} = (\text{离岸价} + \text{国外运费}) \times \text{国外运输保险费率} \tag{3-16}$$

或

$$\text{国外运输保险费} = \frac{\text{离岸价} + \text{国外运费}}{1 - \text{国外运输保险费率}} \times \text{国外运输保险费率} \tag{3-17}$$

式中，国外运输保险费率——按保险公司规定的进口货物保险费率计算。计算进口设备抵岸价时，再将国外运输保险费换算为人民币。

d. 银行财务费：一般指银行手续费，计算公式为

$$\text{银行财务费} = \text{离岸价} \times \text{人民币外汇牌价} \times \text{银行财务费率} \tag{3-18}$$

e. 外贸手续费：是指按有关规定的外贸手续费率计取的费用。计算公式为

$$\text{外贸手续费} = \text{进口设备到岸价(CIF)} \times \text{人民币外汇牌价} \times \text{外贸手续费率} \tag{3-19}$$

式中，进口设备到岸价按下式计算为

$$进口设备到岸价(CIF) = 离岸价(FOB) + 国外运费 + 国外运输保险费 \tag{3-20}$$

f. 进口关税：关税是由海关对进出国境的货物和物品征收的一种税。计算公式为

$$进口关税 = 到岸价 \times 人民币外汇牌价 \times 进口关税率 \tag{3-21}$$

g. 消费税：对部分进口产品(如轿车等)征收。计算公式为

$$消费税 = \frac{到岸价 \times 人民币外汇牌价 + 关税}{1 - 消费税率} \times 消费税率 \tag{3-22}$$

式中，消费税率根据规定的税率计算。

h. 增值税：增值税是我国政府对从事进口贸易的单位和个人，在进口商品报关进口后征收的税种。我国增值税条例规定，进口应税产品均按组成计税价格，依税率直接计算应纳税额，不扣除任何项目的金额或已纳金额，即

$$进口产品增值税额 = 组成计税价格 \times 增值税率 \tag{3-23}$$

$$组成计税价格 = 到岸价 \times 人民币外汇牌价 + 进口关税 + 消费税 \tag{3-24}$$

i. 海关监管手续费：海关监管手续费是指海关对发生减免进口税或实行保税的进口设备，实施监管和提供服务收取的手续费。全额收取关税的设备，不收取海关监管手续费。

$$海关监管手续费 = 到岸价 \times 人民币外汇牌价 \times 海关监管手续费率 \tag{3-25}$$

③ 设备运杂费。

设备运杂费系指设备原价中未包括的相关费用，通常由下列各项构成：

a. 运费和装卸费：国产标准设备由设备制造厂交货地点起至工地仓库(或施工组织设计指定的需要安装设备的堆放地点)止所发生的运费和装卸费；进口设备则由我国到岸港口、边境车站起至工地仓库(或施工组织设计指定的需要安装设备的堆放地点)止所发生的运费和装卸费。

b. 包装费：在设备出厂价格中没有包含的设备包装和包装材料器具费；在设备出厂价或进口设备价格中如已包括了此项费用，则不应重复计算。

c. 供销部门的手续费：按有关部门规定的统一费率计算。

d. 采购与仓库保管费：是指建设单位采购、验收、保管和收发设备所发生的各种费用，包括设备采购、保管和管理人员工资、工资附加费、办公费、差旅交通费、设备供应部门办公和仓库所占固定资产使用费、工具用具使用费、劳动保护费、检验试验费等。这些费用可按主管部门规定的采购保管费率计算。

如果设备是由设备成套公司供应的，成套公司的服务费也应计入设备运杂费中。

设备运杂费按设备原价乘以设备运杂费率计算，其计算公式为

$$设备运杂费 = 设备原价 \times 设备运杂费率 \tag{3-26}$$

式中，设备运杂费率按各部门及省、市等的规定计取。

一般来讲，沿海和交通便利的地区，设备运杂费率相对低一些；内地和交通不很便利的地区就要相对高一些，边远省份则要更高一些。对于非标准设备来讲，应尽量就近委托设备制造厂，以大幅度降低设备运杂费。进口设备由于原价较高，国内运距较短，因而运杂费比率应适当降低。

(2) 工器具及生产家具购置费的构成及计算。工器具及生产家具购置费是指新建项目或扩建项目初步设计规定所必须购置的不够固定资产标准的设备、仪器、工卡模具、器具、生产家具和备品备件的费用，其一般计算公式为

$$\text{工器具及生产家具购置费} = \text{设备购置费} \times \text{定额费率} \tag{3-27}$$

3) 安装工程费

安装工程费通常按行业或专门机构发布的安装工程定额、取费标准和指标估算投资。具体可按安装费率、每吨设备安装费或单位安装实物工程量的费用估算，即

$$\text{安装工程费} = \text{设备原价} \times \text{安装费率}(\%) \tag{3-28}$$

$$\text{安装工程费} = \text{设备吨重} \times \text{每吨安装费} \tag{3-29}$$

$$\text{安装工程费} = \text{安装工程实物量} \times \text{安装费用指标} \tag{3-30}$$

条件成熟的，可按概算法估算。

4) 工程建设其他费用

工程建设其他费用的计算应结合拟建项目的具体情况，有合同或协议明确的费用按合同或协议列入。合同或协议中没有明确的费用，根据国家和各行业部门、工程所在地地方政府的有关工程建设其他费用定额和计算办法估算。在项目的初期阶段，也可以按照工程费用的百分数综合估算。

(1) 土地使用费。土地使用费是指按照《中华人民共和国土地管理法》等规定，建设项目征用土地或租用土地应支付的费用。

① 农用土地征用费。农用土地征用费由土地补偿费、安置补助费、土地投资补偿费、土地管理费、耕地占用税等组成，并按被征用土地的原用途给予补偿。

② 取得国有土地使用费。取得国有土地使用费包括土地使用权出让金、城市建设配套费、房屋征收与补偿费等。

(2) 与项目建设有关的其他费用。

① 建设管理费。建设管理费是指建设单位从项目筹建开始直至工程竣工验收合格或交付使用为止发生的项目建设管理费用。费用内容包括：

a. 建设单位管理费。建设单位管理费是指建设单位发生的管理性质的开支。建设单位管理费以建设投资中的工程费用为基数乘以建设单位管理费费率计算，即

$$\text{建设单位管理费} = \text{工程费用} \times \text{建设单位管理费费率} \tag{3-31}$$

工程费用是指建筑安装工程费用和设备及工器具购置费用之和。

b. 工程监理费。工程监理费是指建设单位委托工程监理单位实施工程监理的费用。根据委托的监理工作范围和监理深度在监理合同中商定或按当地或所属行业部门有关规定计算。

② 可行性研究费。可行性研究费是指在建设项目前期工作中，编制和评估项目建议书、可行性研究报告所需的费用。依据前期研究委托合同计列。

③ 研究试验费。研究试验费是指为本建设项目提供或验证设计数据、资料等进行必要的研究试验及按照设计规定在建设过程中必须进行试验、验证所需的费用，应按照研究试验内容和要求进行编制。研究试验费不包括应由科技三项费用(即新产品试制费、中间

试验费和重要科学研究补助费)开支的项目;应在建筑安装费用中列支的施工企业对建筑材料、构件和建筑物进行一般鉴定、检查所发生的费用及技术革新的研究试验费;应由勘察设计费或工程费用中开支的项目。

④ 勘察设计费。勘察设计费是指委托勘察设计单位进行工程水文地质勘察、工程设计所发生的各项费用。包括工程勘察费;初步设计费、施工图设计费;设计模型制作费。勘察设计费依据勘察设计委托合同计列。

⑤ 环境影响评价费。环境影响评价费是指按照《中华人民共和国环境保护法》、《中华人民共和国环境影响评价法》等规定,为全面、详细评价本建设项目对环境可能产生的污染或造成的重大影响所需的费用。包括编制环境影响报告书(含大纲)、环境影响报告表和评估环境影响报告书(含大纲)、评估环境影响报告表等所需的费用。环境影响评价费依据环境影响评价委托合同计列。

⑥ 劳动安全卫生评价费。劳动安全卫生评价费是指按照劳动部《建设工程项目(工程)劳动安全卫生监察规定》和《建设工程项目(工程)劳动安全卫生预评价管理办法》的规定,为预测和分析建设项目存在的职业危险、危害因素的种类和危险危害程度,并提出先进、科学、合理可行的劳动安全卫生技术和管理对策所偏的费用。包括编制建设项目劳动安全卫生预评价大纲和劳动安全卫生预评价报告书以及为编制上述文件所进行的工程分析和环境现状调查等所需费用。劳动安全卫生评价费依据劳动安全卫生预评价委托合同计列。

⑦ 场地准备及临时设施费。场地准备及临时设施费是指建设场地准备费和建设单位临时设施费。

场地准备费是指建设项目为达到工程开工条件所发生的场地平整和对建设场地遗留的有碍于施工建设的设施进行拆除清理的费用。

临时设施费是指为满足施工建设需要而供到场地界区的,未列入工程费用的临时水、电、路、讯、气等其他工程费用和建设单位的现场临时建(构)筑物的搭设、维修、拆除、摊销或建设期间租赁费用,以及施工期间专用公路或桥梁的加固、养护、维修等费用。此项费用不包括已列入建筑安装工程费用中的施工单位临时设施费用。

场地准备及临时设施应尽量与永久性工程统一考虑。建设场地的大型土石方工程应进入工程费用中的总图运输费用中。

新建项目的场地准备和临时设施费应根据实际工程量估算,或按工程费用的比例计算。改扩建项目一般只计拆除清理费。

$$场地准备和临时设施费 = 工程费用 \times 费率 + 拆除清理费 \tag{3-32}$$

发生拆除清理费时可按新建同类工程造价或主材费、设备费的比例计算。凡可回收材料的拆除工程采用以料抵工方式冲抵拆除清理费。

⑧ 引进技术和进口设备其他费。引进技术及进口设备其他费用,包括出国人员费用、国外工程技术人员来华费用、技术引进费、分期或延期付款利息、担保费以及进口设备检验鉴定费。

⑨ 工程保险费。工程保险费是指建设项目在建设期间根据需要对建筑工程、安装

工程、机器设备和人身安全进行投保而发生的保险费用。包括建筑安装工程一切险、进口设备财产保险和人身意外伤害险等。不包括已列入施工企业管理费中的施工管理用财产、车辆保险费。不投保的工程不计取此项费用。不同的建设项目可根据工程特点选择投保险种，根据投保合同计列保险费用。编制投资估算和概算时可按工程费用的比例估算。

⑩ 特殊设备安全监督检验费。特殊设备安全监督检验费是指在施工现场组装的锅炉及压力容器、压力管道、消防设备、燃气设备、电梯等特殊设备和设施，由安全监察部门按照有关安全监察条例和实施细则以及设计技术要求进行安全检验，应由建设项目支付的，向安全监察部门缴纳的费用。特殊设备安全监督检验费按照建设项目所在省(市、自治区)安全监察部门的规定标准计算。无具体规定的，在编制投资估算和概算时可按受检设备现场安装费的比例估算。

⑪ 市政公用设施建设及绿化补偿费。市政公用设施建设及绿化补偿费是指使用市政公用设施的建设项目，按照项目所在地省一级人民政府有关规定建设或缴纳的市政公用设施建设配套费用，以及绿化工程补偿费用。按项目所在地人民政府规定标准计列；不发生或按规定免征项目不计取。

(3) 与未来企业生产经营有关的其他费用。

① 联合试运转费。联合试运转费是指新建项目或新增加生产能力的项目，在交付生产前按照批准的设计文件所规定的工程质量标准和技术要求，进行整个生产线或装置的负荷联合试运转或局部联动试车所发生的费用净支出(试运转支出大于收入的差额部分费用)。试运转支出包括试运转所需原材料、燃料及动力消耗、低值易耗品、其他物料消耗、工具用具使用费、机械使用费、保险金、施工单位参加试运转人员工资以及专家指导费等；试运转收入包括试运转期间的产品销售收入和其他收入。

联合试运转费不包括应由设备安装工程费用开支的调试及试车费用，以及在试运转中暴露出来的因施工原因或设备缺陷等发生的处理费用。不发生试运转或试运转收入大于(或等于)费用支出的工程，不列此项费用。

当联合试运转收入小于试运转支出时，

$$\text{联合试运转费} = \text{联合试运转费用支出} - \text{联合试运转收入} \tag{3-33}$$

试运行期按照以下规定确定：引进国外设备项目按建设合同中规定的试运行期执行；国内一般性建设项目试运行期原则上按照批准的设计文件所规定期限执行。个别行业的建设项目试运行期需要超过规定试运行期的，应报项目设计文件审批机关批准。

② 生产准备费。生产准备费是指新建项目或新增生产能力的项目，为保证竣工交付使用进行必要的生产准备所发生的费用。费用内容包括生产职工培训费，生产单位提前进厂参加施工、设备安装、调试等，以及熟悉工艺流程及设备性能等人员的工资、工资性补贴、职工福利费、差旅交通费、劳动保护费等。新建项目按设计定员为基数计算，即改扩建项目按新增设计定员为基数计算，即

$$\text{生产准备费} = \text{设计定员} \times \text{生产准备费指标(元 / 人)} \tag{3-34}$$

③ 办公和生活家具购置费。办公和生活家具购置费是指为保证新建、改建、扩建项

目初期正常生产、使用和管理所必须购置的办公和生活家具、用具的费用。改、扩建项目所需的办公和生活用具购置费，应低于新建项目，其范围包括办公室、会议室、资料档案室、阅览室、文娱室、食堂、浴室、理发室和单身宿舍等。这项费用按照设计定员人数乘以综合指标计算。

一般建设项目很少发生或仅发生一些具有明显行业特征的工程建设其他费用项目，如移民安置费、水资源费、水土保持评价费、地震安全性评价费、地质灾害危险性评价费、河道占用补偿费、超限设备运输特殊措施费、航道维护费、植被恢复费、种质检测费、引种测试费等，具体项目发生时依据有关政策规定列入。

5）预备费

(1) 基本预备费。基本预备费是指在项目实施中可能发生难以预料的支出，需要预先预留的费用，又称不可预见费。主要指设计变更及施工过程中可能增加工程量的费用。计算公式为

$$\text{基本预备费} = (\text{设备及工器具购置费} + \text{建筑安装工程费} + \text{工程建设其他费}) \times \text{基本预备费率} \quad (3\text{-}35)$$

基本预备费率的取值一般按行业规定，并结合估算深度确定。通常对外汇和人民币部分取不同的预备费率。

(2) 涨价预备费。

涨价预备费是指建设项目在建设期内由于价格等变化引起投资增加，需要事先预留的费用。涨价预备费以各年建筑安装工程费、设备及工器具购置费之和为计算基数，再行加和，求得总的涨价预备费。计算公式为

$$PC = \sum_{t=1}^{n} C_t[(1+f)^t - 1] \quad (3\text{-}36)$$

式中，PC——涨价预备费；

C_t——第 t 年的建筑安装工程费、设备及工器具购置费之和；

n——建设期；

f——建设期价格上涨指数。

例 3.1　某建设项目在建设期初的建筑安装工程费、设备及工器具购置费为45 000万元。按本项目实施进度计划，项目建设期为 3 年，投资分年使用比例为：第一年 25%，第二年 55%，第三年 20%，建设期内预计年平均价格总水平上涨率为 5%。试估算该项目的涨价预备费。

解　计算项目的涨价预备费：

第一年末的涨价预备费＝45000×25%×[(1+0.05)－1]＝562.5

第二年末的涨价预备费＝45000×55%×[$(1+0.05)^2$－1]＝2536.88

第三年末的涨价预备费＝45000×20%×[$(1+0.05)^3$－1]＝1418.63

该项目建设期的涨价预备费＝562.5＋2536.88＋1418.63＝4518.01(万元)

在进行财务现金流量计算中，通常按表 3.7 或表 3.8 编制建设投资估算表。

表 3.7 建设投资估算表(概算法)

单位:万元,外币单位:

序号	工程或费用名称	建筑工程费	设备购置费	安装工程费	其他费用	合计	其中:外币	比例/%
1	工程费用							
1.1	主体工程							
1.1.1	×××							
	⋮							
1.2	辅助工程							
1.2.1	×××							
	⋮							
1.3	公用工程							
1.3.1	×××							
	⋮							
1.4	服务性工程							
1.4.1	×××							
	⋮							
1.5	厂外工程							
1.5.1	×××							
	⋮							
1.6	×××							
2	工程建设其他费用							
2.1	×××							
	⋮							
3	预备费							
3.1	基本预备费							
3.2	涨价预备费							
4	建设投资合计							
	比例/%							100%

注:(1)“比例”分别指各主要科目的费用(包括横向和纵向)占建设投资的比例。

(2)本表适用于新设法人项目与既有法人项目的新增建设投资的估算。

(3)“工程或费用名称”可依据不同行业的要求调整。

表 3.8　建设投资估算表(形成资产法)

单位:万元,外币单位:

序号	工程或费用名称	建筑工程费	设备购置费	安装工程费	其他费用	合计	其中:外币	比例/%
1	固定资产费用							
1.1	工程费用							
1.1.1	×××							
1.1.2	×××							
1.1.3	×××							
	⋮							
1.2	固定资产其他费用							
1.2.1	×××							
	⋮							
2	无形资产费用							
2.1	×××							
	⋮							
3	其他资产费用							
3.1	×××							
	⋮							
4	预备费							
4.1	基本预备费							
4.2	涨价预备费							
5	建设投资合计							
	比例/%							100%

注:(1)“比例”分别指各主要科目的费用(包括横向和纵向)占建设投资的比例。

(2) 本表适用于新设法人项目与既有法人项目的新增建设投资的估算。

(3)“工程或费用名称”可依据不同行业的要求调整。

6) 建设期利息

估算建设期利息,需要根据项目进度计划、提出建设投资分年计划,列出各年投资额。在建设投资分年计划的基础上可设定初步融资方案,对采用债务融资的项目应估算建设期利息。

计算建设期利息时,为了简化计算,在编制投资估算时通常假定借款均在每年的年中支用,借款第一年按半年计息,其余各年份按全年计息,则建设期利息计算公式为

$$\text{各年应计利息} = \left(\text{年初借款本息累计} + \frac{\text{本年借款额}}{2}\right) \times \text{年利率} \tag{3-37}$$

对于多种借款资金来源,每笔借款的年利率各不相同的项目,既可分别计算每笔借款的利息,也可先计算出各笔借款加权平均的年利率,并以此利率计算全部借款的利息。

例 3.2　某新建项目,建设期为 3 年,共向银行贷款 1300 万元,贷款时间为:第 1 年

300 万元,第 2 年 600 万元,第 3 年 400 万元,年利率为 6%,计算建设期利息。

解 在建设期,各年利息计算如下:

第 1 年应计利息=(300/2)×6%=9(万元)

第 2 年应计利息=(300+9+600/2)×6%=36. 54(万元)

第 3 年应计利息=(300+9+600+36.54+400/2)×6%=68.73(万元)

建设期利息总和为 114.27 万元。

在进行财务现金流量计算中,通常按表 3.9 编制建设期利息估算表。

表 3.9 建设期利息估算表 单位:万元

序号	项目	合计	计算期					
			1	2	3	4	…	*n*
1	借款							
1.1	建设期利息							
1.1.1	期初借款余额							
1.1.2	当期借款							
1.1.3	当期应计利息							
1.1.4	期末借款余额							
1.2	其他融资费用							
1.3	小计(1.1+1.2)							
2	债券							
2.1	建设期利息							
2.1.1	期初债务余额							
2.1.2	当期债务金额							
2.1.3	当期应计利息							
2.1.4	期末债务余额							
2.2	其他融资费用							
2.3	小计(2.1+2.2)							
3	合计(1.3+2.3)							
3.1	建设期利息合计(1.1+2.1)							
3.2	其他融资费用合计(1.2+2.2)							

注:(1) 本表适用于新设法人项目与既有法人项目的新增建设期利息估算。

(2) 原则上应分别估算外汇和人民币债务。

(3) 如有多种借款或债券,必要时应分别列出。

(4) 本表与财务分析表中“借款还本付息计划表”可二表合一。

使用指标估算法,应注意以下事项:

(1) 使用估算指标法应根据不同地区、不同时间而进行调整。因为地区、时间不同,设备与材料的价格均有差异,调整方法可以按主要材料消耗量或“工程量”为计算依据;也可以按不同的工程项目的“万元工料消耗定额”而定不同的系数。在有关部门颁布有定额或材料价差系数(物价指数)时,可以据其调整。

(2) 使用估算指标法进行投资估算决不能生搬硬套,必须对工艺流程、定额、价格及费用标准进行分析,经过实事求是的调整与换算,提高其精确度。

3.3.3　流动资金估算

流动资金估算一般是参照现有同类企业的状况采用分项详细估算法,个别情况或者小型项目可采用扩大指标法。

1. 分项详细估算法

流动资金的估算基础是经营成本和商业信用等,它是流动资产与流动负债的差额。流动资产的构成要素一般包括存货、库存现金、应收账款和预付账款;流动负债的构成要素一般只考虑应付账款和预收账款。计算公式为

$$流动资金 = 流动资产 - 流动负债 \tag{3-38}$$

$$流动资产 = 应收账款 + 预付账款 + 存货 + 现金 \tag{3-39}$$

$$流动负债 = 应付账款 + 预收账款 \tag{3-40}$$

$$流动资金本年增加额 = 本年流动资金 - 上年流动资金 \tag{3-41}$$

估算的具体步骤,首先计算各类流动资产和流动负债的年周转次数,然后再分项估算占用资金额。

(1) 周转次数计算。周转次数是指流动资金的各个构成项目在一年内完成多少个生产过程。周转次数可用1年天数(通常按360天计算)除以流动资金的最低周转天数计算,即

$$周转次数 = \frac{360}{流动资金最低周转天数} \tag{3-42}$$

各类流动资产和流动负债的最低周转天数,可参照同类企业的平均周转天数并结合项目特点确定,或按部门(行业)规定。在确定最低周转天数时应考虑储存天数、在途天数,并考虑适当的保险系数,而各项流动资金年平均占用额度为流动资金的年周转额度除以流动资金的年周转次数。

(2) 应收账款估算。应收账款是指企业对外赊销商品、提供劳务尚未收回的资金。计算公式为

$$应收账款 = \frac{年经营成本}{应收账款周转次数} \tag{3-43}$$

(3) 预付账款估算。预付账款是指企业为购买各类材料、半成品或服务所预先支付的款项,计算公式为

$$预付账款 = \frac{外购商品或服务年费用金额}{预付账款周转次数} \tag{3-44}$$

(4) 存货估算。存货是企业为销售或者生产耗用而储备的各种物资,主要有原材料、辅助材料、燃料、低值易耗品、维修备件、包装物、商品、在产品、自制半成品和产成品等。为简化计算,仅考虑外购原材料、燃料、其他材料、在产品和产成品,并分项进行计算。计算公式为

$$存货 = 外购原材料、燃料 + 其他材料 + 在产品 + 产成品 \tag{3-45}$$

$$外购原材料、燃料 = \frac{年外购原材料、燃料费用}{分项周转次数} \tag{3-46}$$

$$其他材料 = \frac{年其他材料费用}{其他材料周转次数} \tag{3-47}$$

$$在产品 = \frac{年外购原材料、燃料 + 年工资及福利费 + 年修理费 + 年其他制造费用}{在产品周转次数} \tag{3-48}$$

$$产成品 = \frac{年经营成本}{产成品周转次数} \tag{3-49}$$

(5) 现金需要量估算。项目流动资金中的现金是指货币资金，即企业生产运营活动中停留于货币形态的那部分资金，包括企业库存现金和银行存款。计算公式为

$$现金 = \frac{年工资及福利费 + 年其他费用}{现金周转次数} \tag{3-50}$$

$$年其他费用 = 制造费用 + 管理费用 + 营业费用 - (以上各项费用中所含的工资及福利费、折旧费、摊销费、修理费) \tag{3-51}$$

(6) 流动负债估算。流动负债是指在一年或者超过一年的一个营业周期内，需要偿还的各种债务，包括短期借款、应付票据、应付账款、预收账款、应付工资、应付福利费、应付股利、应交税金、其他暂收应付款、预提费用和一年内到期的长期借款等。在可行性研究中，流动负债的估算可以只考虑应付账款和预收账款两项。计算公式为

$$应付账款 = \frac{外购原材料、燃料动力费及其他材料年费用}{应付账款周转次数} \tag{3-52}$$

$$预收账款 = \frac{预收的营业收入年金额}{预收账款周转次数} \tag{3-53}$$

在进行财务现金流量计算中，通常按表 3.10 编制流动资金估算表。

表 3.10　流动资金估算表　　单位:万元

序号	项目	最低周转天数	周转次数	计算期					
				1	2	3	4	…	*n*
1	流动资产								
1.1	应收账款								
1.2	存货								
1.2.1	原材料								
	×××								
	⋮								
1.2.2	燃料								
	×××								
	⋮								
1.2.3	在产品								
1.2.4	产成品								

续表

序号	项目	最低周转天数	周转次数	计算期					
				1	2	3	4	…	n
1.3	现金								
1.4	预付款								
2	流动负债								
2.1	应付账款								
2.2	预收账款								
3	流动资金(1—2)								
4	流动资金当期增加额								

注：(1) 本表适用于新设法人项目与既有法人项目的“有项目”、“无项目”和增量流动资金的估算。
(2) 表中科目可视行业变动。
(3) 如发生外币流动资金，应另行估算后予以说明，其数额应包含在本表数额内。
(4) 不发生预付账款和预收账款的项目科不列此两项。

2. 扩大指标估算法

扩大指标估算法是根据现有同类企业的实际资料，求得各种流动资金率指标，亦可依据行业或部门给定的参考值或经验确定比率。将各类流动资金率乘以相对应的费用基数来估算流动资金。一般常用的基数有营业收入、经营成本、总成本费用和建设投资等，究竟采用何种基数依行业习惯而定。扩大指标估算法简便易行，但准确度不高，适用于项目建议书阶段的估算。扩大指标估算法计算流动资金的公式为

$$\text{流动资金} = \text{年费用基数} \times \text{各类流动资金率}(\%) \tag{3-54}$$

3. 估算流动资金应注意的问题

(1) 在采用分项详细估算法时，应根据项目实际情况分别确定现金、应收账款、预付账款、存货、应付账款和预收账款的最低周转天数，并考虑一定的保险系数。最低周转天数减少，将增加周转次数，从而减少流动资金需用量，因此必须切合实际地选用最低周转天数。对于存货中的外购原材料和燃料，要分品种和来源，考虑运输方式和运输距离，以及占用流动资金的比重大小等因素确定。

(2) 用详细估算法计算流动资金，需以经营成本及其中的某些科目为基数，因此实际上流动资金估算应在经营成本估算之后进行。

在可行性研究中，为简化计算，仅对存货、现金、应收账款这三项流动资产和应付账款这项流动负债进行估算。

3.3.4　项目资本金

1. 项目资本金的特点

项目资本金(即项目权益资金)是指在建设项目总投资中，由投资者认缴的出资额，对

建设项目来说是非债务性资金，项目法人不承担这部分资金的任何利息和债务；投资者可按其出资的比例依法享有所有者权益，也可转让其出资，但一般不得以任何方式抽回。资本金是确定项目产权关系的依据，也是项目获得债务资金的信用基础，因为项目的资本金后于负债受偿，可以降低债权人债权回收风险。

项目资本金主要强调的是作为项目实体而不是企业所注册的资金。注册资金是指企业实体在工商行政管理部门登记认缴的注册资金，通常指营业执照登记的资金总额，即会计上的"实收资本"或"股本"，是企业投资者按比例投入的资金。在我国注册资金又称为企业资本金。因此，项目资本金是有别于注册资金的。

2. 项目资本金的出资方式

项目资本金是由项目的发起人、股权投资人以获得项目财产权和控制权的方式投入的资金。资本金出资方式(参见 12.2.1)可以是现金，也可以是实物、工业产权、非专利技术、土地使用权、资源开采权作价出资，但必须经过有资格的资产评估机构评估作价。通常企业未分配利润以及从税后利润提取的公积金可投资于项目，成为项目资本金。以工业产权和非专利技术作价出资的比例一般不超过项目资本金总额的 20%(经特别批准，部分高新技术企业可以达到 35%以上)。为了使建设项目保持合理的资产结构，应根据投资各方及建设项目的具体情况选择项目资本金的出资方式，以保证项目能顺利建设并在建成后能正常运营。

3. 项目资本金的来源渠道和筹措方式

项目资本金的来源渠道和筹措方式，应根据项目融资主体的特点来选择。既有法人融资项目的新增资本金可通过原有股东增资扩股、吸收新股东投资、发行股票、政府投资等渠道和方式筹措。新设法人融资项目的资本金可通过股东直接投资、发行股票、政府投资等方式筹措。

(1) 股东直接投资。股东直接投资包括政府授权投资机构入股资金、国内外企业入股资金、社会团体和个人入股的资金以及基金投资公司入股的资金，分别构成国家资本金、法人资本金、个人资本金和外商资本金。

(2) 股票融资。无论是既有法人融资项目还是新设法人融资项目，凡符合规定条件的，均可以通过发行股票在资本市场募集股本资金。

(3) 政府投资。政府投资资金，包括各级政府的财政预算内资金、国家批准的各种专项建设基金、统借国外贷款、土地批租收入、地方政府按规定收取的各种费用及其他预算外资金等。政府投资主要用于关系国家安全和市场不能有效配置资源的经济和社会领域，包括加强公益性和公共基础设施建设，保护和改善生态环境，促进欠发达地区的经济和社会发展，推进科技进步和高新技术产业化。

对政府投资资金，国家根据资金来源、项目性质和调控需要，分别采取直接投资、资本金注入、投资补助、转贷和贷款贴息等方式，并按项目安排使用。

在项目评价中，对投入的政府投资资金，应根据资金投入的不同情况进行不同的处理：

① 全部使用政府直接投资的项目，一般为非经营性项目，不需要进行融资方案分析。

② 以资本金注入方式投入的政府投资资金，在项目评价中应视为权益资金。

③ 以投资补贴、贷款贴息等方式投入的政府投资资金，对具体项目来说，既不属于权益资金，也不属于债务资金，在项目评价中应视为一般现金流入(补贴收入)。

④ 以转贷方式投入的政府投资资金(统借国外贷款)，在项目评价中应视为债务资金。

4. 项目资本金现金流量表中投资借款的处理

从项目投资主体的角度看，建设项目投资借款是现金流入，但同时将借款用于项目投资则构成同一时点、相同数额的现金流出，二者相抵，对净现金流量的计算无影响。因此，在项目资本金现金流量表中投资只计项目资本金。另一方面，现金流入又是因项目全部投资所获得，故应将借款本金的偿还及利息支付计入现金流出。

3.3.5　维持运营投资

某些项目在运营期需要进行一定的固定资产投资才能得以维持正常运营，如设备更新费用、油田的开发费用、矿山的井巷开拓延伸费用等。不同类型和不同行业的项目投资的内容可能不同，但发生维持运营投资时应估算其投资费用，并在现金流量表中将其作为现金流出，参与财务内部收益率等指标的计算。同时，也应反映在财务计划现金流量表中，参与财务生存能力分析。

维持运营投资是否能予以资本化，取决于其是否能为企业带来经济利益且该固定资产的成本是否能够可靠地计量。项目评价中，如果该投资投入延长了固定资产的使用寿命，或使产品质量实质性提高，或成本实质性降低等，使可能流入企业的经济利益增加，那么该维持运营投资应予以资本化，即应计入固定资产原值，并计提折旧。否则该投资只能费用化，不形成新的固定资产原值。

在建设投资和流动资金估算的基础上，编制项目总投资使用计划与资金筹措表，如表 3.11 所示。

表 3.11　项目总投资使用计划与资金筹措表

单位：万元，外币单位：

序号	项　目	合　计			1			…		
		人民币	外币	小计	人民币	外币	小计	人民币	外币	小计
1	总投资									
1.1	建设投资									
1.2	建设期利息									
1.3	流动资金									
2	资金筹措									
2.1	项目资本金									
2.1.1	用于建设投资									

续表

序号	项　目	合 计			1			…		
		人民币	外币	小计	人民币	外币	小计	人民币	外币	小计
	××方									
	⋮									
2.1.2	用于流动资金									
	××方									
	⋮									
2.1.3	用于建设期利息									
	××方									
	⋮									
2.2	债务资金									
2.2.1	用于建设投资									
	××借款									
	××债券									
	⋮									
2.2.2	用于建设期利息									
	××借款									
	××债券									
	⋮									
2.2.3	用于流动资金									
	××借款									
	××债券									
	⋮									
2.3	其他资金									
	×××									
	⋮									

注：(1) 本表按新增投资范畴编制。

(2) 本表建设期利息一般可包括其他融资费用。

(3) 对既有法人项目，项目资本金中可包括新增资金和既有法人货币资金与资产变现或资产经营权变现的资金，可分别列出或加以文字说明。

3.4 经营成本

3.4.1 总成本

1. 总成本费用的估算

总成本费用是指在项目运营期内为生产产品或提供服务所发生的全部费用。各年的总成本费用按生产要素构成如下：

$$总成本费用 = 外购原材料、燃料及动力费 + 工资及福利费 + 修理费 + 折旧费 + 摊销费 + 财务费用(利息支出) + 其他费用 \tag{3-55}$$

式中，各分项的内容和估算要点为以下几点。

1）外购原材料、燃料及动力费

对耗用量大的主要原材料、燃料及动力应分别按照其年消耗量和供应单价进行估算，然后汇总，即

$$外购原材料、燃料及动力费 = \sum 年消耗量 \times 原材料、燃料及动力供应单价 \tag{3-56}$$

其他耗用量不大，但是种类繁多的原材料、燃料及动力成本可以参照类似企业统计资料计算的其他材料、燃料及动力占主要原材料、燃料及动力成本的比率进行估算。

原材料、燃料及动力价格是在选定价格体系下的预测价格，该价格应按到厂价格计，并考虑运输及仓储损耗。采用的价格时点和价格体系应与营业收入的估算一致。外购原材料和燃料及动力费估算要充分体现行业特点和项目具体情况。

在进行总成本费用估算时，通常按表 3.12 和表 3.13 分别编制外购原材料费估算表、外购燃料和动力费估算表。

表 3.12　外购原材料费估算表　　单位：万元

<table>
<tr><th rowspan="2">序号</th><th rowspan="2">项　目</th><th rowspan="2">合计</th><th colspan="6">计算期</th></tr>
<tr><th>1</th><th>2</th><th>3</th><th>4</th><th>…</th><th>n</th></tr>
<tr><td>1</td><td>外购原材料费</td><td></td><td></td><td></td><td></td><td></td><td></td><td></td></tr>
<tr><td rowspan="4">1.1</td><td>原材料 A</td><td></td><td></td><td></td><td></td><td></td><td></td><td></td></tr>
<tr><td>单价</td><td></td><td></td><td></td><td></td><td></td><td></td><td></td></tr>
<tr><td>数量</td><td></td><td></td><td></td><td></td><td></td><td></td><td></td></tr>
<tr><td>进项税额</td><td></td><td></td><td></td><td></td><td></td><td></td><td></td></tr>
<tr><td rowspan="5">1.2</td><td>原材料 B</td><td></td><td></td><td></td><td></td><td></td><td></td><td></td></tr>
<tr><td>单价</td><td></td><td></td><td></td><td></td><td></td><td></td><td></td></tr>
<tr><td>数量</td><td></td><td></td><td></td><td></td><td></td><td></td><td></td></tr>
<tr><td>进项税额</td><td></td><td></td><td></td><td></td><td></td><td></td><td></td></tr>
<tr><td>⋮</td><td></td><td></td><td></td><td></td><td></td><td></td><td></td></tr>
<tr><td rowspan="2">2</td><td>辅助材料费用</td><td></td><td></td><td></td><td></td><td></td><td></td><td></td></tr>
<tr><td>进项税额</td><td></td><td></td><td></td><td></td><td></td><td></td><td></td></tr>
<tr><td rowspan="2">3</td><td>其他</td><td></td><td></td><td></td><td></td><td></td><td></td><td></td></tr>
<tr><td>进项税额</td><td></td><td></td><td></td><td></td><td></td><td></td><td></td></tr>
<tr><td>4</td><td>外购原材料费合计</td><td></td><td></td><td></td><td></td><td></td><td></td><td></td></tr>
<tr><td>5</td><td>外购原材料进项税额合计</td><td></td><td></td><td></td><td></td><td></td><td></td><td></td></tr>
</table>

注：本表适用于新设法人项目与既有法人项目的“有项目”、“无项目”和增量外购原材料费的估算。

表 3.13　外购燃料和动力费估算表　　　　单位:万元

序号	项　　目	合计	计算期					
			1	2	3	4	…	n
1	燃料费							
1.1	燃料 A							
	单价							
	数量							
	进项税额							
	⋮							
2	动力费							
	单价							
	数量							
	进项税额							
	⋮							
3	外购燃料及动力费合计							
4	外购燃料及动力进项税额合计							

注:本表适用于新设法人项目与既有法人项目的“有项目”、“无项目”和增量外购燃料动力费的估算。

2) 工资及福利费

工资及福利费是指企业为获得职工提供的服务而给予各种形式的报酬以及其他相关支出,通常包括职工工资、奖金、津贴和补贴,职工福利费,以及医疗、养老、失业、工伤、生育等社会保险费和住房公积金中由职工个人缴付的部分。工资及福利费一般按照项目建成投产后各年所需的职工总数即劳动定员数和人均年工资及福利费水平测算,即

$$\text{工资及福利费} = \text{企业职工定员数} \times \text{人均年工资及福利费} \tag{3-57}$$

确定工资及福利费水平时需考虑项目性质、项目地点、行业特点等因素。依托老企业的项目,还要考虑原企业工资水平。

也可按照不同人员类型和层次分别估算不同档次职工的工资及福利费,然后汇总;同时可以根据工资及福利费的历史数据并结合工资及福利费的现行增长趋势确定一个合理的年增长率,在各年的工资及福利费水平中反映出这种增长趋势。

在进行总成本费用估算时,通常按表 3.14 编制工资及福利费估算表。

表 3.14　工资及福利费估算表　　　　单位:万元

序号	项　　目	合计	计算期					
			1	2	3	4	…	n
1	工人							
	人数							
	人均年工作							
	工资额							

续表

序号	项　目	合计	计算期					
			1	2	3	4	…	n
2	技术人员							
	人数							
	人均年工作							
	工资额							
3	管理人员							
	人数							
	人均年工作							
	工资额							
4	工资总额(1+2+3)							
5	福利费							
6	合计(4+5)							

注：本表适用于新设法人项目工资及福利费的估算，以及既有法人项目的“有项目”、“无项目”和增量工资及福利费的估算。

3）修理费

修理费是指为保持固定资产的正常运转和使用，充分发挥使用效能，对其进行必要修理所发生的费用。按修理范围的大小和修理时间间隔的长短可以分为大修理和中小修理。项目评价中可直接按固定资产原值（扣除所含的建设期利息）或折旧额的一定百分数估算，百分数的选取应考虑行业的项目特点，修理费可按下列公式之一计算：

$$\text{修理费} = \text{固定资产原值} \times \text{计提比率}(\%) \tag{3-58}$$

$$\text{修理费} = \text{固定资产折旧额} \times \text{计提比率}(\%) \tag{3-59}$$

修理费允许直接在成本中列支，如果当期发生的修理费用数额较大，可采用预提或摊销的办法。在生产运营的各年中，修理费率的取值，一般采用固定值。根据项目特点也可以间断性地调整修理费率，开始取较低值，以后取较高值。

4）折旧费

固定资产折旧费，可以分类计算，也可以综合计算。计算折旧费的方法主要有年限平均法、工作量法、双倍余额递减法和年数总和法等。

（1）平均年限法。平均年限法是指将固定资产按预计使用年限平均计算折旧均衡地分摊到各年的一种方法。采用这种方法计算的每年折旧额都是相等的，故该法又称为直线法，其计算公式为

$$\text{固定资产年折旧额} = \frac{\text{应计折旧额}}{\text{固定资产预计使用年限}} = \frac{\text{固定资产原值} - \text{预计净残值}}{\text{固定资产预计使用年限}} \tag{3-60}$$

式中，$\frac{1}{\text{固定资产预计使用年限}}$ 称为固定资产直线法年折旧率。

（2）工作量法。工作量法是按照固定资产预计可完成的工作量计提折旧额的一种方

法。基本计算公式为

$$单位工作量折旧额 = \frac{应计折旧额}{预计总工作量} \tag{3-61}$$

$$某项固定资产年折旧额 = 该项固定资产当年工作量 \times 单位工作量折旧额 \tag{3-62}$$

常用的工作量法有以下两种方法：

① 行驶里程法。行驶里程法是按照行驶里程平均计算折旧的方法。它适用于车辆、船舶等运输设备计提折旧，其计算公式为

$$单位里程折旧额=\frac{应计折旧额}{总行驶里程} \tag{3-63}$$

$$某项固定资产年折旧额=该项固定资产当年行驶里程\times单位里程折旧额 \tag{3-64}$$

② 工作台班法。工作台班法是按照工作台班数平均计算折旧的方法。它适用于机器、设备等计提折旧，其计算公式为

$$每工作台班折旧额 = \frac{应计折旧额}{总工作台班} \tag{3-65}$$

$$某项固定资产年折旧额 = 该项固定资产当年工作台班 \times 每工作台班折旧额 \tag{3-66}$$

(3) 双倍余额递减法。双倍余额递减法，是在不考虑固定资产预计净残值的情况下，根据每年年初固定资产净值和双倍的直线法折旧率计算固定资产折旧额的一种方法。采用这种方法，固定资产账面余额随着折旧的计提逐年减少，而折旧率不变，因此各期计提的折旧额必然逐年减少。双倍余额递减法是加速折旧的方法，是在不缩短折旧年限和不改变净残值率的情况下，改变固定资产折旧额在各年之间的分布，在固定资产使用前期提取较多的折旧，而在使用后期则提取较少的折旧，其计算公式为

$$固定资产年折旧率 = \frac{2}{固定资产预计使用年限} \times 100\% \tag{3-67}$$

$$某项固定资产年折旧额 = 年初该项固定资产净值 \times 固定资产年折旧率 \tag{3-68}$$

采用双倍余额递减法时应注意在固定资产后期，当发现某期按双倍余额递减法计算的折旧小于该期剩余年限按直线法计算的折旧时，改用直线法计算折旧，即将固定资产净值减去预计净残值后按剩余年限平均摊销。

(4) 年数总和法。年数总和法是将固定资产的原值减去预计净残值后的净额乘以一个逐年递减的分数计算每年折旧额的一种方法。逐年递减分数的分子为该项固定资产年初时尚可使用的年数；分母为该项固定资产使用年数的逐年数字总和，假设使用年限为 n 年，分母即为 $1+2+3+\cdots+n=n(n+1)/2$，这个分数因逐年递减，为一个变数。而作为计提折旧依据的固定资产原值和净残值则各年相同，故采用年数总和法计提折旧，各年提取的折旧额必然逐年递减，因此年数总和法也是一种加速折旧的方法，其计算公式为

$$固定资产年折旧率 = \frac{预计使用年限 - 已使用年限}{预计折旧年限 \times (预计折旧年限 + 1) \div 2} \tag{3-69}$$

$$某项固定资产年折旧额 = (该项固定资产原值 - 预计净残值) \times 年折旧率 \tag{3-70}$$

固定资产的折旧方法一经确定，不得随意变更；企业应当对所有固定资产计提折旧。

在进行总成本费用估算时，通常按表 3.15 编制固定资产折旧费估算表。

表 3.15　固定资产折旧费估算表　单位：万元

序号	项　目	合计	计算期					
			1	2	3	4	…	n
1	房屋							
	原值							
	当期折旧费							
	净值							
2	机器设备							
	原值							
	当期折旧费							
	净值							
	⋮							
3	合计							
	原值							
	当期折旧费							
	净值							

注：本表适用于新设法人项目固定资产折旧费的估算，以及既有法人项目的“有项目”、“无项目”和增量固定资产折旧费的估算。当估算既有法人项目的“有项目”固定资产折旧费时，应将新增和利用原有部分固定资产分别列出，并分别计算折旧费。

5）摊销费

摊销费是指无形资产和其他资产在项目投产后一定期限内分期摊销的费用。

按照有关规定，无形资产从开始使用之日起，在有效使用期限内平均摊入成本。法律和合同规定了法定有效期限或者受益年限的，摊销年限从其规定，否则摊销年限应注意符合税法的要求。无形资产的摊销一般采用平均年限法，不计残值。

其他资产的摊销可以采用平均年限法，不计残值，摊销年限应注意符合税法的要求。

在进行总成本费用估算时，通常按表 3.16 编制无形资产和其他资产摊销费估算表。

表 3.16　无形资产和其他资产摊销费估算表　单位：万元

序号	项　目	合计	计算期					
			1	2	3	4	…	n
1	无形资产							
	原值							
	当期摊销费							
	净值							

续表

<table>
<tr><th rowspan="2">序号</th><th rowspan="2">项　目</th><th rowspan="2">合计</th><th colspan="6">计算期</th></tr>
<tr><th>1</th><th>2</th><th>3</th><th>4</th><th>…</th><th>n</th></tr>
<tr><td rowspan="4">2</td><td>其他资产</td><td></td><td></td><td></td><td></td><td></td><td></td><td></td></tr>
<tr><td>原值</td><td></td><td></td><td></td><td></td><td></td><td></td><td></td></tr>
<tr><td>当期摊销费</td><td></td><td></td><td></td><td></td><td></td><td></td><td></td></tr>
<tr><td>净值</td><td></td><td></td><td></td><td></td><td></td><td></td><td></td></tr>
<tr><td rowspan="4">3</td><td>合计</td><td></td><td></td><td></td><td></td><td></td><td></td><td></td></tr>
<tr><td>原值</td><td></td><td></td><td></td><td></td><td></td><td></td><td></td></tr>
<tr><td>当期摊销费</td><td></td><td></td><td></td><td></td><td></td><td></td><td></td></tr>
<tr><td>净值</td><td></td><td></td><td></td><td></td><td></td><td></td><td></td></tr>
</table>

注：本表适用于新设法人项目摊销费的估算，以及既有法人项目的“有项目”、“无项目”和增量摊销费的估算。当估算既有法人项目的“有项目”摊销费时，应将新增和利用原有部分的资产分别列出，并分别计算摊销费。

6）利息支出

按照会计法规，企业为筹集所需资金而发生的费用称为借款费用，又称财务费用，包括利息支出（减利息收入）、汇兑损失（减汇兑收益）以及相关的手续费等。在大多数项目的财务分析中，通常只考虑利息支出。利息支出的估算包括长期借款利息、流动资金借款利息和短期借款利息三部分。建设投资贷款在生产期间的利息支出应根据不同的还款方式和条件采用不同的计息方法；流动资金借款利息按照每年年初借款余额和预计的年利率计算。需要引起注意的是，在生产运营期利息是计入总成本的，因而每年计算的利息不再参与以后各年利息的计算。

7）其他费用

其他费用包括其他制造费用、其他管理费用和其他营业费用这三项费用，系指制造费用、管理费用和营业费用中分别扣除工资及福利费、折旧费、摊销费、修理费以后的其余部分，应计入生产总成本费用的其他所有费用。产品出口退税和减免税项目按规定不能抵扣的进项税额也可包括在内。在项目评价中常见的其他费用估算方法为

① 其他制造费用：可按固定资产原值（扣除所含的建设期利息）的百分数估算；也可按人员定额估算。具体估算方法可从行业规定。

② 其他管理费用：按人员定额或取工资及福利费总额的倍数估算。

③ 其他营业费用：按营业收入的百分数估算。

④ 不能抵扣的进项税额：对于产品出口项目和产品国内销售的增值税减免税项目，应将不能抵扣的进项税额计入总成本费用的其他费用或单独列项。

3.4.2　经营成本

经营成本是建设工程经济分析中经济评价的专用术语，用于项目财务评价的现金流量分析。

经营成本是为经济分析方便从产品成本中分离出来的一部分费用。因为一般产品销

售成本中包含有固资定产折旧、摊销费和利息支出等费用。

在财务评价中，财务现金流量表反映项目在计算期内逐年发生的现金流入和流出。由于建设投资已按其发生的时间作为一次性支出被计入现金流出，在项目建成后建设投资形成固定资产、无形资产和其他资产。折旧是建设投资所形成的固定资产的补偿价值，如将折旧随成本计入现金流出，会造成现金流出的重复计算。同样，由于无形资产及其他资产摊销费也是建设投资所形成的资产的补偿价值，只是项目内部的现金转移，而非现金支出，故为避免重复计算也不予考虑。贷款利息是使用借贷资金所要付出的代价，对于项目来说是实际的现金流出，但在评价项目总投资的经济效果时，并不考虑资金来源问题，故在这种情况下也不考虑贷款利息的支出。在资本金财务现金流量表中由于已将利息支出单列，因此经营成本中也不包括利息支出。由此可见，经营成本作为项目现金流量表中运营期现金流出的主体部分，是从投资方案本身考察的，在一定期间（通常为一年）内由于生产和销售产品及提供服务而实际发生的现金支出。按下式计算：

$$经营成本 = 总成本费用 - 折旧费 - 摊销费 - 利息支出 \tag{3-71}$$

或

$$经营成本 = 外购原材料、燃料及动力费 + 工资及福利费 + 修理费 + 其他费用 \tag{3-72}$$

经营成本与融资方案无关，因此在完成建设投资和营业收入估算后，就可以估算经营成本，为项目融资前分析提供数据。

经营成本估算的行业性很强，不同行业在成本构成科目和名称上都可能有较大的不同。估算应按行业规定，没有规定的也应注意反映行业特点。

3.4.3　固定成本与可变成本

为了进行不确定性分析，需要将总成本费用分解为固定成本和可变成本。

根据成本费用与产量的关系可以将总成本费用分解为可变成本、固定成本和半可变（或半固定）成本。

1. 固定成本

固定成本是指成本总额中在一定的产量范围内不受产品产量及销售量影响的成本，即不随产品产量及销售量的增减发生变化的各项成本费用，如工资及福利费（计件工资除外）、折旧费、摊销费、修理费、其他费用等。

2. 可变成本

可变成本是指成本总额中随产品产量及销售量的增减而成正比例变化的各项成本，如原材料、燃料、动力费、包装费和计件工资等。

3. 半可变（或半固定）成本

半可变（或半固定）成本是指介于固定成本和可变成本之间，随产量增长而增长，但不成正比例变化的成本，如与生产批量有关的某些消耗性材料费用，工模具费及运输费等，这部分可变成本随产量变动一般呈阶梯形曲线变化。

由于半可变(或半固定)成本通常在总成本中所占比例很小,在建设项目的经济分析中,为便于计算和分析,可以根据行业特点情况将半可变(或半固定)成本进一步分解成固定成本和可变成本。长期借款利息应视为固定成本;流动资金借款和短期借款利息可能部分与产品产量相关,其利息可视为半可变(或半固定)成本,为简化计算,一般也将其作为固定成本。

综上,从各种生产要素的费用入手,汇总即可得到建设项目经济分析所需的成本费用,见图 3.1 和表 3.17 所示。

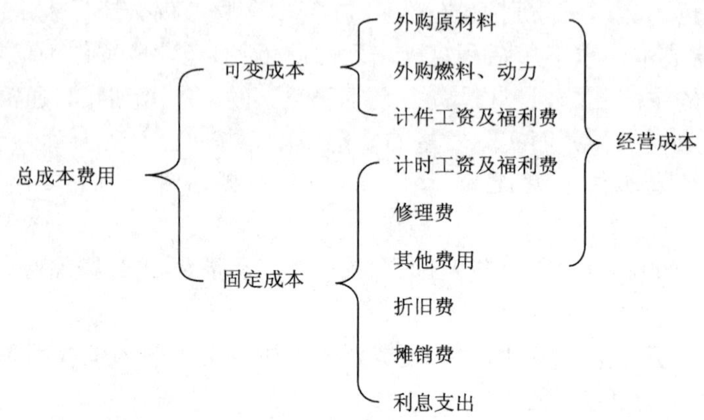

图 3.1 按生产要素估算法总成本费用的构成

表 3.17 总成本费用估算(生产要素法) 单位:万元

序号	项目	合计	计算期					
			1	2	3	4	…	n
1	外购原材料费							
2	外购燃料及动力费							
3	工资及福利费							
4	修理费							
5	其他费用							
6	经营成本(1+2+3+4+5)							
7	折旧费							
8	摊销费							
9	利息支出							
10	总成本费用合计(6+7+8+9)							
	其中:可变成本							
	固定成本							

注:本表适用于新设法人项目与既有法人项目的“有项目”、“无项目”和增量成本费用的估算。

3.5 税　　金

3.5.1 税金概念

税金是国家凭借政治权利参与国民收入分配和再分配的一种货币形式。在项目财务评价中合理计算各种税费，是正确计算项目效益与费用的重要基础。

在项目财务评价中，涉及的税费主要有：从销售收入中扣除的营业税金、增值税、消费税、资源税、城市维护建设税和教育费附加等，有些行业还包括土地增值税；计入总成本费用的进口材料的关税、房产税、土地使用税、车船使用税和印花税等；计入建设投资的引进技术、设备材料的关税和固定资产投资方向调节税（目前，国家暂停征收）；从利润中扣除的所得税等。

3.5.2 建设项目税金的估算

税金一般属于财务现金流出。在进行税金计算时应说明税种、税基、税率、计税额等，这些内容应根据相关税法和建设项目的具体情况确定。

1. 营业税

营业税是对提供应税劳务、转让无形资产或者销售不动产的单位和个人征收的税金。交通运输、建筑、金融保险、邮电通信、文化体育、娱乐、服务等行业应按规定计算营业税。在财务评价中，营业税按应税营业额乘以规定营业税税率计算，即

$$\text{应纳营业税额} = \text{营业额} \times \text{税率} \tag{3-73}$$

营业税是价内税，包含在营业收入之内。

但需注意：目前我国正在进行营业税改征增值税（简称“营改增”）的改革。2012 年 1 月 1 日，我国在上海的“1＋6”行业率先进行营改增试点。其中，“1”为陆路、水路、航空、管道运输在内的交通运输业，“6”包括研发、信息技术、文化创意、物流辅助、有形动产租赁、鉴证咨询等部分现代服务业。2012 年 8 月 1 日起，国务院将交通运输业和部分现代服务业营改增试点，由上海分批扩大至北京、天津、江苏、浙江、安徽、福建、湖北、广东 8 个省、直辖市及宁波、厦门、深圳 3 个计划单列市；2013 年 8 月 1 日起在其余 22 个省（区、市）全面推行营改增试点。2013 年 12 月 4 日召开的国务院常务会议明确，从 2014 年 1 月 1 日起，铁路运输和邮政服务业也纳入营业税改征增值税试点。

2. 消费税

消费税是针对特定消费品征收的税金。在财务评价中，对适用消费税的产品，消费税实行从价定率、从量定额，或者从价定率和从量定额复合计税（简称复合计税）的办法计算应纳税额。应纳税额计算公式如下：

（1）实行从价定率办法，即

$$\text{应纳消费税额} = \text{销售额} \times \text{比例税率} \tag{3-74}$$

(2) 实行从量定额办法,即

$$应纳消费税额 = 销售数量 \times 定额税率 \tag{3-75}$$

(3) 实行复合计税办法,即

$$应纳消费税额 = 销售额 \times 比例税率 + 销售数量 \times 定额税率 \tag{3-76}$$

3. 资源税

资源税是国家对开采特定矿产品或者生产盐的单位和个人征收的税种。根据资源不同资源税分别实行从价定率和从量定额的办法计算应纳税额。

(1) 对原油和天然气采用从价定率的方法征税,即

$$应纳资源税额 = 销售额 \times 比例税率 \tag{3-77}$$

(2) 其他资源领域实行从量定额办法,即按应课税矿产的产量乘以单位税额计算。

$$应纳资源税额 = 课税数量 \times 单位税额 \tag{3-78}$$

采用从量定额的资源税征税制度,造成资源税与实际价格变化脱离,不能很好地反映资源稀缺程度和环境损害成本。目前政府正在大力推进简政放权,大力推进经济体制改革,在这种情况下,必须通过资源税从价定率的税制改革,以适应民资和外资等社会资本进入资源开发开采领域的新形势,进而保障资源产品为全民所有、相关收益为全民共享。

4. 土地增值税

土地增值税是对有偿转让房地产取得的增值额征收的税种。房地产开发项目应按规定计算土地增值税。目前土地增值税按四级超率累进税率计算,其公式为

$$土地增值税税额 = 增值额 \times 适用税率 \tag{3-79}$$

适用税率根据增值额是否超过扣除项目金额的比率多少确定。

5. 城市维护建设税和教育费附加

城市维护建设税是为了加强城市的维护建设,扩大和稳定城市维护建设资金来源的地方附加税,税率根据项目所在地分市区,县、镇和县、镇以外三个不同等级;教育费附加是国家为发展地方教育事业,计征用于教育的政府性基金,是地方收取的专项费用。

城市维护建设税和教育费附加,以增值税、营业税和消费税为税基乘以相应的税率计算,并分别与增值税、营业税和消费税同时缴纳。

在财务分析中,营业税、消费税、土地增值税、资源税和城市维护建设税、教育费附加均可包含在营业税金及附加中。

6. 增值税

增值税是对销售货物或者提供加工、修理修配劳务以及进口货物的单位和个人征收的税金。增值税是价外税,纳税人交税,最终由消费者负担,因此与纳税人的经营成本和经营利润无关。财务分析应按税法规定计算增值税,其计算公式为

$$应纳增值税额 = 当期销项税额 - 当期进项税额 \tag{3-80}$$

在式(3-80)中,销项税额为纳税人销售货物或者应税劳务,按照销售额和规定的增值

税率计算并向购买方收取的增值税额。计算公式为

$$当期销项税额 = 销售额 \times 增值税率 \tag{3-81}$$

进项税额为纳税人购进货物或者接受应税劳务，支付或者负担的增值税额。对允许抵扣购置固定资产的进项税额，应注意相关的规定。

但须注意：当采用含（增值）税价格计算销售收入和原材料、燃料及动力成本时，现金流量表中应单列增值税科目；采用不含（增值）税价格计算时，现金流量表中不包括增值税科目。计算时应明确说明采用何种计价方式，同时注意涉及出口退税（增值税）时的计算及与相关报表的联系。

7. 关税

关税是以进出口的应税货物为纳税对象的税种。项目财务评价中涉及引进设备、技术和进口原材料时，应按有关税法和国家的税收优惠政策，正确估算进口关税。进口货物关税以从价计征、从量计征或者国家规定的其他方式征收。

（1）从价计征时，应纳税额计算公式为

$$应纳关税额 = 完税价格 \times 关税税率 \tag{3-82}$$

在财务评价中，进口货物的完税价格常用到岸价；出口货物的完税价格就用离岸价。

（2）从量计征时，应纳税额计算公式为

$$应纳关税额 = 货物数量 \times 单位税额 \tag{3-83}$$

我国仅对少数货物征收出口关税，而对大部分货物免征出口关税。若项目的出口产品属征税货物，应按规定估算出口关税。

8. 所得税

项目财务评价中所得税是指企业所得税，即针对企业应纳税所得额征收的税种。企业所得税按有关税法扣除所得税前项目计算应纳税所得额，并采用适宜的税率计算。计算公式为

$$应纳所得税额 = 应纳税所得额 \times 适用税率 - 减免税额 - 抵免税额 \tag{3-84}$$

上述各税费如有减征、免征和抵免的优惠，应说明政策依据以及减免、抵免的方式并按相关规定估算减免、抵免金额。

在财务分析中，各类估算表中涉及的主要税费如表3.18所示。

表3.18　财务分析估算表中涉及的主要税费

估算报表 / 税种名称	建设投资	总成本费用	营业税金及附加	增值税	利润
营业税			√		
消费税	√		√		
资源税		自用√	销售√		
土地增值税			√		
城市维护建设税			√		

续表

估算报表 税种名称	建设投资	总成本费用	营业税金及附加	增值税	利润
教育费附加			√		
关税	√	√			
增值税	√	√		√	
企业所得税					√

3.6 现金流量图的绘制

对于一个经济系统，其各种现金流量的流向（支出或收入）、数额和发生时间都不尽相同，为了正确地进行建设工程经济分析计算，有必要借助现金流量图来进行分析。所谓现金流量图是一种反映经济系统资金运动状态的图式，即把经济系统的现金流量绘入一时间坐标图中，表示出各现金流入、流出与相应时间的对应关系，如图 3.2 所示。运用现金流量图，可全面、形象直观地表达经济系统的资金运动状态。

现以图 3.2 说明现金流量图的作图方法和规则。

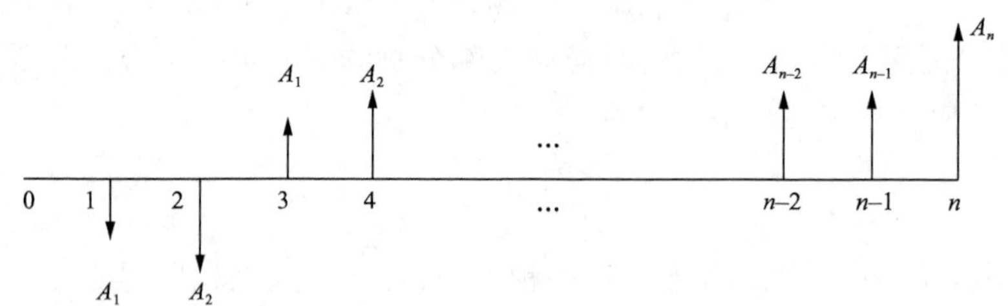

图 3.2 现金流量图

(1) 以横轴为时间轴，向右延伸表示时间的延续，轴上每一刻度表示一个时间单位，可取年、半年、季或月等；零表示时间序列的起点。整个横轴又可看成是所考察的“系统”。

(2) 相对于时间坐标的垂直箭线代表不同时点的现金流量情况，现金流量的性质（流入或流出）是对特定的人而言的。贷款人的流入就是借款人的流出或归还贷款；反之亦然。通常现金流量的性质是从资金使用者的角度来确定的。对投资人而言，在横轴上方的箭线表示现金流入，即表示收益；在横轴的下方的箭线表示现金流出，即表示费用。

(3) 在现金流量图中，箭线长短与现金流量数值大小本应成比例。但由于经济系统中各时点现金流量常常差额悬殊而无法成比例绘出，故在现金流量图绘制中，箭线长短只要能适当体现各时点现金流量数值的差异，并在各箭线上方（或下方）注明其现金流量的数值即可。

(4) 箭线与时间轴的交点即为现金流量发生的时间单位末。

总之，要正确绘制现金流量图，必须把握好现金流量的三要素，即现金流量的大小（现金数额）、方向（现金流入或流出）和作用点（现金发生的时间点）。

复习思考题

3.1　什么是现金流量？建设项目现金流量表按其评价的角度不同可分为哪几种？

3.2　建设项目财务现金流量表有哪几种？各有什么特点？

3.3　建设项目项目投资现金流量表中所得税是指什么？

3.4　建设项目财务计划现金流量表有什么作用？

3.5　构成建设项目财务现金流量的基本要素是什么？

3.6　建设项目中营业收入是指什么？怎样确定产品的价格？

3.7　在建设项目现金流量表中补贴收入是如何考虑的？

3.8　建设项目总投资由哪几部分构成？

3.9　建设项目资本金的特点是什么？有哪些出资方式？

3.10　怎样处理建设项目资本金现金流量表中的投资借款？

3.11　经营成本的构成有哪些？经营成本与会计成本的主要区别是什么？

3.12　在建设项目经济效果评价中，涉及的税费主要有哪些？

3.13　绘制现金流量图的目的及主要注意事项是什么？

第四章　建设项目财务评价

4.1　建设项目财务评价内容

所谓建设项目财务评价(也称财务分析)就是根据国民经济与社会发展以及行业、地区发展规划的要求,在拟定的工程建设方案、财务效益与费用估算的基础上,采用科学的分析方法,对工程建设方案的财务可行性和经济合理性进行分析论证,为项目的科学决策提供依据。

4.1.1　建设项目财务评价的基本内容

建设项目经济评价的内容应根据项目性质、项目目标、项目投资者、项目财务主体以及项目对经济与社会的影响程度等具体情况确定,见表 4.1。

表 4.1　建设项目经济评价内容选择参考表

分析内容 项目类型			财务分析			经济费用效益分析	费用效果分析	不确定性分析	风险分析	区域经济与宏观经济影响分析
			生存能力分析	偿债能力分析	盈利能力分析					
政府投资	直接投资	经　营	☆	☆	☆	☆	△	☆	△	△
		非经营	☆	△		☆	☆	△	△	△
	资本金	经　营	☆	☆	☆	☆	△	☆	△	△
		非经营	☆	△		☆	☆	△	△	△
	转贷	经　营	☆	☆	☆	☆	△	☆	△	△
		非经营	☆	☆		☆	☆	△	△	△
	补助	经　营	☆	☆	☆	☆	△	☆	△	△
		非经营	☆	☆		☆	☆	△	△	△
	贴息	经　营	☆	☆	☆	☆	△	☆	△	△
		非经营								
企业投资(核准制)		经　营	☆	☆	☆	△	△	☆	△	△
企业投资(备案制)		经　营	☆	☆	☆	△	△	☆	△	

注:(1) 表中☆代表要做;△代表根据项目的特点,有要求时做,无要求时可以不做。

(2) 企业投资项目的经济评价内容可根据规定要求进行,一般按经营性项目选用,非经营项目可参照政府投资项目选取评价内容。

根据表 4.1 选择财务评价的内容。对于经营性项目,财务评价是从建设项目的角度出发,根据国家现行财政、税收制度和现行市场价格,计算项目的投资费用、产品成本与产品销售收入、税金等财务数据，通过编制财务分析报表，计算财务指标，分析项目的盈利能力、偿债能力和财务生存能力，据此考察建设项目的财务可行性和财务可接受性，明确项目对财务主体及投资者的价值贡献，并得出财务评价的结论。投资者可根据项目财务评价结论，项目投资的财务状况和投资所承担的风险程度，决定项目是否应该投资建设。对于非经营性项目，财务评价应主要分析项目的财务生存能力。

1. 盈利能力分析

项目的盈利能力分析是指分析和测算建设项目计算期的盈利能力和盈利水平，其主要分析指标包括项目投资财务内部收益率和财务净现值、项目资本金财务内部收益率、投资回收期、总投资收益率和项目资本金净利润率等，可根据项目的特点及财务评价的目的和要求等选用。

2. 偿债能力分析

项目偿债能力分析是指分析和判断财务主体的偿债能力，其主要指标包括利息备付率、偿债备付率和资产负债率等。

3. 财务生存能力分析

财务生存能力分析也称资金平衡分析，是根据项目财务计划现金流量表，通过考察项目计算期内各年的投资、融资和经营活动所产生的各项现金流入和流出，计算净现金流量和累计盈余资金，分析项目是否有足够的净现金流量维持正常运营，以实现财务可持续性。而财务可持续性应首先体现在有足够的经营净现金流量，这是财务可持续的基本条件；其次在整个运营期间，允许个别年份的净现金流量出现负值，但各年累计盈余资金不应出现负值，这是财务生存的必要条件。若出现负值，应进行短期借款，同时分析该短期借款的时间长短和数额大小，以进一步判断项目的财务生存能力。短期借款应体现在财务计划现金流量表中，其利息应计入财务费用。为维持项目正常运营，还应分析短期借款的可靠性。

4.1.2 财务评价方法

财务评价是建设工程经济分析的核心内容，其目的在于确保决策的正确性和科学性。因此，正确选择财务评价的方法是十分重要的。

1. 财务评价的基本方法

财务评价的基本方法包括确定性评价方法与不确定性评价方法两类。对同一个项目必须同时进行确定性评价和不确定性评价。

2. 按评价方法的性质分类

按评价方法的性质不同，财务评价分为定量分析和定性分析。

1）定量分析

定量分析是指对可度量因素的分析方法。在项目财务评价中考虑的定量分析因素包括资产价值、资本成本、有关销售额、成本等一系列可以以货币表示的一切费用和收益。

2）定性分析

定性分析是指对无法精确度量的重要因素实行的估量分析方法。

在项目财务评价中，应坚持定量分析与定性分析相结合，以定量分析为主的原则。

3．按评价方法是否考虑时间因素分类

对定量分析，按其是否考虑时间因素又可分为静态分析和动态分析。

1）静态分析

静态分析是不考虑资金的时间因素，亦即不考虑时间因素对资金价值的影响，而对现金流量分别进行直接汇总来计算分析指标的方法。

2）动态分析

动态分析是在分析项目或方案的经济效果时，对发生在不同时间的现金流量利用资金时间价值的原理进行折现后来计算分析指标。在建设工程经济分析中，由于时间和利率的影响，对投资方案的每一笔现金流量都应该考虑它所发生的时间，以及时间因素对其价值的影响。动态分析能较全面地反映投资方案整个计算期的经济效果。

在项目财务评价中，应坚持动态分析与静态分析相结合，以动态分析为主的原则。

4．按评价是否考虑融资分类

财务分析可分为融资前分析和融资后分析。一般宜先进行融资前分析，在融资前分析结论满足要求的情况下，初步设定融资方案，再进行融资后分析。

1）融资前分析

融资前分析应以动态分析为主，静态分析为辅。

融资前动态分析应以营业收入、建设投资、经营成本和流动资金的估算为基础，考察整个计算期内现金流入和现金流出，编制项目投资现金流量表，计算项目投资内部收益率和净现值等指标。融资前分析排除了融资方案变化的影响，从项目投资总获利能力的角度，考察项目方案设计的合理性。融资前分析计算的相关指标，应作为初步投资决策与融资方案研究的依据和基础。

根据分析角度的不同，融资前分析可选择计算所得税前指标和（或）所得税后指标。融资前分析也可计算静态投资回收期指标，用以反映收回项目投资所需要的时间。

在项目建议书阶段，可只进行融资前分析。

2）融资后分析

融资后分析应以融资前分析和初步的融资方案为基础，考察项目在拟定融资条件下的盈利能力、偿债能力和财务生存能力，判断项目方案在融资条件下的可行性。融资后分析用于比选融资方案，帮助投资者做出融资决策。融资后的盈利能力分析也应包括动态分析和静态分析。

(1) 动态分析包括下列两个层次：

一是项目资本金现金流量分析。分析应在拟定的融资方案下，从项目资本金出资者整体的角度，确定其现金流入和现金流出，编制项目资本金现金流量表，利用资金时间价值的原理进行折现，计算项目资本金财务内部收益率指标，考察项目资本金可获得的收益水平。

二是投资各方现金流量分析。分析应从投资各方实际收入和支出的角度，确定其现金流入和现金流出，分别编制投资各方现金流量表，计算投资各方的财务内部收益率指标，考察投资各方可能获得的收益水平。当投资各方不按股本比例进行分配或有其他不对等的收益时，可选择进行投资各方现金流量分析。

(2) 静态分析系指不采取折现方式处理数据，依据利润与利润分配表计算项目资本金净利润率和总投资收益率指标。

静态盈利能力分析可根据项目的具体情况选做。

5. 按项目评价的时间分类

按项目评价的时间可分为事前评价、事中评价和事后评价。

1) 事前评价

用于投资决策的事前评价，是指在建设项目实施前投资决策阶段所进行的评价。显然，事前评价都有一定的预测性，因而也就有一定的不确定性和风险性。

2) 事中评价

事中评价，亦称跟踪评价，是指在项目建设过程中所进行的评价。这是由于在项目建设前所做的评价结论及评价所依据的外部条件(市场条件、投资环境等)发生变化，需要对事前评价进行修改，或因事前评价时考虑问题不周、失误，甚至根本未做事前评价，在建设中遇到困难，而不得不反过来重新进行评价，以决定原决策有无全部或局部修改的必要性。

3) 事后评价

事后评价，亦称项目后评价，是在项目建成投产并达到正常生产能力后，总结评价项目投资决策的正确性，项目实施过程中项目管理的有效性等。

4.1.3　财务评价的程序

1. 熟悉建设项目的基本情况

熟悉建设项目的基本情况，包括投资目的、意义、要求、建设条件和投资环境，做好市场调查研究和预测、项目技术水平研究和设计方案。

2. 收集、整理和计算有关技术经济基础数据资料与参数

技术经济数据资料与参数是进行项目财务评价的基本依据，所以在进行财务评价之前，必须先收集、估计、测算和选定一系列有关的技术经济数据与参数。主要包括以下方面：

(1) 项目投入物和产出物的价格、费率、税率、汇率、计算期、生产负荷及基准收益率等。它们是重要的技术经济数据与参数，在对项目进行财务评价时，必须科学、合理地选用。

(2) 项目建设期间分年度投资支出额和项目投资总额。项目投资包括建设投资和流动资金需要量。

(3) 项目资金来源方式、数额、利率、偿还时间,以及分年还本付息数额。

(4) 项目生产期间的分年产品成本。分别计算出总成本、经营成本、单位产品成本、固定成本和变动成本。

(5) 项目生产期间的分年产品销售数量、营业收入、营业税金及附加和营业利润及其分配数额。

根据以上技术经济数据需分别估测出项目整个计算期(包括建设期和生产期)的数据。

3. 根据基础财务数据资料编制各基本财务报表

4. 财务评价

运用财务报表的数据与相关参数,计算项目的各财务评价指标值,并进行经济可行性分析,得出结论。具体步骤如下:

(1) 首先进行融资前的盈利能力分析,其结果体现项目方案本身设计的合理性,用于初步投资决策以及方案或项目的比选。也就是说用于考察项目是否可行,是否值得去融资。这对项目发起人、投资者、债权人和政府管理部门都是有用的。

(2) 如果第一步分析的结论是"可行",那么进一步去寻求适宜的资金来源和融资方案,就需要借助于对项目的融资后分析,即资本金盈利能力分析和偿债能力分析,投资者和债权人可据此做出最终的投融资决策。

4.1.4 财务评价方案

由于技术经济条件的不同,实现建设项目的方案也不同。因此,项目财务评价的基本对象就是实现项目的各种方案。财务评价的方案是广义的,为了正确评价方案的经济性,还必须了解工程建设方案所属的类型。

所谓方案类型,是指一组备选方案之间所具有的相互关系。这种关系一般分为单一方案(又称独立型方案)和多方案两类。而多方案又分为互斥型、互补型、现金流量相关型、组合-互斥型和混合相关型五种,如图 4.1 所示。

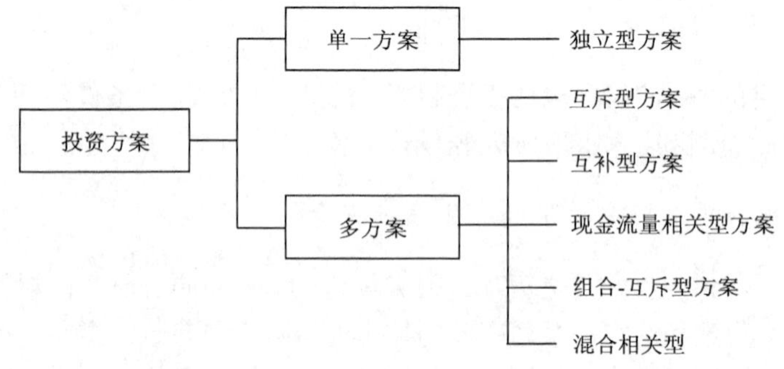

图 4.1 评价方案的分类

1. 独立型方案

独立型方案是指方案间互不干扰、在经济上互不相关的方案，即这些方案是彼此独立无关的，选择或放弃其中一个方案，并不影响其他方案的选择。显然，单一方案是独立方案的特例。

2. 互斥型方案

互斥型方案又称排他型方案，是指在若干备选方案中，各个方案彼此可以相互代替，因此方案具有排他性，选择其中任何一个方案，则其他方案必然被排斥。

在工程建设中，其互斥方案还可按以下因素进行分类：

(1) 按服务寿命长短不同，投资方案可分为：

① 相同服务寿命的方案，即参与对比或评价方案的服务寿命均相同。

② 不同服务寿命的方案，即参与对比或评价方案的服务寿命均不相同。

③ 无限长寿命的方案，在工程建设中永久性工程即可视为无限长寿命的工程，如大型水坝、运河工程等。

(2) 按规模不同，投资方案可分为：

① 相同规模的方案，即参与对比或评价的方案具有相同的产出量或容量，在满足相同功能要求的数量方面具有一致性和可比性。

② 不同规模的方案，即参与评价的方案具有不同的产出量或容量，在满足相同功能要求的数量方面不具有一致性和可比性。

互斥方案比选是建设工程经济评价工作的重要组成部分，也是寻求合理决策的必要手段。

3. 互补型方案

互补型方案是指在方案之间存在技术经济互补关系的一组方案。某一方案的接受有助于其他方案的接受。根据互补方案之间相互依存的关系，互补方案可能是对称的，如建设一个大型非坑口电站，必须同时建设铁路、电厂，它们无论在建成时间、建设规模上都要彼此适应，缺少其中任何一个项目，其他项目就不能正常运行。因此，它们之间是互补型方案，又是对称的。此外，还存在着大量非对称的经济互补关系，如建造一座建筑物 A 和增加一个空调系统 B，建筑物 A 本身是有用的，增加空调系统 B 后使建筑物 A 价值提升，但采用方案 A 并不一定要采用方案 B。

4. 现金流量相关型方案

现金流量相关型方案是指各方案的现金流量之间相互影响。即使方案间不完全互斥，也不完全相互依存，但任一方案的取舍会导致其他方案现金流量的变化。例如，某跨江项目考虑两个建设方案，一个是建桥方案 A，另一个是轮渡方案 B，两个方案都是收费的。此时，任一方案的实施或放弃都会影响另一方案的现金流量。

5. 组合-互斥型方案

组合-互斥型方案是指在若干可采用的独立方案中，如果有资源约束条件(如受资金、劳动力、材料、设备及其他资源拥有量限制)，只能从中选择一部分方案实施时，可以将它们组合为互斥型方案。例如，现有独立方案A、B、C、D，它们所需的投资分别为10 000、6000、4000、3000万元。当资金总额限量为10 000万元时，除方案A具有完全的排他性外，其他方案由于所需金额不大，可以互相组合。这样，可能选择的方案共有：A、B、C、D、B+C、B+D、C+D等7个组合方案。因此，当受某种资源约束时，独立方案可以组成各种组合方案，这些组合方案之间是互斥或排他的。

6. 混合相关型方案

混合相关型方案是指在方案众多的情况下，方案间的相关关系可能包括上述类型中的多种，这些方案称为混合相关型方案。

在方案评价前，分清方案属于何种类型是非常重要的。因为方案类型不同，其评价方法、选择和判断的尺度就不同。如果方案类型划分不当，会带来错误的评价结果。在方案评价中，以独立型方案和互斥型方案最为常见。

4.1.5 项目计算期

项目计算期是指财务评价中为进行动态分析所设定的期限，包括建设期和运营期。

1. 建设期

建设期是指项目从资金正式投入开始到项目建成投产为止所需要的时间。建设期应参照项目建设的合理工期或项目的建设进度计划合理确定。

2. 运营期

运营期分为投产期和达产期两个阶段。

(1) 投产期是指项目投入生产，但生产能力尚未完全达到设计能力时的过渡阶段。

(2) 达产期是指生产运营达到设计预期水平后的时间。

运营期一般应根据项目主要设施和设备的经济寿命期(或折旧年限)、产品寿命期(矿山资源的设计开采年限)、主要技术的寿命期等多种因素综合确定。行业有规定时，应从其规定。

项目计算期的长短主要取决于项目本身的特性，因此无法对项目计算期作出统一规定。计算期不宜定得太长：一方面是因为按照现金流量折现的方法，把后期的净收益折为现值的数值相对较小，很难对财务评价结论产生有决定性的影响；另一方面由于时间越长，预测的数据会越不准确。

计算期较长的项目多以年为时间单位。对于计算期较短的行业项目，在较短的时间间隔内(如月、季、半年)现金流水平有较大变化,可根据项目的具体情况选择合适的计算现金流量的时间单位。

由于折现评价指标受计算时间的影响,对需要比较的项目或方案应取相同的计算期。

4.1.6　价格体系

项目投入物和产出物的价格,是影响方案比选和财务评价结果最重要、最敏感的因素之一。项目评价是对未来活动的估计,因此在项目财务评价中应采用以市场价格体系为基础的预测价格来对未来活动的费用与效益进行估算。但是,影响市场价格变动的因素很多,也很复杂,但归纳起来:一是由于供需量、价格政策、劳动生产率等变化可能引起商品间比价的改变,产生相对价格的变化;二是由于通货膨胀或通货紧缩而引起商品价格总水平的变化,产生绝对价格变化。

在市场经济条件下,货物的价格因地而异,因时而变,要准确预测货物在项目计算期中的价格是很困难的。在不影响评价结论的前提下,可采取简化办法。

(1) 对建设期的投入物,由于需要预测的年限较短,可既考虑相对价格变化,又考虑价格总水平变动;又由于建设期投入物品种繁多,分别预测难度大,还可能增加不确定性,因此在实践中一般以涨价预备费的形式综合计算。

(2) 对运营期的投入物和产出物价格,由于运营期比较长,在前期研究阶段对将来的物价上涨水平较难预测,预测结果的可靠性也难以保证,因此一般只预测到经营期初价格。运营期各年采用统一的不变价格。

(3) 考虑到项目可能有多种投入或产出,在不影响评价结论的前提下,只需要对在生产成本中影响特别大的货物和主要产出物的价格进行预测。一般情况下,根据市场预测的结果和销售策略确定主要产出物价格。在对未来市场价格信息有充分可靠判断的情况下,也可以采用相对变动的价格,甚至考虑通货膨胀因素。在这种情况下,财务评价采用的财务基准收益率也应考虑通货膨胀因素。

(4) 价格中涉及增值税的,可按如下处理:

① 项目投资估算应采用含增值税价格,包括建设投资、流动资金和运营期内的维持运营投资。

② 对使用增值税的项目,运营期内投入和产出的估算表格可采用不含增值税价格;若采用含增值税价格应予以说明,并调整相关表格(主要是利润与利润分配表、项目投资现金流量表、项目资本金现金流量表和财务计划现金流量表)的相关科目。

4.1.7　财务评价指标体系的构成

建设项目的财务评价,一方面取决于基础数据的完整性和可靠性;另一方面则取决于选取的评价指标体系的合理性,只有选取正确的评价指标体系,财务评价的结果才能与客观实际情况相吻合,才具有实际意义。一般来讲,项目的财务评价指标不是唯一的,在建设工程经济分析中,常用的财务评价指标体系如图 4.2 所示。

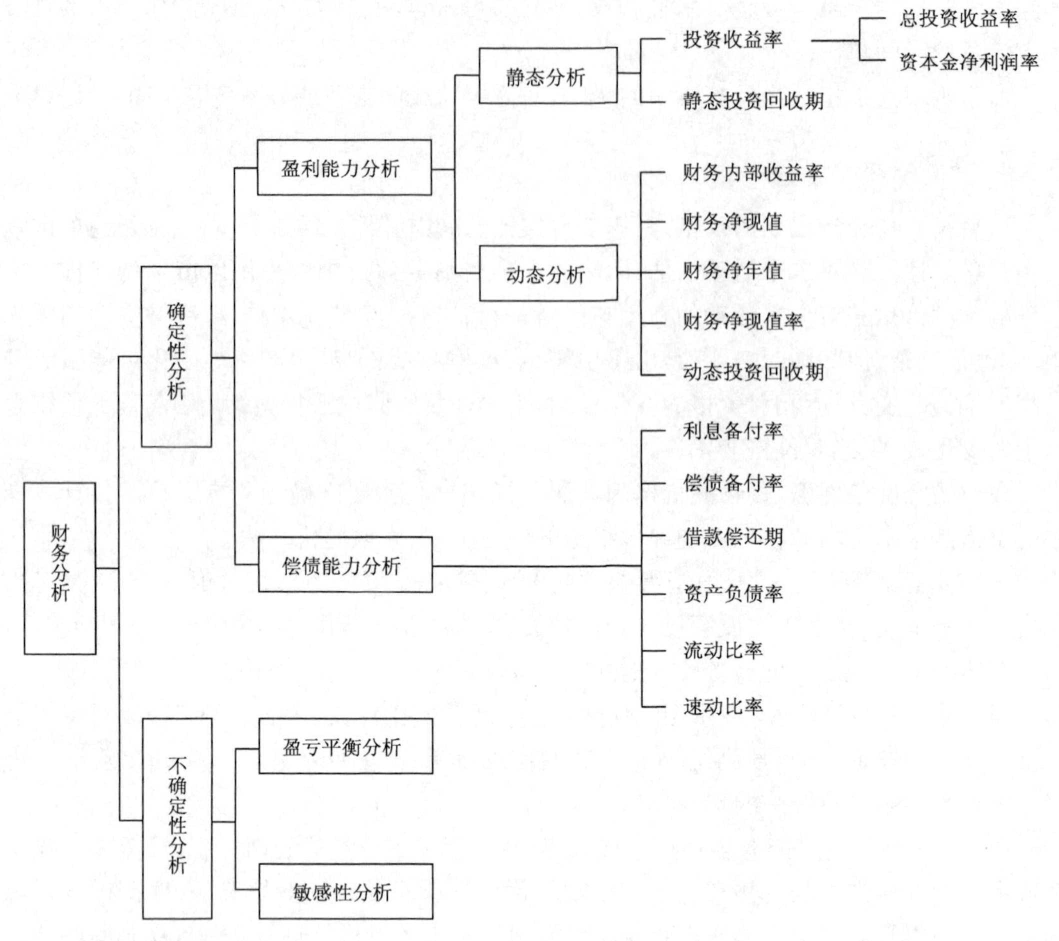

图 4.2 财务评价体系

静态分析指标的最大特点是不考虑时间因素,计算简便。所以在对方案进行粗略评价或对短期投资项目进行评价时,以及对于逐年收益大致相等的项目,静态评价指标还是可采用的。

动态分析指标强调利用复利方法计算资金时间价值,它将不同时间内资金的流入和流出,换算成同一时点的价值,从而为不同方案的经济比较提供了可比基础,并能反映方案在未来时期的发展变化情况。

根据指标的性质,上述指标还可以分为时间性指标、价值性指标和比率性指标,如图 4.3 所示。

总之,在建设项目财务评价时,应根据评价深度要求、可获得资料的多少以及评价方案本身所处的条件,选用多个不同的评价指标,这些指标有主有次,从不同侧面反映评价方案的财务评价效果。

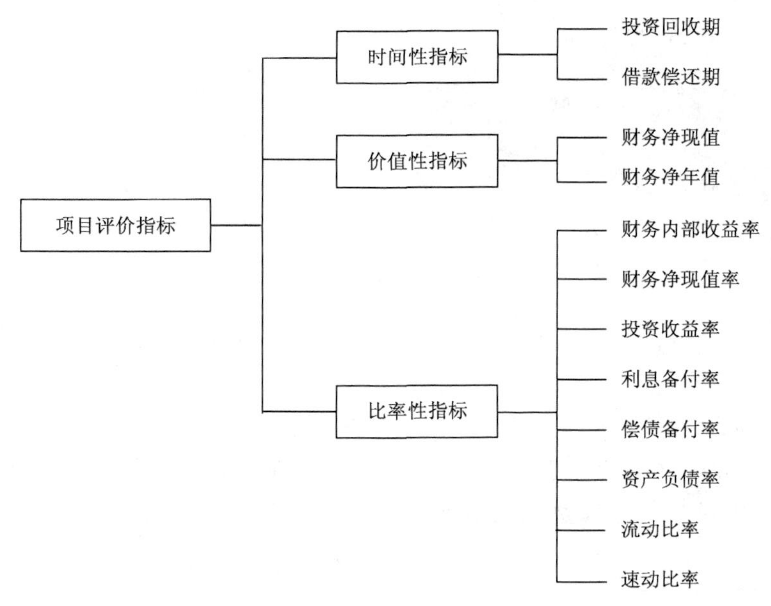

图 4.3　评价指标分类

4.2　财务静态盈利能力评价指标

4.2.1　投资收益率指标

1. 概念

投资收益率是衡量投资方案获利水平的评价指标，它是建设项目建成投产达到设计生产能力后一个正常生产年份的年净收益额与方案投资的比率。它表明投资方案在正常生产年份中，单位投资每年所创造的年净收益额。对生产期内各年的净收益额变化幅度较大的方案，可计算生产期年平均净收益额与投资的比率，其计算公式为

$$R = \frac{A}{I} \times 100\% \tag{4-1}$$

式中，R——投资收益率；

A——方案年净收益额或年平均净收益额；

I——方案投资。

2. 评价准则

将计算出的投资收益率(R)与所确定的基准投资收益率(R_c)进行比较：

(1) 若 $R \geqslant R_c$，则方案在经济上可以考虑接受。

(2) 若 $R < R_c$，则方案在经济上是不可行的。

3. 投资收益率的应用指标

根据分析的目的不同，投资收益率又具体分为：总投资收益率(ROI)、资本金净利润率(ROE)。

1) 总投资收益率(ROI)

总投资收益率(ROI)表示总投资的盈利水平，按下式计算为

$$\mathrm{ROI}=\frac{\mathrm{EBIT}}{\mathrm{TI}}\times 100\% \tag{4-2}$$

式中，EBIT——项目正常年份的年息税前利润或运营期内年平均息税前利润，见表 4.2 所示；

TI——项目总投资(包括建设投资、建设期贷款利息和全部流动资金)。

公式中所需的财务数据，均可从相关的财务报表中获得。总投资收益率高于同行业的收益率参考值，表明用总投资收益率表示的项目盈利能力满足要求。

表 4.2　利润与利润分配表　　　　单位：万元

序号	项　目	合计	计算期					
			1	2	3	4	…	n
1	营业收入							
2	营业税金及附加							
3	总成本费用							
4	补贴收入							
5	利润总额(1−2−3+4)							
6	补贴以前年度亏损							
7	应纳税所得额(5−6)							
8	所得税							
9	净利润(5−8)							
10	期末未分配利润							
11	可供分配的利润(9+10)							
12	提取法定盈余公积金							
13	可供投资者分配的利润(11−12)							
14	应付优先股股利							
15	提取任意盈余公积金							
16	应付普通股股利(13−14−15)							
17	各投资方利润分配							
	其中：××方							
	××方							
18	未分配利润(13−14−15−17)							

续表

序号	项　　目	合计	计算期					
			1	2	3	4	…	n
19	息税前利润（利润总额＋利息支出）							
20	息税折旧摊销前利润（息税前利润＋折旧＋摊销费）							

注：(1) 对于外商出资项目由第 11 项减去储备基金、职工奖励与福利基金和企业发展基金后，得出可供投资者分配的利润。
(2) 第 14～16 项根据企业性质和具体情况选择填列。
(3) 法定盈余公积金按净利润计量。

2）项目资本金净利润率(ROE)

项目资本金净利润率(ROE)表示项目资本金的盈利水平，按下式计算为

$$ROE = \frac{NP}{EC} \times 100\% \tag{4-3}$$

式中，NP——项目正常年份的年净利润或运营期内年平均净利润，如表 4.2 所示；
EC——项目资本金。

公式中所需的财务数据，均可从相关的财务报表中获得。项目资本金净利润率高于同行业的净利润率参考值，表明用项目资本金净利润率表示的项目盈利能力满足要求。

例 4.1　已知某拟建项目资金投入和利润如表 4.3 所示。计算该项目的总投资收益率和资本金净利润率。

表 4.3　某拟建项目资金投入和利润表　单位:万元

序号	年份 项目	1	2	3	4	5	6	7～10
1	建设投资							
1.1	自有资金部分	1200	340					
1.2	贷款本金		2000					
1.3	贷款利息(年利率为 6%，投产后前 4 年等本偿还，利息照付)		60	123.6	92.7	61.8	30.9	
2	流动资金							
2.1	自有资金部分			300				
2.2	贷款			100	400			
2.3	贷款利息(年利率为 4%)			4	20	20	20	20
3	所得税前利润			−50	550	590	620	650
4	所得税后利润(所得税率为 25%)			−50	425	442.5	465	487.5

解　(1)计算总投资收益率(ROI)。

① 项目总投资 TI＝建设投资＋建设期贷款利息＋全部流动资金

$=1200+340+2000+60+300+100+400=4400$(万元)

② 年平均息税前利润 $\text{EBIT}=[(123.6+92.7+61.8+30.9+4+20\times7)$

$+(-50+550+590+620+650\times4)]\div8$

$=(453+4310)\div8=595.4$(万元)

③ 根据式(4-2)可计算总投资收益率(ROI)为

$$\text{ROI}=\frac{\text{EBIT}}{\text{TI}}\times100\%=\frac{595.4}{4400}\times100\%=13.53\%$$

(2) 计算资本金净利润率(ROE)。

① 项目资本金 $\text{EC}=1200+340+300=1840$(万元)

② 年平均净利润 $\text{NP}=(-50+425+442.5+465+487.5\times4)\div8$

$=3232.5\div8=404.06$(万元)

③ 根据式(4-3)可计算资本金净利润率(ROE)为

$$\text{ROE}=\frac{\text{NP}}{\text{EC}}\times100\%=\frac{404.06}{1840}\times100\%=21.96\%$$

总投资收益率(ROI)用来衡量整个投资方案的获利能力,要求项目的总投资收益率(ROI)应大于行业的平均投资收益率;总投资收益率越高,从项目所获得的收益就越多。而资本金净利润率(ROE)则是用来衡量项目资本金的获利能力,资本金净利润率(ROE)越高,资本金所取得的利润就越多,权益投资盈利水平也就越高;反之,则情况相反。对于项目建设方案而言,若总投资收益率或资本金净利润率高于同期银行利率,适度举债是有利的;反之,过高的负债比率将损害企业和投资者的利益。由此可以看出,总投资收益率或资本金净利润率指标不仅可以用来衡量项目建设方案的获利能力,还可以作为项目建设筹资决策参考的依据。

4. 优劣

投资收益率(R)指标经济意义明确、直观,计算简便,在一定程度上反映了投资效果的优劣,可适用于各种投资规模。但不足的是没有考虑投资收益的时间因素,忽视了资金具有时间价值的重要性;指标的计算主观随意性太强,正常生产年份的选择比较困难,其确定带有一定的不确定性和人为因素。因此,以投资收益率指标作为主要的决策依据不太可靠,其主要用在项目建设方案制定的早期阶段或研究过程,且计算期较短、不具备综合分析所需详细资料的方案,尤其适用于工艺简单而生产情况变化不大的项目建设方案的选择和投资经济效果的评价。

4.2.2 投资回收期指标

项目投资回收期也称返本期,是反映项目投资回收快慢的重要指标,分为静态投资回收期和动态投资回收期。通常只进行项目静态投资回收期计算分析。

1. 概念

项目静态投资回收期(P_t)是在不考虑资金时间价值的条件下,以项目的净收益回收其总投资(包括建设投资和流动资金)所需要的时间,一般以年为单位。项目投资回收期宜从项目建设开始年算起;若从项目投产开始年算起,应予以特别注明。从建设开始年算起,投资回收期(P_t)的计算公式为

$$\sum_{t=0}^{P_t}(\mathrm{CI}-\mathrm{CO})_t=0 \tag{4-4}$$

式中,P_t——静态投资回收期;

CI——现金流入量;

CO——现金流出量;

$(\mathrm{CI}-\mathrm{CO})_t$——第 t 年净现金流量。

2. 应用式

静态投资回收期可借助项目投资现金流量表,根据净现金流量计算,其具体计算又分以下两种情况:

(1) 当项目建成投产后各年的净收益(即净现金流量)均相同时,静态投资回收期的计算公式为

$$P_t=\frac{I}{A} \tag{4-5}$$

式中,I——总投资;

A——每年的净收益,即 $A=(\mathrm{CI}-\mathrm{CO})_t$。

例 4.2　某建设项目估计总投资 2800 万元,项目建成后各年净收益为 320 万元,则该项目的静态投资回收期为

$$P_t=\frac{2800}{320}=8.75(\text{年})$$

在应用式(4-5)时应注意,因为年净收益不等于年利润额,所以投资回收期不等于投资利润率的倒数。

(2) 当项目建成投产后各年的净收益不相同时,静态投资回收期可根据累计净现金流量求得(如图 4.4 所示),也就是在项目投资现金流量表中累计净现金流量由负值变为零的时点,其计算公式为

$$P_t=T-1+\frac{\left|\sum_{t=0}^{T-1}(\mathrm{CI}-\mathrm{CO})_t\right|}{(\mathrm{CI}-\mathrm{CO})_T} \tag{4-6}$$

式中,T——各年累计净现金流量首次为正或零的年数;

$\left|\sum_{t=0}^{T-1}(\mathrm{CI}-\mathrm{CO})_t\right|$——第($T-1$)年累计净现金流量的绝对值;

$(\mathrm{CI}-\mathrm{CO})_T$——第 T 年的净现金流量。

例 4.3　某项目财务现金流量表的数据如表 4.4 所示,计算该项目的静态投资回收期。

解　根据式(4-6),可得

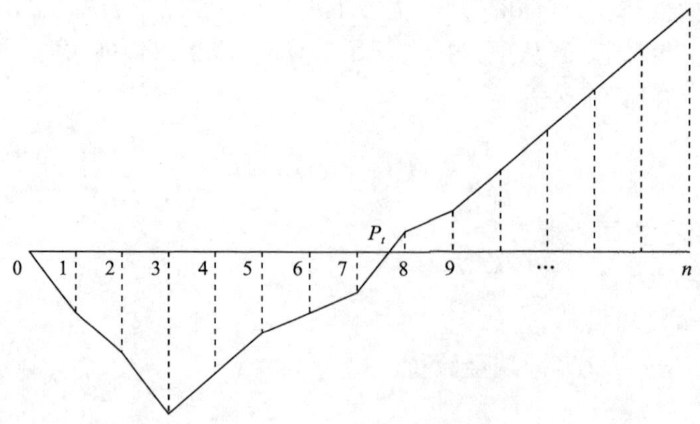

图 4.4 投资回收期示意图

$$P_t=(6-1)+\frac{|-200|}{500}=5.4(\text{年})$$

表 4.4 某项目财务现金流量表 单位:万元

计算期	0	1	2	3	4	5	6	7	8
1. 现金流入	—	—	—	800	1200	1200	1200	1200	1200
2. 现金流出	—	600	900	500	700	700	700	700	700
3. 净现金流量	—	−600	−900	300	500	500	500	500	500
4. 累计净现金流量	—	−600	−1500	−1200	−700	−200	300	800	1300

3. 评价准则

将计算出的静态投资回收期 P_t 与所确定的基准投资回收期 P_c 进行比较。

(1) 若 $P_t \leqslant P_c$,表明项目投资能在规定的时间内收回,则方案在经济上可以考虑接受。

(2) 若 $P_t > P_c$,则方案在经济上是不可行的。

4. 投资回收期指标的优劣

投资回收期指标容易理解,计算也比较简便;项目投资回收期在一定程度上显示了资本的周转速度。显然,资本周转速度愈快,回收期愈短,风险愈小,项目抗风险能力强。因此,在项目财务评价中一般都要求计算静态投资回收期,以反映投资方案原始投资的补偿速度和项目投资风险性。对于那些技术上更新迅速的项目或资金相当短缺的项目或未来的情况很难预测而投资者又特别关心资金补偿的项目采用投资回收期评价特别有实用意义。但不足的是投资回收期(包括静态和动态投资回收期)没有全面地考虑投资方案整个计算期内现金流量,即只考虑回收之前的效果,不能反映投资回收之后的情况,故无法准确衡量方案在整个计算期内的经济效果。所以,投资回收期作为方案选择和项目排队的评价准则是不可靠的,它只能作为辅助评价指标,或与其他评价指标结合应用。

4.3　财务动态盈利能力评价指标

4.3.1　财务净现值指标

1. 概念

财务净现值(Financial Net Present Value,FNPV)是反映投资方案在计算期内盈利能力的动态评价指标。投资方案的财务净现值是指用一个预定的基准收益率(或设定的折现率)i_c,分别把整个计算期间内各年所发生的净现金流量都折现到投资方案开始实施时的现值之和。财务净现值计算公式为

$$\text{FNPV} = \sum_{t=0}^{n} (\text{CI} - \text{CO})_t (1 + i_c)^{-t} \tag{4-7}$$

式中,FNPV——财务净现值;

$(\text{CI}-\text{CO})_t$——第 t 年的净现金流量(应注意"+"、"−"号),有时也用 A_t 表示,即 $A_t = (\text{CI} - \text{CO})_t$;

i_c——基准收益率;

n——项目计算期。

可根据需要选择计算所得税前财务净现值或所得税后财务净现值。

2. 评价准则

财务净现值是评价项目盈利能力的绝对指标。

(1) 当 FNPV>0 时,说明该方案除了满足基准收益率要求的盈利之外,还能得到超额收益,换句话说方案现金流入的现值和大于现金流出的现值和,该方案有收益,故该方案财务上可行。

(2) 当 FNPV=0 时,说明该方案基本能满足基准收益率要求的盈利水平,即方案现金流入的现值正好抵偿方案现金流出的现值,该方案财务上还是可行的。

(3) 当 FNPV<0 时,说明该方案不能满足基准收益率要求的盈利水平,即方案收益的现值不能抵偿支出的现值,该方案财务上不可行。

例 4.4　已知某技术方案的净现金流量如表 4.5 所示,设 $i_c=8\%$,试计算财务净现值(FNPV)。

表 4.5　某技术方案净现金流量　　单位:万元

年份	1	2	3	4	5	6	7
净现金流量	−4200	−4700	2000	2500	2500	2500	2500

解　根据式(4-7),可以得到

$$\begin{aligned}\text{FNPV} = & -4200(P/F,8\%,1)-4700(P/F,8\%,2)+2000(P/F,8\%,3)\\ & +2500(P/F,8\%,4)+2500(P/F,8\%,5)\\ & +2500(P/F,8\%,6)+2500(P/F,8\%,7)\end{aligned}$$

$=-4200\times0.9259-4700\times0.8573+2000\times0.7938+2500\times0.7350$
$+2500\times0.6806+2500\times0.6302+2500\times0.5835$
$=242.76$(万元)

由于 FNPV=242.76(万元)>0,所以该技术方案在经济上可行。

3. 优劣

财务净现值指标的优点是:考虑了资金的时间价值,并全面考虑了项目在整个计算期内现金流量的时间分布的状况;经济意义明确直观,能够直接以货币额表示项目的盈利水平;判断直观。不足之处是:必须首先确定一个符合经济现实的基准收益率,而基准收益率的确定往往是比较困难的;在互斥方案评价时,财务净现值必须慎重考虑互斥方案的寿命,如果互斥方案寿命不等,必须构造一个相同的分析期限,才能进行各个方案之间的比选;财务净现值也不能真正反映项目投资中单位投资的使用效率;不能直接说明在项目运营期间各年的经营成果;没有给出该投资过程确切的收益大小,不能反映投资的回收速度。

4.3.2 财务内部收益率指标

1. 财务净现值函数

对具有常规现金流量(即在计算期内,开始时有支出而后才有收益,且方案的净现金流量序列的符号只改变一次的现金流量)的投资方案,其财务净现值的大小与折现率的高低有直接的关系。若已知某投资方案各年的净现金流量,则该方案的财务净现值就完全取决于所选用的折现率,即财务净现值是折现率的函数,其表达式为

$$\mathrm{FNPV}(i)=\sum_{t=0}^{n}(\mathrm{CI}-\mathrm{CO})_t(1+i)^{-t} \tag{4-8}$$

建设工程经济中常规投资项目的财务净现值函数曲线在其定义域(即$-1<i<+\infty$)内(对大多数建设工程经济实际问题来说是$0\leqslant i<\infty$),考虑项目的简单情形为:投资$A_0<0$,其他各年的净现金流量$A_t>0$,则当$-1<i<\infty$时,有项目的财务净现值随着折现率i的逐渐增大而由大变小,由正变负,即 FNPV 与i之间的关系一般如图 4.5 所示。

从图 4.5 可以看出,按照财务净现值的评价准则,只要 FNPV(i)≥0,方案或项目就可接受。但由于 FNPV(i)是i的递减函数,故折现率i定得越高,方案被接受的可能性越小。那么,若 FNPV(0)>0,则i最大可以大到多少,仍使方案可以接受呢?很明显,i可以大到使 FNPV(i)=0,这时 FNPV(i)曲线与横轴相交,i达到了其临界值i^*,可以说i^*是财务净现值评价准则的一个分水岭。i^*就是财务内部收益率(Financial Internal Rate of Return,FIRR)。

2. 财务内部收益率的概念

对建设项目,财务内部收益率其实质就是使投资方案在计算期内各年净现金流量的现值累计等于零时的折现率。也就是说,在这个折现率时,项目的现金流入的现值和等于

其现金流出的现值和，其数学表达式为

$$\text{FNPV(FIRR)} = \sum_{t=0}^{n} (CI - CO)_t (1 + \text{FIRR})^{-t} = 0 \qquad (4\text{-}9)$$

式中，FIRR——财务内部收益率。

项目投资财务内部收益率、项目资本金财务内部收益率和投资各方财务内部收益率都依据式(4-9)计算，但所用的现金流入和现金流出不同，评价中所需的数据资料，均可从相关的现金流量表中获得。

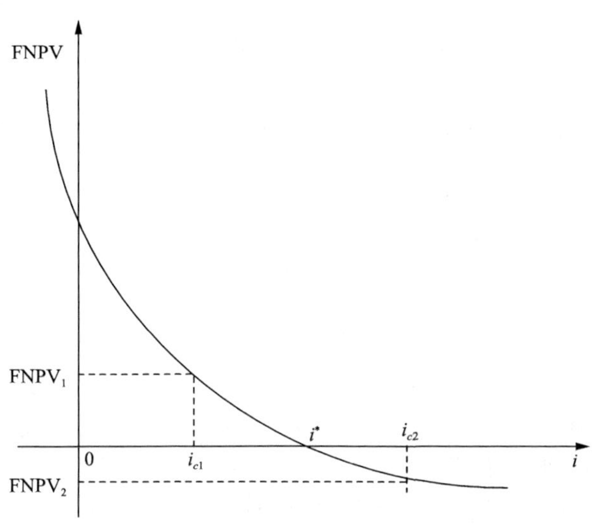

图 4.5　常规投资项目的净现值函数曲线

财务内部收益率容易被人误解为是项目初期投资的收益率。事实上，财务内部收益率的经济含义是投资方案占用的尚未回收资金的获利能力，它取决于项目内部。

例 4.5　某投资方案的净现金流量如表 4.6 所示，其财务内部收益率按式(4-9)计算。

表 4.6　某投资方案净现金流量　　单位：万元

第 t 期末	0	1	2	3	4	5	6
净现金流量 A_t	−1000	300	300	300	300	300	307

$$\text{FNPV(FIRR)} = -1000 + 300(P/A, \text{FIRR}, 5) + 307(P/F, \text{FIRR}, 6) = 0$$

对上式运用试算法解得 FIRR＝20％。

已提走的资金是不能再生息的，因此设 F_t 为第 t 期末尚未回收的投资余额，特殊地，F_0 即是项目计算期初的投资额 A_0。显然只要在第 t 期内取得复利利息 $i \times F_{t-1}$，从而第 t 期末的未回收投资余额为

$$F_t = F_{t-1}(1 + i) + A_t \qquad (4\text{-}10)$$

将 i＝FIRR＝20％代入式(4-10)，计算出表 4.6 所示项目的未回收投资在计算期内的恢复过程。与表 4.7 相应的现金流量图如图 4.6 所示。

表 4.7 未回收投资现金流量 单位:万元

第 t 期末	0	1	2	3	4	5	6
净现金流量 A_t	−1000	300	300	300	300	300	307
第 t 期初未回收投资 F_{t-1}	—	−1000	−900	−780	−636	−463.20	−255.840
第 t 期的利息 $i\times F_{t-1}$	—	−200	−180	−156	−127.2	−92.64	−51.168
第 t 期末未回收投资 F_t	−1000	−900	−780	−636	−463.2	−255.84	0

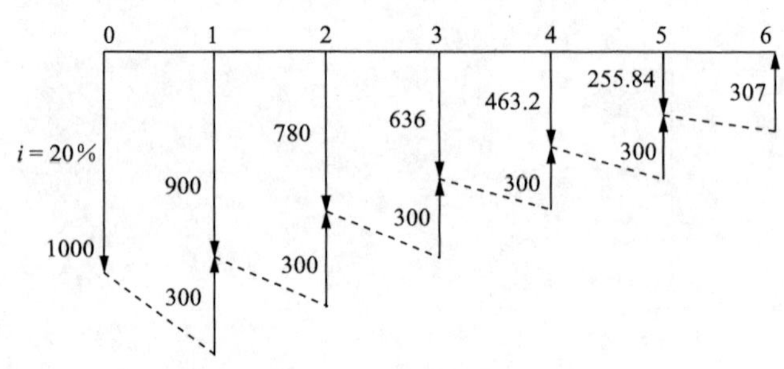

图 4.6 未回收投资现金流量示意图

从上述项目现金流量在计算期内的演变过程可发现,在整个计算期内,如果按利率 $i=i^*$ 计算,始终存在未回收投资,且仅在计算期终时,投资才恰被完全收回,即 i^* 是项目的财务内部收益率,是项目对贷款利率的最大承担能力。

由此可见,项目的财务内部收益率是项目到计算期末正好将未收回的资金全部收回来的折现率,是项目占用的尚未回收资金的获利能力,能反映项目自身的盈利能力,其值越高,方案的经济性越好。因此,在建设工程经济分析中财务内部收益率是考察项目盈利能力的主要动态评价指标。由于财务内部收益率不是初始投资在整个计算期内的盈利率,它不仅受项目初始投资规模的影响,而且受项目计算期内各年净收益大小的影响。

财务内部收益率是一个未知的折现率,由式(4-9)可知,求方程式中的折现率需解高次方程,不易求解。在实际工作中,一般通过计算机直接计算,手算时可采用试算法确定财务内部收益率 FIRR。试算法的基本原理如下:

首先,试用 i_1 计算 $FNPV_1$(实际工作中 i_1 的确定,往往是根据给出的基准收益率 i_c,作为第一步试算依据);若得 $FNPV_1>0$ 时,再试用 i_2($i_2>i_1$) 计算 $FNPV_2$;若 $FNPV_2<0$(如果 $FNPV_2>0$,再用 i_3 来计算,直到 $FNPV_3<0$)时,则 $FNPV=0$ 时的 FIRR 一定在 i_1 至 i_2 之间,如图 4.7 所示。此时,即可用线性内插公式求出 FIRR 的近似值,即

$$FIRR = i_1 + \frac{FNPV_1}{FNPV_1 + |FNPV_2|}(i_2 - i_1) \tag{4-11}$$

式中,$FNPV_1$——较低折现率 i_1 时的财务净现值(正);

$FNPV_2$——较高折现率 i_2 时的财务净现值(负);

i_1——较低折现率,使净现值依然为正值,但其接近于零;

i_2——较高折现率,使财务净现值为负值,但其接近于零。

采用线性内插法计算 FIRR 时,其计算精度与(i_2-i_1)的差值大小有关,因为折现率与财务净现值不是线性关系,如图 4.7 所示。i_2 与 i_1 之间的差距越小,则计算结果就越精

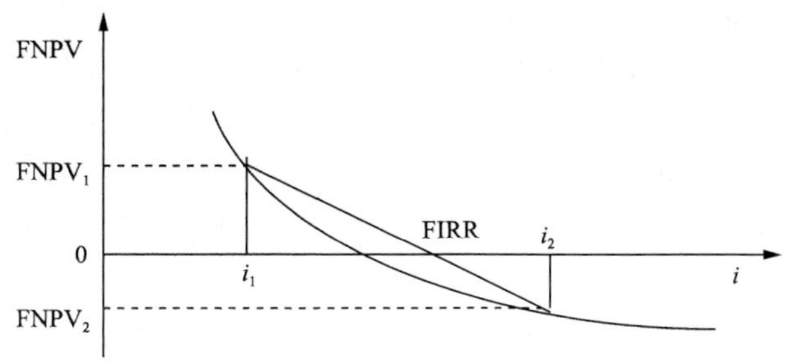

图 4.7　财务内部收益率线性内插法示意图

确;反之,结果误差就越大。故为保证 FIRR 的精度,i_2与 i_1之间的差距一般以不超过 2%为宜,最大不要超过 5%。

采用线性内插法计算 FIRR 只适用于具有常规现金流量的投资方案。而对于具有非常规现金流量的方案,由于其财务内部收益率的存在可能不是唯一的,线性内插法就不太适用。为了说明这个问题,需要对投资项目按投资的净现金流量分布特点进行分类。

(1) 常规投资项目:指项目在计算期内除建设期(包括投产初期)净现金流量为负值外,均为正值,即计算期内净现金流量的正负号只变化一次,所有负现金流量都出现在正现金流量之前,且现金流量系列$\{A_t|t=0,1,2,\cdots,n\}$满足条件式(4-12)的投资项目。

$$A_t(i^*)<0 \qquad (t=0,1,2,\cdots,k) \tag{4-12a}$$

$$A_t(i^*)\geqslant 0 \qquad (t=k+1,k+2,\cdots,n) \tag{4-12b}$$

(2) 非常规投资项目:指项目在计算期内,带负号的净现金流量不仅发生在建设期(或生产初期)而是分散在带正号的净现金流量之中,即在计算期内净现金流量 A_t变更多次正负号。在此情况下式(4-9)的解 i^* 是否就是财务内部收益率?弄清这些问题对于正确运用财务内部收益率是非常重要的。

财务内部收益率的定义可严格地表述为:当 $i=i^*$ 同时满足下列条件时,则 $i^*=$ FIRR,即 i^* 是项目的财务内部收益率。

$$F_t(i^*)\leqslant 0 \qquad (t=0,1,2,3,\cdots,n-1) \tag{4-13a}$$

$$F_n(i^*)=0 \qquad (t=n) \tag{4-13b}$$

从 $F_n=F_n(i^*)=0$ 可见,式(4-13b)只是使 $i^*=$FIRR 的必要条件,还不充分,也就是说,仅仅使财务净现值为零的利率不一定是财务内部收益率。

我们把满足条件式(4-13a)的投资项目,即除了 $t=n$ 时,$F_t=0$ 外,$F_t<0(t=0,1,2,\cdots,n-1)$的投资项目,称为纯投资项目。否则,称为混合投资项目,即在项目计算期内,有可能某一年或某 n 年出现 $F_t(i^*)>0$,这表明这时项目不仅已没有尚未回收资金,而且还有余额用于其他投资机会。

满足条件式(4-13a),意味着按 $i=i^*$ 计算,这类项目在计算期内始终处于逐步回收本身投资的状态,而无提前和延后,故纯投资项目存在财务内部收益率。不满足条件式(4-13a),意味着计算期内有 $F_t(i^*)>0$ 的情形,它表示项目回收完投资支出,而且有盈余供给项目外部,从项目外部获取收益。因此,即使有 $i=i^*$ 为式(4-13b)的解,混合的投资项目也无财务内部收益率。换言之,混合投资项目不能使用财务内部收益率指标考察其经济效果，即财务内部收益率法失效。

通过分析不难得出，常规投资项目都是纯投资项目，式(4-9)有唯一的正数解 i^*，且 i^* =FIRR；而对于非常规投资项目，由式(4-9)得出的解可能不止一个，如果其中有解 i^* 使项目满足条件式(4-13)，则该解是财务内部收益率，否则该项目无财务内部收益率。所以非常规投资项目既可能是纯投资项目，也可能是混合投资项目，其间关系见图 4.8。

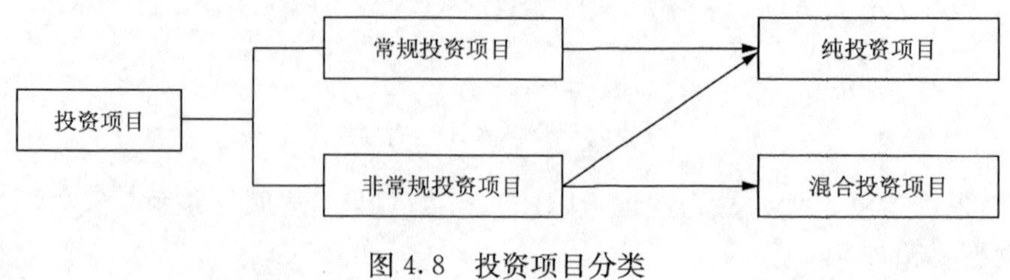

图 4.8　投资项目分类

3. 评价准则

财务内部收益率计算出来后，与基准收益率进行比较。

(1) 若 FIRR≥i_c，则方案在经济上可以接受。

(2) 若 FIRR<i_c，则方案在经济上应予拒绝。

项目投资财务内部收益率、项目资本金财务内部收益率和投资各方财务内部收益率可有不同判别基准。

4. 优劣

财务内部收益率(FIRR)指标考虑了资金的时间价值以及项目在整个计算期内的经济状况，不仅能反映投资过程的收益程度，而且 FIRR 的大小不受外部参数影响，完全取决于项目投资过程净现金流量系列的情况。这种项目内部决定性，使它在应用中具有一个显著的优点，即避免了像财务净现值之类的指标那样须事先确定基准收益率这个难题，而只需要知道基准收益率的大致范围即可。当要对一个项目进行投资，而未来的情况和未来的折现率都带有高度的不确定性时，采用财务内部收益率对项目进行评价，往往能取得满意的效果。但不足的是财务内部收益率计算比较麻烦；对于具有非常规现金流量的项目来讲，其财务内部收益率在某些情况下甚至不存在或存在多个内部收益率。

4.3.3　财务净现值率指标

1. 概念

财务净现值率(financial net present value rate，FNPVR)是在 FNPV 的基础上发展起来的，可作为 FNPV 的一种补充。所谓财务净现值率是指项目财务净现值与项目总投资现值之比，其经济含义是单位投资现值所能带来的财务净现值，是一个考察项目单位投资盈利能力的指标。由于财务净现值大小只表明盈利总额，不能说明投资的利用效果，单纯用财务净现值最大为标准进行多方案选优，往往导致评价者趋向于选择投资大、盈利多的方案，而忽视盈利额较多，但投资更少，经济效果更好的方案。故为考察投资的利用效

率，常用财务净现值率作为财务净现值的辅助评价指标。财务净现值率(FNPVR)计算式为

$$\mathrm{FNPVR}=\frac{\mathrm{FNPV}}{I_P} \tag{4-14}$$

$$I_P=\sum_{t=0}^{k} I_t(P/F,i_c,t) \tag{4-15}$$

式中，I_P——投资现值；

I_t——第 t 年投资额；

k——投资年数；

$(P/F,i_c,t)$——现值系数。

2. 评价准则

应用 FNPVR 评价方案时，应使 FNPVR≥0，方案才能接受。

3. 在评价时应注意问题

(1) 计算投资现值与财务净现值的研究期应一致，即财务净现值的研究期是 n 期，则投资现值也是研究期为 n 期的投资；

(2) 计算投资现值与财务净现值的折现率应一致。

例 4.6　已知数据与例 4.4 相同(表 4.5)，设 $i_c=8\%$，试计算财务内部收益率(FIRR)和财务净现值率(FNPVR)。

解　(1) 财务内部收益率(FIRR)评价。

根据式(4-9)，并运用试算法可以得到 FIRR 为

$\mathrm{FNPV}(i_1=8\%)=242.76$(万元)

$$\begin{aligned}\mathrm{FNPV}(i_2=10\%)&=-4200(P/F,10\%,1)-4700(P/F,10\%,2)+2000(P/F,10\%,3)\\&\quad+2500(P/F,10\%,4)+2500(P/F,10\%,5)\\&\quad+2500(P/F,10\%,6)+2500(P/F,10\%,7)\\&=-4200\times0.9091-4700\times0.8264+2000\times0.7513\\&\quad+2500\times0.6830+2500\times0.6209+2500\times0.5645\\&\quad+2500\times0.5132\\&=-245.7(\text{万元})\end{aligned}$$

$$\mathrm{FIRR}=8\%+\frac{242.76}{242.76+|-245.7|}\times(10\%-8\%)=8.99\%$$

由于 FIRR$=8.99\%>i_c=8\%$，所以该方案在经济上可行。

从(1)和例 4.4 结论看，对独立方案的评价，应用 FIRR 评价与应用 FNPV 评价其结论是一致的。

(2) 财务净现值率(FNPVR)评价。

根据式(4-15)和式(4-14)，可以得到

$I_P=4200(P/F,8\%,1)+4700(P/F,8\%,2)=4200\times0.9259+4700\times0.8573$

=7918.09(万元)

$$FNPVR = \frac{FNPV}{I_P} = \frac{242.76}{7918.09} = 0.0307$$

因为 FNPVR>0,所以方案在经济上是可接受的。

4.3.4 财务净年值指标

1. 概念

财务净年值(Financial Net Annual Value,FNAV)又称为等额年值、等额年金,是以基准收益率将项目计算期内净现金流量等值换算而成的等额年值。它与财务净现值(FNPV)相同之处是,两者都要在给出的基准收益率的基础上进行计算;不同之处是:财务净现值是把投资过程的现金流量折算为基准期的现值,而财务净年值则是把该现金流量折算为等额年值。财务净年值的计算公式为

$$FNAV = \left[\sum_{t=0}^{n} (CI - CO)_t (1 + i_c)^{-t}\right](A/P, i_c, n) \tag{4-16a}$$

或

$$FNAV = FNPV(A/P, i_c, n) \tag{4-16b}$$

式中,$(A/P,i_c,n)$——资本回收系数。

2. 评价准则

由于财务净现值是项目在计算期内获得的超过基准收益率水平的收益现值,而财务净年值则是项目在计算期内每期(年)的等额超额收益。从式(4-16)可知,因为$(A/P,i_c,n)>0$,所以 FNAV 与 FNPV 总是同为正或同为负,即 FNAV 与 FNPV 在评价同一个项目时的结论总是一致的,其评价准则是:

(1) FNAV≥0 时,则投资方案在经济上可以接受。

(2) FNAV<0 时,则投资方案在经济上应予拒绝。

由于同一现金流量的财务净现值与财务净年值在财务评价中是等价的(或等效的),而 FIRR 值可达到的项目财务净现值等于零,则项目的财务净年值也必为零,故有

$$FNPV(FIRR) = FNAV(FIRR) \tag{4-17}$$

4.3.5 动态投资回收期指标

1. 概念

为了克服传统的静态投资回收期不考虑货币时间价值的缺点,可采用按基准收益率计算的动态投资回收期来分析。

动态投资回收期是把项目各年的净现金流量按基准收益率折成现值之后,再来推算投资回收期,这是它与静态投资回收期的根本区别。动态投资回收期就是累计现值等于零时的年份,其计算表达式为

$$\sum_{t=0}^{P_t'} (\text{CI}-\text{CO})_t (1+i_c)^{-t} = 0 \tag{4-18}$$

式中，P_t'——动态投资回收期；

i_c——基准收益率。

2. 计算

在实际应用中根据项目的现金流量表中的净现金流量分别计算其各年现值，用下式近似公式计算为

$$P_t' = T' - 1 + \frac{\left|\sum_{t=0}^{T'-1} (\text{CI}-\text{CO})_t (P/F, i_c, t)\right|}{(\text{CI}-\text{CO})_{T'} (P/F, i_c, T')} \tag{4-19}$$

式中，T'——累计净现金流量现值开始出现正值或零的年数。

例 4.7　数据与例 4.2 相同，已知基准投资收益率 $i_c=8\%$。试计算该项目的动态投资回收期。

解　据题意计算各年净现金流量现值和累计净现金流量现值，如表 4.8 所示。

表 4.8　某项目财务现金流量　　单位：万元

计算期	0	1	2	3	4	5	6	7	8
3. 净现金流量	—	−600	−900	300	500	500	500	500	500
4. 净现金流量现值	—	−555.54	−771.57	238.14	367.5	340.3	315.1	291.75	270.15
5. 累计净现金流量现值	—	−555.54	−1327.11	−1088.97	−721.47	−381.17	−66.07	225.68	495.83

根据式(4-19)，可以得到

$$P_t' = (7-1) + \frac{|-66.07|}{291.75} = 6.23(\text{年})$$

3. 评价准则

若 $P_t' \leqslant P_c$(基准投资回收期)时，说明项目(或方案)能在要求的时间内收回投资，是可行的；若 $P_t' > P_c$时，则项目(或方案)不可行，应予拒绝。

按静态分析计算的投资回收期较短，决策者可能认为财务上尚可以接受。但若考虑时间因素，用折现法计算出的动态投资回收期，要比用传统方法计算出的静态投资回收期长些，该方案未必能被接受。

在实际应用中，动态回收期由于与其他动态盈利性指标相近，若给出的利率 i_c恰好等于财务内部收益率 FIRR 时，此时的动态投资回收期就等于项目(或方案)计算期 n。即 $P_t' = n$。一般情况下，$P_t' < n$，则必有 $i_c <$FIRR，故动态投资回收期法与 FIRR 法在方案评价方面是等价的。因此，在现行建设项目经济评价方法中未将动态投资回收期作为评价指标，而静态投资回收期尽管没有考虑资金的时间价值，但由于长期以来，决策层比较熟悉静态投资回收期指标。所以在建设项目经济评价方法中仍要求计算静态投资回收期，以反映投资方案原始投资的补偿速度和项目投资风险性的特点。

4.3.6　基准收益率

1. 基准收益率的概念

基准收益率也称基准折现率，是企业或行业投资者以动态的观点所确定的、可接受的投资方案最低标准的收益水平，其在本质上体现了投资决策者对项目资金时间价值的判断和对项目风险程度的估计，是投资资金应当获得的最低盈利水平，它是评价和判断投资方案在财务上是否可行和方案比选的主要依据。因此，基准收益率确定得合理与否，对投资方案经济效果的评价结论有直接的影响，定得过高或过低都会导致投资决策的失误。所以基准收益率是一个重要的经济参数，而且根据不同角度编制的现金流量表，计算所需的基准收益率应有所不同。

2. 基准收益率的测定

1）财务基准收益率的测定规定

财务基准收益率的测定应符合下列规定：

（1）在政府投资项目以及按政府要求进行财务评价的建设项目中采用的行业财务基准收益率，应根据政府的政策导向进行确定。

（2）在企业投资等其他各类建设项目的经济评价中参考选用的行业财务基准收益率，应在分析一定时期内国家和行业发展战略、发展规划、产业政策、资源供给、市场需求、资金时间价值、项目目标等情况的基础上，结合行业特点、行业资本构成情况等因素综合测定。

（3）在中国境外投资的建设项目财务基准收益率的测定，应首先考虑国家风险因素。

（4）投资者自行测定项目的最低可接受财务收益率，除了应考虑上述(2)中所涉及的因素外，还应根据自身的发展战略和经营策略、具体项目特点与风险、资金成本、机会成本、投资风险、通货膨胀以及资金限制等因素综合测定，其中：

① 资金成本，是为取得资金使用权所支付的费用，主要包括资金筹集费和资金占用费(参见 12.3.5 节)。项目投资后所获利润额必须能够补偿资金成本，然后才能有利可言，因此基准收益率最低限度不应小于资金成本。

② 机会成本。投资项目的经济收益不仅应能回收资金和支付利息，而且应能获得一定的利润额。因此，在确定基准收益率时，必须考虑一定数额的目标利润。投资的机会成本是指投资者将有限的资金用于拟建项目而放弃的其他投资机会所能获得的最大收益。换言之，由于资金有限，当把资金投入拟建项目时，将失去从其他最大的投资机会中获得收益的机会。机会成本的表现形式也是多种多样的。货币形式表现的机会成本，如销售收入、利润等；由于利率大小决定货币的价格，采用不同的利率(贴现率)也表示货币的机会成本。由此可见，机会成本是在方案外部形成的，它不可能反映在该方案财务上，必须通过建设工程经济分析人员的分析比较，才能确定项目的机会成本。机会成本虽不是实际支出，但在建设工程经济分析时，应作为一个因素加以认真考虑，有助于选择最优方案。

显然，基准收益率应不低于单位资金成本和单位投资的机会成本，这样才能使资金得

到最有效的利用。这一要求可用下式表达为

$$i_c \geqslant i_1 = \max\{单位资金成本,单位投资机会成本\} \tag{4-20}$$

如项目完全由企业自有资金投资时,可参考行业的平均收益水平,可以理解为一种资金的机会成本;假如投资项目资金来源于自有资金和贷款时,最低收益率不应低于行业平均收益水平(或新筹集权益投资的资金成本)与贷款利率的加权平均值。如果有好几种贷款时,贷款利率应为加权平均贷款利率。

③ 投资风险。在整个项目计算期内,存在着发生不利于项目的环境变化的可能性,这种变化难以预料,即投资者要冒着一定风险作决策。为此,投资者自然就要求获得较高的利润,否则他是不愿去冒风险的。所以在确定基准收益率时,仅考虑资金成本、机会成本因素是不够的,还应考虑风险因素,通常以一个适当的风险贴补率 i_2 来提高 i_c 值。就是说,以一个较高的收益水平补偿投资者所承担的风险,风险越大,贴补率越高。为了限制对风险大、盈利低的项目进行投资,可以采取提高基准收益率的办法来进行项目财务评价。

一般说来,从客观上看,资金密集项目的风险高于劳动密集的;资产专用性强的风险高于资产通用性强的;以降低生产成本为目的的风险低于以扩大产量、扩大市场份额为目的的。从主观上看,资金雄厚的投资主体的风险低于资金拮据者。

④ 通货膨胀。所谓通货膨胀是指由于货币(这里指纸币)的发行量超过商品流通所需要的货币量而引起的货币贬值和物价上涨的现象。在通货膨胀影响下,各种材料、设备、房屋、土地的价格以及人工费都会上升。为反映和评价出拟建项目在未来的真实经济效果,在确定基准收益率时,应考虑这种影响,结合投入产出价格的选用决定对通货膨胀因素的处理。

通货膨胀以通货膨胀率来表示,通货膨胀率主要表现为物价指数的变化,即通货膨胀率约等于物价指数变化率。由于通货膨胀年年存在,通货膨胀的影响具有复利性质。一般每年的通货膨胀率是不同的,但为了便于研究,常取一段时间的平均通货膨胀率,即在所研究的时期内,通货膨胀率可以视为固定的。

综合以上分析,投资者自行测定的基准收益率可确定如下:

若项目现金流量是按当年价格预测估算的,则应以年通货膨胀率 i_3 修正 i_c 值,即

$$i_c = (1+i_1)(1+i_2)(1+i_3) - 1 \approx i_1 + i_2 + i_3 \tag{4-21}$$

若项目的现金流量是按基年不变价格预测估算的,预测结果已排除通货膨胀因素的影响,就不再重复考虑通货膨胀的影响去修正 i_c 值,即

$$i_c = (1+i_1)(1+i_2) - 1 \approx i_1 + i_2 \tag{4-22}$$

上述近似处理的条件是 i_1、i_2、i_3 都为小数。

⑤ 资金限制。资金越少,越需要精打细算,使之利用得更加有效。为此,在资金短缺时,应通过提高基准收益率的办法进行项目经济评价,以便筛选掉盈利能力较低的项目。

总之,合理确定基准收益率,对于投资决策极为重要。确定基准收益率的基础是资金成本、机会成本,而投资风险、通货膨胀和资金限制则是必须考虑的影响因素。

2) 财务基准收益率的调整

下列项目风险较大,在确定最低可接受财务收益率时可适当提高其取值:

(1) 项目投入物属紧缺资源的项目。

(2) 项目投入物大部分需要进口的项目。

(3) 项目产出物大部分用于出口的项目。

(4) 国家限制或可能限制的项目。

(5) 国家优惠政策可能终止的项目。

(6) 建设周期长的项目。

(7) 市场需求变化较快的项目。

(8) 竞争激烈领域的项目。

(9) 技术寿命较短的项目。

(10) 债务资金比例高的项目。

(11) 资金来源单一且存在资金提供不稳定因素的项目。

(12) 在国外投资的项目。

(13) 自然灾害频发地区的项目。

(14) 研发新技术的项目等。

3) 基准收益率的测定方法

财务基准收益率的测定可采用资本资产定价模型法、加权平均资金成本法、典型项目模拟法和德尔菲专家调查法等方法,也可同时采用多种方法进行测算,将不同方法测算的结果互相验证,经协调后确定。

4.4 财务偿债能力评价指标

建设工程经济活动的偿债能力是指建设项目实施企业偿还到期债务的能力。举债经营已经成为现代企业经营的一个显著特点,企业偿债能力的大小,已成为判断和评价企业经营活动能力的一个标准。举债是筹措资金的重要途径,不仅企业自身要关心偿债能力的大小,债权人更为关心。

债务清偿能力分析,重点是分析判断财务主体——企业的偿债能力。由于金融机构贷款是贷给企业法人而不是贷给项目的,金融机构进行信贷决策时,一般应根据企业的整体资产负债结构和偿债能力决定信贷取舍。有时虽然项目自身无偿债能力,但是整个企业偿债能力强,金融机构也可能给予贷款;有时虽然项目有偿债能力,但企业整体信誉差,负债高,偿债能力弱,金融机构也可能不予贷款。因此,债务清偿能力评价,一定要分析债务资金的融资主体的清偿能力,而不是"项目"的清偿能力。对于企业融资项目,应以项目所依托的整个企业作为债务清偿能力的分析主体。为了考察企业的整体经济实力,分析融资主体的清偿能力,需要评价整个企业的财务状况和各种借款的综合偿债能力。为了满足债权人的要求,需要编制企业在拟建项目建设期和投产后若干年的财务计划现金流量表、资产负债表、企业借款偿还计划表等报表,分析企业偿债能力。

4.4.1 财务偿债能力分析

1. 偿债资金来源

根据国家现行财税制度的规定,偿还贷款的资金来源主要包括可用于归还借款的利润、固定资产折旧、无形资产及其他资产摊销费和其他还款资金来源。

1）利润

用于归还贷款的利润，一般应是提取了盈余公积金、公益金后的未分配利润。如果是股份制企业需要向股东支付股利，那么应从未分配利润中扣除分配给投资者的利润，然后用来归还贷款。项目投产初期，如果用规定的资金来源归还贷款的缺口较大，也可暂不提取盈余公积金、公益金，但这段时间不宜过长，否则将影响到企业的扩展能力。

2）固定资产折旧

鉴于项目投产初期尚未面临固定资产更新的问题，作为固定资产重置准备金性质的折旧基金，在被提取以后暂时处于闲置状态。因此，为了有效地利用一切可能的资金来源以缩短还贷期限，加强项目的偿债能力，可以使用部分新增折旧基金作为偿还贷款的来源之一。一般地，投产初期可以利用的折旧基金占全部折旧基金的比例较大，随着生产时期的延伸，可利用的折旧基金比例逐步减小。最终，所有被用于归还贷款的折旧基金，应由未分配利润归还贷款后的余额垫回，以保证折旧基金从总体上不被挪作他用，在还清贷款后恢复其原有的经济属性。

3）无形资产及其他资产摊销费

摊销费是按现行的财务制度计入项目的总成本费用，但是项目在提取摊销费后，这笔资金没有具体的用途规定，具有“沉淀”性质，因此可以用来归还贷款。

4）其他还款资金

这是指按有关规定可以用减免的营业税金来作为偿还贷款的资金来源。进行预测时，如果没有明确的依据，可以暂不考虑。

项目在建设期借入的全部建设投资贷款本金及其在建设期的借款利息（即资本化利息）构成建设投资贷款总额，在项目投产后可由上述资金来源偿还。

在生产期内，建设投资和流动资金的贷款利息，按现行的财务制度，均应计入项目总成本费用中的财务费用。

2. 还款方式及还款顺序

项目贷款的还款方式应根据贷款资金的不同来源所要求的还款条件来确定。

1）国外（含境外）借款的还款方式

按照国际惯例，债权人一般对贷款本息的偿还期限均有明确的规定，要求借款方在规定的期限内按规定的数量还清全部贷款的本金和利息。因此，需要按协议的要求分别采用等额还本付息，或等额还本、利息照付两种方法，计算出在规定的期限内每年需归还的本息总额。

2）国内借款的还款方式

目前虽然借贷双方在有关的借贷合同中规定了还款期限，但在实际操作过程中，主要还是根据项目的还款资金来源情况进行测算。一般情况下，按照先贷先还、后贷后还，利息高的先还、利息低的后还的顺序归还国内借款。

3. 偿债能力分析

偿债能力分析指标主要有：借款偿还期、利息备付率、偿债备付率、资产负债率、流动比率和速动比率。

4.4.2 借款偿还期

1. 概念

借款偿还期，是指根据国家财税规定及建设项目的具体财务条件，以可作为偿还贷款的企业收益(利润、折旧、摊销费及其他收益)来偿还项目投资借款本金和利息所需要的时间。它是反映企业借款偿债能力的重要指标。借款偿还期的计算式为

$$I_d = \sum_{t=0}^{P_d} (B + D + R_o - B_r)_t \tag{4-23}$$

式中，P_d——借款偿还期(从借款开始年计算；当从投产年算起时，应予注明)；

I_d——投资借款本金和利息(不包括已用自有资金支付的部分)之和；

B——第 t 年可用于还款的利润；

D——第 t 年可用于还款的折旧和摊销费；

R_o——第 t 年可用于还款的其他收益；

B_r——第 t 年企业留利。

2. 计算

在实际工作中，借款偿还期可通过借款还本付息计划表(表 4.9)推算，以年表示，其具体推算公式为

$$P_d = (\text{借款偿还开始出现盈余年份} - 1) + \frac{\text{盈余当年应偿还借款额}}{\text{盈余当年可用于还款的余额}} \tag{4-24}$$

表 4.9 借款还本付息计划表 单位:万元

序号	项　　目	合计	计算期					
			1	2	3	4	…	n
1	借款 1							
1.1	期初借款余额							
1.2	当期还本付息							
	其中:还本							
	付息							
1.3	期末借款余额							
2	借款 2							
2.1	期初借款余额							
2.2	当期还本付息							

续表

序号	项　　目	合计	计算期					
			1	2	3	4	…	n
	其中:还本							
	付息							
2.3	期末借款余额							
3	债券							
3.1	期初债务余额							
3.2	当期还本付息							
	其中:还本							
	付息							
3.3	期末债务余额							
4	借款和债券合计							
4.1	期初余额							
4.2	当期还本付息							
	其中:还本							
	付息							
4.3	期末余额							
计算指标	利息备付率/%							
	偿债备付率/%							

注:(1) 本表与"建设期利息估算表"可合二为一。

(2) 本表直接适用于新设法人项目,如有多种借款或债券,必要时应分别列出。

(3) 对于既有法人项目,在按有项目范围进行计算时,可根据需要增加项目范围内原有借款的还本付息计算;在计算企业层次的还本付息时,可根据需要增加项目范围外借款的还本付息计算;当简化直接进行项目层次新增借款还本付息计算时,可直接按新增数据进行计算。

(4) 本表可另加流动资金借款的还本付息计算。

例 4.8　已知某项目所属企业借款还本付息数据如表 4.10 所示。计算该企业的借款偿还期。

表 4.10　某项目借款还本付息计算　　单位:万元

序号	项　　目	建设期		生产期			
		1	2	3	4	5	6
1	年初借款累计	0	412.00	1054.72	754.72	354.72	0
2	本年新增借款	400.00	600.00				
3	本年应付利息(i=6%)	12.00	42.72	63.28	45.28	21.28	
4	本年偿还本金			300.00	400.00	354.72	
5	还本资金来源			300.00	400.00	440.00	
5.1	利润总额			200.00	310.00	350.00	
5.2	用于还款的折旧和摊销费			150.00	150.00	150.00	

续表

序号	项　　目	建设期		生产期			
		1	2	3	4	5	6
5.3	还款期企业留利			50.00	60.00	60.00	
6	年末借款累计	412.00	1054.72	754.72	354.72	0	

*各年利息计算如下：

$I_1=\frac{1}{2}\times 400\times 6\%=12$

$I_2=(400+12+\frac{1}{2}\times 600)\times 6\%=42.72$

因为建设投资借款在生产期发生的利息假定是期末偿还，所以应全年计息。此外利息支出已计入总成本费用通过销售收入回收，所以不再计入借款本金。

$I_3=1054.72\times 6\%=63.28$

$I_4=754.72\times 6\%=45.28$

$I_5=354.72\times 6\%=21.28$

解　根据式(4-24)，可以得到

$$P_d=(5-1)+\frac{354.72}{440}=4.8(\text{年})$$

3. 评价准则

借款偿还期满足贷款机构的要求期限时，即认为项目所属企业是有借款偿债能力的。

借款偿还期指标适用于那些不预先给定借款偿还期限，且按最大偿还能力计算还本付息，尽快还款的项目；它不适用于那些预先给定借款偿还期的项目。对于预先给定借款偿还期的项目，应采用利息备付率和偿债备付率指标分析项目所属企业的偿债能力。

由于借款偿还期指标主要是以项目为研究对象。在一般情况下，项目财务评价中的偿债能力分析注重的是法人的偿债能力而不是项目，因此在《建设项目经济评价方法与参数(第三版)》中将借款偿还期指标取消，只计算利息备付率和偿债备付率。

4.4.3 利息备付率

1. 概念

利息备付率(ICR)也称已获利息倍数，是指项目在借款偿还期内各年企业可用于支付利息的息税前利润(EBIT)与当期应付利息(PI)的比值。其表达式为

$$\text{ICR}=\frac{\text{EBIT}}{\text{PI}} \tag{4-25}$$

式中，EBIT——息税前利润，即利润总额与计入总成本费用的利息费用之和，税息前利润＝利润总额＋计入总成本费用的利息费用，见表 4.2；

PI——计入总成本费用的应付利息。

2. 评价准则

利息备付率应分年计算，它从付息资金来源的充裕性角度反映企业偿付债务利息的

能力，表示企业使用息税前利润偿付利息的保证倍率。利息备付率越高，表明利息偿付的保障程度越高。正常情况下利息备付率应当大于1，并结合债权人的要求确定。否则，表示企业的付息能力保障程度不足。尤其是当利息备付率低于1时，表示企业没有足够资金支付利息，偿债风险很大。参考国际经验和国内行业的具体情况，根据我国企业历史数据统计分析，一般情况下，利息备付率不宜低于2，而且需要将该利息备付率指标与其他同类企业进行比较，来分析决定本企业的指标水平。

4.4.4　偿债备付率

1. 概念

偿债备付率(DSCR)是指项目在借款偿还期内，各年企业可用于还本付息的资金($EBITDA-T_{AX}$)与当期应还本付息金额(PD)的比值，其表达式为

$$\mathrm{DSCR}=\frac{\mathrm{EBITDA}-T_{AX}}{\mathrm{PD}} \tag{4-26}$$

式中，EBITDA——企业息税前利润加折旧和摊销，见表4.2；

T_{AX}——企业所得税；

PD——应还本付息的金额，包括当期应还贷款本金额及计入总成本费用的全部利息。融资租赁费用可视同借款偿还，运营期内的短期借款本息也应纳入计算。

如果企业在运行期内有维持运营的投资，可用于还本付息的资金应扣除维持运营的投资。

2. 评价准则

偿债备付率应分年计算，它表示企业可用于还本付息的资金偿还借款本息的保证倍率。偿债备付率越高，表明可用于还本付息的资金保障程度越高。正常情况偿债备付率应当大于1，并结合债权人的要求确定。当指标小于1时，表示企业当年资金来源不足以偿付当期债务，需要通过短期借款偿付已到期债务。参考国际经验和国内行业的具体情况，根据我国企业历史数据统计分析，一般情况下，偿债备付率不宜低于1.3。

例4.9　已知某企业借款偿还期为10年，其前4年各年有关数据如表4.11所示。计算该项目前4年的利息备付率和偿债备付率。

表4.11　某项目有关数据表　　单位:万元

序号	年份	1	2	3	4
1	息税前利润(EBIT)	3 440	19 850	36 490	40 210
2	付息(PI)	24 740	21 640	18 330	14 600
3	税前利润(1−2)	−21 300	−1 790	18 160	25 610
4	所得税 T_{AX}(3×所得税率)	0	0	0	5 170
5	税后利润(3−4)	−21 300	−1 790	18 160	20 440

续表

序号	年份	1	2	3	4
6	折旧	34 100	34 100	34 100	34 100
7	摊销	14 180	14 180	14 180	14 180
8	还本	47 460	50 710	54 200	57 920
9	还本付息总额(PD=2+8)	72 200	72 350	72 530	72 520
10	还本付息资金来源总额(EBITDA=1+6+7)	51 720	68 130	84 770	88 490
11	利息备付率(ICR=1/2)	0.14	0.92	1.99	2.75
12	偿债备付率[DSCR=(10−4)/9]	0.72	0.94	1.17	1.15

注:(1) 每年付息额是年初整个公司的累计借款总额与相应的利率的乘积。

(2) 在所得税的计算中,前两年亏损,不需要缴纳所得税。第三年的盈利不足以弥补以前年度亏损,第四年的利润弥补亏损后,剩余 20 680 万元,按 25%的所得税税率,应缴纳所得税 5170 万元。

上述计算结果表明,本企业前两年的利息备付率均低于 1,偿债备付率低于 1,企业在前两年具有很大的还本付息压力,但到第 3 年后这种状况将得到好转。

4.4.5 资产负债率

对建设项目采用这一指标,以反映拟建项目的投资者所面临的财务风险程度及偿债能力。资产负债率,又称负债比率或债务比率,它是企业在某一特定时点负债总额与资产总额之比率。这个比率反映了企业全部资产中借用外部资金即负债所占比重的大小,说明企业举债经营程度和承担经营风险的大小,也可衡量企业在清算时债权人利益的保障程度。资产负债率计算公式为

$$资产负债率 = \frac{负债总额}{资产总额} \times 100\% \tag{4-27}$$

企业资产负债率可通过资产负债表(表 4.12)计算求得。

表 4.12 资产负债表 单位:万元

序号	项　目	计算期					
		1	2	3	4	…	n
1	资产						
1.1	流动资产总额						
1.1.1	货币资金						
1.1.2	应收账款						
1.1.3	预付账款						
1.1.4	存货						
1.1.5	其他						
1.2	在建工程						
1.3	固定资产净值						

续表

序号	项　目	计算期					
		1	2	3	4	…	n
1.4	无形及其他资产						
2	负债及所有者权益(2.4+2.5)						
2.1	流动负债总额						
2.1.1	短期借款						
2.1.2	应付账款						
2.1.3	预收账款						
2.1.4	其他						
2.2	建设投资借款						
2.3	流动资金借款						
2.4	负债小计(2.1+2.2+2.3)						
2.5	所有者权益						
2.5.1	资本金						
2.5.2	资本公积						
2.5.3	累计盈余公积金						
2.5.4	累计未分配利润						
计算指标:资产负债率(%)							

注:(1) 对外商投资项目,第2.5.3项改为累计储备基金和企业发展基金。

(2) 对既有法人项目,一般只针对法人编写,可按需要增加科目,此时表中资本金是指企业全部实收资本,包括原有和新增的实收资本。必要时,也可针对“有项目”范围编制。此时表中资本金仅指“有项目”范围的对应数值。

(3) 货币资金包括现金和累计盈余资金。

资产负债率的高低,对企业债权人与企业投资人有不同的影响。从债权人角度看,应该是越低越好。这是因为企业资产负债率越低,风险就越小,偿债能力也就越强。而从投资人角度讲,这个比率在可承受风险范围内越高越好。因为投资人投入的资金最终要以投资收益相回报,而当企业全部资金投资报酬率高于企业长期债务所承担的利息率时,企业投资人的自有资金收益率的高低与资产负债率是同方向变动的。也就是说,资产负债率越高,自有资金收益率也越高。所以在财务评价中,人们常把资产负债率称之为财务杠杆,它与财务风险成正比。企业究竟应该确定一个什么样的资产负债率,取决于项目所有者对建设方案资产报酬率的预测状况,以及未来财务风险的承受能力,将两者作权衡后,才能据此做出正确的决策。一般地说,该指标为50%比较合适,有利于风险与收益的平衡。

4.4.6　流动比率

流动比率是反映短期偿债能力的指标,而短期偿债能力是指企业在一定时期内以流动资产偿付流动负债的能力。因此,短期偿债能力分析主要考察企业资产的流动性和变现能力。

流动比率是全部流动资产对全部流动负债的比率关系。流动资产减去流动负债就是可供企业日常经营的营运资本，因此流动比率又称营运资本比率。它不仅表示短期债权人债权的保障或安全程度，同时也反映了企业营运资本的能力。流动比率的计算公式为

$$流动比率=\frac{流动资产总额}{流动负债总额} \tag{4-28}$$

式中，流动资产——在生产过程中改变其存在形态的各种资金占用项目的总称，包括存款、现金、能销售的证券、应收票据、短期投资、存货等。

流动负债——在一年或一个营业周期内偿还的债务，包括短期借款、应付票据、应付账款、预收货款、应付工资、应交税金、应付短期债务等。

流动比率表示每元流动负债有多少元流动资产可作为偿付的保障。流动比率可通过资产负债表计算求得。

这一比率越高，则说明债权人的短期债权的安全程度也越高。但从企业角度出发，过高的流动比率表明大量的流动资产没有得到充分利用，造成资金浪费，同时亦说明企业过于保守，没有充分使用目前的举债能力。反之，比例过低，表明企业对到期负债难以偿还。但是一个企业究竟保持一个多大的流动比率为好，还是要视企业具体情况而定。一般生产性行业流动比率的平均值为 2。

4.4.7 速动比率

由于存货类费用的流动性较差，可以不考虑这些费用，而用速动比率来补充说明流动比率。

速动比率是指企业速动资产与流动负债之比率，其计算公式为

$$速动比率=\frac{速动资产总额}{流动负债总额}=\frac{流动资产-存货}{流动负债总额} \tag{4-29}$$

式中，速动资产——具有高度变现性的流动资产，包括现金、短期投资及应收款项（包括应收票据、应收账款净额、预付账款、应收内部单位款、备用金、其他应收款）。

存货——企业在生产经营过程中，为销售或者耗用而储存的各种资产，包括商品、产成品、半成品、在产品以及各类材料、燃料、包装物、低值易耗品等。各种存货应按取得时的实际成本核算。

速动比率反映企业快速偿付流动负债能力的指标，通过资产负债表计算求得。

速动比率是假定存货毫无价值或难以脱手兑换现金的情况下，企业可动用的流动资产抵付流动负债的能力。这是因为，存货本身存在销售以及压价的风险，而速动资产则可立即用于偿还债务。因此，在评价企业清偿短期债务的能力上，这一比率较流动比率更为有用。速动资产的变现能力较强，一般认为，每一元流动负债至少应有一元的速动资产来保证，理论上速动比率以维持 1 为恰当。在实务中，速动比率与流动比率一样，因各行业的特性不同而不同。有时一个企业流动比率逐年提高，而速动比率却逐年下降，这表明流动资产的增加是因存货及待摊费用等不易变现项目总额的增加所致，实际短期偿债能力可能不但未曾好转，反而有恶化的可能，因此速动比率用来测定企业的变现能力，比流动比率好。但这一比率同样存在与流动比率一样的缺陷。

4.5　财务评价指标的应用

前面列出了建设项目财务评价的指标。但是，要想正确评价项目的经济性，仅凭对评价指标的计算及判别是不够的，还必须根据项目建设方案的类型选择适合的评价方法和指标，最终为做出正确的投资决策提供科学依据。

4.5.1　独立型方案经济效果评价

对独立型方案的评价选择，其实质就是在“做”与“不做”之间进行选择。因此，独立型方案在经济上是否可接受，取决于方案自身的经济性，即方案的经济指标是否达到或超过了预定的评价标准或水平。为此，只需通过计算方案的经济效果指标，并按照指标的评价准则加以检验即可判断方案在经济上是否可行。这种对方案自身的经济性检验称为“绝对经济效果检验”，如果方案通过了绝对经济效果检验，就认为方案在经济上是可行的，可以接受的，值得投资的，否则，应予拒绝。

1. 经济效果静态评价

对单一方案进行经济效果静态评价，主要是对方案的投资收益率 R 或投资回收期 P_t 指标进行计算，并与确定的基准投资收益率 R_c 或基准投资回收期 P_c 进行比较，以此判断方案经济效果的优劣。若方案的投资收益率 $R \geqslant R_c$，表明方案在经济上是可行的；或者是方案的投资回收期 $P_t \leqslant P_c$，表明方案投资能在规定的时间内收回，方案是可以考虑接受的。

经济效果静态评价方法，虽然概念清晰，计算简便，但主要缺点是没有考虑资金的时间价值；对方案未来时期的发展变化情况；投资回收以后方案的收益；方案使用年限终了时的残值；方案在使用过程中更新和追加的投资及其效果等未能给以充分的反映。所以，静态评价方法宜作为方案初评和辅助方法采用。

2. 经济效果动态评价

单一方案经济效果动态评价主要应用财务净现值 FNPV 和财务内部收益率 FIRR 指标进行评价。评价中所需的数据资料，均可从相关的财务、经济报表中获得。

1）财务净现值 FNPV 评价

应用财务净现值 FNPV 评价时，首先依据现金流量表和确定的基准收益率计算方案的财务净现值 FNPV；根据财务净现值 FNPV 的评价准则，当 FNPV$\geqslant 0$ 时，表明方案在经济上是可行的。

2）财务内部收益率 FIRR 评价

应用财务内部收益率 FIRR 时，首先依据现金流量表求出 FIRR 后与基准收益率 i_c 进行比较，当 FIRR$\geqslant i_c$ 时，表明方案在经济上是可行的。项目的财务内部收益率越大，显示方案的经济效果越好。

3）FIRR 与 FNPV 比较

对独立常规投资方案的评价，从图 4.5 可知：

当 FIRR>i_{c1} 时，根据 FIRR 评价的评价判断准则，方案可以接受；而 i_{c1} 对应的 $FNPV_1$>0时，根据 FNPV 评价的判断准则，方案也可接受。

当 FIRR<i_{c2} 时，根据 FIRR 评价的判断准则，方案不能接受；i_{c2} 对应的 $FNPV_2$<0，根据 FNPV 评价的判断准则方案也不能接受。

由此可见，对独立常规投资方案应用 FIRR 评价与应用 FNPV 评价均可，其结论是一致的。

财务净现值 FNPV 计算简便，不仅考虑了项目的整个计算期，而且显示出了项目现金流量的时间分配。通过把将来的现金流量折现成现值的办法，还可帮助投资者考虑选择有利的时间。但财务净现值得不出投资过程收益程度的大小，且受外部参数（i_c）的影响，在 i_c 不能精确地确定时，就只能用财务内部收益率 FIRR；财务净现值同样不能反映投资的回收速度，在高风险的市场经济中需要快速回收投资，这就需要用投资回收期给予说明。

财务内部收益率 FIRR 不仅能反映投资过程的收益程度，而且 FIRR 的大小不受外部参数影响，完全取决于投资过程现金流量。但财务内部收益率 FIRR 计算较为麻烦，在某些情况下甚至不存在。

4.5.2 互斥型方案经济效果评价

方案的互斥性，要求决策者在若干方案中只能选择一个方案实施，由于每一个方案都具有同等可供选择的机会，为使资金发挥最大的效益，决策者当然希望所选出的这一个方案是若干备选方案中经济性最优的。因此，互斥方案经济评价包含两部分内容：一是考察各个方案自身的经济效果，即进行绝对经济效果检验；二是考察哪个方案相对经济效果最优，即“相对经济效果检验”。两种检验的目的和作用不同，通常缺一不可，从而确保所选方案不但最优而且可行。只有在众多互斥方案中必须选择其中之一时才可单独进行相对经济效果检验。但需要注意的是在进行相对经济效果检验时，不论使用哪种指标，都必须满足方案可比条件。

在进行互斥方案评价时，每一个方案都具有同等可供选择的机会，也就是任一方案都必须与其他所有方案一一进行比较。在进行互斥方案相对（经济）效果评价时，一般按投资大小由低到高进行两个方案的比选，然后淘汰较差的方案，以保留的较好方案再与其他方案比较，直至所有的方案都经过比较，最终选出经济性最优的方案。

1. 静态评价方法

互斥方案静态分析常用增量投资收益率、增量投资回收期、年折算费用、综合总费用等评价方法进行相对经济效果的评价。

1）增量投资收益率法

增量投资收益率法就是通过计算互斥方案增量投资收益率，以此判断互斥方案相对经济效果，据此选择方案。

所谓增量投资收益率是指增量投资所带来的年增量收益额与增量投资之比。对运营期内各年的增量收益额变化幅度较大的，可计算运营期年平均增量收益额与增量投资的比率。根据年增量收益的来源方式不同，增量投资收益率的计算方式也略有不同。

（1）以互斥方案年运营成本的节约表示增量收益。现有甲、乙两个互斥方案，其效用（效益、规模）相同或基本相同时，如其中一个方案的投资额和年运营成本都为最小时，则该方案就是最理想的方案。但是实践中往往达不到这样的要求。经常出现的情况是某一个方案的投资额小，但年运营成本却较高，而另一方案正相反，其投资额较大，但年运营成本却较省。这样，投资大的方案与投资小的方案就形成了增量的投资，但投资大的方案正好年运营成本较低，它比投资小的方案在年运营成本上又带来了节约，这即是增量投资带来的年增量收益。

现设 I_1、I_2分别为甲、乙方案的投资额，C_1、C_2为甲、乙方案的年运营成本。

如 $I_2>I_1$，$C_2<C_1$，则增量投资收益率 $R(2-1)$为

① 当年增量收益(C_1-C_2)在运营期内各年的变化很小时，

$$R(2-1)=\frac{C_1-C_2}{I_2-I_1}\times 100\% \tag{4-30}$$

② 当年增量收益(C_1-C_2)在运营期 n_2内各年的变化幅度较大时，

$$R(2-1)=\frac{\sum(C_1-C_2)/n_2}{I_2-I_1}\times 100\% \tag{4-31}$$

（2）以互斥方案年净收益之差表示的增量收益。对比方案年运营成本之差，也可用年净收益之差表示。当相对比的两个方案生产规模相同时，即年收入相同时，它们年运营成本的节约额，实质上就是它们年净收益额之差。

以 Q 表示年产量；p 表示单位售价；pQ 表示年收入；C_1、C_2表示 1、2 方案的年运营成本；A_1、A_2表示 1、2 方案的年净收益额。

$A_1=pQ-C_1$

$A_2=pQ-C_2$

$A_2-A_1=(pQ-C_1)-(pQ-C_2)=C_1-C_2$

公式(4-30)即可写为

$$R(2-1)=\frac{C_1-C_2}{I_2-I_1}=\frac{A_2-A_1}{I_2-I_1} \tag{4-32}$$

计算出来的增量投资收益率，若大于基准投资收益率，此时，投资大的方案就是可行的，它表明投资的增量(I_2-I_1)完全可以由运营成本的节约(C_1-C_2)或增量净收益(A_2-A_1)来得到补偿。反之，投资小的方案为优方案。

前述公式(4-30)～公式(4-32)，仅适用于对比方案的产出量（或年营业收入）相同的情形。当对比方案的产出量不同时，则先要作产量等同化处理，然后再计算增量投资收益率。

产量等同化处理的方法有两种：一是用单位能力投资和单位产品经营成本；二是用扩大系数计算。

2）增量投资回收期法

对互斥方案相对经济效果采用投资回收期法进行比较，就是计算互斥方案的增量投

资回收期。增量投资回收期就是用互斥方案年经营成本的节约或年增量净收益来补偿其增量投资的年限。

当各年经营成本的节约(C_1-C_2)或增量净收益(A_2-A_1)基本相同时，其计算公式为

$$P_t(2-1)=\frac{I_2-I_1}{C_1-C_2}=\frac{I_2-I_1}{A_2-A_1} \tag{4-33}$$

当各年经营成本的节约(C_1-C_2)或增量净收益(A_2-A_1)差异较大时，其计算公式为

$$(I_2-I_1)=\sum_{t=1}^{P_t(2-1)}(C_1-C_2) \tag{4-34}$$

或

$$(I_2-I_1)=\sum_{t=1}^{P_t(2-1)}(A_2-A_1) \tag{4-35}$$

计算出来的增量投资回收期，若小于基准投资回收期，投资大的方案就是可行的。反之，投资小的方案为优方案。

同样，当对比方案的生产率(或产出量)不同时，同样需要先作等同化处理。

但须注意，上述增量投资回收期与增量投资收益率的表达式并不是互为倒数关系，因为两表达式分子分母的内涵是不同的，参见 4.2.1 节和 4.2.2 节。

3) 年折算费用法

当互斥方案个数较多时，用增量投资收资率、增量投资回收期进行方案经济比较，要进行两两比较逐个淘汰，比选次数较多。而运用年折算费用法，只需计算各方案的年折算费用，即将投资额用基准投资回收期分摊到各年，再与各年的年运营成本相加。年折算费用计算公式为

$$Z_j=\frac{I_j}{P_c}+C_j \tag{4-36}$$

式中，Z_j——第 j 方案的年折算费用；

I_j——第 j 方案的总投资；

P_c——基准投资回收期；

C_j——第 j 方案的年经营成本。

在多方案比较时，可以方案的年折算费用大小作为评价准则，选择年折算费用最小的方案为最优方案，即可按 $\min\{Z_j\}$ 选出最优方案。这与增量投资收益率法的结论是一致的。

年折算费用法计算简便，评价准则直观明确，故适用于多方案的评价。

4) 综合总费用法

方案的综合总费用是方案的投资与基准投资回收期内年经营成本的总和。计算公式为

$$S_j=I_j+P_c\times C_j \tag{4-37}$$

式中，S_j——第 j 方案的综合总费用。

很显然，$S_j=P_c\times Z_j$。故方案的综合总费用即为基准投资回收期内年折算费用的总和。

综合总费用法，是一种既考虑了劳动占用，又考虑了劳动消耗的评价方法。在方案评选时，综合总费用为最小的方案即 $\min\{S_j\}$ 为最优方案。

2. 动态方法评价

动态评价强调利用时间价值将不同时间内资金的流入和流出，换算成同一时点的价值，从而为不同方案的经济比较提供了可比基础，并能反映方案在未来时期的发展变化情况。

对于互斥方案，常用的经济效果动态评价方法有财务净现值、增量财务内部收益率、财务净年值、财务净现值率几种。

1）互斥方案计算期相同时方案经济效果评价

（1）财务净现值（FNPV）法。对互斥方案评价，首先分别计算各个方案的财务净现值，剔除 FNPV<0 的方案，即进行方案的绝对效果检验；然后对所有 FNPV≥0 的方案比较其财务净现值，选择财务净现值最大的方案为最佳方案。此为财务净现值评价互斥方案的判断准则，即净现值大于或等于零且为最大的方案是最优可行方案。

很容易证明，按方案的财务净现值的大小直接进行比较，与进行相对效果检验，即按增量投资财务净现值的比较有完全一致的结论。按照式(4-7)分析为

$$\mathrm{FNPV} = \sum_{t=0}^{n} (\mathrm{CI}-\mathrm{CO})_t (1+i_c)^{-t} = \sum_{t=0}^{n} A_t (P/F, i_c, t)$$

$$\begin{aligned}\mathrm{FNPV}(2-1) &= \sum_{t=0}^{n} (A_2 - A_1)_t (P/F, i_c, t) \\ &= \sum_{t=0}^{n} A_{2t}(P/F, i_c, t) - \sum_{t=0}^{n} A_{1t}(P/F, i_c, t) \\ &= \mathrm{FNPV}(2) - \mathrm{FNPV}(1)\end{aligned} \tag{4-38}$$

当目标是使财务净现值最大时，如果 FNPV(2)≥FNPV(1)，则 FNPV(2－1)一定是正的。由此可见，两者结论是一致的。但直接用财务净现值的大小来比较更为方便。

在建设工程经济分析中，对方案所产生的效益相同（或基本相同），但效益无法或很难用货币直接计量的互斥方案进行比较时，常用费用现值（PW）比较替代财务净现值进行评价。为此，首先计算各备选方案的费用现值（PW），然后进行对比，以费用现值较低的方案为最佳，其表达式为

$$PW = \sum_{t=0}^{n} \mathrm{CO}_t (1+i_c)^{-t} = \sum_{t=0}^{n} \mathrm{CO}_t (P/F, i_c, t) \tag{4-39}$$

此方法为财务净现值的一个特例，采用费用现值 PW 或财务净现值 FNPV 两种方法所得出的结论是完全一致的，因此在实际应用中对于效益相同或基本相同但又难以具体估算的互斥方案进行比选时，则任意选择其中的一种方法即可。

财务净现值法是对计算期相同的互斥方案进行相对经济效果评价最常用的方法。有时在采用不同的评价指标对方案进行比选时，会得出不同的结论，这时往往以财务净现值指标为最后衡量的标准。

（2）增量财务内部收益率（ΔFIRR）法。应用财务内部收益率（FIRR）对互斥方案评

价，能不能直接按各互斥方案的财务内部收益率（$FIRR_j \geqslant i_c$）的高低来选择方案呢？答案是否定的。因为财务内部收益率不是项目初始投资的收益率，而且财务内部收益率受现金流量分布的影响很大，财务净现值相同的两个分布状态不同的现金流量，会得出不同的财务内部收益率。因此，直接按各互斥方案的财务内部收益率的高低来选择方案并不一定能选出财务净现值（基准收益率下）最大的方案，即 $FIRR(2) > FIRR(1) \geqslant i_c$ 并不意味着一定有 $FIRR(2-1) = \Delta FIRR > i_c$。

例 4.10　现有两互斥方案，其净现金流量如表 4.13 所示。设基准收益率为 10%，试用财务净现值和财务内部收益率评价方案。

表 4.13　两互斥方案财务现金流量　　单位：万元

方案	净现金流量				
	0	1	2	3	4
1 方案	−7000	1000	2000	6000	4000
2 方案	−4000	1000	1000	3000	3000

解　(1)财务净现值 FNPV 计算。

$$FNPV(1) = -7000 + 1000(P/F, 10\%, 1) + 2000(P/F, 10\%, 2) + 6000(P/F, 10\%, 3) + 4000(P/F, 10\%, 4) = 2801.7(\text{万元})$$

$$FNPV(2) = -4000 + 1000(P/F, 10\%, 1) + 1000(P/F, 10\%, 2) + 3000(P/F, 10\%, 3) + 3000(P/F, 10\%, 4) = 2038.4(\text{万元})$$

(2) 财务内部收益率 FIRR 计算。

由 $FNPV(FIRR_1) = -7000 + 1000(P/F, FIRR_1, 1) + 2000(P/F, FIRR_1, 2) + 6000(P/F, FIRR_1, 3) + 4000(P/F, FIRR_1, 4) = 0$

解得：$FIRR_1 = 23.67\%$

由 $FNPV(FIRR_2) = -7000 + 1000(P/F, FIRR_2, 1) + 2000(P/F, FIRR_2, 2) + 6000(P/F, FIRR_2, 3) + 4000(P/F, FIRR_2, 4) = 0$

解得：$FIRR_2 = 27.29\%$

从以上情况可知，1 方案的财务内部收益率低，财务净现值高；而 2 方案则财务内部收益率高，财务净现值低，如图 4.9 所示。

从计算结果或图 4.9 可看出，$FIRR_1 < FIRR_2$，如果以财务内部收益率为评价准则，2 方案优于 1 方案；而以财务净现值为评价准则，基准收益率为 $i_c = 10\%$，$FNPV(1) > FNPV(2)$，1 方案优于 2 方案，这就产生了矛盾。到底哪个指标作评价准则得出的结论正确呢？

由财务净现值的经济涵义可知，财务净现值最大准则因符合收益最大化的决策准则，故是正确的。因此，要确定的互斥方案的财务内部收益率评价准则，应与财务净现值最大化原则相一致才是正确的。若用财务内部收益率，就不能仅看方案自身财务内部收益率是否最大，而是还要看其他条件。这就是要看 1 方案比 2 方案多花投资的财务内部收益率（即增量投资财务内部收益率 ΔFIRR）是否大于基准收益率 i_c，若 $\Delta FIRR > i_c$，投资大

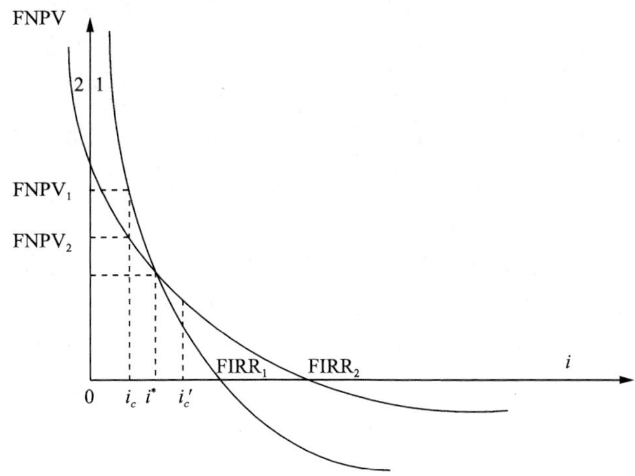

图 4.9　互斥方案财务净现值函数示意图

的 1 方案为优方案，若 $\Delta FIRR < i_c$，则投资小的 2 方案为优方案。

所谓增量投资财务内部收益率 ΔFIRR 是指两方案各年净现金流量的差额的现值之和等于零时的折现率，其表达式为

$$\Delta FNPV(\Delta FIRR) = \sum_{t=0}^{n} (A_1 - A_2)_t (1 + \Delta FIRR)^{-t} = 0 \tag{4-40}$$

$$\sum_{t=0}^{n} A_{1t} (1 + \Delta FIRR)^{-t} = \sum_{t=0}^{n} A_{2t} (1 + \Delta FIRR)^{-t} \tag{4-41}$$

式中，ΔFIRR——增量投资财务内部收益率；

$A_{1t} = (CI - CO)_{1t}$——初始投资大的方案年净现金流量；

$A_{2t} = (CI - CO)_{2t}$——初始投资小的方案年净现金流量。

从公式(4-41)可看出，增量投资财务内部收益率就是 FNPV(1)＝FNPV(2)时的折现率。计算本例增量投资财务内部收益率 ΔFIRR＝18.41%。增量投资财务内部收益率大于基准收益率，投资大的 1 方案为优方案，与财务净现值评价准则的结论一致，与财务内部收益率直接比较的结论矛盾。若基准收益率为 $i'_c = 20\%$，如图 4.9 所示，则 $FNPV'(1) < FNPV'(2)$，$FIRR(2) > FIRR(1)$，$\Delta FIRR < i'_c$，无论以哪个指标为评价准则，得出的结论完全一致，2 方案优于 1 方案。所以说，以增量投资财务内部收益率评价结果总是与按财务净现值指标评价的结果一致，而以项目财务内部收益率作评价准则进行方案比较，有时会得出错误的结论。因此，用财务内部收益率来比较互斥方案，一定要用增量投资财务内部收益率 ΔFIRR 进行评价，而不能直接用方案财务内部收益率的大小来进行比较。因为增量财务内部收益率并不等于方案财务内部收益率之差，所以财务内部收益率最大准则并不能说明投资的增量所能带来的经济效益，而且不能保证评价结论的正确性。

进一步可以认为增量投资财务内部收益率是两方案等额年金相等的折现率。尤其计算期不同的方案采用增量投资财务内部收益率法进行方案比较，采用两方案年值相等时的折现率计算增量投资财务内部收益率更为方便。

增量财务内部收益率法也可用于仅有费用的现金流量的互斥方案比选。在这种情况

下，实际上是把增量投资所导致的对其他费用的节约看成是增量收益。

应用财务内部收益率 FIRR 评价互斥方案经济效果的基本步骤如下：

① 计算各备选方案的 FIRR_j，分别与基准收益率 i_c 比较，FIRR_j 小于 i_c 的方案，即予淘汰。用增量财务内部收益率只能说明增量投资部分在经济上是否合理，并不能说明全部投资的效果。因此，采用此方法前，应该先对备选方案进行自身绝对经济效果检验，只有可行的方案才能作为比较的对象，进行方案间的相对经济效果检验。

② 将 $\mathrm{FIRR}_j \geqslant i_c$ 的方案按初始投资额由小到大依次排列，目的有二：其一是减少互斥方案比较数；其二是在互斥方案比较时，依次用初始投资大的方案的现金流量减去初始投资小的方案的现金流量，所形成的增量投资方案的现金流量是常规投资的形式，处理起来较为方便。

③ 按初始投资额由小到大依次计算相邻两个方案的增量财务内部收益率 ΔFIRR，若 $\Delta\mathrm{FIRR} \geqslant i_c$，则说明初始投资大的方案优于初始投资小的方案，保留投资大的方案；反之，若 $\Delta\mathrm{FIRR} < i_c$，则保留投资小的案。直至全部方案比较完毕，保留的方案就是最优方案。

(3) 财务净年值(FNAV)法或费用年值(*AC*)法。前述已知，净年值评价与净现值评价是等价的(或等效的)。同样，在互斥方案评价时，只须按方案的净年值的大小直接进行比较即可得出最优可行方案。在具体应用净年值评价互斥方案时，常根据应用的条件不同，分为财务净年值法与费用年值法两种情况：

第一种情况，当给出“－”、“＋”现金流量时，分别计算各方案的财务净年值。凡财务净年值小于 0 的方案，先行淘汰，在余下方案中，选择财务净年值大者为优。若各方案的财务净年值均为“－”，且必须从中选择一方案时，择其绝对值小者为优。

第二种情况，在各方案所产生的效益相同，或者当各方案所产生的效益无法或很难用货币直接计量(即得不到项目具体现金流量的情况)时，只给出“－”的现金流量，即只给出投资和年运营成本或作业成本。这时可以用费用年值(Annual Cost，AC)替代财务净年值(FNAV)进行评价，即通过计算各备选方案的费用年值(*AC*)，然后进行对比，以费用年值(*AC*)较低的方案为最佳，其表达式为

$$AC = \sum_{t=0}^{n} \mathrm{CO}_t (P/F, i_c, t)(A/P, i_c, n) \tag{4-42}$$

采用费用年值(*AC*)法或财务净年值(FNAV)法进行评价所得出的结论是完全一致的，因此在实际互斥方案评价应用中，视互斥方案的实际情况任意选择其中的一种方法即可。

(4) 财务净现值率(FNPVR)法。当对比的方案投资额不同时，由于财务净现值大小只表明盈利总额，不能说明投资的利用效果。单纯以财务净现值最大为标准进行方案选优，往往导致评价人趋向于选择投资大、盈利多的方案，而忽视盈利额较多，但投资更少，经济效果更好的方案。因此，在互斥方案经济效果实际评价中，当资金无限制时，用财务净现值 FNPV 法评价；当有资金限制时，可以考虑用财务净现值率 FNPVR 进行辅助评价。

财务净现值率大小说明方案单位投资所获得的超额净效益大小。用 FNPVR 评价互斥方案，当对比方案的投资额不同，且有明显的资金总量限制时，先行淘汰 FNPVR<0 的

方案，对余下 FNPVR≥0 的方案中，以财务净现值率较大的方案为优。

应当指出，用财务净现值率 FNPVR 评价方案所得的结论与用财务净现值 FNPV 评价方案所得的结论并不总是一致的。

2) 计算期不同的互斥方案经济效果的评价

以上讨论的是对比方案计算期相同的情形，然而现实中很多方案的计算期往往是不同的。例如，各种建筑物、构筑物，采用的结构形式不同，其计算期也不同；又如所购买的设备会因制造厂家和型号不同而计算期不同。那么对于这些计算期不等的方案，应该如何评价其经济效果呢？这时必须对计算期作出某种假定，使计算期不等的互斥方案能在一个共同的计算期基础上进行比较，才能保证得到合理的结论。

(1) 财务净年值(FNAV)法。尽管方案年限不同，但都可用财务净年值反映出来。用财务净年值进行寿命不等的互斥方案经济效果评价，实际上隐含着作出这样一种假定：各备选方案在其寿命结束时均可按原方案重复实施或以与原方案经济效果水平相同的方案接续。因为，财务净年值是以"年"为时间单位比较各方案的经济效果，一个方案无论重复实施多少次，其财务净年值是不变的，从而使寿命不等的互斥方案间具有可比性。故财务净年值更适用于评价具有不同计算期的互斥方案的经济效果。

通过分别计算各备选方案净现金流量的财务净年值(FNAV)并进行比较，以 FNAV≥0，且 FNAV 最大者为最优方案。

在对寿命不等的互斥方案进行比选时，财务净年值是最为简便的方法。

(2) 财务净现值(FNPV)法。前述已知，财务净现值(FNPV)是价值型指标，其用于互斥方案评价必须考虑时间的可比性，即在相同的计算期下比较财务净现值(FNPV)的大小。常用方法有最小公倍数法和研究期法。

① 最小公倍数法(又称方案重复法)。是以各备选方案计算期的最小公倍数作为比选方案的共同计算期，并假设各个方案均在共同的计算期内重复进行，即各备选方案在其计算期结束后，均可按与其原方案计算期内完全相同的现金流量系列周而复始地循环下去直到共同的计算期。在此基础上计算出各个方案的财务净现值，以财务净现值较大的方案为最佳方案。

利用最小公倍数法有效地解决了寿命不等的方案之间财务净现值的可比性问题。但这种方法所依赖的方案可重复实施的假定不是在任何情况下都适用的。对于某些不可再生资源开发型项目，在进行计算期不等的互斥方案比选时，方案可重复实施的假定不再成立，这种情况下就不能用最小公倍数法确定计算期。有的时候最小公倍数法求得的计算期过长，这降低了所计算方案经济效果指标的可靠性和真实性，故也不适用最小公倍数法。

② 研究期法。针对上述最小公倍数法的不足，对计算期不相等的互斥方案，可采用另一种确定共同计算期的方法——研究期法。研究期的确定一般以互斥方案中年限最短方案的计算期作为互斥方案评价的共同研究期。通过比较各个方案在共同研究期内的财务净现值来对方案进行比选，以财务净现值最大的方案为最佳方案。

需要注意的是，对于计算期比共同的研究期长的方案，要对其在共同研究期以后的现金流量情况进行合理的估算，以免影响结论的正确性。

③ 无限计算期法。如果评价方案的最小公倍数计算期很大，上述计算非常麻烦，则可取无穷大计算期法计算 FNPV，FNPV 最大者为最优方案，即

$$\mathrm{FNPV} = \mathrm{FNAV}(P/A, i_c, n) = \mathrm{FNAV}\frac{(1+i_c)^n - 1}{i_c\ (1+i_c)^n}$$

当 $n \to \infty$，即项目计算期为无限大时，得

$$\mathrm{FNPV} = \frac{\mathrm{FNAV}}{i_c} \tag{4-43}$$

(3) 增量投资财务内部收益率(ΔFIRR)法。用增量投资财务内部收益率进行寿命不等的互斥方案经济效果评价，需要首先对各备选方案进行绝对效果检验，然后再对通过绝对效果检验(FNPV、FNAV 大于或等于零，FIRR 大于或等于基准收益率)的方案用计算增量投资财务内部收益率的方法进行比选。

求解寿命不等互斥方案间增量投资财务内部收益率的方程可用令两方案财务净年值相等的方式建立，即

$$\sum_{t=0}^{n_A} A_{At}(P/F, \Delta\mathrm{FIRR}, t)(A/P, \Delta\mathrm{FIRR}, n_A) = \sum_{t=0}^{n_B} A_{Bt}(P/F, \Delta\mathrm{FIRR}, t)(A/P, \Delta\mathrm{FIRR}, n_B) \tag{4-44}$$

或

$$\sum_{t=0}^{n_A} A_{At}(P/F, \Delta\mathrm{FIRR}, t)(A/P, \Delta\mathrm{FIRR}, n_A) - \sum_{t=0}^{n_B} A_{Bt}(P/F, \Delta\mathrm{FIRR}, t)(A/P, \Delta\mathrm{FIRR}, n_B) = 0 \tag{4-45}$$

对于仅有或仅需计算费用现金流量的寿命不等的互斥方案，求解方案间增量投资财务内部收益率的方程可用令两方案费用年值相等的方式建立，即

$$\sum_{t=0}^{n_A} \mathrm{CO}_{At}(P/F, \Delta\mathrm{FIRR}, t)(A/P, \Delta\mathrm{FIRR}, n_A) - \sum_{t=0}^{n_B} \mathrm{CO}_{Bt}(P/F, \Delta\mathrm{FIRR}, t)(A/P, \Delta\mathrm{FIRR}, n_B) = 0 \tag{4-46}$$

在 ΔFIRR 存在的情况下，若 $\Delta\mathrm{FIRR} \geqslant i_c$，则初始投资大的方案为优；

若 $0 < \Delta\mathrm{FIRR} < i_c$，则初始投资小的方案为优。

例 4.11 已知表 4.14 数据，试用 FNAV、FNPV、FNPVR、FIRR 指标进行方案比较。设 $i_c = 10\%$。

表 4.14 两互斥方案财务现金流量 单位:万元

项目	方案 A	方案 B
投　资/万元	3500	5000
年收益值/万元	1900	2500
年支出值/万元	645	1383
估计寿命/年	4	8

解 （1）绘制现金流量图（图 4.10）。

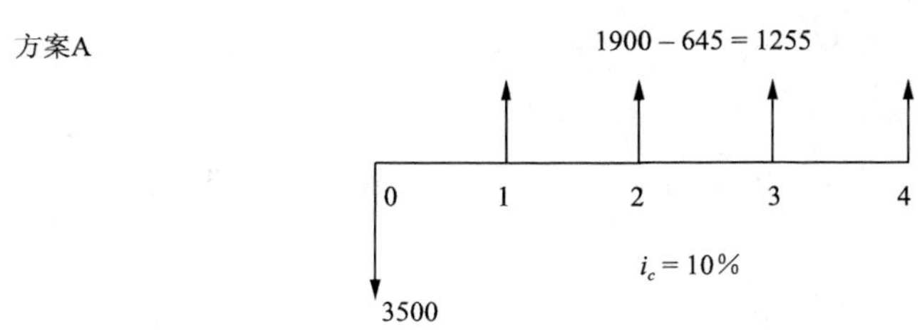

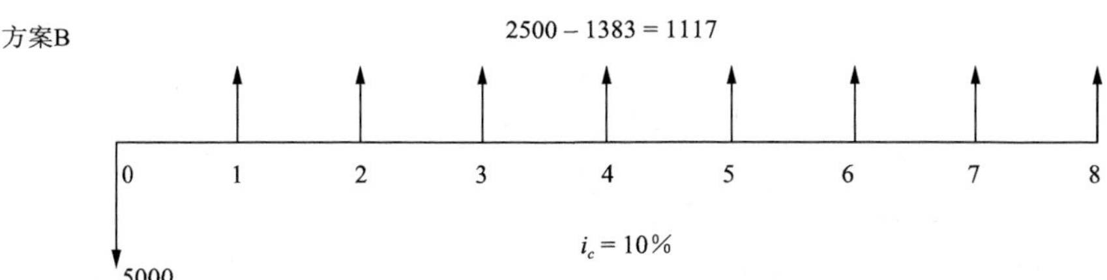

图 4.10 例 4.11 现金流量图

（2）评价。

① 财务净现值评价（图 4.11）。

a. 取各方案计算期的最小公倍数作为研究期，本例中研究期为 8 年。

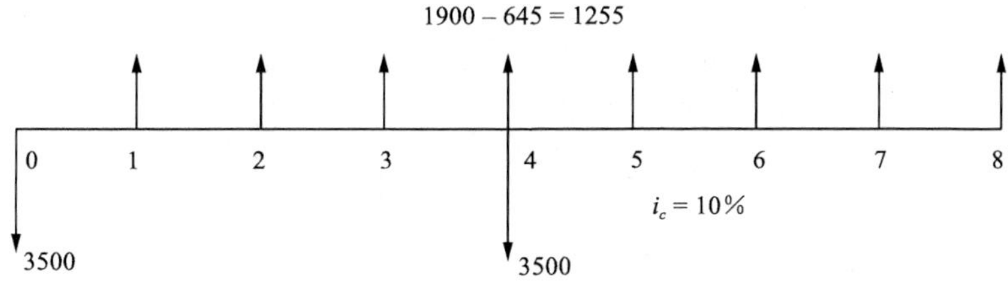

图 4.11 例 4.11 方案 A 财务净现值（FNPV）评价现金流量图

$$FNPV(A)=-3500[1+(P/F,10\%,4)]+1255(P/A,10\%,8)$$
$$=-3500(1+0.6830)+1255\times5.335=804.925(万元)$$

$$FNPV(B)=-5000+1117(P/A,10\%,8)=-5000+1117\times5.335=959.195(万元)$$

选择 B 方案。

b. 取年限短的方案计算期作为共同的研究期，本例中研究期为 4 年。

$$FNPV(A)=-3500+1255(P/A,10\%,4)=-3500+1255\times3.17=478.35(万元)$$

$$FNPV(B)=[-5000(A/P,10\%,8)+1117](P/A,10\%,4)$$
$$=(-5000\times0.187\ 44+1117)\times3.17=569.966(万元)$$

选择 B 方案。

② 财务净年值评价。

$$FNAV(A)=-3500(A/P,10\%,4)+1255=-3500\times0.315\ 47+1255=150.855(万元)$$

$$FNAV(B)=-5000(A/P,10\%,8)+1117=-5000\times0.187\ 44+1117=179.8(万元)$$

选择方案 B。

③ 财务净现值率(NPVR)评价。

$$FNPVR(A)=\frac{478.35}{3500}=0.136\ 67$$

或

$$FNPVR(A)=\frac{804.925}{3500[1+(P/F,10\%,4)]}=\frac{804.925}{5890.5}=0.136\ 65$$

$$FNPVR(B)=\frac{959.195}{5000}=0.191\ 84$$

或

$$FNPVR(B)=\frac{569.966}{5000[(A/P,10\%,8)(P/A,10\%,4)]}=\frac{569.966}{2970.924}=0.191\ 85$$

单位投资盈利能力方案B优于方案A。

④ 财务内部收益率(FIRR)评价。

a. 计算各方案自身财务内部收益率。

$FNPV(A)=-3500+1255(P/A,FIRR_A,4)=0$

$i_1=15\%,FNPV(A)=-3500+1255\times2.855=83.025$

$i_2=17\%,FNPV(A)=-3500+1255\times2.7432=-57.284$

$$FIRR_A=15\%+\frac{83.025(17\%-15\%)}{[83.025-(-57.284)]}=16.18\%>i_c=10\%$$

A方案可行。

$FNPV(B)=-5000+1117(P/A,FIRR_B,8)=0$

$i_1=15\%,FNPV(B)=-5000+1117\times4.4873=12.3141$

$i_2=17\%,FNPV(B)=-5000+1117\times4.4873=-300.56$

$$FIRR_B=15\%+\frac{12.3141(17\%-15\%)}{[12.3141-(-300.56)]}=15.08\%>i_c=10\%$$

B方案可行。

b. 计算增量投资财务内部收益率。

$FNAV(B-A)=-[5000(A/P,FIRR_\Delta,8)-3500(A/P,FIRR_\Delta,4)]+(1117-1255)=0$

$i_1=12\%,FNAV(B-A)=-5000\times0.2013+3500\times0.3292-138=7.805$

$i_2=13\%,FNAV(B-A)=-5000\times0.208\ 39+3500\times0.336\ 19-138=-3.285$

$$FIRR_\Delta=12\%+\frac{7.805(13\%-12\%)}{[7.805-(-3.285)]}=12.7\%>i_c=10\%$$

选择初始投资大的B方案。

4.5.3 其他多方案经济效果评价

1. 互补型方案经济效果评价

经济上互补而又对称方案可以结合在一起作为一个“综合体”来考虑。经济上互补而不对称的方案，如建筑节能措施分析中涉及建筑物A和空调B时，则可把问题转化为对有空调的建筑物节能措施方案 C 和没有空调的建筑物节能措施方案 A 这两个互斥方案的经济比较。

2. 现金流量相关型方案经济效果评价

对现金流量相关型方案，不能简单地按照独立方案或互斥方案的评价方法来分析。而应首先确定方案之间的相关性，对其现金流量之间的相互影响作出准确的估计。对现金流量之间具有正影响的方案，等同于独立方案看待；对相互之间具有负影响的方案，等同于互斥方案看待。然后根据方案之间的关系，把方案组合成互斥的组合方案，如跨海收费项目的建桥方案 A 或轮渡方案 B，可以考虑的方案组合是方案 A、方案 B 和 AB 混合方案。在 AB 混合方案中，方案 A 的收入将因另一方案 B 的存在而受到影响。最后按照互斥方案的评价方法对组合方案进行比选。

3. 组合-互斥型方案——有资金限制的独立方案的评价

在若干独立方案比较和选优过程中，最常见的约束是资金的约束，而资金的制约条件是很重要的。对于独立方案的比选，如果没有资金的限制，只要方案本身的 FNPV$\geqslant$0 或 FIRR$\geqslant i_c$，方案就可行。但在有明确的资金限制时，受资金总拥有量的约束，不可能采用所有经济上合理的方案，只能从中选择一部分方案实施，就出现了资金合理分配问题。此时独立方案在约束条件下成为相关的方案。几个独立方案组合之间就变成了互斥的关系。

有资金约束条件下的独立方案选择，其根本原则在于使有限的资金获得最大的经济利益。具体评价方法有独立方案组合互斥化法和财务净现值率排序法。

1) 独立方案组合互斥化法

在有资金约束条件下独立方案的比选，由于每个独立方案都有两种可能——选择或者拒绝，故 N 个独立方案可以构成 2^N 个组合方案。每个方案组合可以看成是一个满足约束条件的互斥方案，这样按互斥方案的经济评价方法可以选择一个符合评价准则的可行方案组合。因此，有约束条件的独立方案的选择可以通过方案组合转化为互斥方案的比选。评价基本步骤如下：

(1) 分别对各独立方案，即进行方案的绝对效果检验。剔除不满足绝对效果检验的方案，即剔除 FNPV$<$0 或 FIRR$<i_c$的方案。

(2) 对通过绝对效果检验的方案，列出不超过总投资限额的所有组合投资方案，则这些组合方案之间具有互斥的关系。

(3) 将各组合方案按初始投资额大小顺次排列，按互斥方案的比选原则，选择最优的方案组合，即分别计算各组合方案的财务净现值或增量投资财务内部收益率，以财务净现值最大的组合方案为最佳方案组合；或者以增量投资财务内部收益率判断准则选择最佳方案组合。由于增量投资财务内部收益率与财务净现值评价结论是一致的，为简化有资金约束的独立方案的评价，一般仅用财务净现值最大作为最优的方案组合选择准则。

在有资金约束条件下运用独立方案互斥化法进行比选，其优点是在各种情况下均能保证获得最佳组合方案，但缺点是在方案数目较多时，其计算比较繁琐。

2）财务净现值率排序法

财务净现值率大小说明该方案单位投资所获得的超额净效益大小。应用 FNPVR 评价方案时，将财务净现值率大于或等于零的各个方案按财务净现值率的大小依次排序，并依此次序选取方案，直至所选取的方案组合的投资总额最大限度地接近或等于投资限额为止。

按财务净现值率排序原则选择项目方案，其基本思想是单位投资的财务净现值越大，在一定投资限额内所能获得的财务净现值总额就越大。

在有明显的资金总量限制时，且项目占用资金远小于资金总拥有量时，以财务净现值率进行方案选优是正确的。

财务净现值率排序法的优点是计算简便，选择方法简明扼要。缺点是由于投资方案的不可分性，即一个方案只能作为一个整体被接受或放弃，经常会出现资金没有被充分利用的情况，因而不一定能保证获得最佳组合方案。

例 4.12 现有八个独立方案，其初始投资、财务净现值、财务净现值率的计算结果已列入表 4.15，试在投资预算限额为 12 000 万元内确定其投资方案的最优组合。

表 4.15 各独立方案相关计算数据

方案	A	B	C	D	E	F	G	H
投资额/万元	4000	2400	800	1800	2600	7200	600	3000
FNPV/万元	2400	1080	100	450	572	1296	84	1140
FNPVR	0.6	0.45	0.13	0.25	0.22	0.18	0.14	0.38
按 FNPVR 大小排序	1	2	8	4	5	6	7	3

最佳方案组合：$A+B+H+E=2400+1080+1140+572=5192$（万元）

4. 混合相关型评价

对混合相关型评价，不管项目间是独立的或是互斥的或是有约束的，它们的解法都一样，即把所有的投资方案的组合排列出来，然后进行排序和取舍。

综上分析，进行多方案经济比选基本思路就是先变相关为互斥，再用互斥方案的评价方法来评价。但应注意如下问题：

（1）方案经济比选可按各方案所含的全部因素计算的效益与费用进行全面对比；也可就选定的因素计算相应的效益和费用进行局部对比，应遵循效益与费用计算口径对应一致的原则，注意各方案的可比性。

（2）在方案不受资金约束的情况下，一般采用增量投资财务内部收益率、财务净现值和财务净年值，且比较的结论也是一致的。当有明显资金限制时，且当方案占用资金远低于资金总拥有量时，一般宜采用财务净现值率结合财务净现值评价。由于项目的不可分性使决策不能完全按方案 FNPVR 从大到小的次序来考虑取舍了。

（3）对计算期不同的方案进行比选时，宜采用财务净年值或费用年值。如果采用增量投资财务内部收益率、财务净现值等方法进行比较时，则应对各方案的计算期进行适当处理。

(4) 对效益相同或效益基本相同但难以具体估算的方案进行比较时，可采用最小费用法，包括费用现值比较法和费用年值比较法。

复习思考题

4.1　经济效果评价的内涵是什么？建设项目经济效果评价主要包括哪些内容？

4.2　如何进行建设项目财务生存能力的判断？

4.3　建设项目经济效果评价方法的分类有哪几种？

4.4　怎样进行融资前后分析？

4.5　建设项目经济效果评价的程序是什么？需要哪些主要的技术经济数据与参数？

4.6　什么是独立型方案以及怎样对独立方案进行评价选择？

4.7　互斥方案经济评价包含哪两部分内容？

4.8　建设项目的计算期包括哪两个阶段？为什么计算期不宜定得太长？

4.9　在建设工程经济分析中，常用的经济效果评价指标体系有哪些？如何理解这些指标？

4.10　财务净现值与折现率之间存在着怎样的关系？

4.11　如何理解基准收益率？基准收益率确定应考虑哪些因素？

第五章　建设项目国民经济评价

5.1　概　　述

5.1.1　国民经济评价的概念

财务评价站在项目角度采用现行价格体系考查项目的盈利能力、清偿能力和生存能力。但是，通常情况下财务评价侧重考查项目的直接效益和直接费用，没有充分考虑到项目产生的间接效益和间接费用；也就是说，财务评价并不能完整地反映项目的经济效果。

为此，需要对项目实施可能产生的经济效益和费用进行更全面的经济评价，即开展国民经济评价。所谓国民经济评价，是依据社会资源合理配置原则，采用社会折现率、影子汇率、影子工资等影子价格体系，站在国民经济和社会福利的角度，识别项目的效益和费用，估算项目对社会经济的净贡献，评价项目的可行性和经济合理性。国民经济评价具有如下作用：

(1) 能够正确反映项目对社会福利的净贡献。企业利益并不总是与国家和社会利益完全一致，财务评价并不能完整反映项目的全部经济效果。例如，国家给予项目的补贴、企业向国家缴纳的税收、某些商品和服务的市场价扭曲、项目的外部性等就很难在项目的财务盈利分析中得到充分反映。因此，需要从项目对社会福利的贡献以及项目耗费社会资源的角度分析项目经济效果，以便正确反映项目对社会福利的净贡献。

(2) 能够为政府合理配置资源提供依据。在非完全市场经济条件下，由于市场失灵或政府的不恰当干预，可能导致资源配置的低效率甚至无效率，这就要求政府在资源配置中发挥必要的调节功能。国民经济评价的本质在于分析项目的资源配置效率，因此可以为政府合理配置社会经济资源提供必要依据，提高资源配置的有效性，这种作用主要体现在两方面：一是，对于那些财务效益好、但是国民经济效益差的项目实行必要的限制；二是，对那些财务效益差、但国民经济效益好的项目给予必要的支持。这样，可以最大可能地使项目利益与社会利益保持一致，使有限的社会经济资源得到充分高效利用。

(3) 有利于提高项目决策和运行质量。国民经济评价强调从资源配置效率角度完整分析项目建设和运营产生的经济效果，支持和发展对社会经济贡献大的项目，并特别注意限制对社会经济贡献小、甚至有不利影响的项目，提高项目运行质量。

5.1.2　国民经济评价的适用范围

通常情况下，对于那些能够通过市场自行调节的产业或项目不需要进行国民经济评价，政府调控的主要作用是构建合理有效的市场机制，保证公平竞争，而项目的决策、建设、运营和发展等均由项目业主和投资人自行负责。

因此，对于市场配置资源失灵的项目需要开展国民经济评价，通过国民经济评价全面真实地反映项目的经济效果，判断项目投资的经济合理性，这类项目主要包括：①具有垄断特征的项目；②产出具有公共或准公共产品特征的项目；③外部效果显著的项目；④国家控制的战略性资源开发和关系国家经济安全的项目；⑤受过度行政干预的项目。

从投资管理角度，在现阶段需要进行国民经济评价的项目可以分为如下几类：

(1) 政府预算内投资用于关系国家安全、国土开发和市场不能有效配置的公益性项目和公共基础设施项目、保护和改善生态环境项目、重大战略性资源开发项目。

(2) 政府专项建设基金投资用于交通建设、农林水利等基础设施、基础产业建设项目。

(3) 利用国际金融组织和外国政府贷款，需要政府主权信用担保的建设项目。

(4) 法律、法规规定的其他政府性资金投资的建设项目。

(5) 企业投资建设的涉及国家经济安全、影响环境资源、不可再生自然资源和公众利益，可能出现垄断，涉及整体布局等公共性问题，需要政府核准的建设项目，如水利水电、交通运输、市政建设、医疗卫生等公共基础设施项目。

5.1.3　国民经济评价与财务评价的关系

国民经济评价与财务评价之间关系密切，既有相同点、也有不同的，见表 5.1。尽管国民经济评价可以独立进行，但是在多数情况下，国民经济评价是在财务评价基础上进行的，通常是利用财务评价中估算的财务数据进行调整计算，得到国民经济效益和费用数据。

表 5.1　国民经济评价与财务评价的异同点

对比项目	国民经济评价	财务评价
一、相同点		
1. 评价目的	为项目比选和取舍提供依据	为项目比选和取舍提供依据
2. 理论依据和评价方法	资金的时间价值，主要采用现金流量法进行动态经济效果评价	资金的时间价值，主要采用现金流量法进行动态经济效果评价
二、不同点		
1. 分析角度	从国民经济角度评价项目对社会福利的净贡献	从企业角度评价项目的经济效果
2. 间接效益和费用	考虑	不考虑
3. 折现率	社会折现率	行业基准收益率
4. 价格体系	影子价格	现行市场价格
5. 国内贷款利息	不计入	计入
6. 税收和财政补贴	不计入	计入

根据表 5.1，项目的财务评价和国民经济评价结论有时是矛盾的，有可能出现如下 4 种情况，一般应以国民经济评价结论作为项目投资决策和方案取舍的主要依据。

(1) 财务评价和国民经济评价都可行，则项目可行。

(2) 财务评价不可行，但是国民经济评价可行，此时有两种处理方法：一是重新考虑并改进投资方案,使之在财务上可行;若该项目关系国计民生,对国家有重大意义,则可以通过国家给予补贴弥补项目在财务上的不可行,使项目具有财务生存能力。

(3) 财务评价可行,但是国民经济评价不可行,则项目不可行。此时可通过改进项目投资方案使之通过国民经济评价,或者放弃该项目。

(4) 财务评价和国民经济评价均不可行,则项目不可行。

5.2 经济效益费用流量计算

项目的国民经济效益是指项目对国民经济所做的贡献,分为直接效益和间接效益。项目的国民经济费用是指国民经济为项目付出的代价,分为直接费用和间接费用。

5.2.1 直接效益与直接费用

直接效益是指由项目产出物直接生成,并在项目范围内计算的经济效益。一般表现为增加项目产出物或者服务的数量以满足国内需求的效益;替代效益较低的相同或类似企业的产出物或者服务,使被替代企业减产(停产)从而减少国家有用资源耗费或者损失的效益;增加出口或者减少进口从而增加或者节支的外汇等。

直接费用是指项目使用投入物所形成,并在项目范围内计算的费用。一般表现为其他部门为本项目提供投入物,需要扩大生产规模所耗用的资源费用;减少对其他项目或者最终消费投入物的供应而放弃的效益;增加进口或者减少出口从而耗用或者减少的外汇等。

5.2.2 间接效益与间接费用

间接效益与间接费用是指项目对国民经济做出的贡献与国民经济为项目付出的代价中,在直接效益与直接费用中未得到反映的那部分效益与费用。通常把与项目相关的间接效益(外部效益)和间接费用(外部费用)统称为外部效果。

外部效果的计算范围应考虑环境及生态影响效果,技术扩散效果和产业关联效果。为防止外部效果计算扩大化,项目的外部效果一般只计算一次相关效果,不应连续计算。

5.2.3 转移支付

项目的某些财务收益和支出,从国民经济角度看,没有导致资源的实际增加或者减少、是国民经济内部的“转移支付”,不计入国民经济效益与费用。转移支付的主要内容包括:

(1) 国家和地方政府的税收。

(2) 国内银行借款利息。

(3) 国家和地方政府给予项目的补贴。

如果以项目的财务评价为基础进行国民经济评价时,应从财务效益与费用中剔除在国民经济评价中计做转移支付的部分。

5.3　影子价格的选取与计算

影子价格是进行项目国民经济评价，计算国民经济效益与费用时专用的价格，是指依据一定原则确定的，能够反映投入物和产出物真实经济价值，反映市场供求状况，反映资源稀缺程度，使资源得到合理配置的价格。进行国民经济评价时，项目的主要投入物和产出物价格，原则上都应采用影子价格。

5.3.1　市场定价货物的影子价格

随着我国市场经济发展和贸易范围的扩大，大部分货物的价格由市场形成，价格可以近似反映其真实价值。进行国民经济评价可将这些货物的市场价格加上或者减去国内运杂费等，作为投入物或者产出物的影子价格。

（1）外贸货物影子价格，是以口岸价为基础，乘以影子汇率加上或者减去国内运杂费和贸易费用，即

$$\text{投入物影子价格(项目投入物的到厂价格)} = \text{到岸价(CIF)} \times \text{影子汇率} + \text{国内运杂费} + \text{贸易费用} \quad (5\text{-}1)$$

$$\text{产出物影子价格(项目产出物的出厂价格)} = \text{离岸价(FOB)} \times \text{影子汇率} - \text{国内运杂费} - \text{贸易费用} \quad (5\text{-}2)$$

贸易费用是指外经贸机构为进出口货物所耗用的，用影子价格计算的流通费用，包括货物储运、再包装、短途运输、装卸、保险、检验等环节的费用支出，以及资金占用的机会成本，但不包括长途运输费用。贸易费用，一般用货物的口岸价乘以贸易费率计算。

贸易费率由项目评价人员根据项目所在地区流通领域的特点和项目的实际情况测定。

（2）非外贸货物影子价格，是以市场价格加上或者减去国内运杂费作为影子价格。投入物影子价格为到厂价，产出物影子价格为出厂价。

5.3.2　政府调控价格货物的影子价格

有些货物或者服务不完全由市场机制形成价格，而是由政府调控价格，如由政府发布指导价、最高限价和最低限价等。这些货物或者服务的价格不能完全反映其真实价值。在进行国民经济评价时，应对这些货物或者服务的影子价格采用特殊方法确定。确定影子价格的原则，投入物按机会成本分解定价，产出物按消费者支付意愿定价。

（1）电价作为项目投入物的影子价格，一般按完全成本分解定价，电力过剩时按可变成本分解定价。电价作为项目产出物的影子价格，可按电力对当地经济边际贡献率定价。

（2）铁路运价作为项目投入物的影子价格，一般按完全成本分解定价，对运能富裕的地区，按可变成本分解定价。

（3）水价作为项目投入物的影子价格，按后备水源的边际成本分解定价，或者按恢复水功能的成本计算。水价作为项目产出物的影子价格，按消费者支付意愿或者按消费者承受能力加政府补贴计算。

5.3.3 特殊投入物的影子价格

项目的特殊投入物是指项目在建设、生产运营中使用的劳动力、土地和自然资源等。项目使用这些特殊投入物所发生的国民经济费用，应分别采用下列方法确定其影子价格。

1. 劳动力的影子价格

劳动力的影子价格反映国民经济为项目使用劳动力所付出的真实代价，常用影子工资表示，由劳动力机会成本和劳动力转移而引起的新增资源耗费两部分构成。劳动力机会成本是指劳动力如果不就业于拟建项目而从事于其他生产经营活动所创造的最大效益。它与劳动力的技术熟练程度和供求状况（过剩与稀缺）有关，技术越熟练，稀缺程度越高，其机会成本越高，反之越低。新增资源耗费是指项目使用劳动力，由于劳动者就业或者迁移而增加的城市管理费用和城市交通等基础设施投资费用。

2. 土地的影子价格

土地的影子价格反映土地用于该拟建项目后，不能再用于其他目的所放弃的国民经济效益，以及国民经济为其增加的资源消耗。土地的影子价格按农用土地和城镇土地分别计算。

(1) 农用土地的影子价格是指项目占用农用土地后国家放弃的收益，由土地的机会成本和占用该土地而引起的新增资源消耗两部分构成。土地机会成本按项目占用土地后国家放弃的该土地最佳可替代用途的净效益计算。土地的影子价格中新增资源消耗一般包括拆迁费用和劳动力安置费用。

农用土地的影子价格可从机会成本和新增资源消耗两方面计算，也可在财务评价中土地费用的基础上调整计算。后一种的具体做法是，属于机会成本性质的费用，如土地补偿费、青苗补偿费等，按机会成本的计算方法调整计算；属于新增资源消耗费用，如拆迁费用、剩余劳动力安置费用、养老保险费用等，按影子价格调整计算；属于转移支付的，如粮食开发基金、耕地占用税等，应予以剔除。

(2) 城镇土地的影子价格通常按市场价格计算，主要包括土地出让金、征地费、拆迁安置补偿费等。

3. 自然资源的影子价格

各种自然资源是一种特殊的投入物，项目使用的矿产资源、水资源、森林资源等都是对国家资源的占用和消耗。矿产等不可再生自然资源的影子价格按资源的机会成本计算，水和森林等可再生自然资源的影子价格按资源再生费用计算。

5.4 国民经济评价参数

国民经济评价参数是国民经济评价的基础。正确理解和使用评价参数，对正确计算费用、效益和评价指标，以及比选优化方案具有重要作用。国民经济评价参数体系有两类，一类是通用参数，如社会折现率、影子汇率和影子工资等，这些通用参数由有关专门机构组织测算和发布；另一类是货物影子价格等一般参数，由行业或者项目评价人员测定。

5.4.1　社会折现率

社会折现率是用以衡量资金时间价值的重要参数，代表社会资金被占用应获得的最低收益率，并用作不同年份资金价值换算的折现率。社会折现率可根据国民经济发展多种因素综合测定。各类投资项目的国民经济评价都应采用有关专门机构统一发布的社会折现率作为计算经济净现值的折现率。社会折现率可作为经济内部收益率的判别标准。

社会折现率应根据国家的社会经济发展目标、发展战略、发展优先顺序、发展水平、宏观调控意图、社会成员的费用效益时间偏好、社会投资收益水平、资金供给状况、资金机会成本等因素综合测定。目前依据《建设项目经济评价方法与参数(第三版)》的测定，推荐社会折现率取值为 8%；对于受益期长的建设项目，如果远期效益较大，效益实现的风险较小，社会折现率可适当降低，但不应低于 6%。

5.4.2　影子汇率

影子汇率是指能正确反映外汇真实价值的汇率，代表着外汇的影子价格，是项目国民经济评价的重要参数。在国民经济评价中，影子汇率通过影子汇率换算系数计算，影子汇率换算系数是影子汇率与国家外汇牌价的比值。投目投入物和产出物涉及进出口的，应采用影子汇率换算系数调整计算影子汇率，即

$$影子汇率 = 外汇牌价 \times 影子汇率换算系数 \tag{5-3}$$

根据目前我国外汇收支状况、主要进出口商品的国内价格与国外价格的比较、出口换汇成本以及进出口关税等因素综合分析，目前我国的影子汇率换算系数取值为 1.08。

5.4.3　影子工资

影子工资是项目使用劳动力，社会为此付出的代价。影子工资由劳动力的边际产出和劳动就业或者转移而引起的社会资源耗费两部分构成。在国民经济评价中影子工资作为国民经济费用计入经营费用。

影子工资一般是通过影子工资换算系数计算，即

$$影子工资 = 财务工资 \times 影子工资换算系数 \tag{5-4}$$

影子工资换算系数是影子工资与项目财务评价中劳动力的工资和福利费的比值。根据目前我国劳动力市场状况，技术性工种劳动力的影子工资换算系数取值为 1；非技术性工种劳动力的影子工资换算系数取值为 0.2～0.8，根据当地非技术劳动力供给富余程度调整影子工资换算系数。

5.5　国民经济评价报表编制

编制国民经济评价报表是进行国民经济评价的基础工作之一。国民经济效益费用流量表有两种，一是项目国民经济效益费用流量表；二是国内投资国民经济效益费用流量

表。项目国民经济效益费用流量表以全部投资(包括国内投资和国外投资)作为分析对象,考察项目全部投资的盈利能力;国内投资国民经济效益费用流量表以国内投资作为分析对象,考察项目国内投资部分的盈利能力。

国民经济效益费用流量表一般在项目财务评价基础上进行调整编制,有些项目也可以直接编制。

5.5.1 在财务评价基础上编制国民经济效益费用流量表

以项目财务评价为基础编制国民经济效益费用流量表,应注意合理调整效益与费用的范围和内容。

(1) 剔除转移支付,将财务现金流量表中列支的销售税金及附加、增值税、国内借款利息作为转移支付剔除。

(2) 计算外部效益与外部费用,根据项目的具体情况,确定可以量化的项目外部效益和外部费用。分析确定哪些是项目重要的外部效果,需要采用什么方法估算,并保持效益费用的计算口径一致。

(3) 调整建设投资,用影子价格、影子汇率逐项调整构成投资的各项费用,剔除税金、国内借款建设期利息等转移支付项目。

进口设备价格调整通常要剔除进口关税、增值税等转移支付。建筑工程费和安装工程费按材料费、劳动力的影子价格进行调整;土地费用按土地的影子价格进行调整。

(4) 调整流动资金,财务账目中的应收、应付款项及现金并没有实际耗用国民经济资源,在国民经济评价中应将其从流动资金中剔除。如果财务评价中的流动资金是采用扩大指标法估算的,国民经济评价仍应按扩大指标法,以调整后的销售收入、经营费用等乘以相应的流动资金指标系数进行估算;如果财务评价中的流动资金是采用分项详细估算法进行估算的,则应用影子价格重新分项估算。

根据建设投资和流动资金调整结果,编制国民经济评价投资费用估算调整表,见表5.2。

表 5.2 国民经济评价投资费用估算调整表 单位:万元

序号	项目	财务分析			经济效益费用分析			经济费用效益分析比财务分析增减
		外币	人民币	合计	外币	人民币	合计	
1	建设投资							
1.1	建筑工程费							
1.2	设备购置费							
1.3	安装工程费							
1.4	其他费用							
1.4.1	其中:土地费用							
1.4.2	专利及专有技术费							

续表

序号	项目	财务分析			经济效益费用分析			经济费用效益分析比财务分析增减
		外币	人民币	合计	外币	人民币	合计	
1.5	基本预备费							
1.6	涨价预备费							
1.7	建设期利息							
2	流动资金							
合计(1+2)								

注：若投资费用是通过直接估算得到的，本表应略去财务分析的相关栏目。

(5) 调整经营费用，用影子价格调整各项经营费用，对主要原材料、燃料及动力费用影子价格进行调整；对劳动工资及福利费，用影子工资进行调整。编制国民经济评价经营费用调整表，见表5.3。

表5.3　国民经济评价经营费用调整表　　单位：万元

序号	项目	单位	投入量	财务分析		经济费用效益分析	
				单价/元	成本	单价/元	费用
1	外购原材料						
1.1	原材料A						
1.2	原材料B						
	原材料C						
	⋮						
2	外购燃料及动力						
2.1	煤						
2.2	水						
2.3	电						
2.4	重油						
	⋮						
3	工资及福利费						
4	修理费						
5	其他费用						
合计							

注：若经营费用是通过直接估算得到的，则本表中不再列示财务分析相关栏。

(6) 调整销售收入，用影子价格调整计算项目产出物的销售收入。编制国民经济评价收入调整表，见表5.4。

表 5.4　国民经济评价收入调整表　　单位:万元

<table>
<tr><th colspan="3" rowspan="2">产品名称</th><th colspan="4">投产第一期负荷/%</th><th rowspan="2">…</th><th colspan="4">正常生产年份/%</th></tr>
<tr><th>产品 A</th><th>产品 B</th><th>…</th><th>小计</th><th>产品 A</th><th>产品 B</th><th></th><th>小计</th></tr>
<tr><td rowspan="4">产量</td><td colspan="2">计算单位</td><td></td><td></td><td></td><td></td><td></td><td></td><td></td><td></td><td></td></tr>
<tr><td colspan="2">国外</td><td></td><td></td><td></td><td></td><td></td><td></td><td></td><td></td><td></td></tr>
<tr><td colspan="2">国内</td><td></td><td></td><td></td><td></td><td></td><td></td><td></td><td></td><td></td></tr>
<tr><td colspan="2">合计</td><td></td><td></td><td></td><td></td><td></td><td></td><td></td><td></td><td></td></tr>
<tr><td rowspan="4">财务分析</td><td rowspan="2">国内市场</td><td>单价/元</td><td></td><td></td><td></td><td></td><td></td><td></td><td></td><td></td><td></td></tr>
<tr><td>现金收入</td><td></td><td></td><td></td><td></td><td></td><td></td><td></td><td></td><td></td></tr>
<tr><td rowspan="2">国外市场</td><td>单价/元</td><td></td><td></td><td></td><td></td><td></td><td></td><td></td><td></td><td></td></tr>
<tr><td>现金收入</td><td></td><td></td><td></td><td></td><td></td><td></td><td></td><td></td><td></td></tr>
<tr><td rowspan="4">经济费用效益分析</td><td rowspan="2">国内市场</td><td>单价/元</td><td></td><td></td><td></td><td></td><td></td><td></td><td></td><td></td><td></td></tr>
<tr><td>直接收益</td><td></td><td></td><td></td><td></td><td></td><td></td><td></td><td></td><td></td></tr>
<tr><td rowspan="2">国外市场</td><td>单价/元</td><td></td><td></td><td></td><td></td><td></td><td></td><td></td><td></td><td></td></tr>
<tr><td>直接收益</td><td></td><td></td><td></td><td></td><td></td><td></td><td></td><td></td><td></td></tr>
<tr><td colspan="3">合计/万元</td><td></td><td></td><td></td><td></td><td></td><td></td><td></td><td></td><td></td></tr>
</table>

注：若直接效益是通过直接估算得到的，则本表中不再列示财务分析相关栏。

(7) 调整外汇价值，国民经济评价各项销售收入和费用支出中的外汇部分，应用影子汇率进行调整，计算外汇价值。从国外引入的资金和向国外支付的投资收益、贷款本息，需用影子汇率进行调整。

(8) 分别编制项目全部投资和国内投资国民经济效益费用流量表，见表 5.5 和表 5.6。

表 5.5　项目全部投资国民经济效益费用流量表　　单位:万元

序号	项目	合计	计算期				
			1	2	3	…	n
1	效益流量						
1.1	项目直接效益						
1.2	回收固定资产余值						
1.3	回收流动资金						
1.4	项目间接收益						
2	费用流量						
2.1	建设投资(不含建设期利息)						
2.2	流动资金						
2.3	经营费用						
2.4	项目间接费用						
3	净效益流量(1—2)						

计算指标：

经济内部收益率＝　　　%

经济净现值(i_s＝　%)＝　　　万元

表 5.6　项目国内投资国民经济效益费用流量表　　单位:万元

序号	项目	合计	计算期				
			1	2	3	…	n
1	效益流量						
1.1	项目直接效益						
1.2	回收固定资产余值						
1.3	回收流动资金						
1.4	项目间接收益						
2	费用流量						
2.1	建设投资(国内)						
2.2	流动资金(国内)						
2.3	经营费用						
2.4	流向国外资金						
2.4.1	国外借款本金偿还						
2.4.2	国外借款利息支付						
2.4.3	其他						
2.5	项目间接费用						
净效益流量(1−2)							

计算指标:

经济内部收益率(i_s=　　%)

经济净现值(i_s=　　万元)

5.5.2　直接编制国民经济效益费用流量表

有时需要直接编制国民经济效益费用表,并据此进行国民经济评价,判断项目的经济合理性。可按以下步骤直接编制国民经济效益费用流量表。

(1) 确定国民经济效益、费用范围,包括直接效益、直接费用和间接效益、间接费用。

(2) 测算各种主要投入物的影子价格和产出物的影子价格(交通运输项目国民经济效益不按产出物影子价格计算,而是采用由于节约运输时间、费用等计算效益),并在此基础上对各项国民经济效益和费用进行估算。

(3) 编制国民经济效益费用流量表。

5.6　国民经济评价指标

如果项目的经济效益和费用能够货币化,应在效益-费用识别和计算的基础上编制国民经济效益费用流量表,计算经济净现值、经济内部收益率等评价指标分析项目的经济效益。

5.6.1 经济净现值

经济净现值(ENPV),是反映项目对国民经济净贡献的绝对指标,是用社会折现率将项目计算期内各年的经济净效益流量折算到建设期初的现值之和,计算公式为

$$ENPV=\sum_{t=1}^{n}(B-C)_t(1+i_s)^{-t} \tag{5-5}$$

式中,B——国民经济效益流量;

C——国民经济费用流量;

$(B-C)_t$——第 t 年国民经济净效益流量;

i_s——社会折现率;

n——项目计算期。

项目经济净现值等于或者大于零,表示国家为拟建项目付出的代价可以得到符合社会折现率要求的社会盈余,或者除得到符合社会折现率要求的社会盈余外,还可以得到以现值计算的超额社会盈余,认为该项目从经济资源配置的角度可以被接受。经济净现值越大,表示项目所带来的经济效益的绝对值越大。

5.6.2 经济内部收益率

经济内部收益率(EIRR)是反映项目对国民经济净贡献的相对指标,表示项目占用资金获得的动态收益率,是计算期内经济净效益流量的现值累计等于零时的折现率,计算公式为

$$\sum_{t=1}^{n}(B-C)_t(1+EIRR)^{-t}=0 \tag{5-6}$$

如果经济内部收益率等于或大于社会折现率,说明项目对国民经济的净贡献超过了要求的水平,或者表明项目资源配置的经济效率达到了可以被接受的水平,表示项目可以接受。

5.6.3 经济效益费用比(R_{BC})

经济效益费用比(R_{BC}),是指项目在计算期内效益流量的现值与费用流量的现值之比,计算公式为

$$R_{BC}=\frac{B_t(1+i_s)^{-t}}{C_t(1+i_s)^{-t}} \tag{5-7}$$

式中,B_t——第 t 年国民经济效益流量;

C_t——第 t 年国民经济费用流量。

如果经济效益费用比大于 1,说明项目资源配置的经济效率达到了可以被接受的水平,表明项目在经济上可以接受。

按分析效益费用的口径不同,可分为整个项目的经济内部收益率和经济净现值,国内投资经济内部收益率和经济净现值。如果项目没有国外投资和国外借款,全投资指标与

国内投资指标相同；如果项目有国外资金流入与流出，应以国内投资的经济内部收益率和经济净现值作为项目国民经济评价的指标。

复习思考题

5.1　国民经济评价有什么作用？其适用范围如何？

5.2　国民经济评价与财务评价有什么关系？

5.3　如何进行经济效益费用流量计算？如何进行影子价格选取与计算？

5.4　国民经济评价有哪些参数？

5.5　如何在财务评价基础上编制国民经济效益费用流量表？

5.6　经济效益费用分析主要有哪些指标？

第六章　建设项目评价的不确定性分析与风险分析

建设项目决策的主要依据之一是拟建项目经济评价，而拟建项目经济评价所采用的数据大部分来自预测和估算，具有一定程度的不确定性，为分析不确定性因素变化对评价指标的影响，估计项目可能承担的风险，应进行不确定性分析与风险分析，提出项目风险的预警、预报和相应的对策，为建设项目决策服务。不确定性分析与风险分析是建设项目经济评价中的重要内容。

6.1　不确定性与风险

6.1.1　不确定性与风险的关系

1. 建设项目的不确定性

人们对未来事物认识的局限性，可获信息的不完备性以及未来事物本身的不确定性使得未来建设工程经济活动的实际结果偏离预期目标，这就形成了建设工程经济活动结果的不确定性。产生建设项目评价不确定性因素的原因很多，一般情况下，产生的主要原因有以下几点：

(1) 所依据的基本数据不足或者统计偏差。这是指由于原始统计上的误差，统计样本点的不足，公式或模型的套用不合理等所造成的误差。比如说项目建设投资和流动资金是项目经济评价中重要的基础数据，但在实际中，往往会由于各种原因而高估或低估了它的数额，从而影响了项目评价的结果。

(2) 预测方法的局限，预测的假设不准确。

(3) 未来经济形势的变化。由于有通货膨胀的存在，会产生物价的波动，从而会影响项目财务评价中所用的价格，进而导致诸如年营业收入、年经营成本等数据与实际发生偏差；同样，由于市场供求结构的变化，会影响到产品的市场供求状况，进而对某些指标值产生影响。

(4) 技术进步。技术进步会引起产品和工艺的更新替代，这样，根据原有技术条件和生产水平所估计出的年营业收入、年经营成本等指标就会与实际值发生偏差。

(5) 无法以定量来表示的定性因素的影响。

(6) 其他外部影响因素，如新的法律、法规的颁布，政府政策的变化，国际政治经济形势的变化等，均会对项目的经济效果产生一定的甚至是难以预料的影响。

当然，还有一些其他影响因素。在项目经济评价中，如果想全面分析这些因素的变化对项目经济效果的影响是十分困难的，因此在实际工作中，往往要着重分析和把握那些对项目影响大的关键因素，以期取得较好的效果。

2. 建设项目风险

风险是指未来发生不利事件的概率或可能性。在建设工程经济活动中，风险是不以人们意志为转移地客观存在着。对建设项目来说，其风险是指由于不确定性的存在导致项目实施后实际结果偏离预期结果造成损失的可能性。风险大小既与损失发生的可能性(概率)成正比，也与损失的严重性成正比。

3. 不确定性与风险的关系

不确定性分析与风险分析既有联系，又有区别，两者的关系可归纳为以下几个方面。

1) 不确定性是风险的起因

由于建设项目经济评价所采用的数据大部分来自预测和估算，具有一定程度的不确定性，使得未来经济活动的实际结果偏离预期目标，这就形成了经济活动结果的不确定性，从而使经济活动的主体可能得到高于或低于预期的效益，甚至遭受一定的损失，导致经济活动"有风险"。

2) 不确定性与风险相伴而生

正是由于不确定性是风险的起因，不确定性与风险总是相伴而生。如果不是从定义上去刻意区分，往往会将他们混为一谈。即使从理论上刻意区分，实践中这两个名词也常混合使用。

3) 不确定性与风险的区别

不确定性是不知道未来可能发生的结果，即不确定性的结果可以优于预期，也可以低于预期；而普遍的认识是将结果可能低于预期，甚至遭受损失称为"有风险"。

还可以用是否得知发生的可能性来区分不确定性与风险，即不知发生的可能性时，称之为不确定性；而已知未来发生各种结果的可能性，就称之为有风险。

6.1.2　不确定性分析与风险分析的内容

1. 不确定性分析的内容

由于建设项目经济效果计算和评价所使用的计算参数，诸如投资、产量、销量、价格、成本、利率、汇率、收益、建设期限、经济寿命等，总是不可避免地带有一定程度的不确定性。可以说不确定性是所有拟建项目固有的内在特性，只是对不同的项目，这种不确定性的程度有大有小。不确定性的直接后果是使方案经济效果的实际值与评价值相偏离，从而给投资者和经营者带来风险。假定某项目的基准收益率 i_c 定为 8%，根据项目基础数据求出的项目财务内部收益率为 10%，由于内部收益率大于基准收益率，因此根据项目评价准则自然认为项目是可行的；但如果凭此就做出投资决策则是不够的，因为还没有考虑到不确定性问题，比如说只要在项目实施的过程中存在投资超支、建设工期拖长、生产能力达不到设计要求、原材料价格上涨、劳务费用增加、产品售价波动、市场需求量变化、贷款利率变动等都可能使一个投资项目达不到预期的经济效果，导致财务内部收益率下降，甚至发生亏损。当内部收益率下降多于 2%，项目就会变成不可行，则项目就会有风险，如果不对这些进行分析，仅凭一些基础数据所做的确定性分析为依据来取舍项目，就可能会导致投资决策的失误。因此，为了有效地减少不确定性因素对项目经济效果的影响，提高项目的风险防范能力，进而提高项目投资决策的科学性和可靠性，除对项目进行确定性分析以外，还很有必要对项目进行不确定性分析。为此，应根据拟建项目的具体情况，分析各种外部条件发生变化或者测算数据误差对项目经济效果的影响程度，以估计项目可能承担不确定性的风险及其承受能力，确定项目在经济上的可靠性，并采取相应的对策力争把风险减低到最小限度。这种对影响方案经济效果的不确定性因素进行的分析称为不确定性分析。

不确定性分析是项目评价中一项重要工作，所以拟建项目在未作出最终决策之前，均应进行项目不确定性分析。常用的不确定分析方法有敏感性分析和盈亏平衡分析。在具体应用时，要综合考虑项目的类型、特点、决策者的要求，相应的人力、财力，以及项目对经济效果的影响程度等来选择具体的分析方法。一般来讲，盈亏平衡分析只适用于项目的财务评价，而敏感性分析则可同时用于财务评价和国民经济评价。

2. 风险分析的内容

建设项目风险分析是通过对风险因素的识别，采用定性或定量分析的方法估计各风险因素发生的可能性及对项目的影响程度，揭示影响项目成败的关键风险因素，提出项目风险的预警、预报和相应的对策，为建设项目决策服务。建设项目风险分析的另一重要功能还在于它有助于在可行性研究的过程中，通过信息反馈，改进或优化项目设计方案，直接起到降低项目风险的作用。风险分析的过程包括风险因素识别、风险估计、风险评价与风险应对。

与“不确定性”和“风险”的关系一样，不确定性分析与风险分析也是既有联系又有区别。

不确定性分析（指敏感性分析）与风险分析的主要区别在于两者的分析内容、方法和作用不同。不确定性分析只是对投资受各种不确定因素的影响进行分析，并不可能知道这些不确定因素可能出现的各种状况及其产生影响发生的可能性；而风险分析则要通过预知不确定因素（以下称为风险因素）可能出现的各种状况发生的可能性，求得其对投资项目影响发生的可能性，进而对风险程度进行判断。

不确定性分析与风险分析之间也有一定的联系。前已述及，由敏感性分析可以得知影响项目效益的敏感因素和敏感程度，但不知这种影响发生的可能性，如需得知可能性，就必须借助于概率分析。因此，通过敏感性分析所找出的敏感因素又可作为概率分析风险因素的确定依据。

6.2 盈亏平衡分析

6.2.1 盈亏平衡分析的假设条件

盈亏平衡分析是在一定市场、生产能力及经营管理条件下，通过对一定期间（即项目分析的单位时间，通常为一年时间）产品产量、成本、利润相互关系的分析，判断企业对市场需求变化适应能力的一种不确定性分析方法，故亦称为量本利分析。

根据生产成本及销售收入与产销量之间是否呈线性关系，盈亏平衡分析又可进一步分为线性盈亏平衡分析和非线性盈亏平衡分析。建设项目评价中一般仅进行线性盈亏平衡分析。

线性盈亏平衡分析有如下假设条件：

（1）生产量等于销售量，即当年生产的产品（或提供的服务，下同）当年销售出去。

（2）产销量变化，单位可变成本不变，总可变成本是产销量的线性函数。

（3）产销量变化，销售单价不变，销售收入是产销量的线性函数。

（4）按单一产品计算；当生产多种产品，应换算为单一产品计算，不同产品的生产负荷率的变化应保持一致。

6.2.2　量本利模型

1. 总成本与固定成本、可变成本

根据 3.4.3 可知，总成本是固定成本与可变成本之和。根据假设条件，它与产品产量的关系认为是线性关系，即

$$C=C_F+C_uQ \tag{6-1}$$

式中，C——总成本；

C_F——固定成本；

C_u——单位产品变动成本；

Q——产销量。

2. 销售收入与营业税金及附加

根据假设条件，销售收入与销售量呈线性关系；由于单位产品的营业税金及附加是随产品的销售单价变化而变化的，为便于分析，将销售收入与营业税金及附加合并考虑。即

$$S=p\times Q-T_u\times Q \tag{6-2}$$

式中，S——销售收入；

p——单位产品售价；

T_u——单位产品营业税金及附加（当投入产出都按不含税价格时，T_u不包括增值税）。

3. 量本利模型

1）量本利模型

企业的经营活动，通常以生产数量为起点，而以利润为目标。在一定期间把成本总额分解简化成固定成本和变动成本两部分后，再同时考虑利润，使成本、产销量和利润的关系统一于一个数学模型。这个数学模型的表达形式为

$$B=S-C \tag{6-3}$$

式中，B——利润。

根据上述假设，将式(6-1)和式(6-2)代入式(6-3)，可得

$$B=pQ-C_uQ-C_F-T_u\times Q \tag{6-4}$$

式(6-4)明确表达了量本利之间的数量关系，是基本的损益方程式。它含有相互联系的 6 个变量，给定其中 5 个，便可求出另一个变量的值。

2) 基本的量本利图

将式(6-4)的关系反映在直角坐标系中，即成为基本的量本利图，如图 6.1 所示。

图 6.1 中的横坐标为产销量，纵坐标为金额(成本和销售收入)。假定在一定时期内，产品价格不变时，销售收入 S 随产销数量的增加而增加，呈线性函数关系，在图形上就是以零为起点的斜线。产品总成本 C 是固定总成本和变动总成本之和，当单位产品的变动成本不变时，总成本也呈线性变化。

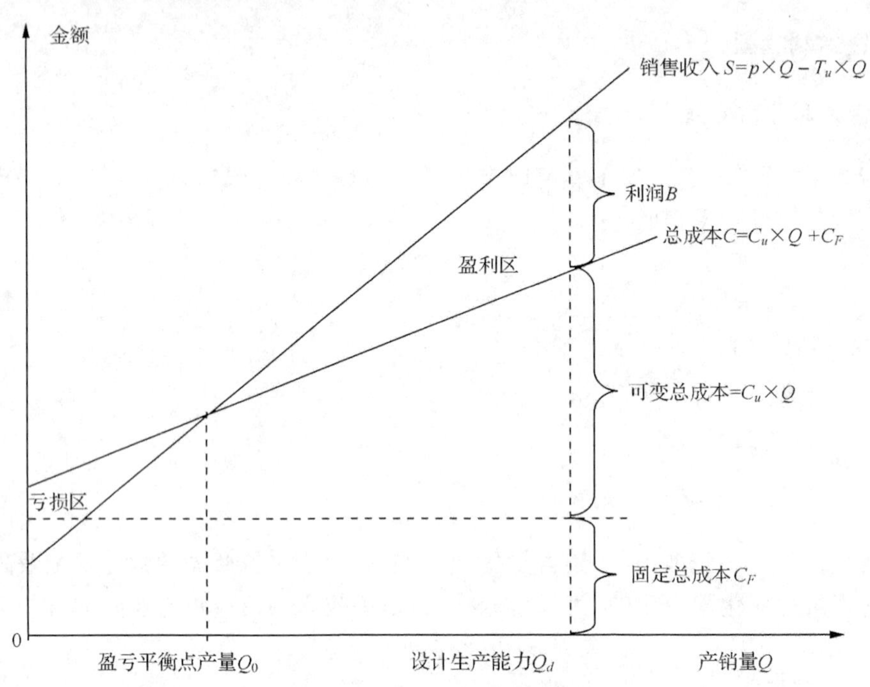

图 6.1　基本的量本利图

从图 6.1 可知，销售收入线与总成本线的交点是盈亏平衡点(break-even point, BEP)，也叫保本点。表明企业在此产销量下总收入与总成本相等，既没有利润，也不发生亏损。在此基础上，增加产销量，销售收入超过总成本，收入线与成本线之间的距离为利润值，形成盈利区；反之，形成亏损区。这种用图示表达量本利的相互关系，不仅形象直观，一目了然，而且容易理解。因图 6.1 能清晰地显示企业不盈利也不亏损时应达到的产销量，故又称为盈亏平衡图。

6.2.3　盈亏平衡分析

在建设工程经济评价中，盈亏平衡分析是通过计算项目达产年盈亏平衡点(BEP)，分

析项目成本与收入的平衡关系，以判断不确定性因素对项目经济效果的影响程度，说明项目实施的风险大小及投资项目承担风险的能力，为投资决策提供科学依据。

项目盈亏平衡点（BEP）的表达形式有多种。可以用绝对值表示，如以实物产销量、单位产品售价、单位产品的可变成本、年固定总成本以及年销售收入等表示的盈亏平衡点，也可以用相对值表示，如以生产能力利用率表示的盈亏平衡点，其中以产销量和生产能力利用率表表示的盈亏平衡点应用最为广泛。盈亏平衡点一般采用公式计算，也可利用盈亏平衡图求得。

1. 以产销量表示的盈亏平衡点

从图 6.1 可见，当企业在小于 Q_0 的产销量下组织生产，则项目亏损；在大于 Q_0 的产销量下组织生产，则项目盈利。显然产销量 Q_0 是盈亏平衡点（BEP）的一个重要表达。就单一产品企业来说，盈亏临界点的计算并不困难，一般是从销售收入等于总成本费用即盈亏平衡方程式中导出。由式（6-4）中利润 B＝0，即可导出以产销量表示的盈亏平衡点 BEP(Q)，其计算式为

$$\mathrm{BEP}(Q)=\frac{C_F}{p-C_u-T_u} \tag{6-5}$$

式中，BEP(Q)——盈亏平衡点时的年产销量；

C_F——年固定成本；

C_u——单位产品变动成本；

p——单位产品销售价格；

T_u——单位产品营业税金及附加。

由于单位产品营业税金及附加常常是单位产品销售价格与营业税金及附加税率的乘积，故式（6-5）又可表示为

$$\mathrm{BEP}(Q)=\frac{C_F}{p(1-r)-C_u} \tag{6-6}$$

式中，r——营业税金及附加的税率。

对建设项目运用盈亏平衡点分析时应注意：盈亏平衡点要按项目投产达到设计生产能力后正常年份的产销量、变动成本、固定成本、产品价格和营业税金及附加等数据来计算，而不能按计算期内的平均值计算。正常年份一般选择还款期间的第一个达产年和还款后的年份分别计算，以便分别给出最高和最低的盈亏平衡点区间范围。

例 6.1　某建设项目年设计生产能力为 10 万台，年固定成本为 1 200 万元，产品单台销售价格为 900 元，单台产品可变成本为 620 元，单台产品营业税金及附加为 80 元。试求盈亏平衡点的产销量。

解　根据式（6-5）可得

$$\mathrm{BEP}(Q)=\frac{12\,000\,000}{900-620-80}=60\,000\,(台)$$

计算结果表明，当项目产销量低于 60 000 台时，项目亏损；当项目产销量大于 60 000 台时，项目盈利。

2. 以生产能力利用率表示的盈亏平衡点

生产能力利用率表示的盈亏平衡点 BEP(%)，是指盈亏平衡点产销量占企业正常产销量的比重。所谓正常产销量，是指正常市场和正常开工情况下，项目的年产销数量，也可以用年销售金额来表示。在项目评价中，一般用设计生产能力表示正常年产销量。

$$\mathrm{BEP}(\%) = \frac{\mathrm{BEP}(Q)}{Q_d} \times 100\% \tag{6-7}$$

式中，Q_d——正常年产销量或项目设计生产能力；

BEP(%)——盈亏平衡点时的年生产能力利用率。

进行项目评价时，生产能力利用率表示的盈亏平衡点常常根据正常年份的产品产销量、变动成本、固定成本、产品价格和营业税金及附加等数据来计算，即

$$\mathrm{BEP}(\%) = \frac{C_F}{S_n - C_V - T} \times 100\% \tag{6-8}$$

式中，S_n——年营业收入；

C_v——年可变成本；

T——年营业税金及附加。

通过式(6-7)可得

$$\mathrm{BEP}(Q) = \mathrm{BEP}(\%) \times Q_d \tag{6-9}$$

可见式(6-5)与式(6-8)是可以相互换算的，即产销量表示的盈亏平衡点等于生产能力利用率表示的盈亏平衡点乘以设计生产能力。

例 6.2　数据同例 6.1，试计算生产能力利用率表示的盈亏平衡点。

解　根据式(6-8)可得

$$\mathrm{BEP}(\%) = \frac{12\,000\,000}{(900-620-80)\times 10} \times 100\% = 60\%$$

计算结果表明，当项目生产能力利用率低于 60%时，项目亏损；当项目生产能力利用率大于 60%时，则项目盈利。

3. 以年销售金额表示的盈亏平衡点

单一产品企业在现代经济中只占少数，大部分企业产销多种产品。多品种企业可以使用年销售金额来表示盈亏临界点。

$$\mathrm{BEP}(S) = \sum_{k=1}^{m} p_k \times \mathrm{BEP}(Q_k) \tag{6-10}$$

或

$$\mathrm{BEP}(S) = \sum_{k=1}^{m} p_k \times \frac{C_{Fk}}{p_k - C_{uk} - T_{uk}} \tag{6-11}$$

或

$$\mathrm{BEP}(S) = \sum_{k=1}^{m} p_k \times \frac{C_{Fk}}{p_k(1-r) - C_{uk}} \tag{6-12}$$

式中，BEP(S)——盈亏平衡点时的年销售金额；

BEP(Q_k)——第 k 种产品盈亏平衡点时的产销量；

p_k——第 k 种产品的单位产品销售价格；

C_{Fk}——第 k 种产品的年固定成本；

C_{uk}——第 k 种产品的单位产品变动成本；

T_{uk}——第 k 种产品的单位产品营业税金及附加。

4. 以销售单价表示的盈亏平衡点

如果按设计生产能力进行生产和销售，BEP 还可以由盈亏平衡点价格 BEP(p)来表达，即

$$\mathrm{BEP}(p)=\frac{C_F}{Q_d}+C_u+T_u \tag{6-13}$$

由于单位产品营业税金及附加常常是单位产品销售价格与营业税金及附加税率的乘积，式(6-13)又可表示为

$$\mathrm{BEP}(p)=\frac{1}{1-r}\left[\frac{C_F}{Q_d}+C_u\right] \tag{6-14}$$

5. 以单位变动成本表示的盈亏平衡点

如果按设计生产能力进行生产和销售，BEP 还可以由盈亏平衡点单位变动成本 BEP(C_u)来表达，即

$$\mathrm{BEP}(C_u)=p-\frac{C_F}{Q_d}-T_u \tag{6-15}$$

或

$$\mathrm{BEP}(C_u)=p(1-r)-\frac{C_F}{Q_d} \tag{6-16}$$

6. 以年固定成本表示的盈亏平衡点

如果按设计生产能力进行生产和销售，BEP 还可以由盈亏平衡点年固定成本 BEP(C_F)来表达，即

$$\mathrm{BEP}(C_F)=(p-C_u-T_u)Q_d \tag{6-17}$$

或

$$\mathrm{BEP}(C_F)=[p(1-r)-C_u]Q_d \tag{6-18}$$

例 6.3　某项目设计生产能力为年产 3 万件产品，根据资料分析，估计每件的售价为 300 元，单位产品的可变成本 120 元，单位产品营业税金及附加 40 元，年固定成本 280 万元。

问题　(1)该项目不亏不盈时的最低年产销量是多少？

(2) 达到设计能力时盈利是多少？

(3) 年利润为 100 万元时的年产销量是多少？

(4) 分别计算该项目销售额、单位产品价格表示的盈亏平衡点。

解 (1)计算该项目不亏不盈时的最低年产销量。根据式(6-5)可得

$$\text{BEP}(Q) = \frac{2\ 800\ 000}{300 - 120 - 40} = 20\ 000\ (件)$$

计算结果表明,当项目年产销量低于 20 000 件时,项目亏损;当项目年产销量大于 20 000件时,则项目盈利。

(2) 计算达到设计能力时的盈利。根据式(6-4)可得该项目的利润

$$\begin{aligned} B &= pQ - C_u Q - C_F - T_u \times Q \\ &= 300 \times 3 - 120 \times 3 - 280 - 40 \times 3 \\ &= 140(万元) \end{aligned}$$

计算结果表明,当项目达到设计生产能力时,项目盈利 140 万元。

(3) 计算年利润为 100 万元时的年产销量。同样,根据式(6-4)可得

$$\begin{aligned} Q &= \frac{B + C_F}{p - C_u - T_u} \\ &= \frac{1\ 000\ 000 + 2\ 800\ 000}{300 - 120 - 40} = 27\ 143(件) \end{aligned}$$

计算结果表明,当项目年盈利 100 万元时,项目的年产销量为 27 143 件。

(4) 计算该项目销售额表示的盈亏平衡点。根据式(6-10)可得

$$\text{BEP}(S) = 300 \times 2 = 600\ (万元)$$

计算结果表明,当项目盈亏平衡时,则项目销售额为 600 万元。

(5) 计算该项目单位产品价格表示的盈亏平衡点。根据式(6-13)可得

$$\text{BEP}(p) = \frac{2\ 800\ 000}{30\ 000} + 120 + 40 = 253.33\ (元)$$

计算结果表明,当项目单位产品价格为 253.33 元时,项目处于盈亏平衡点。

7. 盈亏平衡点在不确定分析中的应用

盈亏平衡点反映了项目对市场变化的适应能力和抗风险能力。从图 6.1 中可以看到,盈亏平衡点越低,达到此点的盈亏平衡产销量和收益或成本也就越少,项目投产后盈利的可能性越大,适应市场变化的能力越强,抗风险能力也越强。根据经验,若 BEP(%)≤70%,则项目相当安全,或者说可以承受较大的风险。

8. 盈亏平衡分析优劣

盈亏平衡分析方法粗略地对高度敏感的产量、售价、成本、利润等因素进行分析,从市场适应性方面度量了项目风险的大小,有助于了解项目可能承担的风险程度;同时表明可通过降低盈亏平衡点来降低项目的风险,提高项目的安全性。因此,盈亏平衡分析方法至今仍作为项目不确定分析的方法之一而被广泛地采用。但它并不能揭示产生项目风险的根源;对如何降低盈亏平衡点,应该采取哪些可行的方法或通过哪些有效的途径来达到该目的,盈亏平衡分析并没有给出答案,还需采用其他一些方法来帮助实现该目的。因此,

在应用盈亏平衡分析时，应注意使用的场合及欲达到的目的，以便能够正确地运用这种方法。

6.3　敏感性分析

6.3.1　敏感性分析的内容

一个建设项目在其建设与生产经营的过程中，由于项目内部、外部环境的变化，许多因素都会发生变化。而变化的因素都会引起经济指标一定的变化，但其影响程度却各不相同。有些因素可能仅发生较小幅度的变化就能引起经济评价指标发生大的变动；而另一些因素即使发生了较大幅度的变化，对经济评价指标的影响也不是太大。将前一类因素称为敏感性因素，后一类因素称为非敏感性因素。因此，投资者有必要把握敏感性因素，分析项目的风险大小。

在建设项目经济评价中，项目评价中的敏感性分析，就是在项目确定性分析的基础上，通过进一步分析、预测项目主要不确定因素的变化对项目评价指标（如财务内部收益率、财务净现值等）的影响，从中找出敏感因素，确定评价指标对该因素的敏感程度和项目对其变化的承受能力。

在建设项目敏感性分析中，一般将产品价格、产品成本、产品产量（生产负荷）、主要原材料价格、建设投资、工期、汇率等作为考察的不确定因素。通过敏感性分析，在众多的不确定性因素中，把握不确定性因素在什么范围内变化项目的经济效果最好，在什么范围内变化效果最差，以便对不确定性因素实施控制，从而提供最现实的生产要素组合；区分敏感性大的方案和敏感性小的方案，以便选出敏感性小的即风险小的方案；找出敏感性强的因素，向决策者提出是否需要进一步搜集资料，进行研究，以提高经济分析的可靠性。由此可见，敏感性分析不仅可以使决策者在缺少资料的情况下，能够弥补和缩小对未来方案预测的误差，了解不确定因素对评价指标的影响幅度，明确各因素变化到什么程度时才会影响方案经济效果的最优性，从而提高决策的准确性。此外，敏感性分析还可以启发评价者对那些较为敏感的因素重新进行分析研究，以提高预测的可靠性。因此，敏感性分析是投资决策中常用的一种不确定性分析方法。

敏感性分析有单因素敏感性分析和多因素敏感性分析两种。单因素敏感性分析是对单一不确定因素变化对方案经济效果的影响进行分析，即假设各个不确定性因素之间相互独立，每次只考察一个因素变动，其他因素保持不变，以分析这个可变因素对经济评价指标的影响程度和敏感程度。多因素敏感性分析是假设两个或两个以上互相独立的不确定因素同时变化时，分析这些变化的因素对经济评价指标的影响程度和敏感程度。多因素敏感性分析由于要考虑可能发生的各种因素不同变动情况的多种组合，因此计算起来要比单因素敏感性分析复杂得多。在建设工程经济分析中，为了找出关键的敏感性因素，通常只进行单因素敏感性分析。

6.3.2 单因素敏感性分析

单因素敏感性分析一般按以下步骤进行。

1. 确定分析指标

建设项目的各种经济评价指标，如净现值、内部收益率、投资回收期等，都可以作为敏感性分析的指标。

分析指标的确定与进行分析的目标和任务有关，一般是根据项目的特点、不同的研究阶段、实际需求情况和指标的重要程度来选择。

如果主要分析方案状态和参数变化对方案投资回收快慢的影响，则可选用投资回收期作为分析指标；如果主要分析产品价格波动对方案超额净收益的影响，则可选用财务净现值作为分析指标；如果主要分析投资大小对方案资金回收能力的影响，则可选用财务内部收益率指标等。

在机会研究阶段，主要是对项目的设想和鉴别，以确定投资方向和投资机会，此时各种经济数据不完整，可信程度低，对深度要求也不高，可选用静态的分析指标，常采用的是投资收益率和投资回收期。在初步可行性研究和可行性研究阶段，已进入了可行性研究的实质性阶段，则需选用动态的分析指标，常用财务净现值、财务内部收益率，也可以辅之以投资回收期。

由于敏感性分析是在确定性经济分析的基础上进行的，一般而言，敏感性分析的指标应与确定性经济评价指标一致，不应超出确定性经济评价指标范围而另立新的分析指标。当确定性经济评价指标比较多时，敏感性分析可以围绕其中一个或若干个最重要的指标进行。

2. 选择需要分析的不确定性因素

影响项目经济评价指标的不确定性因素很多，但事实上没有必要对所有的不确定因素都进行敏感性分析，而只需选择一些主要的影响因素。在选择需要分析的不确定性因素时主要考虑以下两条原则：

第一，预计这些因素在其可能变动的范围内对经济评价指标的影响较大。

第二，对在确定性经济分析中采用该因素的数据的准确性把握不大。

选定不确定性因素时应当把这两条原则结合起来进行。对于一般项目来说，通常从以下几方面选择项目敏感性分析中的影响因素。

(1) 从收益方面来看，主要包括产销量与销售价格、汇率。许多产品，其生产和销售受国内外市场供求关系变化的影响较大，市场供求难以预测，价格波动也较大，而这种变化不是项目本身所能控制的，因此销售量与销售价格、汇率是主要的不确定性因素。

(2) 从费用方面来看，包括成本(特别是与人工费、原材料、燃料、动力费及技术水平有关的变动成本)、建设投资、流动资金占用、折现率、汇率等。

(3) 从时间方面来看，包括项目建设期、生产期。生产期又可考虑投产期和正常生产期。

此外，选择的因素要与选定的分析指标相联系。否则，当不确定性因素变化一定幅度时，并不能反映评价指标的相应变化，达不到敏感性分析的目的。比如折现率因素对静态评价指标不起作用。

3. 分析每个不确定性因素的波动程度及其对分析指标可能带来的增减变化情况

首先，对所选定的不确定性因素，应根据实际情况设定这些因素的变动幅度，其他因素固定不变。因素的变动可以按照一定的变化幅度（如±5%、±10%、±15%、±20%等；对于建设工期可采用延长或压缩一段时间表示）改变它的数值。

其次，计算不确定性因素每次变动对项目经济评价指标的影响。

对每一因素的每一变动，均重复以上计算，然后，把因素变动及相应指标变动结果用敏感性分析表（如表 6.1 所示）和敏感性分析图（图 6.5）的形式表示出来，以便于测定敏感因素。

4. 确定敏感性因素

敏感性分析的目的在于寻求敏感因素，这可以通过计算敏感度系数和临界点来判断。

1）敏感度系数（S_{AF}）

敏感度系数又称灵敏度，表示项目评价指标对不确定因素的敏感程度。计算公式为

$$S_{AF} = \frac{\Delta A/A}{\Delta F/F} \tag{6-19}$$

式中，S_{AF}——敏感度系数；

$\Delta F/F$——不确定性因素 F 的变化率（%）；

$\Delta A/A$——不确定性因素 F 发生 ΔF 变化时，评价指标 A 的相应变化率（%）。即

$$\Delta A/A = \frac{A_1 - A_0}{A_0} \tag{6-20}$$

式中，A_1——A 指标受变量因素 F 变化影响后所达到的指标值；

A_0——A 指标未受变量因素 F 变化影响时的指标值。

计算敏感度系数判别敏感因素的方法是一种相对测定法，即根据不同因素相对变化对经济评价指标影响的大小，可以得到各个因素的敏感性程度排序。

$S_{AF}>0$，表示评价指标与不确定因素同方向变化；$S_{AF}<0$，表示评价指标与不确定因素反方向变化。

$|S_{AF}|$ 越大，表明评价指标 A 对于不确定因素 F 越敏感；反之，则不敏感。据此可以找出哪些因素是最关键的因素。

敏感系数提供了各不确定因素变动率与评价指标变动率之间的比例，但不能直接显示变化后评价指标的值。为了弥补这种不足，有时需要编制敏感分析表，列示各因素变动率及相应的评价指标值，如表 6.1 所示。

敏感性分析表的缺点是不能连续表示变量之间的关系，为此人们又设计了敏感分析图，见图 6.5。

图 6.5 中横轴代表各不确定因素变动百分比，纵轴代表评价指标。根据原来的评价指标值和不确定因素变动后的评价指标值，画出直线。这条直线反映不确定因素不同变化水平时所对应的评价指标值。每一条直线的斜率反映经济评价指标对该不确定因素的敏感程度，斜率越大敏感度越高。一张图可以同时反映多个因素的敏感性分析结果。

2）临界点

临界点是指项目允许不确定因素向不利方向变化的极限值（见图 6.2）。超过极限，项目的效果指标将不可行。例如当产品价格下降到某一值时，财务内部收益率将刚好等于基准收益率，此点称为产品价格下降的临界点，如果产品价格因素变化超过该临界点，则项目由可行变成不可行。该临界点表明方案经济效果评价指标达到最低要求所允许的最大变化幅度。临界点可用临界点百分比或者临界值分别表示某一变量的变化达到一定的百分比或者一定数值时，项目的效果指标将从可行转变为不可行。临界点可用专用软件的财务函数计算，也可由敏感性分析图直接求得近似值。采用图解法时，每条直线与判断基准线的相交点所对应的横坐标上不确定因素变化率即为该因素的临界点。利用临界点判别敏感因素的方法是一种绝对测定法，方案能否接受的判据是各经济评价指标能否达到临界值。如果某因素可能出现的变动幅度超过最大允许变动幅度，则表明该因素是方案的敏感因素。同样，一张图可以同时反映多个因素的敏感性分析结果。每条斜线与判断基准线的相交点所对应的不确定因素变化率即为该因素的临界点。把临界点与未来实际可能发生的变化幅度相比较，就可大致分析该项目的风险情况。

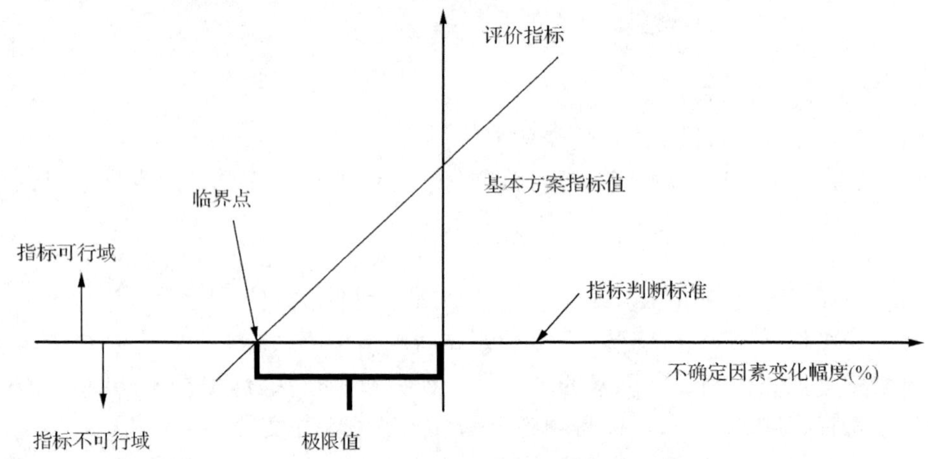

图 6.2　单因素敏感性分析临界点示意图

在实践中常常把敏感度系数和临界点两种方法结合起来确定敏感因素。首先，设定有关经济评价指标为其临界值，如令净现值等于零、内部收益率等于基准折现率；然后，分析因素的最大允许变动幅度，并与其可能出现的最大变动幅度相比较。如果某因素可能出现的变动幅度超过最大允许变动幅度，则表明该因素是方案的敏感因素。

5. 选择方案

如果进行敏感性分析的目的是对不同的项目（或某一项目的不同方案）进行选择，一般应选择敏感程度小、承受风险能力强、可靠性大的项目或方案。

例 6.4　某投资方案设计年生产能力为 10 万台，计划项目投产时总投资为 1 200 万元，其中建设投资为 1 150 万元，流动资金为 50 万元；预计产品价格为 39 元/台；营业税金及附加为销售收入的 10%；年经营成本为 140 万元；方案寿命期为 10 年，基准折现率为 10%。试就投资额、单位产品价格、经营成本等影响因素对该投资方案做敏感性分析。

解　(1)绘制的现金流量图如图 6.3 所示。

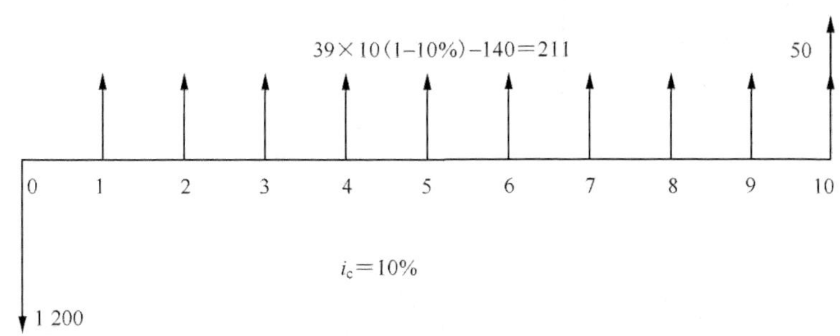

图 6.3　例 6.4 现金流量图

(2) 以财务净现值作为项目评价指标，则根据式(4-7)可计算出项目在确定性条件下的财务净现值。

$$\begin{aligned}FNPV_0 &= -1\,200 + 211(P/A,10\%,10) + 50(P/F,10\%10)\\&= -1\,200 + 211 \times 6.1446 + 50 \times 0.3855\\&= 115.79(万元)\end{aligned}$$

由于该项目确定性分析的结果 $FNPV_0>0$，初步评价该项目在经济效果上可以接受。

(3) 项目敏感性分析。取定三个因素：投资额、产品价格和经营成本，然后令其逐一在初始值的基础上按±10%、±20%的变化幅度变动。分别计算相对应的财务净现值的变化情况，得出结果如表 6.1 及图 6.5 所示。以投资额为不确定因素为例，计算过程示意如下：

① 计算不确定因素变动后净现值。

投资额增加 10%，则项目的财务净现值为

$$FNPV = -1\,200(1+10\%) + 211(P/A,10\%,10) + 50(P/F,10\%10) = -4.21(万元)$$

同理，可计算项目投资额增加 20%、投资额减少 10%和 20%的财务净现值。

② 财务净现值对投资额的敏感度系数为

$$S_{AF}(投资增加\ 10\%) = \frac{\Delta A/A}{\Delta F/F} = \frac{(-4.21-115.79)/115.79}{10\%} = \frac{-103.6\%}{10\%} = -10.36$$

同理，也可计算项目财务净现值对经营成本、产品价格变动的敏感度系数。

(4) 投资变动的临界点。由敏感性分析图(计算示意如图 6.4 所示)直接求得临界点百分比 x 的近似值。

$$x = \frac{115.79}{115.79+4.21} \times 10\% = 9.65\%$$

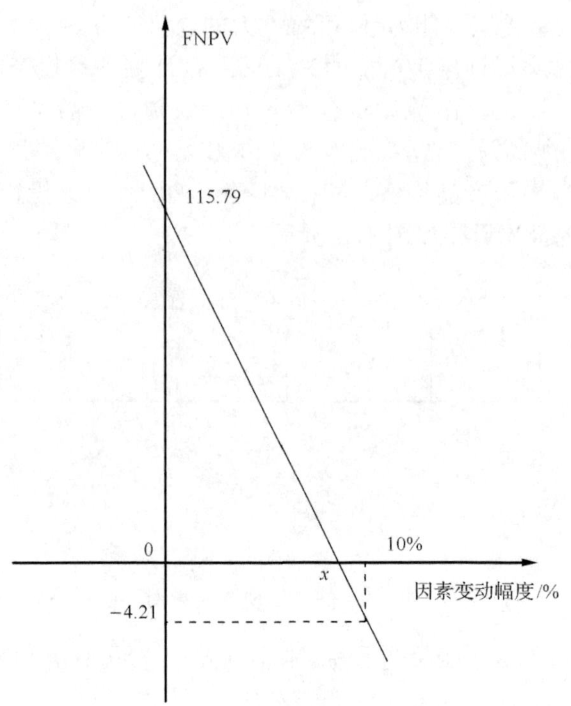

图 6.4 临界点近似计算示意图

同理,也可计算项目财务净现值对经营成本、产品价格变动的临界点百分比分别为 13.46%、5.37%。

由表 6.1 和图 6.5 可以看出,在各个变量因素变化率相同的情况下,产品价格每下降 1%,财务净现值下降 18.63%,且产品价格下降幅度超过 5.37%时,财务净现值将由正变负,也即项目由可行变为不可行;投资额每增加 1%,财务净现值将下降 10.36%,当投资额增加的幅度超过 9.65%时,财务净现值由正变负,项目变为不可行;经营成本每上升 1%,财务净现值下降 7.43%,当经营成本上升幅度超过 13.46%时,财务净现值由正变负,项目变为不可行。由此可见,按财务净现值对各个因素的敏感程度来排序,依次是:产品价格、投资额、经营成本,最敏感的因素是产品价格。因此,从方案决策的角度来讲,应该对产品价格进行进一步、更准确的测算,因为从项目风险的角度来讲,如果未来产品价格发生变化的可能性较大,则意味着这一项目的风险性亦较大。

表 6.1 单因素变化对财务净现值(FNPV)的影响 单位:万元

项目＼变化幅度	-20%	-10%	0	10%	20%	平均+1%	平均-1%
投资额	355.79	235.79	115.79	-4.21	-124.21	-10.36%	10.36%
产品价格	-315.57	-99.89	115.79	331.46	547.14	18.63%	-18.63%
经营成本	287.83	201.81	115.79	29.76	-56.26	-7.43%	7.43%

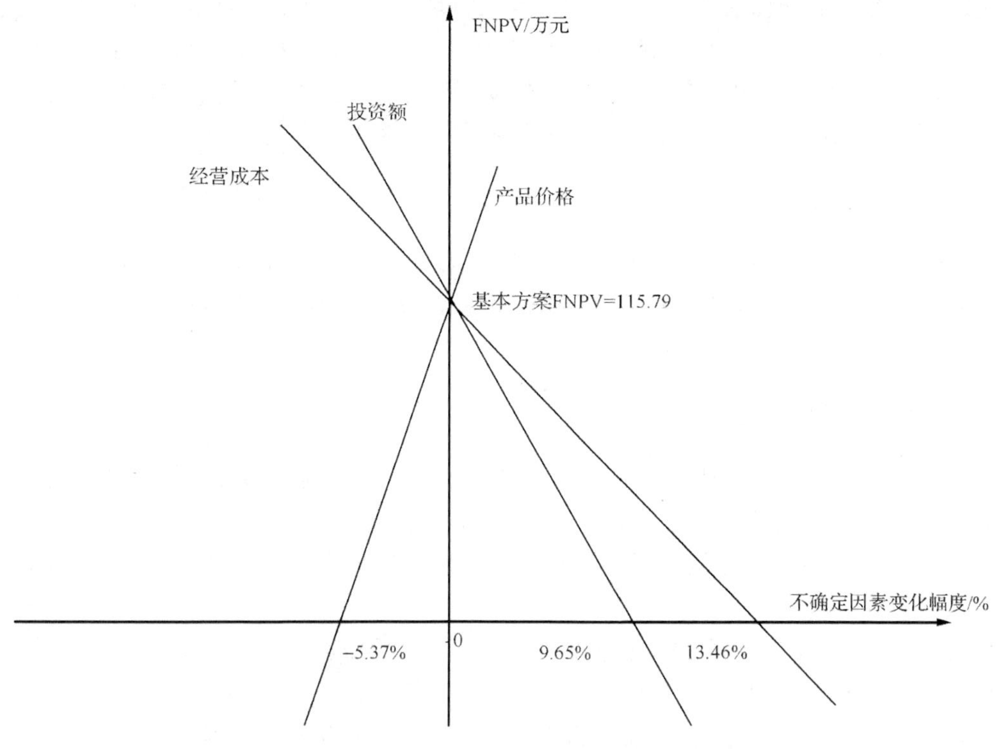

图 6.5　单因素敏感性分析图

综上所述，敏感性分析在一定程度上对不确定因素的变动对项目投资效果的影响作了定量的描述，有助于搞清项目对不确定因素的不利变动所能容许的风险程度，有助于鉴别何者是敏感因素，从而能够及早排除对那些无足轻重的变动因素的注意力，把进一步深入调查研究的重点集中在那些敏感因素上，或者针对敏感因素制定出管理和应变对策，以达到尽量减少风险、增加决策可靠性的目的。但敏感性分析也有其局限性，它主要依靠分析人员凭借主观经验来分析判断，难免存在片面性。在项目的计算期内，各不确定性因素相应发生变动幅度的概率不会相同，这意味着项目承受风险的大小不同。而敏感性分析在分析某一因素的变动时，并不能说明不确定因素发生变动的可能性是大还是小。对于此类问题，还要借助于概率分析等方法。

6.4　风险概率分析

6.4.1　风险概率分析的步骤

风险分析可分为定性分析和定量分析两大类。定量的风险分析主要是概率分析方法。概率分析是借助现代计算技术，运用概率论和数理统计原理，对风险因素的概率分布影响评价指标结果进行定量计算的分析方法。建设项目评价中的概率分析的一般做法是，首先预测风险因素（如产品或服务的销售量、销售价格、成本、投资、建设工期等）发生各种变化的概率，将风险因素作为自变量，预测其取值范围和概率分布，再将选定的经济评价指标作为因变量，测算评价指标的相应取值范围和概率分布，计算评价指标的数学期望值和项目成功或失败的概率，判定项目的风险程度，为建设项目投资决策提供依据。

在建设工程经济分析中，概率分析一般按下列步骤进行：

1. 选定评价指标

在进行概率分析时可选定一个或几个评价指标，通常选择那些能反映项目可行性的关键评价指标。如财务内部收益率、财务净现值、经济内部收益率、经济净现值以及其他评价指标。

2. 选定风险因素(变量)

通过风险因素的识别，确定对项目评价指标有决定性影响的关键因素(变量)。针对项目的不同情况，常用的识别方法有：

(1) 资料分析法。根据类似项目的历史资料寻找对项目有决定性影响的关键因素(变量)。

(2) 专家调查表。根据对拟建项目所在行业的市场需求、生产技术状况、发展趋势等的全面了解，并在专家调查、定性分析的基础上，确定关键因素(变量)。

(3) 敏感性分析。根据敏感性分析的结果，将那些最为敏感的因素作为概率分析的关键因素(变量)。

通常选定需要进行概率分析的风险因素(变量)有产品价格、销售量、主要原材料价格、投资额以及外汇汇率等。

3. 预测风险因素(变量)变化的取值范围及概率分布

首先在项目适用的范围内，确定项目可能出现的状态。如分析的风险因素(变量)是产品市场销售量，则可能出现的状态有：低销售量、中等销售量、高销售量，或进一步细分为很低、低、中等、高、很高，或销售量，在某一数量范围内。然后确定可能发生的各种状态的概率或在一个状态区间内发生的概率。

1) 概率的种类

在建设项目评价中的概率有主观概率和客观概率两种：

(1) 主观概率是根据人们的经验凭主观推断而获得的概率。主观概率可以通过对有经验的专家调查获得或由评价人员的经验获得。前一种方法获得的主观概率比少数评价人员确定的主观概率可信度要高一些。

(2) 客观概率是在基本条件不变的前提下，对类似事件进行多次观察和试验，统计每次观察和试验的结果，最后得出各种结果发生的概率。

由于项目建设具有单件性的特点，每个项目建设无论是外部条件和内部条件都有较大的差异，因此，一般难以获得项目风险分析中变量的客观概率，主观概率的获得将占有重要的地位。

2）概率分布的类型

在一定条件下，并不总是出现相同结果的现象称为随机现象，表示随机现象各种结果的变量称为随机变量。在建设项目经济评价中所遇到的大多数变量因素，如投资额、成本、销售量、产品价格、项目寿命期等，都是随机变量。可以预测其未来可能的取值范围，估计各种取值或值域发生的概率，但不可能肯定地预知其取值。项目方案的现金流量序列是由这些因素的取值所决定的，所以，方案的现金流量序列实际上也是随机变量。而以此计算出来的经济评价指标也是随机变量。

要全面了解一个随机变量，不但要知道它取哪些值，而且要知道它取这些值的规律，即要掌握它的概率分布。常用的概率分布类型有离散概率分布和连续概率分布。

当输入变量可能值为有限个数，这种随机变量称为离散型随机变量，其概率称离散概率，它适用于变量取值个数不多的输入变量。

当输入变量的取值充满一个区间，无法按一定次序一一列举出来时，这种随机变量称连续型随机变量，其概率称连续概率，常用的连续概率分布有正态分布、对数正态分布、泊松分布、三角分布、二项分布等，参见有关概率论文献。

4. 计算评价指标的相应取值和概率分布

根据测定的风险因素取值和概率分布，计算评价指标的相应取值和概率分布。

描述变量概率分布的指标有期望值、方差、标准差和离散系数。下面对离散概率分布和正态分布说明如下：

1）离散概率分布

(1) 期望值。期望值是变量的加权平均值，权重为各种可能取值出现的概率。期望值的计算公式可表达为

$$\bar{x}=\sum_{i=1}^{n}x_i p_i \tag{6-21}$$

式中，$\bar{x}$——离散变量 x 的期望值；

n——离散变量 x 的状态数；

x_i——离散变量 x 的各种取值；

p_i——离散变量 x 取值 x_i 时所对应的概率值。

(2) 方差。方差是描述变量偏离期望值大小的指标。对于离散变量，方差为

$$\sigma^2=\sum_{i=1}^{n}(x_i-\bar{x})^2 P_i \tag{6-22}$$

式中，σ^2——离散变量 x 的方差。

方差的平方根称为标准差，也称均方差，它反映了离散变量与期望值的偏离程度，可用来表示投资风险的大小，记为 σ，即

$$\sigma=\sqrt{\sum_{i=1}^{n}(x_i-\bar{x})^2 P_i} \tag{6-23}$$

(3) 离散系数。离散系数是描述变量偏离期望值的离散程度的指标，记为 β。

$$\beta=\frac{\sigma}{\bar{x}} \tag{6-24}$$

2）连续概率分布

在实际中，随机变量（如净现值）有无数可能的情况会出现，如果对每种情况都赋予一个概率，并分别测定其（如净现值），则成为连续型分布。如随机变量的概率分布为对称型，称其为正态分布。实际上并非所有问题都按正态分布。但按统计学的理论，不论总体分布是正态或非正态，当样本很大时，如果被研究的量受彼此独立的大量偶然因素的影响，并且每个因素在总的影响中只占很小部分，那么这个总影响所引起的数量上的变化，就近似服从于正态分布。所以正态分布在统计上被广泛运用。

（1）期望值。设变量为 x，x 的正态分布概率密度函数 $p(x)$，x 的期望值 $\bar{x}$ 计算公式如下

$$\bar{x} = \int x p(x) \mathrm{d}x \tag{6-25}$$

（2）方差。变量 x 的方差 σ^2 计算公式为

$$\sigma^2 = \int_{-\infty}^{+\infty} (x - \bar{x})^2 p(x) \mathrm{d}x \tag{6-26}$$

当 $\bar{x} = 0$、$\sigma = 1$ 时，称这种分布为标准正态分布，用 $N(0,1)$ 表示。

5．分析计算结果，制定控制措施

分析计算结果，判断其可接受性，研究减轻和控制不利影响的措施。

总之，利用概率分析，可以弄清楚各种不确定因素出现某种变化，建设项目获得某种利益或达到某种目的的可能性大小，或者获得某种效益的把握程度。

6.4.2 概率分析的方法

1．概率树分析

概率分析的方法有很多，概率树分析是其中应用较为普遍的方法，它是以项目经济评价指标的期望值的计算过程和计算结果为基础的，以判断项目承担风险的能力。

概率树分析法是指在已知各种情况发生概率的基础上，通过构造概率树来求取项目净现值或内部收益率的期望值大于等于零的累计概率，评价项目风险、判断其可行性的分析方法。它是直观运用概率分析的一种图解方法。

概率树分析的过程如下：

（1）假定风险变量之间是相互独立的，可以通过对每个风险变量各种状态取值的不同组合计算项目的指标（如内部收益率或净现值等）。根据每个风险变量状态的组合计算得到指标（内部收益率或净现值）的概率为每个风险变量所处状态的联合概率，即各风险变量所处状态发生概率的乘积。

（2）评价指标（净现值或内部收益率等）由小到大进行顺序排列，列出相应的联合概率和从小到大的累计概率，并绘制评价指标为横轴，累计概率为纵轴的累计概率曲线。计算评价指标的期望值、方差、标准差和离散系数。

（3）由累计概率（或累计概率图）计算的指标累计概率，如 $P\{\mathrm{NPV}(i_c) < 0\}$ 或 $P\{\mathrm{IRR} < i_c\}$，同时也可获得

$$P\{NPV(i_c)\geqslant 0\}=1-P\{NPV(i_c)<0\} \tag{6-27}$$

$$P\{IRR\geqslant i_c\}=1-P\{IRR< i_c\} \tag{6-28}$$

下面通过例题来说明如何运用概率树分析法对方案进行风险分析。

例 6.5　已知某投资方案各种因素可能出现的数值及其对应的概率如表 6.2 所示。假设投资发生在期初，年净现金流量均发生在各年的年末，已知标准折现率为 10%。用概率树分析法判断项目的可行性及风险大小。

表 6.2　投资方案变量因素值及其概率

投资额/万元		年净收益/万元		寿命期/年	
数值	概率	数值	概率	数值	概率
2400	0.30	400	0.25	10	1.00
3000	0.50	560	0.40		
3500	0.20	660	0.35		

解　(1)绘出概率树图，如图 6.6 所示。

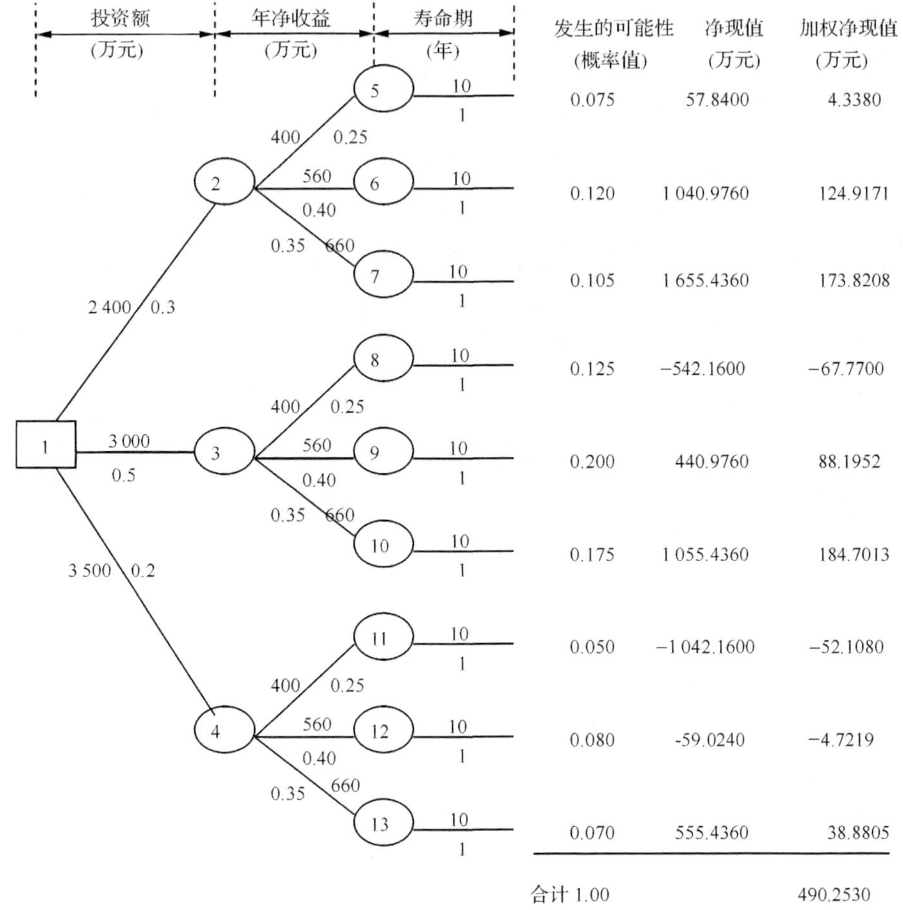

图 6.6　概率树分析结构图

(2) 分别计算各种可能发生事件发生的概率。

(3) 分别计算各种可能发生事件的净现值。

(4) 将各可能事件发生的概率与其净现值分别相乘，得出加权净现值；然后将各加权净现值相加，求出项目净现值的期望值为 490.2530(万元)。

(5) 计算净现值大于零或等于零的累计概率。净现值大于零或等于零的累计概率，可以反映项目风险程度，该概率值越接近 1，说明项目的风险越小，反之，项目的风险越大。

计算步骤为：将计算出的各可能发生事件的净现值按数值从小到大的顺序排列起来，并将各可能发生事件发生的概率按同样的顺序累加，求得累计概率，如表 6.3 所示。

本例从图 6.6 中可求出项目净现值的期望值为 490.2530(万元)；根据表 6.3 可计算净现值小于零的概率

$$0.255+\frac{|-59.024|}{|59.024|+57.840}(0.33-0.255)=0.293$$

可求出净现值大于或等于零的概率为

$$P(\mathrm{NPV}\geqslant 0)=1-0.293=0.707$$

由于该项目净现值大于或等于零的累计概率为 0.707，说明项目承担的风险约为 30%；离散系数 1.4772，项目有较大的风险。

表 6.3　累计概率计算

净现值/万元	概率	累计概率	加权净现值/万元	方差
−1042.1600	0.050	0.050	−52.1080	117 414.7801
−542.1600	0.125	0.175	−67.7700	133 234.5753
−59.0240	0.080	0.255	−4.7219	24 136.4178
57.8400	0.075	0.330	4.3380	14 023.5752
440.9760	0.200	0.530	88.1952	485.6445
555.4360	0.070	0.600	38.8805	297.4176
1040.9760	0.120	0.720	124.9171	36 395.4987
1055.4360	0.175	0.895	184.7013	55 900.5691
1655.4360	0.105	1.000	173.8208	142 553.3995
期望值			490.2530	
方差				524 441.5778
标准差				724.1834
离散系数			1.4772	

由于计算量随风险变量数和每个变量的状态数的增加呈几何级增长，当风险变量数和每个变量的状态数大于三个时，这时状态组合数过多，一般不适于使用概率树方法。若各风险变量之间不是独立，而存在相互关联时，也不适于使用这种方法。

2. 正态分布分析

如果随机变量是连续型分布，且近似服从于正态分布时，可以对项目风险作进一步的分析。根据统计学的原理，在概率分布为正态分布的情况下（如图 6.7 所示），随机变量出现在“预期值±1 个标准差”范围内的概率为 68.26%，即 34.13%×2；出现在“预期值±2 个标准差”范围内的概率为 95.44%，即(34.13%+13.59%)×2；出现在“预期值±3 个标准差”范围内的概率为 99.72%，即(34.13%+13.59%+2.14%)×2。“预期值±Z 个标准差”称为置信区间，相应的概率称为置信概率。置信概率实际上是正态分布曲线与置信区间所组成的面积。

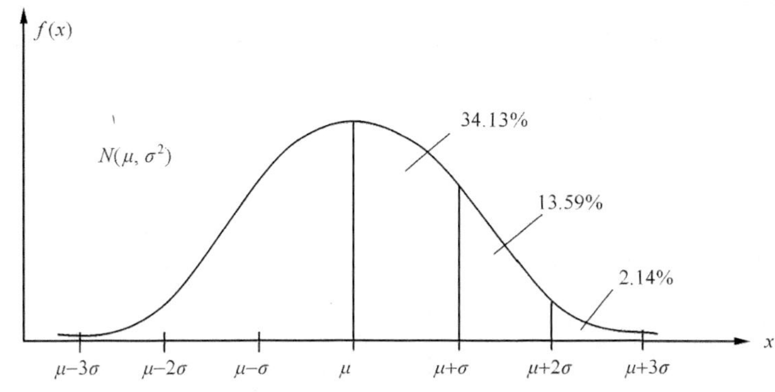

图 6.7　正态分布曲线图

已知置信区间，可求出相应的置信概率，反之亦然。但这种计算比较麻烦，通常可编成表格以备查用（见附录Ⅱ正态分布表），该表第一列和第一行组成标准差的个数。列和行交叉处的数字是相应的正态曲线下的面积占总面积的比重，即置信概率。但表中给出的只是对称轴一侧的面积，例如，1.00 个标准差对应的数字是 0.3413，则中轴两侧的面积占总面积的比重为 68.26%（=0.3413×2）。下面举例说明“正态分布表”的应用。

例 6.6　假定例 6.5 中项目净现值均值为 490.2530 万元，标准差为 724.1834 万元的正态分布，试求：(1)净现值大于或等于零的概率；

(2) 净现值大于 1000 万元的概率；

(3) 净现值小于−500 万元的概率；

(4) 概率为 95%时的净现值。

解　(1) 净现值大于或等于零的概率。

根据概率论，若连续型随机变量 x 服从参数为 μ（均值）、σ（标准差）的正态分布，则 X 小于 x 的概率为

$$P(X < x) = \Phi\left[\frac{x-\mu}{\sigma}\right] \tag{6-29}$$

本例中 $\mu = \bar{x} = 490.2530$（万元），标准差 $\sigma = \sqrt{\sum_{i=1}^{n} (x_i - \bar{x})^2 P_i} = 724.1834$（万元），则用标准差单位数表示的距离称为 Z 值（图 6.8），并可按下列公式计算

$$Z = \frac{X-\mu}{\sigma} \tag{6-30}$$

利用附录Ⅱ中的表可以得出均值 μ 与距均值一侧几个标准差 σ 之间的面积，即可得出相应的概率值，则本例计算为

$$Z=\frac{X-\mu}{\sigma}=\frac{0-490.2530}{724.1834}=-0.677$$

查附录Ⅱ表得，相应 Z 值为 -0.677 的面积值是 0.2508，即在均值与距离均值 -0.677 个标准差(向左)之间的曲线下面积占曲线下总面积的 25.08%。由于均值表示分布中心，因此所有的量有 50%高于(和低于)均值。如果要计算净现值大于零概率，只需将净现值大于等于均值的百分率(50%)与净现值大于等于零到均值之间的百分率(25.08%)直接相加，即

$$P(\text{NPV}\geqslant 0)=0.5+0.2508=0.7508$$

本例净现值大于零的概率为 75.08%。

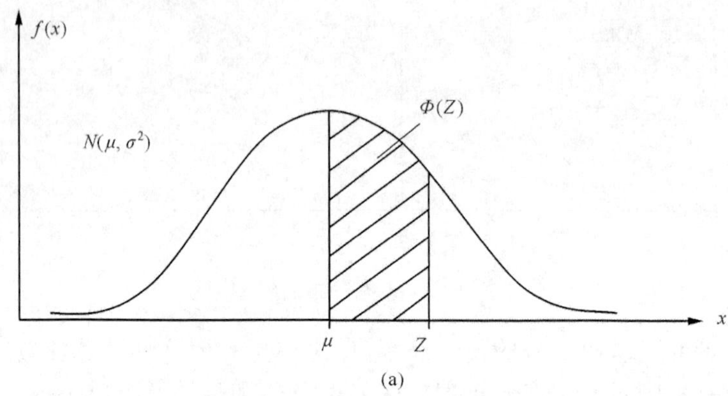

(a)

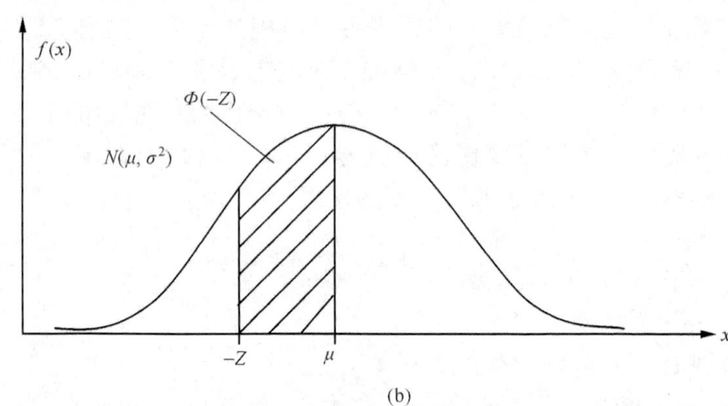

(b)

图 6.8 正态分布曲线图

(2) 净现值大于 1000 万元的概率，同理计算为

$$Z=\frac{X-\mu}{\sigma}=\frac{1000-490.2530}{724.1834}=0.704$$

查表得：0.2700，净现值大于 1000 万元的概率(如图 6.9 所示)为 23%，即

$$P(\text{NPV}>1000)=0.5-0.2700=0.23$$

(3) 净现值小于 -500 万元的概率，同理计算为

$$Z=\frac{X-\mu}{\sigma}=\frac{-500-490.2530}{724.1834}=-1.367$$

查表得:0.4142,净现值小于－500 万元的概率(如图 6.10 所示)为 8.58%,即

$$P(\text{NPV} < -500) = 0.5 - 0.4142 = 0.0858$$

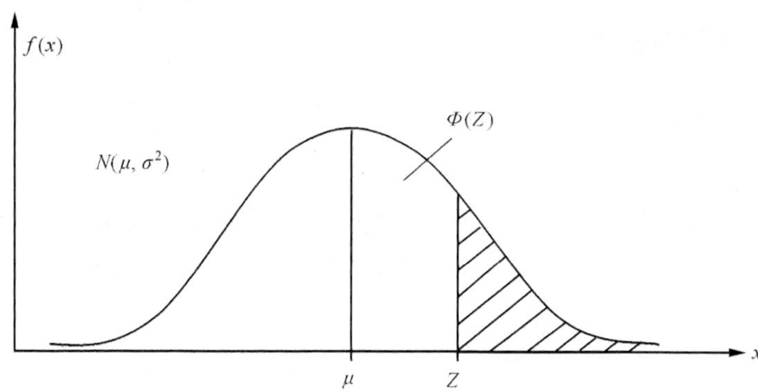

图 6.9　用正态分布曲线确定概率示意图

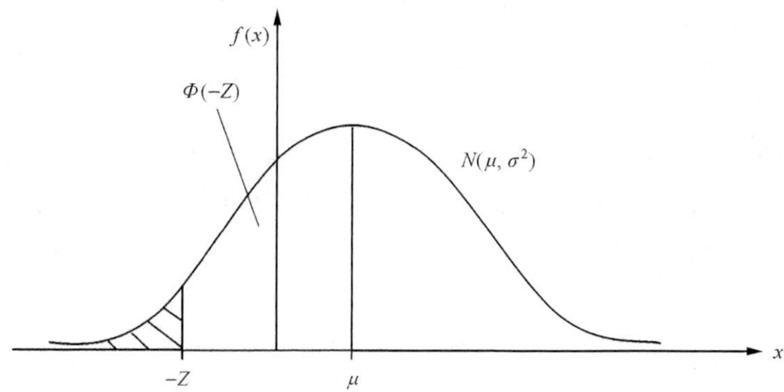

图 6.10　用正态分布曲线确定概率示意图

(4) 概率为 95%时的净现值。

由 $P=0.95-0.5=0.45$,查表得:$Z=\pm 1.645$,如图 6.11 所示。

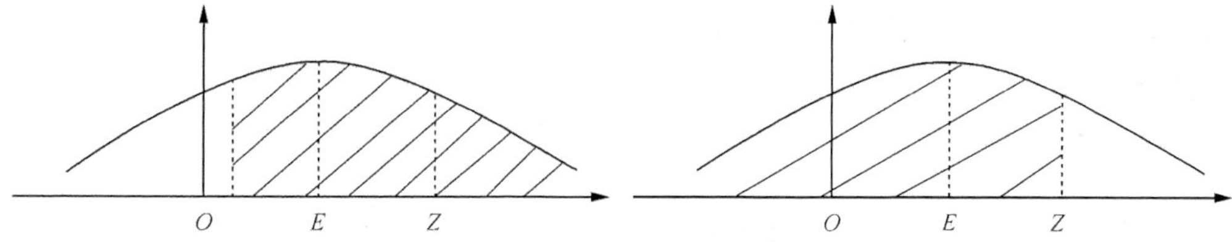

图 6.11　用正态分布曲线确定置信区间示意图

由 $Z=\dfrac{X-\mu}{\sigma}$ 得

$$X= \pm Z\sigma+\mu$$

$$X_1=Z\sigma+\mu=1.645\times 724.1834+490.253=1\ 674.9547(\text{万元})$$

$$X_2=-Z\sigma+\mu=-1.645\times 724.1834+490.253=-694.4487(\text{万元})$$

由此可见,在概率为 95%时,该项目的净现值的置信区间是－694.4487 万元到

1674.9547万元之间。

综上分析，说明项目风险是比较大的。

6.4.3 建设项目投资风险的应对

1. 选择风险应对的原则

1) 贯穿于建设工程经济活动的全过程

建设工程经济活动是一项复杂的系统工程，而建设项目经济风险来源于技术、市场、工程等各个方面，因此，应从规划设计上就采取规避防范风险的措施，才能防患于未然。

2) 针对性

风险对策研究应有很强的针对性，应结合行业特点，针对特定项目主要的或关键的风险因素提出必要的措施，将其影响降低到最小程度。

3) 可行性

建设项目决策阶段所进行的风险应对研究应立足于现实客观的基础之上，提出的风险应对应在财务、技术等方面是切实可行的。

4) 经济性

规避防范建设项目投资风险是要付出代价的，如果提出的风险应对所花费的费用远大于可能造成的风险损失，该对策将毫无意义。在风险应对研究中应将规避防范风险措施所付出的代价与该风险可能造成的损失进行权衡，旨在寻求以最少的费用获取最大的风险效益。

2. 决策阶段的风险主要应对

(1) 提出多个备选方案，通过多方案的技术、经济比较，选择最优方案。为此，在建设项目投资风险决策时宜遵循如下的原则：

① 优势原则。不论在什么状态下，A 方案相对优于 B 方案。应用优势原则一般不能决定最佳方案，但能减少备选方案的数目，缩小决策范围。

② 期望值原则。根据损益值的期望值大小进行决策。当损益值用费用表示，应选择期望值最小的方案；当损益值用收益表示，应选择期望值最大的方案。

③ 最小方差原则。方差越大，方案损益值偏离其期望值的可能性大，从而方案的风险也越大。

④ 最大可能原则。如果一种状态发生的概率显著大于其他状态，那么就把这种状态视作肯定状态，根据这种状态下各方案损益值的大小进行决策，而置其余状态于不顾。注意：只有当某一状态发生的概率大大高于其他状态发生的概率，且各方案在不同状态下的损益值差别不很悬殊时，才适用。

⑤ 满意原则。对于比较复杂的风险决策问题，人们往往难以发现最佳方案，因而采用一种比较现实的决策原则——满意原则。

(2) 对有关重大工程技术难题潜在风险因素提出必要研究与试验课题，准确地把握有关问题，消除模糊认识；

(3) 对影响投资、质量、工期和效益等有关数据，如价格、汇率和利率等风险因素，在编制投资估算、制定建设计划和分析经济效益时，应留有充分的余地，谨慎决策，并在项目执行过程中实施有效监控。

3. 建设或运营期的风险应对

建设或运营期的风险应对可参考如下措施：

1) 风险回避

风险回避是彻底规避风险的一种做法，即断绝风险的来源。它对建设项目而言，意味着提出彻底改变原方案甚至否决项目的建议。回避风险对策意味着丧失项目可能获利的机会，因此风险回避一般适用于两种情况：一是某种风险可能造成相当大的损失；二是防范风险代价昂贵，得不偿失。

2) 风险控制

对那些可驾驭和控制的风险，提出降低风险发生可能性和减少风险损失程度的措施，并从技术和经济相结合的角度论证其可行性与合理性。

① 减少项目方案相关因素的不确定性。加强项目科学技术水平与发展趋势、市场需求与发展趋势的研究；重视基础财务数据资料的调查与预测，确保项目方案相关因素的变动幅度不超过预测值。

② 提高项目方案的经营安全率。

③ 严格控制负影响敏感因素的变动幅度。找准、找全负敏感因素；事先充分估计其变动幅度；做好主动控制措施，安排好实施计划；严格控制其变动幅度。

④ 多方案中优选风险小的项目。

3) 风险转移

风险转移是将项目业主可能面临的风险转移给他人承担，以避免风险损失的一种方法。风险转移的目的不是降低风险发生的概率和不利后果的大小，而是借用合同或协议，在风险事故一旦发生时将损失的一部分或全部转移给他人。风险转移可分为保险转移和非保险转移两种。

保险转移是向保险公司投保，将项目风险损失转移给保险公司承担。

非保险转移方式很多，常见的情况有二：一是将项目风险源转移出去，如将已做完前期工作的项目转给他人投资；或将其中风险大的部分转给他人承包建设或经营；或针对项目技术、设备、施工等可能存在风险，可在合同谈判中增加索赔性条款，将风险损失转移给合同对方承担。二是针对风险较大，投资人无法独立承担，或是为了控制项目的风险源，而采取与其他企业合资或合作等方式，共同承担风险、共享收益的方法。

4) 风险自担

风险自担，也称自留风险，就是将风险损失留给建设项目投资者自己独立承担项目的风险。这适用于：投资者已知有风险但由于可能获利而需要冒险时，同时又不愿意将获利的机会分给别人，必须保留和承担这种风险；或者风险损失较小，可以自行处置解决。风险自担可以是主动的，也可以是被动的。由于在项目前期阶段已对一些风险有了准备，所以当风险事故发生时马上执行应急计划，这是主动接受。被动接受风险是指在风险事件造成的损失数额不大，不影响项目大局时，可将损失列为项目的一种费用。费用增加了，项目的收益自然要受影响。自留风险是最省事的风险规避方法，在许多情况下也最省钱。当采取其他风险规避方法的费用超过风险事件造成的损失数额时，可采取自留风险的方法。

5）后备措施

有些风险要求事先制订好后备措施。一旦项目实际情况与计划不同，就需动用后备措施。主要有费用、进度和技术三种后备措施。

（1）预备费，是一笔事先准备好的资金，用于补偿差错、疏漏及其他不确定性对建设项目费用估计精确性的影响。预备费在项目估算时单独列出，不能分散到具体费用项之下，否则，就会失去对支出的控制。另外，建设工程经济分析人员由于心中无数而在各个具体费用下盲目地预留余地是不允许的。盲目地预留，一方面可能会由于项目投资估计过高而丢掉投资机会，另一方面可能会造成不合理预留的部分以合法的名义白白地花出去。预备费一般分为基本预备费和涨价预备费两类。基本预备费用于补偿估算和实施过程中的不确定性；涨价预备费用于对付通货膨胀和价格波动。

（2）进度后备措施。对于建设项目进度方面的不确定性因素，项目各方一般不希望以延长时间的方式来解决。因此，应根据建设项目的实际情况制订项目进度计划。从网络计划的观点来看，进度后备措施就是在工程项目实施的关键路线上设置一段时差或浮动时间。项目不确定程度越高，任务越含糊，关键路线上的时差或浮动时间也应该越长。

（3）技术后备措施。技术后备措施专门用于应付项目的技术风险，它可以是某类技术或是一段时间，也可以是一笔资金。当预想的情况未出现、并需要采取补救行动时才动用这类技术或这笔资金或这段时间。预备费和进度后备措施很可能用上，而技术后备措施很可能用不上。只有当不大可能发生的事件发生、需要采取补救行动时，才动用技术后备措施。

上述风险应对不是互斥的，实践中常常组合使用。在建设工程经济分析中应结合项目的实际情况，研究并选用相应的风险对策。

复习思考题

6.1 不确定性与风险有何关系？

6.2 不确定性分析与风险分析有哪些内容

6.3 线性盈亏平衡分析的前提条件是什么？

6.4 盈亏平衡点的含义是什么？有哪些表达形式？

6.5 如何确定盈亏平衡分析的时间？

6.6 如何理解敏感性分析？单因素敏感性分析的步骤有哪些？

6.7 在单因素敏感性分析中，如何确定分析指标？如何选择需要分析的不确定性因素？

6.8 什么是敏感度系数？如何理解临界点？

6.9 在建设工程经济分析中，风险概率分析的步骤有哪些？如何进行概率树分析和正态分布分析？

6.10 建设项目投资风险的应对原则和措施有哪些？

第七章　建设项目环境评价

7.1　环境评价内容

7.1.1　环境与环境评价

1. 环境系统

环境是指影响人类生存和发展的各种天然的和经过人工改造的自然因素的总体，包括大气、水、海洋、土地、矿藏、森林、草原、野生生物、自然遗迹、人文遗迹、自然保护区、风景名胜区、城市和乡村等。

从系统论的观点来看，环境也是一个巨大而复杂的开放系统，是由自然环境和人类社会这两大互相联系和互相作用的系统组成的整体。环境由环境要素构成的，每个环境要素又由许多子要素组成，环境系统就是这些要素及其相互关系的总和。环境要素可以分为非生物的和生物的。非生物要素也叫做物理要素或者物理化学要素，例如大气、水体、土壤、岩石、城市的构筑物和基础设施等。生物要素是指有生命体，例如动物、植物、微生物等。人类社会也可以看做是生物要素的一个子要素。环境系统的范围可以是全球性的，也可以是局部性的，例如一个城市、区域和河流都可以是一个单独的环境系统。环境系统也可以是几个要素交织而成，例如空气—水体—土壤系统，水—土壤—生物系统。

环境系统具有整体性、地域差异性、变动性和稳定性、资源性及其有限性等基本特征。

2. 环境评价简述

环境评价一般是指对一切可能引起环境质量变异的人类社会行为(包括政策、法令、规划、经济建设在内的一切活动)产生的环境影响，从保护环境和建设环境的角度对环境系统的结构、状态、质量、功能的现状进行分析，对可能发生的变化进行预测，对其与社会、经济发展活动的协调性进行定性或定量的评定等。

环境评价的目的在于调整人类社会自身的行为，协调人类社会与自然环境之间的关系，使在人类社会行为作用下的环境质量朝着更加有利于满足人类社会可持续发展需要的方向变化。

环境评价包括对环境质量的变异进行识别；对人类社会生存发展的需要进行分析；对环境系统的价值进行判断和评估；对人类社会行为与环境系统质量改变之间的关系进行评定等基本内容。

3. 环境评价的分类

根据评价内容性质，环境评价可以分为环境质量评价、环境影响评价、环境风险评价；

根据评价的时间属性，环境评价可以分为环境回顾评价、环境现状评价、环境预断评价；根据评价的范围，可以分为建设项目环境影响评价、区域环境影响评价、战略环境影响评价；根据影响对象的性质，可以分为社会经济环境影响评价、生态环境影响评价、公共政策环境影响评价等。各种环境评价的形式并没有严格的界限划分，大多数情况下，各种评价的内容都存在一定的交集，其程序、方法也具有一定的共通性。本章主要从评价内容性质的角度，介绍环境评价的主要内容。

7.1.2　环境质量评价

1. 环境质量的概念

环境质量是指环境系统的内在结构和外部状态对人类以及生物界的生存和繁衍的适宜性。环境质量可以用各种方法和手段作定性和定量描述。用于定量描述的有各种质量参数值、指标和质量指标数值和质量模型；用于定性描述的是各种反映其程度的形容词、名词、短语，例如好、差、符合标准、不符合标准等。

环境污染和环境退化是由自然过程和人类活动造成环境系统或者环境要素的结构破坏，从而表现出不良的状态。人们说环境质量好，是指无环境污染和污染程度很低，也可以指环境无退化或很轻微退化。

环境质量既指环境的总体质量，也指环境要素的质量。应该注意到，环境质量是相对的和动态变化的。在不同的地方、不同的历史时期人类对环境适应性的要求是不同的。在我国，人们对环境适应性的要求随着收入的增加在迅速提高。

2. 环境质量标准

环境标准是控制污染、保护环境的各种标准的总称。环境标准是为了保护人群健康、社会物质财富和促进生态良性循环，对环境结构和状态，在综合考虑自然环境特征、科学技术水平和经济条件的基础上，由国家按照法定程序制定和批准的技术规范。环境标准是国家环境政策在技术方面的具体体现，也是执行各项环境法规的基本依据。

目前我国环境标准分为五类三级。五类包括环境质量标准、污染物排放标准、环境监测方法标准、环境标准样品标准和环境基础标准；三级是指国家级标准、行业标准和地方级标准三级。

3. 环境质量评价的概念

环境质量评价是利用获取的环境监测数据，对照环境质量评价标准，评价环境系统内在结构和外部状态对人类以及生物界的生存和繁衍的适宜性程度，是对环境质量与人类社会生存发展需要满足程度进行的评定。

4. 环境质量评价的内容

环境质量评价是环境综合整治和区域环境规划的基础，它包括如下内容：

(1) 自然环境，包括水环境、大气环境、土壤环境、生态环境、地质环境等。在评价过程中，需要调查环境的结构、物质流、演变情况及污染状况，确定环境质量状况的功能属性，为合理利用环境资源提供依据。

(2) 社会环境，主要包括人口的数量、组成、分布；经济状况，农业经济，工业经济，人们生活水平、生活质量等；政治、法律文化、教育；宗教信仰；生活环境、生存环境、污染状况等方面的内容。

7.1.3　环境风险评价

1. 环境风险

环境风险是由自然原因和人类活动引起的、通过环境介质传播的、能对人类社会及自然环境产生破坏、损害乃至毁灭性作用等不幸事件发生的概率及其后果。环境风险广泛存在于人类的各种活动中，其性质和表现方式复杂多样，从不同角度可作不同分类。

2. 环境风险评价概念

环境风险评价是指对人类的各种开发行为所引发的或面临的危害对人体健康、社会经济发展、生态系统等所造成的风险可能带来的损失进行评估，并据此进行管理和决策的过程。

环境风险评价一般分为以下三类：

(1) 自然灾害环境风险评价，是指对地震、火山、洪水、台风等自然灾害的发生及带来的化学性与物理性风险进行评价。

(2) 有毒有害化学品环境风险评价，是确定某种化学物品从生产、运输、消耗到最终进入环境的整个过程中乃至进入环境后，对人体健康、生态系统造成危害的可能性及其后果进行评价。

(3) 生产过程与建设项目的环境风险评价，是针对一个生产过程或建设项目本身引起的风险进行评价。它所考虑的是生产过程与建设项目引发的、具有不确定性的危害事件发生的概率及其危害后果。

3. 环境风险评价的程序与内容

环境风险评价的一般程序如图 7.1 所示。

1) 环境风险识别

风险识别的目的是确定风险类型。根据引起有毒有害物质向环境放散的危害环境事故起因，将风险类型分为火灾、爆炸和泄漏三种。风险识别内容包括：

(1) 资料收集和准备。主要收集建设项目工程资料、环境资料和事故资料，为进行物质风险识别和生产设施风险识别提供基础资料。环境资料主要应收集有关拟建项目附近居民分布及敏感目标方位、距离、重要水环境和生态保护资料。

(2) 物质风险识别。对项目涉及的原材料及辅料、中间产品及“三废”污染物，按其危险性或毒性，进行危险性识别。

(3) 生产设施风险识别。对项目主要生产装置、贮运系统、公用和辅助工程，逐一划分功能单元，分别进行重大危险源判定。

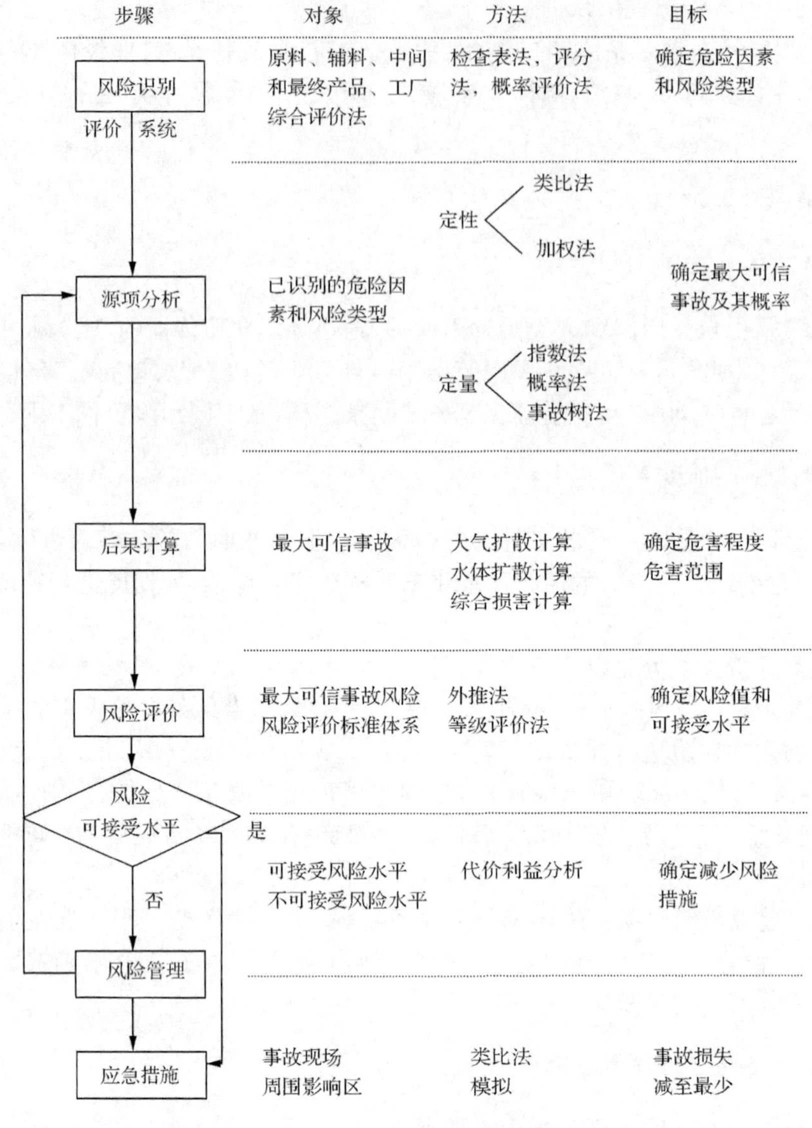

图 7.1　环境风险评价程序

2）源项分析

源项分析包括确定最大可信事故发生概率和估算危险化学品的泄漏量两项工作内容。最大可信事故指在所有预测概率不为零的事故中，危害最严重的事故，即给公众带来严重危害，对环境造成严重污染的事故。可以采用事件树、事故树分析方法或类比法确定最大可信事故及概率。《建设项目环境风险评价技术导则》推荐危险化学品泄漏量的计算方法，这些方法也是世界银行/国际信贷公司编制的《工业污染评价技术导则》推荐的方法。通过计算确定泄漏时间，估算泄漏率。

3）后果计算

后果计算是在风险识别和源项分析基础上，针对最大可信事故对环境（或健康）造成的危害和影响进行预测分析。事故泄漏的有毒有害物释放入环境后，由于在水环境中的弥散，在大气环境中扩散，从而引起环境污染，危害人群健康。后果计算要对这类环境事故进行预测，确定影响范围和程度。

4）风险计算和评价

风险计算是建设项目环境风险评价的核心工作。综合分析确定最大可信事故造成的受害点距源项（释放点）的最大距离以及危害程度，包括造成项目外环境损坏程度、人员死亡和损伤及经济损失。《建设项目环境风险评价技术导则》规定用风险值评价，风险值定义为

$$R_i = P_i \times C_i \tag{7-1}$$

式中，R_i——可信事故风险值；

P_i——可信事故发生概率，即单位时间内的事故发生次数；

C_i——事故危害程度，即每次事故造成的后果。

将最大可信事故风险值 R_{max} 与同行业可接受风险水平 R_L 比较：

① 若 $R_{max} \leqslant R_L$，则认为本项目的风险水平可以接受。

② 若 $R_{max} > R_L$，则项目应进一步采取减少事故的安全措施，以达到可接受水平，否则建设项目不可接受。

5）风险管理

当风险评价结果表明风险值达不到可接受水平时，为减轻和消除对环境的危害，应采取减缓措施和应急预案，这就是风险管理的主要内容。

① 减缓措施。在风险识别、后果分析与风险评价基础上，为使事故对环境影响和人群伤害降到可接受水平，提出应采取的减轻事故后果、事故频率和影响的措施，例如对重点环境风险功能单元（设备、管道等）采用遏制泄漏和消除危险性物质扩散的措施（例如水幕、防护堤、事故池，控制排放条件等）；又如切断泄漏源，减少和降低风险概率的措施。

② 应急预案。应确定不同的事故应急响应级别，根据不同级别制订应急预案。应急预案主要内容应是消除污染环境和人员伤害的事故应急处理方案，并应根据需清理的危险物质特征，有针对性地提出消除环境污染的应急处理方案。

7.1.4　环境评价主要污染源分析

污染源是指对环境产生污染影响的污染物的来源，主要有大气污染、水污染、固体废物污染、噪声污染及放射性污染等污染源。污染源向环境中排放污染物是造成环境问题的根本原因。对污染物污染环境的范围与程度进行计算和分析是环境影响评价的重要内容，也是对项目进行综合评价的理论基础。

1. 大气污染

1）简述

自然界中局部的质能转换和人类所从事的种类繁多的生活和生产活动，造成向大气排入各种污染物（如烟尘、CO、CO_2、SO_2及各类无机或有机化合物等），当污染物超过环境所能允许的极限时，大气质量就会降低，使人们的生活、工作、身体健康和精神状态以及设

备财产等直接或间接地受到恶劣影响或遭受破坏。这种现象称之为大气污染。

各种生产过程中产生的空气污染物，按其存在的状态可分为两大类：其一，是气溶胶态污染物，如粉尘、烟尘、雾滴和尘雾等颗粒状污染物；其二，是气态污染物，如 SO_2、CO 等主要以分子状态存在于废气中。

总体来看，大气污染可认为是由自然界所发生的自然灾害与人类的生活和生产活动所造成的。一般所研究的大气污染问题，多是指人为因素所引起的大气污染问题。人为因素造成的大气污染的污染源，从产生来源来看，主要有生活污染源、工业污染源和交通污染源三种。

2）废气治理技术

常见的废气治理技术主要有除尘技术、气态污染物治理技术和脱硫技术等。

2. 水污染

1）简述

所谓水污染是指排入水体的污染物超过了该物质在水体中的本底含量和水体的自净能力，破坏了水体原有用途的程度。反映水体污染的程度，要用水质指标来表示，表征水污染的水质指标主要有悬浮物、有机物、pH、细菌污染指标、有毒有害物质指标等几项。除此之外，还有温度、颜色、放射性物质浓度等，也是反映水体污染情况的指标。

2）一般废水治理技术

废水中的污染物质是多种多样的，往往不可能用一种方法和一个处理单元就能够把所有的污染物质去除殆尽。一种废水一般需要通过由几种方法和几个处理单元组成的处理系统处理后，才能符合要求。采用哪些方法或哪几种方法联合使用需根据废水的水质和水量、排放标准、处理方法的特点、处理成本和回收经济价值等，通过调查、分析、比较后决定，必要时要进行试验研究。这些处理方法可按其作用原理划分为物理法、化学法、物理化学法和生物法等四大类。

3. 固体废物污染

1）简述

固体废物是指生产和生活活动中丢弃的固体和泥状物质。“废物”具有相对性，一种过程的废物，往往可以成为另一种过程的原料，所以废物也有“放在错误地点的原料”之称。为了便于环境管理，国际上也将容器盛装的易燃、易爆、有毒、腐蚀等具有危险性的废液、废气，从法律角度上界定为固体废物，执行固体废物管理法规，划入固体废物管理范畴。

固体废物的分类方法很多，按其性质可分为有机物和无机物；按其形态可分为固体的（块状、粒状、粉状的）和泥状的；按其来源可分为矿业的、工业的、城市生活的、农业的和放射性的等五类。在固体废物中凡具有毒性、易燃性、腐蚀性、反应性、传染性、放射性的废物，列为有害废物。

固体废物在一定的条件下会发生化学的、物理的或生物的转化，对周围环境造成一定的影响。如果采取的处理方法不当，有害物将通过水、气、土壤、食物链等途径危害环境与人体健康。一般工业、矿业等废物所含的化学成分会形成污染。人畜粪便和有机垃圾是各种病原微生物的孳生地和繁殖场，形成病原体型污染。

2）固体废物污染的技术政策

工业固体废物产生量大、处理和处置水平低、综合利用少、占地多、危害严重，是我国的主要环境问题之一。将固体废物中可利用的那部分材料充分回收利用是控制固体废物污染的最佳途径，但它需要较大的资金投入，并需要有先进的技术做先导。我国固体废物处理利用的发展趋势必然是从“无害化”走向“资源化”，其中“资源化”以“无害化”为前提，而“无害化”和“减量化”则以“资源化”为条件，两者相辅相成。

4. 噪声污染对环境的影响

1）简述

随着近代工业生产、交通运输、城市建设的发展，环境噪声日益严重，已成为污染人类环境的一大公害。人类活动的噪声来源可分为交通噪声、工业噪声、施工噪声和社会噪声。

噪声广泛地影响着人们的各种活动，比如影响睡眠和休息，妨碍交谈，干扰工作，使听力受到损害，甚至引起神经系统、心血管系统、消化系统等方面的疾病，实际上，噪声是影响面最广的一种环境污染。

2）噪声控制的方法

噪声控制的基本方法主要有：在声源处降低噪声，用隔声方法降低噪声，用吸声方法降低噪声，用消声器降低噪声，个人防护用具。除上述各种方法外，绿化对减少噪声也有一定的效果。

5. 放射性污染

1）简述

放射性的有害作用就在于当人体受到放射性核素释放出的射线照射时，射线可以通过电离和激发作用引起人体细胞组成分子的结构、性质的改变，进而造成机体的各种损伤。在遭到放射性污染的环境中，人们可能受到来自体外的射线照射，或通过吸入污染的空气或摄入污染的食物和水而受到射线照射，从而影响健康。

2）放射性污染的处理

放射性污染处理的一般包括：放射性废气、放射性废水、放射性废渣、放射性表面污染等处理方法。

7.2　建设项目环境影响评价

7.2.1　环境影响评价简述

1. 环境影响评价的简念

环境影响评价有广义与狭义之分。广义的环境影响评价，是指对拟议中的人为活动

(包括建设项目、资源开发、区域开发、政策制定、立法等)可能造成的环境影响(包括环境污染和生态破坏等不利影响,也包括对环境的有利影响)或环境后果进行分析、论证的全过程,并在此基础上提出采取的防治措施和对策。而狭义的环境影响评价,则是指对拟议中的建设项目在兴建前即可行性研究阶段,对其选址、设计、施工等过程,特别是运营和生产阶段可能带来的环境影响进行预测和分析,提出相应的防治措施,为项目选址、设计及建成投产后的环境管理提供科学依据。

法律意义上的环境影响评价,是指决策者在做出可能带来环境影响的意思决定之前,事先对环境的现状进行调查,在此基础上提出各种不同的可供选择方案,并就各种方案可能造成的环境影响进行预测、评价和比较,从而选择最适合于环境的意思决定。这在法律上也称环境影响评价制度。

目前,世界各国在成功实施环境影响评价制度的基础上,还将环境影响评价予以扩大适用,提出了生态影响评价、可持续发展影响评价等新的评价。

2. 环境影响评价的原则

按照以人为本、建设资源节约型、环境友好型社会和科学发展的要求,环境影响评价工作的开展一般遵循以下原则:

(1) 依法评价的原则。环境影响评价过程中应贯彻执行我国环境保护相关的法律法规、标准、政策,分析建设项目与环境保护政策、资源能源利用政策、国家产业政策、技术政策等有关政策、规划的相符性,并关注国家或地方在法律法规、标准、政策、规划及相关主体功能区划等方面的新动向。

(2) 早期介入原则。环境影响评价应尽早介入工程前期工作,重点关注选址(或选线)、工艺路线(或施工方案)的环境可行性。

(3) 完整性原则。根据建设项目的工程内容及特性,对工程内容、影响时段、影响因子和作用因子进行分析、评价,突出环境影响评价重点。

(4) 广泛参与原则。环境影响评价应广泛吸收相关学科和行业的专家、有关单位和个人及当地环境保护管理部门的意见。

7.2.2 环境影响评价工作程序

从构成内容来看,建设项目环境影响评价主要包括以下环节:建设项目工程分析,环境现状调查与评价,环境影响预测与评价,社会环境影响评价,环境保护措施及技术经济论证,环境影响经济损益分析。除此之外,现在建设项目环境影响评价越来越重视公众参与的内容。

从工作程序上划分,环境影响评价工作一般分为前期准备阶段,分析论证阶段,文件编制阶段三个阶段,每个阶段的工作内容与重点是不一样的,如图 7.2 所示的环境影响评价工作程序。

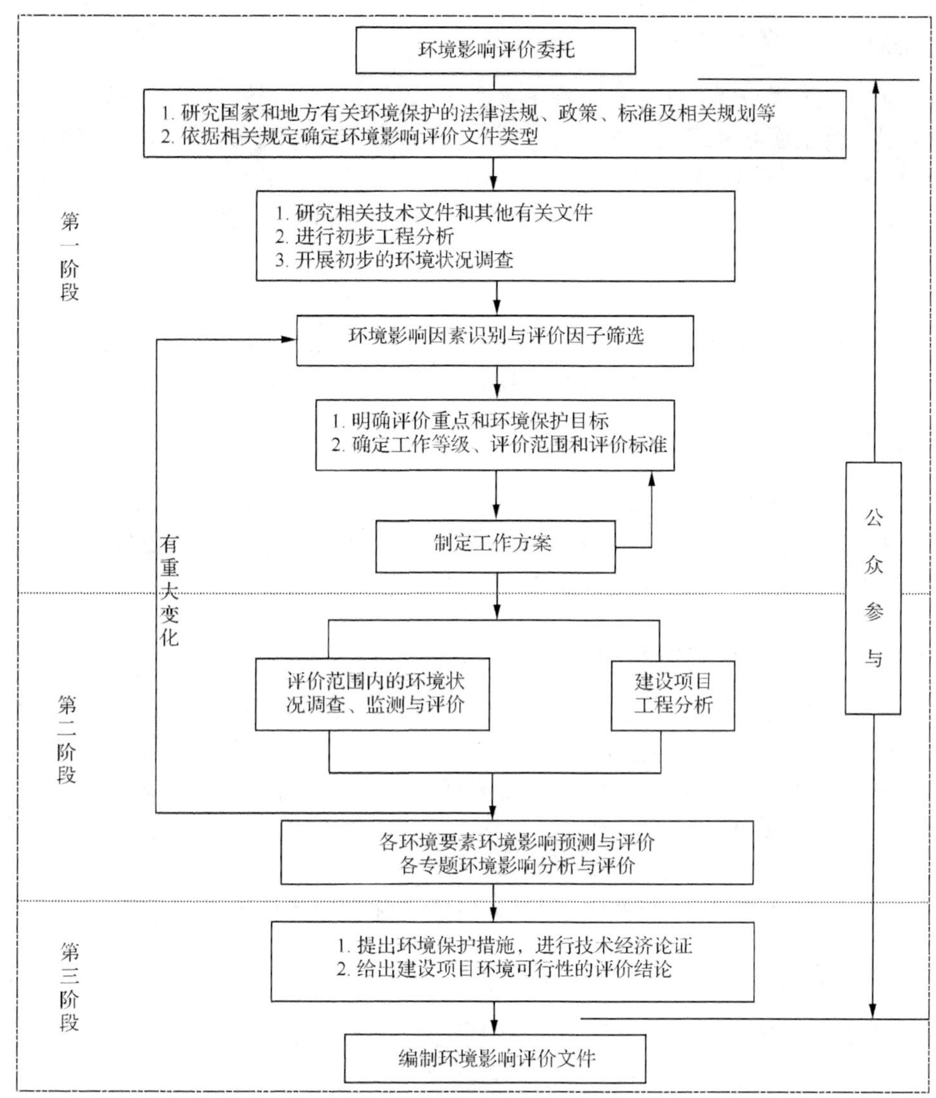

图 7.2　环境影响评价工作程序图

1. 准备阶段的主要工作内容

(1) 研究有关文件，包括国家和地方的法律法规、发展规划和环境功能区划、技术导则和相关标准、建设项目依据、可行性研究资料及其他有关技术资料。

(2) 进行初步的工程分析。明确建设项目的工程组成，根据工艺流程确定排污环节和主要污染物，同时进行建设项目影响区域的环境现状调查。

(3) 识别建设项目的环境影响因素。筛选主要的环境影响因子，明确评价重点。

(4) 确定各单项环境影响评价的范围和评价工作等级，编制评价大纲或工作方案。

2. 论证的主要工作内容

(1) 进一步工程分析，进行充分的环境现状调查、监测并开展环境质量现状评价。

(2) 根据污染源强和环境现状资料进行建设项目的环境影响预测，评价建设项目的环境影响，同时开展公众意见调查。

(3) 提出减少环境污染和生态影响的环境管理措施和工程措施。

3. 文件编制阶段的主要工作内容

汇总、分析第二阶段得到的各种资料、数据，从环保角度确定项目的可行性，给出评价结论和提出进一步减缓环境影响的建议，最终完成环境影响报告书(表)的编制。

7.2.3 环境影响评价工作等级划分

环境影响评价工作按照建设项目的不同，可以分为若干工作等级。实际工作中，一般按环境要素(大气、水、声、生态等)分别划分评价等级；单项环境影响评价划分为三个工作等级(一级、二级、三级)；环境风险评价仅划分为两级。

1. 环境影响评价工作等级的划分依据

(1) 建设项目的工程特点，如工程性质、工程规模、能源、水及其他资源的使用量及类型；污染物排放特点(包括污染物种类、性质、排放量、排放方式、排放去向、排放浓度)等。

(2) 建设项目所在地区的环境特征，如自然环境条件和特点、环境敏感程度、环境质量现状、生态系统功能与特点、自然资源及社会经济环境状况等，以及建设项目实施后可能引起现有环境特征发生变化的范围和程度。

(3) 相关法律法规、标准及规划(包括环境质量标准和污染物排放标准等)。

2. 不同环境影响评价等级的评价要求

不同的环境影响评价工作等级，要求的环境影响评价深度不同。

一级评价：要求最高，要对单项环境要素的环境影响进行全面、细致和深入的评价，对该环境要素的现状调查、影响预测、评价影响和提出措施，一般都要求比较全面和深入，并应当采用定量化计算来描述完成。

二级评价：要对单项环境要素的重点环境影响进行详细、深入评价，一般要采用定量化计算和定性的描述来完成。

三级评价：对单项环境要素的环境影响进行一般评价，可通过定性的描述来完成。

7.2.4 工程分析

工程分析是建设项目环境影响预测与评价的基础，贯穿于整个评价工作的全过程。其主要内容是分析建设项目污染物产生及排放的种类、特性、浓度、源强、排放规律和排放形式等。同时，也对建设项目的清洁生产水平、污染防治措施、技术经济可行性、项目选址及平面布局的合理性进行分析。工程分析从项目总体上纵观开发建设活动与环境全局的关系，同时从微观上为环境影响评价工作提供评价所需基础数据。

1. 工程分析的作用

工程分析主要具有以下几个方面的作用：

(1) 为项目决策提供依据。

(2) 为环保设计提供优化建议。

(3) 为项目的环境管理提供建议指标和科学数据。

2. 工程分析的要求

(1) 工程分析应突出重点。根据各类型建设项目的工程内容及其特征，对环境可能产生较大影响的主要因素要进行深入分析。

(2) 应用的数据资料要真实、准确、可信。对建设项目的规划、可行性研究和初步设计等技术文件中提供的资料、数据、图件等，应进行分析后引用；引用现有资料进行环境影响评价时，应分析其时效性；类比分析数据、资料应分析其相同性或者相似性。

(3) 结合建设项目工程组成、规模、工艺路线，对建设项目环境影响因素、方式、强度等进行详细分析与说明。

3. 工程分析的方法

一般来讲，建设项目的工程分析都应根据项目规划、可行性研究和设计方案等技术资料进行工作。但是，有些建设项目，如大型资源开发、水利工程建设以及国外引进项目，在可行性研究阶段所能提供的工程技术资料不能满足工程分析的需要时，可以根据具体情况选用其他适用的方法进行工程分析。目前可供选用的方法主要有类比分析法、实测法、实验法、物料平衡计算法、查阅参考资料分析法等。

4. 工程分析的内容

工程分析主要包括下列内容：

(1) 污染影响因素分析。

(2) 生态影响因素分析。

(3) 原辅材料、产品、废物的储运分析。

(4) 交通运输分析。

(5) 公用工程分析。

(6) 非正常工况分析。

(7) 环境保护措施和设施分析。

(8) 污染物排放统计汇总。

7.2.5 环境现状调查与评价

环境现状的调查与评价是根据建设项目污染源及所在地区的环境特点，结合水、气、声、固废、生态等专项评价的工作等级和调查范围，首先筛选出应调查的有关参数，然后对建设项目有密切关系的环境状况进行资料收集，最后进行定量数据的归类汇总并做出分析或评价。当现有资料不能满足要求时，应进行现场调查和测试，并分析监测数据的可靠性和代表性。进行环境现状调查的方法主要有收集资料法、现场调查法、遥感和地理信息系统(GIS)分析方法等。

环境现状调查与评价内容:

(1) 自然环境现状调查与评价,包括地理地质概况、地形地貌、气候与气象、水文、土壤、水土流失、生态、水环境、大气环境、声环境等调查内容。根据专项评价的设置情况选择相应内容进行详细调查。

(2) 社会环境现状调查与评价,包括人口(少数民族)、工业、农业、能源、土地利用、交通运输等现状及相关发展规划、环境保护规划的调查。当建设项目拟排放的污染物毒性较大时,应进行人群健康调查,并根据环境中现有污染物及建设项目将排放污染物的特性选定调查指标。

(3) 环境质量和区域污染源现状调查与评价。

(4) 其他环境现状调查与评价。

7.2.6 环境影响识别与评价因子筛选

1. 环境影响识别

环境影响识别是指在了解和分析建设项目所在区域发展规划、环境保护规划、环境功能区划、生态功能区划及环境现状的基础上,分析和列出建设项目的直接和间接行为,以及可能受上述行为影响的环境要素及相关参数。

按照拟建项目对环境要素的作用属性,环境影响可以划分为有利影响、不利影响,直接影响、间接影响,短期影响、长期影响,可逆影响、不可逆影响等。环境影响的程度和显著性与拟建项目的“活动”特征、强度以及相关环境要素的承载能力有关。

有些环境影响可能是显著或非常显著的,在对项目做出决策之前,需要进一步了解其影响的程度,所需要或可采取的减缓、保护措施以及防护后的效果等,有些环境影响可能是不重要的,或者说对项目的决策、项目的管理没有什么影响。环境影响识别的任务就是要区分、筛选出显著的、可能影响项目决策和管理的、需要进一步评价的主要环境影响。

在环境影响识别中,自然环境要素可划分为地形、地貌、地质、水文、气候、地表水质、空气质量、土壤、森林、草场、陆生生物、水生生物等,社会环境要素可以划分为城市(镇)、土地利用、人口、居民区、交通、文物古迹、风景名胜、自然保护区、健康以及重要的基础设施等。各环境要素可由表征该要素特性的各相关环境因子具体描述,构成一个有结构、分层次的环境因子序列。构造的环境因子序列应能描述评价对象的主要环境影响、表达环境质量状态,并便于度量和监测。

在环境影响识别中,可以使用一些定性的、具有“程度”判断的词语来表征环境影响的程度,如“重大”影响、“轻度”影响、“微小”影响等。这种表达没有统一的标准,通常与评价人员的文化、环境价值取向和当地环境状况有关。但是这种表述对给“影响”排序、制定其相对重要性或显著性是非常有用的。

2. 环境影响识别的方法

1) 清单法又称为核查表法

将可能受开发方案影响的环境因子和可能产生的影响性质,通过核查在一张表上一一列出的识别方法，故亦称“列表清单法”或“一览表法”。该法在使用时又有简单型清单、描述型清单、分级型清单等多种形式。

环境影响识别常用的是描述型清单，目前有两种类型。一种是环境资源分类清单，即对受影响的环境因素（环境资源）先作简单的划分，以突出有价值的环境因子。通过环境影响识别，将具有显著性影响的环境因子作为后续评价的主要内容。另一种是传统的问卷式清单，即在清单中仔细地列出有关环境影响要询问的问题，针对项目的各项“活动”和环境影响进行询问。表 7.1 为某建设项目采用清单法进行环境影响识别。

表 7.1　某项目环境影响因素识别

序号	区域	活动	环境因素	环境影响	污染程度	评价结论
1	车间现场	机械作业	机械使用噪声	噪声污染	重大	重要环境影响
2	车间现场	空压机使用	空压机使用噪声	噪声污染	重大	重要环境影响
3	火焊作业	火焊作业	易燃易爆气体	大气污染	重大	重要环境影响
4	加工现场	乙炔管理	泄漏遇电火花	大气污染	重大	重要环境影响
5	车间现场	现场机械设备运行、维修	机油的泄漏、排放	土/水污染	重大	重要环境影响
6	车间现场	现场作业	废钢带	固体废物	一般	一般环境影响
7	车间现场	机械设备保养	润滑脂、机油滴漏	土/水污染	重大	重要环境影响
8	办公室	废纸	废纸	固体废物	一般	一般环境影响

2）矩阵法

矩阵法由清单法发展而来，不仅具有影响识别功能，还有影响综合分析评价功能。它将清单中所列内容系统加以排列。把拟建项目的各项“活动”和受影响的环境要素组成一个矩阵，在拟建项目的各项“活动”和环境影响之间建立起直接的因果关系，以定性或半定量的方式说明拟建项目的环境影响。

该类方法主要有相关矩阵法和迭代矩阵法两种。在环境影响识别中，一般采用相关矩阵法。表 7.2 为某建设项目采用矩阵法进行环境影响识别。

表 7.2　某项目环境影响因素识别矩阵（节选）

影响对象＼建设活动		道路建设	接待设施	退耕还草
自然资源	土地资源	◆−≠L	◆−≠L	◆+=L
	水资源	?	◇−≠L	?
	草地资源	◆−≠L	?	◆+=L
生态环境	大气环境	◇−=S	◇−=S	?
	水环境	?	◇−=S	◇+L
	声环境	◇−=S	?	?
	水生生态	?	?	?
	陆生生态	◆−=S	◇−=S	◆+L

注：◆/◇：直接/间接影响；+/−：有利/不利影响；=/≠：可逆/不可逆影响；L/S：长期/短期影响；?：影响不明。

3）其他识别方法

具有环境影响识别功能的方法还有叠图法和影响网络法。

叠图法在环境影响评价中的应用包括通过应用一系列的环境、资源图件叠置来识别、预测环境影响、标示环境要素、不同区域的相对重要性以及表征对不同区域和不同环境要素的影响。叠图法用于涉及地理空间较大的建设项目，如“线型”影响项目（公路、铁道、管道等）和区域开发项目。

网络法是采用因果关系分析网络来解释和描述拟建项目的各项“活动”和环境要素之间的关系。除了具有相关矩阵法的功能外，可识别间接影响和累积影响。

3. 环境影响程度

目前，我国在环境管理层面上采取“建设项目环境保护分类管理名录”的方式，对建设项目的环境影响进行了初步识别。将建设项目的环境影响按“重大影响”、“轻度影响”、“影响很小”划分，主要考虑的因素包括项目类型、规模、可能对环境敏感区等的影响。

1）划入“重大影响”的项目

(1) 原料、产品或生产过程中涉及的污染物种类多、数量大或毒性大，难以在环境中降解的建设项目。

(2) 可能造成生态系统结构重大变化、重要生态功能改变或生物多样性明显减少的建设项目。

(3) 可能对脆弱生态系统产生较大影响或可能引发和加剧自然灾害的建设项目。

(4) 容易引起跨行政区环境影响纠纷的建设项目。

(5) 所有流域开发、开发区建设、城市新区建设和旧区改建等区域性开发活动或建设项目。

2）划入“轻度影响”的项目

(1) 污染因素单一，而且污染物种类少、产生量小或毒性较低的建设项目。

(2) 对地形、地貌、水文、土壤、生物多样性等有一定影响，但不改变生态系统结构和功能的建设项目。

(3) 基本不对环境敏感区造成影响的小型建设项目。

3）划入“影响很小”的项目

(1) 基本不产生废水、废气、废渣、粉尘、恶臭、噪声、振动、热污染、放射性、电磁波等不利环境影响的建设项目。

(2) 基本不改变地形、地貌、水文、土壤、生物多样性等，不改变生态系统结构和功能的建设项目。

(3) 不对环境敏感区造成影响的小型建设项目。

在环境管理层面上的这种环境影响的划分，对于具体建设项目环境影响识别具有指导意义。例如，“可能造成生态系统结构重大变化、重要生态功能改变或生物多样性明显减少”的建设项目列为“重大影响”类。在具体的环境影响识别中，需要特别注意具体识别拟建项目的各项“活动”如何使生态系统结构发生重大变化，或使重要生态功能改变，或生物多样性明显减少。

4. 评价因子筛选

依据环境影响因素识别结果，并结合区域环境功能要求或所确定的环境保护目标，筛选确定评价因子，应重点关注环境制约因素。评价因子须能够反映环境影响的主要特征、区域环境的基本状况及建设项目特点和排污特征。

7.2.7　环境影响的预测与评价

1. 环境影响预测的基本要求

(1) 对建设项目的环境影响进行预测，是指对能代表评价区环境质量的各种环境因子变化的预测，分析、预测和评价的范围、时段、内容及方法均应根据其评价工作等级、工程与环境特性、当地的环境保护要求而定。

(2) 预测和评价的环境因子应包括反映评价区一般质量状况的常规因子和反映建设项目特征的特性因子两类。

(3) 须考虑环境质量背景与已建的和在建的建设项目同类污染物环境影响的叠加。

(4) 对于环境质量不符合环境功能要求的，应结合当地环境整治计划进行环境质量变化预测。

2. 环境影响预测的方法及特点

预测环境影响时应尽量选用通用、成熟、简便并能满足准确度要求的方法。同时应分析所采用的环境影响预测方法的适用性。目前使用较多的预测方法有：

(1) 数学模式法。能给出定量的预测结果，但需一定的计算条件和输入必要的参数、数据。一般情况此方法比较简便，应首先考虑。

(2) 物理模型法。定量化程度较高，再现性好，能反映比较复杂的环境特征，但需要有合适的试验条件和必要的基础数据，且制作复杂的环境模型需要较多的人力、物力和时间。

(3) 类比分析法。预测结果属于半定量性质。如由于评价工作时间较短等原因，无法取得足够的参数、数据，不能采用前述两种方法进行预测时，可选用此方法。

(4) 专业判断法。定性地反映建设项目的环境影响。建设项目的某些环境影响很难定量估测，如对人文遗迹、自然遗迹与“珍贵”景观的环境影响等，或由于评价时间过短等无法采用以上三种方法时可选用此方法。

3. 环境影响预测与评价的内容

(1) 建设项目的环境影响，按照建设项目实施过程的不同阶段，可以划分为建设阶段的环境影响、生产运行阶段的环境影响和服务期满后的环境影响。还应分析不同选址、选线方案的环境影响。

(2) 当建设阶段的噪声、振动、地表水、地下水、大气、土壤等的影响程度较重、影响时间较长时，应进行建设阶段的环境影响预测。

(3) 应预测建设项目生产运行阶段，正常排放和非正常排放、事故排放等情况的环境影响。

(4) 应进行建设项目服务期满的环境影响评价，并提出环境保护措施。

(5) 进行环境影响评价时，应考虑环境对建设项目影响的承载力。

(6) 涉及有毒有害、易燃、易爆物质生产、使用、储存，存在重大危险源，存在潜在事故并可能对环境造成危害，包括健康、社会及生态风险（如外来生物入侵的生态风险）的建设项目，需进行环境风险评价。

(7) 分析所采用的环境影响预测方法的适用性。在进行环境影响预测时，应考虑环境对污染影响的承载能力。一般情况，应该考虑两个时段，即污染影响的承载能力最差的时段（对污染来说就是环境净化能力最低的时段）和污染影响的承载能力一般的时段。如果评价时间较短，评价工作等级又较低时，可只预测环境对污染影响承载能力最差的时段。

7.2.8 社会环境影响评价

社会环境影响评价是环境影响评价的新领域，是指评估和预测开发项目对社会环境可能产生的影响，体现了环境效益、经济效益和社会效益三方面的统一，其评价内容主要为建设项目开发对人口和社会设施等方面带来的影响及间接带来的影响。

随着社会的进步及近年来重金属环境污染事件对人群健康所产生的威胁，社会环境影响必将成为人类关注的主题。

1) 社会环境影响评价的内容

社会环境影响评价应包括征地拆迁、移民安置、人文景观、人群健康、文物古迹、基础设施（如交通、水利、通信）等方面的影响评价。

2) 社会环境影响评价因子的筛选

在收集反映社会环境影响的基础数据和资料的基础上，筛选出社会环境影响评价因子，定量预测或定性描述评价因子的变化。

3) 社会环境影响分析的基本要求

要分析正面和负面的社会环境影响，并对负面影响提出相应的对策与措施。

7.2.9 环境影响评价的公众参与

我国环境影响评价的公众参与，是在20世纪90年代世界银行和亚洲开发银行贷款项目中开始实施的，随着建设项目环境影响评价的推进而发展起来的。实行公众参与是我国环境影响评价制度的一项重要内容，《中华人民共和国环境影响评价法》第五条规定了“国家鼓励有关单位、专家和公众以适当方式参与环境影响评价”，在第二十一条对建设项目环境影响评价的公众参与做了规定：除国家规定需要保密的情形外，对环境可能造成重大影响、应当编制环境影响报告书的建设项目，建设单位应当在报批建设项目环境影响报告书前，举行论证会、听证会，或者采取其他形式，征求有关单位、专家和公众的意见。建设单位报批的环境影响报告书应当附具对有关单位、专家和公众的意见采纳或者不采纳的说明。

《建设项目环境保护管理条例》第十五条也规定：建设单位编制环境影响报告书，应当依照有关法律规定，征求建设项目所在地有关单位和居民的意见。

7.2.10　环境影响经济评价

在《中华人民共和国环境影响评价法》和《建设项目环境保护管理条例》中都明确了环境影响的经济损益分析是建设项目环境影响报告书的重要内容，因此环境影响评价中应从建设项目产生的正负两方面环境影响，以定性与定量相结合的方式，估算建设项目所引起环境影响的经济价值，并将其纳入建设项目的费用效益分析中，作为判断建设项目环境可行性的依据之一。然后以建设项目实施后的影响预测与环境现状进行比较，从环境要素、资源类别、社会文化等方面筛选出需要或者可能进行经济评价的环境影响因子，对量化的环境影响进行货币转换，并将货币化的环境影响价值纳入建设项目的经济分析。

1. 环境影响效果分析

根据影响效果的性质来看，项目对环境的影响可分为正效果和负效果，项目投资人期待的是正效果。根据产生影响的方式，可分为内部效果和外部效果，项目的收益、获利属于内部效果；而例如废水、废气的排放往往不能在项目的收益或支出中直接反映出来，则属于项目的外部效果。这些都属于环境影响的经济损益范畴。这些影响效果有时可以用货币加以度量，称之为有形效果，例如建设项目产生的产品带来的收益，某种污染物带来的直接经济损失；但很多时候又难以用货币衡量，称之为无形效果，例如绿化带来的效果。由于无形效果无法直接进行定量分析，必须通过适当的方法对其货币化转换，才能参与环境影响的经济效果评价。转换后的环境影响效果可以分为效益与费用两大类：效益是其满足人类需要的能力，以及人类从中得到的益处；费用是环境质量下降，为此进行治理所需要付出的代价。由于环境资源的功能的多样性，环境的费用效益分析的方法也是多种多样的，目前仍然在不断研究和发展中，在环境影响评价实践中常常对其进行综合描述。

2. 环境影响经济评价的程序

环境影响经济评价的具体程序一般包括：确定和筛选影响因素，对影响因素进行量化，对影响因素进行货币转化，估算因素分析，最后把评价结果纳入项目经济分析。

1）确定和筛选影响

在建设项目环境影响识别与评价之后，筛选出需要进行量化的影响因素。

2）环境影响的量化

量化过程中，一般首先要统一环境影响因素的量纲和数量，从影响因素的数量、地理范围、时间、人口密度等方面综合判断环境影响的大小，对物理影响进行量化。在不能对某些影响进行量化时，结合定性结果进行分析。

在环境影响经济损益分析和评价中应执行统一的价格标准和时间标准。价格标准要求自始至终采用统一时点的市场价格；时间标准要求应该以特定的时点为标准，只对特定时点的环境状况和损益进行评估。

3）影响的货币化

影响的货币化是指通过各种环境影响经济评价方法来对影响因素的货币价值进行估算。由于很多模型尚不成熟，实际应用中往往采用经验参照或者快速分析方法，尽管这些方法也有一定的局限性。

4）估算因素分析

估算因素分析是指对环境影响因素货币化过程中可能出现的省略、偏差、不确定性等带来的问题进行阐述，特别是当它们可能影响评价结论时，应该详加论述，避免不合适的假定导致错误的结论。

5）环境影响经济评价

环境影响经济评价是指将环境经济影响评价的结果纳入到项目经济分析中，将货币化的环境影响成本和效益纳入到项目的成本和效益中去，从而为项目的最终经济决策服务，这是项目环境影响评价特别是环境影响经济评价的目的。

3. 环境价值的估算方法

环境影响损益分析和经济评价中，可以根据环境商品的消费效用原理来确定环境价值。在具体评价工作中，环境效益（或费用）也有不同的表现形式，有些直接具有市场价值，有些需要利用替代物品来间接表示，同时市场价值也包含环境污染对人体健康进而对人力工资和社会成本影响的因素。据此，环境影响评价中采用的具体方法如下。

第一类为直接法。对于直接具有市场价格的环境资产，在环境影响的经济评价中可以采用其市场价格直接评估其价值。直接法又分为市场价值法和人力价值法。

第二类为替代价值法。当同时存在几种效用相同的环境资产时，最低价格的环境资产需求最大；在市场充分竞争的条件下，具有相同服务功能的物品，能够互相替代，必然会形成相同的价格。在环境影响经济评价中对某项环境服务功能进行评估时，应提出多种评估方案，进行对比分析，选择其中最有利方案，以使其评估结果更接近实际。该类方法通常包括资产价值法和工资差额法。

第三类为补偿费用法。当环境影响的费用和效益无法直接计算市场价值时，还可以根据补偿环境恶化的费用来确定环境价值。补偿费用法包括防护费用法与恢复费用法。

以上各种估算和评价方法的关系见表 7.3。

表 7.3 环境价值的确定方法

分类依据		评价方法
根据环境商品的消费效用的原理	根据市场价值与劳动生产率	市场价值法
		人力价值法
	根据替代物的市场价值	资产价值法
		工资差额法
根据补偿环境恶化的费用的原理		防护费用法
		恢复费用法

1）直接法

市场价值法和人力资本法是直接费用-效益分析法，重点描述污染物对自然系统或对人工系统影响的效益与费用。

（1）市场价值法。市场价值法将环境质量当做一个生产要素，环境质量的变化导致生产率和生产成本的变化，从而影响生产或服务的利润和产出水平，而服务或产品的价值、利润是可以利用市场价格来计量的。市场价值法就是利用环境质量变化而引起的产品或服务产量及利润的变化来评价环境质量变化的经济效果的。用公式表示为

$$S = V\sum_{i=1}^{n}\Delta R_i \tag{7-2}$$

式中，S ——环境污染或生态破坏的价值损失；

V ——受污染或破坏物种的市场价格；

ΔR_i——某产品或服务受 i 类破坏时损失的产量；

i ——环境破坏程度，n=1，2，3 分别表示轻度、中度或重度破坏。

其中，ΔR_i 的计算方法与环境要素的污染或损失过程有关，如计算农田受污染损失时，可按下式计算为

$$\Delta R_i = M_i(R_0 - R_i) \tag{7-3}$$

式中，M_i——受某污染程度污染的面积；

R_0——未受污染或类比区的单产；

R_i——受某污染程度污染的单产。

（2）人力资本法。环境是人类社会发展的基础资源，其质量变化对人类健康有深远影响，如果人类生存环境受到污染或破坏，使原来的环境功能下降，就会给人类的生活质量及健康带来损失。这不仅会使人们劳动的能力水平下降，还会给社会带来资源与经济负担。对人类健康方面所造成的损失主要包括：疾病、病休乃至过早死亡所造成的医疗资源的增加，劳动收入的损失，精神或心理上的代价等。人力资本法就是对这些损失的一种估算方法。

人体得病或死亡的社会效益损失是由个人社会劳动价值的部分或全部损失，等于一个人丧失的工作时间内预期创造的劳动价值，可表达为

$$L = \sum_{i=T}^{\infty} y_t P_T^t (1+r)^{-(t-T)} \tag{7-4}$$

式中，L——个人的预期收入限值或效益损失限值；

y——预期个人在第 t 年所得的收入（扣除非人力资本收入）；

r——贴现率；

P_T^t——个人从第 T 年活到第 t 年的概率。

环境污染引起的经济损失可分为直接经济损失和间接经济损失两类。其中直接经济损失包括预防和医疗费用，死亡丧葬费用；间接经济损失包括病人耽误工作造成的经济损失，非医护人员护理、陪住影响工作造成的经济损失等。

评价的具体步骤：通过调查和对比分析，确定环境污染因素在发病原因中所占的比重，并调查患病和死亡人数，以及病人和陪住人员耽误的劳动总工日，来计算环境污染对

人类健康影响的经济损失。

2）替代市场法

对于环境污染所造成的损失不能用市场价格来表示时，可以用替代品的市场价格来作为价值评价的依据。

（1）资产价值法。资产价值法与市场价值法的区别在于：它不是利用受环境质量变化所影响的对象的直接市场价格来估计环境效益，而是利用替代物的价格来估计无价格的环境商品或劳务。例如环境舒适程度，空气的清洁度，建筑和景观的协调等因素，是无法直接通过市场价值来估计效益的，但可以通过对销售受影响的房产价格的变化来衡量。对房产项目，当周围环境质量发生变化，人们的购买意向就会发生变动，附近的房地产价格会相应随之变化，这时这些本不具备明显市场价格的因素就通过房地产价格的变化体现出来效益了。

$$\Delta B = \sum_{i=1}^{n} a_i (Q_{i2} - Q_{i1}) \tag{7-5}$$

式中，ΔB——效益的变化，可以是由于建设项目引起房产效益的减少，也可以是空气的污染防治引起房产效益的增加；

a_i——边际支付意愿。若第 i 个替代产品的价格为 P_i，其相应的环境质量水平为 Q_i，则

$$a_i = \partial P_i / \partial Q_i$$

Q_{i1}、Q_{i2}——变化前和变化后的环境质量水平。

（2）工资差额法。利用不同的环境质量条件下工人工资的差异来估计环境质量变化造成的经济损失或带来的经济效益。工人的工资受很多因素的影响，如工作性质、技术程度、工作周围环境质量、工作年限等都是经常考虑的。在一些情况下，用高工资吸引人们到污染地区工作是一些可能有环境风险单位的实际做法。如果工人可以自由调换工作，那同类工作中存在着的工资的地区差异，部分反映了工作地点的环境质量。这种情况下，工资差异的水平可以用来估计环境质量变化带来的经济损失或经济效益，也就是说，类似工作的工资差额是与工作地点的条件相关的职业属性的函数，工资水平与上述职业属性之间的关系就是环境质量的隐形价值。

如果隐形价值是常数，它反映的就是具有职业属性的特征工作环境，是企业对该工作职业属性水平和效益的认知：从事较低水平特征属性的职业（即工作环境风险较大），对工资的边际支付意愿具有较高水平；反之，从事较高水平特征属性的职业（即工作环境风险较小），对工资的边际支付意愿水平较低。

影响工资差额的许多职业属性是可以识别的。大多数涉及这方面环境属性的案例集中在生命健康的风险和城市的舒适程度两方面，特别是空气污染。从这个意义上说，空气污染属性的隐形价格提供了一个空气质量与收入之间的权衡价值。

3）环境补偿法

以上介绍的是依赖于支付意愿的环境质量效益评价方法，但很多时候，要全面估计保护和改善环境质量的经济效益并不容易。实际上，许多有关环境质量的评价是在没有对

效益进行货币估算的情况下做出的，这就需要利用其他方法。目前我国在排放总量的确定上运用的就是环境补偿法。环境补偿法是用特定目标，特别是某些具体的数量指标来代替货币效益的。这是根据计算出的替代被破坏的环境所需要的费用来评价环境质量的方法。

(1) 防护费用法。生产者和消费者愿意承担防护费用时所显示的环境质量效益，即是该环境质量的隐含价值。根据所包含的费用，按照所使用的那些资源的经济价值，就可以估计产生的最低效益。该方法已经广泛使用在环境影响评价中。

(2) 恢复费用法。恢复费用法的具体含义是：由于建设项目或环境管理措施不当，造成环境质量下降以及由此造成其他生产性物资受到损害，而将环境质量或生产性物资恢复到初始状态所需费用，这一费用作为估计环境效益损失的最低期望值。

在将环境影响的成本与效益货币化以后，即可将环境影响的价值纳入项目经济分析，通过计算净现值、内部收益率，观察是否显著改变项目原有可行性评价指标；通过不确定性分析，评价项目的可行性对项目环境计划执行情况的敏感性、对环境成本变动幅度的敏感性、对贴现率选择的敏感性等。具体计算参见前述相关章节。

4. 环境影响的费用效益分析案例

对环境影响进行经济评价，是采用科学的评价方法，依据相关的标准和程序对环境影响所导致的损害和效益进行货币化计量的过程。这里引用一份资料，说明水体污染对人体健康影响的经济损失估算。该研究成果介绍了人力资本法、防护费用法等费用效益分析法的使用过程。

1) 确定水环境污染因素与人体健康的关系

在估算水污染影响健康所导致的经济损失时，应逐步考察污染水体威胁人体健康的程度以及社会对此所做出的必要反应。日常生活中，为预防水体污染，社会组织会开展防疫、卫生等工作；水体受污染后，致病性物质将通过直接或间接途径进入人体，引起疾病或暴发流行性传染病；人患病后，通常采取治疗、休息等措施来恢复机体健康；同时在传染病流行时，人们还将采取许多控制疫情的应急措施。因此，分析水体污染对人体健康的影响，应该考虑治疗疾病的费用，承受患病引起的工时损失，同时也不得不支付相当数量的防护费用。这里把由水体污染影响健康造成的社会支出的增加和收入的减少称之为水体污染损失费用，用 C_n 表示为

$$C_n = L_n + P_n \tag{7-6}$$

式中，C_n——水污染损失费；

L_n——健康损害费用，患病导致经济收入的减少；

P_n——防护费用，预防疾病的社会支出。

(1) 健康损害费用。健康损害费用主要包括：

① 治疗费用。

② 无法工作时间的经济损失。

③ 因疾病早逝造成的经济损失。

④ 在传染病流行时，疫区中许多正常的社会经济活动因之取消、推延或受到限制所造成的经济损失。

⑤ 因治疗费用支出导致经济开发机会丧失所造成的损失，因此

$$L_n = L_c + L_w + L_d + L_i + O_p \tag{7-7}$$

式中，L_n——健康损害费用；

L_c——治疗费用；

L_w——无法工作时间的经济损失；

L_d——因疾病早逝造成的经济损失；

L_i——正常的社会经济活动受限制的经济损失；

O_p——因治疗费用支出导致经济开发机会丧失所造成的损失。

(2) 防护费用。社会组织为防治水体污染所做的一切努力都将对人民健康有益。防护费用主要包括：

① 用于水污染疾病防护的卫生事业费用。

② 自来水厂因水污染而被迫进行的取水口改建工程费用。

③ 增加的生活用水处理费用。

④ 农村用水改革费用。

⑤ 防护支出造成的投资机会的损失。因此

$$P_n = P_o + P_w + P_t + P_v + O_p \tag{7-8}$$

式中，P_n——防护费用；

P_o——卫生事业费用；

P_w——取水口改建工程费用；

P_t——增加的生活用水处理费用；

P_v——农村用水改革费用；

O_p——防护支出造成的投资机会的损失。

本例对水体污染健康导致损失的估算，是基于对水体污染导致费用支出的实际分析而建立的。把患病支出作为健康损失的一部分，是由于水体污染对健康的损害作用而强加给社会的一笔额外开支。这与估算水体污染工业损失时，把增加的水处理费用作为其损失的一部分是相一致的，符合环境经济学基本理论。环境经济学中认为，环境污染损害费用与污染防护费用可归并为同一类型，这便是通常所谓的环境污染损失。

2) 费用计算的方法

(1) 治疗费用的计算。治疗费用等于疾病患者人数乘以病者平均治疗费用。人均治疗费用可通过统计得到，患者人数可以通过清洁区与污染区差异推求，但在目前情况下，欲寻找一个与计算区自然条件相似而不受污染的清洁区很难。以下推求治疗费用的公式供参考，即

$$L_c = \sum_{i=1}^{k} l_{ci} S_i a_i \tag{7-9}$$

式中，k——列入计算的水污染疾病种类数；

l_{ci}——i 种疾病平均治疗费用；

S_i——i 种疾病患者人数；

a_i——i 种疾病病人中因水污染引起的比例数。

a_i 不易确定，但目前可以通过病因调查来近似估计。例如，根据某市防疫站的调查，在急性腹泻病人中，由生水加食物、生水加果品以及游泳时喝生水导致的患者人数约占85%，故取肠炎、痢疾的 a_i 值为0.85。

(2) 工时损失和早逝损失的计算。休养期间病者与陪护人员的工时损失以及早逝损失都是一种工作机会的丧失所导致的损失。但两者仍有不同之处，病者有饮食需求等消耗，死者已无消耗，损失计算也因之有异。

工时损失可参考下式计算为

$$L_w = \sum_{i=1}^{k} G_a N_i a_i \tag{7-10}$$

式中，G_a——人均日国民收入；

N_i——i 种疾病平均病休日数与需陪护日数之和。

早逝者导致的损失理解为：如果人还健在，在未来的工作年限内，其劳动所产生的价值减去自身消耗的部分，这一部分可以参考国民经济统计资料中的年积累数据，即

$$L_d = \sum_{i=1}^{k} \left[\sum_{t_0=1}^{t_n} D_{i,t_0} l_{d,t_0} \right] \tag{7-11}$$

式中，t_0——死亡时的年龄；t_n为工作年龄的上限，在我国可取为60岁；

D_{i,t_0}——i 种疾病患者在 t_0 岁死亡人数；

l_{d,t_0}——个人在 t_0 岁时死亡的平均损失，可以计算为

$$l_{d,t_0} = \sum_{t=t_0}^{t_n} A_{t_0} \left[(1+R)/(1+r) \right]^{t-t_0} \tag{7-12}$$

式中，A_{t_0}——在年龄 t_0 死亡当年的人均积累；如果 t_0 小于起始工作年龄，A_{t_0} 为平均养育费且取负值；

R——社会年积累的平均增长率；

r——社会平均贴现率。

(3) 防护支出的计算。防护费用中的卫生事业费、生活供水所增加的水处理费用、取水口改建工程费用以及农村水改费用等一般都可以通过调查统计取得。因计算污染损失时，往往取年为时间单位，所以防护费用可以费用年值计算。

费用年值包括年度运行费和维修费，以及工程折旧费用。

7.2.11　环境影响评价文件编制要求

根据建设项目环境保护分类管理的要求，建设项目环境影响评价文件不以投资主体、资金来源、项目性质和投资规模，而以建设项目对环境可能造成影响的程度来划分。为保证环境影响评价的工作质量，督促建设单位认真履行环境影响评价义务，规范环境影响评价文件的编制，《中华人民共和国环境影响评价法》和《建设项目环境保护管理条例》对建

设项目环境影响报告书的内容以及环境影响报告表、环境影响登记表的内容和格式做出了规定。

1. 环境影响报告书的法定内容

建设项目的环境影响报告书应当包括下列内容：

(1) 建设项目概况。

(2) 建设项目周围环境现状。

(3) 建设项目对环境可能造成影响的分析、预测和评估。

(4) 建设项目环境保护措施及其技术、经济论证。

(5) 建设项目对环境影响的经济损益分析。

(6) 对建设项目实施环境监测的建议。

(7) 环境影响评价的结论。

除上述评价内容外，根据形势的发展，提高科学民主决策的能力，体现以人为本，环境影响报告书编制内容中还必须有公众参与的内容。鉴于建设项目风险事故对环境会造成重大危害，对存在风险事故的建设项目，特别是在原料、生产、产品、储存、运输中涉及危险化学品的建设项目，在环境影响报告书的编制中，必须有环境风险评价的内容。

2. 环境影响报告表的内容和填报要求

根据原国家环境保护总局公布的《建设项目环境影响报告表(试行)》的内容及格式，要求附环境影响评价资质证书及评价人员情况，即建设项目环境影响报告表必须由具有环境影响评价资质的单位填写。

填报内容包括建设项目的基本情况、所在地自然环境与社会环境简况、环境质量状况、评价适用标准、建设项目工程分析、主要污染物及预计排放情况、环境影响分析、拟采取的防治措施与预期效果，结论与建议等。环境影响报告表如不能说明项目产生的污染及对环境造成的影响，应根据建设项目的特点和当地环境特征对部分内容进行专项评价，专项评价按《环境影响评价技术导则》中的要求进行。环境影响报告表同时应有必要的附件和附图。

3. 环境影响登记表的内容和填报要求

根据原国家环境保护总局公布的《建设项目环境影响登记表(试行)》的内容及格式，填报内容包括项目内容及规模，原辅材料及主要设施规格、数量，水及能源消耗量，废水排放量及排放去向，周围环境简况，生产工艺流程简述和拟采取的防治污染措施等。建设项目环境影响登记表的填写单位不要求必须具备环境影响评价资质，一般由建设单位自行填写。

复习思考题

7.1 如何理解环境评价的涵义？举例说明环境评价的分类。

7.2　如何理解环境质量评价与环境影响评价的关系？

7.3　什么是环境风险评价？在对建设项目进行环境风险评价时，一般应包括哪些基本内容？

7.4　建设项目环境影响评价工作一般应遵循怎样的原则？如何开展工作？

7.5　进行环境现状调查是开展环境影响评价工作的基础，其主要内容有哪些？

7.6　在进行建设项目环境影响评价时，为什么要进行环境损益经济分析？请列举常见的几种方法并简要阐述。

7.7　根据国家对建设项目环境影响评价分类管理的要求，环境影响评价文件分为哪几种形式？每种文件形式主要包含哪些内容？

第八章　建设项目社会评价

建设项目在其建设和运营过程中，会产生各种各样的社会影响，利益相关者根据其获得的收益或者受到的损失情况，也会以不同途径和方式对项目施加各种影响。

社会评价是采用社会学分析方法评估拟建项目的社会影响和当地社会条件对项目的适应性和可接受程度，评价项目的社会可行性。建设项目社会评价是社会评价理论和方法在建设领域中的具体运用，是从社会发展角度评价拟建项目的社会效益和可行性问题。

8.1　社会评价概述

社会评价旨在系统调查和预测拟建项目的建设和运营过程中产生的社会影响与社会效益，分析项目所在地区的社会环境对项目的适应性和可接受程度。通过分析项目涉及的各种社会因素，评价项目的社会可行性，提出项目与当地社会协调关系，规避社会风险，促进项目顺利实施，保持社会稳定的措施。

8.1.1　社会评价的演变

社会评价思想的产生与人类的社会发展观演变密不可分。技术创新推动下的工业革命史无前例地创造了巨大的社会物质财富，并率先推动西方世界进入了发达的现代工业社会。欠发达经济体逐步认识到，只有经济增长才能促进落后地区的经济社会发展，因此经济增长在很大程度上就等同于经济社会发展；但是，高速经济增长也带了诸如分配不公、环境破坏等严重的社会经济问题。在此背景下，人类开始反思并提出新的社会发展观。

1968 年，以欧美地区的研究学者、社会名流为主要代表成立了著名的“罗马俱乐部”，并发表了轰动世界的《增长的极限》研究报告，其核心观点是“人口增长、工业发展、粮食生产、资源消耗和环境污染具有指数增长性质，人类的经济增长存在极限。”1980 年，联合国大会首次使用“可持续发展”的概念，此后“可持续发展”被众多国家和国际组织官方文件采用。1995 年，在丹麦哥本哈根召开的各国首脑会议通过了《社会发展问题的哥本哈根宣言》和《行动纲领》，全面深刻阐述了人类的社会发展观，其核心观点是“社会发展以人为中心，社会发展的最终目标是改善和提高全体人民的生活质量，社会发展是各国政府和民间各部门的中心责任”，这标志人类社会广泛认同的现代社会发展观建立了。

随着社会发展观的逐步确立，一些国家也开始在投资项目建设中开展社会评价。1969 年，美国通过了《国家环境政策法案》(NEPA，1969)，首先开创了环境影响评价制度，并将社会评价纳入环境影响评价的范畴，即要求在环境影响评价时开展社会影响评价(social impact analysis)。之后，英国、欧盟、加拿大等也相继建立社会评价制度。

1984 年，世界银行首次要求在项目评价阶段，“社会性评估”应成为世行项目可行性研究工作的一部分，与经济、技术和机构评价共同进行。1997 年，世行社会发展部成为一个独立的部门；2002 年 8 月，世行发布了社会分析规范手册。

在 20 世纪 80 年代、90 年代初，亚洲开发银行（ADB）、日本国际协力银行（JBIC）、英国国际发展部（DFID）、加勒比海发展银行（CDB）、泛美开发银行（IDB）等有关组织相继建立了社会发展部门，颁布了社会分析指南。

在我国，投资项目社会评价始于 20 世纪 80 年代末。1986～1996 年，在联合国开发计划署（UNDP）和英国国际发展部（DFID）的资助下，中外专家组成了“投资项目社会评价课题组”，完成了《投资项目社会评价理论与方法》和《投资项目社会评价指南》两项成果，标志着我国投资项目社会评价工作进入了起步阶段。2002 年，原国家发展计划委员会发布了由中国国际工程咨询公司组织编写的《投资项目可行性研究指南》，第一次将社会评价作为中国投资项目可行性研究的重要组成部分，解决了社会评价在投资项目评价体系中从“无”到“有”的问题。2007 年 5 月，国家发改委发布的《项目申请报告通用文本》正式将社会评价作为项目申请报告的必报部分。

8.1.2　社会评价的目的

社会评价有利于实现项目发展与地区经济社会发展的协调一致，防止单纯追求财务效益；有利于项目与所在地区利益协调一致，减少社会矛盾和纠纷，防止可能产生不利的社会影响和后果，促进社会稳定；有利于避免或减少项目社会风险，提高投资效益。见表 8.1。

表 8.1　社会评价的目的

评价层次	社会评价目的
宏观层次	（1）实现经济和社会的稳定、持续和协调发展；
	（2）满足人们的基本社会需求；
	（3）保证不同地区之间的公平协调发展；
	（4）充分利用地方资源、人力、技术和知识，增强地方的参与程度；
	（5）减少或避免项目建设和运行可能引致的社会问题。
项目层次	（1）制定一个能够切实完成项目目标的机制和组织模式；
	（2）保证项目收益在项目所在地区不同利益相关者之间的公平分配；
	（3）预测潜在风险并分析减少不良社会后果和影响的对策措施；
	（4）提出为实现各种社会目标而需要对项目设计方案进行改进的建议；
	（5）通过参与式方法的运用增强项目所在地区民众有效参与项目建设和管理；
	（6）防止或尽量减少项目对地区社会环境造成负面影响。

8.1.3　社会评价的项目范围

社会评价难度大、要求高，而且需要一定的资金和时间投入，因此不是所有的项目都要进行社会评价。通常情况下，社会评价主要适用于那些社会因素较为复杂、社会影响较为久远（具有重大的负面社会影响或者显著的社会效益）、社会矛盾较为突出，社会风险较大和社会问题较多的投资项目，包括：需要大量移民搬迁或者占用农田较多的水利枢纽项目、交通运输项目、矿产和油气田开发项目等，具有明显社会发展目标的如扶贫项目、区域性发展项目及社会服务项目如文化、教育、卫生等公共公益项目。

当前，开展社会评价的项目主要有两类：①国内大型工程项目，如三峡工程、南水北调以及奥运会场馆建设前期都进行了项目社会评价，进行社会评价的项目正在迅速增加；②世行、亚行等国际金融机构贷款项目。

在项目评价时首先需要进行初步社会评价，然后根据初步评价结论，判断是否需要开展详细社会评价。一般而言，需要进行详细社会评价的项目具有如下特征：

(1) 项目地区居民无法从以往的发展项目中受益或者历来处于不利地位。

(2) 项目地区存在比较严重的社会、经济、政治不公平现象。

(3) 项目地区存在比较严重的社会问题。

(4) 项目地区面临大规模的企业结构调整，并可能引发大规模的失业人口。

(5) 可以预见到项目会产生重大的负面影响，如非自愿移民、文物古迹的严重破坏。

(6) 项目活动会改变当地居民的行为方式和价值观念。

(7) 社区和当地居民的参与对于项目的成功实施和可持续发展具有重要影响。

(8) 评价人员对受影响群体和目标群体的需求以及项目地区发展制约因素缺乏足够理解。

8.2 社会评价的主要内容

社会评价坚持以人为本的基本原则，研究内容主要包括项目的社会影响分析、项目与所在地区的互适性分析和社会风险分析。

8.2.1 社会影响分析

社会影响分析旨在分析预测项目可能产生的正面影响(即社会效益)和负面影响。具体包括：

(1) 项目对所在地区居民收入的影响，主要分析预测由于项目实施可能造成当地居民收入增加或者减少的范围、程度及其原因；收入分配是否公平，是否扩大贫富收入差距，并提出促进收入公平分配的措施建议。扶贫项目，应着重分析项目实施后，能在多大程度上减轻当地居民的贫困和帮助多少贫困人口脱贫。

(2) 项目对所在地区居民生活水平和生活质量的影响，分析预测项目实施后居民居住水平、消费水平、消费结构、人均寿命的变化及其原因。

(3) 项目对所在地区居民就业的影响，分析预测项目的建设、运营对当地居民就业结构和就业机会的正面影响与负面影响。其中正面影响是指可能增加就业机会和就业人数，负面影响是指可能减少原有就业机会及就业人数，以及由此引发的社会矛盾。

(4) 项目对所在地区不同利益群体的影响，分析预测项目的建设和运营使哪些人受益或受损，以及对受损群体的补偿措施和途径。兴建露天矿区、水利枢纽工程、交通运输工程、城市基础设施等一般都会引起非自愿移民，应特别加强这项内容的分析。

(5) 项目对所在地区弱势群体利益的影响，分析预测项目的建设和运营对当地妇女、儿童、残疾人员利益的正面影响或负面影响。

(6) 项目对所在地区文化、教育、卫生的影响，分析预测项目建设和运营期间是否可能引起当地文化教育水平、卫生健康程度的变化以及对当地人文环境的影响，提出减小不利影响的措施建议。公益性项目要特别加强这项内容的分析。

(7) 项目对当地基础设施、社会服务容量和城市化进程等的影响，分析预测项目建设和运营期间，是否可能增加或者占用当地的基础设施，包括道路、桥梁、供电、给排水、供汽、服务网点，以及产生的影响。

(8) 项目对所在地区少数民族风俗习惯和宗教的影响，分析预测项目建设和运营是否符合国家的民族和宗教政策，是否充分考虑了当地民族的风俗习惯、生活方式或者当地居民的宗教信仰，是否会引发民族矛盾、宗教纠纷，影响当地社会安定。

通过分析，评价项目的社会影响，编制项目社会影响分析表，如表 8.2 所示。

表 8.2　项目社会影响分析

序号	社会因素	影响范围和程度	可能出现的后果	措施建议
1	对居民收入的影响			
2	对居民生活水平与生活质量的影响			
3	对居民就业的影响			
4	对不同利益群体的影响			
5	对脆弱群体的影响			
6	对地区文化、教育、卫生的影响			
7	对地区基础设施、社会服务容量和城市化进程的影响			
8	对少数民族风俗习惯和宗教的影响			

8.2.2　互适性分析

互适性分析主要是分析预测项目能否为当地的社会环境、人文条件所接纳，以及当地政府、居民支持项目存在与发展的程度，考察项目与当地社会环境的相互适应关系。

(1) 分析预测与项目相关的各利益群体对项目建设和运营的态度及参与程度，选择可以促使项目成功的各利益群体的参与方式，对可能阻碍项目存在与发展的因素提出防范措施。

(2) 分析预测项目所在地区的各类组织对项目建设和运营的态度，可能在哪些方面、在多大程度上对项目予以支持和配合。对需要由当地提供交通、电力、通信、供水等基础设施条件，粮食、蔬菜、肉类等生活供应条件，医疗、教育等社会福利条件的，当地是否能够提供，是否能够保障。

(3) 分析预测项目所在地区现有技术、文化状况能否适应项目建设和发展。主要为发展地方经济、改善当地居民生产生活条件兴建的水利项目、公路交通项目、扶贫项目，应分析当地居民的教育水平能否适应项目要求的技术条件，能否保证实现项目既定目标。

通过项目与所在地的互适性分析，就当地社会对项目适应性和可接受程度作出评价，编制社会对项目的适应性和可接受程度分析表，如表 8-3 所示。

表 8.3 社会对项目的适应性和可接受程度分析

序号	社会因素	适应程度	可能出现的问题	措施建议
1	不同利益群体			
2	当地组织机构			
3	当地技术文化条件			

8.2.3 社会风险分析

项目的社会风险分析是对可能影响项目的各种社会因素进行识别和排序，选择影响面大、持续时间长，并容易导致较大矛盾的社会因素进行预测，分析可能出现这种风险的社会环境和条件。那些可能诱发民族矛盾、宗教矛盾的项目要注重这方面的分析，并提出防范措施。编制项目社会风险分析表，如表 8.4 所示。

表 8.4 项目社会风险分析

序号	风险因素	持续时间	可能导致的后果	措施建议
1				
2				
3				
4				
5				

8.3 社会评价步骤与方法

8.3.1 社会评价步骤

社会评价一般分为调查社会资料、识别社会因素、论证比选方案三个步骤。

1. 调查社会资料

调查了解项目所在地区的社会环境等方面的资料。调查的内容包括项目所在地区的人口统计资料，基础设施与服务设施状况；当地的风俗习惯、人际关系；各利益群体对项目的反应、要求与接受程度；各利益群体参与项目活动的可能性，如项目所在地区干部、群众对参与项目活动的态度和积极性，可能参与的形式、时间，妇女在参与项目活动方面有无特殊情况等。社会调查可采用多种调查方法，如查阅历史文献、统计资料，问卷调查，现场访问、观察，开座谈会等。

2. 识别社会因素

分析社会调查获得的资料，对项目涉及的各种社会因素进行分类。一般可分为三类：即影响人类生活和行为的因素；影响社会环境变迁的因素；影响社会稳定与发展的因素。

识别影响项目实施和成功的主要社会因素，作为社会评价的重点和论证比选方案的内容之一。

3. 论证比选方案

对项目可行性研究拟定的建设地点、技术方案和工程方案中涉及的主要社会因素进行定性、定量分析，比选推荐社会正面影响大、社会负面影响小的方案。

8.3.2　社会评价的主要方法

项目涉及的社会因素、社会影响和社会风险很难用统一的指标、量纲和判据进行评价，因此社会评价应根据项目的具体情况采用灵活的评价方法。社会评价方法主要有快速社会评价法、详细社会评价法、利益相关者分析方法等。

1. 快速社会评价法

快速社会评价法是在项目前期阶段进行社会评价常用的一种简捷方法，通过这一方法可大致了解拟建项目所在地区社会环境的基本状况，识别主要社会影响因素，预测可能出现的情况及其对项目的影响程度。快速社会评价主要是分析现有资料和现有状况，着眼于负面社会因素的分析判断，一般以定性描述为主。快速社会评价的方法步骤如下：

1）识别主要社会因素

对影响项目的社会因素分组，可按其与项目之间关系和预期影响程度划分为影响一般、影响较大和影响严重三级。应侧重分析评价那些影响严重的社会因素。

2）确定利益群体

对项目所在地区的受益、受损利益群体进行划分，着重对所损利益群体的情况进行分析。按受损程度，划分为受损一般、受损较大、受损严重三级，重点分析受损严重群体的人数、结构，以及他们对项目的态度和可能产生的矛盾。

3）估计接受程度

大体分析当地现有经济条件、社会条件对项目存在与发展的接受程度，一般分为高、中、低三级。应侧重对接受程度低的因素进行分析，并提出项目与当地社会环境相互适应的措施建议。

2. 详细社会评价法

详细社会评价法是一种广泛应用的社会评价方法，是在快速社会评价的基础上，进一步研究与项目相关的社会因素和社会影响，进行详细论证，并预测风险度。详细社会评价采用定量与定性分析相结合的方法，进行过程分析，主要步骤如下：

1）识别社会因素并排序

对社会因素按其正面影响与负面影响，持续时间长短，风险度大小，风险变化趋势（减弱或者强化）分组。应着重对那些持续时间长、风险度大、可能激化的负面影响进行论证。

2）识别利益群体并排序

对利益群体按其直接受益或者受损，间接受益或者受损，减轻或者补偿受损措施的代价分组。在此基础上详细论证各受益群体与受损群体之间，利益群体与项目之间的利害关系，以及可能出现的社会矛盾。

3) 论证当地社会环境对项目的适应程度

详细分析项目建设与运营过程中可以从地方获得支持与配合的程度，按好、中、差分组。应着重研究地方利益群体、当地政府和非政府机构的参与方式及参与意愿，并提出协调矛盾的措施。

4) 比选优化方案

将上述各项分析的结果进行归纳，比选、推荐合理方案。

在进行项目详细社会评价时一般采用社区基层参与式评价，即吸收项目所在社区的公众参与评价项目实施方案等。这种方式有利于提高项目方案的透明度；有助于取得项目所在地各有关利益群体的理解、支持与合作；有利于提高项目的成功率，预防不良社会后果。一般来说，公众参与程度越高，项目的社会风险越小。

参与式评价可采用下列形式：

(1) 咨询式参与，由社会评价人员将项目方案中涉及当地居民生产、生活的有关内容，直接交给居民讨论，征询意见。

(2) 邀请式参与，由社会评价人员邀请不同利益群体中有代表性的人员座谈，注意听取反对意见，并进行分析。

(3) 委托式参与，由社会评价人员将项目方案中特别需要当地居民支持、配合的问题，委托给当地政府或机构，组织有关利益群体讨论，并收集反馈意见。

3. 利益相关者分析

利益相关者是指与项目有直接或间接的利害关系，对项目实施和成功具有直接或间接影响的个人、群体和组织。利益相关者分析是社会评价的基础性工作和重要方法，主要步骤为：

1) 识别利益相关者

项目的利益相关者可分为：项目受益人、项目受害人、项目受影响人和其他利益相关者，如建设单位、设计单位、咨询单位、与项目有关的政府部门和非政府组织。

2) 分析利益相关者的利益构成

详细分析利益相关者从项目实施中可能获得的利益以及对项目可能施加的影响，重点分析并回答如下问题：利益相关者对项目有什么期望？项目能够为利益相关者带来什么利益？项目是否会对利益相关者产生不利影响？利益相关者拥有的资源以及他们是否愿意和能够动用这些资源来支持或阻止项目的实施？利益相关者是否有与项目预期目标相冲突的任何利害关系？

3) 分析利益相关者的重要性和影响力

利益相关者按其重要程度可以分为主要利益相关者和次要利益相关者，前者是指项目的直接受益或直接受损的人或组织，后者是指与项目的规划设计、具体实施等相关的人或组织，如银行、政府和非政府组织。可从如下方面分析各利益相关者的重要性及其对项目的影响力:权力和地位的拥有程度;组织机构的级别;对战略资源的控制力;其他非正式的影响力;与其他利益相关者的权利关系;对项目成功的重要程度。

4) 制定主要利益相关者参与方案

在充分理解了利益相关者相关信息以及不同利益相者之间的关系之后,重点关注主要利益相关者,制定主要利益相关者参与项目方案制定、实施和管理的方案,争取主要利益相关者对项目的理解、支持和参与。

8.4　建设项目社会评价

建设项目社会评价涉及项目建设全过程,即机会研究阶段、可行性研究阶段、实施阶段、使用阶段和后评价阶段。在项目建设各阶段,社会评价的主要内容和侧重点是不同的。

8.4.1　项目机会研究阶段的社会评价

机会研究阶段的主要工作是寻找投资机会,确定项目区位,明确项目的功能、性质和规模等关键问题,本阶段社会评价的主要内容包括:

1. 调查项目所在地的社会经济现状,明确项目目标与地区经济社会发展的一致性

调查当地的社会经济发展水平、支柱产业及其产业政策;居民的文化习俗和生活习惯、居民的收入及消费水平;城市规划与实施计划等。研究项目与当地经济社会发展目标的一致性,如项目对当地建设的影响、项目对当地经济社会发展的贡献、项目可以结合技术经济分析,初步确定项目的基本目标、性质、规模、场地、功能、服务对象等。

2. 调查项目的目标群体和受影响群体,预测拟建项目可能产生的主要社会效益和影响

调查项目的主要利益相关者,确定受益群体和受影响群体;调查各类群体对项目的态度;调查受影响群体(如拆迁户、项目所在地社区群众等)的主要要求和态度。初步预测项目的主要社会影响和可能引起的社会问题,分析项目潜在的社会奉献,并提出相应的防范措施。

3. 评估主要利益相关者对项目的接受能力

全面评估项目主要利益相关者对项目本身和项目建设的认同度,以及对该项目实施导致的技术、经济、社会、文化、环境等可能影响,特别是对不利影响(如自然风貌转变、天然植被破坏、生活及社区环境变化)的适应和承受能力。

4. 初步判断项目社会评价的可接受性

对于那些没有严重的不利社会影响,符合当地经济社会发展目标,主要利益相关者对项目的需要较高,受影响群体对项目态度较好,没有潜在的强烈不满情绪,接受能力也较好的项目,可以初步判定为社会评价可行的项目。对于此类项目,后续阶段的社会评价主

要考虑发挥项目的经济和社会效益。

如果在初步社会评价中发现，如：对某些群体可能产生不利影响，从而导致不满情绪；目标群体对项目的需要有限、接受能力不强；受影响群体对项目存在严重的不满和抵触情绪；项目的实施与当地的经济社会发展目标不适应等，就需要对项目进行详细的社会评价。研究可能产生的不利社会影响并提出相应的解决措施。如果项目产生的社会影响和社会风险太大、且不能合理解决时，表明项目社会评价不可行，需要否决该项目，建议重新确定项目目标、内容、规模、场址等关键问题。

8.4.2 可行性研究阶段的社会评价

在可行研究阶段，应结合技术经济研究，全面深入地评价项目的社会效益、不利社会影响和项目与社会的适应性，主要研究解决如下问题：

1. 主要利益相关者调查研究

在初步社会评价基础上，更为深入地调查研究项目的主要利益相关者及其子群体。详细了解主要利益相关者的需要、承受力和偏好；详细调查项目所在地的社区文化、风俗习惯、历史、文化、文物、自然景观，并将其体现到项目规划设计中，反映主要利益相关者的需求。如对拆迁安置房的开间大小、结构形式、户型、面积、设备设施、建筑风格、规划布局等应尽可能满足拆迁户的要求，并与当地的社区环境、自然景观相适应。

详细研究受影响群体的状况、社会阶层分布，项目的可能影响、影响程度、受影响群体的承受力和可能态度，特别注意贫民、孤寡老人、病人、妇女、儿童、少数族裔等社会弱势群体的承受能力。调查了解主要利益相关者，特别是弱势群体的要求，提出解决可能社会影响的措施并预测措施的效果，形成明确最终意见。

2. 识别社会风险，制定规避和减少社会风险的措施

识别项目实施过程可能的社会风险，评估社会风险的危害程度，如：是否会有社区群众、社团组织、受影响群体的抵制反对项目实施；在搬迁原住户或者拆除原建筑物设施时，是否会受到抵制；在处理有关纠纷时，是否存在不公平现象；在项目实施过程中，是否会因环境污染等其他因素带来社会问题，并受到抵制。详细研究社会风险发生的可能性、时间、受影响群体、可能的损失等问题，制定风险管理措施，评估风险管理措施的成本及实施效果等。

3. 项目的实施战略

项目实施战略的重点是考虑主要利益相关者和受影响群体的参与性，良好的参与性是项目社会评价追求的基本目标。

1）目标群体的参与性

目标群体的参与性是指项目目标群体对项目方案的关心、支持、参与并最终接受、认可的程度。目标群体的参与既取决于项目的位置、环境、质量、价格等技术经济因素外，还取决于项目是否能够满足目标群体的优先需要和偏好，是否符合当地社区、文化、风俗，是

否能够为当地社区和主要目标群体所接受。

按照各目标子群体的需求的类型和程度，进行排序，识别各子群体十分关注并且十分重要的迫切需要，了解符合多数子群体发展意愿的需要。从中选择排序最高，反映多数子群体需要的项目方案。据此评价每一种目标方案子群体意愿参与的程度，那些反映多数子群体需要的目标，也是最终进行项目规划设计的重要指导性意见。项目越能反映目标群体的需要和需求，目标群体的认同感就越强，参与并支持项目的积极性就越高。

2）受影响群体的参与性

项目的受影响群体是指由于项目的建设而受到各种影响的社会群体，如项目所在地的社区居民、被拆迁户和有关组织。受影响群体受到项目的影响是多样化的，如：住房或设施被拆除或被占用，大规模建筑施工导致生活上的不便利，噪音污染，交通秩序和原有生活被破坏，个别拆迁户甚至可能背井离乡搬迁到陌生生活环境等。这些问题可能导致当地居民的不满甚至抵触情绪，进而产生严重的社会风险和社会问题。因此，需要重点考虑受影响群体受到的影响、影响程度、承受力、可能导致的社会问题、补救措施及其效果。

8.4.3　实施阶段的社会评价

本阶段的主要任务是执行投资建设计划，按时、按质、按量顺利交付项目。项目实施过程是一个动态过程，面对变更的条件和计划，社会评价的条件和结论也可能发生变化。因此，项目实施阶段社会评价的关键是关注社会环境和社会条件的变化，注意方案措施的实施效果，研究变更情况，修订原有计划，制定并实施新的措施。

在项目实施阶段，应建立完善的社会监测与评价机构，其信息系统应及时、准确地将项目目标群体和受影响群体的状态信息、项目计划以及社会评价措施执行情况反馈到决策层。

8.4.4　使用阶段的社会评价

在使用阶段，项目设备和建筑物投入使用并开始生产，并建立起各种社会群体关系。这种社会群体关系对项目功能、维护社区稳定和构建良好的社会环境具有重要意义。本阶段社会评价的重点是处理好项目与当地社区、人群及各种机构间的关系。

1. 评价物业设施功能及维护状况

在项目使用阶段，有各种设备设施，如通风空调、电力、通信、给水、排水、园林、绿化、道路、地下管线等。确保并评估各种设备设施的运行状况，对于项目的正常运行具有重要作用，也是物业管理社会评价的主要内容。

2. 评价项目服务及运营状况

项目主要目标提供各种优质服务，满足当地社区和受影响人群的生产或生活需要。本阶段主要任务是保证项目正常生产，减少项目对当地居民的不利影响，改善当地的生活社会环境，提高当地居民的收入水平，为当地居民创造就业机会等。

3．评价项目与所在地区关系

使用阶段的社会评价应特别关注项目与所在地区的关系，营造祥和、轻松、舒适、亲切的关系，是项目追求的重要目标。应采取多种措施实现项目与当地社区的和谐相处，如：成立项目与当地社区沟通交流的组织，及时交换意见、互通信息，增进了解；定期或不定期召开使用者代表会或联欢会联络感情，组织各种沙龙或各种娱乐活动加强联系。

8.4.5 后评价阶段的社会评价

建设项目后评价阶段社会评价的主要目的在于总结经验，为今后同类项目的建设和管理积累经验，改进项目管理，消除或减轻不利影响，以利项目持续实施，促进社会经济发展。

1．社会环境影响评价

详细评价项目建设和运营过程中的自然及社会环境影响，分析已经发生的社会问题原因以及实施对策的实际效果；研究有无未曾预料的、估计错误的社会问题，有无需要采取补救措施的社会问题，采取恰当的措施缓减不利的社会影响，以有利于项目持续实施，促进社会稳定和进步。

2．项目与社会适应性评价

分析项目对社区群众的适应性；项目对地区经济社会发展目标的适应性；项目在扶贫、解困，创造就业机会，提高当地居民收入等的贡献。

3．项目持续性评价

项目持续性评价包括项目环境的持续性、经济增长的持续性和项目效果的持续性三方面。

环境持续性主要评价项目建设与运营对所在地区自然环境、生态环境、经济环境、文化环境、基础设施等人类生存和工作、生活环境带来的有利或不利影响；研究克服不利影响所采取措施的实际效果；分析潜在的社会风险，探讨进一步采取措施的必要性并预测其效果。

经济增长的持续性主要从就业、原材料消耗、能源消耗、市场及产业环境、技术水平等角度研究项目对国家和地区经济社会发展的影响；探讨项目本身维持正常发展的必要条件及其现状；分析项目持续发展的社会因素（如法律、法规、产业政策、业主及用户期望等）的有利或不利影响；研究项目经济可持续增长的方式及可能方式。

项目效果的持续性是指项目实现计划目标、提供商品和服务以及满足社区居民需要的能力。项目效果主要体现在其经营管理水平、服务效果、资源条件等方面。因此，建设项目效果持续性评价主要是考查项目的目标、社会效益、收入成本、经营管理、资源条件等方面。

表8.5提供了一个建设项目的社会评价分析框架，该分析框架借鉴和参考了具有广

泛国际影响力的美国社会影响评价指南提出的社会影响评价分析框架。

表 8.5　建设项目社会评价框架

序号	评价参数	机会研究	可行性研究	项目实施	项目使用	项目后评价
1	人口变化					
1.1	人口密度及变化					
1.2	民族、种族构成及变化					
1.3	迁移人口					
1.4	临时人员的流动					
1.5	季节性居民的表现					
2	社区组织结构					
2.1	自愿组织					
2.2	利益群体行为					
2.3	地方政府结构					
2.4	历史文化传统					
2.5	就业及收入特征					
2.6	弱势群体的就业公平					
2.7	地方、区域和国家间联系					
2.8	工商业活动的多样性					
2.9	规划及区划现状					
3	政治和社会资源					
3.1	权力和授权分配					
3.2	新旧成员的冲突					
3.3	利益相关者识别					
3.4	领导能力及特征					
3.5	跨组织间合作					
4	社区和家庭变化					
4.1	风险、健康与安全预期					
4.2	安置和移民事务					
4.3	对政治和社会团体的信任度					
4.4	对社会福利的关注					
4.5	对拟议项目和行动的态度					
4.6	交际圈的强度					
4.7	家庭及朋友网络					
4.8	居住稳定性					
5	社区的资源基础					
5.1	社区基础设施变化					
5.2	本地居民					
5.3	土地利用模式变化					
5.4	对文化、历史、宗教和考古资源的影响					

复习思考题

8.1　请查阅相关资料,了解社会评价的发展演变。

8.2　简述社会评价的主要内容。

8.3　简述社会评价的主要适用范围。

8.4　请以某个或某类建设项目为例,分析简述利益相关者分析的主要内容。

8.5　简述建设项目社会评价的主要分析框架。

第九章　建设项目投资决策

9.1　建设项目投资决策阶段分析

投资决策对建设项目的成败至关重要。许多建设项目失败的主要原因都是前期决策工作没有做好、仓促上马所致。因此，掌握科学的方法，做好建设项目的前期决策工作，避免投资决策失误，是提高建设项目经济效益的有效途径。

9.1.1　建设项目投资决策阶段简述

1. 建设项目投资决策的含义

人们在采取某种具体行动之前都需要根据自己的行动目的来选择和决定自己的行动方案。决策就是为了选择最佳的目标和行动方案而进行的一种活动，包括确定行动目标、分析相关环境条件与约束、选择满意行动方案的管理活动。投资决策是投资者按照一定程序、方法和标准，对投资方向、投资结构、投资规模、投资分配以及投资项目的选择和布局所做的决断，是从构思到做出决定的一系列过程。建设项目投资决策是选择和决定建设项目投资行动方案的过程，是决策者根据投资方向、投资布局的战略构想，在掌握大量相关信息的基础上，系统地分析主客观条件，确定具体投资目标、提出若干拟建项目备选方案，运用科学的理论和方法，从中选择较优方案，进而对主要投入要素做出总体策划的一系列活动。由此可见，建设项目投资决策就是要解决“是否做？做什么？在哪做？何时做？怎么做?”等问题。

2. 投资决策阶段对建设项目的影响

建设项目投资决策是项目建设的前期工作阶段，正确的投资决策是保证建设项目顺利实施、实现整体目标的基础。由于建设项目是一个难以逆转的过程，一旦项目投资建设，项目前期的失误在后期难以挽回，可能影响建设项目的使用功能、带来不必要的资金投入，影响投资者的投资效益，甚至关系到决策者的兴衰存亡，同时还可能对经济、社会、环境造成负面影响。随着现代市场竞争日益激烈，建设项目的规模日益巨大化和复杂化，项目投资额不断增加，建设周期不断增长，面临的风险因素也更加复杂，在项目决策中对相关各因素的忽视将可能导致项目投资的失败。在市场预测不准、水文地质、工程地质或资源条件不清楚的情况下盲目兴建，可造成建设工程中途终止甚至报废；技术路线或工艺方案不过关，可导致项目投产后不能正常生产或使用，不能发挥投资效益；若忽略项目配套条件，或因交通运输条件限制，水、电、气供应不足，尽管项目本身技术方案比较先进，也会导致生产能力的大量闲置和浪费。因此，投资决策阶段对建设项目的影响巨大，主要体现在以下几方面：

1）对建设项目功能的影响

建设项目的功能是建设项目所具有的能满足某种需求的一种属性，亦即某种特定效能、功用或效用。建设标准、生产工艺、设备方案等建设方案的决定直接关系到未来项目建成后的使用功能。

2）对建设项目经济效益的影响

项目决策阶段投入的费用占项目总投资的比例较小，但其决策方案作为项目决策阶段的产出，其各项技术经济决定对项目总投资的影响却很大，特别是项目建设规模、建设地点、建设标准、生产工艺和设备方案四个方面的决定，直接关系到所建项目工程造价的高低和投资效果的好坏。

3）对建设项目社会效益的影响

一些建设项目投资者由于没有对项目进行反复的科学论证，盲目进行投资决策，造成投资决策失误，不但影响投资者自身的经济效益，也给我国的经济建设、社会发展带来不利影响。“形象工程”、“污染工程”等在一些行业和地方仍然存在，违反科学决策、盲目投资、低水平重复建设给国家和人民造成巨大经济损失，也带来许多的社会问题。

4）对建设项目环境的影响

建设项目投资决策失误还会带来环境的影响，最典型的是“烂尾楼”破坏城市形象，浪费土地资源。

可见，建设项目投资者或项目管理者必须对项目决策阶段的工作给予足够的重视，在充分占有市场、资源、技术等相关信息基础上，根据投资者发展战略和产品市场需要，从技术、经济和公共利益等方面，全面系统地论证拟建项目的必要性和可行性，科学地做出拟建项目实施方案的决策。

9.1.2 建设项目投资决策阶段的工作程序及工作内容

建设项目决策是从项目构思到做出决定的一系列活动，这一阶段的主要任务是进行全面系统地调查和研究，为投资行为做出正确的决策。建设项目投资决策阶段工作内容较多，具体到每个项目又有不同的工作要求，一般工作过程如图 9.1 所示。

1. 产生投资意向

产生投资意向是投资活动的起点，没有投资意向就没有投资决策活动。投资意向是投资目标和投资方向的初始确定，对投资活动能否成功非常重要。

产生投资意向的主体有政府部门、企业、事业单位和家庭（个人）等。一般来说，政府或社会事业部门投资意向集中于重大基础设施和社会公益性建设项目，关注市场调节失灵的领域和方面；经济性、经营性建设项目的投资意向多由企业产生。在市场经济环境下，家庭（个人）也可有经营性项目、公益性建设项目的投资意向。

产生投资意向的原因有两个方面：一方面是主体有闲置资金，需要寻找投资机会，这是建立在可能基础上的投资意向；另一方面是社会上有较好的投资机会，被某一主体发现，这是建立在需要基础上的投资意向。这两方面相结合便产生了投资意向。

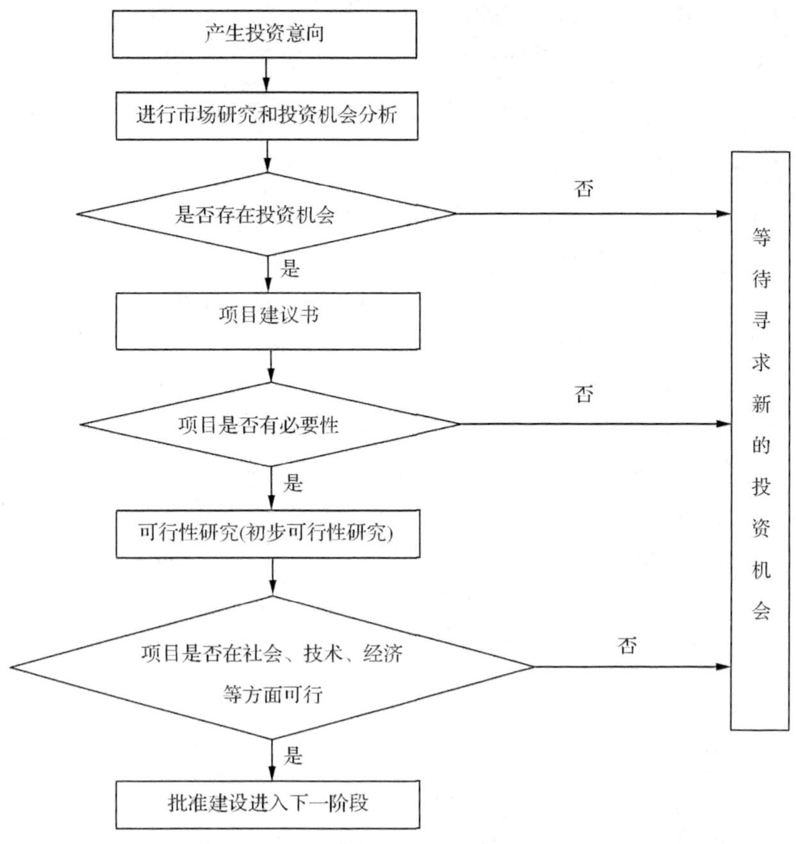

图 9.1　建设项目投资决策阶段的工作过程

2. 市场研究与投资机会分析

当投资主体有了投资目标和投资方向的投资意向，就要为寻找有价值的投资机会而进行准备性调查研究工作，这就是市场研究与投资机会分析，其目的和作用在于鉴别投资方向，选择建设项目，回答“是否存在投资机会”的问题，为下一步的研究打基础。在这一阶段，需要利用市场需求和内外资源的调查资料，全面深入地进行市场分析和预测，研究投资机会与自身的条件是否相适应，构思具体投资项目，选择投资方式，拟定项目实施的初步方案，估算所需投资和预期可能达到的目标。一般可从三方面入手：一是投资环境的客观分析，调查和预测拟建项目产品国内外市场的供需情况和销售价格，分析产业政策，预测客观环境可能发生的变化，特别是对市场供需态势进行分析；二是投资主体经营目标和战略分析，确定产品的目标市场，分析市场占有率。不同的投资主体战略，投资机会的选择也有所不同；三是对投资主体内外部资源条件进行分析，包括投资主体财力、物力和人力资源，投资主体技术能力和管理能力的分析，以及外部建设条件的分析。

3. 项目建议书

项目建议书是各地区、各部门、各企事业单位或其他投资人根据国民经济和社会发展的长远规划、行业规划和地区规划的要求，经过周密细致的调查研究、市场预测、资源条件及技术经济分析后，把建设某一具体项目的投资机会分析结果用书面形式表达出来，呈报给决策人。

4. 初步可行性研究

项目建议书经投资主体或政府有关部门批准后，对于投资规模较大、工艺技术较复杂的大中型建设项目，在开展全面研究工作之前，要进行初步可行性研究，进一步判定项目的价值。初步可行性研究的主要内容包括：市场分析和产品的需求研究；原材料及所需资源的供应及价格变动趋势的研究；工艺技术、生产设备分析（初步选择工艺技术方案，研究提出拟采用的生产方法、主体和辅助工艺流程，工艺技术来源设想，估算物料、消耗定额，并研究提出主要设备的初步方案）；厂（场）址方案选择；项目规模的研究（初步确定项目的建设规模和主要产品方案，提出项目主要单项工程）；资金估算等。

初步可行性研究的目的是判断项目是否有生命力，是否值得投入更多的资金和人力进行下一步的详细可行性研究。初步可行性研究作为机会研究和可行性研究之间的一个中间阶段，并不是必不可少的阶段，它与可行性研究的内容基本一致，主要差别是它们所获得资料的详尽程度不同。如果项目的机会研究有足够的数据，可以越过该阶段，直接进入可行性研究。

5. 可行性研究（又称详细可行性研究）

可行性研究是对初步可行性研究中提出的一个或几个项目的若干种可能方案进行的进一步分析和论证，是投资方案的具体确立和构造。可行性研究是项目前期工作的重要内容和方法，是从拟建项目建设和生产经营的全过程考察分析项目在技术、经济、工程、社会、环境和外部协作条件等方面的可行性和合理性，是决定一个项目投资与否的最重要的一个环节。可行性研究要回答的是“项目是否在社会、技术、经济等方面可行”的问题，是投资决策的直接依据，其确定的工程技术数据应能满足初步设计的要求。

6. 建设项目决策

经过以上程序，最后采用适当方法进行综合分析与评价，对可行性研究的精确性、可靠性、全面性进行评估，最终做出是否投资、投资方向、投资方案等的最终决定。建设项目投资决策阶段的决定将对投资主体战略方向和项目的长远经济效益起着决定性的作用。其工作的重点主要有两项：

一是对可行性研究的精确性、可靠性和全面性进行评估，明确项目建设的必要性、可能性、可实现性，评估项目建设的内外部影响、项目面临的风险程度及拟采取的风险对策等。

二是根据投资主体的目标、战略和内外条件做出最终选择。这是项目决策环节的最后工作，应由决策者亲自进行。

9.2　客观环境的分析

投资环境先于投资行为而客观存在，具有先在性，影响和决定着投资者的投资方向、投资决策和投资规模及效益。在进行投资决策时如果忽视或者对投资的客观环境认识不清，势必造成决策的盲目性。我国幅员辽阔，不同区域的社会条件、行业发展状况不同，其产业发展具有明显的差异性。通过客观环境分析能够发现投资机会，评估投资市场风险，进行投资方向决策。因此，在建设项目投资决策前应对影响建设项目投资、建设、生产运行或使用的区域投资环境和产业投资环境进行深入细致的调查和分析。值得注意的是，投资环境是一个动态变化的系统，在建设项目投资决策时不仅要分析决策时的环境，还要预测随着时间的推移，投资环境的可能变化因素对项目的影响。

9.2.1　区域投资环境分析

建设项目区域选择，实际上就是根据社会经济发展的要求，结合市场需要以及各地社会经济资源条件等，选择拟投资项目的建设地区。建设项目选址一旦确定，处于某个区域，不能移动，必然和这个区域的政治、法律、经济、文化、技术、自然地理相结合，这些因素相互交织、相互作用、相互影响、相互制约，形成有机整体，反映了区域的投资环境。

1. 政治法律环境

政治法律环境是指一个国家的社会制度，政府的方针、路线、纲领和政策，政局的稳定状况，法律法规的完备等。一国经济的发展得益于稳定的政局、连续性的政策、法律法规的完备和公允等。在建设投资领域，法律是政府用来管理投资主体（或投资者）的一种手段，不同的法律制度对投资主体的管理行为有着不同的要求，关系到投资主体的行为规范界限、相关主体间关系的调节和处置方式等。政治法律环境对投资主体的影响是直接的、难以预测且不可逆转的，特别是对投资主体较长期的投资行为具有异常明显的影响。在进行政治法律环境分析时重点分析以下几个方面：

1）政治稳定性

在众多的政治法律因素中，对投资决策影响最大的莫过于政治的稳定性。一个和谐稳定的政治社会环境是正常投资经营活动的基础。在一个政治局势不稳定、社会动荡不安的国家或地区进行投资可能造成血本无归的后果。社会治安水平是政治稳定程度的重要表现，城市治安状况水平越好，表明社会经济发展越健康和谐，投资环境越好。社会治安状况不好，对投资主体财产权利保护不足、刑事案件发案率高等，这些不稳定因素都可能给建设项目投资造成不必要的麻烦和损失。

2）与投资项目相关的政策法规是否完备、稳定、透明

投资主体在市场经营活动中，必须遵守各项法律、法规等。法制程度较高的国家和地区，拥有健全的法律，社会秩序良好、办事效率高、交易费用低，对建设项目投资形成强大的引力，具有稳定的潜在扩张空间；朝令夕改的政策或政令会使投资者利益失去了稳定的法律保障。在进行决策时，决策者应该分析现行法律环境对资金进入和退出某行业的法

律优惠政策、限制约束等因素，考虑国家是否会改变法律从而增强对投资主体的监管并收取更多的赋税等问题。

3）政府行政效率及对投资主体投资行为的态度

政府行政效率及对投资主体投资行为的态度直接影响建设项目的立项（或登记备案）、项目用地的规划审批、工程报建、设计审查、招投标、建设配套费征收、建筑工程施工许可证颁发、竣工验收及备案等行政管理效率，最终影响项目投资的效益。政府行政效率高、对投资主体投资行为持积极支持态度，将对投资者采取各种优惠和鼓励政策，有利于提高建设项目的实施进度，减少交易成本；反之，会给建设项目的实施带来阻碍，增加交易成本。

因此，准确掌握建设项目投资所面临的政治法律环境，能够有效地避免由于外部政治环境变化造成的投资失败。

2. 经济环境分析

经济环境是指影响投资者生产经营活动、实现资本增值的经济因素的总和，一般包括经济体制、国家或地区经济发展水平、经济周期、宏观经济政策、社会购买力等。在进行投资决策时，投资主体应对其所处的经济环境有一个非常清楚的了解和认识，通过分析经济运行情况，预测其发展态势。经济环境分析主要从以下几个方面进行：

1）经济体制

经济体制是指国家经济的组织形式。经济体制规定了国家与企业、企业与企业、企业与各经济部门之间的关系，并通过一定的管理手段和方法，调控或影响社会经济流动的范围、内容和方式等。当期我国经济体制改革的目标是要建立社会主义市场经济体制。在这一经济体制下，价格机制、竞争机制、供求机制起主要作用，投资主体是自主经营、自负盈亏的独立经济实体和市场主体，这就要求市场主体要有敏锐的市场嗅觉，能够及时发现市场机会，进行科学的投资决策。

2）经济发展水平

经济发展水平是指一个国家或地区经济发展的规模、速度和所达到的水准，常用国民生产总值、国民收入、人均国民收入、经济增长速度等指标来反映。经济发展水平是投资环境中对投资活动影响较大的因素，它的状况直接关系到投资效益的高低。经济发展水平不同，经济发展所处的阶段就不同，产业发展的重点就不一样，投资环境的优劣、投资机会的多寡也不一样，投资方向的选择自然也不同。因此，作为投资者，必须正确认识一个地区的经济发展水平，判断所处的经济发展阶段，并结合国民经济和社会发展总体规划、区域经济发展规划等，预测经济发展趋势，寻找有利的投资环境，选择正确的投资方向，抓住有利的投资机会。投资建设项目方案要与所在地的经济发展水平相适应，不能过分超前。

3）宏观经济政策

宏观经济政策是指国家在一定时期为实现国家经济发展目标实施的战略与策略，包括综合性的经济发展战略和产业政策、国民收入分配政策、价格政策、金融政策、货币和财政政策、物资流通政策、劳动工资政策、对外贸易政策等。经济政策是国家宏观调控的重要工具，国家会根据经济形势的需要，出台不同的经济政策，以引导市场投资和消费行为。

这些政策会从不同方面影响投资主体投资行为和效果，比如分析国家产业与金融政策，可以预测投资项目贷款的可得性和资金成本的高低；通过货币财政政策与价格政策的分析，可以预测投资项目未来产品的价格水平；通过税收政策分析能够预测投资项目建设及运营所需的税费成本，有无税收减免政策；分析土地政策，能够预测建设项目土地资源的可得性，对于一些项目国家实行严格的土地控制，这将影响项目的审批立项。

4）社会购买力

社会购买力是指一定时期内社会各方面用于购买产品的货币支付能力。在分析社会购买力时，主要分析建设项目所在地区或产品服务地区的消费者收入水平、通货膨胀率、消费偏好、储蓄情况及储蓄倾向、消费模式等。通货膨胀会使商品价格上涨，从而使投资主体投资增加和生产成本迅速上升，投资利润率下降。通过社会购买力大小的分析，可以预测市场规模。

从整个国家看，整体经济形势对市场的影响很大。经济增长时期，市场会扩大；相反，经济停滞时，市场会萎缩。因此，投资主体投资决策时必须顺应国家的经济形势。

3．社会文化环境

任何投资活动都处于一定的社会文化环境中，建设项目的可接受程度必然受到所在地社会文化环境的影响和制约。社会文化因素是无形的，对建设项目投资的影响极其微妙，投资者往往忽视文化因素对建设项目本身的影响。但是这些无形的文化因素是影响人的欲望（包括消费需求欲望）、行为（包括消费行为、购买行为）的基本因素之一。一般来说，以下文化因素会影响建设项目效果：

1）项目所在地人口文化素质

人们在文化素质上的不同直接影响其消费观念和发展观念，受教育程度的高低影响到消费者对商品功能、款式、包装和服务要求等的不同，这将会直接影响到建设项目的市场。因此项目建设方案要考虑到项目所在地人口文化素质的高低，采取不同的策略。

2）消费倾向

人们的消费倾向或消费偏好是引导市场的无形力量，当然也会对建设项目投资形成引导效应。

3）价值观念

价值观念是人们对社会生活中各种事物的态度和看法。人们不同的价值观念直接决定其行为方式，而人们的行为方式又是影响建设项目投资成败的重要因素。

4）宗教和风俗习惯

宗教和风俗习惯对人们消费需求和购买行为的影响很大。因此，违背投资区域内的宗教和风俗习惯的建设项目很难被当地接受，甚至可能出现教徒和当地居民的抵抗乃至破坏，而顺其宗教和当地风俗习惯的建设项目则会得到教徒和当地居民的鼎力支持，投资者可能在其中获益匪浅。

4．技术环境分析

技术环境是指一个社会的总体技术水平、技术政策等。建设项目从整体规划、建筑外观设计、建筑内部设计到施工工艺、结构设计等都受到现有技术水平和技术政策的影响。投资决策阶段需要根据技术环境确定建设项目的技术方案、工艺流程和主要设备选型等。特别是生产性建设项目,在决策阶段选择的生产工艺、关键设备的生产能力和技术水平决定了未来产品的生产规模、产品质量和生产成本。因此,在决策阶段就要对建设项目的技术环境进行调查分析,要对技术的先进程度、可靠程度、技术对产品质量性能的保证程度、技术对原材料的适用性、工艺流程的合理性、技术获得的难易程度和费用、对环境的影响等技术指标作综合评价,选择适合建设地自然条件、技术条件、社会条件、经济条件和投资方技术水平的方案。

5. 自然环境分析

项目建设、运营都处于一定的自然环境中,受地理位置和自然资源等的影响和约束。建设项目区域和建设地点选择受自然环境因素的影响较大。项目建设地点不同,其建设地的气候、水文、地形地貌、工程地质等自然环境不同,直接影响到项目建设的技术可行性和建设费用。这里的自然环境分析主要是拟建项目所处地理位置及其自然环境因素分析。

1) 地理位置

在分析地理位置时一般从绝对位置和相对位置来分析拟建设区域和建设地点。绝对位置是拟建设区域和建设地点的经纬度位置;相对位置是拟建设区域和建设地点的空间地理位置(国家或区域轮廓,邻国、邻省轮廓)和交通地理位置(交通运输的主要方式及交通网中线、点的分布)。

2) 自然环境因素

自然环境因素分析主要是分析拟建项目所在地的气候、地形地貌、水文状况、工程地质等情况,以判断拟建项目所在地的环境与建设项目的适应性。

9.2.2 产业投资环境分析

产业投资环境是建设项目投资所面临的市场环境,更微观,与区域投资环境共同构成投资环境系统。区域投资环境是框架,产业环境是内容,二者相互区别,又存在着不可分割的内在联系。产业投资环境分析以产业发展规律为指导,分析建设项目产品经营面临的市场环境,预测未来,为投资决策做参考。产业投资环境分析的目的是为了评价建设项目所属行业的特征、产业政策、投资者进入壁垒、市场竞争状况等,这些直接影响建设项目是否能得到批准及建成后的效益。

1. 行业特征分析

行业特征分析主要从行业性质、行业所处生命发展周期、行业发展驱动因素几个方面进行分析。

1) 行业性质分析

各行业由于其使命、发展条件以及产品和生产过程方面的不同而使各行业具有的不同性质和地位。行业性质分析可以从以下几个方面进行:

（1）从行业的产值（总产值和增加值）、利税额、吸收劳动力的数量及其在全国国民经济总产值、财政收入和就业总量中所占的比重，行业与其他相关产业的关联度，行业产品或服务与人民生产生活的密切程度等方面可以判断行业在国民经济中的地位和作用。

（2）从建设项目所使用的资源和技术可以判断所在行业是劳动密集型行业、资金密集型行业还是技术密集型行业，判断投资行业性质，明确项目建设与运营对选址、资金、技术、人力的要求。

2）行业所处生命发展周期分析

行业生命发展周期包括幼稚期、成长期、成熟期、衰退期四个阶段。行业所处的生命发展周期会直接影响投资者的投资行为和投资效益。行业生命发展周期不同，国家的产业政策、地区招商引资的政策、资金需求、营利性等有着不同的特点。投资者要正确识别行业生命周期所处阶段。其识别的主要指标有：市场增长率、需求增长率、产品品种、竞争者数量、进入及退出壁垒、技术变革、用户购买行为等。

3）行业发展驱动因素分析

一个行业发展的驱动因素是指那些改变整个行业及环境的主要原因及因素。敏锐地判断行业驱动因素是为了在进行投资决策时充分考虑项目建成后一定时期行业将发生的变化对项目投资结果可能产生的影响。驱动因素分析分为两步：辨认各种驱动因素，估量出驱动因素将会对行业产生的影响。通过驱动因素的分析和预测，决策者能够预测行业未来的风险与不确定程度，判断行业的成长潜力，从而为投资决策的制定提供依据。

2. 产业政策及行业准入

产业政策是政府制定的有关产业发展的规划、法规、措施、目标、手段的总称，包括产业结构政策、产业组织政策、产业布局政策和产业技术政策。行业准入是政府制定的有关市场主体资格的要求。产业政策和行业准入标准等，是国家干预产业经济活动，实施国家宏观调控的重要手段，是核准投资主体投资项目的重要依据。因此，进行建设项目投资决策时应该掌握相关的产业政策及行业准入信息，从产业政策及行业准入的角度论证项目建设的目标及功能定位是否合理，是否符合与项目相关的各类规划要求，是否符合相关法律法规、宏观调控政策、产业政策等规定，是否满足行业准入标准、优化重大布局等要求，能否享受到国家的税收优惠政策、土地优惠政策、矿产资源优惠政策等。

3. 行业竞争状况分析

行业竞争状况分析主要是通过调查市场上从事同类商品生产经营的企业、历史已有项目发展情况、相关项目现有市场竞争情况从市场需求和市场供给两方面来分析。市场需求分析主要是调查目标市场的现有规模大小及产品潜在需求量，并考虑经济状况、人口变动、消费者偏好及生活方式等改变对产品需求的影响，合理地预测在总销售额及顾客人数中公司的潜在购买量。市场供给分析主要是调查现有竞争者的多少及力量对比、供方的集中程度、产品差别度、行业生产能力的增加幅度，分析产品的可替代程度、产品的差异性与用户转换成本、潜在的进入者等，进而分析行业规模结构、数量结构、组织结构、市场结构，为决策者掌握是否进入该领域提供依据，判断投资主体在行业中的竞争地位及未来走势。

1）市场现状调查

市场研究是系统地搜集、记录、处理和分析市场数据的过程。市场调查是市场研究过程中的一种搜集和分析数据的方法。通过市场调查收集相关资料和信息，有助于投资主体了解行业现状和市场行情，减少决策分析，做出正确投资决策。

（1）市场现状调查的步骤。根据调查的目的和内容的不同，市场现状调查的步骤有一些差异，一般应遵循以下几个步骤：

① 确定市场调查的目的。目的确定后才能把握工作的方向和调查的深度，避免调查出现偏差，浪费人力、物力。建设项目投资决策市场现状调查的目的在于帮助投资者准确地判断市场形势、寻求投资机会，初步做出投资意向。

② 制定调查计划。确定市场调查的目的以后，决策者自己组建或者聘请专业的咨询机构制定调查计划，确定市场调查方式、组织、调查时间、方案，拟定调查表或调查问卷、选定调查区域及特定人群等。调查计划是市场调查的一个行动纲领，应做到详尽而周密，以保证整个调查工作有条不紊地进行。调查表或调查问卷的设计是问卷调查的核心，其设计的好坏将直接影响调查的结果。市场调查的目标客户群体巨大，进行全部调查是不现实也没有必要的，所以相关人员必须科学地设计抽样方法和样本容量，在全部目标客户群中选择一部分进行调查。

③ 调查前的工作准备。对市场现状进行调查前应有充分准备，才能有的放矢，提高效率，防止遗漏。准备工作一般包括：组织动员，明确任务（相关人员明确市场调查的目的、性质、内容、范围、形式、时间、质量等）要求；明确团队人员组成、任务分工及协作关系；熟悉调查计划；准备好调查表格、问卷、访谈提纲、公司资料、数码相机、摄像机等；

④ 实施调查计划。调查资料分为初级资料和次级资料。初级资料是专为某项计划依靠调查者针对目标进行专门调查访问收集或实验得到的一手资料；次级资料是通过报纸、杂志、互联网、统计年鉴、政府公文、政府公报、类似项目资料、其他市场调查报告等渠道搜寻的经加工整理后形成的可为他人利用的资料。如果有合适的二手资料并加以利用，可节省大量人力、物力和财力。

⑤ 整理与分析调查资料。通过调查计划的实施，可能收集很多资料，必须对这些资料进行整理、分类，去伪存真，制作成相应的统计表或统计图，并运用数理统计的专门方法进行统计和分析。经过整理分析，确定前一轮调查是否充分达到调查目的，如果已经充分达到了，则撰写调查报告供决策使用；如果不充分，则制定新的调查计划，进入下一轮调查，直到达到调查目的。市场调查并不是以此完成的，可能需要反复很多次，运用多种方法。

⑥ 形成供决策者使用的市场调查报告。市场调查报告是调查人员工作的汇总，市场调查人员根据市场调查、收集、记录、整理和分析的情况，以书面形式反映市场调查内容及工作过程，并提供调查结论和建议的报告。一份好的市场调查报告，能为投资主体的决策提供客观依据，具有有效的导向作用。

（2）市场现状调查的方法。市场调查的方法很多，每种方法都有各自的优缺点，究竟采取哪种方法应该根据具体情况合理选择。多种方法结合能够得到更全面的资料，弥补相互的不足。较为常见的方法有：

① 观察法。是指调查者在现场对调查对象的情况进行观察、记录，以取得市场信息

资料的一种调查方法。按照观察的具体形式不同，又分为直接观察和实际痕迹测量法两种。观察法能够客观记录被调查者在现场的行为，调查结果接近于实际，但是它仅能反映事物的表面现象，不能提供被调查者的购买原因、动机和情感等内在信息，因此在实际运用中还需要与其他方法结合。

② 访谈法。是将所要调查的事项以当面或电话的方式，与被调查者进行交流，以获得所需信息的一种方法。按照交流对象分为小组座谈法和深层访谈法两种形式。访谈法比较容易和方便可行，能够引导深入交谈获得可靠有效的资料；通过小组访谈可以节省时间，并且与会者可放松心情，作较周密的思考后回答问题，相互启发影响，有利于促进问题的深入。但是，访谈法总体样本较小，耗费时间较长，需要较多的人力、物力和时间，访谈结果容易受调查者的影响。一般与问卷调查法等结合运用。

③ 问卷调查法。是通过事先设计好的问卷进行调查，并对获得的信息进行定量研究的一种方法。根据调查具体实施方式不同，可以分为面访调查、电话调查、邮寄调查、留置问卷调查、网络问卷调查。问卷调查法是最常见的市场调查方法，具有节省调查时间、经费和人力，可以进行大规模调查，所收集的数据比较可靠、容易统计量化等优点。问卷的问题设计较困难，需要丰富的经验，封闭性的问题限制被调查者选择答案的范围，开放式问题的回收质量不能保证，其分析和统计工作受到影响，另外问卷调查法的回复率和有效率比较低。

(3) 市场现状调查的内容。市场现状调查的内容包括建设项目宏观投资环境的调查和投资者内部资源条件的调查。通过客观政治、法律环境、经济环境等现状调查，掌握国家政治、法律、经济的整体发展状况，预测经济走势。通过行业环境的现状调查，充分掌握行业供应状况和需求状况，掌握行业结构与竞争格局、行业企业总量、行业资产规模、行业销售规模、行业盈利规模、行业盈利能力等指标，调查产品市场现实需求总量、消费者特征及需求偏好、消费结构，总生产能力、总产量、供给结构、市场价格、供给集中度、主要竞争对手的基本情况、市场占有率等数据，掌握市场容量和价格现状，为产品供需预测、价格预测、行业技术现状和市场风险分析奠定基础；通过内部资源条件调查，结合外部环境状况，分析投资项目的竞争力。

2) 产品供需预测

产品供需预测是借助于科学的方法和技术手段，根据产品历史需求量与供给量的发展规律和现状的研究，对未来一定时期内产品供需发展的趋势和状况做出估计和推断，并分析项目产品可能占有的市场份额。其预测的准确性取决于对产品历史和现状的深入了解的程度和所采用的预测方法的科学性。

产品供需预测的方法很多，定量预测方法主要有时间序列预测法(主要是滑动平均和指数平滑法)、回归分析预测法、灰色预测和弹性系数法等。定性预测方法主要有直观预测法、德尔菲预测法等。通常选用几种不同的预测方法，从多方面进行分析比较，以期获得较好的预测结果。

3) 价格预测

价格预测是根据市场调查结果，对构成和影响价格运动的各项因素(国内外市场供需状况、价格变动趋势、国内外税费、利率、汇率的变化等)进行分析和研究，对未来时期产品价格水平进行的估计，为项目现金流量估算和财务评价提供依据。其方法主要有回归分析法和比价法，也可根据政府的价格政策、消费者的支付意愿和承受能力进行预测。

4) 市场风险分析

市场分析是确定那些对投资主体未来赢利能力可能造成威胁的因素，这些因素可分为外部风险因素和内部风险因素。外部风险因素主要包括国内外政治经济风险、政策变动风险、行业生命周期风险、技术进步新产品和新替代品出现的风险、关联产业风险、资源环境风险、社会其他风险等。特别是对技术密集型企业，更易受市场外部风险因素的影响。内部风险因素主要包括市场竞争结构变化风险、工程技术风险、成本控制风险、组织管理风险等。通过以上调查、分析，可以从产品市场面临的国际国内环境、市场需求量、消费者信息、购买力、竞争环境、内部资源等方面分析拟投资项目的市场风险。

9.3 对投资主体经营目标和战略的分析

市场投资机会很多，并不是发现了投资机会就仓促开展项目，投资项目选择必须与投资主体经营目标和战略相适应。因此，进行建设项目投资决策时还必须分析投资主体经营目标和战略。

9.3.1 识别投资主体经营目标

投资主体经营目标是指投资主体根据外部环境和内部条件，确定的投资主体各项经济活动实际要完成的任务。它是投资主体作为一个独立的经济实体，在其全部经营活动中所追求的、并在客观上制约着投资主体行为的目的，反映了一个组织所追求的价值。投资主体的经济行为是围绕投资主体目标而展开的，因此，建设项目投资决策时必须考虑项目投资是否与投资主体的经营目标相适应。

投资主体经营目标不止一个，可以细分为若干子目标，它们之间相互联系，形成一个目标体系。在进行投资决策时，应该正确识别这一目标体系，并不断更新、发展投资主体的目标体系。投资主体的经营目标体系可以从投资主体不同层次、不同时间段、不同方面进行多方面分析界定。

1. 从投资主体组织层次分析投资主体经营目标

投资主体目标体系可分为投资主体集团总体目标、事业部发展目标、事业部部门目标、人员工作目标四类，如图 9.2 所示。

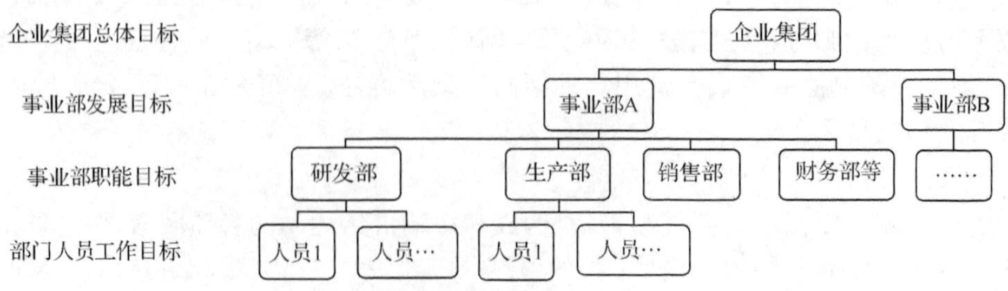

图 9.2 投资主体组织层次目标体系

1）集团总体目标

集团总体目标就是对整个投资主体向什么方向发展、如何发展所作的宏观决策。它是整个投资主体集团活动的方向性指引，是投资主体生存和发展的“中枢神经”，所有工作都要根据总体目标展开。

2）事业部发展目标

事业部发展目标是各独立事业部根据集团总体目标要求，对本事业部运行所要达成的财务目标、市场目标等做出的决策。

3）事业部各职能目标

这是事业部下属的研发部、生产厂部、销售部等业务职能部门，为保证事业部发展目标的实现，在本部门职责范围内制定的具体完成生产目标、销售目标、现场管理目标等的决策。

4）部门人员工作目标

这是部门工作目标的具体化，即对部门要完成的既定工作目标落实到具体的岗位角色（即具体操作人员）所作的决策，其内容包括每条生产线、每台设备、每个工作岗位每月、每周、每天要完成的生产数量和质量限定。

建设项目投资决策时就要明确项目主要负责的事业部、该项目建设的目标，评价拟建项目建设目标是否满足事业部发展目标和集团的总体目标，从而根据集团的总体目标制定建设项目事业部各职能目标和部门人员工作目标。

2. 从目标的时限性分析

任何投资主体提出的目标都有相应的完成时间限制，无时间约束的目标没有任何实际价值。投资主体经营目标按其时限性可分为远期目标、中期目标和近期目标。

1）远期经营目标

远期目标一般是指十年以上的发展目标，是投资主体经营宗旨和经营方针的体现，是投资主体长期所要达到的预期成果，是对投资主体“为什么发展”、“向何处发展”、“如何发展”所做的界定。长期目标具有相对稳定性，不会随便更改，一般包括产品长期发展目标、市场竞争长期目标、社会贡献目标、职工福利待遇目标、员工素质能力发展目标等。

2）中期经营目标

中期目标是以长期目标为依据，对长期目标提出的基本任务的分解实现步骤，是长期目标的具体化，是一种阶段性目标。

3）短期经营目标

短期经营目标是为了实现中期目标，对一年内投资主体要达到的经营成果的规定，包括年度经营目标、季度经营目标、月度经营目标、周、日经营目标。

年度经营目标是年度内投资主体要实现的经营成果目标，包括年度财务目标（经营收入目标、利润额目标）、年度资金发展目标、年度人才发展目标、年度技术发展目标、年度市场发展目标；季度经营目标是对年度经营目标按季度分配所要实现的一种目标决策，其每一项内容都与年度目标对应。但并不是所有的投资主体都有季度目标计划，有些投资主体直接从年度目标计划进入月度目标计划；月度经营目标是为了实现季度目标或者年度目标而制定的每个月应该完成的工作数量和质量，是对年度或季度目标的详细、具体分解；周、日经营目标为了落实月度经营目标所做的每周或每日必须完成的具体工作目标。

建设项目投资决策时要评价该项目投资与投资主体的远期经营目标、中期经营目标和短期经营目标的关系，同时根据投资主体的远期经营目标、中期经营目标和短期经营目标制定本项目的具体远期目标、中期目标和短期目标。

3. 从经营目标涉及的范围分析

从涉及的范围分析投资主体经营目标，主要包括经营规模目标、经营行业目标、经营地区目标和雇员发展目标。

1）经营规模目标

从投资主体经营规模目标来看一般包括以下几个方面：

（1）经营收入规模，即投资主体制定的总销售收入达到多少的目标，反映投资主体的综合经营能力。在进行投资决策时应分析投资主体所进入的市场区域的销售收入规模、年度增长率、市场占有率等方面，判断投资项目对投资主体经营收入规模的影响。

（2）盈利规模，即投资主体的盈利水平达到多少的目标，一般用息税前利润总额、净利润额、销售利润率等指标表示。

（3）固定资产规模，即固定资产存量达到多大规模的目标，反映投资主体在经营上的实力。建设项目投资会直接扩大投资主体的固定资产规模，这种扩张具有风险，在进行投资决策时必须分析投资主体固定资产规模目标是否合理、拟建项目投资规模与投资主体固定资产规模目标是否适应。

（4）流动资产规模，即投资主体经营的流动资产达到多少，经营承担风险能力的大小。流动资产投资是建设项目总投资的一部分。投资主体的流动资产投资策略分为保守型、配合型、激进型，从投资主体不同的流动资产规模可以分析出投资主体的策略类型。在进行项目投资决策时应该考虑项目流动资产投资对投资主体流动资产规模目标的影响。

（5）自有资产规模，即投资主体资产减负债，归投资主体所有的净资产达到多少的目标，反映投资主体资本积累和所拥有的筹资能力的大小。分析投资主体自有资金规模目标，合理选择建设项目融资方式。

2）经营行业目标

经营行业目标是指投资主体进入的行业种类数和在各进入行业中的市场位次的目标，反映投资主体经营战略和集中分散程度。建设项目生产的产品直接关系到投资主体进入的行业，所以投资主体在进行投资决策时应该根据投资主体经营行业目标，分析项目的必要性。

3）经营地区目标

经营地区目标即投资主体市场空间分布目标，包括经营范围涉及多少个省市，多少个国家等，反映投资主体市场开拓的广度与深度。这个目标直接关系到建设项目选址区域。

4）雇员发展目标

雇员发展目标即投资主体员工总数达到多少，各类、各级员工结构目标，反映投资主体人力资源要达到的目标。这关系到投资项目人力资源的配备。

建设项目投资决策时要评价拟建项目投资是否满足投资主体经营规模目标、经营行业目标、经营地区目标和雇员发展目标，并同时根据这些经营目标，制定本项目具体的项目经营规模目标、经营行业目标、经营地区目标和雇员发展目标。

综上，这些目标作为一个整体构成一个完整的目标体系。投资主体在进行建设项目投资决策时，应该从各种角度分析项目对以上目标的影响，判断项目建设目标是否与其相适应。

9.3.2　识别投资主体经营战略

投资主体经营战略是指投资主体在深入分析国际国内政治、经济、文化及行业等经营环境的基础上，结合自身资源和实力，制定的实现经营目标的计划。经营目标是投资主体要达到的结果，而经营战略是为了达到结果所采取的手段或技巧。经营战略决定着投资主体最基本的经营行为，每一个单项决策都应该服从投资主体经营战略的实现。建设项目投资是投资主体实施战略的重要组成部分，其选择与投资主体战略密切相连，要服从投资主体的经营战略。

1. 投资主体经营战略的内容

投资主体经营战略是一个系统的计划，内容包括战略思想、战略目标、战略重点、战略方针、战略阶段和战略对策。

1）战略思想

战略思想即指导经营战略制定和实施的基本思想，是投资主体领导者和职工众对生产经营中各种重大关系和重大问题的认识和处理态度，起着统率、灵魂和导向作用。

2）战略目标

即投资主体经营目标，是指投资主体以战略思想为指导，根据主客观条件的分析，制定的战略期内要达到的总水平。战略目标是经营战略的实质性内容，是投资主体经营战略的核心。战略目标与投资主体的经营目标相对应，正确的战略目标是评价和选择经营战略方案的基本依据。

3）战略重点

即投资主体主要经营方向与范围，是指那些对于实现战略目标具有关键性作用而又具有发展优势或自身需要加强的方面，是投资主体资金、劳动和技术投入的重点，是决策人员选择投资项目的重点方向。

4）战略方针

即目标实现途径，是指投资主体为贯彻战略思想、战略目标和战略重点，所确定的生产经营活动应遵循的基本原则、指导规范和行动方略，包括综合性方针和单项性方针。

5）战略阶段

即目标实现的阶段性步骤，是根据战略目标的要求，对战略期所划分的若干阶段，与投资主体的远期目标、中期目标和短期目标相对应。

6）战略对策

即投资主体职能部门经营策略，是指为实行战略目标而采取的重要措施和重要手段，具有阶段性、方针性、具体性、多重性的特点。

2. 投资主体经营战略的类型

投资主体经营战略可以从不同角度进行分类。

1）从投资主体经营层次分类

从经营层次上看，投资主体经营战略也分为集团总体战略、事业部战略、职能部门战略。投资主体在制定总体战略时要考虑下一层次的具体情况；而下一层次的战略应服从和体现上一层次的战略意图。

2）从谋划问题的角度分类

从谋划问题的角度分类，投资主体经营战略可以分为竞争战略、营销战略、资源开发战略、人才开发战略、技术开发战略、品牌战略、融资战略、文化战略等。

3）从经营战略表现形式分类

从战略表现形式分类，投资主体经营战略可以分为：拓展型、稳健型、收缩型三种形态。

(1) 拓展型战略。拓展型战略是指积极进攻态度的战略形态，强调投入大量资源，扩大产销规模，提高现有产品的市场占有率或用新产品开辟新市场，提高竞争地位。具体战略形式又包括：市场渗透战略、多元化经营战略、联合经营战略。

① 市场渗透战略。市场渗透战略是指通过扩大生产规模、提高生产能力、增加产品功能、改进产品用途、拓宽销售渠道、开发新市场、降低产品成本、集中资源优势等单一策略或组合策略，在原有经营领域基础上分别向前或向后开拓业务来实现市场逐步扩张的拓展战略，是一种集中化战略。

② 多元化经营战略。是指一个投资主体同时经营两个或两个以上行业的拓展战略，主要包括三种形式：同心多元化、水平多元化、综合多元化。同心多元化是利用原有技术及优势资源，面对新市场、新顾客增加新业务实现多元化经营；水平多元化是针对现有市场和顾客，采用新技术增加新业务实现多元化经营；综合多元化是直接利用新技术进入新市场实现多元化经营。

③ 联合经营战略。是指两个或两个以上独立的经营实体横向联合成立一个经营实体或投资主体集团的拓展战略，是社会经济发展到一定阶段的必然形式。

(2) 稳健型战略。是指稳定发展态度的战略形态，强调的是投入少量或中等程度的资源，保持现有的产销规模和市场占有率，稳定和巩固现有的竞争地位。可分为无增长战略（维持产量、品牌、形象、地位等水平不变）和微增长战略（竞争水平在原基础上略有增长）两种形式。该战略强调保存实力，能有效控制经营风险，但发展速度缓慢，竞争力量弱小。

(3) 收缩型战略。收缩型战略是保守经营态度的战略形态，只有采取撤退措施才能避免更大的损失，分为调整型紧缩战略、削减型紧缩战略和清算型紧缩战略三种形式。

① 调整型紧缩战略是指投资主体为了改变经营计划、调整经营部署，谋求更好的发展计划而收缩现有市场规模或转移行业领域的战略。

② 削减型紧缩战略是指由于宏观经济衰退、市场需求缩小、资源紧缺、投资主体经营困难等因素，投资主体不得不通过削减支出、降低产量等方式，退出或放弃部分地域或市场渠道的战略。

③ 清算型紧缩战略是指由于投资主体经营失误造成投资主体竞争地位虚弱、经营状况恶化，投资主体不得不通过出售或转让投资主体部分或全部资产以偿还债务或停止整个投资主体的运行的战略。

投资主体建设项目的选择与其战略密切相关，投资主体应根据其总体战略进行投资项目决策。实现拓展型战略的投资主体往往对建设项目投资的态度较积极，一般适合行业龙头投资主体、有发展后劲的投资主体及新兴行业的投资主体，其投资建设项目产品主要针对增值型创新产品。实施稳健型战略的投资主体往往对建设项目投资较为谨慎，一般是在市场需求及行业结构稳定或者较小动荡的外部环境及投资主体资源不充分的情况使用，这种战略适用于效益已相当不错、而暂时又没有进一步发展的机会、其他投资主体进入屏障又较大的投资主体。实施收缩型战略的投资主体除了调整战略需要新的建设项目投资之外，一般不会进行建设项目投资。

9.4　投资主体内外资源条件分析

投资机会与投资主体经营目标和战略相适应的同时，投资主体还要具有实施投资项目的内外资源条件，达到“天时、地利、人和”。投资主体拥有资源的种类、数量和质量决定着投资主体的经营范围及其经营的广度和深度，也决定着投资主体的产出、绩效、竞争地位，从而决定着投资主体的价值。在进行建设项目投资决策时，不但要客观地分析投资主体的外部环境，做到知彼，还要对投资主体内外部资源条件加以正确的估计，做到知己，才能做到决策科学化。因为投资主体资源是投资主体完成项目建设和投产后运行的基础，项目成功源于对资源的成功开发和利用。

9.4.1　投资主体内部资源条件分析

内部资源是指投资主体控制并拥有的经营资源。对于投资主体内部资源的界定学界有很多观点，资源学派创始人 Berney 认为：“投资主体资源是指投资主体所控制的各种资产、能力、组织过程、公司特性、信息、知识等”。Grant 认为投资主体内部资源包括财务资源、物质资源、人力资源、技术资源、商誉资源、组织资源六大资源。学者从不同角度定义投资主体内部资源，其实质基本相同。可以根据资源的形态，把投资主体内部资源分为有形资源和无形资源两大类。所谓有形资源是指能看见、可用货币直接计量的物资资源和财务资源，如企业的土地、厂房、设备、原材料等物资资产，资金、应收账款、有价证券等财务资产，是保证企业进行建设项目投资和投产运营不可缺少的物质条件；无形资源是根植于投资主体的历史，随时间而积累起来的、没有实物形态甚至无法用货币精确度量但能给投资主体创造价值的资源，如知识、企业家能力资源、管理能力资源、品牌资源、技术能力资源等。

投资主体内部资源具有有限性和特定性，每一个投资主体所拥有的经营资源都是有限的，无论其经营规模多大，它的资源都不可能保证它无限制地从事任何经营活动。投资主体内部所拥有的资源是决定一个投资主体能否取得竞争优势的关键，决定了一个投资主体在市场中的竞争地位。因此，投资主体需要根据自己所拥有或可利用的特定经营资源去选择经营领域和投资项目。

投资主体内部资源分析旨在确定投资主体目前所拥有的资源状态、资源量、投资主体在资源上表现出的优势或劣势，以及进行建设项目投资和运营存在的资源缺口等，以分析投资主体是否有条件和能力完成项目建设并实现投资目标。主要从以下几个方面分析投资主体内部资源条件：

(1) 项目建设和运行所需的投资主体内部资源。根据拟建项目性质、规模等，分析项目建设和运行所需要的投资主体内部资源。如项目建设投资的资金需求量、所需的人力资源（专业技术人员、经营管理人员、生产者）、技术水平、设施设备等。

(2) 分析投资主体内部资源现状。分析投资主体所拥有和控制的财务资源、物质资源、人力资源、技术资源、商誉资源、组织资源状况等情况，并分析可用于拟建项目建设和运营的资源。

(3) 判断内部资源是否能满足项目建设和运营的需要。根据拟建项目对投资主体内部资源的需要和投资主体资源现状的分析，判断投资主体资源是否能满足项目需要。

(4) 分析拟建项目的资源组合方式是否使投资主体内部资源得到更好的发挥。进行建设项目投资本身就是投资主体重新组合资源，以更好地发挥资源优势为投资主体创造更大的价值。因此，在进行投资主体内部资源分析时，不仅要分析投资主体内部资源是否满足项目建设和运营的需要，还要分析建设项目能否促进投资主体内部资源的优化，发挥更充分的作用。

9.4.2 投资主体外部资源条件分析

外部资源是相对于一个特定投资主体而言的，包括其他投资主体的资源和公共资源等，不同行业对外部资源的要求是不相同的。投资主体可以通过各种方式开发利用外部资源，也可以一定代价获取所需外部资源的所有权或使用权，将之转变为内部资源。如某区域的矿产开采权，投资主体可通过支付相应的成本获得该公共资源排他性的占有权，甚至还有一些潜在的、不易觉察的、闲置着的外部资源，通过投资主体敏锐的眼光和深刻的洞察力，无须付出任何代价便获得。

投资主体内部资源是有限的，在生产经营过程中必然要使用其他主体或公共资源，如所需原材料、燃料、供水、供电、供气、交通运输等。投资主体的投资行为本身就是利用内部资源获取外部资源的过程。通过外部资源的获取和内部资源的剥离，投资主体可以不断优化自己的资源结构，寻求最佳的资源组合，获得最高的经济效益，实现最快速的经济增长。项目生产能力、场址选择、生产工艺与设备的选择与资源条件密切相关。投资项目尤其是资源开发与资源占用类项目，必须以一定的资源为物质基础，没有资源的保障，项目就无法生存。外部资源条件分析的目的就是要分析项目建设和建成投产后所需的原材料、燃料、供水、供电、供气、交通运输、协作产品等外部资源要求能满足项目建设、运营的需要，分析拟利用资源的供应可能性和可靠性。为此，从以下几个方面分析外部资源条件：

1. 分析需要利用的外部资源种类、数量、品质要求等

项目决策时应该根据项目生产能力、生产工艺与设备，分别分析项目建设和运营所需的主要原材料、辅助材料、动力及燃料的品种、规格、成分、数量。工业生产项目所需要的原材料一般包括：原料（未加工或半加工的原料）、中间材料产品、制成品（如零件、配件、部件、半装配件等组件）、辅助材料（如化学制品、添加剂、包装材料、油料、油漆等），以及工厂用品（如保养材料、机油、润滑油等）。项目所需燃料主要是煤炭、石油或天然气等。动力主要是指外购的水、电、气、风、蒸汽等。

2. 明确资源开发利用的基本要求

合理开发利用资源是可持续发展的基本要求，为此在建设项目投资决策时应该明确资源开发利用的基本要求。项目开发利用资源必须满足以下基本要求：

1）符合资源总体开发规划的要求

资源规划是依法审批和监督管理资源勘查、开采活动的重要依据，项目特别是资源开发类项目的资源开发方案应该符合全国及当地资源总体开发规划和该类资源开发规划要求，在开发规划的指导下进行合理开发。

2）符合资源综合利用的要求

“节约资源、保护环境”是我国的一项基本国策，提高资源综合利用效率是利国利民的一件大事。如《国民经济和社会发展第十二个五年规划纲要》要求提高资源综合利用水平，因此在项目建设时要考虑项目方案是否符合《“十二五”资源综合利用指导意见》、《大宗固体废物综合利用实施方案》等文件部署的资源综合利用要求；多金属、多有用化学元素共生矿、油气混合矿等资源开发项目，应根据资源特征提出资源综合利用方案，作到物尽其用。

3）符合节约资源和可持续发展的要求

这要求建设项目方案选择时要选择低消耗、低污染的先进技术、工艺和设备，要采取节能、节水、节地、节材等措施，减少资源消耗，并处理好远期与近期的关系，力求节约资源；

4）森林资源开发应符合国家保护生态环境的规定，保护自然生态平衡

5）资源储量和品质的勘探深度应达到规定要求

资源开发类项目的资源储量和品质的勘探深度应满足项目投资设定的最低生产规模和开采年限。

3. 分析外部资源对投资项目的保障性

分析外部资源对投资项目的保障性主要是根据市场调查得到建设地原材料供应数

据，分析其供应数量和供应质量能否满足生产工艺和产品质量的要求，评估其对项目的保障性。因此，主要分析项目主要原材料、辅助材料、动力及燃料的来源；阐述拟开发范围内已经探明的可用矿产品的品名、品位、开采价值，论述拟开发资源的可开发量、自然品质、赋存条件、开发价值等，评估其能否满足项目整个生产期间的资源用量和质量要求；分析原材料主要供应商的情况如本地区、国内、国外与项目所需原材料的主要供应商是谁，每个供应商的原材料可供数量、资源的开采方式、供应方式、开采年限等情况，供应商的资金实力如何，通常的付款方式是什么等，进而分析资源对投资项目的保障性及应变力。如果就近原材料不能满足项目需要，还要分析能否在其他地方得到价廉物美的原材料，预测保证项目近期和远期需要的总量和供应来源的可靠性。

4. 分析项目利用外部资源的经济性

分析项目利用外部资源的经济性主要是分析主要原材料、辅助材料、动力及燃料的价格、运费及其变动趋势对项目产品成本的影响，评价项目利用外部资源的经济合理性。特别是对于工业生产项目，原材料价格往往是影响项目经济效益的关键因素，在分析时不但要掌握原材料的现实价格，还要预测其价格的变化趋势，并充分分析原材料的供应弹性和可替代性，达到资源优化利用。由于原材料运输费用高低与运输距离、运输方式密切相关，同时为了保证原材料有稳定的来源，所以原材料应立足国内，尽可能就地取材。对于进口原材料要注意供应的稳定性和运输环节，要有供应来源变化的应变措施，预测用国产原材料替代的可能性。

5. 分析资源开发的规模效益和使用效率

对于资源开发类项目，应该重视对资源开发规模效益和使用效率的分析，限制盲目开发，避免资源开采中的浪费现象，提高资源利用综合效率。因此，要分析评价项目建设方案是否符合有关资源开发利用的可持续发展战略要求，是否符合保护资源环境的政策规定，是否符合资源开发总体规划及综合利用的相关要求；分析拟采用的开采设备和技术方案是否符合提高资源开发利用效率的要求，其资源综合利用方案是否符合发展循环经济、建设节约型社会的要求；分析资源利用是否会对地表(下)水等其他资源造成不利影响；评价资源开发方案是否符合改善资源环境及促进相关产业发展的政策要求。这里，可通过计算单位生产能力主要资源消耗量、资源循环再生利用率等指标，并与国内外先进水平对比，评价拟建项目资源利用效率的先进性和合理性，分析阐述工程建设方案是否符合资源节约综合利用政策及相关专项规划的要求。

9.4.3 项目建设条件分析

项目建设条件是指建设项目用地条件和建设地的供电、供水、交通等基础设施条件以及劳动力资源条件。分析建设条件的目的是评估项目实施的可行性和满足程度。

1. 建设项目用地条件分析

建设项目用地条件分析主要是分析项目建设地点的地形、地貌、气候、工程地质和水文地质等条件，评估这些条件可能在项目实施过程中给施工总平面布置、施工机械、施工技术和建筑材料等方面带来影响。

1）地形地貌

地形地貌分析主要分析项目建设地点的地貌形态类型(平原、盆地、丘陵、山地还是高原)，地形起伏形态特征，山坡形状、高度及坡度，地面切割情况(如沟谷发育的形态、方向、密度、宽度和深度)、河谷的宽度、坡度和阶地发育状况，阶地级数、高程、宽度及岩性结构等，评估是否有影响建设项目的地质灾害。特别是线性建筑类(如铁路、公路、渠道和隧道)的建设项目，地形地貌对其线路选择尤为重要。

2）气候

气候条件是指项目所在地长时间的大气变化，包含气压、日照、气温、降水情况等分析。

3）工程地质

工程地质条件分析主要分析建设场地内地层岩性、地质构造及地震的现状，评估是否存在地层断裂、崩塌、滑坡、泥石流、地震等不良地质现象影响项目建设。

4）水文状况

水文地质条件分析是了解项目所在地河流及全年不同时期水位变化、流向、流速和水质等条件，地下水文的形成、分布及运动规律，分析项目是否在洪水淹没区、塌陷区、滑坡区，确定项目在施工、生产、生活等方面的保证程度；地下水位是否低于地下的建筑物基准面，以及相应的治理方案，消除地下水对工程的危害。

阐述项目建设区是否有历史文化遗产、自然遗产、风景名胜和自然景观等特殊环境，分析项目建设可能产生的影响因素及影响程度，提出保护措施，并论证保护措施的可行性。

2. 基础设施条件分析

基础设施是指进行建设项目投资、维持建设项目生产经营(使用)正常运转以及区内生活的基本硬件设施。项目建设和运营需要有稳定连续的供电、供水、供气等条件，发达的交通运输条件和通讯设施及其他配套基础设施条件。因此，项目决策时应对拟建项目场址内的这些条件进行分析。

1）供水条件

供水条件分析包括生活用水的供应条件分析和工业用水的供应条件分析。生活用水主要是满足员工生活饮水、烹饪、洗涤等需要，工业用水主要包括原料用水、锅炉用水、冷却用水、工艺用水、冲洗用水。项目决策时要根据不同用水方式的水质要求、用水量计算与预测，分析水的来源、供水价格、供水泵站及管网等供水设施等能否满足项目需要，并从环保与成本角度分析设计水循环设施、污水净化设施等。

2）供电条件

供电条件分析首先按生产工艺要求计算项目日耗电量、年耗电量，估算最大需电量、最大负荷与启动负荷、冲击负荷；然后调查相关资料，分析建设地变电站、变压器容量及台数、输电线路等，评估供电是否稳定，能否满足项目生产的需要，项目是否需要投资自备电厂、变电所、输电设施等或自备发电装置。

3）交通运输

交通运输条件分析包括项目外部交通条件和内部交通条件分析。外部交通条件分析主要是分析建设区域与外界连接的交通网络，包括陆路、航空、铁路、水运的交通线路分布状况、运载力、交通规划等情况，评估项目是否有便捷的对外交通工具及运输路线。内部交通条件分析主要是分析项目所在地的公路运输能够满足项目建设运输的需要。

4）通讯条件

通讯条件是现代生产和销售系统顺利运转的重要保证条件，包括电话系统、邮政系统和网络系统。决策时应分析项目对通讯条件的要求，当地是否有便捷发达的通讯设施，能否满足项目的要求，并重视有关通讯项目的同步建设。

5）其他配套设施

其他配套设施是指与建设项目建设或建成投产（交付使用）后的生产、经营或生活相关的配套硬件设施。对于一些建设项目特别是房地产开发类的建设项目，建设地的配套设施对项目建成交付使用后的生产、经营、使用或生活产生直接影响，从而影响项目效益和目标的实现。配套设施包括：教育设施（主要指托儿所、幼儿园和小学、中学等各种层次的学校）、生活服务设施（即能为投资者及建设项目在建设及生产经营使用中提供各种生活服务的设施，如农贸市场、商场等）、生产服务设施（即能为建设项目正常生产提供各种服务的设施，包括安装、修理、各种零部件销售的设施）、人文设施（主要是指具有一定文化价值的文物古迹等）。人文设施是引导文化投资和旅游投资的重要因素。

3. 人力资源条件分析

项目建设和运营需要较多的人力资源，特别是生产型建设项目投产后需要较多的技术人员、生产人员和后勤服务人员。人力资源条件分析就是要分析项目建设地能否便捷的得到项目建设和生产所需的劳动力以及人力资源成本和技术支持。

复习思考题

9.1　如何理解建设项目投资决策的含义？

9.2　建设项目投资决策阶段的工作程序及工作内容。

9.3　建设项目投资客观环境分析包括哪些内容？

9.4　如何识别投资主体的经营目标和战略？

9.5　投资主体内外资源条件分析包括哪些内容？

第十章　建设项目投资可行性研究

10.1　概　　述

10.1.1　建设项目可行性研究的概念

1. 建设项目可行性研究

所谓可行性研究(feasibility study),是运用多种科学手段(包括技术科学、社会学、经济学及系统工程学等)对一拟实施项目的必要性、可行性、合理性进行综合论证的实践活动,是一种科学的分析方法,目的是为项目实施决策提供科学的依据。

建设项目可行性研究是在投资决策前,对项目有关的社会、经济和技术等各方面情况进行深入细致的调查研究;对各种可能拟定的建设方案和技术方案进行认真的技术经济分析与比较论证;对项目建成后的经济效益进行科学的预测和评价,并在此基础上综合研究、论证建设项目的技术先进性、适用性、可靠性、经济合理性和有利性,以及建设可能性和可行性,由此确定该项目是否投资和如何投资,使之是否进入项目开发建设的下一阶段提供结论性意见。可行性研究具有科学化和程序化的优点,为项目决策部门对项目投资的最终决策提供科学依据,是开展下一步工作的基础。同时,它是保证投资项目在技术上先进,在经济上合理,在建设上可行的科学研究方法。

2. 建设项目可行性研究的任务

建设项目可行性研究的主要任务,从宏观上讲,就是按照国民经济长期规划和地区规划、行业规划的要求,对拟建项目进行规划方案论证、技术论证、社会效益、环境效益与经济效益的论证和分析,为涉及项目的主体(如建设行政单位、项目投资主体等)在项目决策时提供可靠的依据和建议;从微观上讲,就是为投资人决策提供真实可靠的依据。建设项目可行性研究是对国家经济资源进行优化配置的最直接、最重要的手段,是提高项目决策水平的关键。

10.1.2　建设项目可行性研究的工作阶段

1. 建设项目可行性研究工作的阶段划分

按照联合国工业发展组织(UNIDO)编写的《工业项目可行性研究手册》,把投资项目前期的可行性研究工作分为机会研究、初步可行性研究、可行性研究和项目评估决策四个阶段。

在我国,投资项目可行性研究有广义和狭义之分。广义的可行性研究包括投资机会研究、初步可行性研究和详细可行性研究三个阶段;狭义的可行性研究仅包括初步可行性研究和详细可行性研究。

本章采用广义的可行性研究概念。同时由于项目评估是针对项目可行性研究报告的完整性、真实性和准确性进行的评估，故本章将项目评估也列入建设项目可行性研究的工作阶段。

2. 建设项目可行性研究各阶段工作的要求

由于建设前期的各研究工作阶段的研究性质、目的、内容及作用不同，各阶段研究的内容由浅入深，工作量又小到大，投资估算的精度也由粗到细，作用逐步增大。因此建设项目可行性研究各阶段工作的要求也不同，如表10.1所示。

表10.1　可行性研究各阶段工作的要求

工作阶段	机会研究	初步可行性研究	可行性研究	项目评估
工作目标	项目选定	初步选择与初步分析	最终分析	项目决策
工作内容	鉴别投资方向； 寻求投资机会； 确定初步可行性研究的范围； 确定辅助研究的关键方面	鉴定项目的选择标准； 确定项目初步可行性研究； 评价是否应当开始可行性研究、辅助研究	确定项目选择标准； 详细调查研究； 进行深入的技术经济论证和效益分析； 进行多方案的比较； 确定可行性	综合分析各种效益； 对可行性研究报告进行全面审核和评估，分析判断可行性研究的可靠性和真实性
工作成果	编制项目建议书	编制初步可行性研究报告	编制可行性研究报告	提出项目评估报告
研究作用	为初步选择投资项目提供依据，批准后列入建设前期工作计划，作为投资主体、政府对投资项目的初步决策	判定是否有必要进行下一步详细可行性研究	作为投资决策的基础和重要依据	为投资决策者提供最后决策依据，决定项目取舍，选择最佳投资方案
估算精度	±30%	±20%	±10%	±10%
研究费用占投资费用的比例	0.2%～1.0%	0.25%～1.25%	大项目0.8%～1% 中小项目1%～3%	—
需要时间/月	1～3	4～6	8～12或更长	—

说明：以上收费的百分比只表明在可行性研究前三个阶段之间的相对关系，不是绝对标准。不同的项目，不同的论证人员费用不同，仅作为参考依据。

10.2　建设项目可行性研究报告的编制

10.2.1　建设项目可行性研究报告的作用

建设项目可行性研究在项目决策阶段占有特别重要的地位，它是进行项目投资决策的基础和依据，其工作质量的好坏，直接决定了项目投资决策的正确与否。同时，它还为项目的前期准备工作提供了必备的基础条件。经过批准的建设项目可行性研究报告在项目筹建和实施的各个环节中，可以起到如下方面的作用。

1. 作为投资主体项目投资决策的依据

建设项目可行性研究对与项目有关的各个方面都进行了调查研究和分析，并以大量数据论证了项目的必要性、可实现性和实现后的结果，项目投资主体和政府主管部门正是基于可行性研究的分析结论，并结合国家、地区、投资主体长远发展规划和经济需要，来决定一个建设项目是否应该投资和如何进行投资。

2. 作为向银行等金融组织、风险投资机构和向社会筹集资金的依据

在市场经济条件下，国内银行及各类金融机构在接受建设项目贷款时，首先要审查建设项目可行性研究报告，对项目进行全面、细致的分析评估，在确认了项目的经济效益水平、偿债能力和风险状况后，才能做出是否同意贷款的决定。风险投资机构是以项目成果作为自己的贷款回收的担保或投资对象，它对项目的了解在很大程度上来源于项目可行性研究报告，如果可行性研究报告不过关，风险投资机构也就可能不会进一步考虑或研究项目了。如果以项目为对象向社会筹集资金，资金供应者也需要了解项目的情况，而项目可行性研究报告是其基本的信息资料载体。

3. 作为编制投资项目规划设计及组织实施的依据

依据建设项目可行性研究报告，可编制项目设计任务书；编制科研试验计划和新技术、新设备需用计划以及大型专用设备生产预安排；针对可行性研究对总投资和各阶段投资进行的较详细估算，为项目投资的事前控制打下了基础，控制项目成本；根据建设项目可行性研究报告，合理实施项目方案，并对项目的进度进行合理安排，对项目的投资计划进行合理分配，以期实现项目的投资目标。

4. 作为签订有关投资合同或协议、订货的依据

可行性研究报告是签订项目工程设计合同、设备订货的依据；也是从国外引进技术、设备以及与国外厂商谈判签约的依据。

5. 作为政府有关部门审查项目的依据

可行性研究报告是向投资管理部门获得投资许可的依据，也是向当地规划、建设和环保行政部门申请建设执照的依据。

6. 作为企业或其他单位生产经营组织和项目后评价的依据

工程项目竣工、正式投产后的生产经营组织和考核，应以可行性研究报告中所制订的生产纲领、技术标准以及经济效果指标作为依据。

10.2.2　建设项目可行性研究报告编制的原则、依据、程序和资质要求

1. 建设项目可行性研究遵循的原则

1）科学性

坚持科学性原则是指建设项目可行性研究的内容符合客观实际情况，能真实地反映拟建项目的自然、地理、气象、水文等客观基本情况，能反映当地经济、社会等情况，并且运用了科学先进的技术予以论证。

2）客观性

客观性原则是指在进行建设项目可行性研究时，从项目实际情况出发，实事求是地进行项目的可行性研究，可行即可行，不可行即不可行，做到资源最大合理化利用。坚持客观性，首先要提高有关人员的素质，避免领导意志和地方主义的消极影响；在建设项目可行性研究中，应本着客观、事实的态度进行研究，做到资源的最大化利用。

3）公正性

公正性原则是指委托单位在编制建设项目可行性研究报告时，要站在公平、公正的角度编写，既不片面反映投资人的意向，也不损害国家和人民群众的根本利益。不站在利益方角度，投其所好，掩盖矛盾和风险，为“可行”而研究，缺乏公正性和客观性。

2. 建设项目可行性研究报告编制的依据

进行建设项目可行性研究工作的主要依据包括以下内容：

(1) 国家和地方的相关法律法规。

(2) 国家和地方的经济和社会发展长期规划，行业部门发展规划，地方经济建设的方针、任务、产业政策、投资政策和技术经济政策及文件。

(3) 企业发展规划、年度投资计划等文件。

(4) 项目建议书(初步可行性研究报告)及其批复文件。

(5) 建设项目可行性研究委托合同。

(6) 对于大中型骨干建设项目，必须具有国家批准的资源报告、国土开发整治规划、区域规划、工业基地规划；交通运输项目，要有相关的江河流域规划与路网规划。

(7) 拟建场址的可靠的自然、地理、气象、水文、地质、经济、社会、环保等基础资料。

(8) 有关行业的工程技术、经济方面的规范、标准、定额资料，以及国家正式颁发的技术法规和技术标准。

(9) 经国家统一颁发的有关建设项目经济评价的基本参数和指标，如国家基准收益率、行业基准收益率、社会折现率、折旧率、影子汇率、影子工资和影子价格换算参数等，它们可作为建设项目可行性研究中财务评价和国家经济评价的基准依据和判别标准。

(10) 国家进出口贸易政策和关税政策。

(11) 合资、合作项目各方签订的协议书或意向书。

3. 建设项目可行性研究报告编制工作的组织

1）建设项目可行性研究工作的组织形式

建设项目可行性研究是投资管理工作的重要组成部分，其如何进行应该取决于投资

主体的需要，没有一成不变的模式。事实上，针对不同的投资主体或不同的项目情况，建设项目可行性研究的组织形式是多种多样的。概括起来，建设项目可行性研究主要有三种组织形式：

(1) 投资者亲自组织人员完成的形式。

(2) 投资者在机构内部设置专门的部门或人员的形式。

(3) 委托专业化工程咨询单位的形式。

建设项目可行性研究是建立在对投资主体的发展战略和内外条件分析基础上的，这些方面只有投资主体本身最清楚、最能把握，所以如果由投资主体自己组织人员进行可行性研究当然会有许多好处，如更符合主体的战略要求和实际情况、更能节省费用、更加具有保密性等。但是，在现代社会经济活动中，建设项目前期论证工作越来越走向复杂和重要，可行性研究已经成为一项专业化工作，所以越来越多的投资主体采用委托专业化工程咨询单位进行的形式。一般地，在投资任务比较特殊或简单，而投资主体又对此比较熟悉的情况下，才采用自行完成的方式。

如果一个企业设有战略性研究与开发部门，建设项目可行性研究一般应该由其组织进行。如果是投资主体比较熟悉的业务，可以以自己为主，适当配合内外部人员。如果是投资主体不熟悉的业务，可以以外部人员为主，适当配合内部人员。人员结构应该与项目前期的具体需要相一致，一般应该包括市场研究、财务分析、技术和业务等方面专家。如果企业没有这方面部门，可以临时设置一个项目小组开展这项工作，企业内外相应的技术、经济、管理等方面的人员都是比较合适的选择。

委托专业性工程咨询单位进行建设项目可行性研究，需要重视两个方面问题：一是选择一个合适的工程咨询单位，二是确定比较科学的控制和付费办法。

2) 建设项目项目可行性研究报告的编制单位及人员资质要求

建设项目可行性研究报告的质量取决于编制单位的资质和编写人员的素质。按照原国家发展计划委员会审定发行的《投资项目可行性研究指南》的规定，承担可行性研究报告编写单位和人员，应符合下列要求：

(1) 建设项目可行性研究报告编制单位应具有经国家有关部门审批登记的资质等级证明。

(2) 编制单位应具有承担编制建设项目可行性研究报告的能力和经验。

(3) 建设项目可行性研究人员应具有所从事专业的中级以上专业职称，并具有相关的知识、技能和工作经历。

(4) 建设项目可行性研究报告编制单位及人员，应坚持独立、公正、科学、可靠的原则，实事求是，对提供的可行性研究报告质量负完全责任。

4. 建设项目可行性研究报告编制的工作程序

建设项目可行性研究涉及的内容广泛，专业学科较多，需要设计、土建、财务和经济等方面的人员组成，因此，必须设计科学合理的工作程序，才能提高工作效率，保证可行性研究工作的有序开展。建设项目可行性研究的基本工作程序如图 10.1 所示。

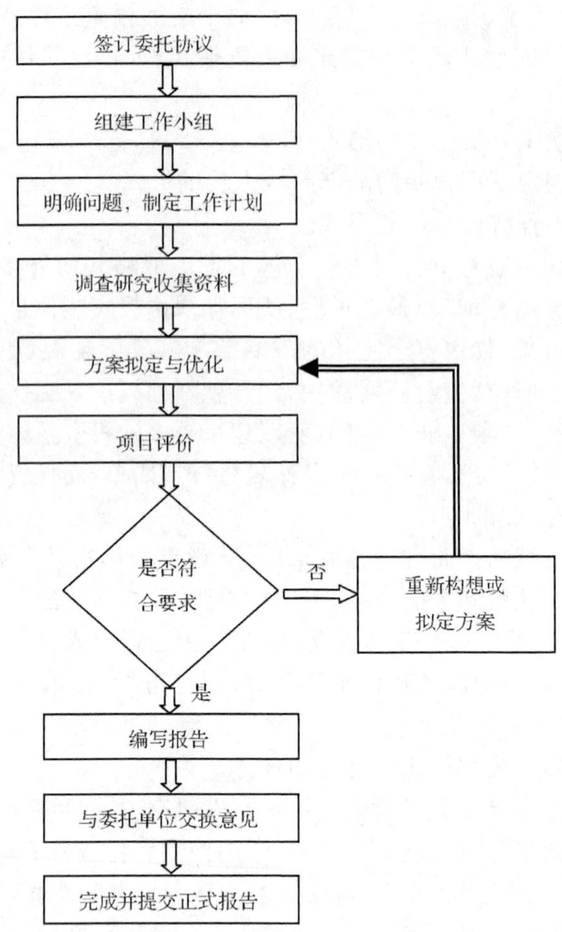

图 10.1　建设项目可行性研究的基本工作程序

1）签订委托协议

建设单位或承办单位与有资质的工程咨询公司或设计单位就建设项目可行性研究工作的范围、内容、重点、前提条件、研究工作的质量、进度安排、费用支付办法以及合同双方的责任、协作方式和关于违约处理的方法等内容达成共识，并签订协议。具备条件和能力的建设单位也可以在机构内部委托职能部门开展可行性研究工作。

2）组建工作小组

建设项目可行性研究编制单位在承接可行性研究任务后，根据建设项目可行性研究的工作、内容、范围、技术难度、时间要求等组建项目可行性研究工作小组，确定小组负责人。小组负责人统筹协调各专业组之间的工作。

3）明确问题，制定工作计划

工作小组与建设单位联系后，获得项目有关背景和文件，摸清委托者的目标意见和要求，明确问题，确定研究内容。根据研究工作范围、重点、深度和要求，制定项目工作计划，安排具体实施进度，并与委托单位交换意见，全面筹划准备可行性研究工作。

4）调查研究收集资料

项目组收集和查阅项目所在地区、市场、行业及与项目有关的自然环境、经济与社会等基础性资料和文件，并拟定调研提纲，组织人员进行调查，包括向市场和社会调查，向行业主管部门调查，向项目所在地区调查，向项目涉及的有关企业、单位调查，收集整理可行性研究所需基础资料。必要时还须进行专题调查和研究。

5）方案拟订与优化

在市场调查和资源调查的基础上，结合收集的资料和数据，针对项目的建设规模、产品、场址、工艺、设备、工程、原材料供应、总图布置与运输、公用工程与辅助工程、环境保护、组织机构设置、实施进度以及项目投资与资金筹措等建立可供选择的技术方案，并结合实际条件进行多次反复的方案论证比较，会同建设单位明确选择方案的重大原则问题和优化标准，从若干方案中选择或推荐最优或次优方案。

6）项目评价

对推荐方案进行财务评价、国民经济评价、环境评价、社会评价及风险分析，以判别项目的环境可行性、经济合理性、社会可行性和抗风险能力。当有关评价指标结论不足以支持项目方案成立时，可对原方案进行调整或重新拟订方案。

7）编写可行性研究报告初稿

在对建设项目进行了详细认真的分析论证，证明了项目在建设上的必要性、技术上的可行性、经济上的有利性以及社会与环境上的合理性后，即可编制可行性研究报告初稿。

8）与委托单位交换意见

建设项目可行性研究报告初稿形成后，与委托单位交换意见。

9）完成并提交正式可行性研究报告

与委托单位交换意见，修改完善，形成正式可行性研究报告，即可向委托人提交正式的建设项目可行性研究报告。

10.2.3　可行性研究报告的内容结构

1. 项目建议书的内容结构

项目建议书主要是对投资机会进行研究，形成项目建设设想，并向建设项目投资决策者或国家有关部门提出申请建设该项目的建议文件。

1）项目建议书的作用

(1) 投资主体或国家选择建设项目的依据，项目建议书批准后即为立项。

(2) 批准立项的建设项目可进一步开展投资可行性研究。

(3) 涉及利用外资的项目，只有在批准立项后方可对外开展工作。

2）项目建议书的主要内容

建设项目的项目建议书的内容主要包括：建设项目提出的必要性和依据；产品方案、拟建规模和建设地点的初步设想；资源或原材料情况、建设条件、协作关系和引进国别、厂商的初步分析；投资估算和资金筹措设想；项目进度安排；经济效果和社会效益的初步估计等。一般项目建议书按如下内容结构编写：

(1) 投资的背景和依据。

① 投资提出的背景。

② 资料来源及相关调查分析。

③ 投资机会分析。

④ 总体设想。

(2) 市场和政策分析与预测。

① 市场总体情况,可能的机会及机会的具体分析。

② 政府目前的规划和政策及可能的变化及原因。

(3) 企业战略和内外条件的分析。

① 企业现在市场情况及可能的变化。

② 企业目标和战略选择。

③ 企业资源及外部资源条件。

(4) 投资总体构想。

① 企业可选择的若干投资领域和项目。

② 选择的理由和依据以及具体落实的构想。

(5) 具体的若干项目建议。

① 产品方案。

② 拟建规模和投资地点。

③ 环境情况和投资条件。

④ 投资估算与资金筹措。

⑤ 项目实施的构想。

⑥ 初步的投资效果评价。

(6) 附件。

对项目建议书内容需要加以说明和建议的可采用附件。一般附件包括:

① 建设条件调查报告。

② 拟建项目初步可行性研究重点的建议。

③ 出国考察的安排意见。

④ 聘请外国专家指导或委托咨询的计划安排意见。

2. 可行性研究报告的内容结构

某些建设项目只需要做详细可行性研究(简称可行性研究)即可决策,而对于一些投资规模较大,工艺技术复杂的大型建设项目在做可行性研究之前需要进行初步可行性研究,以决定是否进行下一步工作。初步可行性研究的内容与可行性研究的内容基本相同,只是要求较低,深度较浅。可行性研究的内容和深度应能满足编制和审批建设项目可行性研究报告的要求,满足作为建设项目投资决策的基础和重要依据的要求。

根据国家发展和改革委员会的有关规定,一般建设项目的可行性研究应包括以下方面的内容。

1) 总论

总论作为可行性研究报告的首章,要综合叙述研究报告中各章节的主要问题和研究结论，并对项目的可行与否提出最终建议，为可行性研究的审批提供方便。总论的主要内容为：说明项目提出的背景、投资环境、项目投资建设的必要性和经济意义，项目投资对国民经济的作用和重要性；提出项目设想的主要依据、工作范围和要求；项目主要建设条件，项目投入总资金及效益情况；项目建议书及有关审批文件；综述可行性研究的主要结论、存在的问题与建议，列表说明项目的主要技术经济指标。

项目投资建设的必要性和经济意义主要是指进行项目投资建设，可改善社会基础条件，促进地区经济和社会发展的需要；合理开发利用资源，增加社会财富，实施可持续发展的需要；发展文化、教育、卫生等公益事业，满足人民不断增长的物质文化生活的需要；增强国防和社会安全能力的需要。一般从项目本身和国民经济两个层次进行分析论证。项目层次应侧重从项目产品和投资效益角度论证；国民经济层次分析主要是对那些受宏观经济条件制约较大的项目进行国民经济分析论证。

2）市场分析和拟建规模

（1）市场分析。市场分析是对项目的产出品和所需的主要投入品的市场容量、价格、竞争力，以及市场风险进行分析，其结果为确定项目建设规模和产品方案提供依据。因此，市场分析在项目可行性研究中具有重要的地位，其分析主要是围绕与项目产品相关的市场条件展开的，其分析的内容包括：市场现状调查；产品供需预测；价格预测；竞争力分析；市场风险分析；市场调查与预测方法。

① 市场现状调查是进行市场预测的基础。市场现状调查主要是调查拟建项目同类产品的市场现状容量，产品种类，价格现状以及市场竞争力现状调查（市场竞争对手的产品特点）。

② 产品供需预测是利用市场调查所获得的信息资料，对项目产品未来市场供应和需求的数量、品种、质量等进行定量与定性分析。包括产品供需预测应该考虑的因素，产品供需预测的内容，产品供需平衡分析和目标市场分析。

③ 价格预测是测算项目投产后的销售收入、生产成本和经济效益的基础，也是体现项目产品竞争力的重要标准。在进行产品价格预测时，应综合考虑影响价格的因素，如：产品供需情况，现状市场价格，产品区域位置，新技术、新材料对价格的影响等。价格预测的方法有回归法和比价法等。

④ 竞争力分析是研究拟建项目在国内外市场竞争中获胜的可能性。竞争力分析既包括项目本身的竞争力优势、劣势分析，也包括与竞争对手的竞争力分析；同时，还包括营销策略的研究分析。

⑤ 市场风险分析是在产品供需、价格变动趋势和竞争能力等常规分析已经达到一定深度要求的情况下，对未来国内外市场某些重大不确定因素发生的可能性，及对项目造成的损失程度进行分析。市场风险分析可定性描述，估计风险程度；也可定量计算风险发生概率，分析对项目的影响程度。市场风险的主要影响因素有：新产品的出现；新竞争对手的加入；国内外政治经济条件的变化以及市场竞争情况的加剧等。

⑥ 市场调查与预测方法主要是为项目的投资决策提供依据。市场调查方法解决并了解市场现状问题，常用的方法有访问调查法、会议调查法、观察法、资料法、通信调查法等；市场预测方法是解决项目建设规模、产品类型和投资效益的重要手段，一般有定性预测方法和定量预测方法；按预测的时间跨度，分为短期、中期和长期预测方法。

(2) 拟建规模。项目拟建规模与产品方案是在市场分析和资源条件的基础行进行的,它的内容包括:拟建项目的规模方案、产品方案以及建设规模与产品方案的比较和分析。

① 建设规模是指项目设定的正常生产运营年份可能达到的生产能力或使用效益。不同类型项目建设规模的表述内容不同。城市基础设施项目以建筑面积、服务能力等表述;工业项目通常以年产量、年加工量、装机容量等表述;居住小区建设项目以占地面积、建筑面积、容积率、建筑密度等表述。在确定产品建设规模的时候应考虑合理经济规模、市场容量、环境容量、资金及外部资源条件等因素。

② 产品方案是研究拟建项目生产的产品品种及其组合的方案。如居住小区,需根据占地面积、容积率、用地性质等指标,合理搭配高层建筑、商业建筑或多层建筑等。确定产品方案时应考虑市场需求、产业政策、专业化协作、资源情况、环境条件、技术设备条件等因素的影响。

③ 建设规模与产品方案比选主要是对建设规模与产品方案的论证,提出两个或两个以上方案进行比选,分别说明各方案的优缺点,并提出推荐方案。

3) 资源条件情况

资源条件情况主要是针对资源开发项目,包括金属矿、煤矿、石油天然气矿、建材矿、化学矿、水利水电和森林采伐等项目。主要内容为:资源利用条件;资源特点;资源开发价值;所需动力(水、电、气等)、公用设施的数量、供应方式、供应条件、外部协作条件以及所签协议、合同或意向的情况。在可行性研究阶段,应对资源开发利用的可能性、合理性和资源的可靠性进行研究和评价,为确定项目的开发方案和建设规模提供依据。

4) 建厂条件和场址方案

在初步可行性研究阶段必须对项目的建厂条件进行分析,从而确定项目的建设地区和地点范围,以更好地服务于整个项目。它的主要内容为:建厂的地理位置、气象、水文、地质、地形条件和社会经济现状;交通、运输及水、电、气的现状和发展趋势;场址比较和选择意见,场址占地范围、厂区总体布置方案、建设条件、地价、拆迁及其他工程费用情况。

(1) 场址选择的基本要求有:节约用地,少占耕地;尽量减少拆迁移民;有利于场区合理布置和安全运行;有利于保护环境和生态,有利于保护风景区和文物古迹。

(2) 场址位置应符合当地发展规划,与周边区域协调,满足项目建设和生产运营的要求。

(3) 气象、水文、地质等建厂自然条件应符合项目建设规模和建设条件的要求。

(4) 交通运输条件、水、电、气等供应条件应满足项目的建设需要。

(5) 场址方案比选是在对多个场址方案进行工程条件和经济性条件比较的基础上进行的。工程条件比选主要是对占地面积、气象条件、地质条件、环境条件、交通运输条件等进行比较;经济性条件比选主要是建设投资比较和运营费用比较。

5) 项目工程技术方案

项目的建设规模与产品方案确定后,应进行技术方案、设备方案和工程方案的研究论证工作。技术、设备和工程方案体现了项目的技术水平和工艺水平,更决定了项目在经济上的合理性。工程技术方案的内容包括:技术方案、设备方案和工程方案。

(1) 技术方案选择的内容为生产方法选择和工艺流程方案选择。通过对技术的先进程度、可靠程度、产品质量程度、原材料的适应性、工艺流程的合理性和对环境的影响程度等技术经济指标进行对比分析选择先进合理的技术方案。

(2) 设备方案选择主要是对所需主要设备的规格、型号、数量、来源和价格等进行研究比较，通过建设规模、产品方案和技术方案等确定所需主要设备的来源。设备方案比选采取的方法是定性和定量分析法。定量分析法主要是对设备的运营成本、寿命周期费用、投资回收期等指标进行比较。

(3) 工程方案选择主要是论证建筑物、构筑物的建筑方案。通过建筑方案比选，选择经济合理的工程方案。

6) 主要原材料、燃料供应及节能、节水措施

原材料和燃料的供应分析是可行性研究不可缺失的重要内容，它包括的主要内容有：主要原材料供应方案、燃料供应方案、节能措施、节水措施。

(1) 主要原材料是项目建成后生产运营所需的主要投入物。原材料供应方案主要是对所需主要原材料的品种、规格、成分、质量、数量、价格、来源、供应方式和运输方式进行研究。

(2) 项目所需燃料包括生产工艺用燃料、公用和辅助设施用燃料、其他设施用燃料等。燃料供应方案主要是对燃料品种、质量和数量；燃料运输方式和来源及燃料价格进行分析论证。

(3) 在进行技术方案、设备方案和工程方案比选完成后，还应对项目的节能措施和节水措施进行分析论证。

7) 总图运输与公用辅助工程

总图运输与公用辅助工程是在已选定的场址范围内，研究生产关系、公用工程、辅助工程及运输设施的平面和竖向布置，以及工程方案。它的主要内容为：总图布置方案、场内外运输方案、公用工程与辅助工程方案、技术改造项目现有公用辅助设施利用情况。

(1) 项目总图布置应根据项目的生产工艺流程或使用功能的需要及其相互关系，结合场地和外部环境条件，对项目各个组成部分的位置进行组合布置。总图布置要满足功能分区明确，建筑、道路、绿化、消防等规划指标满足要求，场址地形、地势及地质条件因地制宜等。

(2) 场内外运输方案主要是根据建筑规模、产品方案、技术方案等确定建材产品和产出品的需求量，提出项目内外部运输方案。运输方案要考虑场内道路布置情况，并充分利用项目外部运输条件，避免多次倒运，降低运输成本，提高运输效率。

(3) 公用工程与辅助工程是为项目主体工程正常运转服务的配套工程。公用工程主要有给水、排水、供电、通信、供热、通风等工程；辅助工程包括维修、化验、检测、仓储等工程。在可行性研究阶段，公用工程和辅助工程应与主体工程同时进行研究。公用工程与辅助工程的设置，应尽可能依托社会进行专业化协作。技术改造项目应充分利用企业现有的公用和辅助设施。

8) 环境影响评价、劳动安全卫生与消防设施

建设项目一般都会引起项目所在地的自然环境、社会环境和生态环境的变化，如何将这些影响降到最低，是可行性研究的重要内容。它研究的主要内容为：调查环境现状，预

测项目对环境的影响，提出环境保护、三废治理和劳动保护和安全卫生的初步方案；提出消防设施的配备情况。

(1) 在进行项目环境影响评价前，必须先对自然环境、生态环境和社会环境进行现状调查，找出项目建设过程中破坏环境、运营过程中污染环境，导致环境恶化的主要因素，并在此基础上提出整治方案，将环境污染降到最低。

(2) 劳动安全卫生主要是对施工人员在生产或作业过程中可能对身体健康和生产安全造成危害的危害因素和危害程度进行分析，并针对不同危害和危险性因素的场所、范围及危害程度提出相应的安全措施方案。

(3) 消防设施研究，主要是分析项目在生产运营过程中可能存在的火灾隐患和重点消防部位，根据消防安全规范确定消防等级，并结合当地公安消防设施状况，提出消防监控报警系统和消防设施配置方案。

9) 组织机构、人力资源配置和员工培训

合理、科学地确定项目组织机构和人力资源配置是项目顺利建设和运营的重要条件，因此，在可研阶段必须对这部分内容进行研究，它包括的主要内容为：全厂生产管理体制、机构设置；工程技术人员和管理人员素质、数量的要求；劳动定员的配备方案；人员培训的规划和费用估算。

(1) 组织机构设置方案应根据拟建项目的特点和生产经营的需要提出，并确定组织结构模式、项目的管理层次和管理职能部门。

(2) 人力资源配置是根据项目规模、生产经营复杂程度与自动化水平、人员素质与劳动生产率要求以及组织机构设置与生产管理制度等要求，合理确定不同岗位的员工配置数量、员工应具备的劳动技能和文化素质以及员工工资及福利等内容。

(3) 员工培训主要是指在可研阶段，提出员工培训岗位、人数、培训内容、目标、方法、地点和培训费用等内容。为保证项目建成后顺利投入生产运营，应重点培训生产线关键岗位的操作运行人员和管理人员。

10) 项目实施计划和进度

根据项目建设规模和勘察设计、设备制造、工程施工、安装、试生产所需时间与进度要求，选择整个工程项目实施方案和总进度，用横道图或网络图表述最佳实施计划方案的选择，实施进度安排，合理确定工期。项目工期确定后，应根据工程实施各阶段工作量和所需时间，对各分部分项工作作出合理安排，使各阶段工作相互衔接。

11) 投资估算与资金筹措方案

建设项目的投资估算和资金筹措分析，是项目可行性研究内容的重要组成部分。投资估算是指项目从前期投入开始至项目竣工验收交付使用止，这个阶段所发生的所有费用，一般也称为建设项目总投资，包括固定资产投资和流动资金两大部分内容。资金筹措方案主要是研究拟建项目的资金渠道、融资形式、融资机构、融资成本和融资风险等内容。两者包括的主要内容为：建设项目的总投资估算、营运资金的估算、资本金和债务资金筹措及来源、资金投资使用计划、资金的筹措方式及贷款的偿付方式。本部分研究内容不仅要用文字说明问题，还应罗列相应表格，对项目的总投资组成和筹措资金组成进行详细说明。

12) 财务、经济和社会效益评价

财务、经济和社会效益评价结论是建设方案取舍的主要依据之一，也是对建设项目进行投资决策的重要依据。

(1) 财务评价是指考察项目建成后的获得能力，债务偿还能力及外汇平衡能力的财务状况，借以判断项目在财务上的可行性。财务评价的内容包括：成本费用与营业收入估算；财务评价报表；盈利能力分析；偿债能力分析；风险与不确定性分析；财务评价结论。

① 成本费用是指项目生产运营支出的各种费用，包括制造成本、销售费用、管理费用和财务费用等。

② 营业收入估算是指销售产品或提供服务取得的收入。

③ 财务评价报表主要有财务现金流量表、损益和利润分配表、资金来源与运用表、借款偿还计划表等。

④ 盈利能力分析主要是通过计算财务内部收益率、财务净现值、投资回收期等指标来判断项目是否盈利。

⑤ 偿债能力分析是通过计算借款偿还期、利息备付率、偿债备付率等指标评价项目借款偿债能力。

⑥ 不确定性分析主要是通过有选择性地进行敏感性分析和盈亏平衡分析来判断项目的不确定性因素，以更好的采取措施将不确定因素带来的风险降到最低。

(2) 国民经济评价是项目经济评价的核心，是决策部门作项目取舍的重要依据，建立项目国民经济评价采用费用与效益分析方法。国民经济评价的内容包括：影子价格及评价参数选取；效益费用范围与数值调整；国民经济评价报表；国民经济评价指标和国民经济评价结论。

① 影子价格是进行项目国民经济评价，计算国民经济效益与费用时专用的价格，是指依据一定原则确定的，能够反映投入物和产出物真实经济价值，反映市场供求状况，反映资源稀缺程度，使资源得到合理配置的价格。进行国民经济评价时，项目的主要投入物和产出物价格，原则上都应采用影子价格。

② 国民经济效益是指项目对国民经济所作的贡献，分为直接效益和间接效益，可以是定量化的数据，也可是定性化内容。国民经济费用是指国民经济为项目付出的代价，分为直接费用和间接费用。直接效益和直接费用可在项目计算的内容，是定量化的数据；而间接效益和间接费用是不能在项目中直接反映，通常为定性化的内容。

③ 国民经济评价报表有两种，一是项目国民经济效益费用流量表，二是国内投资国民经济效益费用流量表。项目国民经济效益费用流量表以全部投资(包括国内投资和国外投资)作为分析对象，考察项目全部投资的盈利能力；国内投资国民经济效益费用流量表以国内投资作为分析对象，考察项目国内投资部分的盈利能力。

④ 国民经济评价指标主要是通过计算经济内部收益率和经济净现值来判断项目是否盈利。其中经济内部收益率和经济净现值的参数是社会折现率。

(3) 社会评价。项目社会效益评价是以国家各项社会政策为基础，对项目实现国家和地方社会发展目标所作贡献和产生的影响及其与社会相互适应性所作的系统分析评价。主要内容包括：项目对社会的影响分析；项目与所在地互适性分析；社会风险分析。

① 项目的社会影响分析是指分析预测项目可能对社会产生的正面影响和负面影响。如：对所在地区居民收入的影响，对所在地区居民生活水平和生活质量的影响，对所在地居民就业的影响，对所在地区文化、教育、卫生的影响，对当地基础设施的影响，对当地弱

势群体利益的影响，对当地少数民族风俗习惯和宗教的影响等。

② 项目的互适性分析主要是分析预测项目能否为当地的社会环境、人文条件所接纳，以及当地政府、居民支持项目存在与发展的程度，考察项目与当地社会环境、现有技术的相互适应关系。

③ 项目的社会风险分析是对可能影响项目的各种社会因素进行识别和排序，选择影响面大、持续时间长，并容易导致较大矛盾的社会因素进行预测，分析可能出现这种风险的社会环境和条件。并采取相关措施将风险降到最低。

13）风险与不确定性分析

对建设项目进行评价，所采用的数据多数来自预测和估算。由于资料和信息是有限的，实际情况可能与此有出入，这对项目投资决策会带来风险。为了避免或尽可能地减少风险，就需要分析不确定性因素对项目经济指标的影响，以确定项目是否可靠，这就是不确定性分析。

根据分析内容和侧重点不同，可以将不确定性分析分为盈亏平衡分析和敏感性分析。进行建设项目可行性研究一般要进行盈亏平衡分析和敏感性分析，可视具体性情况而定。风险分析主要包括：项目主要风险因素识别、风险程度分析和风险防范对策。

（1）项目风险识别包括市场风险、资源风险、技术风险、工程风险、资金风险、政策风险、外部协作条件风险、社会风险和其他风险等。

（2）风险程度分析常采用的方法有专家评估法、风险因素取值评定法和概率分析法。

（3）风险防范对策有风险回避、风险控制、风险转移和风险自担。

14）研究结论与建议

建设项目的综合分析评价与方案选择；运用各项数据，从技术、经济、社会以及项目财务等方面论述建设项目的可行性，推荐方案总体描述，推荐方案优缺点描述、改进建议及结论性意见。

综上所述，建设项目可行性研究的基本内容可概括分三部分。第一部分是市场调查和预测，说明项目建设的“必要性”。第二部分是建设条件和技术方案，说明项目在技术上的“可行性”。第三部分是经济效益的分析与评价，这是可行性研究的核心，说明项目在经济上的“合理性”。建设项目可行性研究就是主要从这三个方面对项目进行优化研究，并为投资决策提供依据的。

可行性研究涉及的范围很广。不同的建设项目，其研究的范围及侧重点均有所不同。项目的性质、用途和规模，决定了可行性研究的深浅程度及涉及因素。一般项目可行性研究的内容，均应设专章论述投资必要性、技术可行性、财务可行性、组织可行性和风险分析的内容。对于工业项目，应设多个章节对原材料供应方案、场址选择、工艺方案、设备选型、土建工程、总图布置、辅助工程、安全生产、节能措施等技术可行性的各方面内容进行研究。对于非工业项目，应重视项目的经济和社会评价，重点评价项目的可持续性和经济社会环境影响。

建设项目可行性研究是一项十分重要的工作，加强建设项目可行性研究，是对国家经济资源进行优化配置的最直接、最重要的手段，是提高项目决策水平的关键。

10.2.4　建设项目可行性研究报告的审批

1. 建设项目可行性研究报告编制的要求

1）项目建议书编制的要求

项目建议书编制完成后，为保证决策质量，应对项目建议书进行审查。审查的重点应放在以下几方面：

（1）项目是否符合国家的建设方针和长期规划，以及产业结构调整的方向和范围。

（2）项目的产品是否符合市场，论证理由是否充分。

（3）项目建设地点是否合适，有无不合理的布局或重复建设。

（4）对项目的财务、经济效益和还款要求的粗略估算是否合理，是否与投资主体的投资设想一致。

（5）对遗漏、论证不足的问题，要求咨询单位补充修改。

2）建设项目可行性研究报告编制的要求

建设项目可行性研究报告应达到有效控制投资、保证科学决策的作用。它的深度应达到以下要求：

（1）应能充分反映项目可行性研究工作的成果，内容要齐全，论证要全面，结论要明确，数据要准确，论据要充分，要满足决策机构或投资人的要求。

（2）敏感性因素和风险性因素的分析应全面。针对敏感性因素的敏感程度提出相应的措施，防止风险因素发生变化导致效益大幅下降；同时，不能只注重经济效益，忽略环境和社会效益分析，要对项目周期各阶段风险管理进行统一筹划及策略论证。

（3）选用主要的设备，参数应能满足预订货的要求，引进技术设备的资料应满足合同谈判的要求。

（4）重大技术经济方案，应深入研究，论证充分，分析详尽，应进行两个以上方案的比选。

（5）工程技术方案的研究论证要深入，确定的主要工程技术数据，应满足初步设计依据的要求。

（6）投资估算深度应满足投资控制准确度要求。

（7）构造的融资方案应能满足银行等金融机构信贷决策的需要。

（8）市场分析研究深入，应能提出解决市场实际问题的有力措施。

（9）应反映在建设项目可行性研究过程中出现的某些方案的重大分歧及未被采纳的理由，以供委托机构或投资人权衡利弊进行决策。

（10）应附有评估、决策审批所必需的合同、协议、意向书、政府批件等。

2. 建设项目可行性研究报告的审批

根据《国务院关于投资体制改革的决定》（国发[2004]20号）规定：对于政府投资项目或使用政府性资金、国际金融组织和外国政府贷款投资建设的项目，继续实行审批制，需报批项目建议书、项目可行性研究报告。凡不使用政府性投资资金（国际金融组织和外国政府贷款属于国家主权外债，按照政府投资资金进行管理）的项目，一律不再实行审批制，区别不同情况实行核准制和备案制，无需报批项目建议书、项目可行性研究报告。

1）项目审批制、核准制和备案制的定义

凡使用政府性资金的建设项目都使用审批制。政府性资金包括：财政预算投资资金（含国债资金）；国际金融组织和外国政府贷款等主权外债资金；纳入预算管理的专项建设资金；法律、法规规定其他政府性资金。政府投资按照资金来源、项目性质和宏观调控需要，分别采用直接投资、资本金注入、投资补助、转贷、贴息等投资方式。只要使用了上述所列的政府性资金的建设项目，都要采取审批制。

核准制是指对企业投资建设不使用政府性资金的重大项目和限制类项目不再由政府进行审批。政府只是从维护经济安全、合理开发利用资源、保护生态环境、优化重大布局、保障公共利益、防止出现垄断等方面进行核准。项目的市场前景、经济效益、资金来源和产品技术方案等均由企业自主决策、自担风险，但要依法办理环境保护、土地使用、资源利用、安全生产、城市规划等许可手续。实行核准制的范围和权限，由《政府核准的投资项目目录》作出规定。

备案制是指企业投资建设不使用政府性资金的非重大项目和非限制类项目，由企业按照属地原则向地方政府投资主管部门备案后，依法办理环境保护、土地使用、资源利用、安全生产、城市规划等许可手续。其后，企业即可自行组织建设。企业报送备案的项目，除不符合法律法规有关规定、产业政策禁止发展、需报政府核准或审批的之外，地方政府投资主管部门应当予以备案。

2）项目审批制、核准制和备案制的区别（表 10.2）

表 10.2　项目审批制、核准制和备案制的区别

项目名称	适用范围	审核内容	审核程序
审批制	只适用于政府投资项目和使用政府性资金的企业投资项目	政府主要从社会管理和国计民生的角度审核项目	一般要经过批准“项目建议书”、“可行性研究报告”和“开工报告”三个环节
核准制	适用于企业不使用政府性资金投资建设的重大项目、限制类项目（国家和省发改委制定有具体的核准项目名录）	政府审核的内容主要考虑的是“维护经济安全、合理开发利用资源、保护生态环境、优化重大布局、保障公共利益、防止出现垄断”等方面	只有“项目申请报告”一个环节
备案制	上述之外的项目则实行备案制	政府只审查项目的合法性	先填写备案项目申请表，编写备案报告，并出具企业营业执照、组织代码证、法人代表身份证和经办人员身份证，经省级主管部门备案后，再行办理规划、国土、环保等相关手续

投资体制改革之后，建设项目可行性研究报告的主要功能是满足企业自主投资决策的需要，其内容和深度可由企业根据决策需要和项目情况相应确定。尽管不需再报政府审批，但为了防止和减少投资失误、保证投资效益，企业在进行自主决策时，仍应编制建设

项目可行性研究报告，对可行性研究的内容进行分析论证，作为投资决策的重要依据。根据《国家发展改革委关于改进和完善报请国务院审批或核准的投资项目管理办法》(发改投资[2005]76号)的规定：要逐步建立和完善政府投资责任追究制度，建立健全协同配合的企业投资监管体系。与项目审批、核准、实施有关的单位要各司其职、各负其责。

建设项目可行性研究报告经批准后，不得随意修改和变更。如果在建设规模、产品方案、建设地区、主要协作关系等方面有变动或突破投资控制数时，应经原批准机关同意。

复习思考题

10.1　如何理解建设项目可行性研究？其工作的阶段如何划分？

10.2　建设项目可行性研究报告有何作用？

10.3　建设项目可行性研究报告编制的原则、依据、程序和资质要求有哪些？

10.4　项目建议书与项目可行性研究报告在内容结构上有何异同？

10.5　建设项目可行性研究报告的编制和审批有何要求？

第十一章　建设项目投资核准

11.1　投资项目核准制

11.1.1　投资项目核准制简述

1. 投资项目核准制的含义

投资项目核准制即企业投资项目核准制的简称，是对不使用政府资金的重大建设项目和限制类固定资产项目实行审查核准的一种社会投资管理制度。

所谓核准，即投资建设项目只需向政府提交《项目申请报告》，依法办理环境保护、土地使用、资源利用、安全生产、城市规划等许可手续即可，不再经过批准《项目建设书》、《可行性研究报告》和《开工报告》三个程序。政府对企业提交的项目申请报告，主要是从维护经济安全、合理开发利用资源、保护生态环境、优化重大布局、保障公共利益、防止出现垄断等方面进行审查核准，不再对投资项目的市场前景、经济效益、资金来源和产品技术方案等进行审批。只要所申报事项符合法律规章条件，原则上都会予以许可。

2. 投资项目核准制实施的背景

1993年全国人大八届一次会议，提出国务院机构改革的任务是：要按照建立社会主义市场经济体制的要求，加强宏观调控和监督，强化社会管理职能，把应该由企业解决的问题，交由企业自己去解决。

长期以来，我国投资管理体制中实行审批制，不区分建设项目投资主体、资金来源渠道和项目性质，一律按其规模大小分别由各级政府有关部门审批。政府投资管理部门既站在社会管理者的角度，又站在投资者角度去审查企业投资项目的方方面面，包括审查投资项目的"项目建议书"、"可行性研究报告"、"开工报告"等内容，既有宏观的又有微观的审查。显然，这种投资项目审批制度沿用了计划经济体制下行政审批制度的办法，是一种全能型政府管理模式，已经不能适应市场经济建设步伐，不符合新形势下我国政府行政职能转变改革的要求，急需探索适合社会经济发展的新的制度与办法。按照投资体制改革的要求，为适应社会主义市场经济发展的要求，必须放松对企业投资自主权的限制和约束，赋予企业充分的投资自主权。但是，我国推进的是社会主义市场经济，不是完全放任自流的市场经济。在我国特定的历史条件和管理体制下，对企业投资的重大项目和限制类项目，还是要实行必要的外部性管理，相关的行政管理措施和手段仍然有存在的必要性。因此，为落实这一改革措施，2004年7月25日，国家正式公布了《国务院关于投资体制改革的决定》(国发[2004]20号)对传统的投资项目审批制度进行改革，《政府核准的投资项目目录(2004年本)》于同日公布，对企业投资的重大项目和限制类项目实行核准管理制度，其他项目实行备案制度。

11.1.2　实行核准制的意义及范围

1. 实行核准制的意义

1）转变了政府职能，确立了企业的投资主体地位

核准制的实施，使得政府直接管理审核的企业投资项目数量大幅度减少，有利于转变政府职能，加快政府政企不分改革步伐，确立企业的投资主体地位，便于政府投资主管部门从过去大包大揽、宏观调控微观事项的做法中解脱出来，强调规划指导职能，突出产业政策的导向作用，引导社会投资合理流向，通过设置行业门槛、明确行业准入标准、强化土地管理、资源利用和环境保护，保证技术、资源、环境等合理开发利用。

2）约束了地方政府的行为、提高了办事效率、增强了透明度

政府有关部门制定严格规范的核准制度，由国务院投资主管部门会同有关行业主管部门研究提出《政府核准的投资项目目录》，报国务院批准后实施，并向社会公布，增强了透明度；其核准范围、内容、申报程序和办理时限明确，未经国务院批准，各地区、各部门不得擅自增减核准范围，约束了地方政府的行为；实行核准制的项目仅须向政府提交《项目申请报告》，无需报批项目建议书、可行性研究报告和开工报告，程序简化，提高了办事效率。

3）拓宽了建设项目的投融资渠道

核准制的适时出现，将投资渠道从较为单一的财政贷款转向更为广阔的资本市场，项目建设的投融资渠道由以财政渠道为主向以金融渠道为主转变。

2. 实行核准制的范围

核准制适用的投资项目种类和范围，由国务院颁布的《政府核准的投资项目目录》（以下简称《目录》）确定，并根据变化的情况适时调整，目前执行的是2013年本。《目录》由国务院投资主管部门会同有关部门研究提出，报国务院批准后实施，它是国务院关于投资体制改革决定的附件，是实施项目核准制的重要基础文件。未经国务院批准，各地区、各部门不得擅自增减《目录》规定的范围。

根据《目录》（2013年本），政府对农林水利、能源（电力、煤炭、石油天然气）、交通运输（铁路、公路、水运、民航）、信息产业、原材料、机械制造、轻工、高新技术、城建、社会事业、金融、外商投资、境外投资等十三个领域，按不同规模，分别由国务院投资主管部门和地方投资主管部门“核准”，其他项目无论规模大小，均改为备案制。

11.1.3　投资项目核准权限及程序

1. 项目投资核准权限

根据《政府核准的投资项目目录（2013本）》，投资项目核准权限分为国务院核准、国务院投资主管部门核准、国务院行业管理部门核准、地方政府核准（省级政府可以根据本地实际情况具体划分地方各级政府的核准权限，但规定由省级政府核准的项目，核准权限

不得下放)。

对《外商投资产业指导目录》中有中方控股(含相对控股)要求的总投资(含增资)3亿美元及以上鼓励类项目,总投资(含增资)5000万美元及以上限制类(不含房地产)项目,由国务院投资主管部门核准。《外商投资产业指导目录》限制类中的房地产项目和总投资(含增资)小于5000万美元的其他限制类项目,由省级政府核准。《外商投资产业指导目录》中有中方控股(含相对控股)要求的总投资(含增资)小于3亿美元的鼓励类项目,由地方政府核准。外商投资企业的设立及变更事项,按现行有关规定由商务部和地方政府核准。

对境外投资,中方投资10亿美元及以上项目,涉及敏感国家和地区、敏感行业的项目,由国务院投资主管部门核准;规定之外的中央管理企业投资项目和地方企业投资3亿美元及以上项目报国务院投资主管部门备案。

国内企业在境外投资开办企业(金融企业除外)事项,涉及敏感国家和地区、敏感行业的,由商务部核准;其他情形的,中央管理企业报商务部备案,地方企业报省级政府备案。

2. 投资项目核准程序

根据《政府核准投资项目管理办法》(国家发展改革委第11号令),结合《国务院办公厅关于加强和规范新开工项目管理的通知》(国办发[2007]64号)的相关规定,实行核准制建设项目的核准程序如下:

(1) 项目申报单位对拟建项目进行技术经济论证后,编制项目申请报告,准备好核准申请相关文件,递交给相应的项目核准机关。

① 核准申请报送。

a. 企业投资建设应当由地方政府核准的项目,应当按照地方政府的有关规定,向相应的项目核准机关报送项目申请报告。

b. 地方企业投资建设应当分别由国家发展和改革委员会、国务院行业管理部门核准的项目,应当由项目所在地省级政府发展改革部门、行业管理部门提出初审意见后,分别向国家发展和改革委员会、国务院行业管理部门报送项目申请报告。属于国家发展和改革委员会核准权限的项目,项目所在地省级政府规定由省级政府行业管理部门初审的,应当由省级政府发展改革部门与其联合报送。

c. 国务院有关部门所属单位、计划单列企业集团、中央管理企业投资建设应当分别由国家发展和改革委员会、国务院行业管理部门核准的项目,直接由国务院有关部门、计划单列企业集团、中央管理企业分别向国家发展和改革委员会、国务院行业管理部门报送项目申请报告,并分别附项目所在地省级政府发展改革部门、行业管理部门的意见。

d. 企业投资建设应当由国务院核准的项目,由国家发展和改革委员会审核后报国务院核准。

② 核准申请报送材料。

a. 项目申请报告。

b. 城乡规划行政主管部门出具的选址意见书(仅指以划拨方式提供国有土地使用权的项目)。

c. 国土资源行政主管部门出具的用地预审意见(不涉及新增用地,在已批准的建设用地范围内进行改扩建的项目,可以不进行用地预审)。

d. 环境保护行政主管部门出具的环境影响评价审批文件。

e. 节能审查机关出具的节能审查意见。

f. 根据有关法律法规的规定应当提交的其他文件。

项目单位应当对所有申报材料的真实性负责。

(2) 项目申报单位按要求上报材料齐全后,项目核准机关正式受理并向申报单位出具受理通知书。

(3) 项目核准机关在正式受理申报材料后,如有必要,应委托有资格的咨询机构进行评估。接受委托的工程咨询机构应当在项目核准机关规定的时间内提出评估报告,并对评估结论承担责任。

(4) 项目核准机关在对企业投资项目进行审核时,主要从以下几个方面审查:

① 项目是否符合国家法律法规和宏观调控政策。

② 项目是否符合国民经济和社会发展规划、行业规划、城市总体规划、土地利用总体规划、产业政策、技术政策和行业准入标准。

③ 项目方案是否合理开发并有效利用了资源。

④ 项目是否影响国家安全、经济安全和生态安全。

⑤ 项目是否对公众利益,特别是项目建设地的公众利益产生不利影响。

如有必要,项目核准机关可要求项目申报单位对技术方案、建设地点、建设规模等进行相应调整。

(5) 项目核准机关在进行核准时,如涉及其他部门的职能,应征求相关部门的意见。当项目核准机关与行业主管部门对项目的审查意见存在较大的分歧时,应委托有资格的咨询机构进行评估。

(6) 对于可能会对公众利益造成重大影响的项目,在进行核准时应采取适当的方式征求公众意见。对于特别重大的项目,可以实行专家评议制度。

(7) 项目核准机关应在接收到相关部门出具的意见和咨询机构的评估意见或征得公众意见后做出是否核准项目申请报告的决定。需要再向上级核准的项目,核准机关提出初审意见。

(8) 对同意核准的项目,核准机关向项目申报单位出具项目核准文件,同时抄送同级城市规划、国土资源、环保、建设、行业主管部门等;对经审查不同意核准的项目,核准机关应向项目申报单位出具不予核准决定书,说明不予核准的理由,并抄送同级行业管理、城乡规划、国土资源、环境保护、节能审查等相关部门和下级项目核准、初审机关。

(9) 项目申报单位如对项目核准决定有异议的,可依法提出行政复议或行政诉讼。

(10) 除涉及国家秘密、商业秘密或者个人隐私外,项目核准机关应当依法将核准过程、核准结果予以公开。

(11) 项目申请单位得到项目核准后,依据核准文件依法办理规划许可、土地使用、资源利用、安全生产等相关手续。对申报未经同意或者应该申报核准而未申报的项目,城市规划、环保、国土资源、建设等部门不得办理相关手续,金融机构不得发放贷款。

经项目核准机关核准的项目，如建设规模、主要建设内容、产品技术方案、建设地点等发生变化，应及时以书面形式向原项目核准机关进行报告。原项目核准机关应根据项目调整的具体情况，出具书面确认意见或重新办理核准手续。

11.2 投资建设项目申请报告的编制

11.2.1 投资建设项目申请报告及其编制要求

1. 投资建设项目申请报告的含义

项目申请报告，是企业投资建设应报政府核准的项目时，为获得项目核准机关对拟建项目的行政许可，按核准要求报送的项目论证报告。对于《政府核准的投资项目目录》范围内需要政府核准的投资项目都需要编写项目申请报告。核准的项目申请报告也是下一阶段开展工作的依据。

2. 投资建设项目申请报告的编制要求

1）项目申请报告编写格式要规范

企业投资建设项目申请报告不同于企业项目的可行性研究报告，是企业为了获得项目核准机关对拟建项目的行政许可而编制的项目申请论证报告。它是政府投资主管部门核准项目的主要依据，其撰写质量至关重要。为统一和规范管理，国家发改委 2007 年 5 月颁布了《国家发展改革委关于发布项目申请报告通用文本的通知》，对核准项目申请报告编写内容进行了规范。2008 年 6 月，国家发改委又发布了《企业投资项目咨询评估报告编写大纲》。通用文本是对项目申请报告编写内容及深度的一般要求，投资建设项目申请报告的编写格式要求规范，符合通用文本的格式和内容。

2）项目申请报告要由具备相应工程咨询资质的机构编制

“项目申请报告”是各级政府投资主管部门对项目进行核准时要求提供的强制性文件，具有较强的政策性，应当由项目单位自主选择具备相应工程咨询资质的机构编制。其中报国务院、国家发展和改革委员会、国务院行业主管部门核准的项目，其项目申请报告应由具有甲级工程咨询资质的机构编制。由地方政府投资主管部门会同同级行业主管部门核准的项目的申请报告，各个地方对编制机构的要求从其规定。

3）项目申请报告内容要真实

项目申请报告涉及的内容以及反映情况的数据，必须真实可靠、具有较强的时效性。编制报告时应详细收集有关法律法规文件、数据资料，并反复核实，以准确、及时反映政府投资主管部门对投资行为的引导和约束，尤其是投资所在地的有关法规，要根据项目具体情况进行详细调查，确保内容的真实性。

4）项目申请报告预测要准确、论证要严密

项目申请报告是投资决策前的活动，是根据建设项目所处的区域投资环境、产业投资环境，围绕影响项目的各种因素进行的全面、系统的分析，从而对项目未来发展情况、可能遇到的问题和结果的估计，具有预测性及前瞻性。但是这种预测要求论证严密，是在深入调查研究、充分占有资料基础上，运用切合实际的预测方法，做出的科学预测。

3. 项目申请报告与项目可行性研究报告的区别

项目申请报告与项目可行性研究报告的主要区别见表 11.1。

表 11.1　项目申请报告与项目可行性研究报告的主要区别

区别	项目申请报告	项目可行性研究报告
目的不同	获得政府行政许可	论证投资项目的可行性，包括市场前景可行性、技术方案可行性、财务可行性、融资方案可行性，以及是否符合有关政策法规要求等，为企业投资决策提供依据
角度不同	从政府宏观角度； 外部性、公共利益角度； 经济、社会、资源、环境等的综合角度	从企业微观角度； 企业内部性角度； 技术经济角度
内容不同	从维护经济安全、合理开发利用资源、保护生态环境、优化重大布局、保障公众利益、防止出现垄断等方面进行论证	主要是市场预测、厂址选择、工程技术方案论证、设备选型、投资估算、财务分析、企业投资风险分析、是否符合法律法规要求等方面进行研究
时序不同	在项目可行性研究报告基础上的提升和拓展	先于项目申请报告
法律效力不同	具有政府行政的强制力，受国家有关法律法规的约束	用于企业内部投资决策，对董事会负责
功能不同	政府核准的依据	企业投资决策的依据、银行贷款的依据、初步设计的依据
编制依据不同	《项目申请报告通用文本》(发改投资[2007]1169 号)； 《企业投资项目咨询评估报告编写大纲》	主要依据《投资项目可行性研究指南(试用版)》(计办投资[2002]15 号) 《建设项目经济评价方法与参数(第三版)》

11.2.2　投资建设项目申请报告编制内容

根据政府对建设项目申请报告审查内容的关注点，项目申请报告要从宏观角度，向政府投资主管部门回答项目对经济、社会、资源、环境等方面的影响和贡献。因此，编写项目申请报告时，应针对政府审查的内容，站在政府角度、宏观角度、外部性角度重点阐述项目的外部性、公共性等事项，对拟建项目的规划布局、产业政策及行业准入、资源开发利用、节能、征地移民、生态环境保护、经济和社会影响等方面进行综合论证，至于项目的市场前景、经济效益、资金来源、产品技术方案等内容，不必在项目申请报告中详细分析和论证。其主要章节内容有：

1. 申报单位及项目概况

项目核准机关需要全面了解和掌握项目申报单位及拟建项目的基本情况，分析判断项目申报单位是否具备承担拟建项目的资格、是否符合有关市场准入条件等。为此，在撰写“申报单位及项目概况”章节时，应该包括如下几个方面。

1）项目申报单位概况

阐明项目申报单位的历史概况、股东构成、主营业务、资产负债状况、主要投资项目情况和现有生产能力、组织结构等内容。

2）拟建项目概况

介绍拟建项目的建设背景、建设地点、主要建设内容和规模、产品和工程技术方案、主要设备选型和配套工程、投资规模和资金筹措方案等内容，为项目核准机关对拟建项目的相关核准事项进行分析、评价奠定基础和前提。

2. 发展规划、产业政策和行业准入分析

本章编写的主要目的，是从发展规划、产业政策及行业准入的角度，论证项目建设的目标及功能定位是否合理，是否符合与项目相关的各类规划要求，是否符合相关法律法规、宏观调控政策、产业政策等规定，是否满足行业准入标准、优化重大布局等要求。

1）发展规划分析

阐述拟建项目是否符合有关的国民经济和社会发展总体规划（如国民经济和社会发展“十二五”计划）、专项规划（如能源中长期发展规划、综合交通运输规划）、区域规划（如长三角、环渤海等区域规划）、城市总体规划（如重庆市国民经济和社会发展“十二五”规划）、行业发展规划等要求，项目目标与规划内容是否衔接和协调。

2）产业政策分析

阐述与拟建项目相关的产业结构调整、产业发展方向、产业空间布局、产业技术政策、产业组织政策等内容；分析拟建项目是否属于国家鼓励类产业，是否对经济社会发展有重要促进作用，是否有利于节约资源、保护环境，是否有利于产业结构优化升级的关键技术、装备及产品，是否符合有关产业政策的要求。

3）行业准入分析

行业准入标准是产业政策的重要组成部分，是产业技术政策的具体体现之一，它规定了行业准入的必要条件（最低门槛）。国家规定并严格执行建设项目在土地、环保、节能、技术、安全等方面的准入标准，针对资源开发、加工行业和对环境有重大影响的黑色、有色、化工、印染等行业国家还单独制定了行业准入标准。因此，项目申请报告应该阐述项目建设单位和拟建项目是否符合相关行业准入标准的规定。

3. 资源开发及综合利用分析

这一章应该从建设节约型社会、发展循环经济等角度，对资源开发、利用的合理性和有效性进行分析论证。

1）分析范围

资源开发及综合利用分析所称的资源是指矿产、森林、水等自然资源，主要包括各种金属矿和煤、石油、天然气等燃料原料、工业矿物、建材矿等非金属矿。在论证时主要是分析这些资源作为原材料投入的综合开发利用方案是否合理，对于煤炭、油气、金属及非金属等资源开发项目，还要分析评价资源开采的安全保障措施。

2) 资源开发及综合利用方案分析

资源开发及综合利用方案包括资源开发方案、资源利用方案及资源节约措施。

(1) 资源开发方案。对于金属矿、煤矿、石油天然气矿、建材矿以及水(力)、森林等资源开发类项目，应阐述资源储量和品质勘探情况，分析拟开发资源的开发量、自然品质、赋存条件、开发价值等；阐述拟采用的开采设备和技术方案，分析资源开发方案的规模效益和使用效率，明确项目方案是否符合提高资源开发利用效率、改善资源环境、促进相关产业发展的要求。

对于火电、油气、石化、化工、钢铁、有色、林纸一体化等资源加工行业，应分析资源有效供应情况，特别是涉及大量进口资源的铁矿石、石油等项目，还要分析资源进口及供应方案的可靠性。

(2) 资源利用方案。资源利用方案包括项目需要占用的重要资源品种、数量和来源情况，提出资源供应方案；多金属、多用途化学元素共生矿、伴生矿以及油气混合矿等的资源综合利用方案，做到物尽其用；分析单位生产能力主要资源消耗量、资源循环再生利用率等指标，运用循环经济理念分析资源综合利用情况，阐述项目内部的水循环、废弃物质再回收利用循环，最小化项目废弃物的排放量，倡导项目方案的清洁生产，评价拟建项目资源利用效率的先进程度；分析评价项目建设及运营是否会对地表(下)水等其他资源造成不利影响。

对于不占用矿产资源的项目，如城建项目、轻工项目、高速公路项目等，可分析原材料(钢材、水泥、木材、混凝土、土方等)和水的消耗量、单位产出品的消耗量、供应方案可靠性、主要节约措施和节约效果等。

(3) 资源节约措施。阐述项目方案中作为原材料的各类金属矿、非金属矿及水资源等的主要节约措施，并对拟建项目的资源消耗指标进行分析，阐述在提高资源利用效率、降低资源消耗等方面是否符合资源节约、发展循环经济的要求。

4. 投资项目节能方案分析

国家重视节约能源，制定了节能约束性目标。企业建设方案受到国家节约能源、环境保护的法规政策制约，特别是钢铁、有色、煤炭、电力、石油石化、化工、建材等重点耗能行业及高耗能企业投资建设的项目，应重视从节能的角度阐明建设方案是否符合国家节能要求，强调遵照循环经济理念，提高资源的综合利用效率，促进节能减排。该章节主要内容包括以下几个方面。

1) 阐述用能标准和节能规范

根据拟建项目所属行业、国家和地区对节能降耗的相关规定及项目所在地区的特殊要求，阐述拟建项目节能方案及所遵循的国家和地方有关用能标准和节能设计规范，评价所采用的标准及规范是否合理。用能标准和节能规范是项目前期节能方案分析的难点，为了实现国家特定时期的节能目标，新建项目采用的用能标准和节能规范至少要满足有关标准和规范的下限。我国现有 120 多项国家节能标准、60 多项可再生能源标准和 400

多项环保标准，并在工业、建筑和交通等主要节能领域出台了相关标准和规范。

2）能耗状况和能耗指标分析

阐述项目所在地的能源供应状况，分析拟建项目方案所采用的工艺技术、设备方案和工程方案对各类能源的消耗种类和数量。根据项目特点选择计算单位产品产量能耗、万元产值能耗、单位建筑面积能耗、主要工序能耗等指标，并与国际国内先进水平进行对比分析，阐述是否符合国家规定的能源准入标准。

3）节能措施和节能效果分析

根据国家有关节能工程实施方案及其他相关政策法规要求，阐述拟建项目方案在节能降耗方面存在的主要障碍；为了优化用能结构、满足相关技术政策、设计标准及产业政策等方面所采取的主要节能降耗措施，并对节能效果进行分析论证。

5. 建设用地、征地拆迁及移民安置分析

项目建设涉及土地利用、征地拆迁及移民安置。为有效使用土地资源，保障受征地拆迁影响的公众利益，应制定项目建设用地、征地拆迁及移民安置规划方案。该章主要内容包括：

1）项目选址和用地方案

阐述项目建设地点、场址土地权属类别、土地性质、占地面积、土地利用状况、占用耕地情况等内容；分析项目选址是否会造成相关不利影响，如是否压覆矿床和文物、是否影响防洪和防涝、是否影响通航及军事设施安全等，并提出解决各种不利影响的措施方案，以确保项目选址可行，为在核准论证过程中对项目用地的合理性以及对征地拆迁及移民安置规划方案进行分析评价提供背景依据。

2）土地利用合理性分析

分析拟建项目是否符合土地利用规划要求，占地规模是否合理，是否符合集约和有效使用土地的要求，是否符合耕地保护的要求，耕地占用补充方案是否可行，是否符合有关土地管理的政策法规的要求等。

3）征地拆迁和移民安置规划方案。

如果因项目建设用地需要进行征地拆迁，则应该对拟建项目的征地拆迁影响进行调查分析，提出项目影响人口和实物指标的调查结果，说明征地拆迁的范围及其确定的依据、原则和标准，阐述地方政府对移民安置规划、补偿标准的意见。据此依法提出拆迁补偿的原则、范围和方式，制定移民安置规划方案，说明移民生产安置、搬迁安置、收入恢复和就业重建规划方案的主要内容，并简述征地拆迁和移民安置规划方案提出的主要依据，说明征地拆迁和移民安置补偿费用编制的依据和相关补偿政策，对方案的可行性进行分析评价，对是否符合保障移民合法权益、满足移民生存及发展需要等要求进行分析论证。

6. 环境和生态影响分析

环境保护是人类十分重视的问题，政府在审查申请项目时，会从公共利益角度出发对拟建项目的环境和生态影响进行重点审查。在编写这一章节时主要阐述以下几个方面：

1）环境和生态现状

阐述项目场址的自然环境条件、现有污染物情况、生态环境条件及环境容量状况等基本情况，为拟建项目的环境和生态影响分析提供依据。

2）拟建项目对生态环境的影响

应分析拟建项目在工程建设期和投入运营的整个生命期内对生态环境可能产生的破坏及影响程度，包括排放污染物类型、排放量情况分析；水土流失情况；大气污染、水环境污染、噪声污染、固体废弃物污染等对环境及居民生活的影响；是否排放有剧毒的污染物、易燃、易爆物质；对地质和自然灾害的影响；对农业生态及野生动物的影响；对地形、地貌、植被及整个流域和区域环境及生态系统的综合影响等。对于种植业、养殖业、林业及加工业的项目，要注意农业灌溉的面源污染、养殖业和加工业的集中治污、林业生态自然修复等问题。

3）生态环境保护措施

按照有关环境保护、水土保持的政策法规要求，从减少污染排放、防止水土流失、强化污染治理、促进清洁生产、保护生态环境可持续能力的角度，对项目实施可能造成的生态环境损害提出保护措施。对于涉及水土保持的建设项目，应提出水土保持方案，强调治理方案的可行性、治理效果的分析。治理措施方案的制订，应反映废气、废水、固体废弃物、粉尘、噪声等不同污染源和排放污染物的性质特点，所采用的技术和设备应满足先进性、适用性、可靠性等的要求；对项目产生的废气、废水、固体废弃物等，提出回收处理和再利用方案，提高资源综合利用效率；污染治理效果应能满足达标排放的有关政策法规要求；项目环境影响的监测、控制方案能够满足环境管理的要求。除保护生态环境之外，还应重视保护自然文化遗产（自然状态下不可移动的文物、历史文化名城等）的问题。

4）地质灾害影响分析

在地质灾害易发区建设的项目和易诱发地质灾害的项目，特别是大型水利、水电工程建设项目要阐述项目建设所在地的地质灾害情况，分析拟建项目诱发地质灾害的风险，提出防御的对策和措施，强化对地质灾害影响的准入分析。

对于水利、水电、机场、铁路、港口、核电、油气等行业，应在“环境和生态影响分析”篇章中，分析工程和水文地质条件，评价项目的地震安全，提出相应的保证措施。

5）特殊环境影响

拟建项目涉及历史文化遗产、自然遗产、风景名胜、自然保护区和敏感的自然景观等特殊环境保护的，应分析项目建设对这些特殊环境的影响，分析对珍稀动植物、遗产和自然景观的影响，是否压覆矿床和文物和可能造成的不利影响，并提出保护措施。

除国防军工项目外，对于机场、港口、高速公路、水利、水电、核电、电网等行业和大型公共建筑项目，在本章中还要考虑平战结合需求和人防等特殊环境条件，分析评价项目对军事安全的影响。

对于涉及防洪、通航安全的项目，应在“环境和生态影响分析”篇章中，分析项目的不利影响，提出方案的优化意见。

7. 经济影响分析

企业投资项目的财务评价，主要是进行财务盈利能力和债务清偿能力分析。而经济影响分析，则是对投资项目所耗费的社会资源及其产生的经济效果进行论证，分析项目对行业发展、区域和宏观经济的影响，从而判断拟建项目的经济合理性。

1）经济费用效益或费用效果分析。

从社会资源优化配置的角度，通过经济费用效益或费用效果分析，对社会为项目的建设实施和运营所付出的各类费用以及项目所产生的各种效益，进行全面的识别，评价拟建项目的经济合理性。经济分析应对项目涉及的所有社会成员的有关费用和效益进行识别和计算，全面分析项目投资及运营活动耗用资源的真实价值，以及项目为社会成员福利的实际增加所做出的贡献。分析项目的近期影响，以及项目可能带来的中期、远期影响；分析与项目主要目标直接联系的直接费用和效益，以及各种间接费用和效益；分析具有物质载体的有形费用和效益，以及各种无形费用和效益；分析项目的投入和产出中作为最终消费品所产生的最终费用和效益，以及各种中间费用和效益；分析体现在项目实体本身的直接费用和效益，以及项目引起的其他组织、机构或个人发生的各种外部费用和效益。

如果项目的经济费用和效益能够进行货币量化，应编制经济费用效益流量表，计算经济净现值 ENPV、经济内部效益率 EIRR 等经济评价指标，评价项目投资的经济合理性。

对于项目效果难以进行货币量化的项目，在项目效益一定的情况下，应采用费用效果分析的方法，计算项目寿命周期费用现值，选择费用最低的项目方案；对于费用相同而效益不同的项目，应通过计算效益的现值，选择接受效益现值最大的备选方案。

2）行业影响分析

对于在行业内具有重要地位、影响行业未来发展的重大投资项目，应进行行业影响分析，阐述行业现状的基本情况以及企业在行业中所处地位，评价拟建项目对所在行业及关联产业发展的影响，包括产业结构调整、行业技术进步、行业竞争格局等主要内容，并对是否可能形成行业垄断进行分析评价。

3）区域经济影响分析

对区域经济可能产生重大影响的项目，应进行区域经济影响分析，从区域经济发展、产业空间布局、当地财政收入、社会收入分配、市场竞争结构等方面分析投资项目对区域经济发展的关联性及融合程度的影响。

4）宏观经济影响分析

对于投资规模巨大、可能对国民经济有重大影响的基础设施、科技创新、战略性资源开发等项目，应进行宏观经济影响分析，包括对国家产业结构调整和升级、重大产业布局、重要产业的国际竞争力以及区域之间协调发展的影响分析等。对于涉及国家经济安全的重大项目，应从维护国家利益、保证国家产业发展及经济运行免受侵害的角度，阐述项目采用的关键技术是否受制于人，是否拥有自主知识产权，在技术壁垒方面的风险等；阐述项目所需要的重要资金来源，以及这些重要资源受国际市场供求格局和价格变化的影响情况，以及现有垄断格局、运输线路安全保障等问题；阐述项目的股权控制结构，中方资本对关键产业的资本控制能力，是否存在外资的不适当进入可能造成的垄断、不正当竞争等风险；阐述拟建项目是否有利于推动国家相关产业成长、提升国际竞争力、规避产业成长风险；阐述国外为了保护本地市场，采用反倾销等贸易救济措施和知识产权保护、技术性贸易壁垒等手段，对拟建项目相关产业发展设置障碍的情况，分析国家产业技术安全、资源供应安全、资本控制安全、产业成长安全、市场环境安全。

8. 社会影响分析

社会影响分析应阐述与项目建设实施相关的社会经济调查内容及主要结论，分析项目所产生的社会影响效果的种类、范围、涉及的主要社会组织和群体等。重点阐述以下几个方面。

1）社会影响区域范围、机构和人群状况

社会影响区域范围应涵盖项目可能产生的所有潜在影响的社会因素及其区域范围，不应受行政区划等因素的限制。区域内受项目影响的机构和人群包括各类直接或间接受益、受损群体。

2）分析项目可能导致的各种社会影响效果

阐述拟建项目的建设及运营活动对项目所在地可能产生的社会影响效果，包括直接影响效果和间接影响效果，如增加就业、社会保障、劳动力培训、卫生保健、社区服务等，并指出哪些是主要影响效果，哪些是次要影响效果。

3）公共安全影响分析

对于核电、电网、水电、水利、油气、石化、化工、地铁、机场、铁路、城市基础设施、旅游等涉及公共安全的行业和大型公共建筑，应进行公共安全影响分析，评价项目对公共安全的影响以及突发公共安全事件的应对方案，分析安全与消防保障措施的可靠性。

4）社会适应性分析

社会适应性分析要确定项目的主要利益相关者，分析利益相关者的需求和利益构成，研究目标人群对项目建设内容的认可和接受程度，分析拟建项目是否能够被当地社会环境、人文条件所接纳。

5）社会风险及对策分析

在确认项目有负面社会影响的情况下应进行社会风险及对策分析。分析项目投资建设或运营管理过程中可能存在的冲突和各种潜在社会风险，提出协调项目与当地的社会关系、规避社会风险、促进项目顺利实施的措施方案。

另外，对于高速公路、铁路、机场、港口、地铁等交通行业，应专对交通现状调查情况进行分析，评价交通量预测结果的合理性和可靠性，确定交通量预测的目标值。

对于外商投资项目申请报告，应该按照《外商投资项目核准和备案管理办法》的规定，除以上内容外，在“项目概况”介绍中还应包括经营期限、产品目标市场、计划用工人数、涉及的公共产品或服务价格、出资方式、需要进口的设备及金额等内容，以满足项目核准机关对市场准入、资本项目管理等事项进行核准的需要。

11.2.3　政府对企业投资建设项目申请报告的审查

《国务院关于投资体制改革的决定》中明确，政府对企业提交的项目申请报告，主要从维护经济安全、合理开发利用资源、保护生态环境、优化重大布局、保障公共利益、防止出现垄断等方面进行核准。对于外商投资项目,政府还要从市场准入、资本项目管理等方面进行核准。

可见,在核准制下,政府只是从公共管理的角度审核企业投资项目,审核重点从“技术经济论证”为主转变为以“经济、社会、资源、环境等综合论证”为主,政府重点审查的内容见表11.2。

表11.2 政府重点审查内容

重要关注点	审查评估具体内容
项目目标定位及规划背景	从整体战略的角度审查项目的建设目标及功能定位是否合理,是否符合与项目相关的各类规划要求,是否符合相关法律法规、宏观调控政策、产业政策等规定,是否符合行业准入标准、优化重大布局等要求
土地利用方案	审查项目占用土地是否符合国家土地利用总体规划
资源利用方案和效率	审查项目的资源开发利用方案是否符合循环经济、建立节约型社会的需要,评价其节能、节水措施是否有效
征地拆迁及移民安置方案	审查征地拆迁及移民安置方案的合理性和可行性
生态环境影响	审查项目建设对生态环境的不利影响,评价项目是否采取切实措施保护生态环境
区域经济影响分析	审查项目对区域经济的影响效果,评价项目是否与区域经济社会发展相协调
社会影响分析	审查项目可能产生的社会影响,评价工程项目与当地社会环境是否相互适应性和社会接受性
资源配置的经济效果分析	审查项目经济外部性,评价项目投资的资源配置效率

复习思考题

11.1 如何理解投资项目核准制的含义?

11.2 实行投资项目核准制的范围有哪些?其权限及程序如何?

11.3 项目申请报告与项目可行性研究报告有何区别?

11.4 投资建设项目申请报告编制内容有哪些?

11.5 如何理解投资建设项目申请报告中的宏观经济影响分析?

第十二章　建设项目融资

12.1　概　　述

12.1.1　建设项目融资主体

1. 建设项目融资的含义

建设项目的资金筹措又称建设项目融资，是以一定的渠道为建设项目投资筹集所需资金的各种活动的总称。它是在建设项目投资估算的基础上，分析建设投资和流动资金的来源渠道及筹措方式，并在明确建设项目融资主体的基础上，设定初步融资方案。通过对初步融资方案的资金结构、融资成本和融资风险的分析，结合融资后财务分析，比选、确定融资方案，为财务分析提供必需的基础数据。

建设项目融资方式通常有企业融资和项目融资两类，如图 12.1 所示。

企业融资，又称公司融资，是一个企业主要利用自身的资信能力安排融资。外部资金拥有者在决定是否投资或是否提供贷款时的主要依据是公司作为一个整体的资产负债、利润及现金流量状况，对具体建设项目的考虑是次要的。

项目融资是为一个特定建设项目所安排的融资，贷款人在最初考虑安排贷款时，以该项目的现金流量和收益作为偿还贷款的资金来源，以该项目资产抵押作为贷款的安全保障。如果项目的经济强度不足以保障贷款安全，则贷款人可能要求借款人以直接担保、间接担保或其他形式给予项目附加的信用支持。因此，项目融资可分为无追索权的建设项目融资和有限追索权的建设项目融资。

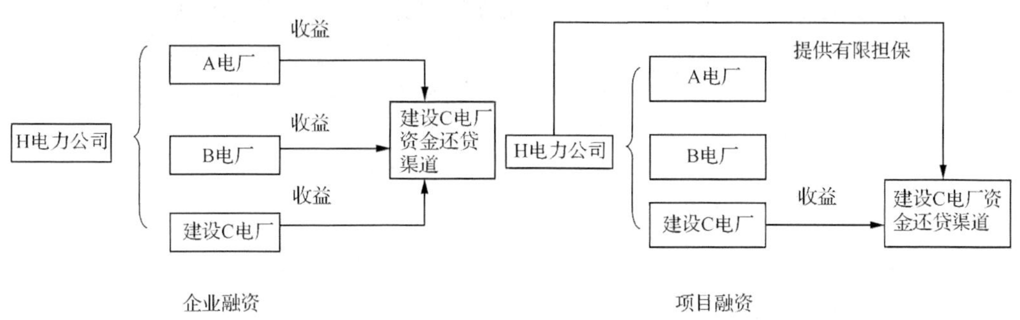

图 12.1　企业融资方式与项目融资方式的对比

2. 建设项目融资主体

建设项目的融资主体是指进行建设项目融资活动并承担融资责任和风险的项目法人

组织。依据《中华人民共和国公司法》,原国家计委制定了《关于实行建设项目法人责任制的暂行规定》,推行项目法人责任制,由项目法人对项目的策划、资金筹措、建设实施、生产经营、债务偿还和资产的保值增值实行全过程负责。建设项目的融资主体应是项目法人。一般而言,按是否依托于建设项目组建新的项目法人实体划分,建设项目主体可分为既有法人融资主体和新设法人融资主体两类。

1) 既有法人融资

既有法人融资是以既有法人为融资主体的融资方式。采用既有法人融资方式的建设项目,既可以是技术改造、改建、扩建项目,也可以是非独立法人的新建项目。其基本特点是:

(1) 由既有法人发起项目、组织融资活动并承担融资责任和风险。

(2) 建设项目所需的资金,来源于既有法人内部融资、新增资本金和新增债务资金。

(3) 新增债务资金依靠既有法人整体(包括拟建项目)的盈利能力来偿还。

(4) 以既有法人整体的资产和信用承担债务担保。

2) 新设法人融资

新设法人融资是以新组建的具有独立法人资格的项目公司为融资主体的融资方式。采用新设法人融资方式的建设项目,项目法人大多是企业法人。社会公益性项目和某些基础设施项目也可能组建新的事业法人实施。采用新设法人融资方式的建设项目,一般是新建项目,但也可以是将既有法人的一部分资产剥离出去后重新组建新的项目法人的改扩建项目。其基本特点是:

(1) 由项目发起人(企业或政府)发起组建新的具有独立法人资格的项目公司,由新组建的项目公司承担融资责任和风险。

(2) 建设项目所需资金的来源,包括项目公司股东投入的资本金和项目公司承担的债务资金。

(3) 依靠项目自身的盈利能力来偿还债务。

(4) 一般以项目投资形成的资产、未来收益或权益作为融资担保的基础。

采用新设法人融资方式,项目发起人与新组建的项目公司分属不同的实体,项目的债务风险由新组建的项目公司承担。项目能否还贷,取决于项目自身的盈利能力,因此必须认真分析项目自身的现金流量和盈利能力。

12.1.2 建设项目投资产权结构

投资人通过权益投资对建设项目或企业产权取得所有权、控制权、收益权。常见的投资产权结构有以下几种:

1. 股权式合资结构(公司型合资结构)

按照《公司法》建立的,具有一个与投资者完全分离的独立法人实体,股东以其所持股份为限对公司承担责任,公司以其全部资产对公司的债务承担责任的一种投资结构(可以是有限责任公司或是股份有限公司)。

2. 契约式投资结构

是一种项目发起人为实现共同目的，通过合作经营协议结合在一起的、具有契约合作关系的投资结构。在这种投资结构下，投资各方的权利和义务依照合作契约约定，可以不严格地按照出资比例分配，而是按契约约定分配项目投资风险和收益。

3. 合伙制结构

合伙制结构是两个或两个以上合伙人共同从事某项投资活动建立起来的一种法律关系。合伙制结构有两种基本形式：普通合伙制和有限合伙制。

1）普通合伙制结构

普通合伙制结构中的合伙人称为普通合伙人。普通合伙制中所有的合伙人对于合伙制结构的经营、债务，以及其他经济责任和民事责任负有连带的无限责任。

2）有限合伙制结构

有限合伙制结构需要包括至少一个普通合伙人和一个有限合伙人。在有限合伙制结构中，普通合伙人负责合伙制的项目组织和经营管理，并承担对合伙项目债务的无限责任；而有限合伙人不参与项目日常管理，对合伙项目的债务责任限于已投入和承诺投入的资本。有限合伙制结构是通过有限合伙协议组织起来的，在协议中对合伙各方的资本投入、项目管理、风险分担、利润及亏损分配的比例和原则等均需要有具体的规定。

投资产权结构应当能够使权益投资人获得满意的投资效益。如基础设施建设项目需要以低成本取得良好的服务效果，投资结构应当能够使得基础设施以高效率运行。因此，投资产权结构选择要服从项目实施目标的要求。

12.1.3　建设项目融资过程

建设项目融资一般要经过五个阶段。

1. 投资与决策分析阶段

建设项目发起人在做出决策之前，通过宏观经济形势的判断、产业的发展态势以及该项目在产业中的竞争性的分析、项目的可行性研究等基本资料的了解，来初步决定建设项目的投资结构。

2. 融资决策分析阶段

在此阶段，建设项目投资者将决定采用何种融资方式为项目筹集资金。主要通过成本与效益的分析，对各种可能的融资方案进行取舍。

3. 融资结构分析阶段

这一阶段的主要任务，是完成建设项目风险的分析和评估，设计出建设项目的融资结构和资金结构，并对建设项目投资结构进行修正和完善。

4. 融资谈判阶段

通过对融资方案的反复设计、分析、比较和谈判，最后选定一个既能在最大限度上保护建设项目投资人的利益，又能为贷款机构所接受的融资方案。

5. 建设项目融资的执行阶段

在正式签署建设项目融资的法律文件之后，融资的组织安排工作就结束了，建设项目融资就进入了执行阶段。在企业融资方式中，一旦进入贷款的执行阶段，借贷双方的关系就变得相对简单，借款人只要求按照贷款协议的规定提款和偿还贷款的利息和本金。然而，项目融资方式中，贷款银团通过其经理人将会经常性地监督项目的进展，根据融资文件的规定，参与部分项目的决策和管理。

12.1.4 建设项目主要融资模式

1. 直接融资模式

直接融资模式是指由建设项目投资者直接安排项目的融资，并直接承担融资安排中相应的责任和义务的一种方式。它可根据股东主体的不同需求分为集中化形式和分散化形式。直接融资模式作为一种结构最简单的融资模式，有着可以灵活安排融资结构，降低融资成本等优点，同时也需要注意应该如何限制贷款银行对投资者的权利追索问题。

2. 项目公司融资模式

这种模式主要有单一项目公司模式和合资项目模式两种形式。其中前者相对于后者减少了投资者在项目中的直接风险，起到分担风险的作用，同时前者运行起来比后者要更为复杂。整体来说，项目公司融资模式在税务结构的安排上，债务形式的选择上缺乏灵活性。

3. 杠杆租赁融资模式

参见第 12.2.2 节。

4. 设施使用协议融资模式

顾名思义，这种模式是指在某种设施或服务性设施的提供者和这种设施的使用者之间达成的具有“无论提货与否均需付款”性质的协议。他要求所建的工程有不可替代性，而且这种融资模式的完成需要有完善的协议支撑，还要有强有力的市场监管部门实行奖惩。

5. 产品支付融资模式

这种模式以项目生产的产品及其销售收益的所有权作为担保品，而不是采用转让和抵押方式。这就使产品的价格、销路相对稳定，收益比较有保障。需要注意的是产品支付只是产权的转移,并不是产品本身的转移。

6. BOT 模式

BOT 是 Build-Operate-Transfer——建设—经营—转让的缩写,是指国内外投资人或财团作为项目发起人,从某个国家的地方政府获得基础设施项目的建设和运营的特许权,然后组建项目公司,负责项目建设的融资、设计、建造和运营。它运作程序的全过程可以分为三个阶段,准备阶段,实施阶段与项目移交阶段。BOT 的核心是项目融资,BOT 成功与否的关键是风险的合理分担。

BOT 还有许多的衍生形式,如:BOO(Build-Own-Operate),建设—拥有—经营;BTO(Build-Transfer-Operate),建设—转让—经营;BLT(Build-Lease-Transfer),建设—租赁—转让;DBFO(Design-Build-Finance-Operate),设计—建设—融资—经营;ROT(Rehabilitate-Operate-Transfer),改造—经营—转让;POT(Purchase-Operate-Transfer),购买—经营—转让;TOT(Transfer-Operate-Transfer),转让—经营—转让;BOOT(Build-Own-Operate-Transfer),建设—拥有—经营—转让;FBOOT(Finance-Build-Own-Operate-Transfer),融资—建设—拥有—经营—转让;DBOT(Design-Build-Operate-Transfer),设计—建设—经营—转让。

7. ABS 融资模式

ABS 是以借款人所属的未来资产为支撑的证券化融资方法。

与 BOT 相比,ABS 操作简单,难度较低,风险分散,适用范围广,但是在资金来源方面,它不能像 BOT 一样带来国外先进的技术和管理经验。

8. PFI 融资模式

PFI 是指由私营企业进行项目的建设与运营,从政府方或接受服务方收取费用以回收成本。它是继 BOT 之后的又一优化和创新了的公共项目融资模式。与 BOT 相比,PFI 的主体主要集中于国内民间资本,它不仅可以应用于收益性较高的基础设施建设,也可以应用于收益性高的社会公益项目。

9. PPP 融资模式

PPP 模式即公私合作模式,是公共基础设施的一种项目融资模式。它可以更早的确定哪些项目可以进行项目融资,可以使私营企业在项目的前期就参与进来,有利于利用私营企业的先进技术和管理经验,能更好地为社会和公众服务。

12.2　建设项目资金的筹集

12.2.1　权益资金筹资

权益资金也被称为自有资金,股本资金或者注册资本金是最常见、最重要的表现形式。投资者以资本金形式向项目或企业投入的资金称为权益投资，是企业的资本投资，构成企业融资的基本信用基础。对于企业，债务偿还要优先于股东权益分配，债权人将企业的权益投资视为企业的一种基本资信保证。在建设项目的融资研究中，应根据建设项目融资目标的要求，在拟定的融资模式下，研究权益资金的筹措

通常，权益资金筹资方式主要包括：吸收直接投资、发行股票、接受捐赠、留存收益等各种方式。其共同特点是：无须为此承担利息和债务；投资者可以转让投资，但不得抽回；投资者按比例享有公司（或项目）所有者权益（控制权和收益分配权）。

1. 吸收直接投资

吸收直接投资是指企业按照“共同出资、共担风险、共享利润”的原则，直接吸收国家、法人、个人投入资金的一种投资方式。

1）吸收投资的种类

企业采用吸收直接投资方式筹集的资金一般可分为以下四类。

（1）吸收国家投资国有企业筹集自有资金的主要方式。国家投资是指有权代表国家投资的政府部门或者机构以国有资产投入企业，由此形成国家资本金。目前，除了国家以拨款形式投入企业所形成的各种资金外，用利润总额归还贷款后所形成的国家资金、财政和主管部门拨给企业的专用拨款以及减免税后形成的资金，也应视为国家投资。吸收国家投资一般具有以下特点：①产权归属于国家；②资金数额较大；③只有国有企业才能采用；④资金的运用和处置一般情况下受国家约束较大。

（2）吸收法人投资。法人投资是指法人单位以其依法可以支配的资产投入企业，由此形成法人资本金，目前主要指法人单位在进行横向经济联合时所产生的联营、合资等投资。吸收法人投资一般具有如下特点：①投资发生在法人单位之间；②投资以参与企业利润分配为目的；③投资方式灵活多样。

（3）吸收个人投资。个人投资是指社会个人或本企业内部职工以个人合法财产投入企业，由此形成个人资本金。吸收个人投资一般具有以下特点：①参加投资的人员较多；②每人投资的数额相对较少；③以参与企业利润分配为目的。

（4）吸收外商投资。随着我国改革开放的不断前进，吸收外商投资已成为企业筹集资金的重要方式。外商投资是指外国投资者以及我国香港、澳门、台湾投资者投入的资金，由此形成外商资本金。吸收外商投资一般具有以下特点：①一般只有中外合资、合作或外商独资经营企业才能采用；②可以筹集外汇资金；③出资方式比较灵活。

2）吸收直接投资的方式

企业在采用吸收直接投资这一方式筹集资金时，投资者可以用现金、厂房、机器设备、材料物资、无形资产等多种方式向企业投资。具体而言，主要有以下几种出资方式。

（1）现金投资。现金投资是吸收直接投资中一种最重要的投资方式。企业有了现金，就可以购置各种物质资料，支付各种费用，比较灵活方便。因此，企业应尽量动员投资者采用现金方式出资。吸收投资中所需投入现金的数额，取决于投入的实物及工业产权之外建立企业的开支和日常周转需要。

（2）实物投资。实物投资是指以房屋、建筑物、设备等固定资产和材料、燃料、商品等

流动资产所进行的投资。一般来说，企业吸收的实物投资应符合如下条件：①确为企业生产、经营所需；②技术性能比较好；③作价公平合理。投资实物的具体作价，可由双方按公平合理的原则协商确定，也可以聘请各方同意的专业资产评估机构评定。

(3) 工业产权投资。工业产权投资是指以专有技术、商标权、专利权等无形资产所进行的投资。一般来说，企业吸收的工业产权投资应符合以下条件：①能帮助企业研究和开发出高新技术产品；②能帮助企业生产出适销对路的高科技产品；③能帮助企业改进产品质量，提高生产效率；④能帮助企业大幅度降低各种消耗；⑤作价公平合理。

企业在吸收工业产权投资时应特别谨慎，进行认真的可行性研究。因为以工业产权投资实际上是把有关技术资本化了，把技术的价值固定化了，而技术实际上都是在不断老化，价值在不断减少甚至会完全丧失。

(4) 土地使用权投资。投资者也可以用土地使用权来进行投资。土地使用权是按有关法规和合同的规定使用土地的权利。企业吸收土地使用权投资应符合以下条件：①是企业科研、生产、销售活动所需要的；②交通、地理条件比较适宜；③作价公平合理。

投入资本的出资方式除国家规定外，应在企业成立时经批准的企业合同、章程中有详细规定。

3) 企业吸收其他单位的投资一般需遵循以下程序

(1) 确定筹资数量。在吸收投资之前，都必须确定所需资金的数量，以利于正确筹集所需资金。

(2) 寻找投资单位。企业在吸收投资之前，需要做一些必要的宣传，以便使出资单位了解企业的经营状况和财务情况，有目的地进行投资。这将有利于企业在比较多的投资者中寻找最合适的合作伙伴。

(3) 协商投资事宜。寻找到投资单位以后，双方便可进行具体的协商，以便合理确定投资的数量和出资方式。在协商过程中，企业应尽可能说服投资者以现金方式出资。如果投资者的确拥有较先进的适用于企业的固定资产、无形资产等，也可用实物、工业产权和土地使用权进行投资。

(4) 签署投资协议。企业与投资者确定好投资意向和具体条件后，便可签订投资协议。这里关键问题是以实物投资、工业产权投资、土地使用权投资的作价问题，这是因为投资的报酬、风险的承担都是以由此确定的出资额为依据的。一般而言，双方应按公平合理的原则协商定价；如果争议比较大，可聘请有关资产评估的机构来评定。当出资数额、资产作价确定后，便可签署投资的协议和合同，以明确双方的权利和责任。企业吸收直接投资，无论是新建还是增资，都应当由有关各方签署投资的协议和合同等书面文件。

根据出资协议中规定的出资期限和出资方式，企业应该按计划或规定取得资金；吸收出资各方以实物资产或无形资产投资的，应办理资产转移手续，取得资产。

(5) 共享投资利润。企业在吸收投资取得资产后，出资各方有权对企业进行经营管理，这就要求各方共同经营、共享利润、共担风险。但如果投资者的投资占企业资金总额的比例较低，一般并不参与经营管理，他们最关心的还是其投资报酬问题。因此，企业在吸收投资之后，应按合同中的有关条款，从实现利润中对吸收的投资支付报酬。投资报酬是企业利润的一个分配去向，也是投资者利益的体现，企业要妥善处理，以便与投资者保持良好关系。

4) 吸收直接投资的优缺点

吸收直接投资是我国国有企业、联营企业、合资企业和有限责任公司普遍采用的筹资方式。其优点是：①有利于增强企业信誉；②有利于企业尽快形成生产能力；③有利于降低财务风险。但缺点是：①资金成本较高；②不利于产权流动；③企业控制权容易分散。

2. 发行股票

股票属于股份公司为筹集自有资金而发行的一种有价证券，是股份有限公司签发的证明股东所持股份的凭证，它代表了股东对股份制公司的所有权。发行普通股是股份有限公司筹集权益资金最常见的方式。

我国股票的种类如表 12.1 所示。

表 12.1 我国股票分类

分类标准	分类	说明
股东权利	普通股	具有表决权、收益分配请求权、经营参与权、剩余资产分配权、增发股票的优先购买权，股利不固定的一类股票
	优先股	具有领取股息、分配剩余资产优先权的股票，是一种特殊的权益形式
是否记名	记名股票	公司向发行人、国家授权投资的机构、法人发行的股票，应当为记名股票
	无记名股票	对社会公众发行的股票，可以为记名股票，也可以为无记名股票
有无面值	面值股票	持有这种股票的股东，对公司享有的权利和承担的义务大小，依其所持有的股票票面金额占公司发行在外股票总面值的比例而定
	无面值股票	无面值股票的价值随公司财产的增减而变动，而股东对公司享有的权利和承担义务的大小，直接依股票标明的比例而定。目前我国《公司法》不承认无面值股票
按发行时间的先后顺序	始发股	始发股是公司设立时发行的股票
	增发股	增发股是公司增资时发行的股票 始发股和增发股的发行条件、发行目的、发行价格都不尽相同，但是股东的权利和义务却是一样的
按发行对象和上市地区	A 股	供我国大陆地区个人或法人买卖的，以人民币标明票面金额并以人民币认购和交易的股票
	B 股、H 股、N 股和 S 股	专供外国和我国港、澳、台地区投资者买卖的，以人民币标明票面金额但以外币认购和交易的股票。其中，B 股在上海、深圳两个证券交易所上市；H 股在香港联合交易所上市；N 股在纽约上市；S 股在新加坡上市

12.2.2 债务资金筹集

债务资金也被称为借入资金，在会计处理上将形成负债。在建设项目中，债务资金筹资方式主要包括：银行等金融机构贷款、发行债券、融资租赁等。债务筹资的共同特点是定期还本付息。

1. 银行贷款

1）银行贷款的种类

(1) 按照贷款使用期限的长短，分为短期贷款、中期贷款和长期贷款。

(2) 按照贷款发放时有无担保品等条件，分为信用贷款、担保贷款和票据贴现。

(3) 按照提供贷款的机构不同，可分为政策性银行贷款和商业银行贷款。

(4) 按照贷款资金使用的用途，可分为固定资产贷款和流动资金贷款。

(5) 按照贷款期限内利率是否变动，可分为固定利率贷款和浮动利率贷款。

2）银行贷款的借款人条件

经工商行政管理机关（或主管机关）核准登记的企（事）业法人、其他经济组织、个体工商户或具有中华人民共和国国籍的具有完全民事行为能力的自然人。

2. 发行企业债券

企业债券（又称公司债券）是指企业依照法定程序发行、约定在一定期限内还本付息的有价凭证。发行企业债券是债务筹资的一个重要方面。

债券可以从各种不同的角度进行分类，现说明其主要的分类方式。

(1) 按照债券的票面上是否记名，可将债券分成记名债券和无记名债券。

(2) 按照债券有无抵押担保的情况，可将债券分为信用债券、抵押债券和担保债券。

(3) 债券的其他分类。

① 按照债券能否转换为公司股票，可将债券分为可转换债券和不可转换债券。

② 按照债券利率确定方式，可将债券分为固定利率债券和浮动利率债券。

③ 按照债券票面利率设计方式，可将债券分为有票面利率债券和零票面利率债券。

④ 按照债券的偿还方式，可将债券分为可提前收回债券和不可提前收回债券。

3. 融资租赁

融资租赁又称财务租赁或金融租赁。是由租赁公司按照承租企业的要求融资购买设备，并在契约或合同规定的较长期限内提供给承租企业使用的信用性业务，是一种不可撤销的，完全付清的中长期融资形式，是现代租赁的主要类型。

1）融资租赁的主要特点

(1) 涉及三方当事人，租赁公司（出租人）、建设项目业主（承租人）、供货商。

(2) 两个或两个以上合同，出租人与承租人的租赁合同，出租人与供货商的买卖合同。

(3) 租赁合同比较稳定。

(4) 租赁期限较长。

(5) 承租企业保养设备，但无权自行拆卸改装。

(6) 承租企业通常留购设备。

2）融资租赁的形式

融资租赁按其业务内容的不同特点，可分为如下四种形式：

(1) 直接融资,单一投资者租赁,体现着融资租赁的基本特征,是融资租赁业务中采用最多的形式。而融资的其他形式,是在此基础上,结合了某一信贷特征而派生出来的。

(2) 转租赁,是指由两家租赁公司同时承继性地经营一笔融资租赁业务,即由出租人A根据最终承租人(用户)的要求先以承租人的身份从出租人B租进设备,然后再以出租人身份转租给用户使用的一项租赁交易。

(3) 售后回租,又称回租租赁,指由设备的所有者将自己原来拥有的部分财产卖给出租人以获得融资便利,然后再以支付租金为代价,以租赁的方式,再从该公司租回已售出财产的一种租赁交易。对承租企业而言,当其急需现金周转,售后回租是改善企业财务状况的一种有效手段;此外,在某些情况下,承租人通过对那些能够升值的设备进行售后回租,还可获得设备溢价的现金收益,对非金融机构类的出租人来说,售后回租是扩大业务种类的一种简便易行的方法。

(4) 杠杆租赁,杠杆租赁又称为平衡租赁,是融资租赁的一种高级形式,适用于价值大、有效寿命长的高度资本密集型设备的长期租赁业务,如飞机、船舶、海上石油钻井平台、通讯卫星设备和成套生产设备等。杠杆租赁是指在一项租赁交易中,出租人只需投资租赁设备购置款项的20%～40%的金额,即可在法律上拥有该设备的完整所有权,享有如同对设备100%投资的同等税收待遇;设备购置款项的60%～80%由银行等金融机构提供的无追索权货款解决,但需出租人以租赁设备作抵押、以转让租赁合同和收取租金的权利作担保的一项租赁交易。参与交易的当事人、交易程序及法律结构比融资租赁的基本形式复杂。

3) 融资租赁租金的计算

融资租赁租金的构成:租金包括设备价款和租息两部分。租息包括融资成本和手续费、租赁公司承办租赁设备的营业费用和租赁公司承办租赁设备的一定盈利。

(1) 租金计算是融资租赁业务中的核心要素。融资租赁和传统租赁在计算上的区别就是:传统租赁是以承租人租赁使用物件的时间计算租金的;而融资租赁是承租人以占用出租人资金的时间来计算租金的。因此租金计算是该业务的核心要素。它直接关系承租人和出租人的利益分配,是租赁合同谈判和签约的基本条件,同时又是租赁合同履约过程中双方进行成本核算、利润核算、财务处理的重要依据。租金计算的方法很多,选择和应用得当与否,直接影响企业的经营和出租人回收租金的安全。

(2) 融资租赁的租金计算的主要方法。融资租赁的租金计算方法主要分为浮动利率和固定利率两大类。

① 固定利率计算方法。融资租赁一般使用长期利率,按固定利率方式计算,可分为定额年金法和变额年金法。定额年金的特点是每期租金的金额都相等。变额年金法以租金变动趋势,有递增和递减方式之分。按变量形式又分等比和等差变量。综合上述方式,固定利率计算的主要有:定额年金法、变额年金法、等差递减法、等差递增法、等比递减法、等比递增法。将这六种方法与租金偿付方式(先付或后付),是否有保证金和租赁合同结束时是否留购租赁物件(保留残值)等四种情况进行排列组合,共有24种计算方法。财务处理时,只有先计算出首期租金,才能根据本金、利率、残值和期数的情况在资金平衡表中将本金和利息分开。

② 浮动利率计算方法。租赁提供的是长期资金,但也可以用短期利率计算,由于每期使用的利率不一样,因此称之为浮动利率。它的计算方式只有一种,方法却灵活多变。计算方法与固定利率不同的是,首先将还本计划分期确定后,每到还租之日时,以上期末未回收结算一次利息,加上计划应回收本金,算出租金。再用已回收的本金冲减未回收本金,作为下期租金计息基数。每期应付租金日都要根据资金市场的利率变化,确定下期租金的利率标准。其特点是:未回收本金占压时间越长,租金总额就越高。在整个租赁期内,利率随期数变动。由于变动因素多,计算出的各期租金差额较大,对承租人来说存在一定利率风险。这种算法,本金偿还和期数可根据承租人的实际还款能力而定,因此更能适应企业的还款能力,体现租金计算的灵活性。增加了租金不确定性和租赁项目后续管理的难度。租赁公司的资金来源一定要避免使用短期资金来弥补长期资金的方式操作,以避免金融风险。

租金计算方法较多,但在应用中以定额年金法为主,因为这种方法便于管理,计算起来相对容易。当每期回收租金与项目评估中的期望值有较大差距,可能增加不能如期回收租金的风险时,则应采用其他与项目还款能力和应收租金相适应的租金计算方法,使租金回收更安全可靠。总之不管用哪种方法计算租金,都应列出租金平衡表,将每期租金的本息和未回收成本分开,使之既可以检验租金计算的正确性,又便于承租人和出租人各自进行规范的财务处理。

4) 融资租赁筹资的优缺点

(1) 融资租赁筹资的优点。

① 迅速获得所需资产。融资租赁集"融资"与"融物"于一身,一般要比筹措现金后再购置设备来得更快,可使企业尽快形成生产经营能力。

② 融资筹资限制较少。企业运用股票、债券、长期借款等筹资方式,都受到相当多的资格条件的限制,相比之下,融资筹资的限制条件较少。

③ 免遭设备陈旧过时的风险。随着科学技术的不断进步,设备陈旧过时的风险很高,而多数租赁协议规定由出租人承担,承租企业可免遭这种风险。

④ 全部租金通常在整个租期内分期支付,可适当减低不能偿付的风险。

⑤ 租金费用可在所得税前扣除,承租企业能享受税收利益。

(2) 融资租赁筹资的缺点。融资租赁的主要缺点是成本较高,租金总额通常要高于设备价值的30%;承租企业在财务困难时期,支付固定的租金也将为企业构成一项沉重的财务负担;另外,采用租赁筹资方式如不能享有设备残值,也可视为承租企业的一种机会损失。

4. 国外债务融资

1) 国际金融组织贷款

以世界银行和亚洲开发银行为例,其贷款条件:

① 限于成员国。

② 用于项目,发放贷款的重点:基础设施项目,如交通运输(铁道、公路、水运、民航)和公用事业(如电力、通讯、供水、排水等);发展农村和农业建设项目以及教育、卫生事业

项目等。只有在特殊情况下,才发放非项目贷款。凡非项目贷款,借款国只能用于满足进口某项物资设备所需的外汇、支持生产或用于克服自然灾害后维持经济发展计划的资金需求等。

③ 专款专用:由国际金融组织监督使用款项、工程进度、物资保管、工程管理。

④ 贷款期限和利率:一般为数年,最长可达30年;贷款利率分固定利率、浮动利率和可变利率三种。

⑤ 贷款费用,一般包括:先征费用,贷款生效时支付贷款额的1%;未支付余额承诺费,经借款人申请与贷款人协商批准后可有部分免除。

⑥ 贷款货币:美元、日元、欧元、英镑、瑞士法郎或国际金融组织可有效出资的其他货币。

2) 国际商业银行贷款

国际商业银行贷款是指在国际金融市场上,一家或几家国际商业银行向一国政府、金融机构或工商企业提供的贷款。其贷款主要形式有期限贷款(即贷款的期限是固定的)和转期循环贷款。

12.2.3 BOT融资方式

1. BOT项目的工作结构

BOT既是一种融资方式,也是一种投资方式。项目融资只是BOT的一个阶段。政府是BOT项目实施过程的主导。政府只是让渡BOT项目经营权,但拥有终极所有权。政府不干涉项目公司的正常经营,但要参与项目实施过程的组织协调,并对项目服务质量和收费进行监督。政府与项目公司是经济合同关系,在法律上是平等的经济主体。BOT以项目为融资主体,项目公司承担债务责任。项目特许权通常通过规范的竞争性招标来授予。

项目公司以同政府签订的“特许权协议”作为项目建设开发和安排融资的基础。项目公司将特许权协议等权益转让给贷款银团作为抵押,并提供其他信用担保,安排融资;工程承包商与项目公司签订承包合同进行项目建设,并提供完工担保;经营公司根据经营协议负责项目运行、维护,获得投资收益并支付贷款本息;特许经营期结束时将项目移交给政府,如图12.2所示。

一个完整的BOT项目运作过程包括确定项目、选择项目公司、项目建设、运营和移交五个主要步骤。它们形成如图12.3和图12.4所示的工作结构。

2. BOT项目主要参与者的目标

1) 政府

(1) 利用外资或民间资金建设公共设施。

(2) 引进新技术,改善和提高项目的管理水平。

(3) 获得间接的经济效益和社会效益。

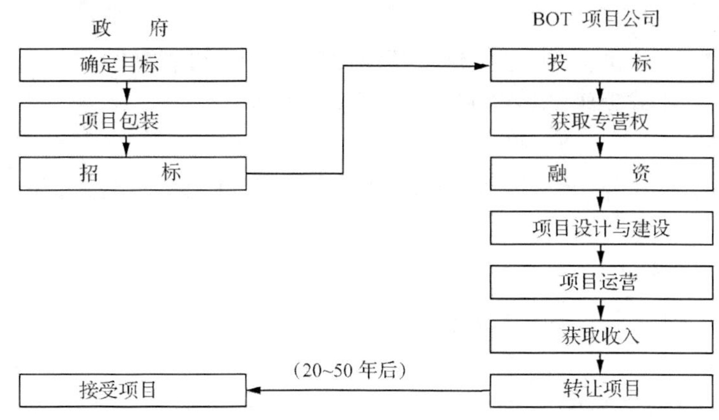

图 12.2　BOT 概念模型

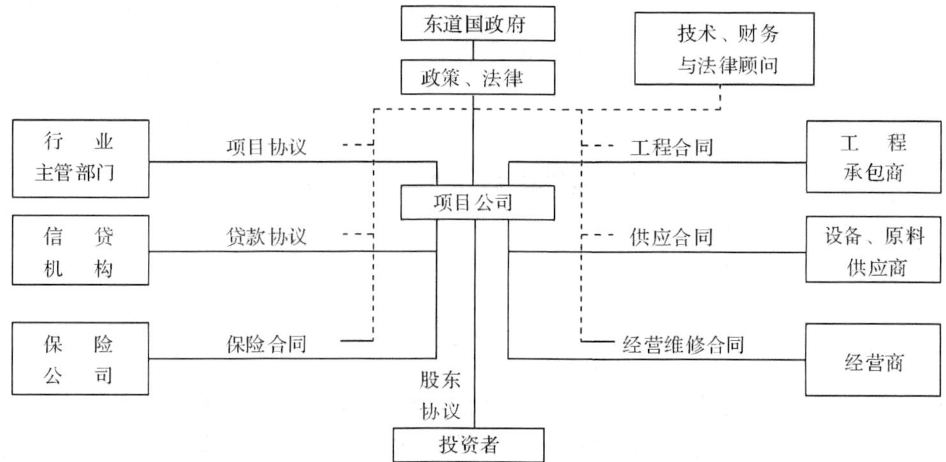

图 12.3　BOT 项目基本结构

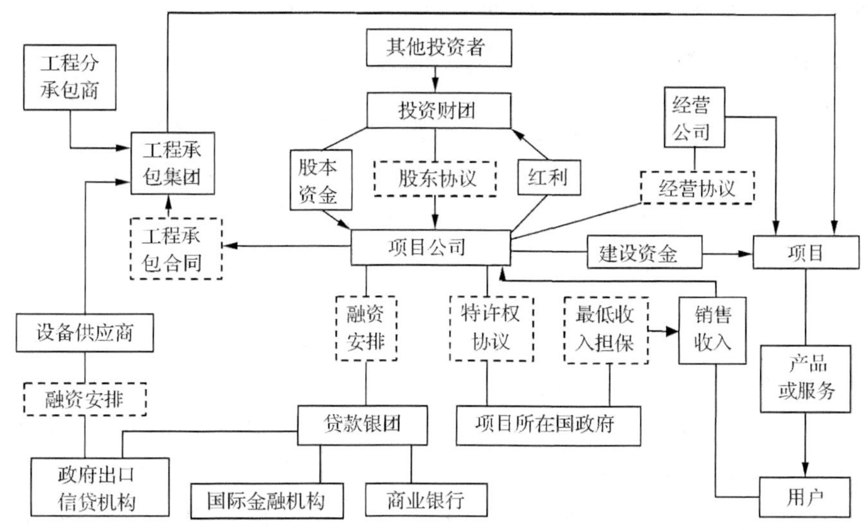

图 12.4　采用 BOT 项目融资的典型结构

2）项目投资者

（1）找到新的商业机会，通过提供有竞争力的服务获得满意的利润。

（2）最大限度地减少风险，特别是无法管理的风险。

3）贷款银行

保证项目贷款的安全性，能够如期收回贷款本金并获得利息收入。

3. BOT 项目风险

由项目发起人承担的风险通常包括：开发风险、工程建设风险、一部分运营风险、供应风险等。项目发起人可以通过签订施工进度合同、固定总价合同或交钥匙合同等将部分工程建设风险转移给工程承包商。可以通过签订运营维护合同、锁定价格的供应合同等将部分运营风险和供应风险转移给经营公司和供应商。而政府可承担的风险包括：政治风险、法律与政策变动风险、一部分国别商业风险、一部分不能保险的不可抗力风险、一部分市场风险以及由政府方面的原因造成完工延期和项目费用增加的风险等。

12.3 融资方案设计与优化

12.3.1 建设项目融资环境分析

1. 融资环境的概念

融资环境，是指对企业融资财务和融资财务管理产生影响作用的企业内外各种条件的统称。国家和地区的融资环境对建设项目的成败有重要影响，建设项目融资研究首先要考虑建设项目所在地的融资环境。研究融资环境，有助于正确地制定融资方案。

融资环境主要包括经济环境、法律环境和金融环境等因素。

2. 经济环境

建设项目融资的成功需要良好的经济环境，包括合理的经济和产业政策，适当的经济发达程度和增长速度，完善规范的市场机制、资本市场、银行体系、税务体系等。建设项目融资方案研究应着重考察分析经济环境对融资的限制和影响。这些影响将作用于融资方案，影响融资成本和融资风险。

1）经济周期

市场经济条件下，经济发展与运行带有一定的波动性，大体上经历复苏、繁荣、衰退和萧条几个阶段的循环，这种循环叫做经济周期，如图 12.5 所示。

在传统中对经济的周期分为了中长周期和中短周期。中长周期，如库兹涅兹周期大约有二十年左右，熊彼特周期大约十年左右。中短周期，如基本周期大约三年左右。这个划分主要是根据库存与货币周期调整的变化来分析出来的。事实上，经济周期问题一直都是被人们所关注的，也一直是宏观经济学中最关心的理论与现实问题。就现状来看，中

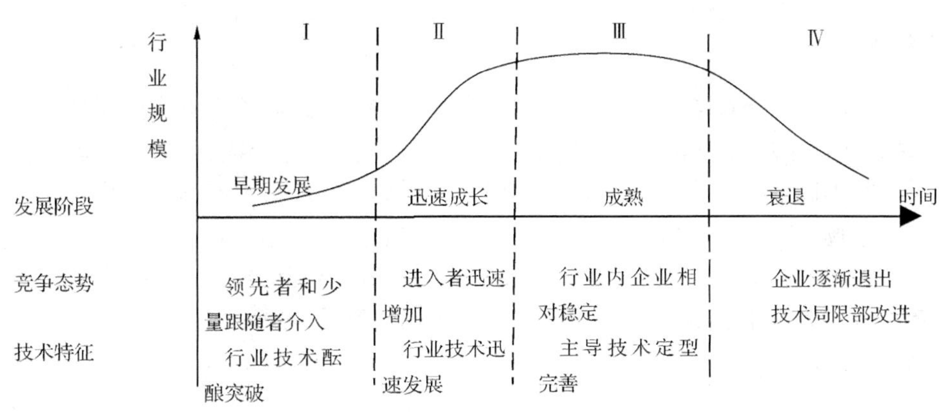

图 12.5　经济周期阶段示意图

国的经济增长正处在一个相对快速的发展时期，增长的速度较高，但是稳定性还较欠缺。为此，只有分析出中国经济周期的问题，有针对性地做出相应的调整。此外，由于国际经济交流与合作发展，西方经济周期影响也不同程度地影响我国，因此建设工程经济分析人员必须认识到经济周期的影响，掌握在经济发展波动中的融资本领。

2）经济发展水平

改革开放以来，我国的财政政策、货币政策等为主要内容的间接调控体系逐渐完善，我国宏观调控取得了积极成效，推动了国民经济的持续快速发展。同时，由于高速发展中的资金短缺将长期存在，又给建设项目融资管理带来严峻的挑战。因此，建设工程经济分析人员必须积极探索与经济发展水平相适应的建设项目融资模式。

3）经济政策

我国经济体制改革的目标是建立社会主义市场经济体制，以进一步解放和发展生产力。在这个总目标的指导下，我国已经并正在进行财税体制、金融体制、外汇体制、外贸体制、计划体制、价格体制、投资体制、社会保障制度等项改革。所有这些改革措施，深刻地影响着我国的经济生活，也深刻地影响着我国企业的发展和财务活动的运行。如国家的产业政策限制的行业，其直接融资和间接融资的风险都较大，如果企业经营得不到正常的资金供给，企业就难以为继。又如，在货币政策紧缩时期，市场上资金的供应减少，受此影响，企业通过市场来筹集资金的风险增大。要么筹集不到资金，要么融资成本提高、融资数量减少，直接影响了企业资金链连续性，并进一步增大了企业的经营风险。

3. 法律环境

市场经济的重要特征就在于是以法律规范和市场规则为特征的经济制度。法律为企业经营活动规定了活动空间，也为企业在空间内自由经营提供了法律上的保护。健全的法律、法规体系是建设项目融资成功的根本保障。涉及建设项目融资的基本法律、法规包括：公司法、银行法、证券法、税法、合同法、担保法以及投资管理、外汇管理、资本市场管理等方面的法规。外资投资的建设项目还涉及外商投资有关法规。

4. 金融环境

金融环境是指一个国家在一定的金融体制和制度下，影响经济主体活动的各种要素的集合，是企业建设项目融资所面临的来自于金融市场方面的影响因素。金融市场按照不同的标准有不同的划分，按照时间标准可分为货币市场和资本市场。货币市场也称短期资金借贷市场，主要是一年期以内的短期资金借贷市场。资本市场又称为长期资金融通市场，主要是指长期债券和股票市场。按照范围可分为国际金融市场和国内金融市场，其中前者影响后者。不同金融市场环境对企业的作用不同，金融市场环境的好坏，决定着企业未来收益的高低，影响企业的财务目标和财务运行方式。因而，企业面临不同的金融市场要采取不同的财务政策，寻找发展机遇，推动自身发展。因此，金融环境是企业最为主要的环境因素之一。影响建设项目融资的主要金融环境因素有金融机构、金融市场和利率等。

12.3.2　编制建设项目资金筹措方案

1. 建设项目投资预测

资金筹措和投资方案的选择是既有联系又有区别的两个方面，建设资金是项目建设的基本前提条件，只有在相当明确的筹措资金前景的情况下，才有条件进行建设项目策划和可行性研究。如果筹集不到资金，投资方案再合理，也不能付诸实施。建设项目的资金需要量必须在进行深入的产品需求研究、工艺技术及财务经济研究之后才能做较为符合实际情况的估算。因此，要分析投资方案在技术和商业上的生命力以及筹资方案是否适当，需要将他们联系起来同时做出评价。

建设项目融资计划方案的编制基础是对建设项目投资的合理估计。在进行资金使用计划的编制过程中应着重考虑以下几个方面：首先，建设项目实施进度规划是否能与资金筹措方式和筹资规划相吻合，是否有调整和修改意见。资金使用规划能否与建设项目实施进度规划相衔接。其次，各项不同渠道来源的资金使用是否合理、是否符合国家规定，特别是外汇的使用是否符合国家有关政策规定和使用者签订的协议，有无外汇偿还能力。第三，投资使用规划的安排是否科学合理，是否能够达到保证建设项目顺利实施和资金最优利用的目的。

2. 建设项目融资计划

资金筹措方案是对资金来源、资金筹措方式、融资结构和数量等做出的整体安排，应当在建设项目分年投资计划基础上编制，满足建设项目投资使用的要求。一般应先安排使用资本金，后使用债务资金。

一个完整的建设项目资金筹措方案，主要包括两部分：建设项目资金来源计划表和总投资使用计划与资金筹措表。

1）编制建设项目资金来源计划表

建设项目融资计划方案应由两个部分构成，一是建设项目资本金及债务融资资金来源与构成，二是以分年投资计划为基础，编制资金筹措计划。

(1) 编制建设项目资金来源计划表。

建设项目融资的来源主要有以下几种方式，包括国家政策性银行贷款、商业银行贷款、世界银行贷款、发行股票、发行债券、流动资金贷款等。在融资计划方案中，应对资金的融资渠道、金额、融资条件和融资可信程度进行详细说明，并编制建设项目资金来源计划表。

(2) 资金来源可靠性分析。

① 既有项目法人内部融资的可靠性分析。

a. 调查了解既有企业资产负债结构、现金流量状况和盈利能力，分析企业的财务状况，可能筹集到并用于拟建项目的现金数额及其可靠性。

b. 调查了解既有企业资产结构现状及其与拟建项目的关联性，分析企业可能用于拟建项目的非现金资产数额及其可靠性。

② 建设项目资本金的可靠性分析。

a. 既有法人融资方式的项目，应分析原有股东增资扩股和吸收新股东投资的数额及可靠性。

b. 新设法人融资方式的项目，应分析各投资者认缴的股本金数额及可靠性。

c. 采用上述两种融资方式，如通过发行股票筹集资本金，应分析其获得批准的可能性。

③ 建设项目债务资金的可靠性分析。

a. 采用债务融资的建设项目，应分析其能否获得国家有关主管部门的批准。

b. 采用银行贷款的建设项目，应分析其能否取得银行的贷款承诺。

c. 采用外国政府贷款或国际金融组织贷款的建设项目，应核实建设项目是否列入利用外资备选项目。

2) 编制总投资使用计划和资金筹措表

估算出建设项目总投资后，应根据建设项目计划进度的安排，编制分年投资计划表。在此基础上，编制资金筹措计划，使资金筹措在时间和数量上与资金需求平衡。

各年度的资金平衡——资金来源应略大于资金使用额，满足投资使用的要求。各年度资金的需求与筹措在时序、数量两方面都能平衡。

(1) 分析鉴定可行性研究报告中提出的各种筹资渠道是否可行和能否落实。考察其落实程度和资金提供的条件，即项目建设所需总投资和分年所需投资能否得到足够的、持续的资金供应。

(2) 分析资金来源方案是否满足建设项目要求。项目需要引进先进技术，则可选用现汇引进或合资经营方式；项目主要需要扩大出口、增加外汇，则可采用合资、合作、补偿贸易方式；项目投资大、见效慢、利润低，则可申请外国政府低息贷款或国际金融机构贷款等。

(3) 对于利用外资项目，需要复核外汇来源和外汇额度是否落实和可靠，外汇数额能否满足建设项目的要求。

(4) 还本付息方案。

对于建设项目，在分析其融资及投资计划之外，还要编制债务融资的还本付息方案，计算贷款偿还期。

在我国现行财政制度下，对一般国内建设项目来说，贷款偿还期是指固定资产投资贷款偿还期。因为流动资金虽然也包括自有资金和借款两部分，但流动资金借款在生产经营期内并不归还银行。因此，贷款偿还期就是指在国家财政规定及建设项目具体财务条件下，建设项目投产后可用作还款的利润、折旧、摊销及其他收益额偿还固定资产投资贷款本金和利息所需要的时间(参见第 4.4.2 节)。

涉及外资的建设项目，国外贷款部分的还本付息应按已经明确的或预计可能的贷款偿还条件计算。

12.3.3 资金结构分析

建设项目融资的资金构成有三个部分：股本资金、准股本资金(亦称为从属性债务或初级债务资金)、债务资金(亦称为高级债务资金)。虽然这三部分资金在一个建设项目中的构成以及相互之间的比例关系在很大程度上受制于建设项目的投资结构、融资模式和建设项目的信用保证结构，但是也不能忽略资金结构安排和资金来源选择在建设项目融资中可能起到的特殊作用。通过灵活巧妙地安排建设项目的资金构成比例，选择适当的资金形式，可以达到既减少投资者自身资金的直接投入，又能够提高建设项目综合经济效益的双重目的。

1. 资金结构的概念

不同渠道的资金按一定的资金结构进行结合，是建设项目融资方案设计的主要任务。建设项目资金结构的合理性和优化由公平性、风险性、资金成本等多方面决定。对于某个建设项目资金结构分析主要包括资本金与债务融资比例、资本金结构、债务资金结构。

2. 资本金与债务融资比例

建设项目资本金与债务资金的比例称为建设项目的资本结构，这是建设项目资金结构中最重要的比例关系，在确定时要受到如下因素的制约。

1) 建设项目参与各方的利益平衡

建设项目投资者希望投入较少的资本金，获得较多的债务资金，尽可能降低债权人对股东的追索。而提供债务资金的债权人则希望建设项目能够有较高的资本金比例，从而降低债权人的风险。若资本金比例过低，债权人可能拒绝提供贷款。

2) 资金成本和风险的平衡

由于建设项目的债务资本和权益资本在资金成本和风险程度上存在差异，资本金比例越高，贷款的风险越低，贷款的利率就可越低，反之贷款利率越高。因此，建设项目资本结构的确定事实上是建设项目资金成本和可承受风险的权衡问题。安排建设项目资金的一个基本原则是：在不会因为借债过多而伤害建设项目经济强度的前提下尽可能地降低建设项目的资金成本。所谓建设项目的经济强度是指安排投资时，如果项目可行性研究中假设条件符合未来实际情况，项目是否能够生产出足够的现金流量，能否支付生产经营费用、偿还债务并为投资者提供理想的收益，以及在项目运营的最后或者最坏的情况下项目本身的价值能否作为投资保障。项目的经济强度是从两个方面来测度的，一方面是项目未来可用于偿还贷款的净现金流量；另一方面是项目本身的资产价值。

对于一个具体建设项目来说，在考虑到企业所得税的基础上，债务资金成本相对股本资金要低得多，这是因为税法规定企业贷款的利息支出可以计入企业成本冲抵所得税，所以实际贷款利息成本为

$$IC = ID(1-T) \tag{12-1}$$

式中，IC——实际债务资金成本；

ID——贷款利率；

T——为企业所得税率。

由于这个原因，理论上如果一个建设项目使用的资金全部是债务资金，它的资金成本应该是最低的，然而建设项目的财务状况和抗风险能力则会由于承受如此高的债务而变得相对脆弱起来；相反，如果一个建设项目使用的资金全部是股本资金，则建设项目将会有一个非常稳固的财务基础，而且建设项目的抗风险能力也会由于减少了资金成本得以加强，但是，这样一来却大大提高了资金使用的“机会成本”，使得综合资金成本变得十分昂贵。

对于绝大多数的建设项目，实际的资金构成和比例是在以上两个极端中间加以选择的。建设项目融资没有标准的“债务/股本资金比率”可供参考，确定一个建设项目资金比例的主要依据是该建设项目的经济强度，而且这个比例也会随着工业部门、投资者情况、融资模式等因素的不同而发生变化，并在一定程度上也反映出安排资金当时当地的借贷双方在谈判中的地位、金融市场上的资金供求关系和竞争状况，以及贷款金融机构承受风险的能力。

与企业融资方式相比，项目融资的一个重要特点就是可以提高项目的债务承受能力。在项目融资中，贷款金融机构所面对的对象是一个相对简单的独立项目，通过对项目的全面风险分析，可确定项目最小现金流量水平和债务承受能力；通过对整体融资结构的综合设计，可以减少和排除许多风险因素和不确定因素，对潜在的风险会有较为清楚的认识。因此，与企业融资相比较，采用项目融资方式可以获得较高的债务资金比例。但是，项目融资的这一特点并不意味着项目融资可以不需要或很少需要股本资金投入，而完全依靠贷款来解决项目的全部资金需求。事实上，项目融资所做的只是使股本资金的投入形式多样化，最大限度地利用项目的信用保证结构来支持项目的经济强度。

3）建设项目资本金与债务资金的比例

建设项目资本金与债务资金的比例应符合下列要求：

(1) 符合法律和行政法规规定。

(2) 符合金融机构信贷规定及债权人有关资产负债比率的要求。

(3) 满足权益投资者获得期望投资回报的要求。

(4) 满足防范财务风险的要求。

3. 资本金结构

资本金结构也即投资产权结构和资本金比例结构。有关投资产权结构在本章第

12.1.2 节中已经叙述。这里主要研究建设项目资本金比例结构，即建设项目资本金融资的出资形式和各方的出资比例。对于采用新设法人融资方式的，应根据投资各方在资金、技术和市场开发方面的优势，通过协商确定各方出资比例、出资形式和出资时间。对于采用既有法人融资方式的，资本金结构与比例要考虑既有法人的财务状况和筹资能力。

1）出资形式

在建设项目融资中，资本金融资包含了股本资金与准股本资金。相对于贷款金融机构提供的债务资金而言，股本资金与准股本资金在建设项目融资中没有区别，承担的风险相同，只是在形式上有所不同，但是对于建设项目投资者来讲，准股本资金相对于股本资金在安排上具有较高的灵活性。

（1）股本资金。建设项目中的股本投入构成了建设项目融资的基础，贷款金融机构将建设项目投资者的股本资金看作为其融资的安全保障，因为在资金偿还序列中股本资金排在最后一位。然而，作为建设项目投资者，股本资金不仅有其承担风险的一面，更重要的是由于建设项目具有良好的发展前景从而能够为其带来相应的投资收益。增加股本资金的投入，实际上并不能改变或提高建设项目的经济效益，但是可以增加建设项目的经济强度，提高建设项目的风险承受能力。在建设项目融资中，应用最普遍的股本资金形式是认购建设项目公司的普通股和优先股。

股本资金所起到的作用可以归纳为以下三个方面：

① 建设项目资金总额中股本资金所占比例往往影响到建设项目债务资金的风险程度。建设项目预期的现金流量(在偿还债务之前)在某种意义上讲是固定的。毫无疑问，建设项目承受的债务越高，现金流量中用于偿还债务的资金占用比例就越大，贷款金融机构所面对的潜在风险也就越大；相反，在建设项目中股本资金投入越多，建设项目的抗风险能力就越强，贷款金融机构的风险也就越小。

② 投资者在建设项目投入资金的多少与其对建设项目管理和前途的关心程度是成正比的。贷款金融机构总是希望建设项目投资者能够全力以赴地管理建设项目，尤其是在建设项目遇到困难的时候千方百计渡过难关。如果要实现这一点，要求投资者在建设项目中投入相当数量的资金是最好的方法之一。如果投资者在建设项目中只承担很少的责任，则他们就会在对其自身伤害很少的情况下从建设项目中脱身。

③ 在建设项目中的股本资金代表着投资者对建设项目的承诺和对建设项目未来发展前景的信心，对于组织建设项目融资可以起到很好的心理鼓励作用。这样，可以为贷款金融机构提供一个比较好的建设项目发展信号，减少贷款金融机构对贷款建设项目的风险顾虑。

（2）准股本资金是相对于股本资金而言的，是一种介于股本资金和债务资金之间的一种资金形式，主要包括无担保贷款、可转换债券和零息债券等形式。主要特征，首先是其本金的偿还具有一定的灵活性，不能规定在某一特定期间强制性的要求建设项目公司偿还，其次是其偿还顺序要低于其他债务资金但是要高于股本资金。与股本资金相比具有以下几点优势。

① 投资者在安排资金时具有较大的灵活性。作为一个投资者，任何资金的使用都是有成本的，特别是如果在建设项目中投入的股本资金是投资者通过其他渠道安排的债务

资金，投资者就会希望利用建设项目的收入承担部分或全部的融资风险。

② 在建设项目融资安排中，对于建设项目公司的红利分配通常有着十分严格的限制，但是可以通过谈判减少对准股本资金在这方面的限制。尤其是对债务利息支付的限制。然而为了保护贷款金融机构的利益，一般要求投资者在从属性债务协议中加上有关债务和股本资金转换的条款，用以减轻在建设项目经济状况不好时的债务负担。

③ 准股本资金为投资者设计建设项目的法律结构提供了较大的灵活性。首先，作为债务，利息的支付是可以抵税的；其次，债务资金的偿还可以不用考虑建设项目的税务结构，而股本资金的偿还则会受到建设项目投资结构和税务结构的各种限制，其法律程序要复杂得多。

根据股本资金与准股本资金各自的优势，合理的安排股本和准股本资金结构可以更加有效地利用资金，合理地降低融资成本并进一步改善融资风险。

2）建设项目资本金出资比例

建设项目资本金的不同出资比例决定了各投资方对建设项目建设和运营的决策权、责任和建设项目收益分配的比例。

在进行融资方案分析时，应注意出资人出资比例的合法性。按照我国现行规定，有些建设项目不允许国外资本控股，有些建设项目则要求是国有资本控股。例如，2005 年实施的《外商投资产业指导目录》中规定，核电厂、铁路干线路网、城市地铁及轻轨等建设项目，必须由中方控股。对一些基础设施项目，既可引入商业资本来减轻政府的财政负担，也可以发售社会公众股来加强公司监管、提高公司透明度。

3）确定建设项目资本金结构要求

(1) 根据投资各方在资金、技术和市场开发方面的优势，通过协商确定各方的出资比例、出资形式和出资时间。

(2) 合理确定既有法人内部融资和新增资本金在建设项目融资总额中的比例，分析既有法人内部融资及新增资本金的可能性和合理性。

(3) 国内投资项目应分析控股股东的合法性和合理性；外商投资项目，应分析外方出资比例的合法性和合理性。

4. 债务资金结构

债务资金结构分析中需要分析各种债务资金的占比，包括负债的方式及债务期限的配比。作为一个借款人，应该选择适合于具体建设项目融资需要的债务资金结构。

首先，根据融资要求确定债务资金的基本结构框架。债务资金形式多种多样，并且每种形式均具有一些与其他形式不同的特征。借款人只有在众多的资金形式中找出具有共性的主要特征，才能根据建设项目的结构特点和建设项目融资的特殊要求，在一个共同的基础上对各种形式的债务资金加以分析和判断，确定和选择出债务资金的基本框架。

其次，根据市场条件确定债务资金的基本形式。在确定了债务融资的基本框架之后，还需要根据融资安排当时当地的市场条件来进一步确定几种可供选择的资金形式，针对这些资金形式的特点从中选择出一种或几种可以保证建设项目融资获得最大利益的债务资金形式。

选择债务融资的合理结构应该考虑以下几个方面。

1）债务期限

债务的到期时间是区别长期债务和短期债务的一个重要界限。在资产负债表中，短于一年的债务被称为流动负债，超过一年的债务则被称为长期负债。建设项目融资结构中的债务资金基本上是长期性的资金，即使是建设项目的流动资金，多数情况下也是长期资金框架内的短期安排。有的资金形式，如商业银行贷款、辛迪加银团贷款（Syndicated loan，是指由获准经营贷款业务的一家或数家银行牵头，多家银行与非银行金融机构参加而组成的银行集团，采用同一贷款协议，按商定的期限和条件向同一借款人提供融资的方式）、融资租赁等可以根据建设项目的需要灵活地安排债务的期限，但是如果使用一些短期资金形式，期票、商业票据等作为建设项目融资的主要债务资金来源，如何解决债务的合理展期就会成为资金结构设计的一个重要问题。另外，在建设项目负债结构中，短期借款利率低于长期借款，适当安排一些短期融资可以降低总的融资成本，但如果过多地采用短期融资，会使建设项目公司的财务流动性不足，建设项目的财务稳定性下降，产生过高的财务风险。长期负债融资的期限应当与建设项目的经营期限相协调。

2）债务偿还

长期债务需要根据一个事先确定下来的比较稳定的还款计划表来还本付息。偿债顺序安排：先偿还利率高的债务，后偿还利率低的债务；先偿还硬货币的债务，后偿还软货币的债务。对于从建设期开始的项目融资，在建设期间，贷款的利息可以资本化。由于项目融资的有限追索权，还款需要通过建立一个由贷款银团经理人控制的偿债基金方式来完成。每年项目公司按照规定支付一定数量的资金到偿债基金中，然后由经理人定期按比例分配给贷款银团成员。如果资金形式是来自资金市场上公开发行的债券，则偿债基金的作用就会变得更为重要。建设项目借款人通常希望保留提前还款的权利，即在最后还款期限之前偿还全部的债务。这种安排可以为借款人提供较大的融资灵活性，根据金融市场的变化或者建设项目风险的变化，对债务进行重组，获得成本节约。但是，某些类型的债务资金安排对提前还款有所限制，

3）境内外借款

对于建设项目来讲，使用境外借款或国内银行外汇贷款，如果贷款条件一样，并没有什么区别。境内外借款主要决定于建设项目使用外汇的额度，同时可能主要由借款取得可能性及方便程度决定。但是对于国家来讲，建设项目使用境外贷款，相对于使用国内银行的外汇贷款而言，国家的总体外汇收入增加，对于当期的国家外汇平衡有利。但对于境外贷款偿还期内的国家外汇平衡会产生不利影响。从建设项目的资金平衡利益考虑，如果建设项目的产品销售不取得外汇，应当尽量不要使用外汇贷款，投资中如果需要外汇，可以采取投资方注入外汇，或者以人民币购汇。如果建设项目使用的外汇额度很大，以至于建设项目大量购汇将会对当期国家的外汇平衡产生难以承受的影响，则需要考虑使用外汇贷款。如果国家需要利用建设项目从境外借款融入外汇，改善国家当期外汇平衡，也可以考虑由建设项目公司在国际上借贷融资，包括向世界银行等国际金融机构借款。

4）利率结构

建设项目融资中的债务资金利率主要为浮动利率、固定利率以及浮动/固定利率三种

机制。一般情况下，当资本市场利率水平相对较低，且有上升趋势时，尽量借固定利率贷款；当资本市场利率水平相对较高，且有下降趋势时，尽量借浮动利率贷款。但具体评价建设项目融资中应该采用何种利率结构，需要综合考虑三方面的因素。

首先，建设项目现金流量的特征起着决定性的作用。对于一些建设项目而言，建设项目的现金流量相对稳定，可预测性很强。采用固定利率机制有许多优点，有利于建设项目现金流量的预测，减少建设项目风险。相反，一些有关产品或资源项目，这类建设项目的现金流量很不稳定，采用固定利率就有一定的缺点，在产品价格不好时将会增加建设项目的风险。

其次，对进入市场中利率的走向分析在决定债务资金利率结构时也起到很重要的作用。在利率达到或接近谷底时，如果能够将部分或全部浮动利率债务转换成为固定利率债务，无疑对借款人是一种有利的安排，这样可以在较低成本条件下将一部分融资成本固定下来。

第三，任何一种利率结构都有可能为借款人带来一定的利益，但也会相应增加一定的成本，最终取决于借款人如何在控制融资风险和减少融资成本之间权衡。如果借款人将控制融资风险放在第一位，在适当的时机将利率固定下来是有利的，然而短期内可能要承受较高的利息成本；如果借款人更趋向于减少融资成本，问题就变得相对复杂得多，要更多地依赖金融市场上利率走向的分析。因此，在上述两种利率机制上派生出几种具有固定利率特征的浮动利率机制，以满足借款人的不同需要。

简单地说，具有固定利率特征的浮动利率机制是相对浮动利率加以优化，对于借款人来讲，在某个固定利率之下，利率可以自由变化，但是，利率如果超过该固定水平，借款人只按照该固定利率支付利息。这种利率安排同样是需要成本的。

5）货币结构

建设项目融资债务资金的货币结构可以依据建设项目现金流量的货币结构加以设计，以减少建设项目的外汇风险。不同币种的外汇汇率总是在不断地变化。如果条件许可，建设项目使用外汇贷款需要仔细选择外汇币种。外汇贷款的借款币种与还款币种有时是可以不同的。通常主要应当考虑的是还款成本，选择币值较为软弱的币种作为还款币种。这样，当这种外汇币值下降时，还款金额相对降低了。当然，币值软弱的外汇贷款利率通常较高。这就需要在汇率变化和利率差异之间做出预测权衡和抉择。

6）信用保证方式

建设项目债务融资信用保证方式设计是建设项目融资中的一个较为复杂的内容。良好的信用保证方式可以降低债务融资成本，顺利地获得贷款，保证建设项目的正常实施和运行。通常建设项目的债权人希望得到尽可能多的可靠的担保或抵押，而建设项目的投资者总是希望以尽可能少的保证取得贷款，减少所需要付出的保证代价。建设项目债务融资的保证方式需要在借贷双方之间达成平衡。过于弱的债务资金保证措施，不能保证债权人债务资金的安全，债务资金利率将会上升，甚至债权人将不愿意提供债务资金；过度的信用保证措施将使债务人债务资金的成本上升。因此，建设项目必须设计合理的债务资金信用保证方式。

12.3.4　融资风险分析

在对建设项目融资方案设计以及建设项目融资结构进行研究时，为了使建设项目融资实现更好经济效果还必须进行融资风险分析。融资风险是指融资活动中存在的可能使投资者、建设项目法人、债权人等各方蒙受损失的各种风险。在融资方案分析中，应对各种方案的风险进行识别与比较，并提出防范风险的对策。

1. 建设项目融资风险

从广义上来讲，融资风险包含了建设项目的全部风险：系统风险、非系统风险。系统性风险是指那些影响所有企业建设项目即整个市场的因素引起的风险，如战争、通货膨胀、经济周期变动等。这类风险波及所有的投资对象，不能通过多样化投资、加强内部管理等方式加以规避。非系统性风险是指某一建设项目所特有的风险：如建设项目开发阶段的失败、管理层发生严重问题等。这类风险只波及特定的建设项目投资对象，可以通过多样化投资来分散。

在建设项目中，常见的融资风险有以下几种。

1）出资能力风险

预定的建设项目股本投资人及贷款融资人应当具有充分的出资能力。在建设项目融资方案的设计中应当对预定出资人出资能力进行调查分析。出资人的出资能力风险大多来自于出资人自身的经营风险和财务能力，也可能来自出资人企业的经营和投资策略的变化，甚至可能来自其领导人的变更。有时可能来自于出资人所在国家的法律、政治、经济环境的变化。世界经济状况、金融市场行情的变化也可能导致出资人出资能力和出资意愿的变化。

对于股本投资方来说，建设项目是否具有足够的吸引力，取决于建设项目的投资收益和风险。合理设定建设项目的投资收益并控制投资风险是建设项目融资中需要解决的重要课题。建设项目所在国家的经济环境、法律、政治的变化可能会导致建设项目筹资吸引力的变化，从而带来投资人出资风险。

对建设项目提供贷款的融资人应当有充分出资能力。资金实力弱的贷款人可能由于经营中出现问题，无力履行当初的贷款承诺，从而导致建设项目贷款融资落空的风险。

考虑到出资人的出资风险，在选择建设项目的股本投资人及贷款人时，应当选择资金实力强、既往信用好、风险承受能力强、所在国政治及经济稳定的出资人。

2）再融资风险

建设项目的再融资风险是指建设项目实施过程中会出现许多风险，包括设计的变更、技术的变更甚至失败、市场的变化、某些预定的出资人变更等，将会导致建设项目的融资方案变更，建设项目需要具备足够的再融资能力。在建设项目的融资方案设计中应当考虑备用融资方案，主要包括：建设项目公司股东的追加投资承诺、贷款银团的追加贷款承诺、银行贷款承诺高于建设项目实施过程中追加取得新的融资。

3）金融风险

建设项目的金融风险主要是指由于一些建设项目发起人不能控制的金融市场的可能

变化而对建设项目产生的负面影响。这些因素包括汇率波动、利率波动、国际市场商品价格上涨(特别是能源和原材料价格上涨)、建设项目产品的价格在国际市场下跌、通货膨胀、国际贸易、贸易保护主义和关税的趋势等。

对于国际建设项目而言,金融风险的内容更为丰富,最敏感的金融风险是与货币有关的风险。因为在大多数国际建设项目融资中,都会出现主要收入货币与支出货币的差别,比如建设项目成本和收入基本上是当地货币,而建设项目贷款基本上都是外国货币,由国外银团提供外币贷款。这样,就容易使建设项目暴露在货币风险之下。

常见的金融风险的类型有:

(1) 利率风险。利率风险是指因市场利率变动而给建设项目融资带来一定损失的风险。主要表现在市场利率的非预期性波动而给建设项目资金成本所带来的影响。如果建设项目采取浮动利率贷款,当市场利率上升时,建设项目的资金成本将提高,会给借款较多的建设项目造成较大困难,表现在建设项目融资风险中主要是利率变动后引起建设项目债务利息负担增加而造成的损失。如果建设项目采取固定利率贷款,当市场利率下降时,贷款利率不随市场利率变动,建设项目的资金成本不能相应下降,相对资金机会成本将变高。

(2) 资金供应风险。导致资金不落实的原因很多,主要包括:

① 已承诺出资的股本投资者由于出资能力有限(或者由于拟建建设项目的投资效益缺乏足够的吸引力)而未能兑现承诺。

② 原定发行股票、债券计划不能实现。

③ 既有企业法人由于经营状况恶化,无力按原定计划出资。

(3) 汇率风险。汇率风险,是指建设项目因汇率变动而遭受损失或预期收益难以实现的可能性。对于任何一个建设项目来说,只要在融资活动中运用到外币资金,都有可能因汇率变动而使融资成本提高或生产收益下降,形成外汇风险。

(4) 外汇的不可获得风险。指由于东道国外汇短缺可能导致建设项目公司不能将当地货币转换成需要的外国货币,以偿还对外债务和其他的对外支付,从而使建设项目无法正常进行的风险。

(5) 外汇的不可转移风险。由于外汇管制的存在,可能使建设项目公司的所得不能转换成需要的外汇汇出国外,即使是建设项目公司产生了足够的现金流量,如不允许兑换成外汇汇出国外,对于外国投资者将无法及时取得利润,这对建设项目公司的投资者来说就是一种风险。

2. 建设项目融资风险管理的一般方法

在建设项目融资中,除了加强对出资人的出资能力及意愿、项目再融资风险分析外,一般通过以下方法来进行风险的管理。

1) 降低利率风险的金融工具

降低利率风险最主要的金融工具是采取利率互换的方式,在建设项目融资中,互换就是用建设项目的全部或部分现金流量交换与建设项目无关的另一组现金流量。利率互换在建设项目融资中很有价值,因为多数银团贷款在安排长期建设项目贷款时,只是愿意考虑浮动利率的贷款公式，使得建设项目承担较大的利率波动风险。作为建设项目投资者，如果根据建设项目现金流量的性质，将部分或全部的浮动利率贷款转换成固定利率贷款，在一定程度上可能减少利率风险对建设项目的影响。

在建设项目融资中，利率互换的作用可以归纳为以下两个方面：

首先，根据建设项目现金流量的特点安排利息偿还，减少因利率变化造成建设项目风险的增加，由于建设项目融资在贷款安排方面仍然存在一定的不灵活性，因而可能出现贷款利率结构不一定符合建设项目现金流量结构的情况。如果通过浮动利率与固定利率之间的转换，不同基础的浮动利率之间的转换，或者不同建设项目阶段的利率转换，这可在一定程度上起到建设项目风险管理的作用。

其次，根据借款人在市场上的位置和金融市场的变化，抓住机会降低建设项目的利息成本。这方面的做法包括：将固定利率转换为浮动利率；通过先安排浮动利率贷款，然后再将其转为固定利率的方法，降低直接安排固定利率贷款的成本；同样，通过先安排固定利率贷款，然后再将其转为浮动利率的方法，降低直接安排浮动利率贷款的成本。

2）降低汇率风险的金融工具

降低汇率风险可以采用以下两种方式：首先，汇率封顶，即在正式签署贷款合同或提取贷款前，建设项目公司与债权人协商约定一个固定的汇率最高值，还款时，债务人以不超过已协商约定的汇率最高值进行换汇还款。

其次，货币利率的转换，是指为降低借款成本或避免将来还款的汇价和利率风险，从而将一种货币的债务转换为另一种货币的债务。

3）降低外汇获得和转移风险的方法

在一些建设项目融资中，常常是通过长期固定合同带来现金流量的，这样的收入流量就不能进行适时的调整，极易遇到货币贬值风险。处理方法有：

（1）可以通过构造不同的合同结构使建设项目的收入与债务支出货币相匹配。如在电力开发建设项目中，如果借进的是美元货币，则电力购买协议应主要以美元或者其他硬货币来结算。

（2）在当地筹集债务。建设项目公司可以通过在当地举债的办法来减少货币贬值风险。由于建设项目收入多以当地货币取得，债务偿还就不存在货币兑换问题。当然，在当地借款要受到许多因素的制约。

（3）将产生建设项目收入的合同尽量以硬货币支付，尤其是当这些合同的一方是政府部门时，因为这实际上意味着政府以合同的方式为建设项目提供了硬货币担保。

（4）与东道国政府谈判取得东道国政府担保，保证建设项目公司优先获得外汇的协议或者由其出具外汇可获得的担保。

12.3.5　资金成本分析

1. 资金成本的含义和性质

1）资金成本概念

每个建设项目的融资都是有成本的，各种融资方式筹集的资金不可能无偿使用，需要付出代价，这就产生了资金成本（即融资成本）。资金成本是指为筹集和使用资金而付出的代价。一般包括资金筹集费(F)和资金占用费(D)。筹资费用是指在资金筹集过程中支付的各项费用，如发行股票、债券的印刷费、发行手续费、律师费、资信评估费、公证费、担保费、银团贷款管理费等。资金占用费是指占用资金的费用，如借款利息、债券利息、股息、红利等。资金占用费与所筹资金额的大小以及占用时间长短有关，是筹资企业经常发生、需定期支付的，它构成了资金成本的主要内容。相比之下，资金筹集费则通常在筹集资金时一次性发生，属于一次性费用，它与筹资次数有关，因此在计算成本时可作为筹资金额的一项扣除。资金成本通常以相对数资金成本率表示，其一般计算公式为

$$K=\frac{D}{P-F}=\frac{D}{P(1-f)} \tag{12-2}$$

式中，K——资金成本率（通常也称为资金成本）；

D——资金占用费；

P——筹集资金总额；

F——资金筹集费；

f——资金筹集费率。

2）资金成本的作用

资金成本是比较融资方式、选择融资方案的依据。资金成本有个别资金成本、综合资金成本、边际资金成本等形式，它们在不同情况下有各自的作用。

(1) 个别资金成本是比较各种融资方式优劣的一个尺度。建设项目筹集长期资金一般有多种方式可供选择，如长期借款、发行债券、发行股票等。由于融资渠道和融资方式的不同，所以它们的个别资金成本也是不同的。资金成本的高低可作为比较各种融资方式优劣的一个依据。

(2) 综合资金成本是建设项目资金结构决策以及评价融资方案的基本依据。通常建设项目所需的全部长期资金是采用多种融资方式筹集组合构成的，这种融资组合往往有多个融资方案可供选择。所以综合资金成本的高低就是比较各个融资方案，做出最佳资金结构决策的基本依据。

(3) 边际资金成本是比较选择追加融资方案的重要依据。融资主体为了扩大建设规模，增加所需资产或投资，往往需要追加筹集资金。在这种情况下，边际资金成本就成为比较选择各个追加融资方案的重要依据。

2. 个别资金成本计算

个别资金成本是指使用各种长期资金的成本，这又分为普通股和优先股、建设项目借款和债券融资、融资租赁等。

1）普通股资金成本

普通股股东收益一般不固定，它随投资项目的经营状况而改变。普通股股东拥有的财富等于他将来从投资项目预期得到的收益按股东的必要收益率进行贴现而得到的总现值，即股东愿意投资的最低限度必须获得的收益率。低于这个收益率，投资者宁愿把资金投向别处，这个收益率就是普通股的资金成本。股东的预期收益由两部分组成，一部分是

股利,其收益率称为股利收益率,二是资本利得,即由预期以后股票涨价给股东带来的收益,其收益率称为资本利得收益率。鉴于普通股资金成本计算考虑的因素,普通股资金成本的测算方法一般有三种。

(1) 股利折现模型。根据股利折现模型测算普通股资金成本,因实行的鼓励政策而有所不同。

① 如果企业采用固定股利政策,则其资金成本计算公式为

$$K_c = \frac{D_c}{P_c(1-f_c)} \tag{12-3}$$

式中,K_c——普通股资金成本率;

P_c——普通股融资额;

D_c——预期普通股年股息额;

f_c——普通股融资费用率。

② 如果企业采用固定增长股利,则其资金成本为

$$K_c = \frac{D_c}{P_c(1-f_c)} + G \tag{12-4}$$

式中,G——普通股股利固定增长比率。

(2) 资本资产定价模型。资本资产定价模型为普通股投资的必要报酬率等于无风险报酬率加上风险报酬率,则其资金成本计算公式为

$$K_c = R_f + \beta(R_m - R_f) \tag{12-5}$$

式中,R_f——无风险报酬率;

R_m——市场平均报酬率;

β——为第 i 种股票的贝塔系数。

(3) 债券投资报酬率加股票投资风险报酬率模型。

从投资者的角度,股票投资的风险高于债券。因此,股票投资的必要报酬率可以在债券利率的基础上再加上股票投资高于债券投资的风险报酬率。据此普通股资金成本计算公式为

$$K_c = K_q + K_r \tag{12-6}$$

式中,K_q——税前债务资金成本率;

K_r——风险报酬率。

2) 优先股资金成本

优先股的一个最大特点是每年的股利不是固定不变的,当建设项目运营过程中出现资金紧张时可暂不支付。但因其股息是在税后支付,无法抵消所得税,因此资金成本大于债券。这对建设项目企业来说是必须支付的固定成本。由于优先股的股息是固定的,按照股息固定的股票估值公式,优先股资金成本为

$$K_P = \frac{D_P}{P_P(1-f_P)} \tag{12-7}$$

或

$$K_P = \frac{i_P}{1 - f_P} \tag{12-8}$$

式中，K_P——优先股资金成本率；

P_P——优先股融资额；

D_P——优先股股息；

f_P——优先股融资费用率；

i_P——优先股股息率。

例 12.1　某建设项目公司发行优先股总面额 8000 万元，总发行额为 1 亿元，融资费用率为 8%，规定年股利率为 10%。则优先股资金成本计算如下：

$$K_P = \frac{D_P}{P_P(1 - f_P)} = \frac{8000 \times 10\%}{10000 \times (1 - 8\%)}\% = 8.70\%$$

3）建设项目借款资金成本

建设项目借款资金成本包括借款利息和筹资费用两部分。借款利息计入税前成本费用，可以起到抵税的作用。因此，一次还本、分期付息借款的资金成本可表示为

$$K_L = \frac{I_t(1 - T)}{L(1 - f_L)} \tag{12-9}$$

$$K_L = \frac{i_L(1 - T)}{1 - f_L} \tag{12-10}$$

式中，K_L——建设项目一次还本、分期付息借款资金成本率；

I_t——建设项目借款年利息；

T——所得税率；

L——建设项目借款筹资额（借款本金）；

f_L——建设项目借款筹资费用率；

i_L——建设项目借款的利率。

4）债券融资资金成本

发行债券的资金成本主要指债券利息和筹资费用。债券利息的处理与建设项目借款利息的处理相同，应以税后的债务成本为计算依据。债券的筹资费用主要包括发行债券的手续费、注册费用、印刷费以及上市推销费用等，费用较高，不可在计算资金成本时省略。

债券有三种发行价格：面值发行，即以债券票面面值的价格发行；溢价发行，即以高于债券票面面值的价格发行；折价发行，即以低于债券票面面值的价格发行。调整发行价格可以平衡票面利率与购买债券收益的差距，吸引债券投资人。

（1）债券面值发行时资金成本的计算。按照一次还本、分期付息的方式，面值发行债券时资金成本的计算公式为

$$K_b = \frac{I_b(1 - T)}{B_0(1 - f_b)} \tag{12-11}$$

或

$$K_b = \frac{i_b(1 - T)}{1 - f_b} \tag{12-12}$$

式中，K_b——一次还本、分期付息的债券资金成本率；

I_b——债券年利息；

B_0——债券面值；

f_b——债券筹资费用率；

i_b——债券利率。

（2）债券折价或溢价发行时资金成本的计算。

当债券溢价或折价发行时，资金成本的计算公式为

$$K_b = \frac{\left[I_b - \frac{(B_1 - B_0)}{n}\right](1 - T)}{B_1 - F_b} \tag{12-13}$$

式中，B_1——债券的实际发行总金额；

n——债券偿还期；

F_b——债券筹资费用。

5）融资租赁资金成本

融资租赁是建设项目企业在资金短缺情况下取得生产所需设备的手段之一，它具有融资和融物相结合的特点，其实质是一种信贷行为。在融资租赁中，承租方以向出租方支付租金为代价，取得了资产大部分使用年限的使用权，并实现了资产所有权上附带的报酬和风险由出租方向承租方的转移。因此，融资租赁和其他筹资方式一样，对于承租方而言具有资金成本。融资租赁的成本包括设备购置成本和租息两部分。设备购置成本是租金的主要组成部分，由设备的买价、运杂费和途中保险费构成。租息又由租赁公司为购置租赁设备而筹措资金的费用、租赁公司的营业费用和一定的盈利构成。融资租赁的资金成本计算公式为

$$K_Z = \frac{Z}{P_Z}(1 - T) \tag{12-14}$$

式中，K_Z——融资租赁承租方资金成本率；

P_Z——租赁资产的价值；

Z——年租金额。

3. 综合资金成本

上述几种筹资模式各有利弊。借债是成本最低的一种资金来源，但不能无限度地使用债务，借债过多会使偿债缺乏保障而加大风险，使资金成本升高。今天以较低的债务成本筹资，必须以牺牲将来借债的机会为代价。股票筹资的好处是不用还本付息，财务风险低，但其缺点是筹资成本高；出售普通股的同时，也把选举权出售给了新股东，可能会发生公司控制权的转移；对老股东来说，发售新股票会稀释每股的收益。所以筹资者必须设计出一个最优的目标资本结构，即确定债权和股权的合理比例。

对此应考虑建设项目融资的加权平均资金成本，它是以各种资金占全部资金的比重为权数，对个别资金成本进行加权平均确定的。加权平均资金成本可根据公司的债务资金、权益资金计算出来。其计算公式为

$$K_w = \sum_{j=1}^{n} K_j W_j \qquad (12\text{-}15)$$

式中，K_w——加权平均资金成本率；

K_j——第 j 种个别资金成本率；

W_j——第 j 种个别资金占全部资金的比重(权数)。

4. 边际资金成本

项目在建设过程中追加筹资时，不能仅仅考虑目前所使用资金的成本，还必须考虑新筹资金的成本，即边际资金成本。边际资金成本是建设项目追加筹资的成本，是项目建设过程中确定追加权益资金和债务资金比例的重要的标准。边际资金成本是一个动态的概念，对边际资金成本的计算也应从一个动态的过程来考虑，具体可以分为：

(1) 建设项目新增资金的成本与建设项目现有资金的成本相同，且在任何筹资范围内都能保持不变。

① 当新增资金的结构与建设项目现有资金结构相同时，综合边际资金成本将与建设项目现有综合资金成本相同；

② 当新增资金的结构与建设项目现有资金结构不同时，综合边际资金成本将不同于建设项目现有的综合资金成本，这时的综合边际资金成本则要根据各项新增资金的成本及其结构计算。

(2) 各项新增资金的成本将随着筹资规模的扩大而上升。

这种情况综合边际资金成本的确定比较复杂，需要按一定的方法步骤来计算。

① 要分析资金市场的资金供需状况等相关因素，以确定各种筹资方式的资金成本分界点。所谓资金成本分界点，是指使资金成本发生变动的筹资额。例如，当建设项目借款在 1000 万元时，其贷款利率为 12%，如果借款超过 1000 万元时，由于风险的增加，超过部分的资金成本或利率就要上升为 15%，则 1000 万元就为该种筹资方式的成本分界点。

② 要确定新筹资金的资金结构，也即用各种筹资方式筹得资金之间的比例结构关系。

③ 要确定筹资总额的资金成本分界点及与之对应的筹资范围。所谓筹资总额的资金成本分界点是指使用某项资金成本发生变动的筹资总额，这是根据已定的资金结构及各种筹资方式的资金成本分界点确定的。例如，若建设项目确定的新筹资金结构中，银行借款占 20%，银行借款的资金成本分界点为 1000 万元，则建设项目的筹资总额在 1000 万元/20%=5000 万元之内时，银行的资金成本不会上升；若筹资总额超过 5000 万元，按 20%的银行借款资金比例结构，银行借款就会超过 1000 万元，银行借款的资金成本就会上升。因此，这 5000 万元就是针对银行借款的资金成本而言的筹资总额资金成本分界点。

12.3.6　融资结构方案比选方法

综上所述，不同的融资结构会给建设项目带来不同的经济后果。虽然负债资金具有双重作用，通过适当地利用负债，可以降低建设项目资金成本，但当建设项目负债比率太高时，也会带来较大的财务风险。所以，建设项目融资主体必须权衡财务风险和资金成本的关系，确定最佳资金结构。建设项目资金结构决策也就是确定最佳融资结构。所谓最佳融资结构是指在适度的财务风险条件下，使其预期的加权平均资金成本率最低，同时使其收益及建设项目价值最大的资金结构。确定建设项目的最佳融资结构，可以采用每股利润分析法和比较资金成本法。

1. 每股利润分析法

每股利润分析法是利用每股利润无差别点来进行资金结构决策的方案。所谓每股利润无差别点是指两种或两种以上融资方案下普通股每股利润相等时的息税前利润点，亦称息税前利润平衡点或融资无差别点。根据每股利润无差别点，分析判断在什么情况下可利用什么方式融资来安排及调整资金结构，进行资金结构决策。

每股利润无差别点的计算公式如下

$$\frac{(EBIT-I_1)(1-T)-D_{p1}}{N_1}=\frac{(EBIT-I_2)(1-T)-D_{p2}}{N_2} \tag{12-16}$$

式中，$EBIT$——息税前利润平衡点，即每股利润无差别点；

I_1、I_2——两种增资方式下的长期债务利息；

D_{p1}、D_{p2}——两种增资方式下的优先股年股利；

N_1、N_2——两种增资方式下的普通股股数。

分析者可以在依据上式计算出不同融资方案间的无差别点之后，通过比较相同息税前利润情况下的每股利润值大小，分析各种每股利润值与临界点之间的距离及其发生的可能性，来选择最佳的融资方案。当息税前利润大于每股利润无差别点时，增加长期债务的方案要比增发普通股的方案有利；而息税前利润小于每股利润无差别点时，增加长期债务则不利。所以，这种分析方法的实质式寻找不同融资方案之间的每股收益无差别点，以使建设项目能够获得对股东最为有利的最佳资金结构。

这种方法既适用于既有项目法人融资决策，也适用于新建项目法人融资决策。对于既有项目法人融资，应结合公司整体的收益状况和资本结构，分析何种融资方案能够使每股利润最大；对于新建项目法人而言，可直接分析不同融资方案对每股利润的影响，从而选择适合的资本结构。

2. 比较资金成本法

比较资金成本分是指在适度财务风险的条件下，测算可供选择的不同资金结构或融资组合方案的加权平均资金成本率，并以此为标准相互比较确定最佳资金结构的方法。

建设项目融资可分为创立初始融资和发展过程中追加融资两种情况。与此相应地，建设项目资金结构决策可分为初始融资的资金结构决策和追加融资的资金结构决策。

1）初始融资的资金结构决策

融资主体对拟订的建设项目融资总额，可以采用多种融资方式和融资渠道来筹集，每种融资方式的融资额亦可有不同安排，因而形成多个资金结构或融资方案。在各融资方案面临相同的环境和风险情况下，利用比较资金成本法，可以通过加权平均资金成本率的测算和比较来做出选择。

2）追加融资的资金结构决策

建设项目有时会因扩大投资规模而需要追加筹措新资，即追加融资。因追加融资以及融资环境的变化，建设项目原有的最佳资本结构需要进行调整，在不断变化中寻求新的最佳资金结构，实现资金结构的最优化。

建设项目追加融资可有多个融资方案可供选择。按照最佳的资金结构的要求，在适度财务风险的前提下，选择追加融资方案可用两种方法：一种方法是直接测算各备选追加融资方案的边际资金成本率，从中比较选择最佳融资组合方案；另一种方法是分别将各备选追加融资方案与原有的最佳的资金结构汇总，测算比较各个追加融资方案下汇总资金结构的加权资金成本率，从中比较选择最佳融资方案。

复习思考题

12.1　如何理解建设项目融资主体？建设项目投资产权结构？

12.2　建设项目融资的模式主要有哪些？

12.3　如何进行建设项目权益资金筹资和债务资金筹集？

12.4　融资方案设计与优化包括哪些内容？

12.5　确定资本金与债务融资比例时要考虑哪些因素的制约？

12.6　在建设项目中，常见的融资风险有哪些？

12.7　资金成本有何作用？个别资金成本如何计算？

12.8　如何理解综合资金成本和边际资金成本？

12.9　融资结构方案比选有哪些方法？

第十三章　建设项目工程设计方案的工程经济分析

在建设项目设计阶段，技术与经济关系密切，是不可分割的统一体。但长期以来，设计阶段技术与经济分离，导致设计人员缺乏经济角度的考虑，使得设计深度不够，缺少比选方案，设计思想保守；而工程经济分析人员不了解技术，只从概预算的角度审核费用开支，难以从根本上有效控制建设项目的建设成本和使用成本，这是我国建设项目投资效果不佳的主要原因。因此，在建设项目设计阶段应将技术与经济有机结合，通过工程经济分析，正确处理工程设计技术与经济两者之间的对立统一关系具有重要的现实意义。

13.1　概　　述

13.1.1　工程设计的含义及其阶段划分

1. 工程设计的含义

工程设计是指在工程开始施工之前，设计机构根据设计任务书，为具体实现建设项目的技术、经济要求，运用相应的科学原理及知识拟定建筑、安装及设备制造等所需的规划、图纸、数据等技术文件的工作。工程设计是工程建设前期工作的主要内容，是建设项目由计划变为现实具有决定意义的工作阶段，工程设计文件是建筑安装施工的依据。拟建工程在建设过程中能否保证质量、控制进度和投资，在很大程度上取决于工程设计质量的优劣。工程建成后，能否获得满意的经济效果，除了项目决策之外，工程设计工作起着决定性的作用。

2. 工程设计的阶段划分

建设项目的工程设计是分阶段逐步深化的，而且对工业项目和民用项目其阶段也有一定的差异。

1）工业项目设计

根据国家有关文件的规定，一般工业项目设计可按初步设计和施工图设计两个阶段进行，称为“两阶段设计”；对重大项目和技术上比较复杂而又缺乏设计经验的项目，可以按初步设计、技术设计和施工图设计三个阶段进行，称之为“三阶段设计”。小型工程建设项目，技术上较简单的，经项目相关管理部门同意可以简化为施工图设计一阶段进行。

（1）初步设计。是设计机构根据批准的建设项目可行性研究报告和必要的设计基础资料，从技术上和经济上对建设项目进行全面而详尽的安排，是整个设计构思基本形成的阶段，是投资决策的具体化，也是设计过程中的一个关键性阶段。通过初步设计可以进一步明确拟建工程在指定地点和规定期限内进行建设的技术可行性和经济合理性；并规定主要技术方案、工程总投资和主要技术经济指标，以利于在项目建设和使用过程中最有效地利用人力、物力和财力；同时，也是先进技术和科研成果引入项目的渠道，这直接关系到工程质量和将来的使用效果。工业项目初步设计包括总平面设计、工艺设计和建筑设计三部分。在初步设计阶段应编制设计总概算。初步设计文件一经批准后，建设项目总平面布置、主要工艺流程、主要设备、建筑面积、结构、总概算等不得随意修改、变更。

(2) 技术设计。是初步设计的深化，是针对重大项目或特殊项目，为解决具体的技术问题所进行的设计，也是各种技术问题的定案阶段。技术设计所应研究和决定的问题，与初步设计大致相同，但需要根据更详细的勘察资料和技术经济计算加以补充修正。技术设计的详细程度应能满足确定设计方案中重大技术问题和有关实验、设备选制等方面的要求；应能保证根据技术设计进行施工图设计和提出设备订货明细表；如果对初步设计中所确定的方案有所更改，应对更改部分编制修正概算书，修正总概算的造价一般不得超过初步设计的控制数额。对于不太复杂的工程，技术设计阶段可以省略，把这个阶段的一部分工作纳入初步设计，另一部分留待施工图设计阶段进行。

(3) 施工图设计。是初步设计和技术设计的具体化，是施工单位组织施工的基本依据。根据批准的初步设计进行施工图设计，施工图设计应绘制出正确、完整、详细的建筑、安装图纸并加以详细的施工说明，以能够满足和指导施工为准。在施工图设计阶段，一般要编制工程预算。

2) 民用项目设计

民用项目设计一般可分为方案设计、初步设计和施工图设计三个阶段；对于技术要求简单的民用建筑工程，经相关管理部门同意，且建设工程设计合同中有不做初步设计的约定，可在方案设计审批后直接进入施工图设计。

(1) 方案设计。方案设计的内容包括：设计说明书，包括各专业设计说明以及投资估算等内容；总平面图以及建筑设计图纸；设计合同中规定的透视图、鸟瞰图、模型等。方案设计文件的深度要求，应能满足编制初步设计文件的需要。

(2) 初步设计。初步设计的内容包括各专业设计文件、专业设计图纸和工程概算，同时应包括主要设备或材料表。初步设计文件应满足编制施工招标文件、主要设备材料订货和编制施工图设计文件的需要。

(3) 施工图设计。施工图设计阶段应形成所有专业的设计图纸(含图纸说明和必要的设备、材料表)，并按照要求编制工程预算书。施工图设计文件，应满足设备材料采购、非标准设备制作和施工的需要。

13.1.2　工程设计的原则与依据

1. 工程设计的原则

工程设计是科学技术应用于工程建设的纽带，也是体现工程建设价值的一面镜子，一项工程项目对资源利用是否经济合理，技术、工艺、流程是否科学，在很大程度上取决于设计的水平和质量。工程设计不仅直接影响到建设项目的经济效果，也是贯彻国家方针政策的基本途径。因此，在工程设计中应该坚持以下基本原则：

1）遵规守法的原则

工程设计必须符合国家法律法规、政策的规定；符合城市总体规划和土地利用规划的要求；不得低于国家现行的设计规范和国家批准的建设标准。

2）科学负责的原则

科学负责的原则体现在：工程设计工作是严肃的科学技术工作，要坚持实事求是，尊重科学，尊重事实，按客观规律做好设计；工程设计是一项创造性工作，要坚持精益求精，提高工程设计质量；在设计中要适应技术进步的发展，积极采用技术上先进、经济上合理的新结构、新材料、新工艺、新设备；积极推广应用"可靠性设计方法"、"结构优化设计方法"和标准化设计等现代设计方法。

3）安全可靠的原则

安全性、可靠性是人的生命的保障、生产的保障，也是企业的保障。安全性的原则就是在工程设计时应考虑建设项目对人员和环境的影响，主要是考虑所采用的生产工艺技术是否会对操作人员造成人身伤害，有无保护措施，"三废"的产生和治理情况，是否会破坏自然环境和生态平衡等。工程设计的可靠性包括技术可靠性和资源可靠性。技术可靠性是指工程设计拟采用的技术必须是成熟的、稳定的，对产品的质量性能和项目的生产能力有足够的保证程度，通过工程设计方案的实施能够取得预期的项目经济效益。因此工程设计中选用的技术既要立足于高技术起点，又要防止盲目追求尚不成熟或仍处在试验阶段的新技术；同时，技术的来源也应当可靠。资源可靠性是指工程设计拟采用技术相关的原材料、燃料、关键配套件获取有保障。

4）经济性原则

工程建设中的浪费现象有不少是工程设计造成的。比如有的工程设计人员在设计时，为了强调"安全"，宁可增加保险系数，也不肯多做两次计算和论证；在设备选型上，造成"大马拉小车"的后果不计其数。因此，经济性原则就是从经济效益的角度来进行工程设计。在进行工程设计时，要根据建设项目的具体情况，分析工程设计方案的投资费用、劳动力需要量、能源消耗量、产品最终成本等，反复比较各种设计方案的经济效益，选择"性价比"较高的设计方案。同样，经济性原则也要求工程设计时要注意因地制宜，就地取材，在切实满足建设项目功能要求的同时，千方百计地节约投资、节约各种资源，缩短建设工期。

5）可持续发展的原则

工程设计必须立足现代，考虑未来，要遵循可持续发展的原则。在工程设计时，不仅要考虑技术和经济问题，还要对社会影响和环境影响给予必要的考虑，避免产生不良的社会问题和环境问题。

6）观赏性原则

现代工程建设，更加重视建设项目的综合效益，其中工程的观赏价值已被普遍重视。工程建设是百年大计，它不同于一般商品生产那样不断更新换代，要特别引起每位设计人员的高度重视，在满足使用功能、节省资金的条件下，要从整体上、局部配套上全面体现观赏性原则。因此，要求工程设计人员既要把工程设计当做科学技术的创作，也要把它看作艺术的创作。工程设计人员运用材料、结构、绿化等物质手段，将工程与艺术有机地结合起来；不仅注意建设项目外形设计，更要强调它的整体美。

2. 工程设计的依据

工程设计的主要依据有：

(1) 工程设计合同，是设计机构接受建设业主委托进行工程设计的依据。在建设业主与设计机构订立的建设项目工程设计合同中，约定了建设业主应提供的文件和资料；工程设计要求(包括工程的范围和规模，限额设计的要求，设计的标准，法律、法规规定应满足的其他条件)；设计范围；委托的设计阶段和内容(可能包括方案设计、初步设计和施工图设计的全过程，也可以是其中的某个阶段)；设计深度要求；设计机构配合施工工作的要求等条款内容。工程设计人员必须根据工程设计合同的要求如质如期地完成相应的工程设计工作。

(2) 设计任务书，是连接决策阶段和设计阶段的桥梁，是将建设项目可行性研究成果具体地用一种书面的形式落实给设计机构和人员，是可行性研究的具体化。所以，设计任务书必须真实地反映投资者的投资意向，设计机构必须严格据此作出工程设计。对于不同建设规模、不同工程性质、不同工程特点的项目，设计任务书内容有所不同，对于大中型工业建设项目的设计任务书可包括以下内容：项目建设的目的和依据，建设规模，产品方案或纲领，生产方法或工艺原则，矿产资源、水资源条件，原材料、动力的用量和来源，建设地区或地点及占地面积，主要协作条件，资源综合利用、环境保护、治理“三废”的要求，项目合理使用年限的设计要求，劳动定员控制数，职工生活区的安置要求，投资总额，要求达到的经济技术指标，工程建设顺序和建设工期等。

(3) 与设计相关的国家法律、法规、政策、标准、规范、定额等。

(4) 政府有关主管部门批准的与建设项目有关的批文、可行性研究报告、项目建议书、方案文件、城市规划许可文件等。

(5) 建设项目所在地区的气象、地理条件、建设场地的工程地质条件。

(6) 建设项目所在地区的自然资源、环境、公用设施和交通运输条件。

(7) 规划、用地、环保、卫生、绿化、消防、人防、抗震等要求和依据资料。

(8) 建设业主提供的有关使用要求或生产工艺等资料。

13.2　工程设计方案的工程经济分析

13.2.1　工程设计方案工程经济分析原则

建设项目工程设计方案的工程经济分析就是对设计方案进行技术与经济的分析、计算、比较和评价，从而选出环境上自然协调、功能上适用、结构上坚固耐用、技术上先进、造型上美观和经济合理的最优设计方案，为工程设计提供科学依据。

为了提高建设项目的投资效果，从工程总平面布置开始，直至建筑节点的设计，都应进行多方案的工程经济分析。设计方案工程经济分析应遵循以下原则。

1. 设计方案应符合法律法规、政策的规定，符合国情

设计方案必须符合国家法律法规、政策的规定；符合国情，要实行资源的综合利用，节约能源，保护环境，节约用地，合理使用劳动力；要注意专业化协作；关键技术要立足于自力更生。

2. 设计方案必须要处理好技术先进性与经济合理性之间的关系

技术先进性与经济合理性有时是一对矛盾，设计时应妥善处理好二者的关系，一般情况下，要在满足使用者要求的前提下，尽可能降低建设项目成本，或在资金限制范围内，尽可能提高项目功能水平。为此，要根据国家有关规定和工程的不同性质、不同要求，从实际情况出发，合理确定设计标准。对生产工艺、主要设备和主体工程要做到技术上先进、适用、可靠、无公害、经济上合理。对非生产性建设，应坚持适用、经济、美观的原则。

3. 设计方案必须兼顾建设与使用，考虑项目全寿命费用

工程建设成本水平的变化，可能会影响到项目将来的使用成本。如果单纯为了降低建设成本而建造质量得不到保障，就会导致使用过程中的维修费用很高，甚至有可能发生重大事故，给社会财产和人民安全带来严重损害；同样，过分强调降低项目将来的使用成本，则使得项目建设成本提高，甚至导致项目投资过高而无法实现。因此，在设计过程中应兼顾建设过程和使用过程，力求项目寿命周期费用最低。

4. 设计必须兼顾近期与远期的要求

建设项目建成后，往往会在很长的时期内发挥作用。如果仅按照目前的要求设计建设项目，可能会出现以后由于项目功能水平无法满足需要而重新建造的情况。但是如果按照未来的需要设计建设项目，又会出现由于功能水平过高而造成资源闲置浪费的现象。所以设计时要兼顾近期和远期的要求，选择项目合理的功能水平。同时也要根据远景发展需要，适当留有发展余地。

13.2.2 工程设计经济性的影响因素

由于建设项目的使用领域不同，功能水平的要求也不同。因此，对建设项目工程设计方案经济性的因素也不一样。

1. 工业项目工程设计经济性的影响因素

在工业项目工程设计中，影响工程经济性的主要因素有总平面图设计、工业建筑的平面和立面设计、建筑结构方案设计、工艺技术方案选择、设备选型等。

1）总平面图设计

总平面图设计方案关系到整个建筑场地的土地利用、建筑物位置和工程管线长度。它应满足生产工艺过程中的要求，节约建设用地，适应厂区外运输需要和厂区气候、地形、工程地质水文等自然条件，满足卫生、防火、安全防护要求，并与城市规划和工业区规划协

调一致。总平面图设计中影响建设项目经济性的因素有：

(1) 占地面积。占地面积的大小一方面影响征地费用的高低，另一方面也会影响管线布置成本及项目建成运营的运输成本。

(2) 功能分区。合理的功能分区既可以使建筑物的各项功能充分发挥，又可以使总平面布置紧凑、安全，避免深挖深填，减少土石方量和节约用地，降低建设成本。同时，合理的功能区分还可以使生产工艺流程顺畅，运输方便，降低项目建成后的运营成本。

(3) 运输方式的选择。不同的运输方式，运输效率及成本不同。有轨运输量大，运输安全，但需要一次性投入大量的资金；无轨运输无需一次性大规模投资，但是运量小，运输安全性较差。总平面图设计时，需要根据运输量大小来选择运输方式。

2) 工业建筑的空间及平面设计

工业厂房的空间及平面设计方案是否合理和经济，不仅与降低建设成本和使用费有关，也直接影响到节约用地和建筑工业化水平的提高。

(1) 平面形状。一般来说，建筑物平面形状越简单，单方造价就越低。当建筑物平面又长又窄或不规则时，其周长和建筑面积的比率必将增加，伴随而来的是较高的单位造价。

(2) 层高。在建筑面积不变的情况下，建筑层高增加会引起各项费用的增加；墙与隔墙及其有关粉刷、装饰费用的提高；供暖空间体积增加，导致热源及管道费用增加；卫生设备、上下水管道长度增加；楼梯间造价和电梯设备费用增加；施工垂直运输量增加；也可能还会改变结构和基础造价。

(3) 层数。建筑工程总造价是随着建筑物的层数增加而提高的。但单位建筑面积所分摊的土地费用及外部流通空间费用将有所降低，从而使建筑物单位面积造价发生变化。

(4) 柱网布置。柱网布置是确定柱子的行距和间距的依据。柱网布置是否合理，对建设成本和厂房面积的利用效率都有较大的影响。由于科学技术的飞跃发展，生产设备和生产工艺都在不断地变化。为适应这种变化，厂房柱距和跨度应适当扩大，以保证厂房有更大的灵活性，避免生产设备和工艺的改变受到柱网布置的限制。

(5) 建筑物的体积和面积。在不影响生产能力的条件下，要尽量减少厂房的体积和面积。厂房布置力求紧凑合理，并改进厂区内与厂房内运输，减少铁路运输，增加公路和传送带运输。

3) 建筑结构方案设计

建筑结构是指建筑工程中由基础、梁、板、柱、墙、屋架等构件所组成的起骨架作用的，能承受直接和间接荷载作用的体系。建筑结构按所用材料可分为砌体结构、钢筋混凝土结构、钢结构和木结构等。采用先进的结构形式和轻质高强的建筑材料，能减轻建筑物的自重，能简化和减轻基础工程，经济效果十分明显。

4) 工艺技术方案选择

工艺设计标准高低，不仅直接影响建设项目投资的大小和建设进度，而且还决定着未来企业的产品质量、数量和经营费用。选择工艺技术方案时，应考虑工艺技术方案是否先进适用，是否符合所采用的原料路线，是否符合清洁生产的要求，工艺流程是否合理，采用先进技术方案所需投资与因此而节约的劳动消耗的对比情况等。具体项目工艺技术方案的选择，应从我国实际出发，通过工程经济分析，综合考虑各方面因素确定。

5）设备选型和设计

在工艺流程确定后，就要根据工厂生产规模和工艺流程的要求，选择设备型号和数量。在工业项目中，设备投资比重大，占总投资的40%～50%，因此，合理确定设备型号对减少建设成本具有重要的意义。设备和工艺的选择是紧密相连的，设备选型应主要考虑设备的使用性能、经济性、可靠性、可维修性等因素。

2. 民用项目工程设计经济性的影响因素

居住建筑是民用建筑项目中量最大的建筑，本节主要介绍居住建筑设计经济性的影响因素。

在居住建筑设计中，影响其经济性的主要因素有居住区规划设计，居住建筑的平面布置、层高和净高、层数，居住建筑结构方案选择等。

1）居住区规划设计

在进行居住区规划设计时，要根据居住区基本功能和要求确定构成部分的合理层次与关系，据此安排居住建筑、公共建筑、管网、道路及绿地的布局，确定合理的人口与建筑密度、房屋间距和建筑层数，布置公共设施项目、规模及其服务半径，以及水、电、热、燃气的供应等。

居住区用地面积指标，反映居住区内居住房屋和非居住房屋、绿化、道路和工程管网等占地面积及比重，是考察建设用地利用率的经济性的重要指标。因此，用地面积指标在很大程度上影响居住区建设的总成本。居住区的居住建筑面积、居住建筑密度、居住面积密度和居住人口密度也直接影响居住区的总建设成本。在保证居住区居住功能的前提下，密度越高，越有利于降低居住区的总建设成本。

2）居住建筑平面布置

同样的建筑面积，由于居住建筑平面形状不同，居住建筑的周长系数也不同。圆形、正方形、矩形和T形、L形等其周长系数依次增大。但由于圆形施工复杂，施工费用较矩形建筑增加20%～30%，故其墙体工程量的减少不能使建筑工程建设成本降低，因此，一般来讲，正方形和矩形的居住建筑既有利于施工，又能降低工程建设成本，而在矩形居住建筑建设中，又以长宽比2∶1最佳。

3）居住建筑的层高和净高

居住建筑层高不应超过2.8m。据某居住小区测算，当住宅层高从3m降至2.8m时，平均每套住宅建筑成本可下降4%～4.5%，同时，还可节约能源并有利于抗震。根据对室内微小气候温度、湿度、风速的测定，以及室内空气洁净度要求，住宅的起居室、卧室的净高不应低于2.4m。

4）居住建筑的层数

居住建筑层数分低层住宅、多层住宅、中高层住宅、高层住宅。房间内部和外部的设施、供水管道、排水管道、煤气管道、电力照明和交通道路等费用，在一定范围内随着住宅层数的增加而降低。但居住建筑超过一定层数，就要设置电梯，需要较多的交通面积和补充设备。特别是高层住宅，要经受较大的风力荷载，需要提高结构强度，改变结构形式，使工程建设成本大幅度上升。因此,应针对不同的地域合理选择居住建筑的层数,既合理利用空间、美化市容,又提高居住建筑建设的经济性。

5) 居住建筑结构方案

不同的居住建筑结构方案会影响其所使用的建筑材料和建筑施工方案,进而影响居住建筑的经济性。因此,居住建筑结构方案选择,应结合实际,因地制宜,就地取材,采用适合本地区的经济合理结构形式。

13.2.3　工程设计方案的工程经济分析指标

工程设计方案的工程经济分析,不仅要考虑建设项目的一次性建设成本,而且应该考虑建设项目设计、建造直到建成后使用的所有支出,即考虑建设项目全寿命周期成本。

全寿命周期成本(LCC)是某一产品全寿命所需要的全部费用。建设项目的全寿命周期费用是指项目在决策、设计、建造、使用与维修改造以及拆除报废各阶段所需要的全部费用,详见第 13.3 节。

1. 工业项目工程设计方案工程经济分析的指标体系

工业项目工程设计方案的工程经济分析指标主要包括总平面设计、工艺设计和建筑设计的评价指标。

1) 总平面设计评价指标

在工业项目总平面设计评价中,可使用以下技术经济指标:

(1) 面积指标:在工业项目总平面设计评价中常用的面积指标有:

① 厂区占地面积。

② 建筑物和构筑物占地面积。

③ 露天仓库及堆场占地面积。

④ 操作场地占地面积。

⑤ 建筑占地面积,包括厂区内建筑物和构筑物、露天仓库及堆场、操作场地等占地面积。

⑥ 厂区道路占地面积。

⑦ 工程管网占地面积。

⑧ 绿化面积。

(2) 建筑密度也称建筑系数,是指厂区内建筑占土地面积与厂区占地面积之比。

$$建筑密度 = \frac{建筑占地面积}{厂区占地面积} \times 100\% \tag{13-1}$$

建筑密度指标主要说明厂区内建筑物布置的密度,以反映总平面设计用地是否经济合理。建筑密度越大,表明布置紧凑,节约用地,又可缩短管线距离,降低建设成本。

(3) 土地利用系数是指厂区内建筑物、构筑物、露天仓库及堆场、操作场地、道路(公路、铁路、人行道)和地上、地下工程管线所占面积与整个厂区占地面积之比,即

$$土地利用系数 = \frac{建筑占地面积 + 厂区道路占地面积 + 工程管网占地面积}{厂区占地面积} \times 100\% \tag{13-2}$$

土地利用系数主要说明厂区内土地利用情况，综合反映出总平面布置的经济合理性和土地利用效率。

(4) 绿化系数是指厂区内绿化面积与厂区占地面积之比，即

$$\text{绿化系数} = \frac{\text{厂区内绿化占地面积}}{\text{厂区占地面积}} \times 100\% \tag{13-3}$$

绿化系数综合反映了厂区的环境质量水平。

(5) 工程量指标。

工业项目总平面设计评价中的工程量指标主要包括：

① 场地平整土石方工程量。

② 铁路长度、道路和场站铺砌面积。

③ 地上地下管线工程量。

④ 防洪设施工程量。

⑤ 围墙长度。

上述指标主要综合反映工业项目总平面设计中功能分区的合理性及设计方案对地势地形的适应性。

(6) 功能指标主要包括生产流程短捷、流畅、连续程度，场内运输便捷程度，安全生产满足程度等。

(7) 企业经营条件指标包括每吨货物的运输费用、经营费用等，以反映运输设计是否合理。

2) 工艺设计评价指标

工艺设计的评价，主要是通过工艺设计方案的比选来进行。其比选的技术经济指标主要有：

① 技术的先进程度、可靠程度。

② 技术对产品质量性能的保证程度。

③ 技术对原材料的适应程度。

④ 工艺流程的合理性。

⑤ 技术获得的难易程度。

⑥ 对环境的影响程度。

⑦ 技术转让费或专利费。

3) 建筑设计评价指标

在工业项目建筑设计评价中，常用的技术经济指标有：

(1) 单位面积建筑成本。建筑物平面形状、层数、层高、柱网布置、建筑结构及建筑材料等因素都会影响单位面积建筑成本。因此，单位面积建筑成本是一个综合性很强的指标。

(2) 建筑物周长与建筑面积比。主要使用单位建筑面积所占的外墙长度指标 $K_{周}$，$K_{周}$ 按圆形、正方形、矩形、T 形、L 形的次序依次增大。该指标主要用于评价建筑物平面形状是否合理。指标越小，平面形状越合理。

(3) 厂房展开面积。主要用于确定多层厂房的经济层数，展开面积越大，经济层数

越高。

(4) 厂房有效面积与建筑面积比。主要用于评价柱网布置是否合理，合理的柱网布置可以提高厂房的有效使用面积。

4) 经济指标

工业项目工程设计的经济指标主要有：

(1) 建设期经济指标。反映工业项目建设过程的经济指标，包括建设成本、建设工期、主要实物工程量、主要材料耗用、劳动耗用等。

(2) 运营期经济指标。反映工业项目使用过程的经济指标，包括工业项目使用年限、折旧、维修、管理等费用。

2. 民用建筑设计工程经济分析的指标体系

民用建筑设计评价常用的技术经济指标有：

1) 公共建筑评价指标

公共建筑类型较多，具有共性的评价指标有占地面积、建筑面积、使用面积、辅助面积、有效面积、平面系数、建筑体积、建筑密度、建设成本、运营费用等。其中：

(1) 建筑面积也称建筑展开面积，是指按《建筑工程建筑面积计算规范》计算的建筑物各层水平面积的总和。建筑面积是由使用面积、辅助面积和结构面积组成，其中使用面积与辅助面积之和称为有效面积，即

$$\text{建筑面积} = \text{使用面积} + \text{辅助面积} + \text{结构面积} \tag{13-4}$$

或

$$\text{建筑面积} = \text{有效面积} + \text{结构面积} \tag{13-5}$$

(2) 平面系数反映平面布置的紧凑合理性，即

$$\text{平面系数} = \frac{\text{使用面积}}{\text{建筑面积}} \tag{13-6}$$

(3) 建筑密度指标是反映建筑用地经济性的主要指标之一。

$$\text{建筑密度} = \frac{\text{建筑基底面积}}{\text{占地面积}} \tag{13-7}$$

(4) 经济指标包括建设经济指标和经常使用费指标。

① 建设经济指标是反映公共建筑建设过程的经济指标，包括建设成本、主要实物工程量、主要材料耗用、劳动耗用、施工工期等。

② 经常使用费是反映公共建筑使用过程的经济指标，包括公共建筑运行、折旧、维修、管理等费用。

2) 居住区设计评价指标

居住区设计评价常用的技术经济指标有以下几种。

(1) 建筑密度是指建筑物的覆盖率，具体指项目用地范围内所有建筑的基底总面积与规划建设用地面积之比，即

$$\text{建筑密度} = \frac{\text{建筑物的基底面积总和}}{\text{规划建设用地面积}} \times 100\% \tag{13-8}$$

建筑密度可以反映出一定用地范围内的空地率和建筑密集程度。对于居住区设计评价的建筑密度指标，取决于包括院落的组织，绿地所占的比率，气候、防火、防震、地形条件等对建筑布置的要求，以及建筑层数、层高、房屋间距和排列方式等各项因素。在一般情况下，平均建筑层数越高，建筑密度越低。

(2) 居住建筑净密度是指居住建筑基底总面积与居住建筑占地面积的比率，即

$$居住建筑净密度 = \frac{居住建筑基底面积}{居住建筑占地面积} \times 100\% \tag{13-9}$$

居住建筑净密度是衡量用地经济性与保证居住区必要卫生条件的主要技术经济指标。其数值的大小与房屋间距、建筑层数、层高、房屋排列方式等因素有关。在同样条件下，一般居住建筑层数越高，居住建筑净密度越低。适当提高建筑净密度可以节省用地，但应保证日照、通风、防火、交通安全的基本需要。

(3) 容积率，又称建筑面积毛密度，是项目用地范围内地上总建筑面积(但必须是±0.00标高以上的建筑面积)与项目总用地面积比值，即

$$容积率 = \frac{地上总建筑面积}{项目总用地面积} \tag{13-10}$$

容积率是衡量建筑用地使用强度的一项重要指标，它与建筑密度考量的对象不同，相对于同一建筑地块，建筑密度的考量对象是建筑物的面积占用率，建筑容积率的考量对象是建筑物的使用空间。但容积率与建筑密度、层数之间有一定关系。当建筑密度一定时，容积率与建筑层数成正比；当层数一定时，容积率与建筑密度成正比。在一般情况下，提高容积率可以提高土地的利用效益，但容积率的增大，会带来建筑环境的劣化，降低使用的舒适度。

(4) 居住面积密度指居住单元内居室面积总和与居住区或住宅组团内土地总面积之比，即

$$居住面积密度 = \frac{居住面积}{居住建筑占地面积}(m^2/hm^2) \tag{13-11}$$

式中的居住面积是指住宅建筑各层平面中直接供住户生活使用的居室净面积之和。居住面积密度是反映建筑布局、平面设计与用地之间关系的重要指标。影响居住面积密度的主要因素是房屋的层数，增加层数其数值就增大，有利于节约土地和管线费用。

(5) 居住建筑面积密度指居住小区或住宅组团居住建筑的总建筑面积与居住建筑占地面积之比。

$$居住建筑面积密度 = \frac{居住建筑面积}{居住建筑占地面积}(m^2/hm^2) \tag{13-12}$$

(6) 人口毛密度是指每公顷居住区用地上容纳的规划人口数量。

$$人口毛密度 = \frac{居住人数}{居住区占地总面积}(人/hm^2) \tag{13-13}$$

(7) 人口净密度是指每公顷居住建筑用地上容纳的规划人口数量。与人口毛密度的区别在于用地面积的划分。

$$人口净密度 = \frac{居住人数}{居住建筑占地面积}(人/hm^2) \tag{13-14}$$

(8) 绿化比率是指居住区用地范围内各类绿地面积的总和占居住区用地的比率。

$$\text{绿化比率}=\frac{\text{居住区绿化面积}}{\text{居住区占地总面积}}\times 100\% \tag{13-15}$$

绿地应包括公共绿地、宅旁绿地、公共服务设施所属绿地和道路绿地(即道路红线内的绿地),其中包括满足当地植树绿化覆土要求、方便居民出入的地下或半地下建筑的屋顶绿地,不应包括屋顶、晒台的人工绿地。

(9) 停车率是指居住区内居民汽车的停车数量与居住户数的比率。

$$\text{停车率}=\frac{\text{居住区内居民汽车的停车数量}}{\text{居住区居住户数}}\times 100\% \tag{13-16}$$

(10) 地面停车率是指居住区内居民汽车的地面停车位数量与居住户数的比率。

$$\text{地面停车率}=\frac{\text{居住区内居民汽车的地面停车数量}}{\text{居住区居住户数}}\times 100\% \tag{13-17}$$

(11) 拆建比是指居住区拆除的原有建筑总面积与新建的建筑总面积的比值。

$$\text{拆建比}=\frac{\text{拆除的原有建筑总面积}}{\text{新建的建筑总面积}} \tag{13-18}$$

(12) 经济指标有二,一是建设经济指标,反映居住区建设过程的经济指标,包括居住区建设成本、主要材料耗用、劳动耗用、施工工期等;二是经常使用费指标,反映居住区使用过程的经济指标,包括居住区运行、折旧、维修、管理等费用。

3) 居住建筑评价指标

(1) 平面指标。居住建筑平面指标是用来衡量居住建筑平面布置的紧凑性、合理性。主要有:

$$\text{平面系数}\ K=\frac{\text{居住面积}}{\text{建筑面积}}\times 100\% \tag{13-19}$$

$$\text{平面系数}\ K_1=\frac{\text{居住面积}}{\text{有效面积}}\times 100\% \tag{13-20}$$

$$\text{平面系数}\ K_2=\frac{\text{辅助面积}}{\text{有效面积}}\times 100\% \tag{13-21}$$

$$\text{平面系数}\ K_3=\frac{\text{结构面积}}{\text{建筑面积}}\times 100\% \tag{13-22}$$

式中,建筑面积——是指按《建筑工程建筑面积计算规范》计算的居住建筑平面面积。

有效面积——是指居住建筑平面中可供使用的面积,即为居住面积与辅助面积之和;

居住面积——是指居住建筑中的居室净面积;

辅助面积——是指居住建筑中楼梯、走道、卫生间、厨房、阳台、储藏室等的净面积;

结构面积——指居住建筑各层平面中的墙柱等结构所占面积。

式中建筑面积、有效面积、居住面积、辅助面积、结构面积,相互关系如下:

$$\text{建筑面积}=\text{有效面积}+\text{结构面积} \tag{13-23}$$

或

$$\text{建筑面积}=\text{居住面积}+\text{辅助面积}+\text{结构面积} \tag{13-24}$$

从式(13-23)可知,在建筑面积一定的情况下,结构面积小,有效面积就增加。因此,对于居住建筑,应尽量减少结构面积,增加有效面积。

(2) 建筑周长指标,是墙长与建筑面积之比,即

$$单元周长指标=\frac{单元周长}{单元建筑面积}(\mathrm{m/m^2}) \tag{13-25}$$

$$建筑周长指标=\frac{建筑外墙周长}{建筑物底层建筑面积}(\mathrm{m/m^2}) \tag{13-26}$$

居住建筑进深加大,则建筑周长缩小,可节约用地,减少墙体,降低建设成本。

(3) 建筑体积指标,是衡量层高的指标,是建筑体积与建筑面积之比,即

$$建筑体积指标=\frac{建筑体积}{建筑面积}(\mathrm{m^3/m^2}) \tag{13-27}$$

合理确定层高,压缩建筑体积,可以节约用地,降低建设成本,降低采暖、空调费用。

(4) 建筑物自重,是衡量建筑技术水平高低的标准之一,是考核新材料(轻质高强)和新结构应用程度的指标。合理地减轻自重对于减少材料耗用量、劳动量、运输量,降低工程造价,以及提高经济效果都起着积极的作用。因此这一指标,与其他经济指标均有密切的关系,尤其是与材料消耗指标相辅相成。

$$建筑物自重指标=\frac{建筑总重量}{建筑面积}(\mathrm{kg/m^2}) \tag{13-28}$$

为使不同方案具有可比性,仅计算土建工程±0.00线以上的重量。

(5) 能源耗用指标,它反映居住建筑对能源的需求程度。计算范围应包括建造阶段的主要墙体材料生产,预制构件及施工时的能源耗用量,以及建筑物在使用阶段的能源耗用量:为了简化计算且可比,能源耗用量可分别按燃料和电力计算,并可折合成标准煤耗用量,如煤耗按每公斤热量7000卡的标准煤计算。评价时,可全部折合成每平方米建筑面积的标准煤消耗量(一般以实物量表示)。

(6) 面积定额指标,主要用于控制设计面积。

$$平均每户建筑面积=\frac{建筑面积}{总户数} \tag{13-29}$$

$$户均居住面积=\frac{居住总面积}{总户数} \tag{13-30}$$

$$人均居住面积=\frac{居住总面积}{总人数} \tag{13-31}$$

$$户均面宽指标=\frac{建筑物总长度}{总户数} \tag{13-32}$$

居住建筑的面宽指一幢住宅建筑物(房间)的宽度,即从一面墙的一侧到另一墙的同一侧之间的距离。通常,客厅面宽越宽越气派,卧室面宽越宽越舒服,更衣室、工作间面宽越宽越方便,厨房、卫生间面宽越宽越不拥挤;而且一套南向房子的总面宽,决定了能有几个南向厅室。但面宽也不能太大,否则会影响土地的合理利用和建筑物的经济性。

(7) 户型比,指不同居室数的户数占总户数的比例,是评价户型结构是否合理的指标。

（8）建设经济指标，反映居住建筑建设过程的经济指标，包括建设成本、主要材料耗用、劳动耗用、施工工期等。

（9）经常使用费，反映居住建筑使用过程的经济指标，包括折旧、维修、管理等费用。

13.2.4　工程设计方案工程经济分析的比选方法

可用于工程设计方案比选的工程经济分析方法很多，有多指标评价法、单指标评价法、价值工程、模糊数学、层次分析等不同的方法，有的操作比较复杂。常用的有单指标评价法、多指标评价法及价值工程（详见第十四章）方法。

1. 多指标评价法

多指标评价方法是目前常用的方法，通过对财力（货币指标）、物力（材料、机械消耗指标）、人力（人力资源消耗指标）等多方面的指标一一进行对比分析，根据指标的高低，从中选择最优方案。

采用多指标评价方法，要将方案的指标分为主要指标和辅助指标两大类。主要指标是指能够反映对比方案的主要技术经济特征的指标，它是确定该方案优劣的主要依据，如工程建设成本、能源消耗、主要材料消耗、施工工期、质量等指标。辅助指标是主要指标的补充，当主要指标对比还不能够充分说明方案的优劣时，辅助指标可作为进一步工程经济评价的依据，如建筑自重、工业废料利用率等指标。在设计方案工程经济评价时，根据不同类别的工程（如工业建筑，民用建筑中的公共建筑、居住建筑等）建立反映其各自特点的指标体系。

用多指标作为方案比较时，当某方案的主要和辅助指标都是最好时，则这个方案肯定是最优方案，实际上这样是少见的。如果各个方案中其他指标都相同，而只比较一个指标就能决定方案的优势，或突出一个指标就可选择最佳方案，这也比较简单。可是往往各个方案有些指标较优，另一些指标较差，而且各种指标对方案经济效果的影响也是不等同的，在这种情况，采用多指标评价法时，要以主要指标作为评价的主要依据，并把主要指标和辅助指标结合起来考虑；当不同方案各有优劣时，以主要指标对比结果来确定方案的优劣。如方案间各种指标差异很大，采用多指标评价法从中选优比较困难时，这就需要采用其他评价方法解决，如单指标评价法。

2. 单指标评价法

单指标评价法是以单一的指标作为基础对工程设计方案进行综合评价，作为设计方案选择的依据。单指标种类繁多，因此单指标评价的方法也就很多。在设计方案比选中，常用的单指标评价法是投资效益评价法和评分综合评价法。

1）投资效益评价法

投资效益评价法就是在对建设项目技术可行性的基础上，对建设项目经济效益的合理性进行分析，作为设计方案选择的依据。投资效益评价法的方法也很多（参见本教材第四章），其中尤以动态评价的费用现值法和费用年值法、静态评价的年折算费用法和综合总费用法在设计方案比选中应用较多。在各设计方案功能相同的条件下，项目在整个寿命周期内动态评价的费用现值或静态评价的综合总费用最低的为最优方案；或项目在整个寿命周期内动态评价的费用年值或静态评价的年折算费用最低的为最优方案。寿命周期内费用包括了项目从投资决策、勘察、设计、施工、建成后使用直至报废拆除所发生的支出。

2）评分综合评价法

在进行设计方案单指标评价时，为了使不同性质和量纲的指标能够进行评价比较，最常用的方法是评分综合评价法。这种方法的基本思路是将多指标转化为一个综合的单指标，以此综合指标值的大小作为评价依据。

评分综合评价法的基本做法是：按设计方案对各指标所规定的标准的满足程度，采用百分制、十分制、五分制或某个比数给予评分，然后通过某种计算模型算出每个方案综合的单指标值，最后根据综合单指标值选出最优方案。

常用的评分综合评价法有指标体系综合评价法和综合指数评价法。

（1）指标体系综合评价法。是一种多指标评分的加权和法，其计算模型如下：

$$F_i = \sum_{j=1}^{n} W_j P_j \tag{13-33}$$

式中，F_i——第 i 个设计方案加权和法计算的综合指标值；

W_j——第 j 项指标的权重值；

P_j——第 j 项指标的得分；

j——评价指标数目。

（2）综合指数评价法，是在指标体系综合评价法基础上的一种改进，其基本思想是评价指标体系划分两类，一类是指标要求越大越好，如反映效益和使用价值的指标；而另一类指标则要求越小越好，如反映消耗和工期的指标。用加权和法分别计算这两类指标的总分值，然后将这两类指标的总分值相比，即得出评价方案的综合指数。其计算模型如下：

$$F_k = \frac{\sum_{i=1}^{n} W_i P_i}{\sum_{j=1}^{m} W_j P_j} \tag{13-34}$$

式中，F_k——除法综合单指标值；

W_i——希望越大越好的指标的权重值；

P_i——希望越大越好的指标的得分；

W_j——希望越小越好的指标的权重值；

P_j——希望越小越好的指标的得分；

n——希望越大越好的指标数目；

m——希望越小越好的指标数目。

上述各模型均有各自特点，在工程设计方案工程经济分析时，应根据具体情况需要灵活选择运用。

13.3　建设项目寿命周期成本分析

13.3.1　建设项目寿命周期成本构成

1. 建设项目寿命周期成本的含义

建设项目寿命周期是指建设项目从研究、设计、建造、使用直到报废所经历的全部时间。在建设项目寿命周期成本(life cycle cost,LCC)中,不仅包括经济意义上的成本,还包括环境成本和社会成本。

1) 建设项目寿命周期经济成本

建设项目寿命周期经济成本是指从建设项目构思到项目建成投入使用直至项目寿命终结全过程所发生的一切可直接体现为资金耗费的总和,包括建设成本和使用成本。建设成本是指建设项目从筹建到竣工验收为止所投入的全部成本费用。使用成本则是指建设项目在使用过程中发生的各种费用,包括各种能耗成本、维护成本和管理成本等。从其性质上讲,建设项目寿命周期经济成本可以是资金的直接投入,也包括资源性投入,如人力资源、自然资源等。从其投入时间上讲,可以是一次性投入,如建设成本;也可以是分批、连续投入,如使用成本。

2) 建设项目寿命周期环境成本

根据国际标准化组织环境管理体系(ISO 14000),建设项目寿命周期环境成本是指建设项目在其全寿命周期内对于环境的潜在和显在的不利影响。建设项目的建设对于环境的影响可能是正面的,也可能是负面的,前者体现为某种形式的收益,后者则体现为某种形式的成本。在分析及计算环境成本时,应对环境影响进行分析甄别,剔除不属于成本的系列。图 13.1 表现了住宅项目寿命周期可能影响环境的各个阶段。

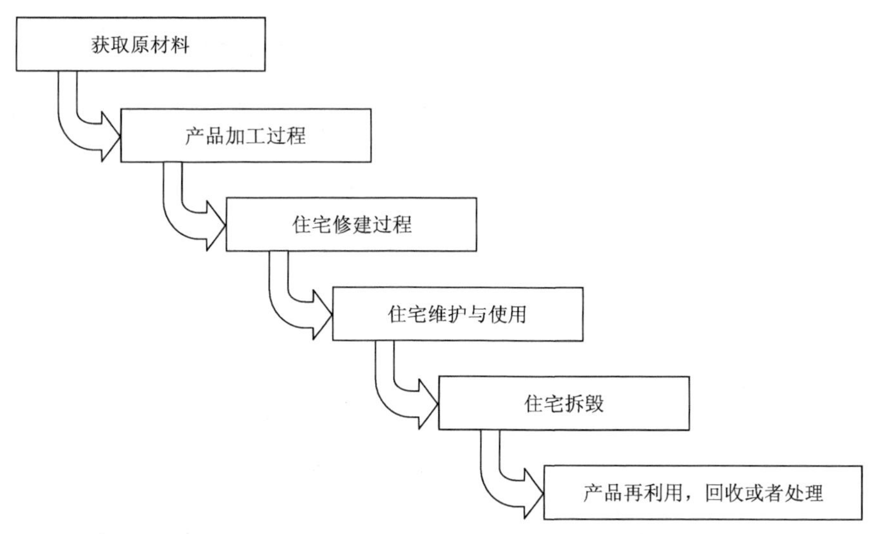

图 13.1　住宅项目寿命周期

3）建设项目寿命周期社会成本

建设项目寿命周期社会成本是指建设项目从项目构思、建成投入使用直至报废全过程中对社会的不利影响。与环境成本一样，建设项目的建设对于社会的影响可以是正面的，也可以是负面的。因此，也必须进行甄别，剔除不属于成本的系列。例如，某个建设项目的实施可以增加社会就业率，有助于社会安定，这种影响就不应计算为成本。另一方面，如果一个建设项目的建设会增加社会的运行成本，如由于项目建设引起大规模的移民，可能增加社会的不安定因素，这种影响就应计算为社会成本。

在建设项目寿命周期成本中，环境成本和社会成本常常不直接表现为量化成本，是隐性成本，而必须借助于其他方法转化为可直接计量的成本，这就使得它们比经济成本更难以计量。但在项目建设及运行的全过程中，这类成本始终是发生的。目前，在我国项目建设实践中，往往只偏重于经济成本的管理，而对于环境成本和社会成本则考虑得较少。这也是我国的成本管理与西方发达国家差距较大的一个地方。在主观上，人们对建设项目自身的财务效果考虑得多，对环境、社会等项目外部效果尚不够重视，项目国民经济评价虽然也作外部效果评价，但往往是流于形式；在客观上，由于环境和社会成本难以计量，对其在实践中的地位也有影响。考虑到各种因素，本章仍主要考虑建设项目寿命周期的经济成本。

2. 建设项目寿命周期成本的构成

建设项目寿命周期成本是项目研究、设计、建造、使用、维修和报废等过程中发生的费用，也即该项目在其确定的寿命周期内或在预定的有效期内所需支付的研究开发费、制造安装费、运行维修费、报废回收费等费用的总和。不同阶段寿命周期成本的构成情况如图 13.2所示。对于不同的建设项目，图 13.2 中的数据可能有所不同，而且在一般情况下，运营及维护成本往往大于项目建设的一次性投入。因此，在分析寿命周期成本时，首先要

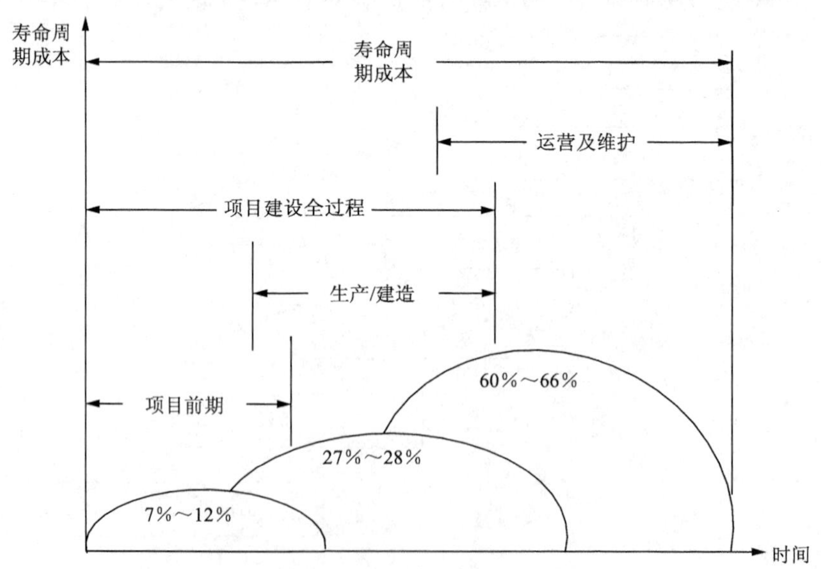

图 13.2　典型寿命周期成本状态

明确寿命周期成本所包括的费用项目，也就是必须建立寿命周期成本的构成体系。无论选择什么样的结构，计算寿命周期成本时都不应遗漏重要的费用项目，也不能有重复的费用项目。明确各项费用的内容和范围，以及它们在费用构成体系中的相互关系，是十分重要的。

如图 13.3 所示为典型的费用构成体系，寿命周期成本的一级构成包括设置费(或建设成本)和维持费(或使用成本)。在项目建设竣工验收之前发生的成本费用归入建设成本，项目竣工验收之后发生的成本费用归入使用成本。图 13.3 之所以具有典型示例性，是因为该图不一定包括了寿命周期成本的全部费用项目。在实际使用时，应根据数据(资料)的齐全情况、各项费用的重要性以及问题的性质等，参考图 13.3 编制出符合建设项目实际情况的费用构成体系。

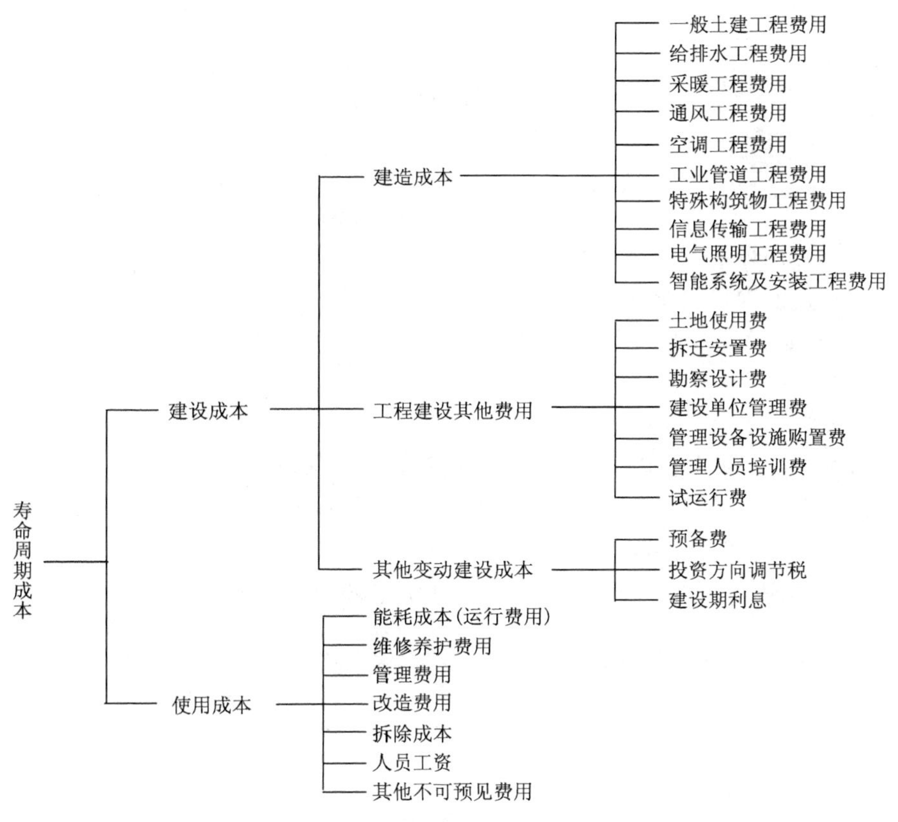

图 13.3　寿命周期成本构成体系

13.3.2　建设项目寿命周期成本分析方法

寿命周期成本分析又称为寿命周期成本评价，它是指为了从各可行方案中筛选出最佳方案以有效地利用稀缺资源，而对项目方案进行系统分析的过程或者活动。换言之，寿命周期成本评价是为了使用户所用的系统具有经济的寿命周期成本，在系统的开发阶段将寿命周期成本作为设计的参数，而对系统进行彻底的分析比较后作出决策的方法。

1. 建设项目寿命周期成本分析方法

在通常情况下，从追求建设项目寿命周期成本最低的立场出发，首先是确定建设项目寿命周期成本的各要素，将各要素的成本降低到普通水平；其次是将建设项目的设置费和维持费两者进行权衡，以便确定研究的侧重点从而使建设项目的总费用更为经济；第三，再从建设项目寿命周期成本和其系统效率的关系这个角度进行研究。此外，由于建设项目寿命周期成本是在长时期内发生的，对费用发生的时间顺序必须加以掌握。材料、设备和劳务费用的价格一般都会发生波动，在估算时要对此加以考虑。同时，在建设项目寿命周期成本分析中必须考虑资金的时间价值。

常用的建设项目寿命周期成本评价方法有费用效率(CE)法、固定效率法和固定费用法、权衡分析法等。

1）费用效率(*CE*)法

费用效率(*CE*)是指建设项目系统效率(*SE*)与建设项目寿命周期成本(*LCC*)的比值。其计算公式如下：

$$CE=\frac{SE}{LCC}=\frac{SE}{IC+SC} \tag{13-35}$$

式中，*CE*——费用效率；

SE——建设项目系统效率；

LCC——建设项目寿命周期成本；

IC——设置费；

SC——维持费。

投资的目的是多种多样的，当计算费用效率 *CE* 时，哪些应作为投资所得的“成果”计入建设项目系统效率 *SE*(分子要素)，哪些应计入建设项目寿命周期成本 *LCC*(分母要素)，有时是难以区分的。因此，可采用如下方式加以区分。

首先，列出费用效率(*CE*)式中分子、分母所包含的各主要项目如图 13.4 所示。

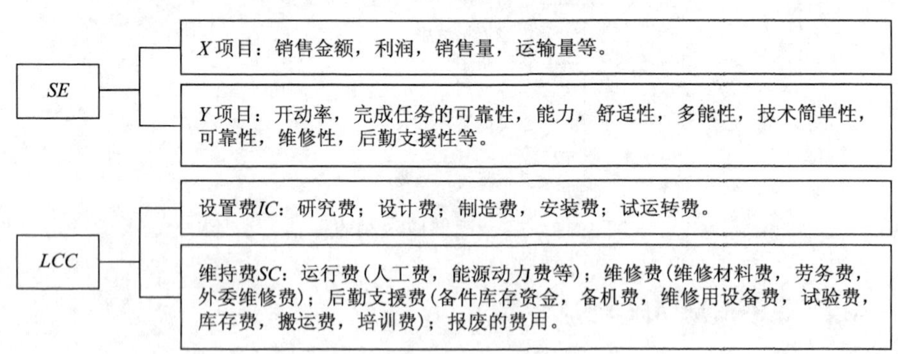

图 13.4 *SE* 与 *LCC* 的主要构成

其次，列出投资的目的：增产，维持生产能力，提高质量，稳定质量，降低成本(材料费，劳务费)等，见表 13.1。

费用效率(*CE*)公式的分子需根据对象和目的的不同，用不同的量化值来表示。究竟采用何种量化值，有时较难确定。相比之下，分母是建设项目寿命周期内的总费用，故比较明确。可以把费用效率（CE）公式看成是单位费用的输出值。因此，CE 值越大越好。如果 CE 公式的分子为一定值，则可认为建设项目寿命周期成本少者为好。

表 13.1　投资目的和成果的计算方法

投资目的		在 CE 式中所属项目（SE，LCC）
A	· 增产 · 保持生产能力	· 增产所得的增收额列入 X 项 · 防止生产能力下降的部分相当于 Y 项
B	· 提高质量 · 稳定质量	· 提高质量所得的增收额列入 X 项 提高质量的增收额＝平均售价提高部分×销售量 · 防止质量下降而投入的部分列入 Y 项
C	· 降低成本 · 材料费 · 劳务费	· 由于节约材料所得的增收额列入 X 项（注意：产品的材料费，节约额不包括在 LCC 的 SC 中，应计入分子 SE 中） · 由于减少劳动量而节省的劳务费应计入分母的 SC 费用科目中，SE 不变

（1）系统效率。将建设项目视为一个系统，则系统效率是建设项目投入寿命周期成本后所取得的效果或者说明任务完成到什么程度的指标。如以建设项目寿命周期成本为输入，则建设项目的系统效率为输出。通常，建设项目系统的输出为经济效益、价值、效率（效果）等。

由于建设项目系统的目的不同，输出系统效率的具体表现方式也有所不同。它可以用完成任务的数量、年平均产量、利用率、可靠性、维修性、后勤支援效率等来表示，也可以用销售额、附加价值、利润、产值等来表示。用来表示建设项目系统效率的量化值有很多。如果系统效率（SE）可以由销售额、附加值、利润、销售量中的一项来表示，则在计算上非常方便。当不能用一个综合要素来表示时，就必须取用几个单项要素。

但是，为了求出费用效率，在任何情况下都必须进行定量计算。当系统的寿命很长时，它在寿命周期内的全部输出都要列为计算对象。

（2）寿命周期成本。建设项目寿命周期成本为设置费和维持费的合计额，也就是建设项目系统在寿命周期内的总费用。

对于建设项目寿命周期成本的估算，必须尽可能地在建设项目系统开发的初期进行。由于在初期阶段还没有作出完整而详尽的设计，所以，在此时进行费用估算并不是一件容易的事情。如果设计进行到了相当的程度，估算费用会比较容易些。但是，即使是达到可以看清楚具体内容的程度，也需要花费相当多的人力和时间进行费用估算。

估算建设项目寿命周期成本时，可先粗分为设置费和维持费。至于如何进一步分别对设置费和维持费进行估算，则要根据估算时所处的阶段，以及设计内容的明确程度来决定。

对设置费而言，当掌握了建设项目的内容之后，则要根据过去的资料按物价上涨率加以修正，折算成现在的价格后方可使用。过去的实际业务资料，专业公司的投标资料和估算书等，都是非常有用的估算资料。

对于维持费的估算，如果存有过去的资料，能够说明在什么条件下支出了什么费用，花费的金额有多少等,则在估算时就方便得多。

费用估算的方法有很多,常用的有:

(1) 费用模型估算法。费用模型是指汇总各项实际资料后用某种统计方法分析求得的数学模型,它是针对所需计算的费用(因变量),运用对其起作用的要因(自变量)经简化归纳而成的数学表达式。

(2) 参数估算法。这种方法在研制设计阶段运用。该方法将建设项目系统分解为各个子系统和组成部分,运用过去的资料制定出物理的、性能的、费用的适当参数逐个分别进行估算,将结果累计起来便可求出总估算额。所用的参数有时间、重量、性能、面积、体积、费用等。

(3) 类比估算法。这种方法在开发研究的初期阶段运用。通常在不能采用费用模型法和参数估算法时才采用,但实际上它是应用得最广泛的方法。这种方法是参照过去已有的相似系统或其"部分",作类比后算出估算值。为了更好地进行这种类比,需要有相当的经验和专门知识,而且由于在时间上有过去和将来的差别,还必须考虑通货膨胀和当地的具体情况。

(4) 费用项目分别估算法。

进行系统总费用的估算,无论运用哪一种现成的方法,都要充分研究使用的条件,必要时应进行适当的修正。

2) 固定效率法和固定费用法

所谓固定费用法,是将费用值固定下来,然后选出能得到最佳效率的方案。反之,固定效率法是将效率值固定下来,然后选取能达到这个效率而费用最低的方案。

各种方案都可用这两种评价法进行比较。例如,住宅的预算只有一个规定的数额,要根据这个数额的预算选出效果最佳的方案,就可采取固定费用法。又如,要建设一个供水系统,可以在完成供水任务的前提下选取费用最低的方案,这就是固定效率法。根据系统情况的不同,有的只需采用固定费用法或固定效率法即可,有的则需同时运用两种方法。

3) 权衡分析法

权衡分析是对性质完全相反的两个要素作适当的处理,其目的是为了提高总体的经济性。建设项目寿命周期成本评价法的重要特点是进行有效的权衡分析。通过有效的权衡分析,可使系统的任务能较好地完成,既保证了系统的性能,又可使有限的资源(人、财、物)得到有效的利用。

在建设项目寿命周期成本评价法中,权衡分析的对象包括以下五种情况:

(1) 设置费与维持费的权衡分析。

(2) 设置费中各项费用之间的权衡分析。

(3) 维持费中各项费用之间的权衡分析。

(4) 系统效率和寿命周期成本的权衡分析。

(5) 从开发到系统设置完成这段时间与设置费的权衡分析。

例 13.1 某机加工产品生产线建设项目,其有关数据资料见表 13.2。

表 13.2　某机加工产品生产线有关数据资料　　单位:万元

规划方案	系统效率 *SE*	设置费 *IC*	维持费 *SC*
原规划方案 1	6000	1000	2000
新规划方案 2	6000	1500	1200
新规划方案 3	7200	1200	2100

(1) 设置费与维持费的权衡分析:

原规划方案 1 的费用效率为 CE_1;新规划方案 2 的费用效率为 CE_2。

$$CE_1 = \frac{6000}{1000 + 2000} = \frac{6000}{3000} = 2.00$$

$$CE_2 = \frac{6000}{1500 + 1200} = \frac{6000}{2700} = 2.22$$

通过上述设置费与维持费的权衡分析可知:方案 2 的设置费虽比原规划方案增加了 500 万元,但使维持费减少了 800 万元,从而使寿命周期成本 LCC_2 比 LCC_1 减少了 300 万元,其结果是费用效率由 2.00 提高到 2.22。这表明设置费的增加带来维持费的下降是可行的,即新规划方案 2 在费用效率上比原规划方案 1 好。

为了提高费用效率,该机加工产品生产线还可以采用以下各种有效的手段:

① 改善原设计材质,降低维修频度。

② 支出适当的后勤支援费,改善作业环境,减少维修作业。

③ 制定防震、防尘、冷却等对策,提高可靠性。

④ 进行维修性设计。

⑤ 置备备用的配套件、部件和整机,设置迂回的工艺路线,提高可维修性。

⑥ 进行节省劳力的设计,减少操作人员的费用。

⑦ 进行节能设计,节省运行所需的动力费用。

⑧ 进行防止操作和维修失误的设计。

(2) 设置费中各项费用之间的权衡分析。

① 进行充分的研制,降低制造费。

② 将预知维修系统装入机内,减少备件的购置量。

③ 购买专利的使用权,从而减少设计、试制、制造、试验费用。

④ 采用整体结构,减少安装费。

(3) 维持费中各项费用之间的权衡分析。

① 采用计划预修,减少停机损失。

② 对操作人员进行充分培训,由于操作人员能自己进行维修,可减少维修人员的劳务费。

③ 反复地完成具有相同功能的行为,其产生效果的体现形式便是缩短时间,减少用料,最终表现为费用减少。而且,重复的次数愈多,这种效果就愈显著,这就是熟练曲线。计算寿命周期成本时,对系统效率中的作业时间和准备时间,以及定期维修作业时间等,都可能适用熟练曲线,必须予以注意。

④ 系统效率与寿命周用费用之间的权衡:

新规划方案 3 的费用效率 CE_3 为

$$CE_3=\frac{7200}{1200+2100}=\frac{7200}{3300}=2.18$$

通过系统效率与寿命周用费用之间的权衡分析可知：方案 3 的寿命周期成本增加了 300 万元(其中：设置费增加了 200 万元，维持费增加了 100 万元)，但由于系统效率增加了 1200 万元，其结果是使费用效率由 2.00 提高到 2.18。这表明方案 3 在费用效率上比原规划方案 1 好。因为方案 3 系统效率增加的幅度大于其寿命周期成本增加的幅度，故费用效率得以提高。

在系统效率 SE 和寿命周期成本 *LCC* 之间进行权衡时，可以采用以下的有效手段：

① 通过增加设置费使系统的能力增大(例如增加产量)。

② 通过增加设置费使产品精度提高，从而有可能提高产品的售价。

③ 通过增加设置费提高材料的周转速度，使生产成本降低。

④ 通过增加设置费，使产品的使用性能具有更大的吸引力(例如，使用简便，舒适性提高，容易掌握，具有多种用途等)，可使售价和销售量得以提高。

(4) 从开发到系统设置完成这段时间与设置费之间的权衡：

如果要在短时期内实现从开发到设置完成的全过程，往往就得增加设置费。如果将开发到设置完成这段期限规定得太短，便不能进行充分研究，致使设计有缺陷，将会造成维持费增加的不利后果。因此，这一期限与费用之间也有着重要的关系。进行这项权衡分析时，可以运用计划评审技术(PERT)。

综上所述，建设项目寿命周期成本评价法在很大程度上依赖于权衡分析的彻底程度。

2. 建设项目寿命周期成本分析法与传统的投资计算法之间的比较

建设项目寿命周期成本评价的目的是为了降低建设项目系统的寿命周期成本，提高系统的经济性。在不考虑技术细节问题的基础上，与过去传统的概念和工作方法相比，寿命周期成本评价法具有以下显著特点：

(1) 当选择系统时，不仅考虑设置费，还要研究所有的费用。

(2) 在系统开发的初期就考虑寿命周期成本。

(3) 进行“费用设计”，像系统的性能、精度、重量、容积、可靠性、维修性等技术规定一样，将寿命周期成本作为系统开发的主要因素。

(4) 透彻地进行设置费和维持费之间的权衡，系统效率和寿命周期成本之间的权衡，以及开发、设置所需的时间和寿命周期成本之间的权衡。

1) 费用效率 *CE* 与传统成本法的比较

如果 *CE* 公式的分子为一定值，可认为建设项目寿命周期成本越低越好。从这方面来看，*CE* 公式和传统的成本法有着相同的基点。

2) 寿命周期成本评价与回收期法的比较

回收期法同样可以进行寿命周期成本评价。但需注意的是，过去所用的投资回收期计算方法，是按用多少年能够回收投资额(即设置费)来考虑的。现在考虑的是多少年能够回收寿命周期成本总额。

3）费用效率 CE 与传统的投资收益率的比较

传统的投资收益率和费用效率 CE 的计算式分别为

$$\text{投资收益率 } R=\frac{\text{销售额 } S-\text{成本 } C}{\text{投资额 } IC}=\frac{\text{以金额表示的效率 } B}{\text{投资额 } IC} \tag{13-36}$$

$$\text{费用效率}(CE)=\frac{\text{系统效率}(SE)}{\text{寿命周期费用}(LCC)}=\frac{\text{以量化值或金额表示的效率}(SE)}{\text{设置费}(IC)+\text{维持费}(SC)} \tag{13-37}$$

值得注意的是，CE 公式并非是投资收益率公式的简单扩大。CE 公式中的分母采用了 LCC，因此，在选择系统时要考虑总费用 $IC+SC$，并在 IC 和 SC 之间加以权衡，是在 IC 方面多花钱，还是在 SC 方面多花钱，从而使总的费用最低。

复习思考题

13.1　工程设计的含义是什么？其阶段如何划分？

13.2　工程设计应坚持什么原则？设计依据是什么？

13.3　设计方案工程经济分析应遵循哪些原则？

13.4　工业项目工程设计经济性的影响因素有哪些？工程经济分析指标有哪些？

13.5　工业项目设计方案的土地利用系数的含义是什么？建筑设计评价指标有哪些？

13.6　民用建筑设计经济性有哪些影响因素？工程经济分析指标有哪些？

13.7　何为容积率？它与建筑密度、层数之间有何关系？

13.8　居住建筑评价指标有哪些？居住建筑平面指标有哪些？

13.9　工程设计方案工程经济分析的比选方法有哪些？

13.10　工程项目寿命周期成本的含义是什么？其构成如何？

13.11　常用的工程项目寿命周期成本分析方法有哪些？

13.12　如何理解费用效率（CE）法中系统效率和费用？

13.13　在工程项目寿命周期成本评价法中，如何进行权衡分析？

13.14　工程项目寿命周期成本分析法与传统的投资计算法有何异同？

第十四章　价 值 工 程

价值工程又称价值分析，是一种把功能与成本、技术与经济结合起来进行工程经济评价的方法。它不仅广泛应用于产品设计和产品开发，而且也应用于各种建设项目实施中。

14.1　价值工程的基本原理

14.1.1　价值工程的基本概念

价值工程（value engineering，简称 VE）是以提高产品（或作业）价值和有效利用资源为目的，通过有组织的创造性工作，寻求用最低的寿命周期成本，可靠地实现使用者所需功能的一种管理技术。价值工程中“工程”的含义是指为实现提高价值的目标，所进行的一系列分析研究的活动。价值工程中所述的“价值”则是指作为某种产品（或作业）所具有的功能与获得该功能的全部费用的比值。它不是对象的使用价值，也不是对象的交换价值，而是对象的比较价值，是作为评价事物有效程度的一种尺度提出来的。这种对比关系可以表示为一个数学公式

$$V=\frac{F}{C} \tag{14-1}$$

式中，V——价值；

F——研究对象的功能，广义讲是指产品或劳务的功用和用途；

C——成本，即寿命周期成本。

定义中的“产品”泛指以实物形态存在的各种产品，如材料、制成品、设备、建设工程等；“作业”是指提供一定功能的工艺、工序、作业、活动等。

14.1.2　价值工程的特点

由价值工程的概念可知，价值工程涉及价值、功能和寿命周期成本等三个基本要素，它具有以下特点。

1. 价值工程的目标，是以最低的寿命周期成本，使产品具备它所必须具备的功能

通过降低产品的寿命周期成本来提高价值的活动应贯穿于生产和使用的全过程。产品生产成本 C_1 是指发生在生产企业内部的成本，也是用户购买产品的费用，包括产品的科研、实验、设计、试制、生产、销售等费用及税利等；而产品使用及维护成本 C_2 是指用户在使用过程中支付的各种费用的总和，它包括使用过程中的能耗费用、维修费用、人工费用、管理费用等，有时还包括报废拆除所需费用（扣除残值）。

在一定范围内，产品的生产成本和使用成本存在此消彼长的关系。随着产品功能水

平提高，产品的生产成本 C_1 增加，使用及维护成本 C_2 降低；反之，产品功能水平降低，其生产成本降低但是使用及维护成本增加。因此，当功能水平逐步提高时，寿命周期成本 $C=C_l+C_2$，呈马鞍形变化，如图 14.1 所示。产品成本和使用成本两条曲线交点所对应的寿命成本为最小值 C_{min}，C_{min} 所对应的功能水平是仅从成本方面考虑的最适宜功能水平。

从图 14.1 可以看出，在 F' 点，产品功能较少，此时虽然生产成本较低，但由于不能满足使用者的基本需要，使用成本较高，因此寿命周期成本较高；在 F'' 点，虽然使用成本较低，但由于存在着多余的功能，因而致使生产成本过高，同样寿命周期成本也较高，只有在 F^* 点，产品功能既能满足用户的需求，又使得寿命周期成本比较低，体现了比较理想的功能与成本的关系。

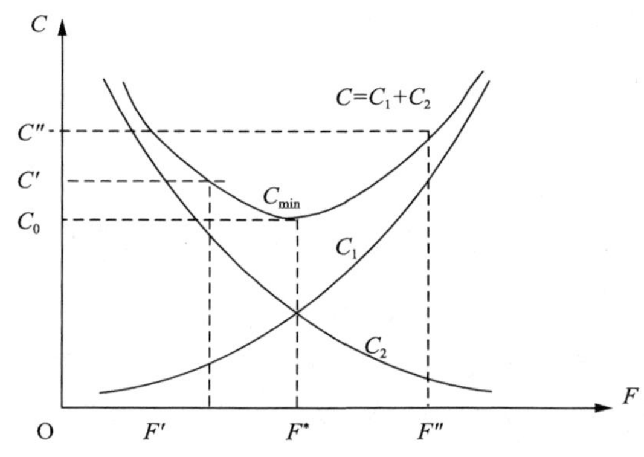

图 14.1　产品功能与成本的关系图

由此可见，产品的寿命周期成本与其功能是辩证统一的关系。寿命周期成本的降低，不仅关系到生产企业的利益，同时也是满足用户的要求并与社会节约程度密切相关。因此，价值工程的活动应贯穿于生产和使用的全过程，要兼顾生产者和用户的利益，以获得最佳的社会综合效益。

2. 价值工程的核心，是对产品进行功能分析

价值工程中的功能是指对象能够满足某种要求的一种属性，具体来说功能就是某种特定效能、功用或效用。对于一个具体的产品来说，“它是干什么用的?”问题答案就是产品的功能。任何产品都具备相应的功能。假如产品不具备功能则产品就将失去存在的价值。例如手表有计时、显时的功能，电冰箱具有冷藏、冷冻的功能，住宅的功能是提供居住空间等等。用户向生产企业购买产品，是要求生产企业提供这种产品的功能，而不是产品的具体结构。企业生产的目的，也是通过生产获得用户所期望的功能，而结构、材质等是实现这些功能的手段，目的是主要的，手段可以广泛选择。因此，价值工程分析产品，首先不是分析它的结构，而是分析它的功能，是在分析功能的基础之上，再去研究结构、材质等问题，以达到保证用户所需功能的同时降低成本，实现价值提高的目的。

3. 价值工程将产品价值、功能和成本作为一个整体同时来考虑

在现实中，人们一般对产品(或作业)有“性价比”的要求，“性”就是反映产品(或作业)

的性能和质量水平，即功能水平；“价”就是反映产品（或作业）的成本水平。价值工程并不是单纯追求低成本水平，也不片面追求高功能、多功能水平，而是力求正确处理好功能与成本的对立统一关系，提高它们之间的比值水平，研究产品功能和成本的最佳配置。因此，价值工程对价值、功能、成本的考虑，不是片面和孤立的，而是在确保产品功能的基础上综合考虑生产成本和使用及维护成本，兼顾生产者和用户的利益，创造出总体价值最高的产品。

4. 价值工程强调不断改革和创新

价值工程强调不断改革和创新，开拓新构思和新途径，获得新方案，创造新功能载体，从而简化产品结构，节约原材料，提高产品的经济、社会和环境效益。

5. 价值工程要求将功能定量化

价值工程要求将功能定量化，即将功能转化为能够与成本直接相比的量化值。

6. 价值工程是以集体智慧开展的有计划、有组织、有领导的管理活动

由于价值工程研究的问题涉及产品的整个寿命周期，涉及面广，研究过程复杂，如提高产品价值涉及产品的设计、生产、采购和销售等过程。这不能靠个别人员和个别部门，而要经过许多部门和环节的配合，才能收到良好的效果。因此，企业在开展价值工程活动时，必须集中人才，要组织科研、设计、生产、管理、采购、供销、财务，甚至用户等各方面有经验的人员参加，以适当的组织形式组成一个智力结构合理的集体，共同研究，发挥集体智慧、经验和积极性，排除片面性和盲目性，博采众长，有计划、有领导、有组织地开展活动，以达到提高方案价值的目的。

14.1.3 提高价值的途径

由于价值工程以提高产品价值为目的，这既是用户的需要，又是生产经营者追求的目标，两者的根本利益是一致的。因此，企业应当研究产品功能与成本的最佳匹配。价值工程的基本原理公式$V=F/C$，不仅深刻地反映出产品价值与产品功能和实现此功能所耗成本之间的关系，而且也为如何提高价值提供了以下五种途径。

1. 双向型

在提高产品功能的同时，又降低产品成本，这是提高价值最为理想的途径，也是对资源最有效的利用。但对生产者要求较高，往往要借助技术的突破和管理的改善才能实现。例如：重庆轻轨较新线一期工程，根据自身的城市特点，引进跨座式单轨技术。其梁轨一体化的构造，决定了施工要求的高精度，易造成工程返工甚至PC轨道梁报废的难题。在国外长期以来均采用“先墩后梁”的模式组织建设，缺点是建设周期太长。为实现建设目标，重庆轻轨在项目上打破常规，成功运用了“墩梁并举”的技术与管理模式。大幅缩短了工期（仅用4年工期，远少于常规7～10年的工期）；各项精度水平均有大幅提高，确保了建设质量；减少了资金积压时间，降低了工程融资成本，降低了工程总造价；同时，减少了

占用城市道路施工的时间，方便了市民出行，减少了堵车，既节省宝贵的资源，又降低了环境污染。

2. 改进型

在产品成本不变的条件下，通过改进设计，提高产品的功能，提高利用资源的成果或效用(如提高产品的性能、可靠性、寿命、维修性)，增加某些用户希望的功能等，达到提高产品价值的目的。例如，人防工程若仅仅考虑战时的安全防护功能，平时闲置不用，将需要投入大量的人力、财力予以维护。若在设计时，考虑战时能发挥安全防护功能，平时能发挥多种功能，则可将人防工程平时利用为地下商场、地下停车场等。这些都大大提高了人防工程的功能，并增加了经济效益。

3. 节约型

在保持产品功能不变的前提下，通过降低成本达到提高价值的目的。从发展趋势上说，科学技术水平以及劳动生产率是在不断提高的，因此消耗在某种功能水平上的产品或系统的费用应不断降低。新设计、新材料、新结构、新技术、新的生产方法和新型高效管理方法，无疑会提高劳动生产率，在功能不发生变化的条件下，降低产品或系统的费用。例如，某市一电影院，由于夏季气温高，需设计空调系统降温，以满足人们舒适度的要求。经过相关人员价值分析，决定采用人防地道风降温系统替代机械制冷系统。该系统实施后，在满足电影院空调要求的前提下，不仅降低了造价，而且节约了运行费和维修费。

4. 投资型

产品功能有较大幅度提高，产品成本有较少提高。即成本虽然增加了一些，但功能的提高超过了成本的提高，因此价值还是提高了。例如：电视塔，主要功能是发射电视和广播节目，若只考虑塔的单一功能，塔建成后只能作为发射电视和广播节目，每年相关部门还要拿出数百万元对塔及内部设备进行维护和更新，经济效益差。但从价值工程应用来看，若利用塔的高度，在塔上部增加综合利用机房，可为气象、环保、交通、消防、通讯等部门服务；在塔的上部增加观景厅和旋转餐厅等。工程造价虽增加了一些，但功能大增，每年的综合服务和游览收入显著增加，既可加快投资回收，又可实现“以塔养塔”。

5. 牺牲型

在产品功能略有下降、产品成本大幅度降低的情况下，也可达到提高产品价值的目的。这是一种灵活的企业经营策略，去除一些用户不需要的功能，从而较大幅度地降低费用，能够更好地满足用户的要求。例如：老年人手机，在保证接听拨打电话这一基本功能的基础上，根据老年人的实际需求，采用保留或增加有别于普通手机的大字体、大按键、大音量、一键亲情拨号、收音机、一键求救、手电筒、监护定位、助听等功能，减少普通手机的办公、游戏、拍照、多媒体娱乐、数据应用等功能，从总体来看老年手机功能比普通手机降低了些，但仍能满足老年顾客对手机特定功能的要求，而整体生产成本却大大地降低了。另外，为了适应购买力较低的对象，或一些注重价格竞争而且不需要高档的产品，适当生产符合健康安全要求且价廉的低档品，也能取得较好的经济效益。这种情况下功能虽然降低了些，但仍能满足顾客对产品的特定功能要求。以微小的功能下降换得成本较大的降低，最终也是提高了产品的价值。在实际中，对这种牺牲型途径要持慎重态度。

总之，在产品形成的各个阶段都可以应用价值工程提高产品的价值。但在不同的阶段进行价值工程活动，其经济效果的提高幅度却是大不相同的。对于建设项目，应用价值工程的重点是在规划和设计阶段，因为这两个阶段是提高建设项目经济效果的关键环节。一旦设计完成并施工，建设项目的价值就基本决定了，这时再进行价值工程分析就变得更加复杂，不仅原来的许多工作成果要付诸东流，而且更改可能会造成很大的浪费，使价值工程活动的效果大大下降。当然，在施工阶段也可开展大量价值工程活动，以寻求技术、经济、管理的突破，获得最佳的综合效果。如承包商对施工项目展开价值工程活动，可以更加明确业主的要求，更加熟悉设计要求、结构特点和项目所在地的自然地理条件，从而更利于施工方案的制订，更能有效地组织和控制项目施工；通过价值工程活动，可以在保证质量的前提下，为用户节约投资，提高功能，降低寿命周期成本，从而赢得业主的信任，有利于甲乙双方关系的和谐与协作，同时提高自身的社会知名度，增强市场竞争能力；通过对施工项目进行价值工程活动，对提高项目组织的素质，改善内部组织管理，降低不合理消耗等，也有积极的直接影响。

14.2　价值工程的实施步骤和方法

14.2.1　价值工程的实施步骤

价值工程也像其他技术一样具有自己独特的一套工作程序。在工程经济活动中，价值工程的实施步骤，实质就是针对工程产品（或作业）的功能和成本提出问题、分析问题、解决问题的过程，如表 14.1 所示。

表 14.1　价值工程的实施步骤

<table>
<tr><th rowspan="2">工作阶段</th><th rowspan="2">设计程序</th><th colspan="2">实施步骤</th><th rowspan="2">对应问题</th></tr>
<tr><th>基本步骤</th><th>详细步骤</th></tr>
<tr><td rowspan="2">准备阶段</td><td rowspan="2">制定工作计划</td><td rowspan="2">确定目标</td><td>1. 工作对象选择</td><td rowspan="2">1. 价值工程的研究对象是什么</td></tr>
<tr><td>2. 信息资料搜集</td></tr>
<tr><td rowspan="5">分析阶段</td><td rowspan="5">功能评价</td><td rowspan="2">功能分析</td><td>3. 功能定义</td><td rowspan="2">2. 这是干什么用的</td></tr>
<tr><td>4. 功能整理</td></tr>
<tr><td rowspan="3">功能评价</td><td>5. 功能成本分析</td><td>3. 成本是多少</td></tr>
<tr><td>6. 功能评价</td><td rowspan="2">4. 价值是多少</td></tr>
<tr><td>7. 确定改进范围</td></tr>
</table>

续表

<table>
<tr><th rowspan="2">工作阶段</th><th rowspan="2">设计程序</th><th colspan="2">实施步骤</th><th rowspan="2">对应问题</th></tr>
<tr><th>基本步骤</th><th>详细步骤</th></tr>
<tr><td rowspan="5">创新阶段</td><td>初步设计</td><td rowspan="5">制定创新方案</td><td>8. 方案创造</td><td>5. 有无其他方法实现同样功能</td></tr>
<tr><td rowspan="3">评价各设计方案，改进、优化方案</td><td>9. 概略评价</td><td rowspan="3">6. 新方案的成本是多少</td></tr>
<tr><td>10. 调整完善</td></tr>
<tr><td>11. 详细评价</td></tr>
<tr><td>方案书面化</td><td>12. 提出方案</td><td>7. 新方案能满足功能的要求吗</td></tr>
<tr><td rowspan="3">实施阶段</td><td rowspan="3">检查实施情况并评价活动成果</td><td rowspan="3">方案实施与成果评价</td><td>13. 方案审批</td><td rowspan="3">8. 偏离目标了吗</td></tr>
<tr><td>14. 方案实施与检查</td></tr>
<tr><td>15. 成果评价</td></tr>
</table>

14.2.2 价值工程准备阶段

价值工程准备阶段主要是工作对象选择与信息资料搜集，目的是明确价值工程的研究对象是什么。

1. 对象选择

价值工程是对某个具体对象开展的有针对性的分析评价和改进，有了对象才有分析的具体内容和目标。对企业来讲，凡是为获取功能而发生费用的事物，都可以作为价值工程的研究对象，如产品、工艺、工程、服务或它们的组成部分等。在工程经济活动中，涉及的技术经济问题很多，范围也很广，为了节省资金，提高效率，只能精选其中的一部分来实施，并非建设项目涉及的全部产品或零部件，而是主要根据实施企业的发展方向、市场预测、用户反映、存在问题、薄弱环节以及提高劳动生产率、提高质量、降低成本等方面来选择分析对象。因此，价值工程的对象选择过程就是收缩研究范围的过程，最后明确分析研究的目标即主攻方向。能否正确选择对象是价值工程收效大小与成败的关键，这就需要应用一定的原则和方法科学地加以选定。

1）对象选择的原则

价值工程的目的在于提高产品价值，研究对象的选择要从市场需要出发，结合本企业实力，系统考虑。一般说来，从以下几方面考虑价值工程对象的选择：

（1）从设计方面看，对结构复杂、性能和技术指标差、体积和重量大的工程产品进行价值工程活动，可使工程产品结构、性能、技术水平得到优化，从而提高工程产品价值。

（2）从施工生产方面看，对量大面广、工序繁琐、工艺复杂、原材料和能源消耗高、质量难于保证的工程产品，进行价值工程活动可以最低的寿命周期成本可靠地实现必要功能。

（3）从销售方面看，选择用户意见多、退货索赔多和竞争力差的产品进行价值工程活动，以赢得消费者的认同，占领更大的市场份额。

（4）从成本方面看，选择成本高或成本比重大的工程产品，进行价值工程活动可降低工程产品成本。

2）对象选择的方法

价值工程对象选择往往要兼顾定性分析和定量分析，因此，对象选择的方法有多种，不同方法适宜于不同的价值工程对象。应根据具体情况选用适当的方法，以取得较好的效果。常用的方法有因素分析法、ABC 分析法、强制评分法、百分比分析法等。

（1）因素分析法。称经验分析法，是指根据价值工程对象选择应考虑的各种因素，凭借分析人员的经验集体研究确定选择对象的一种方法。因素分析法是一种定性分析方法，简便易行，特别是在被研究对象彼此相差比较大以及时间紧迫的情况下比较适用。在对象选择中还可以将这种方法与其他方法相结合，往往能取得更好效果。因素分析法的缺点是缺乏定量依据、准确性较差，对象选择的正确与否，主要决定于价值工程活动人员的经验及工作态度，有时难以保证分析质量。为了提高分析的准确程度，可以选择技术水平高、经验丰富、熟悉业务的人员参加，并且要发挥集体智慧，共同确定对象。

（2）ABC 分析法。又称重点选择法或不均匀分布定律法，是指应用数理统计分析的方法来选择对象。这种方法由意大利经济学家帕累托提出，其基本原理为“关键的少数和次要的多数”，抓住关键的少数可以解决问题的大部分。在价值工程中，这种方法的基本思路是：首先将一个产品的各种部件（或企业各种产品）按成本的大小由高到低排列起来，然后绘成费用累积分配图（图 14.2）。然后将占总成本 70%～80%而占零部件总数 10%～20%的零部件划分为 A 类部件；将占总成本 5%～10%而占零部件总数 60%～80%的零部件划分为 C 类；其余为 B 类。其中 A 类零部件是价值工程的主要研究对象。有些产品不是由各个部件组成，如建设项目等，对这类产品可按费用构成项目分类，将其中所占比重最大的，作为价值工程的重点研究对象。

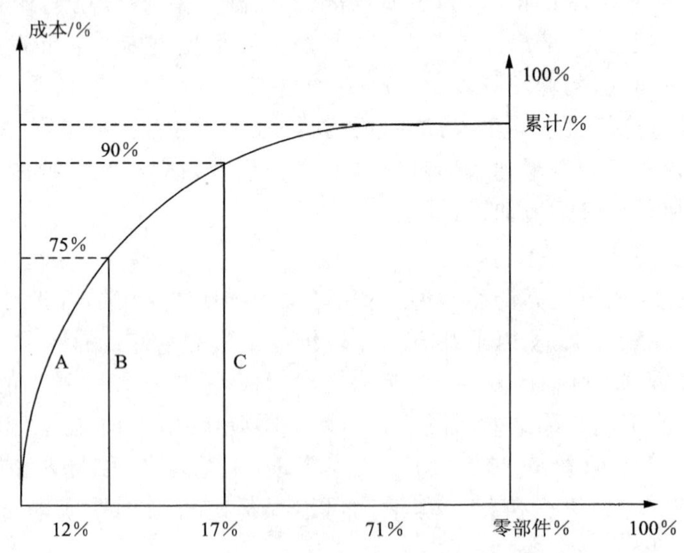

图 14.2 ABC 法分析原理图

ABC 分析法抓住成本比重大的零部件或工序或费用项目作为研究对象，有利于集中精力重点突破，取得较大效果，同时简便易行，因此，广泛为人们所采用。但在实际工作中，有时由于成本分配不合理，造成成本比重不大但用户认为功能重要的对象可能被漏选或排序推后。ABC 分析法的这一缺点可以通过经验分析法、强制评分法等方法补充修正。

(3) 强制评分法。强制评分法是以功能重要程度作为选择价值工程对象的一种分析方法。具体做法是：先求出分析对象的成本系数、功能评价系数，然后得出价值指数，以揭示出分析对象的功能与成本之间是否相符。如果不相符，价值低的则被选为价值工程的研究对象。这种方法在功能评价和方案评价中也有应用，详见第 14.2.3 节部分。

强制评分法从功能和成本两方面综合考虑，比较适用简便，不仅能明确揭示出价值工程的研究对象所在，而且具有数量概念。但这种方法是人为打分，不能准确反映功能差距的大小，只有适用于部件间功能差别不太大且比较均匀的对象，而且一次分析的部件数目也不能太多，以不超过 10 个为宜。在零部件很多时，可以先用 ABC 法、经验分析法选出重点部件，再用强制评分法细选；也可以用逐层分析法，从部件选起，然后在重点部件中选出重点零件。

(4) 百分比分析法。是一种通过分析某种费用或资源对企业的某个技术经济指标的影响程度的大小（百分比），来选择价值工程对象的方法。

2. 信息资料收集

信息资料是价值工程实施过程中进行价值分析、比较、评价和决策的依据。如果没有信息资料或者信息资料不可靠，不详尽，不及时，价值工程活动就无法进行。

价值工程所需的信息资料，应视具体情况而定。对于一般工程产品（或作业）分析来说，应收集以下几方面的信息资料：

(1) 用户方面的信息资料。收集这方面的信息资料是为了充分了解用户对对象产品的期待、要求。用户使用目的，使用环境和使用条件，用户对产品性能方面的要求，操作、维护和保养条件，对价格、配套件和服务方面的要求。

(2) 市场方面的信息资料。如产品产销量的演变及目前产销情况、市场需求量及市场占有率的预测；同行业竞争对手的规模、经营特点、管理水平、产品的产量、质量、售价、技术服务、用户反映；同类企业和同类产品的发展计划、拟增投资额、规模大小、重新布点、扩建改建或合并调整情况等。

(3) 技术方面的信息资料。如与产品有关的学术研究或科研成果、新结构、新工艺、新材料、新技术以及标准化方面的资料；该产品研制设计的历史及演变、本企业及国内外同类产品的技术资料，如同类产品的设计方案、设计特点、产品结构、加工工艺、设备、材料、标准、新技术、新工艺、新材料、能源及三废处理情况等。

(4) 经济方面的信息资料。包括产品及构配件的工时定额、材料消耗定额、机械设备定额、各种费用定额、企业历年来各种有关成本费用数据、国内外其他厂家与价值工程对象有关的成本费用资料等。

(5) 本企业的基本资料。包括企业的经营方针、内部供应、生产、组织，以及产品成本等方面的资料，如生产批量、生产能力、施工方法、工艺装备、生产节拍、检验方法、废次品率、运输方式等。

(6) 环境保护方面的信息资料。包括环境保护的现状，"三废"状况，处理方法和国家法规标准；改善环境和劳动条件，减少粉尘、有害液体和气体外泄、减少噪音污染、减轻劳动强度、保障人身安全等相关信息。

(7) 外协方面的信息资料。如原材料及外协或外购件种类、质量、数量、交货期、价格、材料利用率等情报；供应与协作部门的布局、生产经营情况、技术水平、价格、成本、利润等；运输方式及运输经营情况等。

(8) 政府和社会有关部门的法规、政策等方面信息资料。如国家有关法规、政策、环境保护、公害等等有关影响产品的资料。

信息资料的收集不是一项简单的工作，应收集何种信息资料很难完全列举出来。但收集的信息资料要求准确可靠，并且要求经过归纳、鉴别、分析、整理，剔除无效资料，使用有效资料，以利于价值工程活动的分析研究。

14.2.3 价值工程分析阶段

价值工程分析阶段主要工作是功能定义、功能整理与功能评价。

1. 功能定义

任何产品都具有使用价值，即任何产品的存在是由于它们具有能满足用户所需求的特有功能，这是存在于产品中的一种本质。人们购买产品的实质是为了获得产品的功能。

1) 功能分类

为了弄清功能的定义，根据功能的不同特性，可以先将功能分为以下几类。

(1) 按功能的重要程度分类，产品的功能一般可分为基本功能和辅助功能。基本功能就是要达到这种产品的目的所必不可少的功能，是产品的主要功能，如果不具备这种功能，这种产品就失去其存在的价值。例如承重外墙的基本功能是承受荷载，室内间壁墙的基本功能是分隔空间。一般可以产品基本功能的作用为什么是必不可少的，其重要性如何表达，其作用是不是产品的主要目的，如果作用变化了则相应的工艺和构配件是否要改变等方面来确定。辅助功能是为了更有效地实现基本功能而添加的功能，是次要功能，是为了实现基本功能而附加的功能。如墙体的隔声、隔热就是墙体的辅助功能。辅助功能可以从它是不是对基本功能起辅助作用，它的重要性和基本功能的重要性相比，是不是起次要作用等方面来确定。

(2) 按功能的性质分类，功能可划分为使用功能和美学功能。使用功能从功能的内涵上反映其使用属性。如住宅的使用功能是提供人们"居住的空间功能"，桥梁的使用功能是交通，使用功能最容易为用户所了解。而美学功能是从产品外观反映功能的艺术属性。建筑产品的使用功能一般包括可靠性、安全性和易维修性等，其美学功能一般包括造型、色彩、图案等。无论是使用功能和美观功能，他们都是通过基本功能和辅助功能来实现的。建筑产品构配件的使用功能和美学功能要根据产品的特点而有所侧重。有的产品应突出其使用功能，例如地下电缆、地下管道等；有的应突出其美学功能，如墙纸、壁画等。

当然，有的产品二者功能兼而有之，如房屋建筑、桥梁等。

(3) 按用户的需求分类，功能可分为必要功能和不必要功能。在价值工程分析中，功能水平是功能的实现程度。但并不是功能水平越高就越符合用户的要求，价值工程强调产品的功能水平必须符合用户的要求。必要功能就是指用户所要求的功能以及与实现用户所需功能有关的功能，使用功能、美学功能、基本功能、辅助功能等均为必要功能；不必要功能是指不符合用户要求的功能。不必要的功能包括三类：一是多余功能；二是重复功能；三是过剩功能。不必要的功能必然产生不必要的费用，这不仅增加了用户的经济负担，而且还浪费了资源。因此，功能分析是为了可靠地实现必要功能。对这部分功能，无论是使用功能，还是美学功能，都应当充分而可靠地实现，即充分满足用户必不可少的功能要求。

(4) 按功能的量化标准分类，产品的功能可分为过剩功能与不足功能。这是相对于功能的标准，从定量角度对功能采用的分类。过剩功能是指某些功能虽属必要，但满足需要有余，在数量上超过了用户要求或标准功能水平，这将导致成本增加，给用户造成不合理的负担。不足功能是相对于过剩功能而言的，表现为产品整体功能或构配件功能水平在数量上低于标准功能水平，不能完全满足用户需要，将影响产品正常安全使用，最终也将给用户造成不合理的负担。因此，不足功能和过剩功能要作为价值工程的对象，通过设计进行改进和完善。

(5) 按总体与局部分类，产品的功能可划分为总体功能和局部功能。总体功能和局部功能是目的与手段的关系，产品各局部功能是实现产品总体功能的基础，而产品的总体功能又是产品各局部功能要达到的目的。

(6) 按功能整理的逻辑关系分类，产品功能可以分为并列功能和上下位功能。并列功能是指产品功能之间属于并列关系，如住宅必须具有遮风、避雨、保温、隔热、采光、通风、隔声、防潮、防火、防震等功能，这些功能之间是属于并列关系的。上下位功能也是目的与手段的关系，上位功能是目的性功能，下位功能是实现上位功能的手段性功能。如住宅的最基本功能是居住，是上位功能；而上述所列的并列功能则是实现居住目的所必需的下位功能。但上下位关系是相对的，如为达到居住的目的必须通风，则居住是目的，是上位功能；通风是手段，是下位功能。而为了通风必须组织自然通风，则通风又是目的，是上位功能；组织自然通风是手段，是下位功能。

上述功能的分类不是功能分析的必要步骤，而是用以分辨确定各种功能的性质、关系和其重要的程度。用户购买一项产品，其目的不是为了获得产品本身，而是通过购买该项产品来获得其所需要的功能。价值工程正是抓住产品功能这一本质，通过对产品功能的分析研究，正确、合理地确定产品的必要功能、消除不必要功能，加强不足功能、削弱过剩功能，改进设计，降低产品成本。因此，可以说价值工程是以功能为中心，在可靠地实现必要功能的基础上来考虑降低产品的成本。

2) 功能定义

功能定义就是根据收集到的信息资料，透过对象产品或构配件的物理特征(或现象)，找出其效用或功用的本质东西，并逐项加以区分和规定，以简洁的语言描述出来。通常用一个动词加一个名词表述，不宜太长，以简洁为好。动词是功能承担体发生的动作，而动作的对象就是作为宾语的名词。例如,基础的功能是“承受荷载”,这里基础是功能承担体,“承受”是表示功能承担体(基础)发生动作的动词,“荷载”则是作为动词宾语的名词。这里要求描述的是对象的“功能”,而不是对象的结构、外形或材质。因此,对对象产品功能进行定义,必须对产品的作用有深刻的认识和理解,并为以后提出功能代用方案提供依据。功能定义一定要抓住问题的本质,头脑里要多问几个为什么,如这是干什么用的,为什么它是必不可少的,没有它行不行,等等。功能定义的过程就是解剖分析的过程,如图 14.3 所示。

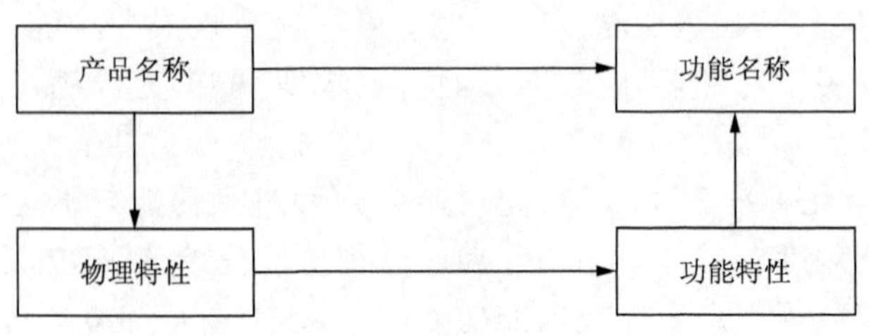

图 14.3 功能定义过程

功能定义的目的是:

(1) 明确对象产品和组成产品各构配件的功能,借以弄清产品的特性。

(2) 便于进行功能评价,通过评价弄清哪些是价值低的功能和有问题的功能,实现价值工程的目的。

(3) 便于构思方案,对功能下定义的过程实际上也是为对象产品改进设计的构思过程,为价值工程的方案创造工作阶段作了准备。

总之,对功能所下的定义是否准确,对下一步工作影响很大。因此,对功能进行定义需要反复推敲,既简明准确,便于测定,又要系统全面,一一对应。

2. 功能整理

1) 功能整理的目的

产品中各功能之间都是相互配合、相互联系,都在为实现产品的整体功能而发挥各自的作用。因此,功能整理是用系统的观点将已经定义了的功能加以系统化,找出各局部功能相互之间的逻辑关系是并列关系还是上下位置关系,并用图表形式表达(如图 14.4 所示),以明确产品的功能系统,从而为功能评价和方案构思提供依据。

通过功能整理,应满足以下要求:

(1) 明确功能范围。搞清楚基本功能,这些基本功能又是通过什么功能实现的。

(2) 检查功能之间的准确程度。定义下得正确的就肯定下来,不正确的加以修改,遗漏的加以补充,不必要的就取消。

(3) 明确功能之间上下位关系和并列关系。即功能之间的目的和手段关系。

2) 功能整理的一般程序

功能整理的主要任务就是建立功能系统图。功能系统图是突破了现有产品和零部件的框框所取得的结果,它是按照一定的原则方式,将定义的功能连接起来,从单个到局部,

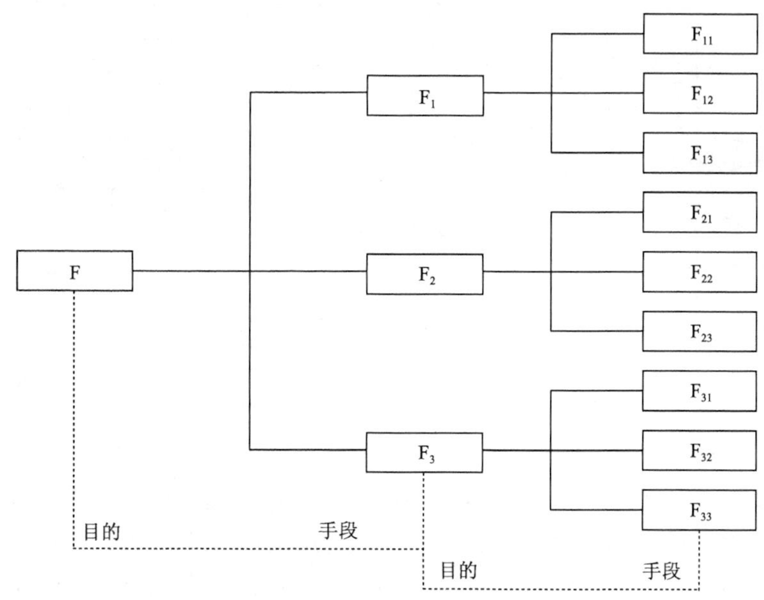

图 14.4　功能系统图

从局部到整体形成的一个完整的功能体系，是该产品的设计构思。

功能整理的过程也就是绘制功能系统图的过程，其工作程序如下：

(1) 编制功能卡片。把功能定义写在卡片上，每条写一张卡片，这样便于排列、调整和修改。

(2) 选出最基本的功能。从基本功能中挑选出一个最基本的功能，也就是最上位的功能(产品的目的)，排列在左边。其他卡片按功能的性质，以树状结构的形式向右排列，并分别列出上位功能和下位功能。

(3) 明确各功能之间的关系。逐个研究功能之间的关系，也就是找出功能之间的上下位关系。

(4) 对功能定义作必要的修改、补充和取消。

(5) 按上下位关系，将经过调整、修改和补充的功能，排列成功能系统图。

3. 功能评价

功能评价是在功能定义和功能整理完成之后，在已定性确定问题的基础上进一步作定量的确定，即评定功能的价值。价值工程的成本有两种，一种是现实成本，是指目前的实际成本；另一种是目标成本。功能评价就是找出实现功能的最低费用作为功能的目标成本(又称功能评价值)，以功能目标成本为基准，通过与功能现实成本的比较，求出两者的比值(功能价值)和两者的差异值(改善期望值)，然后选择功能价值低、改善期望值大的功能作为价值工程活动的重点对象。

1) 功能评价的程序

功能评价的程序如图 14.5 所示。

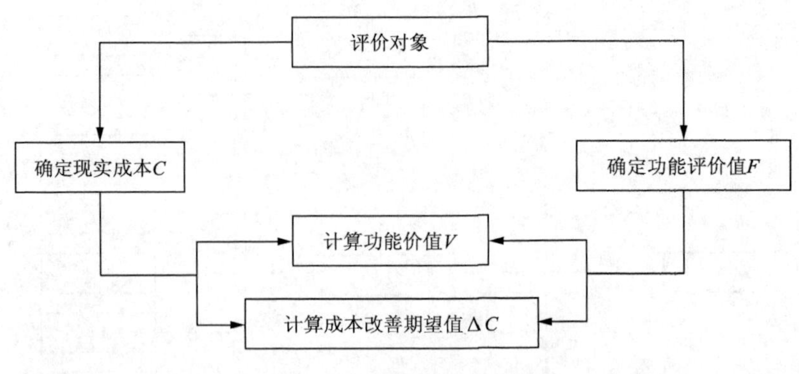

图 14.5 功能评价的程序

2）功能现实成本 C 的计算

（1）功能现实成本的计算。功能现实成本的计算与一般的传统成本核算既有相同点，也有不同之处。两者相同点是指它们在成本费用的构成项目上是完全相同的，如建筑产品的成本费用都是由人工费、材料费、施工机械使用费、规费、企业管理费、税金等构成；而两者的不同之处在于功能现实成本的计算是以对象的功能为单位，而传统的成本核算是以产品或构配件为单位。因此，在计算功能现实成本时，就需要根据传统的成本核算资料，将产品或构配件的现实成本换算成功能的现实成本。具体地讲，当一个构配件只具有一个功能时，该构配件的成本就是它本身的功能成本；当一项功能要由多个构配件共同实现时，该功能的成本就等于这些构配件的功能成本之和。当一个构配件具有多项功能或同时与多项功能有关时，就需要将构配件成本根据具体情况分摊给各项有关功能。至于分摊的方法和分摊的比例，可根据具体情况决定。表 14.2 所示即为一项功能由若干构配件件组成或一个构配件具有几个功能的情形。其中 C_1、C_2、C_3、C_4、C_5、C_6 就是通过成本转移的办法得的各个功能的现实成本。

表 14.2 功能现实成本计算表

构配件			功能区或功能领域					
序号	名称	成本/元	F_1	F_2	F_3	F_4	F_5	F_6
1	甲	300	100		100			100
2	乙	500		50	150	200		100
3	丙	60				40		20
4	丁	140	50	40			50	
		C	C_1	C_2	C_3	C_4	C_5	C_6
合计		1000	150	90	250	240	50	220

（2）成本指数的计算。成本指数又称成本系数，是指评价对象的现实成本在全部成本中所占的比例。其计算式如下

$$\text{第 } i \text{ 个评价对象的成本指数 } C_I = \frac{\text{第 } i \text{ 个评价对象的现实成本 } C_i}{\text{全部成本}} \quad (14\text{-}2)$$

3）功能评价值 F 的计算

对象的功能评价值 F(目标成本)，是指可靠地实现用户要求功能的最低成本，可以根据图纸和定额，也可根据国内外先进水平或根据市场竞争的价格等来确定。它可以理解为是企业有把握，或者说应该达到的实现用户要求功能的最低成本。从企业目标的角度来看，功能评价值可以看成是企业预期的、理想的成本目标值。

常用的功能评价方法有功能成本法(比如实际调查法)和功能评价系数法(比如重要性系数评价法)。

(1) 实际调查法。从企业内部或其他企业同样功能的实际资料中，选出功能实现程度好而其成本最低的作为功能评价值的做法，叫做实际调查法。具体步骤如下：

① 广泛收集企业内外完成同样功能的产品资料，包括反映功能水平的各项性能指标和可靠性、安全性、操作性、维修性、外观等。

② 将收集到的产品资料进行分析整理，按各自功能要求的程度排出顺序。

③ 绘制坐标图，作出实际最低成本线。以横坐标表示功能水平，纵坐标表示成本。按功能水平登记分类，把各产品功能水平等级和成本坐标画在坐标图上，这样在每个等级的功能水平上总有一个产品的成本是最低的。将各功能水平等级点连接起来，所形成的即为最低成本线，因而可以把这条线上的各点作为对应功能的评价值，如图 14.6 所示。实际调查法确定的功能评价值(目标成本)，是已经实现了的成本目标值，它比较可靠，效果明显直观，但应注意到最低成本线是不断变化的，现实产品中难免出现不必要的功能。因此要根据变化的情况不断修正，去掉不必要的功能。

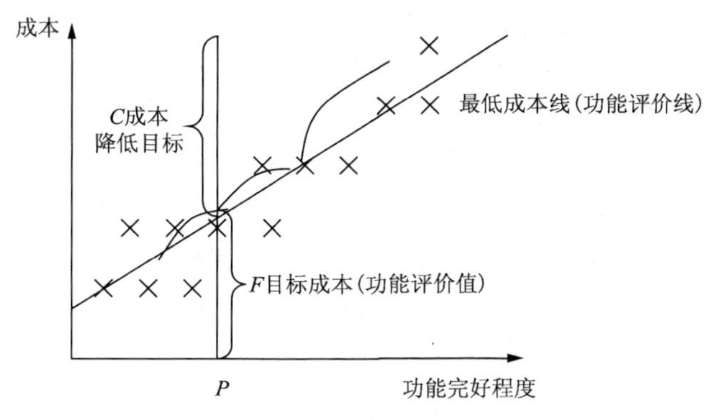

图 14.6 功能评价图解

(2) 功能重要性系数评价法。这种方法是把功能划分为几个功能区(即子系统)，并根据各功能区的重要程度和复杂程度，确定各个功能区在总功能中所占的比重，即功能重要性系数(又称功能评价系数或功能指数)。然后将产品的目标成本按功能重要性系数分配给个功能区作为该功能区的目标成本，即功能评价值。

① 确定功能重要性系数。确定功能重要性系数的关键是对功能进行打分，常用的打分方法有强制评分法、多比例评分法、逻辑评分法、环比评分法等。这里主要介绍环比评分法和强制打分法。

a. 环比评分法，这是一种通过确定各因素的重要性系数来评价和选择创新方案的方法。具体做法如下：

(a) 根据功能系统图(参见图 14.7)决定评价功能的级别，确定功能区 F_1、F_2、F_3、F_4，见表 14.3 的第(1)列。

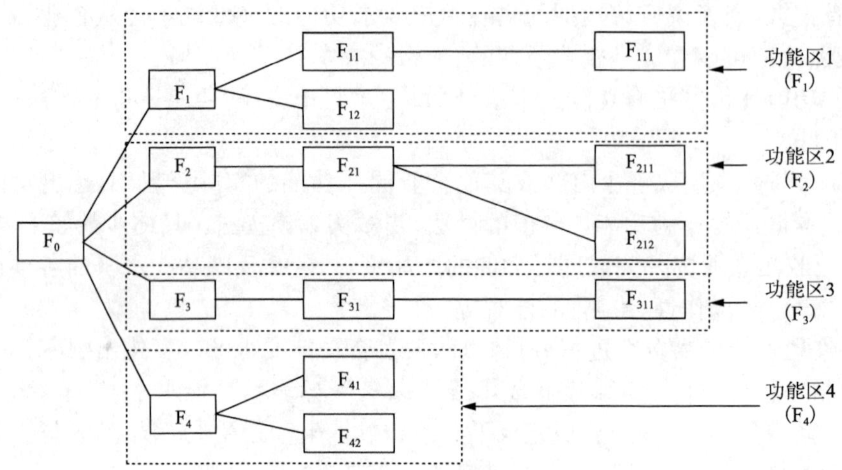

图 14.7 定量评分法确定功能区示意图

(b) 对上下相邻两项功能的重要性进行对比打分，所打的分作为暂定重要性系数。如表 14.3 中第(2)列中的数据。将 F_1 与 F_2 进行对比，如果 F_1 的重要性是 F_2 的 1.5 倍，就将 1.5 记入第(2)列内，同样，F_2 与 F_3 对比为 2.0 倍，F_3 与 F_4 对比为 3.0 倍。

(c) 对暂定重要性系数进行修正。首先将最下面一项功能 F_4 的重要性系数定为 1.0，称为修正重要性系数，填入第(3)列。由第(2)列知道，由于 F_3 的暂定重要性是 F_4 的 3 倍，故应得 F_3 的修正重要性系数定为 3.0(＝3.0×1.0)，而 F_2 为 F_3 的 2 倍，故 F_2 定为 6.0(＝3.0×2.0)。同理，F_1 的修正重要性系数为 9.0(＝6.0×1.5)，填入第(3)列。将第(3)列的各数相加，即得全部功能区的总分 19.0。

(d) 将第(3)列中各功能的修正重要性系数除以全部功能总分 19.0，即得各功能区的重要性系数，填入第(4)列中。如 F_1 的功能重要性系数为 9.0/19.0＝0.47，F_2、F_3、F_4 的功能重要性系数依次为 0.32、0.16 和 0.05。

表 14.3 功能重要性系数计算表

功能区	功能重要性评价		
	暂定重要性系数	修正重要性系数	功能重要性系数
(1)	(2)	(3)	(4)
F_1	1.5	9.0	0.47
F_2	2.0	6.0	0.32
F_3	3.0	3.0	0.16
F_4		1.0	0.05
合计		19.0	1.00

环比评分法适用于各个评价对象之间有明显的可比关系，能直接对比，并能准确地评定功能重要程度比值的情况。

b. 强制评分法：

强制评分法包括 0—1 评分法和 0—4 评分法，它是采用一定的评分规则，采用强制对比打分来评定评价对象的功能重要性。

(a) 0—1 评分法：

0—1 评分法是请 5～15 名对产品熟悉的人员参加功能的评价。首先按照功能重要程度一一对比打分，重要的打 1 分，相对不重要的打 0 分，如表 14.4 所示。表中，要分析的对象(零部件)自己与自己相比不得分，用“×”表示。最后，根据每个参与人员选择该零部件得到的功能重要性系数 W_i，可以得到该零部件的功能重要性系数平均值 W。

$$W=\frac{\sum_{i=1}^{k}W_i}{k} \tag{14-3}$$

式中，k——参加功能评价的人数。

为避免不重要的功能得零分，可将各功能累计得分加 1 分进行修正，用修正后的总分分别去除各功能累计得分即得到功能重要性系数。

表 14.4　0—1 评分法功能重要性系数 W_i 表

零部件	A	B	C	D	E	功能总分	修正得分	功能重要性系数
A	×	1	1	0	1	3	3+1=4	0.267
B	0	×	1	0	1	2	2+1=3	0.200
C	0	0	×	0	1	1	1+1=2	0.133
D	1	1	1	×	1	4	4+1=5	0.333
E	0	0	0	0	×	0	0+1=1	0.067
合计						10	15	1.00

(b) 0—4 评分法：

0—1 评分法中的重要程度差别仅为 1 分，不能拉开档次。为弥补这一不足，将分档扩大为 4 级，其打分矩阵仍同 0—1 评分法。档次划分如下：

F_1比 F_2重要得多：　F_1得 4 分，F_2得 0 分；

F_1比 F_2重要：　F_1得 3 分，F_2得 1 分；

F_1与 F_2同等重要：　F_1得 2 分，F_2得 2 分；

F_1不如 F_2重要：　F_1得 1 分，F_2得 3 分；

F_1远不如 F_2重要：　F_1得 0 分，F_2得 4 分。

某一评价人员采用 0—4 评分法确定的功能重要性系数如表 14.5 所示。

表 14.5　0—4 评分法功能重要性系数 W_i 表

零部件	A	B	C	D	E	功能总分	功能重要性系数
A	×	3	1	2	4	10	0.25
B	1	×	0	1	2	4	0.10
C	3	4	×	2	4	14	0.35
D	2	3	1	×	4	10	0.25
E	0	2	0	0	×	2	0.05
合计						40	1.00

以各部件功能得分占总分的比例确定各部件功能评价指数：

$$\text{第 } i \text{ 个评价对象的功能指数 } F_I = \frac{\text{第 } i \text{ 个评价对象的功能得分值 } F_i}{\text{全部功能得分值}} \tag{14-4}$$

功能评价指数大，说明功能重要；反之，功能评价指数小，说明功能不太重要。

② 确定功能评价值 F。功能评价值的确定分以下两种情况：

a. 新产品设计。一般在产品设计之前，根据市场供需情况、价格、企业利润与成本水平，已初步设计了目标成本。因此，在功能重要性系数确定之后，就可将新产品设定的目标成本(如为 800 元)按已有的功能重要性系数加以分配计算，求得各个功能区的功能评价值，并将此功能评价值作为功能的目标成本，如表 14.6 所示。

表 14.6　新产品功能评价计算表

功能区 (1)	功能重要性系数 (2)	功能评价值(F) (3)＝(2)×800
F_1	0.47	376
F_2	0.32	256
F_3	0.16	128
F_4	0.05	40
合计	1.00	800

如果需要进一步求出各功能区所有各项功能的功能评价值时，可采取同样的方法。

b. 既有产品的改进设计。既有产品应以现实成本为基础确定功能评价值，进而确定功能的目标成本。由于既有产品已有现实成本，就没有必要再假定目标成本。但是，既有产品的现实成本原已分配到各功能区中去的比例不一定合理，这就需要根据改进设计中新确定的功能重要性系数，重新分配既有产品的原有成本。从分配结果看，各功能区新分配成本与原分配成本之间有差异。正确分析和处理这些差异，就能合理确定各功能区的功能评价值，求出产品功能区的目标成本。现设既有产品的现实成本为 500 元，即可计算出功能评价值或目标成本，见表 14.7。

表 14.7 中第(4)列是把产品的现实成本 C=500，按改进设计方案的新功能重要性系数重新分配给各功能区的结果。此分配结果可能有三种情况：

(a) 功能区新分配的成本等于现实成本。如 F_3 就属于这种情况。此时应以现实成本作为功能评价值 F。

(b) 新分配成本小于现实成本。如 F_2 和 F_4 就属于这种情况。此时应以新分配的成本作为功能评价值 F。

表 14.7 既有产品功能评价值计算表

功能区	功能现实成本 C/元	功能重要性系数	根据产品现实成本和功能重要性系数重新分配的功能区成本	功能评价值 F（或目标成本）	成本降低幅度 $\Delta C=(C-F)$
(1)	(2)	(3)	(4)＝(3)×500 元	(5)	(6)
F_1	130	0.47	235	130	—
F_2	200	0.32	160	160	40
F_3	80	0.16	80	80	—
F_4	90	0.05	25	25	65
合计	500	1.00	500	395	105

(c) 新分配的成本大于现实成本。如 F_1 就属于这种情况。为什么会出现这种情况，需要进行具体分析。如果是因为功能重要性系数定高了，经过分析后可以将其适当降低。因功能重要性系数确定过高可能会存在多余功能，如果是这样，先调整功能重要性系数，再确定功能评价值。如因成本确实投入太少而不能保证必要功能，可以允许适当提高一些。除此之外，即可用目前成本作为功能评价值 F。

4) 功能价值 V 的计算及分析

通过计算和分析对象的价值 V，可以分析成本功能的合理匹配程度。功能价值 V 的计算方法可分为两大类，即功能成本法和功能指数法。

(1) 功能成本法，又称绝对值法。是通过一定的测算方法，测定实现应有功能所必须消耗的最低成本，同时计算为实现应有功能所耗费的现实成本，经过分析、对比，求得对象的价值系数和成本降低期望值，确定价值工程的改进对象。其表达式如下：

$$\text{第 } i \text{ 个评价对象的价值系数 } V=\frac{\text{第 } i \text{ 个评价对象的功能评价值 } F}{\text{第 } i \text{ 个评价对象的现实成本 } C} \tag{14-5}$$

一般可采用表 14.8 进行定量分析。

表 14.8 功能评价值与价值系数计算表

项目／序号	子项目	功能重要性系数 ①	功能评价值 ②＝目标成本×①	现实成本 ③	价值系数 ④＝②/③	改善幅度 ⑤＝③-②
1	A					
2	B					
3	D					
…	…					
合计						

功能的价值计算出来后，需要进行分析，以揭示功能与成本之间的内在联系，确定评价对象是否为功能改进的重点，以及其功能改进的方向及幅度，从而为后面的方案创造工作奠定良好的基础。

例 14.1　某项目施工方案 A 的生产成本 500 万元；在相同条件下，其他项目生产成本 450 万元。这可以表示为：

施工方案 A 功能评价值：　450 万元

施工方案 A 功能的实际投入：　500 万元

施工方案 A 的价值：　450/500＝0.9

如果施工方案 B 花费 450 万元能完成该项目施工，则：

施工方案 B 功能评价值：　450 万元

施工方案 B 功能的实际投入：　450 万元

施工方案 B 的价值：　450/450＝1

从例 14.1 可以看出，最恰当的价值应该为 1，因为满足用户要求的功能最理想最值得的投入与实际投入一致。但在一般情况下价值往往小于 1，因为技术不断进步，“低成本”战略将日趋被重视，竞争也将更激烈。随之，同一产品的功能评价值也将降低。

根据式(14-5)，功能的价值系数计算结果有以下三种情况：

① $V=1$，即功能评价值等于功能现实成本。这表明评价对象的功能现实成本与实现功能所必需的最低成本大致相当。此时，说明评价对象的价值为最佳，一般无需改进。

② $V<1$，即功能现实成本大于功能评价值。表明评价对象的现实成本偏高，而功能要求不高。这时，一种可能是由于存在着过剩的功能，另一种可能是功能虽无过剩，但实现功能的条件或方法不佳，以致使实现功能的成本大于功能的实际需要。这两种情况都应列入功能改进的范围，并且以剔除过剩功能及降低现实成本为改进方向，使成本与功能比例趋于合理。

③ $V>1$，即功能现实成本低于功能评价值。表明该部件功能比较重要，但分配的成本较少。此时，应进行具体分析，功能与成本的分配可能已较理想，或者有不必要的功能，或者应该提高成本。

应注意一个情况，即 $V=0$ 时，因为只有分子为 0，或分母为∞时，才能是 V=0。根据上述对功能评价值 F 的定义，分子不应为 0，而分母也不会为∞，要进一步分析。如果是不必要的功能，该部件应取消；但如果是最不重要的必要功能，则要根据实际情况处理。

(2) 功能指数法，又称相对值法。在功能指数法中，功能的价值用价值指数 V_I 来表示，它是通过评定各对象功能的重要程度，用功能指数来表示其功能程度的大小，然后将评价对象的功能指数与相对应的成本指数进行比较，得出该评价对象的价值指数，从而确定改进对象，并求出该对象的成本改进期望值。其表达式如下：

$$\text{第 } i \text{ 个评价对象的价值指数 } V_I = \frac{\text{第 } i \text{ 个评价对象的功能指数 } F_I}{\text{第 } i \text{ 个评价对象的成本指数 } C_I} \tag{14-6}$$

功能指数法的特点是用归一化数值来表达功能程度的大小，以便使系统内部的功能与成本具有可比性，由于评价对象的功能水平和成本水平都用它们在总体中所占的比率来表示，这样就可以方便地应用式(14-6)定量地表达评价对象价值的大小。因此，在功能指数法中，价值指数是作为评定对象功能价值的指标。

根据功能指数和成本指数计算价值指数，可以通过列表进行，见表 14.9。

表 14.9　价值指数计算表

零部件名称	功能指数 ①	现实成本/元 ②	成本指数 ③	价值指数 ④=①/③
A				
B				
C				
…				
合计	1.00		1.00	

价值指数的计算结果有以下三种情况：

(1) $V_I=1$。此时评价对象的功能比重与成本比重大致平衡，合理匹配，可以认为功能的现实成本是比较合理的。

(2) $V_I<1$。此时评价对象的成本比重大于其功能比重，表明相对于系统内的其他对象而言，目前所占的成本偏高，从而会导致该对象的功能过剩。应将评价对象列为改进对象，改善方向主要是降低成本。

(3) $V_I>1$。此时评价对象的成本比重小于其功能比重。出现这种结果的原因可能有三种：第一，由于现实成本偏低，不能满足评价对象实现其应具有的功能要求，致使对象功能偏低，这种情况应列为改进对象，改善方向是增加成本；第二，对象目前具有的功能已经超过其应该具有的水平，也即存在过剩功能，这种情况也应列为改进对象，改善方向是降低功能水平；第三，对象在技术、经济等方面具有某些特征，在客观上存在着功能很重要而需要消耗的成本却很少的情况，这种情况一般不列为改进对象。

5) 确定 VE 对象的改进范围

对产品部件进行价值工程分析，就是使每个部件的价值系数(或价值指数)尽可能趋近于 1。根据此标准，就明确了改进的方向、目标和具体范围。确定对象改进范围的原则如下：

(1) F/C 值低的功能区域。计算出来的 $V<1$ 的功能区域，基本上都应进行改进，特别是 V 值比 1 小得较多的功能区域。通过价值工程活动，应力求使 $V=1$。

(2) $C-F$ 值大的功能区域。通过核算和确定对象的实际成本和功能评价值，分析、测算成本改善期望值，从而排列出改进对象的重点及优先次序。成本改善期望值的表达式为

$$\Delta C = C - F \tag{14-7}$$

式中，ΔC——为成本改善期望值，即成本降低幅度。

当 n 个功能区域的价值系数同样低时，就要优先选择 ΔC 数值大的功能区域作为重点对象。一般情况下，当 ΔC 大于零时，ΔC 大者为优先改进对象。如表 14.7 中 F_4、F_2 即为价值工程优先选择的改进对象。

(3) 复杂的功能区域。复杂的功能区域，说明其功能是通过采用很多零件来实现的。一般地，复杂的功能区域其价值系数(或价值指数)也较低。

(4) 问题多的功能。尽管在功能系统图上的任何一级改进都可以达到提高价值的目的,但是改进的多少、取得效果的大小却是不同的。越接近功能系统图的末端,改进的余地越小,越只能作结构上的小改小革;相反,越接近功能系统图的前端,功能改进就可以越大,就越有可能作原理上的改变,从而带来显著效益。

14.2.4 价值工程创新阶段

价值工程创新阶段主要包括方案创造与评价。

1. 方案创造

方案创造是从提高对象的功能价值出发,在正确的功能分析和评价的基础上,针对应改进的具体目标,通过创造性的思维活动,提出能够可靠地实现必要功能的新方案。从某种意义上讲,价值工程可以说是创新工程,方案创造是价值工程取得成功的关键一步。因为上面所论述的一些问题,如选择对象、收集资料、功能成本分析、功能评价等,虽然都很重要,但都是为了方案创新和制定服务的。前面的工作即使做得再好,如果不能创造出高价值的创新方案,也就不会产生好的效果来。所以,从价值工程技术实践来看,这是决定价值工程成败的关键阶段。

方案创造的理论依据是功能载体具有替代性。这种功能载体替代的重点应放在以功能创新的新产品替代原有产品和以功能创新的结构替代原有结构方案。而方案创造的过程是思想高度活跃、进行创造性开发的过程。为了引导和启发思想进行创造性的思考,可以采取各种各样的方法,比较常用的方法有以下几种:

1) 头脑风暴法

头脑风暴法(Brain Storming,简称 BS 法)是指自由奔放地思考问题。具体地说,就是由对改进对象有较深了解的人员组成的小集体在非常融洽和不受任何限制的气氛中进行讨论、座谈,打破常规、积极思考、互相启发、集思广益,提创新方案。这种方法可使获得的方案新颖、全面、富于创造性,并可以防止片面和遗漏。

这种方法以 5～10 人的小型会议的方式进行为宜,会议的主持者应熟悉研究对象,思想活跃,知识面广,善于启发引导,使会议气氛融洽,使与会者广开思路,畅所欲言。会议按以下原则进行:

(1) 欢迎畅所欲言,自由地发表意见。

(2) 希望提出的方案越多越好。

(3) 对所有提出的方案不加任何评价。

(4) 要求结合别人的意见提设想,借题发挥。

(5) 会议应有记录,以便于整理研究。

2) 歌顿(Gorden)法

这是美国人歌顿在 1964 年提出的方法。这个方法也是在会议上提方案,但究竟研究什么问题,目的是什么,只有会议的主持人知道,其余人不知道,以免受约束。例如想要研究试制一种新型剪板机,主持会议者请大家就如何把东西切断和分离提出方案。当会议进行到一定时机,再宣布会议的具体要求,在此联想的基础上研究和提出各种新的具体方案。

这种方法的指导思想是把要研究的问题适当抽象，以利于开拓思路，在研究到新方案时，会议主持人开始并不全部摊开要解决的问题，而是只对大家作一番抽象笼统的介绍，要求大家提出各种设想，以激发出有价值的创新方案。这种方法要求会议主持人机智灵活、提问得当。提问太具体，容易限制思路；提问太抽象，则方案可能离题太远。

3）专家意见法（德尔菲法）

这种方法是由组织者将研究对象的问题和要求，函寄给若干有关专家，使他们在互不商量的情况下提出各种建议和设想，专家返回设想意见，经整理分析后，归纳出若干较合理的方案和建议，再函寄给有关专家征求意见，再回收整理，如此经过几次反复后专家意见趋向一致，从而最后确定出新的功能实现方案。这种方法的特点是专家们彼此不见面，研究问题时间充裕，可以无顾虑、不受约束地从各种角度提出意见和方案。缺点是花费时间较长，缺乏面对面的交谈和商议。

4）专家检查法

这个方法不是靠大家想办法，而由主管设计的工程师作出设计，提出完成所需功能的办法和生产工艺，然后顺序请各方面的专家（如材料方面的、生产工艺的、工艺装备的、成本管理的，采购方面的）审查。这种方法先由熟悉的人来搞，以提高效率。

2. 方案评价

在方案创造阶段提出的设想和方案是多种多样的，能不能付诸实施，就必须对各个方案的优缺点和可行性作分析、比较、论证和评价，并在评价过程中对有希望的方案进一步完善，这个过程就称为方案评价。方案评价包括概略评价和详细评价两个阶段。其评价内容和步骤都包括有技术评价、经济评价、社会评价和环境评价以及综合评价，如图 14.8 所示。

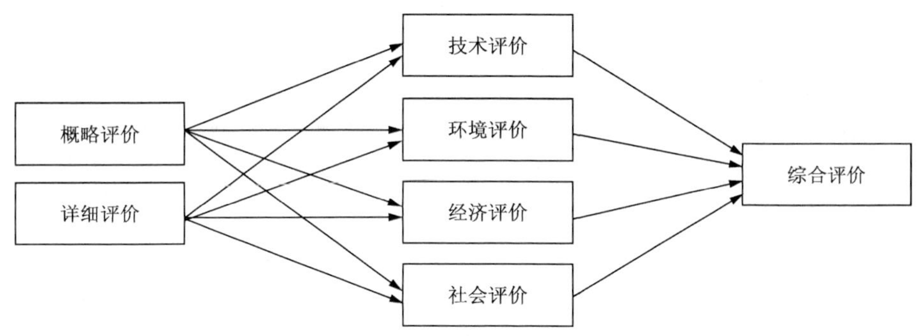

图 14.8 方案评价步骤示意图

在对方案进行评价时，无论是概略评价还是详细评价，一般可先做技术评价、环境评价，再分别做经济评价和社会评价，最后做综合评价。

1）概略评价

概略评价是对新构思方案进行初步研究，其目的是从众多的方案中进行粗略的筛选，以减少详细评价的工作量，使精力集中于优秀方案的评价。概略评价的内容包括以下几个方面：

在技术可行性方面，应分析和研究创新方案能否满足所要求的功能及其本身在技术上能否实现。

在环境评价方面，要分析研究创新方案对环境影响的大小。

在经济可行性方面，要分析和研究产品成本能否降低和降低的幅度，以及实现目标成本的可能性。

在社会评价方面，要分析研究创新方案对社会利害影响的大小。

在综合评价方面，要分析和研究创新方案能否使价值工程活动对象的功能和价值有所提高。

2）详细评价

详细评价是对经过筛选后的少数方案再具体化，通过进一步的调查、研究和评价，最后选出最令人满意的方案。其评价结论是方案审批的依据。详细评价的内容包括以下几个方面：

技术可行性方面，主要以用户需要的功能为依据，对创新方案的必要功能条件实现的程度作出分析评价。特别对产品或零部件，一般要以功能的实现程度（包括性能、质量、寿命等）、可靠性、维修性、操作性、安全性以及系统的协调性等方面进行评价。

环境评价方面，主要研究和分析创新方案带来的环境污染、生态平衡的影响。

经济可行性方面，主要考虑：成本，利润、企业经营的要求；创新方案的适用期限与数量；实施方案所需费用；节约额与投资的回收期以及实现方案所需的生产条件等。

社会评价方面，主要研究和分析创新方案给国家和社会发展带来的影响。

综合评价方面，即在上述四种评价的基础上，对整个创新方案的诸因素，作出全面系统的评价。因此，首先要明确规定评价项目，即确定评价所需的各种指标和因素。然后分析各个方案对每一评价项目的满足程度。最后再根据方案对各评价项目的满足程度来权衡利弊，判断各方案的总体价值，从而选出总体价值最大的方案，即技术上先进、经济上合理和社会上有利的最优方案。

用于方案综合评价的方法很多，下面简要介绍几种：

（1）优缺点列举法是一种常用的定性方法，它是把每一个方案在技术上、经济上的优缺点详细列出，进行综合分析，并对优缺点作进一步调查，用淘汰法逐步缩小考虑范围，从范围不断缩小的过程中找出最后的结论。

（2）直接评分法。根据各种方案能够达到各项功能要求的程度，按 10 分制（或 100 分制）评分，然后算出每个方案达到功能要求的总分，比较各方案总分，作出采纳、保留、舍弃的决定，再对采纳、保留的方案进行成本比较，最后确定最优的方案。

（3）加权评分法。这种方法是将功能、成本等各种因素，根据要求的不同进行加权计算，权数大小应根据它在产品中所处的地位而定，算出综合分数，最后与各方案寿命周期成本综合分析，选择最优方案。它主要包括四个步骤：

① 确定评价项目及其重要度权数。

② 确定各方案对各评价项目的满足程度评分。

③ 计算各方案的评分权数和。

④ 计算各方案的价值系数，以较大的为优。

(4) 理想系数法。这种方法先对每种方案在各项功能指标上进行评分，并按下面公式计算功能满足系数 X 为

$$X = \frac{\sum_{i=1}^{n} P_i}{n \cdot P_{\max}} \tag{14-8}$$

式中，P_i——各方案满足功能 i 的分数；

$P_{\max}$——满足功能的最高得分；

n——需要满足的功能数。

首先，可以邀请有经验的行家来评分，评分标准可按表 14.10 而定，然后再按照表 14.11格式进行功能满足系数 X 的计算。

表 14.10　评价表

方案接近理想完成的程度	给分值
很好的方案	4
好的方案	3
过得去的方案	2
勉强过得去的方案	1
不能满足要求的方案	0

表 14.11　功能满足系数 X 计算

技术功能目标	甲方案	乙方案	丙方案	理想方案
a	3	2	1	4
b	3	2	1	4
c	3	2	1	4
d	4	2	1	4
e	0	2	0	4
f	3	3	3	4
$\sum P$	16	14	7	24
X	X_A=0.66	X_B=0.58	X_C=0.29	X=1.00

其次对各方案的经济性进行评价，计算成本满意系数 Y 为

$$Y = \frac{C_0 - C}{C_0} \tag{14-9}$$

式中，C_0——原成本；

C——新方案的预计成本。

原成本的确定可以将老产品的原成本作为基数来进行计算。如本例中老产品的原成本为 13.06 元/个，甲、乙、丙方案的预算成本见表 14.12。

表 14.12　成本满意系数 Y 计算

方案名称	新方案的预计成本 C/元	原成本 C_0/元	成本满意系数 Y
甲	12	13.06	$Y_{甲}=0.08$
乙	11	13.06	$Y_{乙}=0.16$
丙	10	13.06	$Y_{丙}=0.23$

最后对方案进行综合评价，即根据方案的功能满足系数 X 和成本满意系数 Y 计算方案的理想系数 K 为

$$K=\sqrt{X\cdot Y} \tag{14-10}$$

理想系数 K 是综合衡量方案在功能和成本两方面距离理想状况的程度。当 $K=1$ 时，方案完全理想；若 $K=0$，方案完全不理想；一般 $0<K<1$，在众多方案中选择 K 值最高的方案为选定方案。计算见表 14.13 所示。

表 14.13　理想系数 K 的计算

方案名称	功能满足系数 X	成本满意系数 Y	理想系数 K
甲	0.66	$Y_{甲}=0.08$	0.0528
乙	0.58	$Y_{乙}=0.16$	0.0928
丙	0.29	$Y_{丙}=0.23$	0.0667

从表 14.13 可知，乙方案的理想系数最高，所以应该选择乙方案为最佳方案。

方案经过评价，不能满足要求的就淘汰，有价值的就保留。

14.2.5　价值工程实施阶段

价值工程实施阶段的主要工作是方案实施与成果评价，包括检查、评价与验收。

1. 方案实施

通过综合评价选出的方案，送决策部门审批后便可实施。为了保证方案顺利实施，应做到四个落实：

(1) 组织落实，即要把具体的实施方案落实到职能部门和有关人员。

(2) 经费落实，即要把实施方案所需经费的来源和使用安排落实好。

(3) 物质落实，即要把实施方案所需的物资、装备等落实好。

(4) 时间落实，即要把实施方案的起止时间及各阶段的时间妥善安排好。

在方案实施过程中，应该对方案的实施情况进行检查，发现问题及时解决。

2. 方案总结评价

方案实施完成后，要进行总结评价和验收。

1) 企业经济效益评价

可以根据需要计算方案实施后劳动生产率、材料消耗、能源消耗、资金利用、设备利用、产量品种发展、利润、市场占有率等指标值，在此基础上，进行以下经济效益指标的

计算：

(1) 全年净节约额

$$全年净节约额=(改进前的单位成本-改进后的单位成本)\times 年产量-价值工程活动费用的年度分摊额 \tag{14-11}$$

(2) 节约百分比

$$节约百分比=\frac{改进前的成本-改进后的成本}{改进前的成本}\times 100\% \tag{14-12}$$

(3) 节约倍数

$$节约倍数=\frac{全年净节约额}{价值工程活动经费}\times 100\% \tag{14-13}$$

(4) 价值工程活动单位时间节约数

$$价值工程活动单位时间节约数=\frac{全年净节约额}{价值工程活动延续时间} \tag{14-14}$$

2) 方案实施的社会和环境效果评价

方案实施的社会和环境效果评价包括是否填补国内外科学技术或产品品种的空白，是否满足国家经济发展的需要，是否节约了贵重稀缺物资材料，是否节约了能源消耗，是否降低了用户购买成本或其他使用成本，以及是否防止或减少了污染公害等。

复习思考题

14.1　怎样理解价值工程？价值工程的特点是什么？

14.2　如何理解价值工程的核心是对产品进行功能分析？

14.3　提高价值的途径有哪些？

14.4　价值工程对象的选择应考虑哪些方面？

14.5　对于产品分析来说，一般应收集哪些方面的信息资料？

14.6　价值工程中的功能分为哪几类？怎样理解功能定义？

14.7　如何理解目标成本？功能现实成本的计算与一般的传统的成本核算有何异同？

14.8　什么是功能成本法？

14.9　功能价值系数的判别标准是什么？改进价值工程对象的原则是什么？

14.10　价值工程创新阶段的工作有哪些？

第十五章　建设项目施工方案的工程经济分析

在满足施工合同要求和有关技术法规的条件下，建设项目可通过不同的技术、工艺、设备、材料和组织管理方案来完成，但在完成项目建设的过程中，不同方案取得的技术经济效果是不同的。因此需同时设计多个施工方案进行选择，而施工方案的工程经济分析是选择最优方案的重要途径。

15.1　概　　述

15.1.1　施工方案的概念及其分类

1. 施工方案的概念

施工方案是指按照科学、经济、合理的原则，正确地确定工程项目的施工顺序和施工方法，选择适用的施工机械，结合建设条件，对标段划分、施工期限作出合乎实际的安排。施工方案设计是一个全面、综合的分析、比较、判断、决策的过程。主要包括：确定主要分部分项工程及其施工方法、安排施工顺序和施工流向、选择施工机械、进行工程经济分析等。施工方案设计的目的是提高质量、加快工期、降低成本、减少安全事故，提高工程项目施工的经济效益与社会效益。

2. 施工方案的分类

根据工程实际情况，关键工序、特殊的分部分项工程、季节性施工以及新技术必须编制施工方案。施工方案一般分为主要施工方案、专项施工方案与安全施工专项方案。

1）主要施工方案

施工过程中，一般要求对工程项目中工程量大、施工难度大、工期长、对工程建设起关键作用的项目编制主要施工方案。主要施工方案的合理与否将直接影响到工程施工安全、质量、工期、成本，同时也是体现施工企业能力和技术水平的重要标志。主要施工方案一般包括：质量控制方案、测量施工方案、土方工程施工方案、基坑护坡工程施工方案、防水工程施工方案、钢筋工程施工方案、脚手架工程施工方案、模板工程施工方案、混凝土工程施工方案、建筑装饰装修工程施工方案、建筑给排水施工方案、通风与空调工程施工方案、建筑电气工程施工方案、冬期施工方案、雨期施工方案、塔吊安装方案、施工试验方案、计量器具选用方案、现场消防保卫方案、现场文明施工方案、环境保护方案、施工资料目标设计方案、成品保护方案等。

2）专项施工方案

专业分包工程、专业性较强或难度较大的项目、易发生安全事故的项目、冬（雨）期施工等应编写专项施工方案。工业与民用建筑可能涉及的专项施工方案:土方工程施工方案、人工挖(扩)孔桩施工方案、预制桩基础工程施工方案、异(大)型脚手架施工方案、整体提升脚手架施工方案、施工用承重平台施工方案、大体积混凝土工程施工方案、钢结构工程施工方案、构件吊装施工方案、装饰工程施工方案、地下或屋面防水施工方案、幕墙工程施工方案、冬(雨)期施工方案、拆除工程施工方案、维修工程施工方案、设备安装施工方案、电梯工程施工方案、电气工程施工方案、暖卫工程施工方案、燃气工程施工方案、空调(通风)工程施工方案、消防(防火)工程施工方案、采用古建筑作法时的施工方案等。

3) 安全施工专项方案

依据《中华人民共和国建筑法》、《中华人民共和国安全生产法》、《建设工程安全生产管理条例》以及强制性行业标准——《建筑施工安全检查评分标准》的要求,必须编写安全施工专项方案的分部分项工程:基坑支护与降水工程、土方开挖工程、模板工程、脚手架工程、起重吊装工程、现场临时用电、垂直运输设备安拆、塔吊安拆、"三宝""四口""五临边"防护措施、拆除工程、爆破工程等。

3. 施工方案与施工组织设计的关系

1)施工组织设计

施工组织设计是用来指导工程项目施工全过程中各项活动的技术、经济和组织的综合性文件,是工程项目施工技术与施工管理有机结合的产物,是对施工活动实行科学管理的重要手段,具有战略部署和战术安排的双重作用。施工组织设计文件体现了对拟建工程的建设计划和设计要求,提供了拟建工程各施工阶段准备工作的内容,对协调施工过程中各施工单位、各施工工种、各项资源之间的相互关系具有重要作用,它是工程开工后各项施工活动有序、高效、科学合理地推进的保证。

施工组织设计一般包括四项基本内容:

(1) 施工方法与相应的技术组织措施,即施工方案。

(2) 施工进度计划(用横道图或网络图绘制)。

(3) 施工现场平面布置。

(4) 有关劳动力、施工机具、建筑安装材料、施工用水、施工用电、动力及运输、仓储设施等暂设工程的需要量及其供应与解决办法。

以上四项内容是有机地联系在一起,互相促进,互相制约,不可分割的。前两项指导施工,后两项则是施工准备的依据。

施工组织设计必须针对具体工程,以单位工程为对象编制,一般要根据工程规模的大小、结构特点、技术复杂程度和施工条件的不同而定,以满足不同的实际需要。复杂和特殊工程的施工组织设计需较为详尽;小型工程项目或对施工单位而言具有较丰富施工经验的工程则可较为简略;大中型项目要安排好主体工程、辅助工程和公用工程的相互衔接和配套;单位工程施工组织设计是为具体指导单位工程施工服务的,要具体明确,要解决好各工序、各工种之间的衔接配合,合理组织平行、流水和交叉作业,以提高施工效率。

2) 施工方案与施工组织设计的关系

施工组织设计是施工组织者战略性的、控制性的思考结果,虽然它对单位工程进行了有效控制和囊括，但对于分部工程就显得指导不具体。为了控制好分部工程的施工过程，使构成单位工程的各个分部都能像单位工程那样合理、系统地进行施工，这就要求有一个与施工组织设计相类似的分部工程设计——施工方案。

施工方案是单位工程施工组织设计的核心内容。因为施工方案一旦确定，施工进度计划、劳动力安排、机械设备的调配、物资材料的需求计划以及运输方式、施工现场的平面及空间布置、各种技术组织保证措施等将随之而确定。施工方案以分部工程为对象，从较细的分部工程的角度来探讨如何按照项目目标组织施工。它按照施工任务要求，对构成特定施工任务的各个具体分部工程进行认真分析、研究，并制定具体的施工方法以指导施工。施工方案只能针对具体的分部工程，离开具体的分部工程，任何施工方案都毫无价值。

15.1.2　施工方案工程经济分析的内容

1. 施工方案工程经济分析的概念

施工方案的工程经济分析就是对施工备选方案进行“可能—可行—最优”步步深入的分析、论证、对比、寻求最佳方案，以达到保证工程质量、降低工程成本、节约劳动消耗、缩短工期和减少污染等工程建设的综合最优效果的目的。在投标阶段，一个科学合理的施工方案是施工企业向业主展示其技术装备能力、组织管理能力以及企业经济实力的关键环节，对于提高中标概率有着不可忽视的作用。在施工阶段，实施科学合理的施工方案是缩短工期、确保质量、提高劳动生产率、降低工程成本的重要基础。反之，则不仅直接影响到工程进度、施工质量、安全生产，而且还将影响到工程成本和经济效益。因此，施工企业应根据企业的技术力量、组织管理能力、工程特点及建设地点的条件等，对工程建设中所采用的各种施工技术方案、技术措施的经济效益进行计算、比较、分析和评价，以便为选用最佳方案提供科学依据。

2. 施工方案工程经济分析的内容

一个工程项目的施工生产过程由许多工种、工程组成。在组织工程施工时，可采用不同的施工顺序和施工方法来完成，各工种之间的配合亦可采用不同的组织方法来实现。因此，施工方案工程经济分析的主要内容为施工工艺方案与施工组织方案的分析评价。

施工工艺方案是指对主要施工过程的施工技术、方法和相应施工机械的选择，以及施工中采用的新技术、新工艺等。

施工组织方案主要指工程项目的施工组织方法，如平行作业、立体交叉作业、搭接作业、流水施工等组织形式。

3. 施工方案工程经济分析的特点

(1) 施工方案要根据施工工期的长短，确定方案的评价是否考虑时间因素。

(2) 施工方案分析，若工期较短、预见性大，可视为确定性问题；若工期较长、难以准确预见时，则可视为不确定性或风险性问题。

(3) 施工方案分析主要的现金流量是工程成本费用支出和工程款结算收入。

(4) 施工方案分析属微观决策问题，一般不涉及国民经济宏观评价。

4. 施工方案工程经济分析的基本要求

(1) 应以设计方案的要求、施工合同文件要求、技术法规及工程的实际需要为依据。

(2) 力求做到技术先进性和经济合理性的统一。

(3) 坚持以工程项目全局的观点计算经济效益。

(4) 既要计算目前的经济效益，又要考虑长远的经济效益。

(5) 经济效益、社会效益和环境效益的统一。

15.1.3 施工方案工程经济分析的原则

1. 技术分析与经济分析相结合的原则

施工方案必须技术上先进、可靠、适用。选择先进、可靠、适用的技术可以取得多方面的效果。其中主要表现在：降低物质消耗，缩短工艺流程，提高劳动生产率，有利于保证和提高产品质量，提高自动化程度，有益于施工人员人身安全，减轻工人的劳动强度，减少污染、消除公害，有助于改善环境。同时，有利于缩小与国外先进水平的差距。施工方案必须经济上合理。经济合理就是要综合考虑投资、成本、质量、工期、环境效益、社会效益等因素，选择经济上合算的方案。通常情况下，这些原则是一致的。但有时也存在相互矛盾的情形，此时就要把技术分析与经济分析有机结合，综合考虑几方面的得失，正确处理技术先进与经济合理两者之间的对立统一关系，力求在技术先进条件下的经济合理，在经济合理基础上的技术先进。一般地说，在保证功能和质量、不违反劳动安全与环境保护的原则下，经济合理应是选择施工方案的主要原则。

2. 全面分析、突出主要指标的原则

要对施工方案的技术方法、组织方法及经济效果进行分析；对需要与可能进行分析；对施工的具体环节及全过程进行分析。施工方案工程经济分析的指标很多，在做定量分析时，要对主要指标、辅助指标和综合指标区别对待，突出主要指标。施工方案工程经济分析应围绕质量、工期、成本三个主要方面。选用某一方案的原则是：在质量能达到合同要求的前提下，工期合理、成本节约。单位工程施工组织设计的施工方案，其综合工程经济分析指标应以工期、质量、成本、劳动力节约、材料节约、机械台班节约为重点。对于单位工程施工组织设计的施工方案，不同的设计内容，则应有不同的工程经济分析主要指标。基础工程应以土方工程、现浇混凝土、打桩、排水和防水、运输进度与工期为主要指标。结构工程应以垂直运输机械选择、流水段划分、劳动组织、现浇钢筋混凝土支模、混凝土浇灌及运输、脚手架选择、特殊分项工程施工方案、各项技术组织措施为主要指标。装修阶段应以施工顺序、质量保证措施、劳动组织、分工协作配合、材料节约、技术组织措施为主要指标。

3. 定量分析与定性分析相结合原则

1) 定性分析

定性分析主要是根据施工经验和工程特征对方案的优缺点进行比较分析，主要从以下方面考虑：

(1) 施工技术方案是否先进可行，是否有适当的技术和管理水平。

(2) 流水段的划分是否适当，是否满足施工进度安排要求，是否满足施工连续性和均衡性，是否与工程要求相符。

(3) 施工平面图设计是否合理，是否充分利用场地，为后续工程提供有利施工条件的可能性。

(4) 能否体现文明施工或能否为现场文明施工创造条件。

(5) 机械选用是否与工程要求相符，利用现有施工设备、机械的情况，施工机械的适用性与多样性。

(6) 施工操作上的难易程度，施工安全可靠性如何。

(7) 季节性施工情况如何，或对冬季或雨季施工带来困难的大小。

2) 定量分析

定量分析就是对各施工方案其所需的劳动力、资源消耗量、工期长短和成本范围等技术经济指标进行数据计算，通过量的分析比较，对各方案进行工程经济评价。

施工方案的评价应尽可能量化评价要素，采用分析计算手段，进行客观评价，以减少主观评价的随机性。对个别难以量化的要素，可采用定性分析的方法。

总之，在对施工方案进行工程经济分析和比较时，应综合运用定性分析与定量分析的方法，根据具体的施工条件、施工对象，选择出最佳施工方案。

4. 静态分析与动态分析相结合的原则

施工方案的评价应从实际条件出发，切实计算一切发生的费用。如果属于固定资产的一次性投资，由于资金数额大、周期长，需要计算资金的时间价值；如果属于施工阶段的临时投资，由于资金数额少、时间短，则可按静态分析的方法进行计算。施工方案的寿命期通常较短，一般一个合同的工期多在1～2年之内，所以在对施工方案进行工程经济分析时，往往只作静态分析。

15.2　施工方案技术分析

15.2.1　施工方案技术分析

施工方案技术分析是依据工程特点、施工条件以及企业资源供应情况对已提出的各种施工方法及确定的施工机械进行综合分析评价，最终选择先进可行的施工方法、施工组织和经济合理的施工机械。

1. 施工方法技术分析

先进的施工方法不仅可以降低成本、缩短工期，而且还是施工企业技术创新能力的体现，通过技术创新，能使企业获得较好的生存与发展的内部环境。因此，对施工方法进行评价时，应考虑其先进性。强调施工方法的先进性，并不是一味追求采用最新、最先进的施工方法。先进的施工方法虽能取得较好的效果，但是它需要企业具备先进的技术装备、较高的技术操作水平和较高的成本花费，也就是说施工方法的选择不能脱离企业的现状，必须结合企业的现实情况来选择相应的施工方法，即施工方法的可行性。这就要求在对施工方法评价时要从其先进性与可行性两个方面进行利弊权衡，既不能盲目追求先进性，也不能消极强调可行性。施工方法不仅要求先进性与可行性，而且还应具有合理性。合理性指的是施工方法必须符合安全生产的要求及工程施工的客观规律，保证质量达到用户的要求。保证质量、符合安全操作规程，是对施工方法的基本要求。因此，每一种施工方法都必须制定与之相适应的质量、安全保证措施，并且要制定质量、安全的成本指标。对施工方法的合理性进行评价时，首先考虑其是否满足基本技术要求，然后再从质量及安全的成本指标方面进行分析，将质量及安全措施切实可行、成本较低的方案作为较为合理的方案。

2. 施工机械技术分析

施工技术进步的重要标志之一就是施工机械化。因此，提高机械化施工水平是制定施工方案的重要内容，也是衡量施工方案优劣的重要指标。施工机械化的评价包括分析整体机械化水平、施工机械满足施工要求的程度以及施工机械的经济合理性三个方面。在施工过程中，应尽可能以机械化施工代替手工操作，以提高工程施工的机械化水平。这样不仅可以改善劳动条件，减轻劳动强度，而且可以提高劳动生产率，降低工程成本。由于不同施工项目的规模、特点及施工条件的不同，对施工机械的要求也不尽相同。在选择施工机械时，不仅要考虑其先进性、高效性，而且也要考虑其经济合理性。因此，在选择施工机械时应注意如下问题：

（1）在满足施工总体部署的前提下，应着重考虑占主导地位的分部分项工程的施工方法和施工机械的选择。

（2）施工机械必须满足施工技术的要求。

（3）应注意施工机械的技术先进与经济合理性的统一。

（4）应考虑兼顾施工机械的适用性和多用性，尽可能发挥施工机械的效率和利用率。

（5）应考虑施工单位的技术特长和现有机械设备的配套使用。

（6）应满足工期、质量和安全生产的要求。

总之，在进行施工机械技术分析，应以满足施工的基本需要为原则，尽可能发挥企业现有机械的能力，使大型机械与中小型机械结合起来，使机械化与半机械化结合起来，充分利用主导机械，经济合理地扩大机械化施工的范围，提高机械化施工程度。

3. 施工组织分析

施工组织是对施工活动中所需的人力、资金、材料、机械和施工方法等进行科学合理的安排，协调施工中各施工单位之间、各工种之间、资源与时间之间、各项资源之间的合理关系，使工程施工取得相对最佳的效果。施工组织方式是施工方案不可缺少的组成部分，也是衡量施工方案优劣的重要方面。它主要从如下两个方面进行分析评价。

1）施工顺序

施工顺序是指分部分项工程施工的先后顺序。确定施工顺序是为了按照建筑产品生产的客观规律组织施工，合理解决各工序之间在时间和空间上的搭接问题，在确保质量及安全的前提下充分利用空间、争取时间，实现缩短工期的目的。施工顺序的安排首先应具有合理性，必须符合工序之间所固有的逻辑关系，遵循施工中的一些基本原则，满足施工工艺的要求。否则就会造成混乱，或损害质量、或使成本增加等，影响施工的顺利进行。

确定分部分项工程的施工顺序应遵循的基本原则是：

（1）必须符合施工工艺的要求。

（2）必须与选择的施工方法和施工机械协调一致。

（3）必须考虑施工组织的要求。

（4）必须满足确保施工质量的要求。

（5）必须考虑当地的气候条件。

（6）必须满足安全施工的要求。

（7）一般遵循“先地下后地上”、“先深后浅”、“先主体后装饰”的原则。

总之，在对施工顺序的安排进行评价时，应将是否具有合理性放在重要位置，避免不合理施工顺序的出现，保证施工顺利进行。施工顺序不仅要求具有合理性，而且应注重科学性。科学性即要注意优化工序之间的组织关系，尽可能减少工人和机械的停歇时间，充分利用工作面，克服在整个施工过程中前紧后松或前松后紧的现象，保证施工的连续性和均衡性。遵循施工程序以保证施工顺序的合理性、优化施工顺序以追求施工顺序的科学性是制定施工方案时应重点考虑的内容，也是衡量施工方案优劣的重要标志。只有将施工顺序的合理性与科学性统一协调起来的施工方案才会在实际施工中取得较好的效果。

2）施工组织方式

施工组织方式是对拟建工程施工的全过程实行科学管理的重要手段，可以有效地把施工单位与协作单位、部门与部门、阶段与阶段、过程与过程之间的关系很好地协调起来，对于保证质量、降低成本、缩短工期都会起到重要的作用。施工组织方式首先要追求先进性。随着科学技术的发展，影响施工的因素也越来越复杂，因此需要不断地提高施工的组织管理水平，才能取得满意的效果。为此要尽可能地采取流水施工的组织方式，推进建筑产品等生产的专业化和工厂化水平。在施工进度计划的编制和控制中，应采用网络技术对施工活动进行定量分析，使各项工作始终处于受控状态。在施工部署的制定中，应采用系统工程的思想方法、统筹安排、全面规划，以追求整体效果的最优性。施工组织方式不仅要求具有先进性，而且也强调适用性。适用性意为施工组织方式要根据拟建工程的特点并结合施工企业的自身条件来确定。不同的施工管理对象所要求的组织管理方法不尽相同，对管理者的技能水平、企业内外环境也有不同的要求。因此，施工组织方式的确定必须充分考虑到拟建工程的规模、自然条件、施工现场条件以及施工企业的组织管理水平、技术装备水平、施工技术能力等。

15.2.2 新技术应用方案的技术分析

随着科学技术的快速发展，新的工程施工方案也随着工程规模的不断扩大及施工难度的不断增加而不断出现。在针对某一工程项目选择施工方案时，必须注意新工艺、新技术、新设备、新材料等的应用，在此统称新技术。工程建设新技术的范畴包括工程设计技术、工程材料、工程结构、施工工艺、环境技术、设备系统、节能、工程安全和防护技术等。新技术所涉及的“新”是相对的、有条件的、可变的。世上任何一项新技术都不是凭空产生的，都是根据特定的需要，针对一定的条件研制、发展而成的，对不同的对象有不同的适宜性和条件性。新技术应用方案的技术分析，就是通过对其方案的技术特性和条件指标进行对比与分析来完成的。反映技术特性的指标如：结构工程中混凝土工艺方案的技术性指标可用现浇混凝土强度、现浇工程总量、最大浇筑量等表示；安装工程则可用安装“构件”总量、最大尺寸、最大重量、最大安装高度等表示。反映技术条件的指标可用：方案占地面积，所需的主要材料、构配件等资源是否能保证供应，所需的主要专用设备是否能保证供应，所需的施工专业化协作、主要专业工种工人是否能保证供应，采用的方案对工程质量的保证程度，对社会运输能力的要求及能否得到服务，对市政公用设施的要求及能否得到服务，采用的方案可能形成的施工公害或污染情况，采用的方案抗拒自然气候条件影响的能力，采用的方案要求的技术复杂程度和难易程度以及对技术准备工作的要求，施工的安全性，采用的方案对前道工序的要求和为后续工序创造的条件等表示。

在进行新技术应用方案技术分析时，一般从以下几个方面着手。

(1) 分析与实施工程相关的国内外新技术应用方案，比较优缺点和发展趋势，选择先进适用的应用方案。

(2) 拟采用的新技术和新工艺应用方案应与采用的原材料相适应；新材料应用方案应与采用的工艺技术相适应。

(3) 分析应用方案的技术来源的可得性，若采用引进技术或专利，应比较所需费用。

(4) 分析应用方案是否符合节能、环保的要求。

(5) 分析应用方案对工程质量、安全的保证程度。

(6) 分析应用方案各工序间的合理衔接，工艺流程是否通畅、简捷。

但同时应注意避免新技术因其本身的成熟度和风险、项目所在地、实施企业的原因所可能带来的消极影响。

15.3 施工方案经济分析

施工方案工程经济分析首先要考虑施工方案技术上的可行性，即是否能实现，然后是经济上是否合理。在拟定出的若干方案中，如果各施工方案均能满足技术要求，则最经济的方案即为最优方案。

15.3.1 施工方案经济分析指标

施工方案的经济分析是对各施工方案的主要经济指标所作的比较分析，根据分析结果选择经济指标较佳的方案为最优方案。衡量一个施工方案优劣的经济指标有很多，其中最有代表性的有以下指标：

1. 工期

工期是衡量施工方案优劣的重要指标。一般来讲，工程建设费由直接费与间接费及其他费用所构成。通常工期缩短，直接费用就会增加，间接费用和其他费用则反而减少。如施工进度加快，则需要超量的准备、多交接班、增加工人，可能会使用高价的材料、机械和方法，作业效率降低，直接费用就会增加。间接费和其他费用包括管理费、资金占用利息等，随工期的延长大致呈直线的增加趋向。由于时间本身就是一种特殊的资源，对某些比较紧迫的施工任务来说，就是要千方百计地缩短工期，以满足工程项目竣工投产使用的特殊要求。对于一般的工程施工任务，也需要进行综合分析，将工期控制在经济合理的时间范围以内。因此，在对某施工方案的计划工期进行评价时，首先要分析该施工方案对合同规定工期的满足程度，能否有把握地按期竣工；其次要对保证工期的有关措施进行分析，包括如何控制工期和对影响工期的不确定因素的准确预测。选择可信度较高、工期较短的方案为最佳方案。

缩短施工工期的经济效果，主要从以下三方面考虑。

1）缩短工期节约固定费用

由于缩短工程工期节约的固定费用为

$$G_j = C_{Fj}\left(1-\frac{T_j}{T_0}\right) \tag{15-1}$$

式中，G_j——第 j 方案缩短工期节约的固定费用；

C_{Fj}——第 j 方案工程成本中的固定费用；

T_j——第 j 方案的工期；

T_0——预定工期（或合同工期）。

2）缩短工期的生产资金节约额

因缩短工期而减少流动资金和固定资金的占用额可按下式计算：

$$F_j = f_j\left(1-\frac{T_j}{T_0}\right) \tag{15-2}$$

式中，F_j——第 j 方案缩短工期生产资金节约额；

f_j——第 j 方案资金平均占用额（月流动资金平均占用额十该项工程固定资金占用额）。

3）缩短工期提前投产的经济效益

$$S_j = B_j(T_0 - T_j) \tag{15-3}$$

式中，S_j——因工程提前投产带来的经济效益；

B_j——投产一日可获得利润；

$(T_0 - T_j)$——工程比预定工期(或合同工期)提前完工的日数。

2. 成本

成本是反映企业全部工作质量的综合指标,显示了企业生产经营活动各方面工作的效果。各施工方案的成本包括直接成本和间接成本两大类。不同的施工方案由于其工期、材料消耗、劳动力消耗、使用的机械类型以及施工组织形式等都存在较大差异,因而使得施工成本也有较大差异。一般情况下,在保证施工安全与质量的前提下,总成本最低的方案为最优方案。具体评价方法是将各施工方案的总成本与施工预算成本进行比较,只要不超出预算成本的方案都可视作可行方案,然后再对各可行方案进行分析评价。对于和预算成本有较大差异的可行方案要进行深入分析,不能过分强调成本的最低性,而应更注重在可行方案中选择可信度较高的方案。

降低施工成本的经济效果,主要从以下方面考虑:

1) 主要材料节约指标

应计算的相关指标有:

(1) 主要材料节约量为

$$\text{主要材料节约量} = \text{预算用量} - \text{施工组织设计计划用量} \tag{15-4}$$

(2) 主要材料节约额为

$$\text{主要材料节约额} = \text{主要材料预算金额(元)} - \text{主要材料计划金额(元)} \tag{15-5}$$

(3) 主要材料节约率为

$$\text{主要材料节约率} = \frac{\text{主要材料节约量}}{\text{主要材料预算用量}} \tag{15-6}$$

2) 人工指标

(1) 单方用工,它反映劳动的使用和消耗水平,即

$$\text{单方用工数} = \frac{\text{总用工数(工日)}}{\text{建筑面积}(\text{m}^2)} \tag{15-7}$$

(2) 主要工种(钢筋工、木工和混凝土工等)用工量。

(3) 全员劳动生产率[元/(人·年)]。

(4) 劳动力不均衡系数。

$$\text{劳动力不均衡系数} = \frac{\text{施工期高峰人数}}{\text{施工期平均人数}} \tag{15-8}$$

3) 施工机械效率

(1) 大型机械单方耗用台班数。

$$\text{大型机械单方耗用台班数} = \frac{\text{大型机械耗用总台班(台班)}}{\text{建筑面积}(\text{m}^2)} \tag{15-9}$$

(2) 大型机械单方耗用费。

$$\text{大型机械单方耗用费} = \frac{\text{大型机械耗用台班费(元)}}{\text{建筑面积}(\text{m}^2)} \tag{15-10}$$

(3) 施工机械利用率。

$$施工机械利用率 = \frac{主要施工机械在施工现场的工作总台班数}{主要施工机械在施工现场的日历天数} \tag{15-11}$$

(4) 施工机械化程度。

$$施工机械化程度 = \frac{机械完成的实物工程量}{全部实物工程量} \times 100\% \tag{15-12}$$

4) 降低成本指标

(1) 降低成本额。

$$降低成本额 = 预算成本 - 所采用施工方案的计划成本 \tag{15-13}$$

(2) 降低成本率。

$$降低成本率 = \frac{预算成本 - 所采用施工方案的计划成本}{预算成本} \times 100\% \tag{15-14}$$

5) 工程施工效率

(1) 单位工程量的用工数(如总工日数/建筑面积)。

(2) 分工种的每工产量(如 m/工日、m^2/工日、m^3/工日、吨/工日等)。

(3) 生产工人的日产值(元/工日)。

可用进度实物工程量表示,如土方工程可用 m^3/月、m^3/周、m^3/台班、m^3/工日或 m^3/小时等表示。

6) 预制加工程度

$$预制加工程度 = \frac{预制加工所完成的工作量}{总工作量} \times 100\% \tag{15-15}$$

7) 施工中主要资源耗用量

(1) 主要材料资源耗用量,即进行施工过程中必须消耗的主要材料资源(如模板材料、脚手架材料等),一般不包括构成工程实体的材料消耗;

(2) 不同施工方案能源(如电、燃料、水等)消耗量。

在计算施工方案的消耗费用时,不仅要计算该施工方案本身所引起的直接的劳动消耗费,而且还应包括计算与该方案有关的其他间接劳动消耗费或相关费用。当然,这些相关费用的计算不是无限制的,而只是考虑与其有直接关系所发生的消耗费用,如构件和原材料的生产、燃料和动力的供应以及运输费用等。

3. 新增投资额

各施工方案的实施都要不同程度地增加新的投资。原则上讲,对于一个施工方案应尽可能少增加新的投资。因此,在分析评价时,依据新增投资的多少来判断施工方案的优劣是一种简单易行的方法。

1) 施工机械、工具投资

对于某些特殊的施工方案需要增加大型施工机械时,必须对投资效率及投资回收期进行计算分析,对于投资回收期较长、投资效率较低的方案应坚决放弃,以避免可能的风险。选择主要施工机械要从机械的经济性、耐久性、多用性及生产率等要素来考虑。如有多种可供选择的机械,在使用性能和生产率相类似的条件下,除购置价格外,机械经济性的综合评价还必须全面考虑能耗费、维修费、折旧费、保养费、使用年限及期末的残余价值等。

2）临时工程

（1）临时工程投资比例。

$$\text{临时工程投资比例}=\frac{\text{全部临时工程投资}}{\text{建安工程总值}}\times 100\% \quad (15\text{-}16)$$

（2）临时工程费用比例。

$$\text{临时工程费用比例}=\frac{\text{临时工程投资}-\text{预计回收费}+\text{租用费}}{\text{建安工程总值}}\times 100\% \quad (15\text{-}17)$$

15.3.2 施工方案经济分析方法

在工程建设中，不同的施工方案只能选择一个方案实施，即方案之间具有互斥性。常用的静态分析方法有增量投资收益率法、折算费用法等；常用的动态分析方法有费用现值法、费用年值法等。

1. 增量投资收益率法

通过计算互斥施工方案的增量投资收益率(详见第 4.5.2 节)，据此选择施工方案。

例 15.1 某工程施工有两个对比施工方案。施工方案 1 是过去曾经应用过的技术方案，需投资 120 万元，年生产成本为 32 万元；施工方案 2 是新技术方案，在与施工方案 1 应用环境相同的情况下，需投资 160 万元，年生产成本为 26 万元。设基准投资收益率为 12%，试运用增量投资收益率法选择方案。

解 由式(4-30)得

$$R_{(2-1)}=\frac{C_1-C_2}{I_2-I_1}\times 100\%=\frac{32-26}{160-120}=\frac{6}{40}=15\%>12\%$$

这表明施工方案 2 在经济上是可行的。

2. 折算费用法

（1）当各施工方案的有用成果相同时，一般可通过比较各施工方案的单位时间费用大小，来决定优劣和取舍。其中施工方案的单位时间可根据实际情况按年、半年、季、月、周、天考虑。

① 在采用施工方案要增加投资时，可通过式(4-36)比较各方案单位时间折算费用的大小以选择方案，即 $\min\{Z_j\}$ 为最优施工方案。

例 15.2 数据与例 15.1 相同，基准投资回收期为 8 年，试运用折算费用法选择施工方案。

解 由式(4-44)计算得

$$Z_1=\frac{I_1}{P_c}+C_1=\frac{120}{8}+32=47(\text{万元})$$

$$Z_2=\frac{I_2}{P_c}+C_2=\frac{160}{8}+26=46(\text{万元})$$

因为 $Z_1 > Z_2$，这表明施工方案 2 在经济上是可行的。

② 在采用施工方案不增加投资时，从式(4-36)可知：$Z_j = C_j$，故可通过比较各施工方案生产成本的大小选择方案，即

$$Z_j = C_j = C_{Fj} + C_{uj}Q \tag{15-18}$$

式中，C_{Fj}——第 j 施工方案固定费用(固定成本)总额；

C_{uj}——第 j 施工方案单位产量的可变费用(可变成本)；

Q——生产的数量。

例 15.3 某施工项目现有两个对比工艺方案，1 方案是过去曾经应用过的，2 方案是新方案，两方案均不需增加投资。但应用 1 方案需固定费用 60 万元，单位产量的可变费用 300 元；应用 2 方案需固定费用 80 万元，单位产量的可变费用 250 元。设生产数量为 10000 个单位，试运用折算费用法选择方案。

解 由式(15-18) 得

$$Z_1 = C_1 = C_{F1} + C_{u1}Q = 60 + 300 \times 1 = 360(\text{万元})$$

$$Z_2 = C_2 = C_{F2} + C_{u2}Q = 80 + 250 \times 1 = 330(\text{万元})$$

因为 $Z_1 > Z_2$，这表明新技术方案在经济上是可行的。

(2) 当施工方案的有用成果不相同时，一般可通过施工方案费用的比较来决定施工方案的使用范围，进而取舍方案。通常可用数学分析的方法和图解的方法来进行。

首先运用式(15-18)列出对比施工方案的生产成本，即

$$C_{\mathrm{I}} = C_{F1} + C_{ul}Q$$

$$C_{\mathrm{II}} = C_{F2} + C_{u2}Q$$

据此可绘出对比施工方案的生产成本与产量的关系曲线，如图 15.1 所示。

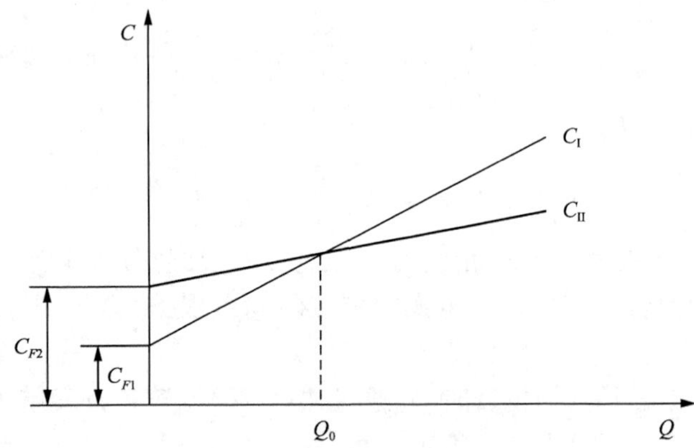

图 15.1 生产成本与产量关系图

由图 15.1 可知，当 $Q = Q_0$(临界产量)时，$C_{\mathrm{I}} = C_{\mathrm{II}}$，则

$$Q_0 = \frac{C_{F2} - C_{F1}}{C_{u1} - C_{u2}} \tag{15-19}$$

式中，C_{F1}、C_{F2}——Ⅰ、Ⅱ施工方案的固定费用；

C_{u1}、C_{u2}——Ⅰ、Ⅱ施工方案的单位产量的可变费用。

当产量 $Q>Q_0$ 时，方案Ⅱ优；当产量 $Q<Q_0$ 时，方案Ⅰ优。

例 15.4　数据与例 15.3 相同，试运用折算费用法确定两施工方案的使用范围。

解　由式(15-19)得

$$Q_0=\frac{C_{F2}-C_{F1}}{C_{u1}-C_{u2}}=\frac{(80-60)\times 10000}{300-250}=4000(\text{生产单位})$$

当产量 $Q>4000$ 时，施工方案Ⅱ优；当产量 $Q<4000$ 时，施工方案Ⅰ优。

若施工工期较长，资金成本较高，则所有的成本必须考虑资金的时间价值，对各施工方案作动态经济分析。

3. 费用现值法

在施工方案收益(一般是施工工程款)一定时，按照一定的折现率，将施工方案在整个施工期内的每年发生的施工成本费用折算到某个时刻(一般是期初)的现值之和。其计算式见式(4-39)。

判断准则：在满足合同要求的条件下，费用现值最小的施工方案最优。

4. 费用年值法

费用年值法是指在施工方案收益(一般是施工工程款)一定时，按照一定的折现率，将施工方案在整个施工期内的发生的施工成本费用等额分摊到施工阶段内各单位时间。其计算式见式(4-42)。

判断准则：在满足合同要求的条件下，费用年值最小的施工方案最优。

费用现值法和费用年值法是等价的。费用现值法要求参与比选的方案具有相同的计算期，否则只能采用费用年值法。用费用现值法和费用年值法比选方案时，施工方案的收益必须一定。如果施工方案不同，收益就不同，则无法进行比较。

例 15.5　某工程项目有三个施工方案 A、B、C，均能满足同样的合同要求。其施工成本费用数据如表 15.1 所示。若基准折现率为 5%，试分别用费用现值法和费用年值法比较方案的优劣。

表 15.1　三个施工方案的费用数据　　单位：万元

方案	第 0 年投资	第 1～5 年成本
A	100	40
B	130	30
C	80	50

解　三个方案的费用现值分别为

$$PW_A=100+40(P/A,5\%,5)=100+40\times 4.3295=273.18(\text{万元})$$

$$PW_B=130+30(P/A,5\%,5)=130+30\times 4.3295=259.885(\text{万元})$$

$$PW_C=80+50(P/A,5\%,5)=80+50\times 4.3295=296.475(\text{万元})$$

从计算结果看，B 方案的费用现值最小，因此 B 方案最优。

再计算三个方案的费用年值。

$AC_A = PC_A(A/P,i,n) = 273.18(A/P,5\%,5) = 273.18 \times 0.231 = 63.105$(万元)

$AC_B = PC_B(A/P,i,n) = 259.885(A/P,5\%,5) = 259.885 \times 0.231 = 60.033$(万元)

$AC_C = PC_C(A/P,i,n) = 296.475(A/P,5\%,5) = 296.475 \times 0.231 = 68.486$(万元)

从费用年值的计算结果看,B方案最优。

15.4 施工方案工程经济综合分析评价

对施工方案进行技术分析或经济分析,仅仅是对某个指标或某方面指标进行的单独评价,往往不可避免地带有片面性和局限性。施工方案的分析、确定是一个系统工程的多目标决策过程,必须按照多目标决策分析原理和方法,全面考虑技术、经济和效果等各项指标,才能减少失误,做到决策正确。因此,必须对施工方案进行工程经济综合分析,保证全面判断施工方案的优劣。一般应围绕质量、工期、成本三个主要方面,在保证质量和安全的前提下,使工期合理、费用最少、效益最好。施工方案工程经济综合分析评价常用的方法有多指标加权评分法、价值工程法和层次分析法等。下面仅对多指标加权评分法进行介绍。

多指标加权评分法按照下列步骤对施工方案进行分析、评价、择优。

(1) 根据工程项目要求,确定分析评价的目的、任务和范围。

(2) 探讨和建立可能的施工方案。根据施工技术理论和施工组织经验,提出若干个施工上可行的方案。

如果只有唯一可行的方案,则无法进行对比和鉴别,更不能确定其优劣。因此,必须拟定两个或两个以上技术上可行、质量达合同要求的施工方案作为评价对象。

(3) 选取能反映方案特征的技术性、经济性和效果性的指标体系,并依据各指标的重要性,对其分别赋予权重值。

各个指标对不同的分部(分项)工程的影响程度是不同的。工艺较为复杂的分部(分项)工程侧重于技术性指标,以保证工程质量的要求;位于关键线路上的分部(分项)工程侧重于效果性指标,以保证整个工程按期完成;而一般性的分部(分项)工程则侧重于经济指标。因此,需要根据实际情况,确定各分析指标的相对权重值。施工方案工程经济分析指标权重值的确定可以分三步进行,首先采用“多比例评分法”提出初步意见,然后运用“德尔菲法”广泛征求意见,最后依据数理统计原理进行数据整理,得出结果。一般为规范化的权重系数,即用 w_i 表示第 i 个指标的权重值,所有指标的权重值应满足

$$\sum_{i=1}^{n} w_i = 1 \tag{15-20}$$

一般性分部(分项)工程的指标权重值参考数据如表15.2所示。特殊情况下可根据具体情况作相应的调整。

表 15.2　指标权重值

技术性指标	经济性指标	效果性指标	合计
0.20～0.25	0.50～0.60	0.20～0.25	1.00

一般施工方案工程经济分析常用指标体系如表 15.3 所示。实际评价时，可根据施工对象的复杂程度，选择其中的部分或全部指标。表中质量保证度表示达到预定质量的保证程度，可根据以往同类工程的质量评定结果，进行类比分析得出。质量保证度与安全指标均为定性指标，施工方案必须满足该两指标要求，否则应首先将其排除。

表 15.3　施工方案工程经济综合分析评价指标体系

施工方案综合分析评价指标	技术性指标	施工工艺参数	定量指标
		施工机械化程度	定量指标
		施工机械利用率	定量指标
		预制加工程度	定量指标
	经济性指标	主要工种用工量	定量指标
		三大主材节约量	定量指标
		大型机械单方耗用台班数及费用	定量指标
		工期提前值	定量指标
		成本降低额	定量指标
	效果性指标	质量保证度	定性指标
		安全指标	定性指标

(4) 按照工程定额和计算公式要求，对各可能方案的各项指标分别进行分析、计算，得出各指标的基础数据。

计算时要求数据可靠，采用统一的计算规则、方法和计量单位。依据其基础数据，考虑可比性要求，将绝对数值转化为相对数值。例如可采取 5 级评分制，参考数据如表 15.4所示。其中，“及格”表示指标达到最低合格标准。

(5) 各可能方案的分析和评价。

对各施工方案进行加权计算，确定综合指标值，计算公式为

$$A_i = \sum_{i=1}^{n} C_{ij} W_{ij} \tag{15-21}$$

式中，A_i——第 i 个方案的综合指标值；

C_{ij}——第 i 个方案第 j 项指标的评价值；

W_{ij}——第 i 个方案第 j 项指标的权重值；

N——评价指标数。

表 15.4　评分等级和数值

评分等级	优秀	良好	中等	及格	不及格
评分数值	4.1～5.0	3.1～4.0	2.1～3.0	1.1～2.0	0.0～1.0

(6) 综合分析、评价和选优。在综合指标值集的各元素中，数值最大的综合指标值所对应的方案即为最优方案。为保证评价方案的质量，对综合指标值应设下限值，当各方案的综合指标值均低于此值时，需对现有方案进行改进或另提新的方案。

用多指标加权评分法比较时，要注意选择适当的指标，有可比性。

例 15.6　表 15.5 是对某拟建工程施工方案综合分析评价的实例，各评价指标的权重值相同。其中 A 方案是最优的施工方案。

表 15.5　某拟建工程施工方案综合评价

评价项目				评分标准	4 种施工方案的评分值			
评价内容			评分等级		A	B	C	D
技术方面Ⅰ	施工方法	先进性	(1) 先进	5	5			
			(2) 比较先进	3		3		3
			(3) 一般	1			1	
		可行性	(1) 完全可行	5		5		
			(2) 比较可行	3	3		3	
			(3) 一般	1				1
		合理性	(1) 完全合理	5				5
			(2) 比较合理	3	3	3		
			(3) 一般	1			1	
	施工机械	先进性	(1) 先进	5	5		5	
			(2) 一般	3		3		3
			(3) 比较落后	1				
		经济合理性	(1) 经济合理	5				
			(2) 比较合理	3	3		3	
			(3) 一般	1		1		1
	本组评分之和				19	15	13	13
经济方面Ⅱ	工期		(1) 完全满足业主要求	5				
			(2) 能满足业主要求	3	3			3
			(3) 不能满足业主要求	1		1	1	
	成本		(1) 低于预算成本	5				5
			(2) 和预算成本相当	3	3	3	3	
			(3) 高于预算成本	1				
	新增投资额		(1) 较少	5			5	
			(2) 适中	3	3	3		
			(3) 较多	1				1
	本组评分之和				9	7	9	9

续表

<table>
<tr><th colspan="4">评价项目</th><th rowspan="2">评分标准</th><th colspan="4">4 种施工方案的评分值</th></tr>
<tr><th colspan="3">评价内容</th><th>评分等级</th><th>A</th><th>B</th><th>C</th><th>D</th></tr>
<tr><td rowspan="13">施工组织方面Ⅲ</td><td rowspan="6">施工顺序</td><td rowspan="3">合理性</td><td>(1) 完全合理</td><td>5</td><td>5</td><td>5</td><td>5</td><td></td></tr>
<tr><td>(2) 较合理</td><td>3</td><td></td><td></td><td></td><td>3</td></tr>
<tr><td>(3) 不完全合事理</td><td>1</td><td></td><td></td><td></td><td></td></tr>
<tr><td rowspan="3">科学性</td><td>(1) 科学</td><td>5</td><td></td><td></td><td></td><td>5</td></tr>
<tr><td>(2) 较科学</td><td>3</td><td>3</td><td>3</td><td>3</td><td></td></tr>
<tr><td>(3) 一般</td><td>1</td><td></td><td></td><td></td><td></td></tr>
<tr><td rowspan="6">施工组织方法</td><td rowspan="3">先进性</td><td>(1) 先进</td><td>5</td><td>5</td><td></td><td></td><td></td></tr>
<tr><td>(2) 较先进</td><td>3</td><td></td><td>3</td><td>3</td><td></td></tr>
<tr><td>(3) 一般</td><td>1</td><td></td><td></td><td></td><td>1</td></tr>
<tr><td rowspan="3">适用性</td><td>(1) 完全适用</td><td>5</td><td></td><td></td><td></td><td>5</td></tr>
<tr><td>(2) 比较适用</td><td>3</td><td>3</td><td>3</td><td></td><td></td></tr>
<tr><td>(3) 一般</td><td>1</td><td></td><td></td><td>1</td><td></td></tr>
<tr><td colspan="3">本组评分之和</td><td></td><td>16</td><td>14</td><td>12</td><td>14</td></tr>
<tr><td colspan="5">各施工方案的总评分值(Ⅰ＋Ⅱ＋Ⅲ)</td><td>44</td><td>36</td><td>34</td><td>36</td></tr>
</table>

复习思考题

15.1　如何理解施工方案与施工组织设计的关系?

15.2　施工方案工程经济分析主要有哪些内容?

15.3　施工方案工程经济分析的原则是什么?

15.4　施工方案技术分析包括哪些内容?

15.5　在工程建设领域,如何理解新技术、新工艺和新材料?

15.6　施工方案经济分析主要有哪些指标?

第十六章 设备更新与租赁分析

随着新工艺、新技术、新机具、新材料的不断涌现，建设项目的建设及运行在更大的深度和广度上实现了机械化，机械设备已成为建设项目相关企业生产力不可缺少的重要组成部分。因此，建设项目相关企业都存在着如何使企业的技术结构合理化，如何使企业设备利用率、机械效率和设备运营成本等指标保持在良好状态的问题，这就必须对设备磨损的类型及补偿方式、设备更新方案的比选进行科学的工程经济分析。

16.1 设备的磨损及其补偿

16.1.1 设备磨损的类型

设备是企业生产的重要物质条件，企业为了进行生产，必须花费一定的投资，用以购置各种机器设备。设备购置后，无论是使用还是闲置，都会发生磨损。设备磨损分为两大类，四种形式。

1. 有形磨损(又称物理磨损)

(1) 设备在使用过程中，在外力的作用下实体产生的磨损、变形和损坏，称为第一种有形磨损，这种磨损的程度与使用强度和使用时间长度有关；

(2) 设备在闲置过程中受自然力的作用而产生的实体磨损，如金属件生锈、腐蚀、橡胶件老化等，称为第二种有形磨损，这种磨损与闲置的时间长度和所处环境有关。

上述两种有形磨损都造成设备的性能、精度等的降低，使得设备的运行费用和维修费用增加，效率低下，反映了设备使用价值的降低。

2. 无形磨损(又称精神磨损、经济磨损)

设备无形磨损不是由生产过程中使用或自然力的作用造成的，而是由于社会经济环境变化造成的设备价值贬值，是技术进步的结果，无形磨损又有两种形式。

(1) 设备的技术结构和性能并没有变化，但由于技术进步，设备制造工艺不断改进，社会劳动生产率水平的提高，同类设备的再生产价值降低，因而设备的市场价格也降低了，致使原设备相对贬值。这种磨损称为第一种无形磨损，其后果只是现有设备原始价值部分贬值，设备本身的技术特性和功能即使用价值并未发生变化，故不会影响现有设备的使用。因此，不产生提前更换现有设备的问题。

(2) 第二种无形磨损是由于科学技术的进步，不断创新出结构更先进、性能更完善、效率更高、耗费原材料和能源更少的新型设备，使原有设备相对陈旧落后，其经济效益相对降低而发生贬值。第二种无形磨损的后果不仅是使原有设备价值降低，而且由于技术上更先进的新设备的发明和应用会使原有设备的使用价值局部或全部丧失，这就产生了是否用新设备代替现有陈旧落后设备的问题。

有形和无形两种磨损都引起设备原始价值的贬值，这一点两者是相同的。不同的是：遭受有形磨损的设备，特别是有形磨损严重的设备，在修理之前，常常不能工作；而遭受无形磨损的设备，并不表现为设备实体的变化和损坏，即使无形磨损很严重，其固定资产物质形态却可能没有磨损，仍然可以使用，只不过继续使用它在经济上是否合算，需要分析研究。

3. 设备的综合磨损

设备的综合磨损是指同时存在有形磨损和无形磨损的损坏和贬值的综合情况。对任何特定的设备来说，这两种磨损必然同时发生和同时互相影响。某些方面的技术要求可能加快设备有形磨损的速度，例如高强度、高速度、大负荷技术的发展，必然使设备的物理磨损加剧。同时，某些方面的技术进步又可提供耐热、耐磨、耐腐蚀、耐振动、耐冲击的新材料，使设备的有形磨损减缓，但是其无形磨损加快。

16.1.2　设备磨损的补偿方式

设备发生磨损后，需要进行补偿，以恢复设备的生产能力。由于设备遭受磨损的形式不同，补偿磨损的方式也不一样。补偿分局部补偿和完全补偿。设备有形磨损的局部补偿是修理，设备无形磨损的局部补偿是现代化改装。设备有形磨损和无形磨损的完全补偿是更新，见图 16.1。设备大修理是更换部分已磨损的零部件和调整设备，以恢复设备的生产功能和效率为主；设备现代化改造是对设备的结构作局部的改进和技术上的革新，如增添新的、必需的零部件，以增加设备的生产功能和效率为主；更新是对整个设备进行更换。

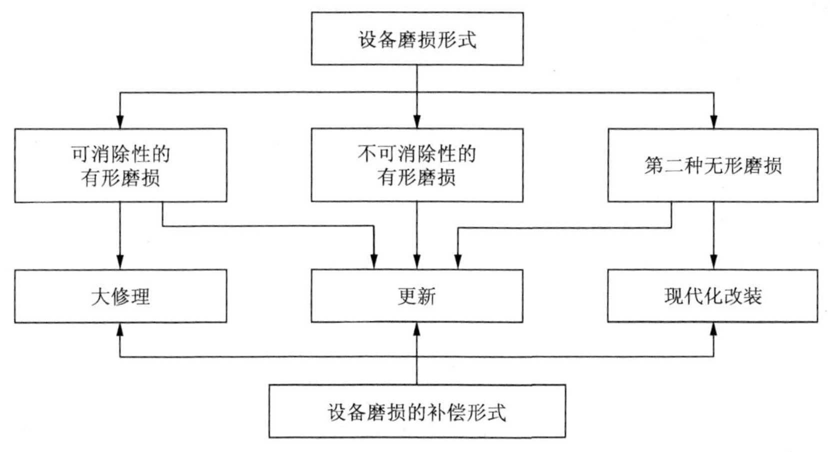

图 16.1　设备磨损的补偿

由于设备总是同时遭受到有形磨损和无形磨损，对其综合磨损后的补偿形式应进行更深入的研究，以确定恰当的补偿方式。对于陈旧落后的设备，即消耗高、性能差、使用操作条件不好、对环境污染严重的设备，应当用较先进的设备尽早替代；对整机性能尚可，有局部缺陷，个别技术经济指标落后的设备，应选择适应技术进步的发展需要，吸收国内外的新技术，不断地加以改造和现代化改装。在设备磨损补偿工作中，最好的方案是有形磨损期与无形磨损期相互接近，这是一种理想的“无维修设计”（也就是说，当设备需要进行大修理时，恰好到了更换的时刻）。但是大多数的设备，通常通过修理可以使有形磨损期达到20～30年甚至更长，但无形磨损期却比较短。在这种情况下，就存在如何对待已经无形磨损但物质上还可使用的设备的问题。此外还应看到，第二种无形磨损虽使设备贬值，但它是社会生产力发展的反映，这种磨损越大，表示社会技术进步越快。因此应该充分重视对设备磨损规律性的研究，加速技术进步的步伐。

16.2 设备更新分析

16.2.1 设备更新方案的比选原则

1. 设备更新的概念

设备更新是对旧设备的整体更换，就其本质来说，可分为原型设备更新和新型设备更新。原型设备更新是简单更新，就是用结构相同的新设备去更换有形磨损严重而不能继续使用的旧设备。这种更新主要是解决设备的损坏问题，不具有更新技术的性质。新型设备更新是以结构更先进、技术更完善、效率更高、性能更好、能源和原材料消耗更少的新型设备来替换那些技术上陈旧、在经济上不宜继续使用的旧设备。通常所说的设备更新主要是指后一种，它是技术发展的基础。因此，就实物形态而言，设备更新是用新的设备替换陈旧落后的设备；就价值形态而言，设备更新是设备在运动中消耗掉的价值的重新补偿。设备更新是消除设备有形磨损和无形磨损的重要手段，目的是为了提高企业生产的现代化水平，尽快地形成新的生产能力。

2. 设备更新策略

设备更新分析是企业生产发展和技术进步的客观需要，对企业的经济效益有着重要的影响。过早的设备更新，无论是由于设备暂时出故障就报废的草率决定，还是片面追求现代化购买最新式设备的决定，都将造成资金的浪费，失去其他的收益机会；对一个资金十分紧张的企业可能走向另一个极端，采取拖延设备的更新，这将造成生产成本的迅速上升，失去竞争的优势。因此，设备是否更新？何时更新？选用何种设备更新？既要考虑技术发展的需要，又要考虑经济方面的效益。这就需要不失时机地做好设备更新分析工作，采取适宜的设备更新策略。

设备更新策略应在系统全面了解企业现有设备的性能、磨损程度、服务年限、技术进步等情况后，分轻重缓急，有重点有区别地对待。凡修复比较合理的，不应过早更新；可以修中有改进，通过改进工装就能使设备满足生产技术要求的不要急于更新；更新个别关键零部件就可达到要求的，不必更换整台设备；更换单机能满足要求的，不必更换整条生产线。通常优先考虑更新的设备是：

(1) 设备损耗严重，大修后性能、精度仍不能满足规定工艺要求的。

(2) 设备耗损虽在允许范围之内，但技术已经陈旧落后，能耗高、使用操作条件不好、对环境污染严重，技术经济效果很不好的。

(3) 设备役龄长，大修虽然能恢复精度，但经济效果上不如更新的。

3. 设备更新方案的比选原则

确定设备更新必须进行工程经济分析。设备更新方案比选的基本原理和评价方法与互斥性投资方案比选相同。但在实际设备更新方案比选时，应遵循如下原则：

1) 应站在客观的立场分析问题

设备更新问题的要点是站在客观的立场上，而不是站在旧设备的立场上考虑问题。若要保留旧设备，首先要付出相当于旧设备当前市场价值的投资，才能取得旧设备的使用权。

2) 不考虑沉没成本

沉没成本是既有企业过去投资决策发生的、非现在决策能改变（或不受现在决策影响）、已经计入过去投资费用回收计划的费用。由于沉没成本是已经发生的费用，不管企业生产什么和生产多少，这项费用都不可避免地要发生，现在决策对它不起作用。在进行设备更新方案比选时，原设备的价值应按目前实际价值计算，而不考虑其沉没成本。例如，某设备 4 年前的原始成本是 80 000 元，目前的账面价值是 30 000 元，现在的市场价值仅为 18 000 元。在进行设备更新分析时，旧设备往往会产生一笔沉没成本，即

$$沉没成本 = 设备账面价值 - 当前市场价值 \tag{16-1}$$

或

$$沉没成本 = (设备原值 - 历年折旧费) - 当前市场价值 \tag{16-2}$$

则本例旧设备的沉没成本为 12 000 元(＝30 000－18 000)，是过去投资决策发生的而与现在更新决策无关，目前该设备的价值等于市场价值 18 000 元。

3) 逐年滚动比较

该原则是指在确定最佳更新时机时，应首先计算比较现有设备的剩余经济寿命和新设备的经济寿命，然后利用逐年滚动计算方法进行比较。

如果不遵循这些原则，方案比选结果或更新时机的确定可能发生错误。

例 16.1　假定某企业在 4 年前以原始费用 22 万元购买了机器 A，目前账面价值为 11 万元，估计还可以使用 6 年，第 6 年末估计残值为 2 万元，年度使用费为 7 万元。现在市场上出现了机器 B，原始费用为 24 万元，估计可以使用 10 年，第 10 年末残值为 3 万元，年度使用费为 4 万元。现有两个方案：方案甲是继续使用机器 A；方案乙是将机器 A 出售，目前的售价是 8 万元，然后购买机器 B。已知基准折现率为 15%，试比较方案甲和方案乙的优劣。

解 1　根据上述比较原则，机器 A 的原始费用 22 万元是 4 年前发生的，目前账面价值是 11 万元，但市场售价是 8 万元，则沉没成本是 3 万元。方案比较可用费用年值 AC 指标进行。

两个方案的直接现金流量如图 16.2 和图 16.3 所示，计算结果如下。

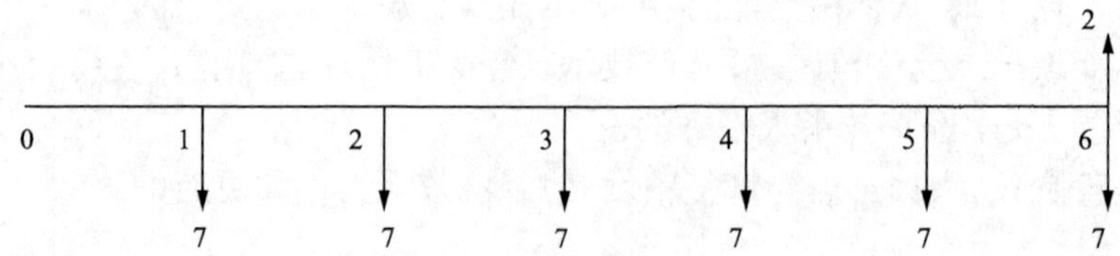

图 16.2 方案甲的直接现金流量

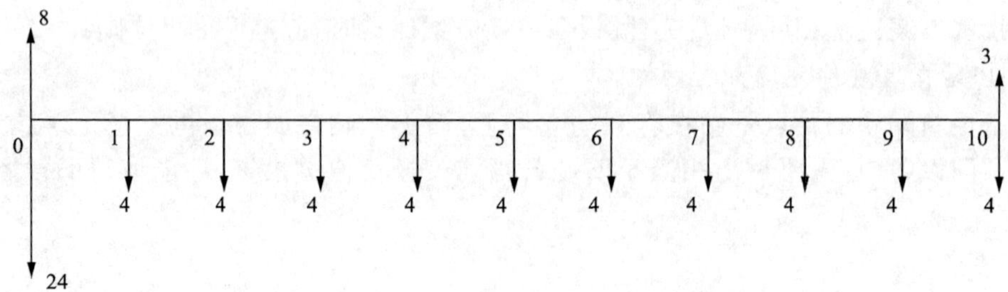

图 16.3 方案乙的直接现金流量

$$
\begin{aligned}
AC_{甲} &= 7-2(A/F,15\%,6)\\
&= 7-2\times 0.1142\\
&= 6.7716(\text{万元})\\
AC_{乙} &= (24-8)(A/P,15\%,10)+4-3(A/F,15\%,10)\\
&= 16\times 0.1993+4-3\times 0.0493\\
&= 7.0409(\text{万元})
\end{aligned}
$$

$AC_{甲}<AC_{乙}$,所以应选择方案甲。

解 2 两个方案的现金流量如图 16.4 和图 16.5 所示,计算结果如下。

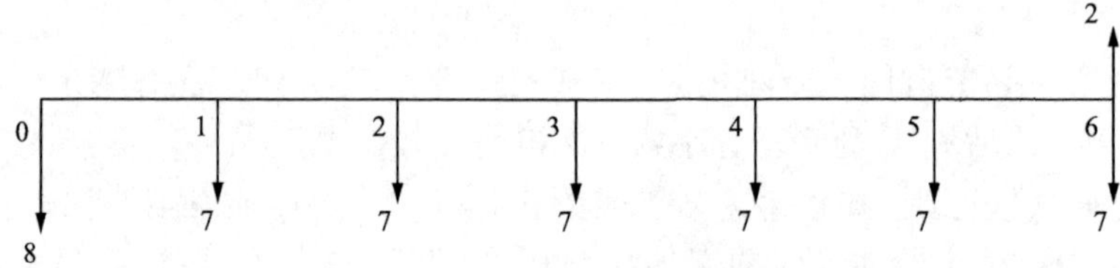

图 16.4 方案甲的现金流量

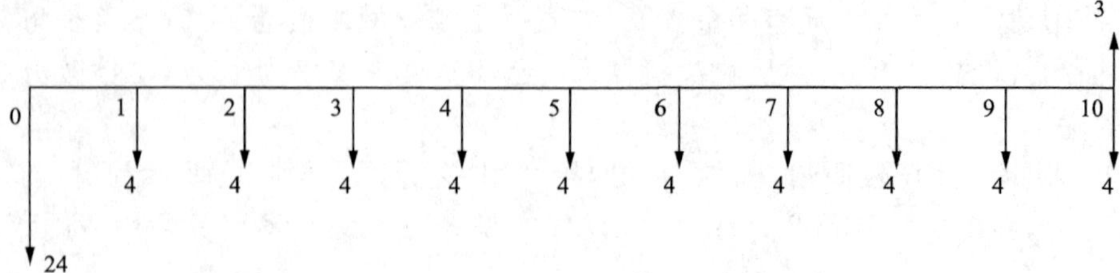

图 16.5 方案乙的现金流量

$$
\begin{aligned}
AC_{甲} &= (8-2)(A/P,15\%,6)+2\times 0.15+7 \\
&= 6\times 0.2642+7.3 \\
&= 8.8852(\text{万元})
\end{aligned}
$$

$$
\begin{aligned}
AC_{乙} &= (24-3)(A/P,15\%,10)+3\times 0.15+4 \\
&= 21\times 0.1993+4.45 \\
&= 8.6353(\text{万元})
\end{aligned}
$$

$AC_{甲}>AC_{乙}$，所以应选择方案乙。

上述两种解法的结论正好相反。之所以有两种解法的结论不同，是因为解 1 的方法是错误的。因为它把机器 A 的售价作为新机器 B 的收入不妥，且这笔收入不是由新机器 B 本身带来的，不能将两个方案的现金流量混淆。解法 2 是正确的，或者花 8 万元购买旧机器 A，或者花 24 万元购买新机器 B。

16.2.2　设备更新方案的比选方法

设备在使用过程中，由于有形磨损和无形磨损的共同作用，在设备使用到一定期限时，就需要利用新设备进行更新。这种更新取决于设备使用寿命的效益或成本高低。

1. 设备寿命的概念

设备的寿命在不同需要情况下有不同的内涵和意义。现代设备的寿命，不仅要考虑自然寿命，而且还要考虑设备的技术寿命和经济寿命。

1）设备的自然寿命

设备的自然寿命，又称物质寿命。它是指设备从投入使用开始，直到因物质磨损严重而不能继续使用、报废为止所经历的全部时间。它主要是由设备的有形磨损所决定的。做好设备维修和保养可延长设备的物质寿命，但不能从根本上避免设备的磨损，任何一台设备磨损到一定程度时，都必须进行更新。因为随着设备使用时间的延长，设备不断老化，维修所支出的费用也逐渐增加，从而出现恶性使用阶段，即经济上不合理的使用阶段，因此，设备的自然寿命不能成为设备更新的估算依据。

2）设备的技术寿命

由于科学技术迅速发展，一方面，对产品质量和精度的要求越来越高；另一方面，也不断涌现出技术上更先进、性能更完善的机械设备，这就使得原有设备虽还能继续使用，但已不能保证产品的精度、质量和技术要求而被淘汰。因此，设备的技术寿命就是指设备从投入使用到因技术落后而被淘汰所延续的时间，也即是指设备在市场上维持其价值的时间，故又称有效寿命。例如一台计算机，即使完全没有使用过，它的功能也会被更为完善、技术更为先进的计算机所取代，这时它的技术寿命可以认为等于零。由此可见，技术寿命主要是由设备的无形磨损所决定的，它一般比自然寿命要短，而且科学技术进步越快，技术寿命越短。所以，在估算设备寿命时，必须考虑设备技术寿命期限的变化特点及其使用的制约或影响。

3）设备的经济寿命

设备的经济寿命，是从经济的角度来看设备最合理的使用期限。具体言之，设备经济寿命是指设备从投入使用开始，到继续使用在经济上不合理而被更新所经历的时间。它是由设备维护费用的提高和使用价值的降低决定的。设备使用年限越长，所分摊的设备年资产消耗成本越少。但是随着设备使用年限的增加，一方面需要更多的维修费维持原有功能；另一方面机器设备的操作成本及原材料、能源耗费也会增加，年运行时间、生产效率、质量将下降。因此，年资产消耗成本的降低，会被年度运行成本的增加或收益的下降所抵消。在整个变化过程中，年均总成本（或年均净收益）是时间的函数，这就存在着某一年份，设备年平均使用成本最低、经济效益最好的情况。如图 16.6 所示，在 N_0年时，设备年平均使用成本达到最低值，则设备从开始使用到其年平均使用成本最小（或年盈利最高）的使用年限 N_0为设备的经济寿命。所以，设备的经济寿命就是从经济观点（即成本观点或收益观点）确定的设备更新的最佳时刻。

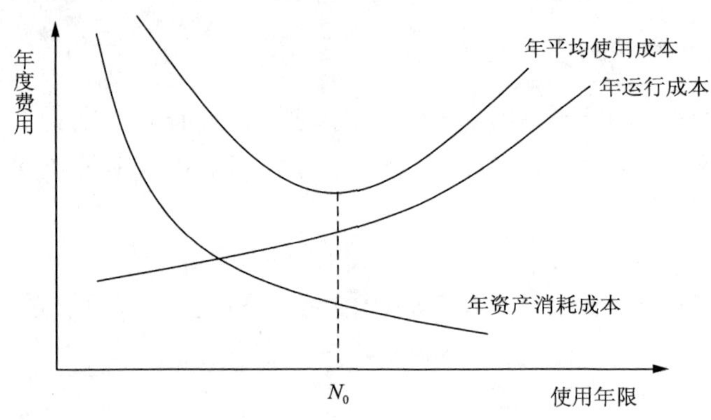

图 16.6　设备年度费用曲线

4）设备寿命期限的影响因素

影响设备寿命期限的因素较多，其中主要有：设备的技术构成，包括设备的结构及工艺性，技术进步；设备成本；加工对象；生产类型；工作班次；操作水平；产品质量；维护质量；环境要求。

2. 设备经济寿命的估算

1）设备经济寿命的确定原则

确定设备经济寿命期的原则是使设备在经济寿命内平均每年净收益（净利润）达到最大，或使设备在经济寿命内一次性投资和各种经营费总和达到最小。

2）设备经济寿命的确定方法

确定设备经济寿命的方法可以分为静态模式和动态模式两种。

（1）静态模式下设备经济寿命的确定方法。静态模式下设备经济寿命的确定方法，就是在不考虑资金时间价值的基础上计算设备年平均使用成本 $\bar{C}_N$，使 $\bar{C}_N$ 为最小的 N_0 就是设备的经济寿命。

$$\bar{C}_N = \frac{P - L_N}{N} + \frac{1}{N}\sum_{t=1}^{N} C_t \tag{16-3}$$

式中，$\bar{C}_N$ ——N 年内设备的年平均使用成本；

P——设备目前实际价值，如果是新设备包括购置费和安装费，如果是旧设备包括旧设备现在市场价值和继续使用旧设备追加的投资；

C_t——第 t 年的设备运行成本，包括人工费、材料费、能源费、维修费、停工损失、废次品损失等等；

L_N——第 N 年末的设备净残值。

在式(16-3)中，$\frac{P-L_N}{N}$ 为设备的平均年度资产消耗成本，而 $\frac{1}{N}\sum_{t=1}^{N} C_t$ 为设备的平均年度运行成本。

在式(16-3)中，如果使用年限 N 为变量，则当 $N_0(0<N_0\leqslant N)$ 为经济寿命时，应满足 $\bar{C}_N$ 最小。

例 16.2　某设备目前实际价值为 30 000 元，有关统计资料见表 16.1，求其经济寿命。

表 16.1　设备有关统计资料　单位:元

继续使用年限 t	1	2	3	4	5	6	7
年运行成本/元	5000	6000	7000	9000	11500	14000	17000
年末残值/元	15000	7500	3750	1875	1000	1000	1000

解　由统计资料可知，该设备在不同使用年限时的年平均成本如表 16.2 所示。

由计算结果可以看出，该设备在使用 5 年时，其平均使用成本 13 500 元为最低。因此，该设备的经济寿命为 5 年。

表 16.2　设备在不同使用年限时的静态年平均成本　单位:元

使用年限 N	资产消耗成本(P-L_N)	平均年资产消耗成本(3)＝(2)/(1)	年度运行成本 C_t	运行成本累计$\sum C_t$	平均年度运行成本(6)＝(5)/(1)	年平均使用成本 $\bar{C}_N$ (7)＝(3)＋(6)
(1)	(2)	(3)	(4)	(5)	(6)	(7)
1	15000	15000	5000	5000	5000	20000
2	22500	11250	6000	11000	5500	16750
3	26250	8750	7000	18000	6000	14750
4	28125	7031	9000	27000	6750	13781
5	29000	5800	11500	38500	7700	13500
6	29000	4833	14000	52500	8750	13583
7	29000	4143	17000	69500	9929	14072

由式(16-3)和表 16.2 可以看到用设备的年平均使用成本 $\bar{C}_N$ 估算设备的经济寿命的过程是：在已知设备现金流量的情况下，逐年计算出从寿命 1 年到 N 年全部使用期的年平均使用成本 $\bar{C}_N$，从中找出年平均使用成本 $\bar{C}_N$ 的最小值及其所对应的年限，从而确定设备的经济寿命。

由于设备使用时间越长，设备的有形磨损和无形磨损越加剧。从而导致设备的维护修理费用越增加，这种逐年递增的费用 ΔC_t 称为设备的低劣化。用低劣化数值表示设备损耗的方法称为低劣化数值法。如果每年设备的劣化增量是均等的，即 $\Delta C_t=\lambda$，每年劣化呈线性增长。假设评价基准年（即评价第一年）设备的运行成本为 C_1，则平均每年的设备使用成本 $\bar{C}_N$ 可用下式表示为

$$\begin{aligned}\bar{C}_N &= \frac{P-L_N}{N}+\frac{1}{N}\sum_{t=1}^{N}C_t\\ &= \frac{P-L_N}{N}+C_1+\frac{1}{N}[\lambda+2\lambda+3\lambda+\cdots+(N-1)\lambda]\\ &= \frac{P-L_N}{N}+C_1+\frac{1}{2N}[N(N-1)\lambda]\\ &= \frac{P-L_N}{N}+C_1+\frac{1}{2}[(N-1)\lambda]\end{aligned}$$

要使 $\bar{C}_N$ 为最小，设 L_N 为一常数，对上式的 N 进行一阶求导，并令其导数为零，据此，可以简化经济寿命的计算，即

$$N_0=\sqrt{\frac{2(P-L_N)}{\lambda}} \tag{16-4}$$

式中，N_0——设备的经济寿命；

λ——设备的低劣化值。

例 16.3 设有一台设备，目前实际价值 $P=8000$ 元，预计残值 $L_N=800$ 元，第一年的设备运行成本 $C_1=600$ 元，每年设备的劣化增量是均等的，年劣化值 $\lambda=300$ 元，求该设备的经济寿命。

解 设备的经济寿命

$$N_0=\sqrt{\frac{2\times(8000-800)}{300}}=7\text{ 年}$$

将各年的计算结果列表（见表 16.3），进行比较后，也可得到同样的结果。

表 16.3 用低劣化数值法计算设备最优更新期 单位：元

使用年限 N	平均年资产消耗成本 $(P-L_N)/N$	年度运行成本 C_t	运行成本累计 $\sum C_t$	平均年度运行成本 (5)=(4)/(1)	年平均使用成本 $\bar{C}_N$ (6)=(2)+(5)
(1)	(2)	(3)	(4)	(5)	(6)
1	7200	600	600	600	7800
2	3600	900	1500	750	4350
3	2400	1200	2700	900	3300
4	1800	1500	4200	1050	2850
5	1440	1800	6000	1200	2640
6	1200	2100	8100	1350	2550
7	1029	2400	10500	1500	2529
8	900	2700	13200	1650	2550
9	800	3000	16200	1800	2600

如果每年设备的劣化增量是不规则的，且年末的估计残值也是变化的。一般可根据企业的记录或者对设备实际情况进行预测，然后采用列表的方式，通过计算设备的年度费用来求解经济寿命。

(2) 动态模式下设备经济寿命的确定方法。

动态模式下设备经济寿命的确定方法，就是在考虑资金时间价值的情况下计算设备的净年值 NAV 或费用年值 AC，通过比较年平均效益或年平均费用来确定设备的经济寿命 N_0。其计算见式(16-5)～式(16-8)，即

$$NAV(N)=\left[\sum_{t=0}^{N}(CI-CO)_t(1+i_c)^{-t}\right]\frac{i_c(1+i_c)^N}{(1+i_c)^N-1} \tag{16-5}$$

或

$$NAV(N)=\sum_{t=0}^{N}(CI-CO)_t(P/F,i_c,t)(A/P,i_c,N) \tag{16-6}$$

$$AC(N)=\left[\sum_{t=0}^{N}CO_t(1+i_c)^{-t}\right]\frac{i_c(1+i_c)^N}{(1+i_c)^N-1} \tag{16-7}$$

或

$$AC(N)=\sum_{t=0}^{N}CO_t(P/F,i_c,t)(A/P,i_c,N) \tag{16-8}$$

在上式中，如果使用年限 N 为变量，则当 $N_0(0<N_0\leqslant N)$ 为经济寿命时，应满足

$$NAV(N_0)\rightarrow 最大(\max)$$

或

$$AC(N_0)\rightarrow 最小(\min)$$

如果设备目前实际价值为 P，使用年限为 N 年，设备第 N 年的净残值为 L_N，第 t 年的运行成本为 C_t，基准折现率为 i_c，其经济寿命为费用年值 AC 最小时所对应的 N_0，即

$$AC_{\min}=P(A/P,i_c,N_0)-L_{N_0}(A/F,i_c,N_0)+\sum_{t=0}^{N_0}C_t(P/F,i_c,t)(A/P,i_c,N_0) \tag{16-9}$$

由“等额支付系列偿债基金公式”和“等额支付系列资金回收公式”可得

$$(A/F,i,n)=\frac{i}{(1+i)^n-1}=\frac{i(1+i)^n}{(1+i)^n-1}-i=(A/P,i,n)-i$$

代入式(16-9)，得

$$AC_{\min}=(P-L_{N_0})\frac{i_c(1+i_c)^{N_0}}{(1+i_c)^{N_0}-1}+L_{N_0}i_c+\left[\sum_{t=1}^{N_0}C_t(1+i_c)^{-t}\frac{i_c(1+i_c)^{N_0}}{(1+i_c)^{N_0}-1}\right] \tag{16-10}$$

或

$$AC_{\min}=(P-L_{N_0})(A/P,i_c,N_0)+L_{N_0}i_c+\sum_{t=0}^{N_0}C_t(P/F,i_c,t)(A/P,i_c,N_0) \tag{16-11}$$

由式(16-5)～式(16-11)可以看到用净年值或费用年值估算设备的经济寿命的过程

是:在已知设备现金流量和折现率的情况下,逐年计算出从寿命 1 年到 N 年全部使用期的年等效值,从中找出平均费用年值的最小值(仅考虑项目支出时),或是平均年盈利的最大值(全面考虑项目收支时),及其所对应的年限,从而确定设备的经济寿命。这个过程通常是用表格计算来完成的。

例 16.4 假设折现率为 6%,计算例 16.2 中设备的经济寿命。

解 计算设备不同使用年限的费用年值 AC,如表 16.4 所示。可以看出,第 6 年的费用年值最小值为 14405.2 元,因此该设备的经济寿命为 6 年。与忽略时间价值因素相比,经济寿命增加了 1 年。

表 16.4 设备在不同使用年限时的动态年平均成本 单位:元

N	$P-L_N$	$(A/P,6\%,t)$	$L_N\times 6\%$	(2)×(3)+(4)	C_t	$(P/F,6\%,t)$	[∑(6)×(7)]×(3)	AC=(5)+(8)
(1)	(2)	(3)	(4)	(5)	(6)	(7)	(8)	(9)
1	15000	1.0600	900	16800	5000	0.9434	5000	21800
2	22500	0.5454	450	12721.5	6000	0.8900	5485.1	18206.6
3	26250	0.3741	225	10045.1	7000	0.8396	5961.0	16006.1
4	28125	0.2886	112.5	8229.4	9000	0.7921	6656.0	14885.4
5	29000	0.2374	60	6944.6	11500	0.7473	7515.4	14460.0
6	29000	0.2034	60	5958.6	14000	0.7050	8446.6	14405.2
7	29000	0.1791	60	5253.9	17000	0.6651	9462.5	14716.4

3. 设备更新方案的比选

设备更新方案的比选就是对新设备方案与旧设备方案进行比较分析,也就是决定现在马上购置新设备、淘汰旧设备;还是至少保留使用旧设备一段时间,再用新设备替换旧设备。新设备原始费用高,营运费和维修费低;旧设备目前净残值低,营运费和维修费高;必须进行权衡判断,才能做出正确的选择,一般情况是要进行逐年比较的。

由于新设备方案与旧设备方案的寿命在大多数情况下是不等的,各方案在各自的计算期内的净现值不具有可比性。因此,设备更新方案的比选主要应用的仍然是净年值或费用年值。

在进行设备更新方案比选时,可按如下步骤进行:

(1) 按表 16.4(或表 16.2)计算新旧设备方案不同使用年限的动态(或静态)年平均成本和经济寿命。

(2) 确定设备更新时机。设备更新即便在经济上是有利的,却也未必应该立即更新。换言之,设备更新分析还包括一种所谓的更新时机选择问题。现有已用过一段时间的旧设备究竟在什么时机更新最经济?

① 如果旧设备继续使用 1 年的年平均使用成本低于新设备的年平均使用成本,即

$$AC(\text{旧}) < AC(\text{新})$$

或

$$\bar{C}_N(\text{旧}) < \bar{C}_N(\text{新})$$

此时，不更新旧设备，继续使用旧设备 1 年。

② 当新旧设备方案出现

$$AC(\text{旧}) > AC(\text{新})$$

或

$$\bar{C}_N(\text{旧}) > \bar{C}_N(\text{新})$$

此时，应更新现有设备，这即是设备更新的时机。

总之，以经济寿命为依据的更新方案比较，使设备都使用到最有利的年限来进行分析。

例 16.5　某企业在 3 年前花 21 000 元购置了一台设备，目前账面价值是 11 000 元，但市场价值为 10 000 元，估计还能继续使用 5 年，有关资料见表 16.5。

表 16.5　设备年使用费及年末残值　单位:元

继续使用年限 t	1	2	3	4	5
年使用费	3000	4000	5000	6000	7000
年末残值	7000	5500	4000	2500	1000

现在市场上出现同类新型设备，新设备的原始费用为 15000 元，使用寿命估计为 10 年，有关资料见表 16.6。

表 16.6　新设备年使用费及年末残值　单位:元

使用年限 t	1	2	3	4	5	6	7	8	9	10
年使用费	1000	1500	2000	2500	3000	3500	4000	5000	6000	7000
年末残值	10000	8000	6500	5000	4000	3000	2000	1000	1000	1000

如果基准折现率 $i_c=8\%$，试分析该企业是否需要更新现有设备。若需更新，应何时更新？

解　原设备的沉没成本为 11 000－10 000＝1000 元，应不予考虑。

(1) 计算原设备和新设备的经济寿命：

① 如果原设备再保留使用 N 年，则 N 年的费用年值 AC(原)按式(16-7)计算并列入表 16.7。

表 16.7　费用年值 AC(原)计算　单位:元

N	$P-L_N$	$(A/P,8\%,N)$	$L_N\times8\%$	(2)×(3)+(4)	C_t	$(P/F,8\%,t)$	[∑(6)×(7)]×(3)	AC(原)＝(5)＋(8)
(1)	(2)	(3)	(4)	(5)	(6)	(7)	(8)	(9)
1	3000	1.0800	560	3800.0	3000	0.9259	3000	6800.0
2*	4500	0.5608	440	2963.6	4000	0.8573	3480.8	6444.4*
3	6000	0.3880	320	2648.0	5000	0.7938	3948.2	6596.2
4	7500	0.3019	200	2464.3	6000	0.7350	4403.4	6867.7
5	9000	0.2505	80	2334.5	7000	0.6806	4847.1	7181.6

从表 16.7 中可以看出,原设备保留使用 2 年,费用年值最低,即原设备的经济寿命为两年。此时,费用年值 AC(原)为 6444.4 元。

② 新设备的经济寿命求解见表 16.8。

表 16.8　费用年值 AC(新)计算　　单位:元

N	$P\text{-}L_N$	$(A/P,8\%,N)$	$L_N\times 8\%$	(2)×(3)+(4)	C_t	$(P/F,8\%,t)$	[∑(6)×(7)]×(3)	AC(新)=(5)+(8)
(1)	(2)	(3)	(4)	(5)	(6)	(7)	(8)	(9)
1	5000	1.0800	800	6200.0	1000	0.9259	1000.0	7200.0
2	7000	0.5608	640	4565.6	1500	0.8573	1240.4	5806.0
3	8500	0.3880	520	3818.0	2000	0.7938	1474.2	5292.2
4	10000	0.3019	400	3419.0	2500	0.7350	1701.8	5120.8
5	11000	0.2505	320	3075.5	3000	0.6806	1923.5	4999.0
6	12000	0.2163	240	2835.6	3500	0.6302	2138.0	4973.6*
7	13000	0.1921	160	2657.3	4000	0.5835	2347.2	5004.5
8*	14000	0.1740	80	2516.0	5000	0.5403	2596.1	5112.1
9	14000	0.1601	80	2321.4	6000	0.5002	2869.2	5190.6
10	14000	0.1490	80	2166.0	7000	0.4632	3153.4	5319.4

从表 16.8 中可以看出,新设备的经济寿命为 6 年,其费用年值 AC(新)=4973.6 元。AC(原)>AC(新),因此,应更新现有设备。

(2) 确定设备更新时机。设备更新即便在经济上是有利的,也未必要立即更新。换言之,设备更新分析还应包括更新时机的选择问题。现有已用过一段时间的旧设备究竟在什么时机更新最经济?

由表 16.7 和表 16.8 可知,保留原设备 1 年:

$$AC(\text{原}) = 6800(\text{元}) < AC(\text{新}) = 7200(\text{元})$$

由于原设备继续使用 1 年的费用年值低于新设备的费用年值,不需要更新原设备,继续使用原设备 1 年。

保留原设备 2 年:

$$AC(\text{原}) = 6444.4(\text{元}) > AC(\text{新}) = 5806(\text{元})$$

由此可见,原设备应再继续保留使用 1 年之后立即更新。

总之,以经济寿命为依据的更新方案比较,是使设备都使用到最有利的年限来进行分析的。

16.3　设备租赁与购买方案的比选分析

在企业生产经营管理中,设备租赁常见于老企业设备更新和新建企业设备投资决策。在什么情况下企业选择租赁设备或直接购买设备,作出何种抉择取决于投资决策者对二者的费用与风险的全面综合比较分析。

16.3.1　影响设备租赁与购买的因素

设备租赁一般有融资租赁(详见 12.2.2 节)和经营租赁两种方式。在经营租赁中,租赁双方的任何一方可以随时以一定方式在通知对方后的规定期限内取消或中止租约,临时使用的设备(如车辆、仪器等)通常采用这种方式。

企业在决定进行设备投资之前,必须进行多方面考虑。因为,决定企业租赁或购买的关键在于能否为企业节约尽可能多的支出费用,实现最好的经济效益。为此,首先需要考虑影响设备投资的因素。

1. 影响设备投资的因素

影响设备投资的因素较多,其主要包括:项目的寿命期;企业是否需要长期占有设备,还是只希望短期占有这种设备;设备的技术性能和生产效率;设备对工程质量(产品质量)的保证程度,对原材料、能源的消耗量,以及设备生产的安全性;设备的成套性、灵活性、耐用性、环保性和维修的难易程度;设备的经济寿命;技术过时风险的大小;设备的资本预算计划、资金可获量(包括自有资金和融通资金),融通资金时借款利息或利率高低;提交设备的进度等。

2. 影响设备租赁的因素

对于设备租赁的,除考虑上述因素外,还应考虑如下影响因素:租赁期长短;设备租金额,包括总租金额和每租赁期租金额;租金的支付方式,包括租赁期起算日、支付日期、支付币种和支付方法;企业经营费用减少与折旧费和利息减少的关系;租赁的节税优惠;预付资金(定金)、租赁保证金和租赁担保费用;维修方式,即是由企业自行维修,还是由租赁机构提供维修服务;租赁期满,资产的处理方式;租赁机构的信用度、经济实力,与承租人的配合情况等。

3. 影响设备购买的因素

对于设备购买的,除考虑前述 1 的因素外,也应考虑如下影响因素:设备的购置价格、设备价款的支付方式,支付币种;借款购买时,需要按期付息、到期还本;分期购买需要按期支付利息和部分价款;此外,还需要进一步考虑分几次付款,付款间隔时间,预付资金(定金),每次付款额度;付款期内的利率是固定利率还是浮动利率;设备的年运转费用和维修方式、维修费用;保险费,包括购买设备的运输保险费,设备在使用过程中的各种财产保险费等。

总之,企业是否做出租赁与购买决定的关键在于技术经济可行性分析。因此,企业在决定进行设备投资之前,必须充分考虑影响设备租赁与购买的主要因素,才能获得最佳的经济效益。

16.3.2　设备租赁与购买方案的分析方法

采用购置设备或是采用租赁设备应取决于这两种方案在经济上的比较,比较的原则和方法与一般的互斥投资方案的比选方法相同。

1. 设备租赁与购置方案分析的步骤

(1) 根据企业生产经营目标和技术状况，提出设备更新的投资建议。

(2) 拟定若干设备投资、更新方案，包括购置（有一次性付款和分期付款购买）方案和租赁（有经营租赁和融资租赁）方案。

(3) 定性分析筛选方案，包括分析企业财务能力、分析设备技术风险、使用维修特点。

① 分析企业财务能力，如果企业不能一次筹集并支付全部设备价款，则去掉一次付款购置方案。

② 分析设备技术风险、使用维修特点，对技术过时风险大、保养维护复杂、使用时间短的设备，可以考虑经营租赁方案；对技术过时风险小、使用时间长的大型专用设备则融资租赁方案或购置方案均是可以考虑的方式。

(4) 定量分析并优选方案，结合其他因素，作出租赁还是购买的投资决策。

2. 设备经营租赁与购置方案的经济比选方法

进行设备经营租赁与购置方案的经济比选，必须详细地分析各方案寿命期内各年的现金流量情况，据此分析方案的经济效益，确定以何种方式投资才能获得最佳。

1) 设备经营租赁方案的净现金流量

采用设备经营租赁的方案，租赁费可以直接计入成本，但为与设备购置方案具有可比性，特将租赁费用从经营成本分离出来，则现金流量如表 16.9 所示，其任一期净现金流量可表示为

$$净现金流量 = 营业收入 - 租赁费用 - 经营成本 - 与营业相关的税金 - 所得税 \tag{16-12}$$

表 16.9　设备经营租赁方案现金流量表　　单位:万元

序号	项目	合计	计算期					
			1	2	3	4	…	n
1	现金流入							
1.1	营业收入							
2	现金流出							
2.1	租赁费用							
2.2	经营成本							
2.3	营业税金及附加							
2.4	所得税							
3	净现金流量(1—2)							
4	累计净现金流量							

或

净现金流量＝营业收入－租赁费用－经营成本－与营业相关的税金
－所得税率×(营业收入－租赁费用－经营成本－与营业相关的税金) (16-13)

式中，租赁费用主要包括租赁保证金占用损失、租金、担保费。

(1) 租赁保证金占用损失。为了确认租赁合同并保证其执行，承租人必须先交纳租赁保证金。当租赁合同结束时，租赁保证金将被退还给承租人或在偿还最后一期租金时加以抵消。因此，在租赁期间租赁保证金为出租人占用，由此占用造成承租人的损失即为租赁保证金占用损失。保证金一般按合同金额的一定比例计，或是某一基期数的金额(如一个月的租金额)。

(2) 担保费。当出租人要求承租人请担保人对该租赁交易进行担保，在承租人由于财务危机付不起租金时，由担保人代为支付租金。一般情况下，承租人需要付给担保人一定数目的担保费。

(3) 租金。租金是签订租赁合同的一项重要内容，直接关系到出租人与承租人双方的经济利益。出租人要从取得的租金中得到出租资产的补偿和收益，即要收回租赁资产的购进原价、贷款利息、营业费用和获得一定的利润。承租人则要比照租金核算成本，即租赁资产所生产的产品收入，除了抵偿租金外，还要取得一定的利润。影响租金的因素很多，如设备的价格、融资的利息及费用、各种税金、租赁保证金、运费、租赁利差、各种费用的支付时间，以及租金采用的计算公式等。

对于租金的计算主要有附加率法和年金法。

① 附加率法。附加率法是在租赁资产的设备货价或概算成本上再加上一个特定的比率来计算租金。每期租金 R 表达式为

$$R = P\frac{1+N\times i}{N}+P\times r \tag{16-14}$$

式中，P——租赁资产的价格；

N——出租人预定的总租期数，一般为设备的经济寿命，可按月、季、半年、年计；

i——与租赁期数相对应的利率；

r——附加率，一般根据设备的技术经济性和租让、付费的条件确定。

例 16.6 租赁公司拟出租给某企业一台设备，设备的价格为 68 万元，租期为 5 年，每年年末支付租金，利率为 10%，附加率为 4%，问每年租金为多少？

解 $R = 68\times\frac{1+5\times 10\%}{5}+68\times 4\% = 23.12$(万元)

② 年金法。年金法是将一项租赁资产价值按相同比率分摊到未来各租赁期间内的租金计算方法。年金法计算有期末支付和期初支付租金之分。

期末支付方式是在每期期末等额支付租金。其支付方式的现金流量如图 16.7(a)所示。由等额系列现值计算可得期末支付租金 R_a 的表达式，即为

$$R_a = P\frac{i\,(1+i)^N}{(1+i)^N-1} \tag{16-15}$$

式中，R_a——每期期末支付的租金额；

P——租赁资产的价格；

N——租赁期数，可按月、季、半年、年计；

i——与租赁期数相对应的利率或折现率；

$\frac{i\,(1+i)^n}{(1+i)^n-1}$——称为等额系列资金回收系数，用符号$(A/P,i,N)$表示。

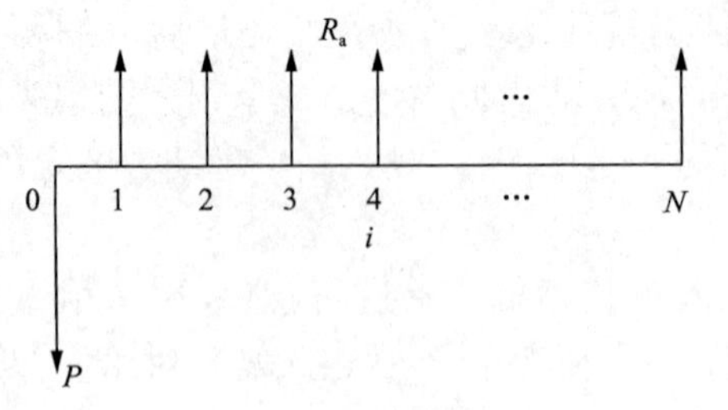

(a) 期末支付方式

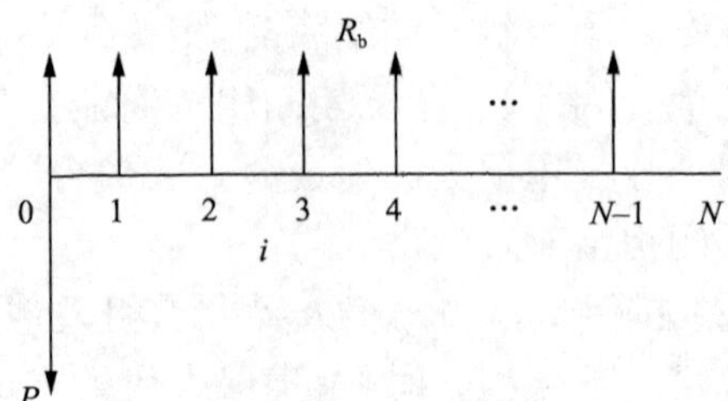

(b) 期初支付方式

图 16.7　年金法计算租金现金流量示意图

期初支付方式是在每期期初等额支付租金，期初支付要比期末支付提前一期支付租金，其支付方式的现金流量如图 16.7(b)所示。每期租金 R_b 的表达式为

$$R_b = P\,\frac{i\,(1+i)^{N-1}}{(1+i)^N-1} \tag{16-16}$$

式中，R_b——每期期初支付的租金额。

例 16.7　折现率为 12%，其余数据与例 16.6 相同，试分别按每年年末、每年年初支付方式计算租金。

解　若按年末支付方式

$$R_a = 68\times\frac{12\%\times(1+12\%)^5}{(1+12\%)^5-1} = 68\times 0.2774 = 18.86(\text{万元})$$

若按年初支付方式

$$R_b = 68\times\frac{12\%\times(1+12\%)^{5-1}}{(1+12\%)^5-1} = 68\times 0.2477 = 16.84(\text{万元})$$

2) 购买设备方案的净现金流量

在与租赁设备方案相同的条件下，购买设备方案的现金流量如表 16.10 所示，则任一期净现金流量可表示为

$$\begin{aligned}\text{净现金流量} &= \text{营业收入} - \text{设备购置费} - \text{经营成本} - \text{贷款利息}\\ &\quad - \text{与营业相关的税金} - \text{所得税}\end{aligned} \tag{16-17}$$

或

$$\begin{aligned}\text{净现金流量} =\ &\text{营业收入}-\text{设备购置费}-\text{经营成本}-\text{贷款利息}-\text{与营业相关的税金}\\ &-\text{所得税率}\times(\text{营业收入}-\text{经营成本}-\text{折旧}-\text{贷款利息}\\ &-\text{与营业相关的税金})\end{aligned} \tag{16-18}$$

表 16.10 购买设备方案现金流量 单位:万元

序号	项目	合计	计算期					
			1	2	3	4	…	n
1	现金流入							
1.1	营业收入							
2	现金流出							
2.1	设备购置费							
2.2	经营成本							
2.3	贷款利息							
2.4	营业税金及附加							
2.5	所得税							
3	净现金流量(1－2)							
4	累计净现金流量							

3) 设备租赁与购置方案的经济比选

对于承租人来说,关键的问题是决定租赁设备,还是购买设备。而设备租赁与购置的经济比选也是互斥方案选优问题,一般寿命期相同时可以采用净现值(或费用现值)法,设备寿命期不同时可以采用净年值(或费用年值)法。

在工程经济互斥方案分析中,为了简化计算,常常只需比较它们之间的差异部分。而设备租赁与购置方案经济比选,最简单的方法是在假设所得到设备的营业收入相同的条件下,将租赁方案和购买方案的费用进行比较。根据互斥方案比选的增量原则,只需比较它们之间的差异部分。从式(16-13)和式(16-18)两式可以看出,只需比较式(16-19)和式(16-20)即可。

$$\text{设备租赁:所得税率} \times \text{租赁费} - \text{租赁费} \tag{16-19}$$

$$\text{设备购置:所得税率} \times (\text{折旧} + \text{贷款利息}) - \text{设备购置费} - \text{贷款利息} \tag{16-20}$$

由于每个企业都要依利润大小缴纳所得税,按财务制度规定,租赁设备的租金允许计入成本;购买设备每期计提的折旧费也允许计入成本;若用借款购买设备,其每期支付的利息也可以计入成本。在其他费用保持不变的情况下,计入成本越多,则利润总额越少,企业交纳的所得税也越少。因此,在充分考虑各种方式的税收优惠影响下,应该选择税后收益更大或税后成本更小的方案。

例 16.8 某企业需要某种设备,其购置费为 20 万元,可贷款 10 万元,贷款年利率为 8%,在贷款期 3 年内每年末等额还本付息。设备使用期为 5 年,期末设备残值为 5000 元。这种设备也可以租赁获得,每年末租赁费为 56000 元。企业所得税税率为 25%,采用直线法折旧,基准折现率为 10%,试为企业选择方案。

解 (1) 企业若采用购置方案

① 计算年折旧费

$$\text{年折旧费} = \frac{200\ 000 - 5000}{5} = 39\ 000(\text{元})$$

② 计算年借款利息。各年支付的本利和 A 按下式计算，则各年的还本付息如表 16.11 所示。

$$A = 100\ 000 \times \frac{8\%\ (1+8\%)^3}{(1+8\%)^3 - 1} = 100\ 000 \times 0.38\ 803 = 38\ 803(\text{元})$$

表 16.11　各年支付的利息　　单位：元

年份	期初剩余本金 (1)	本期应计利息 (2)=(1)×8%	本期还款金额 (3)	其中本期支付本金 (4)=(3)－(2)	其中本期支付利息 (5)
1	100 000	8000	38 803	30 803	8000
2	69 197	5536	38 803	33 267	5536
3	35 930	2874	38 803	35 929＋1	2874

注：第 3 年剩余本金"＋1"是约去尾数误差的累计值。

③ 计算设备购置方案的净现值 FNPV(购)。

根据题意和①、②计算结果，得出式(16-20)所需计算数据如表 16.12 所示。

表 16.12　购买设备方案各年数据表　　单位：元

序号	项目	合计	计算期					
			0	1	2	3	4	5
1	期末设备残值	5000						5000
2	设备，其购置费	200 000	200 000					
3	折旧	195 000		39 000	39 000	39 000	39 000	39 000
4	利息	16 383		8000	5536	2847		

当贷款购买时，企业可以将所支付的利息及折旧从成本中扣除而免税，并且可以回收残值。

$$\begin{aligned}\text{FNPV(购)} =\ & 0.25\times[(39\ 000+8000)(P/F,10\%,1)+(39\ 000+5536)(P/F,10\%,2)\\ & +(39\ 000+2874)(P/F,10\%,3)+39\ 000(P/F,10\%,4)\\ & +39\ 000(P/F,10\%,5)]-200\ 000+5000(P/F,10\%,5)\\ & -8000(P/F,10\%,1)-5536(P/F,10\%,2)-2874(P/F,10\%,3)\\ =\ & 0.25\times(47\ 000\times0.9091+44\ 536\times0.8264+41\ 874\times0.7513\\ & +39\ 000\times0.6830+39\ 000\times0.6209)-200\ 000+5000\times0.6209\\ & -8000\times0.9091-5536\times0.8264-2874\times0.7513\\ =\ & -170\ 441.42(\text{元})\end{aligned}$$

(2) 计算设备租赁方案的现值 $FNPV$(租)

当租赁设备时，承租人可以将租金计入成本而免税。

$$\begin{aligned}\text{FNPV(租)} =\ & 0.25\times56\ 000(P/A,10\%,5)-56\ 000(P/A,10\%,5)\\ =\ & 0.25\times56\ 000\times3.7908-56\ 000\times3.7908\\ =\ & -159\ 213.60(\text{元})\end{aligned}$$

因为，FNPV(租)＞FNPV(购)，所以从经济角度出发，应该选择租赁设备的方案。

复习思考题

16.1　有形磨损和无形磨损有何异同？设备磨损的补偿有哪几种方式？

16.2　什么是大修理和现代化改造？如何理解设备更新？

16.3　设备更新方案的比选原则是什么？

16.4　设备的寿命分为哪几种？影响设备寿命期限的主要因素有哪些？

16.5　静态和动态模式下设备经济寿命是如何确定的？

16.6　怎样确定设备的更新时机？

16.7　影响设备租赁与购买的因素有哪些？设备租赁与购置方案分析的步骤是什么？

16.8　设备经营租赁方案和购买方案的净现金流量如何计算？

16.9　计算租金的方法主要有哪些？

16.10　设备租赁与购置方案如何进行经济比选？

第十七章　建设项目后评价

17.1　建设项目后评价概述

17.1.1　建设项目后评价的含义及特点

1. 建设项目后评价的含义

建设项目后评价是指对已建成投产并达到设计能力的项目其前期准备、方案实施、项目运行等情况进行综合分析评价，衡量方案实际执行情况和计划情况的差异，分析差异原因，总结经验教训，为以后项目预测、准备、决策、管理、控制提供科学依据和可行性方案。

建设项目后评价是对项目投资目标实现程度的一种评价，即对项目决策前的可行性研究报告及其设计文件中规定的技术经济指标进行再评价，并通过对整个项目建设全过程的总结来实现。

2. 建设项目后评价的特点

建设项目后评价不同于项目决策前的可行性研究和项目评价（即项目前评价），其具有以下特点：

（1）现实性。建设项目后评价从现实出发，对项目建设、投产、运营的状况、存在的问题进行总结、分析、研究和评价。它分析研究的是项目的实际情况，所依据的数据资料是现实发生的真实数据或根据实际情况更新预测的数据，总结的是现实存在的经验教训，提出的是实际可行的对策措施。

（2）全面性。建设项目后评价的内容不仅包括项目的预测、筹备、决策、计划、施工等投资阶段，而且还包括投产、运营等过程；不仅要分析项目投资的经济效益，而且要分析项目的社会效益、环境效益以及潜在效益；不仅要总结项目决策、建设和运营中的成功经验，更要发现问题，找出差距，分析研究原因，提出对策建议。

（3）反馈性。建设项目后评价的目的在于通过对现有项目的准备过程、建设过程和运营过程的回顾总结、分析研究，总结成功的典型经验和不成功甚至失败的教训，并把它们作为宝贵的财富，反馈给有关机构，以提高项目决策水平和管理水平。

（4）可靠性。建设项目后评价是通过搜集现实发生的实际数据资料，采用科学适用的评价方法，分析研究项目的实际效益，客观反映项目实施的成功经验和失败教训，具有很高的客观性、可靠性。

（5）探索性。建设项目后评价是在分析项目现状的基础上，及时发现问题、研究问题，以探索项目未来的发展方向和发展趋势。

17.1.2 建设项目后评价的目的与作用

建设项目后评价的目的与作用主要有以下几个方面：

1. 总结建设管理的经验教训，提高项目可行性研究和项目管理水平

建设项目后评价通过对已建成项目实际情况的分析研究，总结项目管理经验，指导未来项目管理活动，从而可以提高项目管理水平。

2. 提高项目决策科学化水平

通过建设项目后评价的反馈信息，及时纠正项目决策中存在的问题，从而提高未来项目决策的科学化水平。

3. 为政府制定投资计划、政策制定依据

政府可以根据后评价所反馈的信息，合理确定投资规模和投资流向，协调各产业、各部门之间及其内部的各种比例关系，并运用法律的、经济的、市场的、行政的手段，建立必要的法律、法规和制度，促进投资项目的良性循环。

4. 对项目建成后的经营管理进行诊断，提高完善项目的建议方案

分析和研究项目投产初期和达产时期的实际情况，比较实际情况与预测情况的偏离程度，探索产生偏差的原因，提出切实可行的措施，从而促使项目运营状态正常化。

5. 为银行及时调整信贷政策提供依据

银行作为一个独立的经济实体，通过建设项目后评价，可以及时发现项目建设资金使用过程中存在的问题，从而为银行调整信贷政策提供依据，并确保投资资金的按期回收。

6. 有利于提高设计、施工水平

通过对项目实施过程评价，考核建设成果（施工产品），检验工程设计、设备制造和工程施工质量，可以及时发现和解决一些影响正常生产使用的问题，确保项目能否按设计要求的技术经济指标交付使用、正常投产。对设计水平、设计合理性和技术的先进性进行科学的评价，评定建设过程中设计、施工水平的高低，对设计和施工工作的改进和提高都能起到很好的促进作用。

7. 有利于控制工程造价

对于建设项目，在前期工作中的咨询评估，建设过程中的招投标、投资包干等方法控制工程造价都是行之有效的。通过加强建设项目后评价，可以为同类项目各环节提供控制工程造价的借鉴经验。

8. 有利于项目的全过程监督

建设项目竣工投产、交付使用后，通过建设项目后评价，针对项目实际效果所反映出来的从项目决策、设计、施工到运营各阶段存在的问题，提出相应的改进措施，使项目尽快实现预期目标，更好地发挥效益。对于因决策失误或环境改变致使生产、技术或经济等方面处于严重困境的项目，通过后评价可以为其找到生存和发展的途径。并为重新制定或优选方案，提供再决策的依据。此外，把建设项目后评价纳入基本建设程序，决策者和执行者预先知道自己行为和后果要受到事后的评价和审查，就会感到压力和责任的重大，将促使决策者和执行者在主观上认真努力地做好工作。

17.1.3 建设项目后评价的任务及原则

1. 建设项目后评价的任务

建设项目后评价应当对项目全过程的各阶段实施和管理进行定量定性分析，重点包括合同文件、执行程序、项目三大控制（质量、进度、投资）、技术经济指标、社会环境影响、项目运营管理等。

建设项目后评价的主要任务有：根据项目的进程，审核项目准备阶段和前评价文件中确定的目标；确定在项目实施各阶段实际完成的情况，找出其中变化；通过实际与预期的对比，分析项目成败的原因；分析项目的经济效益；评价项目对社会和环境的影响；从被评价项目中总结经验教训和提出建议，供同类新项目借鉴。

2. 建设项目后评价的原则

进行建设项目后评价时，必须遵循以下原则：

（1）前后对照原则。是指在建设项目后评价中，把项目可行性研究的预测结论与项目实际运行结果比较，揭示项目的计划、决策和实施质量情况。

（2）可信性原则。是指后评价所依据的资料、信息、情况必须充分，使用的基础数据务求准确、真实，以免造成评价结果的失真不可信。

（3）独立评价原则。是指建设项目后评价工作不受决策者、管理者、执行者和可行性研究评价人员的干扰，保障评价的公正性与客观性。

（4）发现和解决问题并重的原则。是指在总结存在问题、经验和教训的同时，提出实际可行的对策措施和解决问题的方法。

（5）透明原则。是指把建设项目后评价的过程与评价成果公布给公众，使后评价的社会效益得到发挥。

（6）反馈与监督原则。后评价的最终目的是把评价结果反馈到决策部门，作为新项目的理想借鉴，也对项目的可行性研究评价实施有效监督。

17.1.4 建设项目后评价的类型

一般而言，从项目开工之后，即项目投资开始发生以后，所进行的各种评价，都属于建设项目后评价的范畴，这种评价可以延伸至项目的寿命期末。因此，根据评价时点，建设项目后评价可细分为跟踪评价、完成评价、影响评价。

1. 跟踪评价

跟踪评价也称中间评价或实施过程评价，它是指在项目开工以后到项目竣工以前任何一个时点所进行的评价。这类评价的主要目的是检查评价项目实施状况（包括进度、质量、费用等）；评价项目在建设过程中的重大变更（如项目的产品市场发生变化、概算调整、重大方案变化等）以及对项目效益的作用和影响；判断项目发生的重大困难和问题，寻求对策和出路等。

2. 完成评价

完成评价又称总结评价或终期评价，它是指在项目投资结束，各项工程建设竣工，项目的生产效果已初步显现时进行的一次较为全面的评价。完成评价是对项目建设全过程的总结和对项目实施效益的评判，其内容主要包括项目选定的准确性及其经验、教训的分析，项目目标的制定是否适当，项目采用的技术是否适用，项目组织机构和管理是否有效，项目市场分析是否充分、全面，项目财务和经济分析是否符合实际，项目产生的社会影响，预期目标的实际情况，预期目标的有效程度等等。

3. 影响评价

影响评价又称事后评价，它是指在项目效益得到充分发挥后（一般投资完成5～10年后）直到项目报废为止的整个运营阶段中任何一个时点，对项目所产生影响进行评价。影响评价侧重于对项目长期目标的评价，通过调查项目的实际运营状况，衡量项目的实际投资效益，评价项目的发展趋势和对社会、经济及环境的影响；发现项目运营过程中在经营和管理方面的问题，提出改进措施，充分发挥项目的潜力。

17.2　建设项目后评价的内容

建设项目后评价就是对项目的再分析与再评价，它的内容可以涉及项目分析和评价的各个方面，对于前评价的内容，后评价大多都需要做出对应分析，但若有必要，后评价又可对一些事项做出专门评价。若按项目过程来划分，建设项目后评价的内容有项目前期工作后评价、项目实施后评价、项目运营后评价；若按评价的事项划分，有项目技术方案后评价、项目经济后评价、项目影响后评价等。

17.2.1　按建设阶段划分的后评价

1. 建设项目前期工作后评价

建设项目前期工作后评价可分为项目论证工作后评价和建设前期工作后评价。

(1) 项目论证工作后评价。主要是对照项目在立项和可行性研究阶段的前评价中关于项目目标的确定、项目建设的必要性的论述，项目生产和建设条件的论证，找出实际发生的市场供求状况、生产技术条件和技术方案、生产组织、建设环境条件的变化因素，分析项目目标的实现程度和项目建设必要性判断的准确程度，以及分析目标偏离、项目成败的可能原因，并研判新的趋势。同时还应分析最初的项目目标确定和项目论证结论是否正确与合理，是否符合客观实际和组织发展的要求，以及如何做出必要调整，提出相应的补救措施。

（2）项目建设前期工作后评价。主要是项目建设前期准备工作的反馈评价，是评价项目前期工作的实绩，分析和总结项目前期工作的经验教训。其目的在于分析工作失误在多大程度上导致项目实际效果与预测目标的偏差，分析具体原因，提出对策建议，从而为今后加强项目前期工作的管理积累经验。项目建设前期工作后评价包括项目筹备、项目决策、厂址选择、征地拆迁、勘察设计、委托施工、土地开发、资金筹措、物资落实等方面的后评价。

2. 项目实施后评价

项目实施阶段的工作是项目的施工建设，它是后评价的重点。项目实施后评价的任务是评价项目在实施过程中，涉及施工、资金供应使用、设备采购、竣工验收和生产准备的情况，分析偏离预期目标的原因，总结项目实施管理中的经验教训，并提出改进措施。其目的在于分析和研究项目实际投资效益与预计投资效益的偏差在多大程度上是由项目实施过程中造成的，原因何在。项目实施后评价包括项目开工、实施项目组织与管理、项目建设资金供应与使用、项目建设工期、项目建设成本、项目工程质量和安全、项目变更、项目竣工验收等方面的后评价。

3. 项目运营后评价

针对项目运营阶段的后评价，其主要事项是项目的经营效果反馈评价。项目运营阶段是实现和发挥项目投资效益的阶段，在整个项目的生命周期内占有十分重要的地位。项目运营的后评价是基于项目投产后的有关实际数据资料或重新预测的数据，研究项目实际投资效益与规划目标或其他同类项目投资效益的偏离程度及其原因，系统地总结项目投资的经验教训，并为进一步提高项目投资效益提出切实可行的建议。项目运营后评价包括项目经营管理状况、项目产品方案、项目达产年限、项目经济效益等方面的后评价。

项目运营的后评价可以分解为生产准备工作后评价、项目运营后评价和项目运营效益后评价等。

（1）生产准备工作后评价。评价的内容主要包括机构设置、岗位责任、定员定岗、人员培训考核；经营决策机制、激励机制、约束机制等管理制度建设；生产营运所需流动资金筹集及使用情况；原材料、零部件等采购，外协条件的组织落实等。

（2）项目运营后评价。评价的内容主要包括经营管理水平情况，技术的实用性，人员技术结构，机械设备技术含量，技术操作规程，技术引进、消化吸收和开发能力，产品方案的加工制作适用性、市场适用性，产品质量稳定可靠性，销售渠道与方式，产品制造和销售情况等。

（3）项目运营效益后评价。主要用效益指标评价项目实际的财务状况、国民经济状况和社会效益、环境生态效益的状况。

17.2.2　按项目评价事项划分的后评价

1. 项目技术方案的后评价

这是对工程设计方案、项目实施方案的再评价。工程设计方案的后评价内容包括：项目构成范围的再评价；项目土建工程的再评价；项目技术水平、技术来源、主要技术工艺及设备选型和工艺流程的再评价。项目实施方案再评价的内容主要包括项目施工方式和技术方案的再评价；项目实施进度、成本、质量的控制与管理方案再评价等。

2. 项目经济后评价

项目经济后评价包括项目财务后评价和项目国民经济后评价两个组成部分。

（1）项目财务后评价，是从企业（项目）角度对项目投产后的实际财务效益的再评价。对于项目财务的后评价和项目前评价中的财务分析与评价的内容基本是相同的，都要进行项目的盈利性分析、清偿能力分析等方面的评价。财务后评价可以根据项目投产后的生产运营实际数据和对未来的预测数据进行分析和评价。但在建设项目后评价中采用的数据不是简单的实际数据，应该对项目实际数据扣除物价指数的变动，以便使建设项目后评价与前评价中的各项评价指标在评价时点和计算范围上具有可比性，即建立在同度量的原则之上，如在进行项目盈利能力分析时，必须按照建设项目后评价与前评价的不变价格进行，使评价比较的项目数据具有可比性。同时，还应考虑后评价时点的影响，通常以后评价时点为分界点，将建设项目后评价的财务分析数据分为两个时间段，该时点以前的分析时段使用不变价的实际发生数据，该时点以后的时段使用不变价的预测数据。

（2）项目国民经济后评价，是从宏观国民经济角度出发，对项目投产后的国民经济效益的再评价。项目国民经济后评价的主要内容是通过编制项目全部投资和国内投资国民经济效益费用流量表、外汇流量表、国内资源流量表等计算出项目实际的国民经济效益指标，分析和评价项目的建设实际上对当地经济发展、所在行业和社会经济发展的影响和推动本地区、本行业技术进步的影响等。

项目经济后评价的一项主要工作就是对项目前评价与后评价指标的对比分析，以此来考察预测数据与实际数据对评价指标的影响，从中分析偏离程度及其原因。通常可由相关的对比表来说明，项目的财务效益指标对比和国民经济效益指标对比如表 17.1 和表 17.2 所示。

表 17.1 项目财务效益指标对比

<table>
<tr><th rowspan="2">序号</th><th rowspan="2">分析内容</th><th rowspan="2">评价指标名称</th><th colspan="2">指标值</th><th rowspan="2">偏离值</th><th rowspan="2">偏离原因</th></tr>
<tr><th>前评价</th><th>后评价</th></tr>
<tr><td>1</td><td rowspan="7">盈利性分析</td><td>全部投资回收期</td><td></td><td></td><td></td><td></td></tr>
<tr><td>2</td><td>财务内部收益率(税前)</td><td></td><td></td><td></td><td></td></tr>
<tr><td>3</td><td>财务净现值(税前)</td><td></td><td></td><td></td><td></td></tr>
<tr><td>4</td><td>财务内部收益率(税后)</td><td></td><td></td><td></td><td></td></tr>
<tr><td>5</td><td>财务净现值(税后)</td><td></td><td></td><td></td><td></td></tr>
<tr><td>6</td><td>总投资收益率</td><td></td><td></td><td></td><td></td></tr>
<tr><td>7</td><td>资本金净利润率</td><td></td><td></td><td></td><td></td></tr>
<tr><td>8</td><td rowspan="5">偿还能力分析</td><td>利息备付率</td><td></td><td></td><td></td><td></td></tr>
<tr><td>9</td><td>偿债备付率</td><td></td><td></td><td></td><td></td></tr>
<tr><td>10</td><td>资产负债率</td><td></td><td></td><td></td><td></td></tr>
<tr><td>11</td><td>流动比率</td><td></td><td></td><td></td><td></td></tr>
<tr><td>12</td><td>速动比率</td><td></td><td></td><td></td><td></td></tr>
</table>

表 17.2 项目国民经济效益指标对比

<table>
<tr><th rowspan="2">序号</th><th rowspan="2">分析内容</th><th rowspan="2">名称报表</th><th rowspan="2">评价指标名称</th><th colspan="2">指标值</th><th rowspan="2">偏离值</th><th rowspan="2">偏离原因</th></tr>
<tr><th>评价前</th><th>评价后</th></tr>
<tr><td>1</td><td rowspan="4">盈利性分析</td><td rowspan="2">全投资社会经济效益费用流量表</td><td>经济内部收益率</td><td></td><td></td><td></td><td></td></tr>
<tr><td>2</td><td>经济净现值</td><td></td><td></td><td></td><td></td></tr>
<tr><td>3</td><td rowspan="2">国内投资社会经济效益费用流量表</td><td>经济内部收益率</td><td></td><td></td><td></td><td></td></tr>
<tr><td>4</td><td>经济净现值</td><td></td><td></td><td></td><td></td></tr>
<tr><td>5</td><td rowspan="2">外汇效果分析</td><td>出口产品国内资源流量及出口产品外汇流量表</td><td>经济换汇成本</td><td></td><td></td><td></td><td></td></tr>
<tr><td>6</td><td>替代出口产品国内资源流量及替代出口产品外汇流量表</td><td>经济节汇成本</td><td></td><td></td><td></td><td></td></tr>
</table>

3. 项目综合后评价

项目综合后评价就是综合上述评定项目立项时所预定目标的实现的程度，并在此基础上预测项目实施对区域和国民经济、生态环境、社会发展进步等的影响。它是建设项目后评价的主要任务之一。项目综合后评价的内容有以下几个方面：

1）项目目标后评价

就是对照计划目标，考察项目计划目标的完成情况，评价项目目标的实现程度。如果项目的计划目标未能有效实现，就要进一步分析未能实现的原因，并提出补救措施。目标评价的另一项任务，是对项目原定目标的正确性、合理性及科学性进行分析评价；如果经实际验证，有些项目目标制定得不正确、不合理或不科学，不符合实际情况、不能真实反映项目实施过程中的情况，则通过建设项目后评价给予重新确定，为今后项目管理服务。

2）项目可持续性后评价

是指建设项目后评价之后，项目的既定目标是否可以继续，即项目是否可以顺利地持续实施；项目的后续发展能否实现良性循环，越来越好；项目是否具有重复性，即项目是否在未来以同样的方式建设同类项目。项目可持续评价要从政策因素、组织管理因素、技术因素、财务因素、市场因素、社会文化因素、环境和生态因素、资源因素以及其他外部因素等方面来分析。

3）项目影响后评价

项目影响后评价主要包括项目经济影响后评价、项目环境影响后评价和项目社会影响后评价。

（1）项目经济影响后评价，主要分析评价项目对所在地区、所处行业和国家产生的经济方面的影响。进行经济影响后评价时，注意与项目效益评价中的国民经济后评价区分开来，避免重复计算。评价的内容主要包括项目对分配、就业、国内资源成本、技术进步等的影响。由于经济影响后评价的部分因素难以量化，一般只能做定性分析，一些国家和组织把这部分内容并入社会影响评价的范畴。

（2）项目环境影响后评价，是指对照项目前评价时批准的项目环境影响报告书，遵照国家环保法律法规的规定，根据国家和地方环境质量标准和污染物排放标准以及相关产业部门的环保规定，重新审查项目环境影响的实际结果，审核项目环境管理的决策、规定、规范、参数的可靠性和实际效果，分析项目实施环境影响评估报告和项目环境实际影响现状之间的差异及其原因，并对未来环境影响进行预测。同时，对有可能产生突发性事故的项目环境影响风险要进行进一步的识别和分析。项目环境影响后评价主要包括污染控制、区域环境质量影响、自然资源利用和保护、区域生态平衡影响和环境管理能力。项目环境影响后评价，应侧重分析随着项目的进程和时间的推进所发生的变化。

（3）项目社会影响后评价，是对项目在社会经济及发展方面有形和无形的效益与结果的一种分析，重点评价项目对国家（或地区）社会发展目标的贡献和影响，以及项目与周围地区的互相影响。项目社会影响的后评价主要包括就业影响、居民生活条件和生活质量影响、地区收入分配影响，项目受益范围及受益程度、对地方和社区发展的影响、对文化教育和民族宗教的影响、当地政府和居民的参与度等。

17.3　建设项目后评价的方法

我国建设项目后评价的方法主要参考项目评估的评价方法和国际上通用的后评价方法，国家颁布的有关规定，并在不断完善。

建设项目后评价的方法主要有统计预测法、社会评价调查方法、对比分析法、逻辑框架法（LFA）、利益群体分析法、因果分析法、因素分析法、定量和定性相结合的效益分析法、成功度评价法、层次分析法（AHP）、多目标模糊综合评价方法等，以下重点介绍几种方法。

17.3.1 统计预测法

建设项目后评价大量的基础资料是以统计数据为依据的,后评价的调查、数据处理和分析方法也与统计工作十分类似(表 17.3)。因此,统计原理和方法完全可以应用在后评价实践中,也是后评价方法论的基本原则之一。

预测技术已广泛应用于项目的可行性研究与评估及建设项目后评价的实践中,特别在项目效益评价方面普遍采用了预测学常用的模式,如趋势外推法、参照对比法、专家调查预测法等(表 17.3)。

建设项目后评价中有两种主要的预测:一是有无对比预测,另一种是项目今后效益的预测。前者是对无项目条件下可能产生的效果进行假定的估测,后者以后评价时点为基准,参考时点前的发展趋势对项目今后的效益进行测算。

表 17.3 统计和预测的方法

统计方法	统计调查	直接观察法、报告法、采访法和被调查对象自填法
	统计资料整理	资料的检查、分组分类与汇总
	统计分析	分组法、综合指标法、动态数列法、指数法、抽样法、回归分析法、投入产出法等
预测方法	回归预测、趋势预测、投入产出预测和专家调研预测等	

17.3.2 对比分析法

对比分析是后评价的一条基本原则,包括前后对比、有无对比和横向对比。

1. 前后对比法

前后对比法是指将项目实施前与项目实施后的情况加以对比,以确定项目效益的一种方法。在项目评价中,它是一种纵向的对比,将项目前期的可行性研究和项目评估的预测结论与项目的实际运行结果相比较,以发现偏差,分析原因。这种对比用于揭示计划、决策和实施的质量,是项目过程评价应遵循的原则。

2. 有无对比法

有无对比是将项目投产后实际发生的情况与没有运行投资项目可能发生的情况进行对比,以度量项目的真实效益、影响和作用。这种对比是一种横向的对比,主要用于项目的效益评价和影响评价。有无对比的目的是要分清项目作用的影响与项目以外作用的影响。对比的关键是要求投入的代价与产出的效果口径一致,即所度量的效果要真正归因于有此项目。有无对比法需要大量可靠的数据,最好有系统的项目监测资料,也可引用当地有效的统计资料。在进行对比时,先要确定评价内容和主要指标,选择可比的对象,用科学的方法收集资料,通过建立对比表来进行分析。

3. 横向对比法

横向对比是将项目的实际运行结果及在评价时点所作的预测,与同地区、同行业、同规模项目的技术经济指标进行横向对比，以度量项目在行业内所处的技术、经济水平，评价项目的绩效或竞争力和可持续发展能力。

17.3.3　逻辑框架法

1. 逻辑框架法的基本概念

逻辑框架法(LFA)是一种概念化分析论述项目的方法，即用一张简单的框图来清晰地分析一个复杂项目的内涵和关系，使之更易理解。逻辑框架法是将几个内容相关且必须同步考虑的动态因素组合起来，通过分析其间的关系及其目标和实际结果来评价一项活动或工作。逻辑框架法为项目计划者和评价者提供一种分析的思路和框架，通过对项目目标和达到目标所需手段间逻辑关系的分析，确定工作的范围和任务。

逻辑框架法的核心概念是项目事物层次间的因果逻辑关系，即项目“如果”提供了某种条件，“那么”就会产生某种结果。这些条件包括项目内在的因素和项目所需要的外部条件。水平方向表示项目目标的层次，包括实现这些目标的方法、条件。垂直方向列出了投入、产出、直接目的和宏观目标 4 个层次，它们自下而上存在着因果逻辑关系。逻辑框架法的基本模式是一个 4×4 的矩阵，基本模式如表 17.4 所示。

表 17.4　逻辑框架法的基本模式

层次描述	客观验证指标	验证方法	重要外部条件
宏观目标/影响	目标指标	综合监督与测评的手段和方法	实现目标的主要条件
直接目的/作用	目的指标	综合监督与测评的手段与方法	实现目的的主要条件
产出/结果	产出物定量指标	分析项目完成报告和工程监测报告	实现产出的主要条件
投入/措施	投入物定量指标	评估项目组织机构、资金来源与投入情况	实现投入的主要条件

逻辑框架法的基本模式表可以说明以下几个方面的问题：

(1) 为什么要进行这一项目?

(2) 进行该项目要达到什么目的?

(3) 如何达到项目的目的?

(4) 有哪些外部条件在项目产出上必须考虑的?

(5) 如何检测项目的成果和目标?

2. 逻辑框架法的层次和逻辑关系

1) 逻辑框架法的层次

逻辑框架法将项目分为 4 个层次：

(1) 宏观目标，是指最高层次的目标，体现为宏观计划、政策和方针等。宏观目标一般超越了项目的范畴，往往是一个国家、地区、部门或组织的整体目标。这个层次目标的确定与指标的选择一般由国家或行业部门提供。宏观层次的目标要求投资项目必须与整个国家发展目标、产业政策和行业发展的要求相联系。宏观目标的实现一般需要多个项目的贡献。

(2) 直接目的，是指项目的直接效果和作用，是设立项目的基本动机，这个层次的目标是由项目的实施机构和独立的评价机构来确定。该层次是项目所希望达到的直接效果，一般要考虑投资项目为受益目标群体带来的效果，主要是经济和社会方面的成果和作用。项目的直接目的是达到宏观目标的分目标之一，一般一个项目只有一个项目目的。项目管理的主要任务就是要努力保证项目目的实现。

(3) 产出，是项目直接产生的特定结果，即项目的建设内容或直接产出物，一般应提供可计量的直接结果。这里的"产出"是指项目"干了些什么"，即项目的投入的产出物。要明确地指出项目所完成的实际工程(如铁路、港口、输变电设施、气井和城市服务设施等)或改善的机构制度、政策制定等。各项成果是为达到项目直接目的必须实现的具体目标，从其产出的效果来看应是必要的、合适的、足够的。

(4) 投入，是指项目的实施过程及内容，主要包括资源的投入量和时间等。具体指投资项目投入的资金、人员和管理机构等。

2) 逻辑框架法的逻辑关系

逻辑框架法的 4 个层次自下而上形成了 3 个垂直的逻辑关系，如果保证一定的投入，预计会有怎样的产出；项目的产出和项目的直接目的之间的联系；项目的目的对国家或地区的宏观目标贡献关联性。逻辑框架法的垂直逻辑关系如图 17.1 所示。

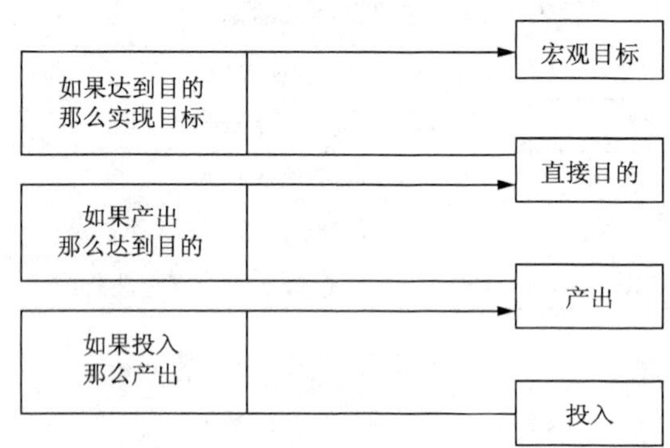

图 17.1 逻辑框架法的垂直逻辑关系

逻辑框架法的水平方向的逻辑关系由验证指标、验证方法和外部条件。逻辑框架法的水平关系如表 17.5 所示。

表 17.5 逻辑框架法的水平逻辑关系

目标层次	客观验证指标	验证方法
宏观目标	作用的预测和实现程度	信息来源：文件、统计资料、项目受益者 采用方法：资料分析、调查研究
直接目的	作用的大小	信息来源：项目报告、项目受益者 采用方法：调查研究
产出	不同阶段投资项目定性与定量的产出	信息来源：项目记录、项目报告与项目受益者 采用方法：资料分析、调查研究
投入	资源的数量、成本、时间和性质	信息来源：项目评价报告、项目计划表与投资文件等

（1）验证指标包括数量、质量、时间、项目对象和地点等因素，这些指标要具有准确性、目的性、独立性和可检验性的特点。

（2）验证方法是指主要资料来源和验证所采取的方法，主要资料通常来源于项目报告、统计资料等，验证采取的方法主要为调查研究和资料分析等。

（3）重要的外部条件是指达到项目的指标必须具备的外部条件，即重要假设的条件，它是在项目的控制范围以外，却对项目的成功有影响的条件，是项目各层次的目标实现的基础和依据。这些外部条件是项目管理者无法控制的风险或限制条件。

3. 结果分析

逻辑框架法主要致力于不同层次目标的关系及其与相应设定条件的存在性的分析，主要结论有：

（1）效率性。这主要反映项目投入与产出间的关系，即项目把投入转换为产出的成功程度和项目管理业绩水平。

（2）效果性。效果性主要反映的是项目的产出对目的的贡献程度，效果性主要取决于受益目标群对项目活动的反应。

（3）项目的影响。项目的影响主要反映项目的目的与最终目标间的关系，它可度量出项目对受益目标群提供的效益（和费用）。

（4）持续性分析。项目的效果或影响是否能持续下去是后评价要作出的重要结论，持续性分析的逻辑框架部分是基于后评价的实际结果分析，更重要的是基于新情况下对各种逻辑关系的重新预测，在原有框架基础上加以修正。

4. 逻辑框架法在建设项目后评价中的应用

建设项目后评价需要解决三个问题：一是项目的原定目标和目的是否达到；二是项目的原定效益是否得以实现以及实现的程度；三是项目后续阶段有什么风险，该如何发展。因此建设项目后评价也要回答三个问题：一是项目的原定目标和目的已经达到的程度；二是项目原定的成本效益指标的实现程度；三是项目未来可持续发展的程度。

逻辑框架法则可以对这三个方面的问题进行全面的评价。建设项目后评价所使用的逻辑框架法的客观验证指标应反映出项目实际完成情况与项目前评价中原来预测指标的差别以及项目后续发展变化情况与项目前评价预测的差异。所以，在编制建设项目后评价的逻辑框架前应设立一张项目前评价与项目实际和后续预测数据指标的对比表，以求找出在逻辑框架表中应填写的主要内容，如表 17.6 所示。

采用逻辑框架法进行建设项目后评价时可以根据建设项目后评价的特点和项目特征设计评价的内容和指标，以适应不同建设项目后评价的要求。逻辑框架法一般可用于项目实际目标实现程度的评价、项目成败原因的评价分析和项目可持续发展的评价等。

表 17.6　建设项目后评价的逻辑框架

项目层次	验证对比指标			原因分析		可持续性风险
	项目原定指标	实际实现指标	差别或变化	主要内部原因	主要外部原因	
宏观目标(影响)						
项目目的(作用)						
项目产出(实施结果)						
项目投入(建设条件)						

17.3.4　项目成功度评价方法

建设项目后评价的综合评价方法很多,通常采用成功度评价的方法。综合评价要评定项目的合理性、项目目标实现程度及其外部条件,列出项目主要效益指标,评定项目的投入产出结果、汇总报告的所有内容,采取分析打分的办法(即项目成功度评价法),为项目的实施和成果做出定性结论。

项目的成功度可划分为五个等级,其划分标准如表 17.7 所示。成功度评价是以逻辑框架法分析的项目目标的实现程度和经济效益分析的评价结论为基础,以项目的目标和效益为核心所进行的全面系统的评价,是依靠评价专家或专家组的经验,综合后评价各项指标的评价结果,对项目的成功程度做出定性的结论。

表 17.7　项目成功度等级标准表

等级	内容	标准
1	完全成功	项目各项目标都已全面或超额实现;相对成本而言,项目取得巨大的效益和影响
2	基本成功	项目的大部分目标都已经实现;相对成本而言,项目达到了预期的效益和影响
3	部分成功	项目实现了原定的部分目标;相对成本而言,项目只取得了一定的效益和影响
4	不成功	项目实现的目标非常有限;相对成本而言,几乎没有产生正效益和影响
5	失败	项目的目标是无法实现的;相对成本而言,项目不得不终止

建设项目成功度表(表 17.8)设置了评价的主要指标。在评价具体项目的成功度时,并不一定要测量表中所有指标。

表 17.8　建设项目成功度评价

评价项目指标	相关重要性	评价等级(成功度)	备注
宏观目标和产业政策			
决策及其程序			
布局与规模			
项目目标及市场			
设计与技术装备水平			
资源和建设条件			
资金来源和融资			

续表

评价项目指标	相关重要性	评价等级(成功度)	备注
项目进度及其控制			
项目质量及其控制			
项目投资及其控制			
项目经营			
机构和管理			
项目财务效益			
项目经济效益			
社会和环境影响			
项目可持续性			
项目总评			

项目成功度法的步骤如下：

(1) 评价者根据具体项目的类型和特点，确定项目成功度评价表中的各项指标。

(2) 根据指标与项目相关的程度，把它们分为“重要”、“次要”和“不重要”三类，在表中第二栏相关重要性里填注，对“不重要”的指标就不用测定，只需测定重要和次重要的项目内容。或者通过打分评出各指标的重要性权重。

(3) 确定成功度的等级及标准，并针对各指标评测项目的等级。或者关于指标对项目做出评分。

(4) 通过指标重要性分析和单项指标成功度结论的综合，即可得到被评项目的总成功度。如果以打分形式给出了指标权重和成功度数值，则可采用加权评分法给出项目的综合评分值。

项目的成功度评价法使用的表格是根据建设项目后评价任务的目的与性质决定的，我国和国际上各个组织机构的表格各有不同，需根据具体情况而定。

17.3.5　因果分析法

1. 因果分析法的概念

因果分析法是按照事物之间的因果关系分析解决问题的最基本方法。因果分析可采用因果图的方式来进行。因果图，又称鱼骨图，是以图示的形式指出造成某种结果的各级原因之间的等级关系。它是将作为问题的特性(结果)和最次特性给予影响的要因(原因)，进行系统整理和归纳，并将其画在类似鱼刺形的图上(图 17.2)。通过它查找评价项目问题产生的原因，并对这些原因进行分析，分清主次及轻重关系，提出具有针对性的恰当的解决问题的对策措施和建议。

如图 17.2 所示，因果分析图的绘制步骤与图中箭头方向恰恰相反，是从“结果”开始将原因逐层分解的，具体步骤如下：

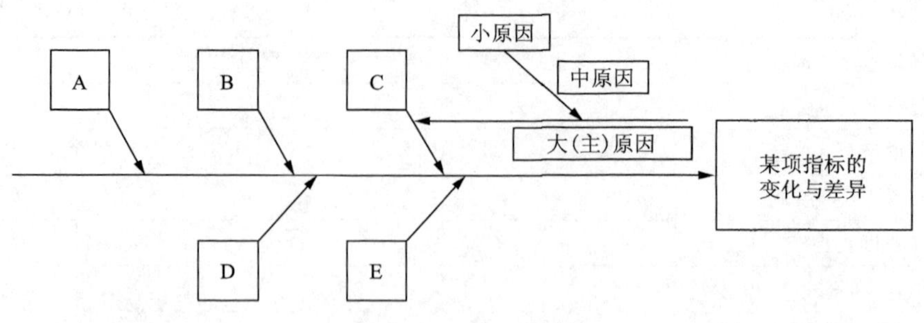

图 17.2　因果分析图

(1) 明确问题-结果。作图时首先由左至右画出一条水平主干线,箭头指向一个矩形框,框内注明研究的问题,即结果。

(2) 分析确定影响该问题特性的大原因,并对原因进行分类。将项目具体实施情况调查或考察中收集到的信息进行整理、分类。通常可按照问题的性质或属性进行分类。

(3) 将每种大原因进一步分解为中原因、小原因,直到分解的原因可以采取具体措施加以解决为止。

(4) 检查图中所列的原因是否齐全,可以对初步分析结果广泛征求意见,并做必要的补充及修改。

(5) 选择出影响大的关键因素,做出标记"△",以便重点采取措施。将通过对项目实地考察、调研或通过其他途径收集到的问题和情况以及项目评价专家组成员提出的问题和对原因的分析进行集中整理和分类。一般可以按照外部因素和内部因素两大类分,也可以按照项目管理的主要环节进行分类;然后按照造成上述各环节变化的中原因和小原因依次罗列。其中,对于造成项目重大变化的,或对项目实施目标和效果产生重大影响的主要原因和核心问题加上突出的标记,以便于作为重点分析评价的对象。

2. 因果分析法在建设项目前期决策后评价中的应用

在评价一个建设项目的前期决策工作的效果时,由于若干因素的共同作用,使得实际情况与前期阶段预期的目标产生一定的差距,以至于影响到项目实施的总体目标或子目标。在这些复杂的原因当中,由于它们又不都是以同等效力作用于实施效果或指标的变化过程,必定有主要的、关键的原因,也有次要的或一般的原因。在建设项目后评价中又不能对这些原因简单地一一罗列,必须从这些错综复杂的原因中整理出头绪,找出使指标产生变化的真正起关键作用的原因。因果分析图就是这样一种分析和寻找影响建设项目后评价中相关工作效果的因素和主要原因的简便有效的方法。

依据某建设项目的前期决策后评价的内容,按照项目立项依据、项目决策过程和程序两大原因进行分类,建立如图 17.3 所示的评价指标体系。

在图 17.3 项目前期决策后评价的层次结构模型基础上,根据该建设项目的前期决策工作的评价内容,对各层次各影响因素进行打分,利用层次分析法给出的各判断矩阵的特征向量,把每个影响因素的观测值描述在因果分析图上,形成一个全新的已定量化了的质量分析图,图 17.4 称为该建设项目的前期决策工作效果定量化因果分析图。

由图 17.4 可见，立项条件和依据的确立决定该项目立项是否成功，而在项目决策过程中，可行性研究单位资格的审查、可行性研究评价、项目立项资金批复、项目决策过程效率和决策质量等是判断项目决策合理的关键因素。

通过很差、差、较差、一般、较好、好和很好七个评价等级对影响前期决策工作情况的 9 个因素的效果进行评定，根据评定等级及评分信息可知该建设项目在上述各因素上取得的效果，进而由综合得分判断该建设项目的前期立项和决策工作是否成功，可为类似建设项目决策提供参考。

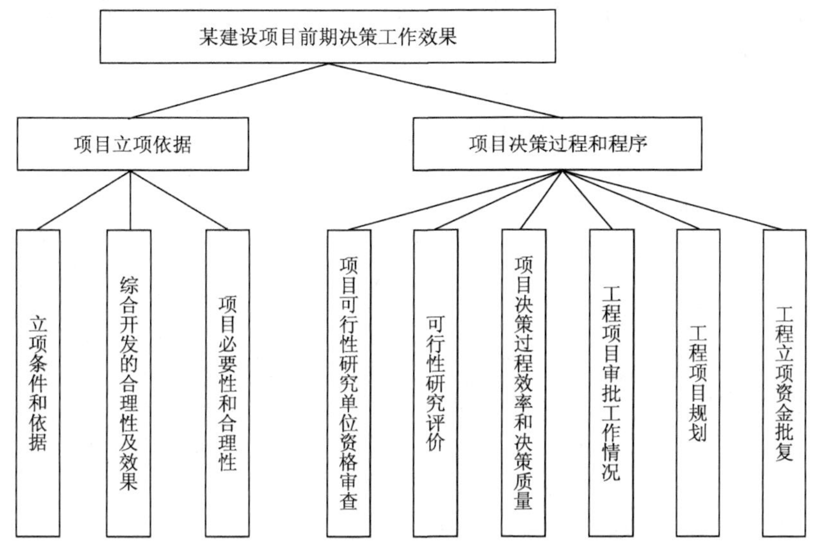

图 17.3　某建设项目的前期决策后评价的指标体系

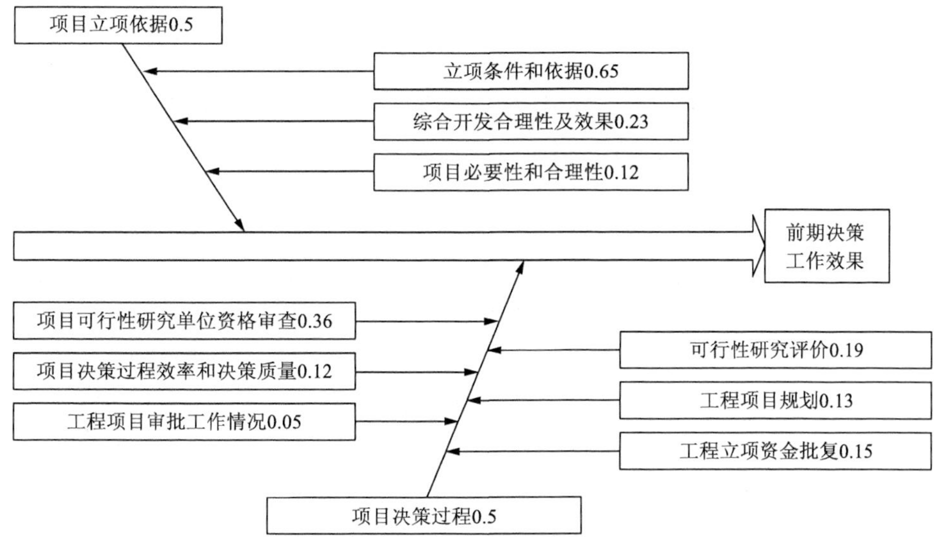

图 17.4　某建设项目的前期决策工作效果定量化因果分析图

复习思考题

17.1 什么是建设项目后评价？建设项目后评价有什么目的、作用与特点？

17.2 简述归纳建设项目后评价有哪些类型？

17.3 简述建设项目后评价的内容和程序。

17.4 什么是逻辑框架法？逻辑框架法在建设项目后评价中如何应用？

17.5 什么是项目成功度评价法？项目成功度评价法在建设项目后评价中如何应用？

17.6 建设项目后评价常用的方法有哪些？

17.7 收集一些建设项目综合评价的方法。

第十八章　企业技术改造的工程经济分析

18.1　企业技术改造概述

18.1.1　企业技术改造内涵

1. 企业技术改造的概念

企业技术改造，是指利用原有资产与资源，用先进技术改造落后技术、用先进工艺和设备代替落后的工艺和设备，使企业产品在技术性能、质量、成本和节能方面保持先进水平的一种投资活动。技术改造是对企业现有的生产工艺、工程设施和技术装备进行更新改造，是企业实现内涵型扩大再生产的主要途径，其内容包括产品的改造、技术工艺的改进、机器设备和工具的改造、厂房建筑和公用工程设施的改造、节能降耗的改造、防治污染的改造、生产环境条件的改造、管理方法和手段的改造等。可见，技术改造是以提高产品质量、提高生产效率、降低消耗、降低成本、改善生产条件、提高企业效益为目的的一种技术创新活动。

2. 技术改造项目的特点

技术改造项目是在原有企业或技术基础上进行的更新改造，与新建项目相比具有以下特点：

1）技术改造项目强调技术进步性

企业技术改造的主要目的是维持和发展内涵扩大再生产，提高劳动生产率，因此在方案选择中强调技术上的进步，并不是原设备的以旧换新。

2）技术改造项目与原有企业既相互依存又相对独立

技术改造项目是以增量调动存量，兼有固定资产简单再生产和内含扩大再生产的双重性，需要利用原有资产和资源，受现有企业资源、技术、布局现状的约束；其投融资主体、还款主体都是既有企业，不发生资产与资源的产权转移；并且技术改造一般是局部改造，并不涉及整个企业，建设期内既有企业生产运营与改造项目建设同时进行，因此技术改造项目与原有企业相互依存，密不可分。另一方面，技术改造项目一般需要配备专门的人力、物力，采用项目管理模式实施，可以进行独立核算，有其评价体系，又是相对独立的。

3）技术改造项目建设协调难度大

技术改造项目一般是局部改造，不会造成整个企业停止运营，而是与原企业的生产经营同步进行，因此在企业有限的人力资源和狭小的场地里，既要进行原有生产、经营活动，又要进行技术改造项目的建设，建设协调难度大。

4）技术改造项目的效益和费用的识别、计算比较复杂

技术改造项目建成投入生产后与企业原生产设备、未改造的技术项目同时生产经营，其投入和产出难以分开，因而技术改造项目的效益和费用的识别、计算比较复杂。

通过建设技术改造项目，能够提高效益、增强后劲，从而实现企业的可持续发展，是提升企业形象与核心竞争力的必由之路，对企业发展和国民经济健康运行都具有不可忽视的作用。因此，企业应该科学地对企业技术改造项目进行决策和实施，保证技术改造项目能够成功。

18.1.2　企业技术改造的基本原则

企业技术改造是一项系统工程，决策时必须依据一定时期国家的技术经济政策、企业的生产技术现状，正确确定企业技术改造的方向和方案，通过认真调查，作出正确的决策，避免盲目投资，造成资源的浪费和企业效益的降低。因此，为了使企业技术改造真正发挥作用，投资决策时应遵循以下基本原则：

1. 市场导向原则

市场导向原则是指根据市场需要的商品而购买或改造相应的技术设备。市场经济需要根据市场需求和市场容量组织生产，生产跟随需求快速变化。《中共中央关于国有企业改革和发展若干重大问题的决定》(以下简称《决定》)指出："国有企业技术进步和产业升级的方向与重点是：以市场为导向，用先进技术改造传统产业，围绕增加品种、改进质量、提高效益和扩大出口，加强现有企业的技术改造。"因此，企业技术改造应遵循市场导向原则，以提高市场竞争能力和企业核心竞争能力。

2. 产业导向原则

产业导向原则是指技术改造要符合国家的技术、产业发展方向。符合国家产业政策的技术改造，才是方向正确的技术改造，才能使技术改造项目获得成功。《决定》指出："对于有市场、有效益、符合国家产业政策的技术改造项目，给予贷款贴息支持；对这类技术改造项目的国产设备投资，实行税收鼓励政策"。因此符合国家产业政策的技术改造才能获得技改贴息、减税等收益。

3. 技术进步原则

技术改造并不是在同一技术水平上简单地以新换旧，原样照搬、复制、延续旧的生产技术，而是着力于企业技术水平的提高，其设计方案应有前瞻性，符合国际上先进技术的发展趋势。

4. 量力而行与企业发展的总体规划相协调的原则

技术改造以技术进步为前提，但是也要考虑本企业的资金、技术、人员、管理等自身条件的限制，量力而行，兼顾先进性、经济性和实用性，做出切合实际的选择，合理规划和确定建设规模，不可盲目地追求高指标，使技术改造方案与企业发展的总体规划相协调。

5. 系统性原则

技术改造是一项系统工程，整合技术、经济、培训、激励、考核、市场开发、管理等因素，需要“硬件”和“软件”的配合，单从技术上考虑提出的改造方案，可能因为资金、劳动力素质及管理水平跟不上而无法实现。因此，技术改造决策应遵循系统性原则，综合考虑各因素，以形成合力获取技改的最佳效果。

6. 全过程管理原则

技术改造是一个持续的过程，应该坚持全过程管理原则，做好初期的准备工作（技改规划、可行性研究、资金筹措、立项等工作）、中期的实施控制工作（招投标、采购、土建、安装、调试、检验、试生产等工作）、后期的评价总结工作（设备性能、安全、生产、工艺、质量、管理、效益等的总结、评估、验收工作；进行产量、质量、周期、效益、劳动生产率、噪声、污染等的定量分析；进行劳动条件改善、社会效益等的定性分析）。

18.1.3 企业技术改造的决策过程

企业在进行技术改造决策时，应遵循以下程序，进行科学决策。

1. 调查企业技术现状，分析存在的问题

为提高技术改造的效益，减少盲目性，技术改造决策前应首先对企业技术现状、国内外有关技术现状和发展前景作系统的调查研究。一方面，掌握国内外同行企业在产品、生产工艺装备等各方面的技术新成果，以及各项成果应用于生产领域的效果；另一方面，深入研究本企业生产技术发展的历史和现状，找出技术优势和劣势以及发展中的薄弱环节。

2. 确定技术改造的整体目标

在调查分析的基础上，企业要按照自己的战略规划，确定技术改造的整体目标以及所要达到的产品更新换代、工艺改造、设备改造、资源节约等具体目标，以便制定技术改造的方向、范围、项目、水平。

3. 进行外部环境及内部条件分析

制定技术改造整体目标后，要进行技术改造的外部环境、内部条件的分析研究，使技术改造与外部环境、内部条件相适应，以保证预定目标的实现。外部环境分析包括国家相关的经济政策、技术方针、市场需求情况、资源供应情况、国内外技术状况和技术发展动向；内部条件分析就是要掌握企业可利用的存量资产情况及实施技改项目所需的内部资源，包括企业现有设备、技术装备、工艺条件、工人技术水平、资金、原材料、能源消耗、组织条件等，并预测相关资源的可得性，评价内部可控条件与外部环境的适应性。

4. 拟定多种初步方案

在前面三个工作的基础上，拟定出多种可达到预定目标的技术改造方案。

5. 技术改造方案的评价和筛选

这是方案决策中最为关键的一个环节。首先对拟定的初步方案，进行初步评价、筛选，把其中不可行或设计总体水平低的方案去掉，选出较好的方案进行全面的技术评价、经济评价、社会评价和综合评价，从中选出最优方案，并进行进一步优化。

6. 技术改造决策实施与修正

按照决策方案实施技术改造项目，加强科学的组织管理工作，保证项目顺利实施。同时，及时反馈实施中出现的问题，对决策方案进行调整和修正，纠正决策方案设计中的偏差和失误，以适应实际情况。

7. 技术改造项目后评价

技术改造项目结束后，应进行后评价工作，评估设备性能、安全、生产、工艺、质量、管理、效益等；定量分析技术改造后的产量、质量、周期、效益、劳动生产率、噪声、污染等，并进行劳动条件改善、社会效益等的定性分析。为以后的技术改造工作积累经验。

18.2 技术改造项目的投入产出计算

18.2.1 技术改造项目投入的计算

企业进行技术改造必然要投入资金、人力、土地、资源等生产要素，同时技术改造过程中还会造成一些旧设备的报废损失、企业停产或减产的损失，这些也是实施改造所付出的代价。因此，计算技术改造项目投入时不单包括改造过程中新增的固定资产投资、新增的流动资产投资、新增的年运行费用等，还包括拆除或报废旧固定资产的损失和项目带来的停产减产等相关损失，其计算公式为

$$I_{总} = I_{新} + I_{固损} + I_{相损} \tag{18-1}$$

式中，$I_{总}$——技术改造总投入；

$I_{新}$——技术改造新追加的投入；

$I_{固损}$——因实施技术改造而拆除旧设备、旧厂房等固定资产损失金额；

$I_{相损}$——因实施技术改造而发生的停产减产等相关损失。

其中，新追加的投入 $I_{新}$ 计算为

$$I_{新} = 新增固定资产投资 + 新增流动资金 + 新增年运行费用 \tag{18-2}$$

拆除旧设备、旧厂房等固定资产损失金额 $I_{固损}$ 的计算为

$$\begin{aligned} I_{固损} = &拆除或报废的固定资产原值 - 计提的累计折旧费 + 历年花费的大修费 \\ &+ 固定资产拆除作业费 - 回收利用的固定资产残值 - 精神磨损 \end{aligned} \tag{18-3}$$

例 18.1 某厂改建工程投资为 2000 万元，施工中拆除固定资产原值为 500 万元，拆除作业费用为 5 万元，回收利用的残值为 20 万元，历年折旧费总和为 280 万元，历年大修理费用为 100 万元，该固定资产精神磨损为 50 万元，试计算该厂改造总投入。

解　根据式(18-1)～式(18-3)

$$I_{总} = 2000 + (500 - 280 + 100 + 5 - 20 - 50) = 2255(万元)$$

该厂改造总投入为 2255 万元。

18.2.2　技术改造项目产出的计算

1. 技术改造项目产出的表现形式

产出是技术改造项目投入所产生的结果，是技术改造项目获得效益的基础。技术改造项目的产出表现在多方面，主要有以下几个方面。

1）增加产量

通过技术改造提高企业生产能力，扩大生产规模，使得产品品种和产量增加。如水利工程改扩建项目增加发电量、增加装机容量、增加水库库容、增加供水量等。可用数量指标，如“千瓦时”、“吨”、“立方米”等。

2）扩大用途

通过技术改造项目扩大原项目的用途，如水利工程改扩建项目，因库容扩大而增加了养殖、防洪、灌溉、供水等用途。

3）降低成本、节约资源

通过技术改造，提高技术装备水平，减少了原材料、燃料、动力及活化劳动等的消耗，降低了生产成本，同时节约了资源。如水利工程改扩建项目，经灌区续建配套与节水改造减少渠系渗漏损失，节约灌溉用水，同时提高机组效率，降低水头损失，降低输电线路损失、变电损失等，使得成本费用下降。

4）提高质量

经过技术改造使得原项目产品质量提高了，如水利工程改扩建项目改造后提高水库的调节性能，增发保证电量和调峰电量，提高供电、供水的可靠性。对于提高产品质量的项目，其产出主要表现为产品质量提高使得产品价格提高或者产品销售量提高。

5）提高技术装备水平、改善劳动条件或减轻劳动强度

经过技术改造，提高技术装备水平，可以有效改善劳动条件，减轻劳动强度，保护企业职工的身心健康，如水利工程改扩建项目改造后增加自动化装置，采用遥测遥控、遥调设备和设施，减少值班人员，减轻劳动强度，节省劳动力和改善工作环境等。

6）保护环境

技术改造往往利用新技术减少环境污染、保护水环境，保持生态平衡等。

2. 技术改造项目产出的计算

一般来说，一个技术改造项目的产出是多方面的。这些产出中有些是宏观产出效益，如环境改造工程对整个社会环境的贡献、降低能耗对社会资源的节约效应，改善劳动条件对工人安全健康的保护从而延长工人寿命的长期效应等；有些是微观产出效益，如增加产量增加企业利润、降低能耗从而降低产品成本等。这些产出效益又可以区分为经济效益和社会效益，经济效益又可区分为直接的经济效益和间接的经济效益。这里所计算的产

出仅是指直接的经济效益产出，即可以用货币衡量的直接产出，一般用利润增加或成本节约指标来表示。

技术改造项目是在已有的工程设施、设备、人员、技术基础上，进行的追加投资，使得原设备生产能力消失，因而改造工程的产出并非改造后的全部产出，而应该是一种增量产出效益，即改造后的产出比不改造的产出增加的部分。所以计算技术改造产出时，应分别计算进行技术改造和不进行技术改造两种情况下各自的产出量，将两者的差额作为技术改造项目的产出量。

因此，技术改造项目产出计算公式为

$$O_{技改} = O_{有} - O_{无} \tag{18-4}$$

式中，$O_{技改}$——技术改造项目的产出量；

$O_{有}$——进行技术改造项目的总产出量；

$O_{无}$——不进行技术改造项目的总产出量。

值得注意的是，这里计算产出时要计算项目整个运行寿命期内的产出总和。

18.3　技术改造项目财务评价方法

技术改造项目是投资项目的一种，一般新建项目财务评价的基本原理也适用于技术改造项目，财务评价的内容是相同的。但由于其自身的独特性，使得技术改造项目财务评价的方法与一般新建项目有些差异。技术改造项目财务评价方法应考察进行技术改造（有项目）和不进行技术改造（无项目）两种情况下的费用及效益差别。其财务评价的基本方法有两种，即总量评价法和增量评价法。

18.3.1　总量评价法

总量评价法也称总量效果评价法，就是把不进行技术改造和进行技术改造作为两个互斥方案，分别计算各方案的绝对效果，进行比较研究得出结论的方法。在计算总量效果时，总量法将利用的原有资产作为现金流出（丧失出让机会的损失），将不能使用的原有资产转让出售所得的实际收入，作为现金流入。评价时主要采用净现值（NPV，财务评价时为 FNPV，国民经济评价时为 ENPV，下同）指标衡量，NPV 大的方案优于 NPV 小的方案。总量评价法是从总量上衡量各方案效果，其具体评价步骤为：

(1) 计算各方案各年产生的现金总流入与现金总流出。

(2) 计算各方案的总量效果指标。

在进行技术改造项目财务评价时一般是 NPV 指标，得到有项目和无项目的两个总量指标 $NPV_{有}$ 和 $NPV_{无}$。

(3) 根据指标评价技术改造项目的经济性。通过两个总量指标的计算，可以得到以下情况：

① $NPV_{有} > NPV_{无}$，且 $NPV_{有} > 0$。$NPV_{有} > 0$ 表明进行技术改造企业是盈利的，$NPV_{有} > NPV_{无}$ 表明进行技术改造的总体收益大于不进行技术改造的总收益，说明技术改造可以给企业带来更多效益，应该选择进行技术改造。

② $NPV_{有}>NPV_{无}$，且 $NPV_{有}<0$。说明虽然进行技术改造能够提高企业的整体收益(因为 $NPV_{有}>NPV_{无}$)，但是进行技术改造方案是不经济的，进行技术改造仍然不能使企业扭亏为盈(因为 $NPV_{有}<0$)。这时，不能上技术改造项目，而应该关闭停业原项目。

③ $NPV_{有}<NPV_{无}$，且 $NPV_{无}>0$。$NPV_{无}>0$ 表明不进行技术改造企业是盈利的，$NPV_{有}<NPV_{无}$表明进行技术改造后的总效益不如不进行改造。这时，不应该进行技术改造，而应维持原状态。

④ $NPV_{有}<NPV_{无}$，且 $NPV_{无}<0$。说明不进行技术改造企业是亏损的(因为 $NPV_{无}<0$)，而进行技术改造不但没有使企业扭亏为盈，反而加剧了亏损状况(因为 $NPV_{有}<NPV_{无}$)。这时，应该关闭停业原项目。

例 18.2　某企业现有固定资产 5000 万元，流动资产 2000 万元，若进行技术改造须追加投资 1400 万元，改造当年生效。改造与不改造的每年收入、支出如表 18.1 所列，假定改造、不改造的寿命期均为 8 年，基准折现率为 10%，问该企业是否应当进行技术改造？

表 18.1　相关数据　　单位:万元

方案	不改造		改造	
年份	1～8	8	1～8	8
年销售收入	6000		6500	
资产回收		2500		3000
年经营支出	4950		5200	

解　(1) 根据各方案的现金流入与现金流出，按照总量法计算现金净流量，画出现金流量图如图 18.1 和图 18.2 所示。

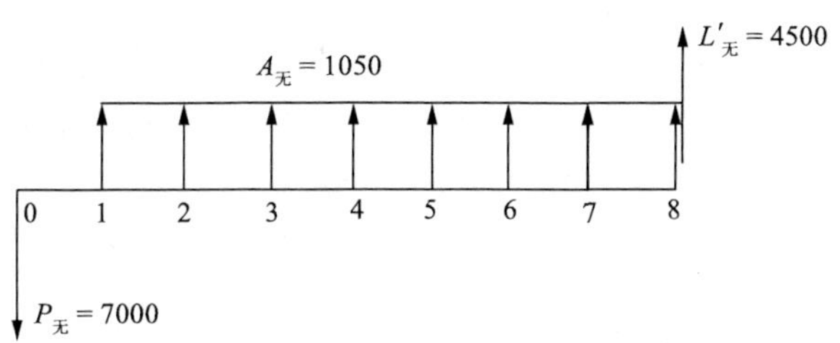

图 18.1　不进行技术改造项目现金流量图

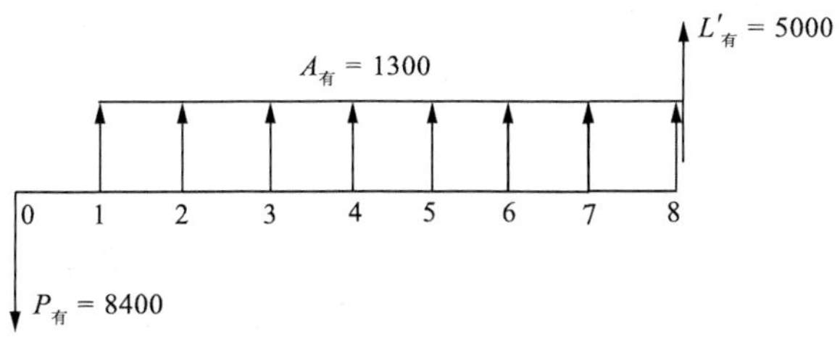

图 18.2　进行技术改造项目现金流量图

(2) 计算各项目的净现值 NPV。

不进行技术改造年效益

$$A_{无} = 6000 - 4950 = 1050(万元)$$

不进行技术改造

$$\begin{aligned} NPV_{无} &= 1050(P/A,10\%,8) + (2500 + 2000)(P/F,10\%,8) - (5000 + 2000) \\ &= 697.7(万元) \end{aligned}$$

进行技术改造项目年效益

$$A_{有} = 6500 - 5200 = 1300(万元)$$

进行技术改造

$$\begin{aligned} NPV_{有} &= 1300(P/A,10\%,8) + (3000 + 2000)(P/F,10\%,8) - (5000 + 2000 + 1400) \\ &= 864.2(万元) \end{aligned}$$

(3) 进行评价得出结论。因为 $NPV_{有} > NPV_{无}$，且 $NPV_{有} > 0$，所以应该选择进行技术改造。

18.3.2 增量评价法

增量评价法也称增量效果评价法，就是用技术改造与不进行技术改造的增量现金流量计算增量效果，进行比较研究的一种方法。评价时一般采用增量净现值、增量内部收益率等指标衡量。当增量净现值大于 0 或增量内部收益率大于基准收益率时，则项目可行。增量法体现的是相对效果，不能体现绝对效果。其计算步骤为：

1. 计算进行技术改造项目各年产生的增量收益和增量费用，计算出它们的增量现金流量

增量收益就是“有项目”状态下的收益减去“无项目”状态下的收益的差额；增量费用就是“有项目”状态下追加的投资与“无项目”状态下追加的投资相减得到的差额。采用增量法计算现金流量时，可以将技术改造与不技术改造相同的原有资产相互抵消。因此，这里计算增量费用时只需要计算各自追加投资的差额。这个增量数据序列，直接反映的是项目投资为企业产生的效果。

2. 计算各方案的增量财务指标

根据增量数据进行有关财务指标的分析和计算，如增量净现值 $NPV_{增量}$，增量投资内部收益率($IRR_{增量}$，财务评价时为 $FIRR_{增量}$，国民经济评价时为 $EIRR_{增量}$，下同)等。

3. 根据计算结果评估技术改造方案的经济可行性

根据财务指标计算结果，作出投资决策。

当 $NPV_{增量} > 0$ 或 $IRR_{增量} > i_c$ 时，说明技术改造投资能够企业带来收益，经济上是可行的；当 $NPV_{增量} < 0$ 或 $IRR_{增量} < i_c$ 时，说明技术改造投资不经济。

例 18.3 数据与例 18.2 相同，试用增量评价法，评价该企业是否应当进行技术改造？

解　(1) 根据增量法，计算增量经济效益，画出现金流量图如图 18.3 所示。

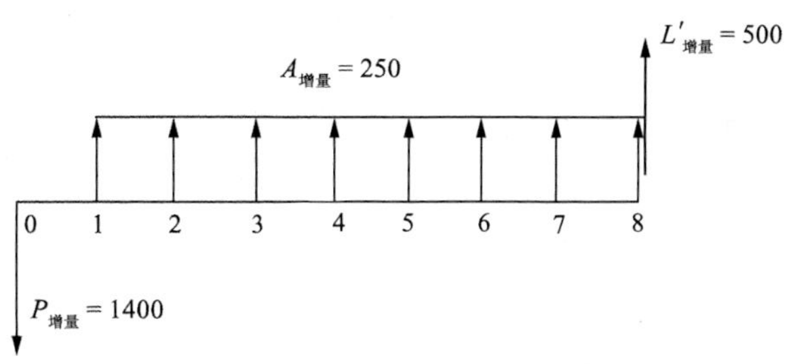

图 18.3　进行技术改造项目增量现金流量图

(2) 计算增量净现值 NPV 增量。

增量投入

$$P_{增量}=1400(万元)$$

每年的增量效益

$$A_{有}=(6500-5200)-(6000-4950)=250(万元)$$

8 年末资产回收增量收益

$$L'_{增量}=3000-2500=500(万元)$$

因此，增量净现值

$$\text{NPV}_{增量}=250(P/A,10\%,8)+500(P/F,10\%,8)-1400=166.5(万元)$$

(3) 根据计算结果评估技术改造方案的经济可行性。

因为 $NPV_{增量}>0$，所以进行技术改造是可行的。

18.3.3　总量评价法与增量评价法的适应范围

总量评价法将利用的原有资产视为投资，需要对原有资产进行评估，将评估价值视为投资列入现金流出，资产评估的工作量大且较困难。同时，总量法不能反映用于技术改造项目的投资可达到的收益水平，因而不能对进行投资改造和不进行改造的相对优劣进行比较，无法反映当存在其他投资机会时技术改造项目是否最优。

增量评价法只需要对新增投资和效益进行比较，直接反映技术改造项目投资的效益，免去了资产评估的程序和不准确性，因此更简单。

在实际工作中，由于总量法需要较多的基础数据，尤其是需要对原有资产估价，因此相比较而言更倾向于应用增量评价法。但是，当技术改造项目伴随有资产重组或资产清算等特殊情况时，或者需要对现行企业是关停并转还是进行改造作经济分析决策时，使用增量评价法做出的决策不够科学，需要用改造后的总量效益进行评价。

另外，在运用这两种方法时，应该注意“有项目”与“无项目”的效益和费用的计算范围、计算期应保持一致，具有可比性。进行技术改造后项目的寿命期往往比不进行技术改造的寿命期长，所以指标计算时应以“有项目”的计算期为基准对“无项目”的计算期进行调整。一般情况下，可通过追加投资来维持“无项目”时的生产经营，延长其“寿命期”到与“有项目”的计算期相同，并在计算期末将固定资产余值收回。

复习思考题

18.1　如何理解企业技术改造的内涵?

18.2　技术改造项目与新建项目相比有何特点?

18.3　企业技术改造应遵循哪些基本原则?

18.4　技术改造项目的投入产出是如何计算?

18.5　技术改造项目财务评价常用的方法有哪些?

附录Ⅰ 复利系数表

5%

n	一次支付		等额支付				n
	F/P	P/F	F/A	A/F	P/A	A/P	
1	1.0500	0.9524	1.0000	1.0000	0.9524	1.0500	1
2	1.1025	0.9070	2.0500	0.4878	1.8594	0.5378	2
3	1.1576	0.8636	3.1525	0.3172	2.7232	0.3672	3
4	1.2155	0.8227	4.3103	0.2320	3.5460	0.2820	4
5	1.2763	0.7835	5.5256	0.1810	4.3295	0.2310	5
6	1.3401	0.7462	6.8019	0.1470	5.0757	0.1970	6
7	1.4071	0.7107	8.1420	0.1228	5.7864	0.1728	7
8	1.4775	0.6768	9.5491	0.1047	6.4632	0.1547	8
9	1.5513	0.6446	11.0266	0.0907	7.1078	0.1407	9
10	1.6289	0.6139	12.5779	0.0795	7.7217	0.1295	10
11	1.7103	0.5847	14.2068	0.0704	8.3064	0.1204	11
12	1.7959	0.5568	15.9171	0.0628	8.8633	0.1128	12
13	1.8856	0.5303	17.7130	0.0565	9.3936	0.1065	13
14	1.9799	0.5051	19.5986	0.0510	9.8986	0.1010	14
15	2.0789	0.4810	21.5786	0.0463	10.3797	0.0963	15
16	2.1829	0.4581	23.6575	0.0423	10.8378	0.0923	16
17	2.2920	0.4363	25.8404	0.0387	11.2741	0.0887	17
18	2.4066	0.4155	28.1324	0.0355	11.6896	0.0855	18
19	2.5369	0.3957	30.5390	0.0327	12.0853	0.0827	19
20	2.6533	0.3769	33.0659	0.0302	12.4622	0.0802	20
21	2.7860	0.3589	35.7192	0.0280	12.8212	0.0780	21
22	2.9253	0.3418	38.5052	0.0260	13.1630	0.0760	22
23	3.0715	0.3256	41.4305	0.0241	13.4886	0.0741	23
24	3.2251	0.3101	44.5020	0.0225	13.7986	0.0725	24
25	3.3864	0.2953	47.7271	0.0210	14.0939	0.0710	25
26	3.5557	0.2812	51.1134	0.0196	14.3752	0.0696	26
27	3.7335	0.2678	54.6691	0.0183	14.6430	0.0683	27
28	3.9201	0.2551	58.4026	0.0171	14.8981	0.0671	28
29	4.1161	0.2429	62.3227	0.0160	15.1411	0.0660	29
30	4.3219	0.2314	66.4388	0.0151	15.3725	0.0651	30

续表

n	一次支付		等额支付				n
	F/P	P/F	F/A	A/F	P/A	A/P	
35	5.5160	0.1813	90.3203	0.0111	16.3742	0.0611	35
40	7.0400	0.1420	120.800	0.0083	17.1591	0.0583	40
45	8.9850	0.1113	159.700	0.0063	17.7741	0.0563	45
50	11.4674	0.0872	209.348	0.0048	18.2559	0.0548	50
55	14.6356	0.0683	272.713	0.0037	18.6335	0.0537	55
60	18.6792	0.0535	353.584	0.0028	18.9293	0.0528	60
65	23.8399	0.0419	456.798	0.0022	19.1611	0.0522	65
70	30.4264	0.0329	588.528	0.0017	19.3427	0.0517	70
75	38.8327	0.0258	756.653	0.0013	19.4850	0.0513	75
80	49.5614	0.0202	971.228	0.0010	19.5965	0.0510	80
85	63.2543	0.0158	1245.09	0.0008	19.6838	0.0508	85
90	80.7303	0.0124	1594.61	0.0006	19.7523	0.0506	90
95	103.035	0.0097	2040.69	0.0005	19.8059	0.0505	95
100	131.501	0.0076	2610.02	0.0004	19.8479	0.0504	100

8%

n	一次支付		等额支付				n
	F/P	P/F	F/A	A/F	P/A	A/P	
1	1.0800	0.9259	1.0000	1.0000	0.9259	1.0800	1
2	1.1664	0.8573	2.0800	0.4808	1.7833	0.5608	2
3	1.2597	0.7938	3.2464	0.3080	2.5771	0.3880	3
4	1.3605	0.7350	4.5061	0.2219	3.3121	0.3019	4
5	1.4693	0.6806	5.8666	0.1705	3.9927	0.2505	5
6	1.5869	0.6302	7.3359	0.1363	4.6229	0.2163	6
7	1.7138	0.5835	8.9228	0.1121	5.2064	0.1921	7
8	1.8509	0.5403	10.6366	0.0940	5.7466	0.1740	8
9	1.9990	0.5002	12.4876	0.0801	6.2469	0.1601	9
10	2.1589	0.4632	14.4866	0.0690	6.7101	0.1490	10
11	2.3316	0.4289	16.6455	0.601	7.1390	0.1401	11
12	2.5182	0.3971	18.9771	0.0527	7.5361	0.1327	12
13	2.7196	0.3677	21.4953	0.0465	7.9038	0.1265	13
14	2.9372	0.3405	24.2149	0.0413	8.2442	0.1213	14
15	3.1722	0.3152	27.1521	0.0368	8.5595	0.1168	15
16	3.4269	0.2919	30.3243	0.0330	8.8514	0.1130	16
17	3.7000	0.2703	33.7502	0.0296	9.1216	0.1096	17
18	3.9960	0.2502	37.4502	0.0267	9.3719	0.1067	18
19	4.3157	0.2117	41.4463	0.0241	9.6036	0.1041	19
20	4.6610	0.2145	45.7620	0.0219	9.8181	0.1019	20

续表

n	一次支付		等额支付				n
	F/P	P/F	F/A	A/F	P/A	A/P	
21	5.0338	0.1987	50.4229	0.0198	10.0168	0.0998	21
22	5.4365	0.1839	55.4567	0.0180	10.2007	0.0980	22
23	5.8715	0.1703	60.8933	0.0164	10.3711	0.0964	23
24	6.3412	0.1577	66.7647	0.0150	10.5288	0.0950	24
25	6.8485	0.1460	73.1059	0.0137	10.6748	0.0937	25
26	7.3964	0.1352	79.9544	0.0125	10.8100	0.0925	26
27	7.9881	0.1252	87.3507	0.0114	10.9352	0.0914	27
28	8.6271	0.1159	95.3388	0.0105	11.0511	0.0905	28
29	9.3173	0.1073	103.966	0.0096	11.1584	0.0896	29
30	10.0627	0.0994	113.283	0.0088	11.2578	0.0888	30
35	14.7853	0.0676	172.317	0.0058	11.6546	0.0858	35
40	21.7245	0.0460	259.056	0.0039	11.9246	0.0839	40
45	31.9204	0.0313	386.506	0.0026	12.1084	0.0826	45
50	46.9016	0.0213	573.770	0.0017	12.2335	0.0817	50
55	68.9138	0.0145	848.923	0.0012	12.3186	0.0812	55
60	101.257	0.0099	1253.21	0.0008	12.3766	0.0808	60
65	148.780	0.0067	1847.25	0.0005	12.4160	0.0805	65
70	218.606	0.0046	2720.08	0.0004	12.4428	0.0804	70
75	321.204	0.0031	4002.55	0.0002	12.4611	0.0802	75
80	471.955	0.0021	5886.93	0.0002	12.4735	0.0802	80
85	693.456	0.0014	8655.71	0.0001	12.4820	0.0801	85
90	1018.92	0.0010	12723.9	<0.0001	12.4877	0.0801	90
95	1497.12	0.0007	18071.5		12.4917	0.0801	95
100	2199.76	0.0005	27484.5		12.4943	0.0800	100

10%

n	一次支付		等额支付				n
	F/P	P/F	F/A	A/F	P/A	A/P	
1	1.1000	0.9091	1.0000	1.0000	0.9091	1.1000	1
2	1.2100	0.8264	2.1000	0.4762	1.7355	0.5762	2
3	1.3310	0.7513	3.3100	0.3021	2.4869	0.4021	3
4	1.4641	0.6830	4.6410	0.2155	3.1699	0.3155	4
5	1.6105	0.6209	6.1051	0.1638	3.7908	0.2638	5
6	1.7716	0.5645	7.7156	0.1296	4.3553	0.2296	6
7	1.9487	0.5132	9.4872	0.1054	4.8684	0.2054	7
8	2.1436	0.4665	11.4359	0.0874	5.3349	0.1874	8
9	2.3579	0.4241	13.5795	0.0736	5.7590	0.1736	9
10	2.5937	0.3855	15.9374	0.0627	6.1446	0.1627	10

续表

n	一次支付		等额支付				n
	F/P	P/F	F/A	A/F	P/A	A/P	
11	2.8531	0.3505	18.5312	0.0540	6.4951	0.1540	11
12	3.1384	0.3186	21.3842	0.0468	6.8137	0.1468	12
13	3.4523	0.2897	24.5227	0.0408	7.1034	0.1408	13
14	3.7975	0.2633	27.9750	0.0357	7.3667	0.1357	14
15	4.1772	0.2394	31.7725	0.0315	7.6061	0.1315	15
16	4.5950	0.2176	35.9497	0.0278	7.8237	0.1278	16
17	5.0545	0.1978	40.5447	0.0247	8.0216	0.1247	17
18	5.5599	0.1799	45.5992	0.0219	8.2014	0.1219	18
19	6.1159	0.1635	51.1591	0.0195	8.3649	0.1195	19
20	6.7275	0.1486	57.2750	0.0175	8.5136	0.1175	20
21	7.4002	0.1351	64.0025	0.0156	8.6487	0.1156	21
22	8.1403	0.1228	71.4027	0.0140	8.7715	0.1140	22
23	8.9543	0.1117	79.5430	0.0126	8.8832	0.1126	23
24	9.8494	0.1015	88.4973	0.0113	8.9847	0.1113	24
25	10.8347	0.0923	98.3470	0.0102	9.0770	0.1102	25
26	11.9182	0.0839	109.182	0.0092	9.1609	0.1092	26
27	13.1100	0.0763	121.100	0.0083	9.2372	0.1083	27
28	14.4210	0.0693	134.210	0.0075	9.3066	0.1075	28
29	15.8631	0.0630	148.631	0.0067	9.3696	0.1067	29
30	17.4494	0.0573	164.494	0.0061	9.4269	0.1061	30
35	28.1024	0.0356	271.024	0.0037	9.6442	0.1037	35
40	45.2592	0.0221	442.592	0.0023	9.7791	0.1033	40
45	72.8904	0.0137	718.905	0.0014	9.8628	0.1024	45
50	117.391	0.0085	1163.91	0.0009	9.9148	0.1019	50
55	189.059	0.0053	1880.59	0.0005	9.9471	0.1005	55
60	304.481	0.0033	3034.81	0.0003	9.9672	0.1003	60
65	490.370	0.0020	4893.71	0.0002	9.9796	0.1002	65
70	789.746	0.0013	7887.47	0.0001	9.9873	0.1001	70
75	1271.89	0.0008	12708.9	<0.0001	9.9921	0.1001	75
80	2048.40	0.0005	20474.0		9.9951	0.1000	80
85	3298.97	0.0003	32979.7		9.9970	0.1000	85
90	5313.02	0.0002	53120.2		9.9981	0.1000	90
95	8556.67	0.0001	85556.7		9.9988	0.1000	95
100	13780.6	<0.0001	137796		9.9993	0.1000	100

12%

n	一次支付		等额支付				n
	F/P	P/F	F/A	A/F	P/A	A/P	
1	1.1200	0.8929	1.0000	1.0000	0.8929	1.1200	1
2	1.2544	0.7972	2.1200	0.4717	1.6901	0.5917	2
3	1.4049	0.7118	3.3744	0.2963	2.4018	0.4163	3
4	1.5735	0.6355	4.7793	0.2092	3.0373	0.3292	4
5	1.7623	0.5674	6.3528	0.1574	3.6048	0.2774	5
6	1.9738	0.5066	8.1152	0.1232	4.1114	0.2432	6
7	2.2107	0.4523	10.0890	0.0991	4.5638	0.2191	7
8	2.4760	0.4039	12.2997	0.0813	4.9676	0.2013	8
9	2.7731	0.3606	14.7757	0.0677	5.3282	0.1877	9
10	3.1058	0.3220	17.5487	0.0570	5.6502	0.1770	10
11	3.4785	0.2875	20.6546	0.0484	5.9377	0.1684	11
12	3.8960	0.2567	24.1331	0.0414	6.1944	0.1614	12
13	4.3635	0.2292	28.0291	0.0357	6.4235	0.1557	13
14	4.8871	0.2046	32.3926	0.0309	6.6282	0.1509	14
15	5.4736	0.1827	37.2797	0.0268	6.8109	0.1468	15
16	6.1304	0.1631	42.7533	0.0234	6.9740	0.1434	16
17	6.8660	0.1456	48.8837	0.0205	7.1196	0.1405	17
18	7.6900	0.1300	55.7497	0.0179	7.2497	0.1379	18
19	8.6128	0.1161	63.4397	0.0158	7.3658	0.1358	19
20	9.6463	0.1037	72.0524	0.0139	7.4694	0.1339	20
21	10.8038	0.0926	81.4987	0.0122	7.5620	0.1322	21
22	12.1003	0.0826	92.5026	0.0108	7.6446	0.1308	22
23	13.5523	0.0738	104.603	0.0096	7.7184	0.1296	23
24	15.1786	0.0659	118.155	0.0085	7.7843	0.1285	24
25	17.0001	0.0588	133.334	0.0075	7.8431	0.1275	25
26	19.0401	0.0525	150.334	0.0067	7.8957	0.1267	26
27	21.3249	0.0469	169.374	0.0059	7.9426	0.1259	27
28	23.8839	0.0419	190.699	0.0052	7.9844	0.1252	28
29	26.7499	0.0374	214.583	0.0047	8.0218	0.1247	29
30	29.9599	0.0334	241.333	0.0041	8.0552	0.1241	30
35	52.7996	0.0189	431.663	0.0023	8.1755	0.1223	35
40	93.0509	0.0107	767.091	0.0013	8.2438	0.1213	40
45	163.988	0.0061	1358.23	0.0007	8.2825	0.1207	45
50	289.002	0.0035	2400.02	0.0004	8.3045	0.1204	50
55	509.320	0.0020	4236.00	0.0002	8.3170	0.1202	55
60	897.596	0.0011	7471.63	0.0001	8.3240	0.1201	60
65	1581.87	0.0006	13173.9	<0.0001	8.3281	0.1201	65
70	2787.80	0.0004	23223.3		8.3303	0.1200	70
75	4913.05	0.0002	40933.8		8.3316	0.1200	75
80	8658.47	0.0001	72145.6		8.3324	0.1200	80

15%

n	一次支付		等额支付				n
	F/P	P/F	F/A	A/F	P/A	A/P	
1	1.1500	0.8696	1.0000	1.0000	0.8696	1.1500	1
2	1.3225	0.7561	2.1500	0.4651	1.6257	0.6151	2
3	1.5209	0.6575	3.4725	0.2880	2.2832	0.4380	3
4	1.7490	0.5718	4.9934	0.2003	2.8550	0.3503	4
5	2.0114	0.4972	6.7424	0.1483	3.3522	0.2983	5
6	2.3131	0.4323	8.7537	0.1142	3.7845	0.2642	6
7	2.6600	0.3759	11.0668	0.0904	4.1604	0.2404	7
8	3.0579	0.3269	13.7268	0.0729	4.4873	0.2229	8
9	3.5179	0.2843	16.7858	0.0596	4.7716	0.2096	9
10	4.0456	0.2472	20.3037	0.0493	5.0188	0.1993	10
11	4.6524	0.2149	24.3493	0.0411	5.2337	0.1911	11
12	5.3502	0.1869	29.0017	0.0345	5.4206	0.1845	12
13	6.1528	0.1625	34.3519	0.0291	5.5831	0.1791	13
14	7.0757	0.1413	40.5047	0.0247	5.7245	0.1747	14
15	8.1371	0.1229	47.5804	0.0210	5.8474	0.1710	15
16	9.3576	0.1069	55.7175	0.0179	5.9542	0.1679	16
17	10.7613	0.0929	65.0751	0.0154	6.0072	0.1654	17
18	12.3755	0.0808	75.8363	0.0132	6.1280	0.1632	18
19	14.2318	0.0703	88.2118	0.0113	6.1982	0.1613	19
20	16.3665	0.0611	102.444	0.0098	6.2593	0.1598	20
21	18.8215	0.0531	118.810	0.0084	6.3125	0.1584	21
22	21.6447	0.0462	137.632	0.0073	6.3587	0.1573	22
23	24.8915	0.0402	159.276	0.0063	6.3988	0.1563	23
24	28.6252	0.0349	184.168	0.0054	6.4338	0.1554	24
25	32.9189	0.0304	212.793	0.0047	6.4641	0.1547	25
26	37.8568	0.0264	245.712	0.0041	6.4906	0.1541	26
27	43.5353	0.0230	283.569	0.0035	6.5135	0.1535	27
28	50.0656	0.0200	327.104	0.0031	6.5335	0.1531	28
29	57.5754	0.0174	377.170	0.0027	6.5509	0.1527	29
30	66.2118	0.0151	434.745	0.0023	6.5660	0.1523	30
35	133.176	0.0075	881.170	0.0011	6.6166	0.1511	35
40	267.863	0.0037	1779.09	0.0006	6.6418	0.1506	40
45	538.769	0.0019	3585.13	0.0003	6.6543	0.1503	45
50	1083.66	0.0009	7212.71	0.0001	6.6605	0.1501	50
55	2179.62	0.0005	14524.1	<0.0001	6.6636	0.1501	55
60	4384.00	0.0002	29220.0		6.6651	0.1500	60
65	8817.78	0.0001	58778.5		6.6659	0.1500	65
70	17735.7	<0.0001	118231		6.6663	0.1500	70
75	35672.8		237812		6.6665	0.1500	75
80	71750.8		478332		6.6666	0.1500	80

20%

n	一次支付		等额支付				n
	F/P	P/F	F/A	A/F	P/A	A/P	
1	1.2000	0.8333	1.0000	1.0000	0.8333	1.2000	1
2	1.4400	0.6944	2.2000	0.4545	1.5278	0.6545	2
3	1.7280	0.5787	3.6400	0.2747	2.1065	0.4747	3
4	2.0736	0.4823	5.3680	0.1863	2.5887	0.3863	4
5	2.4883	0.4019	7.4416	0.1344	2.9906	0.3344	5
6	2.9860	0.3349	9.9299	0.1007	3.3255	0.3007	6
7	3.5832	0.2791	12.9159	0.0774	3.6046	0.2774	7
8	4.2998	0.2326	16.4991	0.0606	3.8372	0.2606	8
9	5.1598	0.1938	20.7989	0.0481	4.0310	0.2481	9
10	6.1917	0.1615	25.9587	0.0385	4.1925	0.2385	10
11	7.4301	0.1346	32.1504	0.0311	4.3271	0.2311	11
12	8.9161	0.1122	39.5805	0.0253	4.4392	0.2253	12
13	10.6993	0.0935	48.4966	0.0206	4.5327	0.2206	13
14	12.8392	0.0779	59.1959	0.0169	4.6106	0.2169	14
15	15.4070	0.0649	72.0351	0.0139	4.6755	0.2139	15
16	18.4884	0.0541	87.4421	0.0114	4.7296	0.2114	16
17	22.1861	0.0451	105.931	0.0094	4.7746	0.2094	17
18	26.6233	0.0376	128.117	0.0078	4.8122	0.2078	18
19	31.9480	0.0313	154.740	0.0065	4.8435	0.2065	19
20	38.3376	0.0261	186.688	0.0054	4.8696	0.2054	20
21	46.0051	0.0217	225.026	0.0044	4.8913	0.2044	21
22	55.2061	0.0181	271.031	0.0037	4.9094	0.2037	22
23	66.2474	0.0151	326.237	0.0031	4.9245	0.2031	23
24	79.4968	0.0126	392.484	0.0025	4.9371	0.2025	24
25	95.3962	0.0105	471.981	0.0021	4.9476	0.2021	25
26	114.475	0.0087	567.377	0.0018	4.9563	0.2018	26
27	137.371	0.0073	681.853	0.0015	4.9636	0.2015	27
28	164.845	0.0061	819.233	0.0012	4.9697	0.2012	28
29	197.814	0.0051	984.068	0.0010	4.9747	0.2010	29
30	237.376	0.0042	1181.88	0.0008	4.9789	0.2008	30
35	590.668	0.0017	2948.34	0.0003	4.9915	0.2003	35
40	1469.77	0.0007	7343.85	0.0001	4.9966	0.2001	40
45	3657.26	0.0003	18281.3	<0.0001	4.9986	0.2001	45
50	9100.43	0.0001	45497.2		4.9995	0.2000	50
55	22644.8	<0.0001	113219		4.9998	0.2000	55
60	56347.5		281732		4.9999	0.2000	60

25%

n	一次支付		等额支付				n
	F/P	P/F	F/A	A/F	P/A	A/P	
1	1.2500	0.8000	1.0000	1.0000	0.8000	1.2500	1
2	1.5625	0.6400	2.2500	0.4444	1.4400	0.6944	2
3	1.9531	0.5120	3.8125	0.2623	1.9520	0.5123	3
4	2.4414	0.4096	5.7656	0.1734	2.3616	0.4234	4
5	3.0518	0.3277	8.2070	0.1218	2.6893	0.3718	5
6	3.8147	0.2621	11.2588	0.0888	2.9514	0.3388	6
7	4.7684	0.2097	15.0735	0.0663	3.1611	0.3163	7
8	5.9605	0.1678	19.8419	0.0504	3.3289	0.3004	8
9	7.4506	0.1342	25.8023	0.0388	3.4631	0.2888	9
10	9.3132	0.1074	33.2529	0.0310	3.5705	0.2801	10
11	11.6415	0.0859	42.5661	0.0235	3.6564	0.2735	11
12	14.5519	0.0687	54.2077	0.0184	3.7251	0.2684	12
13	18.1899	0.0550	68.7596	0.0145	3.7801	0.2645	13
14	22.7374	0.0440	86.9495	0.0115	3.8241	0.2615	14
15	28.4217	0.0352	109.687	0.0091	3.8593	0.2591	15
16	35.5271	0.0281	138.109	0.0072	3.8874	0.2572	16
17	44.4089	0.0225	173.636	0.0058	3.9099	0.2558	17
18	55.5112	0.0180	218.045	0.0046	3.9279	0.2546	18
19	69.3889	0.0144	273.556	0.0037	3.9424	0.2537	19
20	86.7362	0.0115	342.945	0.0029	3.9539	0.2529	20
21	108.420	0.0092	429.681	0.0023	3.9631	0.2523	21
22	135.525	0.0074	538.101	0.0019	3.9705	0.2519	22
23	169.407	0.0059	673.626	0.0015	3.9764	0.2515	23
24	211.758	0.0047	843.033	0.0012	3.9811	0.2512	24
25	264.698	0.0038	1054.79	0.0009	3.9849	0.2509	25
26	330.872	0.0030	1319.49	0.0008	3.9879	0.2508	26
27	413.590	0.0024	1650.36	0.0006	3.9903	0.2506	27
28	516.988	0.0019	2063.95	0.0005	3.9923	0.2505	28
29	646.235	0.0015	2580.94	0.0004	3.9938	0.2504	29
30	807.794	0.0012	3227.17	0.0003	3.9950	0.2503	30
35	2465.19	0.0004	9856.76	0.0001	3.9984	0.2501	35
40	7523.16	0.0001	30088.7	<0.0001	3.9995	0.2500	40
45	22958.9	<0.0001	91831.5		3.9998	0.2500	45
50	70064.9		280256		3.9999	0.2500	50

30%

n	一次支付		等额支付				n
	F/P	P/F	F/A	A/F	P/A	A/P	
1	1.3000	0.7692	1.000	1.0000	0.769	1.3000	1
2	1.6900	0.5917	2.300	0.4348	1.361	0.7348	2
3	2.1970	0.4552	3.990	0.2506	1.816	0.5506	3
4	2.8561	0.3501	6.187	0.1616	2.166	0.4616	4
5	3.7129	0.2693	9.043	0.1106	2.436	0.4106	5
6	4.8268	0.2072	12.756	0.0784	2.643	0.3784	6
7	6.2749	0.1594	17.583	0.0569	2.802	0.3569	7
8	8.1573	0.1226	23.858	0.0419	2.925	0.3419	8
9	10.604	0.0943	32.015	0.0312	3.019	0.3312	9
10	13.786	0.0725	42.619	0.0235	3.092	0.3235	10
11	17.922	0.0558	56.405	0.0177	3.147	0.3177	11
12	23.298	0.0429	74.327	0.0135	3.190	0.3135	12
13	30.287	0.0330	97.625	0.0102	3.223	0.3102	13
14	39.374	0.0254	127.91	0.0078	3.249	0.3078	14
15	51.186	0.0195	167.29	0.0060	3.268	0.3060	15
16	66.542	0.0150	218.47	0.0046	3.283	0.3046	16
17	86.504	0.0116	285.01	0.0035	3.295	0.3035	17
18	112.46	0.0089	371.52	0.0027	3.304	0.3027	18
19	146.19	0.0068	483.97	0.0021	3.311	0.3021	19
20	190.05	0.0053	630.16	0.0016	3.316	0.3016	20
21	247.06	0.0040	820.21	0.0012	3.320	0.3012	21
22	321.18	0.0031	1067.3	0.0009	3.323	0.3009	22
23	417.54	0.0024	1388.5	0.0007	3.325	0.3007	23
24	542.80	0.0018	1806.0	0.0005	3.327	0.3005	24
25	705.64	0.0014	2348.8	0.0004	3.329	0.3004	25
26	917.33	0.0011	3054.4	0.0003	3.330	0.3003	26
27	1192.5	0.0008	3971.8	0.0003	3.331	0.3003	27
28	1550.3	0.0006	5164.3	0.0002	3.331	0.3002	28
29	2015.4	0.0005	6714.6	0.0002	3.332	0.3002	29
30	2620.0	0.0004	8730.0	0.0001	3.332	0.3001	30
35	9727.8	0.0001	32423	<0.0001	3.333	0.3000	35

40%

n	一次支付		等额支付				n
	F/P	P/F	F/A	A/F	P/A	A/P	
1	1.4000	0.7134	1.000	1.0000	0.714	1.4000	1
2	1.9600	0.5102	2.400	0.4167	1.224	0.8167	2
3	2.7440	0.3644	4.300	0.2294	1.589	0.6294	3
4	3.8416	0.2603	7.104	0.1408	1.849	0.5408	4
5	5.3782	0.1859	10.946	0.0914	2.035	0.4914	5

续表

n	一次支付		等额支付				n
	F/P	P/F	F/A	A/F	P/A	A/P	
6	7.5295	0.1328	16.324	0.0613	2.168	0.4613	6
7	10.541	0.0949	23.853	0.0419	2.263	0.4419	7
8	14.758	0.0678	34.395	0.0291	2.331	0.4291	8
9	20.661	0.0484	49.153	0.0203	2.379	0.4203	9
10	28.925	0.0346	69.814	0.0143	2.414	0.4143	10
11	40.496	0.0247	98.739	0.0101	2.438	0.4101	11
12	56.694	0.0176	139.23	0.0072	2.456	0.4072	12
13	79.371	0.0126	195.93	0.0051	2.469	0.4051	13
14	111.12	0.0090	275.30	0.0036	2.478	0.4036	14
15	155.57	0.0064	386.42	0.0026	2.484	0.4026	15
16	217.80	0.0046	541.99	0.0018	2.489	0.4019	16
17	304.91	0.0033	759.78	0.0013	2.492	0.4013	17
18	426.88	0.0023	1064.7	0.0009	2.494	0.4009	18
19	597.63	0.0017	1491.6	0.0007	2.496	0.4007	19
20	836.68	0.0012	2089.2	0.0005	2.497	0.4005	20
21	1171.4	0.0009	2925.9	0.0003	2.498	0.4003	21
22	1639.9	0.0006	4097.2	0.0002	2.498	0.4002	22
23	2295.9	0.0004	5737.1	0.0002	2.499	0.4002	23
24	3214.2	0.0003	8033.0	0.0001	2.499	0.4001	24
25	4499.9	0.0002	11247	<0.0001	2.499	0.4001	25
26	6299.8	0.0002	15747		2.500	0.4001	26
27	8819.8	0.0001	22047		2.500	0.4000	27
28	12348	0.0001	30867		2.500	0.4000	28
29	17287	0.0001	43214		2.500	0.4000	29
30	24201	<0.0001	60501		2.500	0.4000	30

50%

n	一次支付		等额支付				n
	F/P	P/F	F/A	A/F	P/A	A/P	
1	1.5000	0.6667	1.000	1.0000	0.667	1.5000	1
2	2.2500	0.4444	2.500	0.4000	1.111	0.9000	2
3	3.3750	0.2963	4.750	0.2101	1.407	0.7105	3
4	5.0625	0.1975	8.125	0.1231	1.605	0.6231	4
5	7.5938	0.1317	13.188	0.0758	1.737	0.5758	5
6	11.391	0.0878	20.781	0.0481	1.824	0.5481	6
7	17.086	0.0585	32.172	0.0311	1.883	0.5311	7
8	25.629	0.0390	49.258	0.0203	1.922	0.5203	8
9	38.443	0.0260	74.887	0.0134	1.948	0.5134	9
10	57.665	0.0173	113.33	0.0088	1.965	0.5088	10

续表

n	一次支付		等额支付				n
	F/P	P/F	F/A	A/F	P/A	A/P	
11	86.498	0.0116	171.00	0.0059	1.977	0.5059	11
12	129.75	0.0077	257.49	0.0039	1.985	0.5039	12
13	194.62	0.0051	387.24	0.0026	1.990	0.5026	13
14	291.93	0.0034	591.86	0.0017	1.993	0.5017	14
15	437.89	0.0023	873.79	0.0011	1.995	0.5011	15
16	656.84	0.0015	1311.7	0.0008	1.997	0.5008	16
17	985.26	0.0010	1968.5	0.0005	1.998	0.5005	17
18	1477.9	0.0007	2953.8	0.0003	1.999	0.5003	18
19	2216.8	0.0005	4431.7	0.0002	1.999	0.5002	19
20	3325.3	0.0003	6648.5	0.0002	1.999	0.5002	20
21	4987.9	0.0002	9973.8	0.0001	2.000	0.5001	21
22	7481.8	0.0001	14962	<0.0001	2.000	0.5001	22
23	11223	0.0001	22443		2.000	0.5000	23
24	16834	0.0001	33666		2.000	0.5000	24
25	25251	<0.0001	50500		2.000	0.5000	25

附录Ⅱ　正态分布表

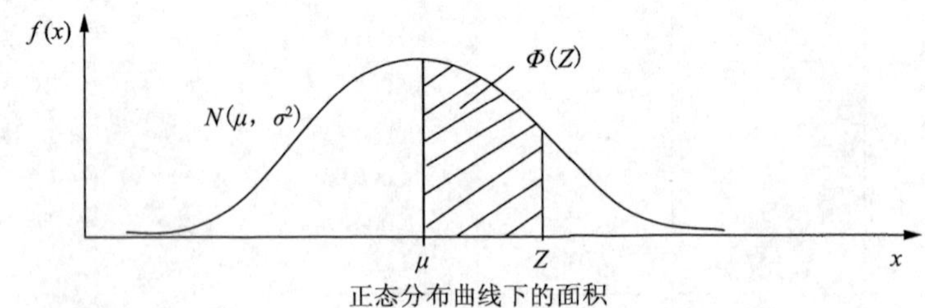

正态分布曲线下的面积

Z	.00	.01	.02	.03	.04	.05	.06	.07	.08	.09
0.00	0.0	0.0040	0.0080	0.0120	0.0160	0.0199	0.0239	0.0279	0.0319	0.0359
0.10	0.0398	0.0438	0.0478	0.0517	0.0557	0.0596	0.0636	0.0675	0.0714	0.0753
0.20	0.0793	0.0832	0.0871	0.0910	0.0948	0.0987	0.1026	0.1064	0.1103	0.1141
0.30	0.1179	0.1217	0.1255	0.1293	0.1331	0.1368	0.1406	0.1443	0.1480	0.1517
0.40	0.1554	0.1591	0.1628	0.1664	0.1700	0.1736	0.1772	0.1808	0.1844	0.1879
0.50	0.1915	0.1950	0.1985	0.2019	0.2054	0.2088	0.2123	0.2157	0.2190	0.2224
0.60	0.2257	0.2291	0.2324	0.2357	0.2389	0.2422	0.2454	0.2486	0.2517	0.2549
0.70	0.2580	0.2611	0.2642	0.2673	0.2703	0.2734	0.2764	0.2793	0.2823	0.2852
0.80	0.2881	0.2910	0.2939	0.2967	0.2995	0.3023	0.3051	0.3078	0.3106	0.3133
0.90	0.3159	0.3186	0.3212	0.3238	0.3264	0.3289	0.3315	0.3340	0.3365	0.3389
1.00	0.3413	0.3438	0.3461	0.3485	0.3508	0.3531	0.3554	0.3577	0.3599	0.3621
1.10	0.3643	0.3665	0.3686	0.3708	0.3729	0.3749	0.3770	0.3790	0.3810	0.3830
1.20	0.3849	0.3869	0.3888	0.3907	0.3925	0.3943	0.3962	0.3980	0.3997	0.4015
1.30	0.4032	0.4049	0.4066	0.4082	0.4099	0.4115	0.4131	0.4147	0.4162	0.4177
1.40	0.4192	0.4207	0.4222	0.4236	0.4251	0.4265	0.4279	0.4292	0.4306	0.4319
1.50	0.4332	0.4345	0.4357	0.4370	0.4382	0.4394	0.4406	0.4418	0.4429	0.4441
1.60	0.4452	0.4463	0.4474	0.4484	0.4495	0.4505	0.4515	0.4525	0.4535	0.4545
1.70	0.4554	0.4564	0.4573	0.4582	0.4591	0.4599	0.4608	0.4616	0.4625	0.4633
1.80	0.4641	0.4649	0.4656	0.4664	0.4671	0.4678	0.4686	0.4693	0.4699	0.4706
1.90	0.4713	0.4719	0.4726	0.4732	0.4738	0.4744	0.4750	0.4756	0.4761	0.4767
2.00	0.4772	0.4778	0.4783	0.4788	0.4793	0.4798	0.4803	0.4808	0.4812	0.4817
2.10	0.4821	0.4826	0.4830	0.4834	0.4838	0.4842	0.4846	0.4850	0.4854	0.4857
2.20	0.4861	0.4864	0.4868	0.4871	0.4875	0.4878	0.4881	0.4884	0.4887	0.4890
2.30	0.4893	0.4896	0.4898	0.4901	0.4904	0.4906	0.4909	0.4911	0.4913	0.4916
2.40	0.4918	0.4920	0.4922	0.4925	0.4927	0.4929	0.4931	0.4932	0.4934	0.4936
2.50	0.4938	0.4940	0.4941	0.4943	0.4945	0.4946	0.4948	0.4949	0.4951	0.4952

续表

Z	.00	.01	.02	.03	.04	.05	.06	.07	.08	.09
2.60	0.4953	0.4955	0.4956	0.4957	0.4959	0.4960	0.4961	0.4962	0.4963	0.4964
2.70	0.4965	0.4966	0.4967	0.4968	0.4969	0.4970	0.4971	0.4972	0.4973	0.4974
2.80	0.4974	0.4975	0.4976	0.4977	0.4977	0.4978	0.4979	0.4979	0.4980	0.4981
2.90	0.4981	0.4982	0.4982	0.4983	0.4984	0.4984	0.4985	0.4985	0.4986	0.4986
3.00	0.4986	0.4987	0.4987	0.4988	0.4988	0.4989	0.4989	0.4989	0.4990	0.4990
3.10	0.4990	0.4991	0.4991	0.4991	0.4992	0.4992	0.4992	0.4992	0.4993	0.4993
3.20	0.4993	0.4993	0.4994	0.4994	0.4994	0.4994	0.4994	0.4995	0.4995	0.4995
3.30	0.4995	0.4995	0.4995	0.4996	0.4996	0.4996	0.4996	0.4996	0.4996	0.4997
3.40	0.4997	0.4997	0.4997	0.4997	0.4997	0.4997	0.4997	0.4997	0.4997	0.4998
3.50	0.4998	0.4998	0.4998	0.4998	0.4998	0.4998	0.4998	0.4998	0.4998	0.4998

主要参考文献

曹小琳. 施工方案的技术经济评价方法[J]. 四川水利 . 1995(3).

陈琳，谭建辉. 2009. 建设项目社会评价研究—理论与实践[M]. 北京：中国建筑工业出版社.

陈岩，郑垂勇. 水利建设建设项目后评价机制研究[J]. 节水灌溉，2007(5).

戴智，戴毅. 逻辑框架法在工程建设项目后评价中的应用[J]. 港工技术，2009(5).

付军，方德斌. 水电建设项目前期决策后评价研究[J]. 中国电力教育，2011(27).

傅鸿源，张仕廉. 2001. 投资决策与项目策划[M]. 北京：科学出版社.

傅家骥，雷家骕，程源. 2003. 技术经济学前沿问题[M]. 北京：经济科学出版社.

傅家骥，仝允桓. 1991. 工业技术经济学[M]. 北京：清华大学出版社.

宫元娟. 2008. 技术经济学[M]. 北京：中国农业出版社.

国家标准. 2004. 建设项目环境风险评价技术导则(HJ/T169—2004)[S]. 北京：中国环境科学出版社.

国家标准. 2011. 环境影响评价技术导则总纲(HJ2.1—2011)[S]. 北京：中国环境科学出版社.

国家发展与改革委员会，建设部. 2006. 建设项目经济评价方法与参数(第三版)[M]. 北京：中国计划出版社.

何亚伯，张海涛，杨海红. 2008. 工程经济学[M]. 北京：机械工业出版社.

胡二邦. 2000. 环境风险评价实用技术和方法[M]. 北京：中国环境科学出版社.

环境保护部环境工程评估中心. 2007. 环境影响评价相关法律法规[M]. 北京：中国环境科学出版社.

环境保护部环境工程评估中心. 2012. 环境影响评价技术导则与标准[S]. 北京：中国环境科学出版社.

环境保护部环境工程评估中心. 2012. 环境影响评价技术方法[M]. 北京：中国环境科学出版社.

黄擎明，马国庆，门熙新. 1986. 技术经济与管理[M]. 杭州：浙江人民出版社.

黄有亮、徐向阳、谈飞、李希胜. 2006. 工程经济学[M]. 南京：东南大学出版社.

黄渝祥. 2005. 工程经济学[M]. 上海：同济大学出版社.

姜伟新，张三力. 2001. 投资建设项目后评价[M]. 北京：中国石化出版社.

蒋雅文，耿作石，张世晴. 2010. 西方经济思想史[M]. 北京：科学出版社.

金腊华，徐峰俊. 2008. 环境评价与规划[M]. 北京：化学工业出版社.

雷家骕，程源. 2005. 技术经济学的基础理论与方法[M]. 北京：高等教育出版社.

李立新、钱哉贵. 施工方案规范化评价理论体系的建立[J]. 淮南工业学院学报 . 2000(4).

刘炳胜，包寒蕊，马爱英，马乐. 基于逻辑框架法的项目策划应用研究[J]. 科技管理研究，2006(2).

刘长滨. 2007. 建设工程技术经济学[M]. 北京：中国建筑工业出版社.

刘晓君. 2008. 工程经济学[M]. 北京：中国建筑工业出版社.

刘晓君. 2009. 建设项目投资决策理论与方法[M]. 北京：中国建筑工业出版社.

陆宁，史玉芳. 2009. 建设项目评价[M]. 北京：化学工业出版社.

全国投资建设项目管理师考试专家委员会. 2011. 投资建设项目决策[M]. 北京：中国计划出版社.

全国一级建造师执业资格考试用书编写委员会. 2014. 建设工程经济[M]. 北京：中国建筑工业出版社.

全国造价工程师执业资格考试培训教材编审委员会. 2006. 工程造价案例分析[M]. 北京：中国城市出版社.

全国造价工程师职业资格考试培训教材编审委员会. 2006. 工程造价管理基础理论与相关法规[M]. 北京：中国计划出版社.

全国造价工程师职业资格考试培训教材编审委员会. 2009. 工程造价计价与控制[M]. 北京：中国计划出版社.

全国注册咨询工程师(投资)资格考试参考教材编写委员会. 2011. 项目决策分析与评价[M]. 北京：中国计划出版社.

任宏. 2006. 建设工程成本计划与控制[M]. 北京：高等教育出版社.

石振武，张斌. 2009. 工程经济学[M]. 北京：科学出版社.

宋伟，王恩茂. 2007. 工程经济学[M]. 北京：人民交通出版社.

孙继德. 2011. 建设项目的价值工程[M]. 北京：中国建筑工业出版社.
孙强. 2009. 建设项目环境影响评价案例[M]. 北京：中国建材工业出版社.
投资项目可行性研究指南编写组. 2002. 投资项目可行性研究指南[M]. 北京：中国电力出版社.
汪劲. 2006. 中外环境影响评价制度比较研究[M]. 北京：北京大学出版社.
王东升. 2009. 建设项目环境管理[M]. 江苏：中国矿业大学出版社.
王丽萍. 2008. 水利工程经济学[M]. 北京：水利水电出版社.
王明霞，冷玥，李晓红，徐杨，吴玉红，耿庆芬. 投资建设项目后评价的方法及应用探讨[J]. 炼油与化工，2012(1).
王乃静. 2006. 价值工程概论[M]. 北京：经济科学出版社.
王庆，库亚荣，蒋燕，齐君 . 建设工程建设项目后评价研究[J]. 科技和产业，2010(8).
王雪青. 2011. 工程项目成本规划与控制[M]. 北京：中国建筑工业出版社.
吴怀俊，马楠. 2006. 工程造价管理[M]. 北京：人民交通出版社.
吴全利. 施工方案的技术经济评价探讨[J]. 西北轻工业学院学报 . 2000(1).
吴添祖. 1998. 技术经济学概论[M]. 北京：高等教育出版社.
武春友，张米尔. 2004. 技术经济学[M]. 大连：大连理工大学出版社.
肖跃军，周东明，赵利，等. 2004. 工程经济学[M]. 北京：高等教育出版社.
于俊年. 2011. 投资项目可行性研究与项目评估[M]. 北京：对外经济贸易大学出版社.
张冬平. 2009. 农业技术经济学[M]. 北京：中国农业大学出版社.
张敦富. 1999. 投资环境评价与投资决策[M]. 北京：中国人民大学出版社.
张惠玲. 投资建设项目后评价不同方法的应用实例分析[J]. 石油化工技术与经济，2011(1).
张永光. 浅谈施工方案的技术经济分析[J]. 山西建筑 . 2004(22).
张征. 2006. 环境评价学[M]. 高等教育出版社.
赵国杰. 1999. 工程经济与项目评价[M]. 天津：天津大学出版社.
中国国际工程咨询公司. 2004. 投资项目社会评价指南[M]. 北京：中国计划出版社.
中国国际工程咨询公司投资项目可行性研究与评价中心组编. 2002. 投资项目可行性研究教程[M]. 北京：地震出版社.
钟林生. 旅游规划的环境影响识别探讨[J]. 长江流域资源与环境，2008(5).
朱世云，林春绵. 2013. 环境影响评价[M]. 北京：化学工业出版社.
[美]J. L. 里格斯. 1989. 工程经济学[M]. 吕薇，等译. 北京：中国财政经济出版社.
[英]纳索・威廉・西尼尔. 2010. 政治经济学大纲[M]. 彭逸林，等编译. 北京：人民日报出版社.